AF820370

Nomos Universitätsschriften

Recht

Band 1015

Franziska Lind

Das raumbezogene Predictive Policing in Deutschland

Der aktuelle rechtliche Rahmen und seine Indikationen für Weiterentwicklungen des Einsatzes prädiktiver Analytik bei präventiv polizeilichem Handeln

Nomos

Onlineversion
Nomos eLibrary

Die Deutsche Nationalbibliothek verzeichnet diese Publikation in der Deutschen Nationalbibliografie; detaillierte bibliografische Daten sind im Internet über http://dnb.d-nb.de abrufbar.

Zugl.: Saarbrücken, Universität des Saarlandes, Diss., 2022

ISBN 978-3-7560-1109-4 (Print)
ISBN 978-3-7489-4229-0 (ePDF)

1. Auflage 2023
© Nomos Verlagsgesellschaft, Baden-Baden 2023. Gesamtverantwortung für Druck und Herstellung bei der Nomos Verlagsgesellschaft mbH & Co. KG. Alle Rechte, auch die des Nachdrucks von Auszügen, der fotomechanischen Wiedergabe und der Übersetzung, vorbehalten. Gedruckt auf alterungsbeständigem Papier.

Meiner Familie

Vorwort

Die vorliegende Arbeit entstand während meiner Tätigkeit als wissenschaftliche Mitarbeiterin am Lehrstuhl für Öffentliches Recht an der Universität des Saarlandes. Sie wurde im Sommersemester 2022 als Dissertation angenommen. Die Druckfassung berücksichtigt im Wesentlichen Literatur und Rechtsprechung bis Oktober 2022.

Der Inhaberin dieses Lehrstuhls und meiner akademischen Lehrerin Frau Prof. Dr. Annette Guckelberger gilt mein erster und besonderer Dank. Sie hat nicht nur mein Interesse an dem mir bis dato unbekannten Themenschwerpunkt Digitalisierung der Verwaltung geweckt, sondern mir auch während der Erstellung der Dissertation jede Freiheit gelassen. Ich glaube, wir waren beide überrascht, was das raumbezogene Predictive Policing zu bieten hat. Ihre wertvollen Anmerkungen und Anregungen haben einen wesentlichen Beitrag zum Gelingen dieser Arbeit geleistet.

Meinem Zweitkorrektor, Herrn Prof. Dr. Dominik Brodowski, danke ich herzlich für die zügige Erstellung des Zweitgutachtens sowie für ebenfalls wertvolle Anregungen.

Der Druck dieser Arbeit wurde durch einen Druckkostenzuschuss des Bundesministeriums für Inneres, Bau und Heimat unterstützt, dem ich dafür danke.

Die Zeit am Lehrstuhl war lehrreich, abwechslungsreich und bot durch die Corona-Pandemie auch einige unerwartete Herausforderungen. All meinen Kolleginnen und Kollegen, die ich während meiner Zeit dort kennenlernen durfte, danke ich für eine schöne Zeit! Besonders hervorheben möchte ich dabei Anne Sophie Priebe, die den ersten Entwurf komplett und kritisch gelesen hat und mich darüber hinaus zuverlässig mit warmen Mahlzeiten versorgt hat. Ein ebenso großer Dank gebührt meiner Büronachbarin der ersten Stunde und guten Freundin Dr. Gina Starosta, die den finalen Motivationsschub gegeben hat.

Ich bedanke mich bei all meinen Freunden, die mich in dieser Zeit mit lieben Worten, gelungenen Ablenkungsmanövern und viel Schokolade unterstützt haben! Für Korrekturlesen und/oder Vortrag anhören danke ich namentlich Annabelle Annen, Sina Bauer, Nicklas Josupeit, Stefanie Juchum und Max Willrich. Stefanie Juchum danke ich außerdem, dass sie mich am Tag der Disputation begleitet hat und immer an meiner Seite war.

Und natürlich gilt mein finaler Dank meiner Familie. Ihr unerschütterlicher Glaube und ihre bedingungslose Unterstützung all meiner Entscheidungen haben mir stets Kraft und Zuversicht geschenkt, auch wenn ich einmal selbst am Zweifeln war. Ich widme diese Arbeit daher meinen wunderbaren Eltern Susanne und Dr. Thomas Lind und meinem großen Bruder Alexander Lind.

Idar-Oberstein, im April 2023

Inhaltsverzeichnis

Abkürzungsverzeichnis

a.A.	andere Ansicht
a.F.	alte Fassung
a.a.O.	am angegebenen Ort
ABl.	Amtsblatt
Abs.	Absatz
AEUV	Vertrag über die Arbeitsweise der Europäischen Union
AH Berlin	Abgeordnetenhaus Berlin
Alt.	Alternative
allg.	allgemein
Anm.	Anmerkung
Art.	Artikel
ASOG Bln	Allgemeines Gesetz zum Schutz der öffentlichen Sicherheit und Ordnung in Berlin
AtDG	Gesetz zur Errichtung einer standardisierten zentralen Antiterrordatei von Polizeibehörden und Nachrichtendiensten von Bund und Ländern (Antiterrordateigesetz – ATDG)
Aufl.	Auflage
BaWü	Baden-Württemberg
BayDiG	Gesetz über die Digitalisierung im Freistaat Bayern (Bayerisches Digitalgesetz – BayDiG)
BayGVBl.	Bayerisches Gesetz- und Verordnungsblatt
BayLT-Drucks.	Bayerische Landtagsdrucksache
BayVerfGH	Bayerischer Verfassungsgerichtshof
Bd.	Band
BB	Brandenburg
BbgVerf	Verfassung des Landes Brandenburg
BDSG	Bundesdatenschutzgesetz
BGBl.	Bundesgesetzblatt
Beschl.	Beschluss
BKA	Bundeskriminalamt

BKAG	Gesetz über das Bundeskriminalamt und die Zusammenarbeit des Bundes und der Länder in kriminalpolizeilichen Angelegenheiten (Bundeskriminalamtgesetz – BKAG)
Bln	Berlin
BlnVerf	Verfassung von Berlin
BMI	Bundesministerium des Innern und für Heimat
BMJV	Bundesministerium für Justiz und Verbraucherschutz (jetzt nur noch Bundesministerium für Justiz, BMJ)
BPolG	Bundespolizeigesetz
BremVerf	Landesverfassung der Freien Hansestadt Bremen
bspw.	beispielsweise
BT-Drucks.	Bundestagsdrucksache
BVerfG	Bundesverfassungsgericht
BVerwG	Bundesverwaltungsgericht
BWahlG	Bundeswahlgesetz
bzgl.	bezüglich
d.	des/der
ders.	derselbe
dies.	dieselbe
DSG NRW	Datenschutzgesetz Nordrhein-Westfalen
DSGVO	Verordnung (EU) 2016/679 des Europäischen Parlaments und des Rates vom 27. April 2016 zum Schutz natürlicher Personen bei der Verarbeitung personenbezogener Daten, zum freien Datenverkehr und zur Aufhebung der Richtlinie 95/46/EG (Datenschutz-Grundverordnung), ABl. EU v. 27.04.2016, L 119/1
ebd.	ebenda
Ed.	Edition
EG	Europäische Gemeinschaft
Einl.	Einleitung
EL	Ergänzungslieferung
engl.	englisch
ErwGr.	Erwägungsgrund
et al.	und andere
EU	Europäische Union
EuGH	Europäischer Gerichtshof

EUGrCH	Grundrechtecharta der Europäischen Union
EUV	Vertrag über die Europäische Union
FlugDaG	Gesetz über die Verarbeitung von Fluggastdaten zur Umsetzung der Richtlinie (EU) 2016/681 (Fluggastdatengesetz – FlugDaG)
Fluggastdaten-richtlinie	Richtlinie (EU) 2016/681 des Europäischen Parlaments und des Rates vom 27. April 2016 über die Verwendung von Fluggastdatensätzen (PNR-Daten) zur Verhütung, Aufdeckung, Ermittlung und Verfolgung von terroristischen Straftaten und schwerer Kriminalität, ABl. EU v. 04.05.2016, L 119/132
gem.	gemäß
GVBl.	Gesetz- und Verordnungsblatt
HB	Handbuch
h.M.	herrschende Meinung
HmbPolDVG	Hamburgisches Gesetz über die Datenverarbeitung der Polizei
HmbGVBl	Hamburgisches Gesetz- und Verordnungsblatt
HessLT-Drucks.	Hessische Landtagsdrucksache
HSOG	Hessisches Gesetz über die öffentliche Sicherheit und Ordnung
idF	in der Fassung
i.E.	im Erscheinen
i.Erg.	im Ergebnis
i.d.R.	in der Regel
i.d.S.	in diesem Sinne
i.S.d./i.S.v.	im Sinne des/von
i.S.e.	im Sinne eine/r/s
i.V.m.	in Verbindung mit
IT	Informationstechnik bzw. Informationstechnologie
ITEG	Gesetz über die Möglichkeit des Einsatzes von datengetriebenen Informationstechnologien bei öffentlich-rechtlicher Verwaltungstätigkeit (IT-Einsatz-Gesetz – ITEG) in Schleswig-Holstein
JI-RiLi	Richtlinie (EU) 2016/680 des Europäischen Parlaments und des Rates vom 27. April 2016 zum Schutz natürlicher Personen bei der Verarbeitung personenbezogener Daten durch die zuständigen Behörden zum Zwecke der Verhütung, Ermittlung, Aufdeckung oder Verfolgung von Straftaten oder der Strafvollstreckung sowie zum freien Datenverkehr und zur Aufhebung des Rahmenbeschlusses 2008/977/JI des Rates (JI-Richtlinie), ABl. EU v. 27.04.2016, L 119/89

Kap.	Kapitel
KI	Künstliche Intelligenz
KIG-E	Vorschlag für eine Verordnung des Europäischen Parlaments und des Rates zur Festlegung harmonisierter Vorschriften für Künstliche Intelligenz (Gesetz über Künstliche Intelligenz) und zur Änderung bestimmter Rechtsakte der Union, COM(2021) 206 final
KLB	Kriminalitätslagebild
KrimPro	Kriminalitätsprognose Wohnraumeinbruch
lit.	litera (Buchstabe)
LKA	Landeskriminalamt
Ls.	Leitsatz
LSA	Land Sachsen-Anhalt
LSAVerf	Verfassung des Landes Sachsen-Anhalt
LT-Drucks.	Landtagsdrucksache
LuftVG	Luftverkehrsgesetz
mAnm.	mit Anmerkung
max.	maximal
m.w.N.	mit weiteren Nennungen/Nachweisen
MBl. NRW	Ministerialblatt Nordrhein-Westfalen
MV	Mecklenburg-Vorpommern
MVVerf	Verfassung des Landes Mecklenburg-Vorpommern
n.F.	neue Fassung
NPOG	Niedersächsisches Polizei- und Ordnungsbehördengesetz
Nr.	Nummer
NRW	Nordrhein-Westfalen
NYU	New York University
OLG	Oberlandesgericht
OVG	Oberverwaltungsgericht
OWiG	Gesetz über Ordnungswidrigkeiten
PAG	Bayerisches Polizeiaufgabengesetz
PKS	Polizeiliche Kriminalstatistik
PolG NRW	Polizeigesetz des Landes Nordrhein-Westfalen
PPP	Public Private Partnership/öffentlich private Partnerschaften
PRECOBS	Pre Crime Observation System

PreMAP	Predictive Policing Mobile Analytics for Police
RdErl	Runderlass
RiLi	Richtlinie
Rn.	Randnummer
S.	Satz/Seite
s.	siehe
s.a.	siehe auch
SächsLT-Drucks.	Sächsische Landtagsdrucksache
SächsPVDG	Sächsisches Polizeivollzugsgesetz
SächsVerf	Verfassung des Freistaates Sachsen
SH	Schleswig-Holstein
SKALA	System zur Kriminalitätsauswertung und Lageantizipation
s.o.	siehe oben
sog.	sogenannt/e/er/es
SPolDVG	Gesetz über die polizeiliche Datenverarbeitung im Saarland
SPolG	Saarländisches Polizeigesetz
StGB	Strafgesetzbuch
st. Rspr.	ständige Rechtsprechung
StPO	Strafprozessordnung
s.u.	siehe unten
SVerf	Verfassung des Saarlandes
ThürVerf	Verfassung des Freistaats Thüringen
u.a.	unter anderem/ und andere
UAbs.	Unterabsatz
Urt.	Urteil
v.	von/vom
Var.	Variante
Verf.	Verfassung/Verfasserin
VerfGH	Verfassungsgerichtshof
VerfSH	Verfassung des Landes Schleswig Holstein
VG	Verwaltungsgericht
vgl.	vergleiche

VgV	Verordnung über die Vergabe öffentlicher Aufträge (Vergabeverordnung – VgV)
VO	Verordnung
WED	Wohnungseinbruchdiebstahl
z.B.	zum Beispiel
z.T.	zum Teil

Einleitung

A. Themenerläuterung

Verbrechen verhindern, bevor sie begangen werden, durch Kenntnis einzelner Aspekte der Zukunft.

Dies ist das Konzept, das sich hinter dem Anglizismus „Predictive Policing" verbirgt. In der einfachen deutschen Übersetzung verliert der mittlerweile auch im deutschen Sprachgebrauch etablierte Begriff etwas an Aussagekraft:[1] vorausschauende,[2] vorhersagende[3] bzw. vorhersagebasierte[4] Polizeiarbeit klingt für den geneigten Polizeirechtler wenig spektakulär, beruht doch jede Gefahreneinschätzung auf einer Prognose eines Polizeibeamten. Predictive Policing in der hier zu untersuchenden Form meint jedoch den Einsatz von Vorhersage-Software, die die Polizei bei ihrer Arbeit unterstützt, indem sie durch Analyse vorhandener Daten gefahrengeneigte Gebiete vorhersagen, mögliche Opfer bzw. Täter einer zukünftigen Straftat identifizieren oder ein Rückfallrisiko eines bekannten Straftäters einschätzen kann.[5] Eine genauere Definition müsste daher lauten: durch den Einsatz von Vorhersage- bzw. Prognose*software* unterstütze Polizeiarbeit.[6]

Die erste Assoziation, die nach einer kurzen Erklärung des Themas oftmals geweckt wird, ist die der berühmten Verfilmung der Kurzgeschichte *Minority Report*,[7] in der im New York der Zukunft die Anzahl der Tötungs-

1 So auch *Hauber/Jarchow/Rabitz-Suhr*, Prädiktionspotenzial schwere Einbruchskriminalität, 2019, S. 103.

2 *Knobloch*, Vor die Lage kommen, 2018, S. 8; *Ostermeier*, in: Puschke/Singelnstein, 2018, 101 (106); *Montag*, Der Algorithmus des Verbrechens, Analysen & Argumente 215 (2016), S. 2.

3 *Hofmann*, Predictive Policing, 2020, S. 18; *Houy et al.*, in: Klenk/Nullmeier/Wewer, Handbuch der Digitalisierung in Staat und Verwaltung, 2019, S. 517 (522).

4 *Härtel*, LKV 2019, 49 (54); *Egbert/Krasmann*, Predictive Policing, 2019, S. 11.

5 *Gless*, in: Herzog/Wolter/Schlothauer, Rechtstaatlicher Strafprozess und Bürgerrechte, 2016, S. 165 (165); *Thüne*, Predictive Policing, 2020, S. 29 f.; s. auch *Knobloch*, Vor die Lage kommen, 2018, S. 9, der jedoch nur theorienbasiertes Predictive Policing unter seine Definition fasst.

6 In diese Richtung auch *Müller/Schwabenbauer*, in: Lisken/Denninger, HB des Polizeirechts, 7. Aufl. 2021, G. Rn. 1344.

7 *Philip K. Dick*, The Minority Report, zuerst erschienen in Fantastic Universe, 1956; *Steven Spielburg*, Minority Report, 2002. S. etwa *Ebert*, LKV 2017, 10 (12); *Hofmann*,

delikte auf Null reduziert wurde, weil die Polizei (vermeintliche) Täter bereits vor Begehung ihrer Tat festnehmen und einsperren kann. Möglich wird dies in Buch und Film durch übersinnliche Seher, die Precogs. Übersinnlich ist an den eingesetzten Softwareprogrammen und Algorithmen jedoch nichts. Sie berechnen anhand vorhandener Daten eine statistische Wahrscheinlichkeit für ein bestimmtes, vorher festgelegtes Ereignis. Eine Fernsehserie aus den 2010er Jahren kommt zumindest einer Ausprägung des personenbezogenen Predictive Policing schon näher, *Person of Interest.* Hier werden durch Verknüpfung und Verarbeitung einer Unzahl von Daten, unter anderem auch einer flächendeckenden Videoüberwachung, potenzielle Täter bzw. Opfer einer bevorstehenden Gewalttat ermittelt. In Chicago, im „Heimatland“ des Predictive Policing, wurde bis vor Kurzem mit der sog. Chicago Heat List bzw. Chicago Subject List eine Vorform dieser (noch) Fiktion betrieben.[8] Im Gegensatz zur Serie war das Datenmaterial der Chicagoer Polizei allerdings beschränkt und es konnte nicht z.B. auch auf Geheimdienstinformationen zugegriffen werden.

Untergliedern lässt sich Predictive Policing in zwei große Strömungen, das raumbezogene und personenbezogene Predictive Policing.[9] Der Unterschied liegt hier zunächst im Ergebnis, das die Prognosesoftwares übermitteln. Durch raumbezogene Vorhersagen werden Gebiete identifiziert, in denen mit erhöhter Wahrscheinlichkeit in einer begrenzten näheren Zukunft bestimmte Straftaten begangen werden könnten. Die Identifizierung dieser Gebiete soll helfen, die Einsatzplanung der Polizeikräfte zu unterstützen und so die vorhandenen Ressourcen optimal einzusetzen.[10] Personenbezogenes Predictive Policing hingegen ist darauf ausgerichtet, in Bezug auf einzelne Personen oder Personengruppen eine Prognose zu erstellen und z.B. das individuelle Risiko zu errechnen, Opfer oder (erneuter) Täter einer Straftat zu werden.[11]

Predictive Policing, 2020, S. 18 f., *Sommerer,* Personenbezogenes Predictive Policing, 2020, S. 197 Fn. 798; *Thüne,* Predictive Policing, 2020, Vorspann.

8 Dazu *Egbert/Krasmann,* Predictive Policing, 2019, S. 20; dazu, dass sie mittlerweile nicht mehr eingesetzt wird, *Davis et al.,* AI and Ethics (2022), 185 (192).

9 *Egbert/Krasmann,* Predictive Policing, 2019, S. 12; *Sommerer,* Personenbezogenes Predictive Policing, 2020, S. 36; *Braun-Binder,* SJZ/RSJ 115 (2019), 467 (470); *Müller/Schwabenbauer,* in: Lisken/Denninger, HB des Polizeirechts, 7. Aufl. 2021, G. Rn. 1344.

10 *Wischmeyer,* in: Kulick/Goldhammer, Der Terrorist als Feind?, 2020, S. 193 (193 f.); *Härtel,* LKV 2019, 49 (54); *Hofmann,* Predictive Policing, 2020, S. 190, 260.

11 S. *Sommerer,* Personenbezogenes Predictive Policing, 2020, S. 37.

Eine prognosesoftwareunterstützte Polizeiarbeit ist nicht von vornherein auf den präventiven Einsatz festgelegt. Das generierte Ergebnis einer Predictive Policing-Software ist zunächst neutral und kann sowohl für eine gezielte Kriminalprävention als auch für eine mögliche repressive Strafverfolgung bzw. -vollstreckung verwendet werden.[12] In den USA wird zum Teil auch Software eingesetzt, um das Rückfallrisiko von Straftätern vor Gericht einzuschätzen.[13] Das Ergebnis soll den Strafrichter bei der Frage nach einer Aussetzung der Strafe auf Bewährung unterstützen.

Vereinzelt wird der Begriff Predictive Policing auch verwendet, um den Einsatz von Prognosesoftware außerhalb der staatlichen Gefahrenabwehr bzw. der staatlichen Strafverfolgung zu beschreiben, etwa bei der softwareunterstützen Beurteilung eines neueinzustellenden Arbeitnehmers und dem Risiko, dass dieser eine Straftat gegen das Arbeitgebervermögen begehen wird.[14] Dieser, privatrechtliche Fragen aufwerfende Einsatz, wird vorliegend nicht näher untersucht.

Der Einsatz von Predictive Policing auf Polizeiebene ist ein Symptom einer tiefgreifenden Veränderung des Polizei- und Sicherheitsrechts. Zwar war die Verhinderung von Verletzungen polizeirechtlicher Schutzgüter, also klassische Gefahrenabwehr, seit jeher Aufgabe der Polizeibehörden. Seit dem Aufkommen des internationalen Terrorismus steht jedoch vermehrt die Frage im Vordergrund, wie man schon das Entstehen einer konkreten Gefahr verhindern kann, weil möglicherweise ab dem Zeitpunkt der Verdichtung zur konkreten Gefahr keine Möglichkeit mehr besteht, vor dem Eintritt des Schadens einzugreifen. Statt der Abwehr konkreter Gefahren rückt der Fokus also auf die vorbeugende Gefahrenabwehr. Während die hergebrachte Gefahrenabwehr als präventive Tätigkeit der Polizei bezeichnet wird – im Unterschied zur repressiven Strafverfolgung – kann dieser neue Ansatz als präemptiv bezeichnet werden.[15] Der Duden erklärt die Be-

---

12 *Singelnstein,* NStZ 2018, 1 (5 f.); *Busch/Singelnstein,* in: Bode/Seidensticker, Predictive Policing, 2020, S. 261 (261 f.); *Zenner,* in: Wieczorek, Digitalisierung, S. 117 (118 f.) spricht insofern von einer gewissen „Janusköpfigkeit" der Technik.

13 Dazu *Braun-Binder,* SJZ/RSJ 115 (2019), 467 (471, 474). Diese Software namens COMPAS steht wegen Diskriminierungsvorfällen stark in der Kritik und ihr Einsatz wurde in Wisconsin durch das dortige Oberste Gericht für rechtswidrig erklärt, dazu *Sommerer,* Personenbezogenes Predictive Policing, 2020, S. 223.

14 *Rudkowski,* NZA 2019, 72 (73).

15 So *Caspar* beim DAV 2021; *Krasmann,* in: Hempel/dies./Bröckling, Sichtbarkeitsregime, S. 53 (54 ff.); *Egbert/Krasmann,* Predictive Policing, 2019, S. 64 f.; s. auch *Singelnstein,* NStZ 2018, 1 (3).

deutung dieses Begriffs mit „einer sich bereits abzeichnenden Entwicklung zuvorkommend, vorsorglich, vorbeugend".[16]

Allein eine bevorstehende Gefahr zu erkennen, reicht jedoch nicht aus, diese auch effektiv zu verhindern. Aus diesem Grund werden die Voraussetzungen polizeilicher Eingriffsbefugnisse, wie noch zu zeigen sein wird, vermehrt ins Vorfeld konkreter Gefahren verlagert bzw. neue Eingriffsbefugnisse speziell zugeschnitten auf das Gefahrenvorfeld geschaffen.

Mit der Vorverlagerung von Eingriffsbefugnissen geht auch immer die Gefahr einher, das sensibel austarierte Gleichgewicht zwischen Freiheit und Sicherheit, welches einen freiheitlichen Rechtsstaat ausmacht, zugunsten der Sicherheit und zulasten der Freiheitsrechte der Bürger zu verändern.[17] Das Schreckensszenario eines Überwachungsstaates, den schon *George Orwell* 1949 befürchtete,[18] macht es notwendig, diese Entwicklungen kritisch zu begleiten.[19] Die vorliegende Arbeit soll dazu einen Beitrag leisten, ist sich jedoch auch bewusst, dass sie gerade angesichts der rasanten Entwicklungen sowohl in technischer als auch rechtlicher Hinsicht, auch im Hinblick auf die Rechtsprechungsentwicklungen, keinen Anspruch auf Endgültigkeit erheben kann, sondern vielmehr Anstoß für weitere Diskussionen sein soll.[20]

B. Entwicklung des Predictive Policing

Wie die sprachliche Herkunft des englischen Begriffs Predictive Policing bereits nahe legt, nahm die Entwicklung des Predictive Policing im angloamerikanischen Raum ihren Lauf, genauer gesagt in den USA.[21]

---

16 Duden.de, Eintrag präemptiv, abrufbar unter: https://www.duden.de/rechtschreibung/praeemptiv, zuletzt abgerufen am 24.10.2022.

17 S. auch *Behm,* Gefährdungen des Persönlichkeitsrechts durch staatliche Maßnahmen im Informationszeitalter, 2021, S. 311 f.; *Enders,* DÖV 2019, 205 (211); *Becker,* NVwZ 2015, 1335 (1335); *Kulick,* AöR 143 (2018), 175 (183) identifiziert das Verhältnis von Freiheit und Sicherheit als „verfassungstheoretische Grundsatzfrage des Gefahrenabwehrrechts".

18 *George Orwell,* Neunzehnhundertvierundachtzig, 1949.

19 S. auch *Gless,* in: Herzog/Wolter/Schlothauer, Rechtstaatlicher Strafprozess und Bürgerrechte, 2016, S. 165 (172); *Härtel,* LKV 2019, 49 (55); *Müller/Schwabenbauer,* in: Lisken/Denninger, HB des Polizeirechts, 7. Aufl. 2021, G. Rn. 1345.

20 S. ähnlich auch *Hofmann,* Predictive Policing, 2020, S. 21.

21 S. *Härtel,* LKV 2019, 49 (54). Ausführlich zur dortigen Entwicklung, *Hofmann,* Predictive Policing, 2020, S. 44 ff.

Schon vor der Jahrtausendwende begann man dort im Zuge der sog. Zero-Tolerance Politik der New Yorker Polizei durch das System CompStat aktuelle Kriminalitätsdaten kartografisch aufzubereiten, um eine effektivere Einsatzplanung zu gewährleisten.[22] Nach einem ersten Symposium über Predictive Policing im Jahr 2009 wurde 2011 mit der Software PredPol begonnen, auf Grundlage der polizeilichen Daten mit Wahrscheinlichkeitsberechnungen und Analysetools Gebiete zu bestimmen, die mit höherer Wahrscheinlichkeit als nächste Schauplätze von Kriminalität werden würden.[23] PredPol beruhte dabei in ihrem Ursprung auf einem Konzept zur Vorhersage von Erdbeben.[24] Erfolgsmeldungen stellten sich schnell ein. Auch wenn bis heute keine valide Aussage getroffen werden kann, ob der teilweise Rückgang von Kriminalität (insbesondere von Wohnungseinbruchkriminalität) tatsächlich Predictive Policing zuzuschreiben ist, weil es bis heute an aussagekräftiger Evaluation fehlt,[25] reichte die Korrelation zwischen dem Einsatz von Predictive Policing-Systemen und dem Rückgang der (gemeldeten) Wohnungseinbrüche aus, um Predictive Policing auszuweiten und weiterzuentwickeln.[26]

Dies ist unter anderem der Tatsache geschuldet, dass in den USA nach der Finanzkrise 2007 im polizeilichen Sicherheitssektor auf allen Ebenen erhebliche Einsparungen vorgenommen wurden.[27] Dadurch fand sich die Polizei in der Situation, gleichbleibende oder gar steigende Arbeitsbelastung mit geringerer personeller Ausstattung auffangen zu müssen.[28] Computerprogramme, die Kriminalität voraussagen, bevor sie sich ereignet, bieten hier eine einmalige Chance, die zur Verfügung stehenden Ressourcen möglichst effektiv einzusetzen.[29]

Ebenfalls von großer Bedeutung für das stetige Bestreben in den USA, die Softwaretools auf möglichst viele Arten von Kriminalität zu erstrecken, waren und sind die Polizeiskandale der letzten Jahre, in denen unter an-

22 Dazu *Belina*, Geographische Zeitschrift 97 (2009), 192 (196).

23 *Perry et al.*, Predictive Policing, 2013, S. 4 f.; *Montag*, Der Algorithmus des Verbrechens, Analysen & Argumente 215 (2016), S. 2 f.; s. zur Entwicklung von PredPol auch *Thüne*, Predictive Policing, 2020, S. 47 f.

24 *Gerstner*, Predictive Policing, 2017, S. 3; *Thüne*, Predictive Policing, 2020, S. 48.

25 S. dazu noch unten B. VI. 6.

26 S. zur Ausbreitung auch *Davis et al.*, AI and Ethics (2022), 185 (186 ff.).

27 *Ferguson*, The Rise of Big Data Policing, 2017, S. 19 f.

28 *Ferguson*, The Rise of Big Data Policing, 2017, S. 20; *Egbert*, SchrStVV 42 (2018), S. 241 (243).

29 *Ferguson*, The Rise of Big Data Policing, 2017, S. 21, 46.

derem (weiße) Polizisten unbewaffnete junge Afroamerikaner auf offener Straße erschossen.[30] Der Vorwurf der teils systematischen Rassendiskriminierung innerhalb der Polizei sollte mithilfe der vermeintlich wertungsfreien Massendatenanalyse ausgeräumt werden.[31] Polizisten, die im Alltag auf schwierige Herausforderungen treffen,[32] sollte eine effektive Hilfe für die tägliche Polizeiarbeit an die Hand gegeben werden, um die Auswirkungen der strukturellen Probleme zu minimieren.[33] Leider zeigte sich in den vergangenen Jahren, dass auch vermeintlich wertungsfreie Software sehr wohl aus den verschiedensten Gründen vorurteilsbehaftete Ergebnisse liefern kann.[34]

Nicht zuletzt begünstigt auch eine generell offenere Haltung gegenüber neuer (datengestützter) Technik in den USA die (Weiter-)Entwicklung von Predictive Policing, wohingegen man in Europa dem Aspekt des Datenschutzes des Individuums sehr große Bedeutung zumisst.[35]

In Deutschland begann die Verbreitung des (raumbezogenen) Predictive Policing ab 2014,[36] als Bayern ein Pilotprojekt mit der Software PRECOBS aus der Privatwirtschaft ins Leben rief.[37] Den vorläufigen Höhepunkt erreichte der Einsatz von raumbezogenen Predictive Policing-Softwares 2019, als insgesamt sieben Bundesländer zumindest testweise eine Predictive Policing-Software einsetzten.[38] Aktuell ist der Hype, zumindest in der

---

30 *Ferguson,* The Rise of Big Data Policing, 2017, S. 21.

31 *Rademacher,* in: Galetta/Ziller, Das öffentliche Recht vor den Herausforderungen der Informations- und Kommunikationstechnologien jenseits des Datenschutzes, 2018, S. 179 (182 f.) m.w.N. S.a. *Ferguson,* The Rise of Big Data Policing, 2017, S. 19, 21 ff.

32 *Ferguson,* The Rise of Big Data Policing, 2017, S. 27, der davon spricht, dass Polizisten einen unleugbar harten Job machen.

33 *Ferguson,* The Rise of Big Data Policing, 2017, S. 26.

34 Dazu etwa *Guckelberger,* Öffentliche Verwaltung im Zeitalter der Digitalisierung, 2019, Rn. 487 ff. mit einigen Beispielen; s. dazu unten unter B. VI. 5.

35 S. auch *Houy et al.,* in: Klenk/Nullmeier/Wewer, Handbuch der Digitalisierung in Staat und Verwaltung, 2019, S. 517 (523 f.). So rückt in den USA, auch im Kontext der Covid-19-Pandemie, erst allmählich der Datenschutz in den Fokus von Gesetzesinitiativen, *Johannes,* ZD-Aktuell 2020, 07441, während der EuGH noch im Jahr 2020 entschied, dass das vereinbarte Privacy Shield für Datentransfer zwischen der EU und den USA wegen fehlendem vergleichbaren Schutzniveau ungültig ist, EuGH, NJW 2020, 2613 ff. – Schrems II.

36 *Sommerer,* Personenbezogenes Predictive Policing, 2020, S. 36; *Thüne,* Predictive Policing, 2020, S. 94.

37 S. Pressemitteilung des Bayerischen Staatsministeriums des Innern, für Sport und Integration v. 24.06.2015, abrufbar unter: https://www.stmi.bayern.de/med/pressemitteilungen/pressearchiv/2015/204/index.php, zuletzt abgerufen am 24.10.2022.

38 S. im Einzelnen aufgelistet bei *Egbert/Krasmann,* Predictive Policing, 2019, S. 28 ff.

öffentlichen Debatte, abgeklungen. Im Oktober 2021 gab das bayerische Landeskriminalamt in einer Pressemitteilung bekannt, dass sie die Software PRECOBS wegen zu stark gesunkener Fallzahlen künftig nicht mehr einsetzen werde.[39] Die These, dass sich Predictive Policing somit in Deutschland schon wieder erledigt hat, kann jedoch nicht aufgestellt werden. So betont auch das bayerische Landeskriminalamt, dass der Einsatz softwarebasierter Lage- und Risikoanalysen großes Potenzial hätte und man daher auch weiterhin „strategische und innovative Möglichkeiten" im Auge behalten würde.[40] *Egbert/Krasmann* gehen in ihrer Studie davon aus, dass sich Predictive Policing dauerhaft etablieren und erweitert werden wird.[41] Die Weiterentwicklungsmöglichkeiten sind vielfältig.[42] Die insgesamt niedrige Kriminalitätsrate im ersten Covid-19 Jahr 2020 wird sich aller Voraussicht nach nicht langfristig etablieren. Spätestens mit einem erneuten Ansteigen der Kriminalitätsrate wird auch der Blick auf neue Lösungen, wie Predictive Policing, erneut geschärft werden.

C. Gang der Untersuchung und Eingrenzung des Untersuchungsgegenstand

Als ich Anfang 2019 Predictive Policing als Thema meiner Dissertation wählte, dachte ich, dass das aktuell eingesetzte, raumbezogene Predictive Policing nur als Art Ausgangspunkt für eine eingehende Untersuchung des personenbezogenen Predictive Policing sein würde, das ich ad hoc als das spannendere Thema eingestuft hatte. Relativ schnell kristallisierte sich für mich jedoch heraus, dass das raumbezogene Predictive Policing – vielleicht aus genau diesem Grund – aus meiner Sicht bisher zu Unrecht noch wenig Aufmerksamkeit durch die Rechtswissenschaft erfahren hat.[43] In juristischen Abhandlungen wird etwa die Frage, ob durch den Einsatz von raumbezogenem Predictive Policing Grundrechte betroffen sind, oftmals

39 https://www.polizei.bayern.de/aktuelles/pressemitteilungen/018804/, zuletzt abgerufen am 24.10.2022.

40 https://www.polizei.bayern.de/aktuelles/pressemitteilungen/018804/, zuletzt abgerufen am 24.10.2022.

41 *Egbert/Krasmann,* Predictive Policing, 2019, S. 67.

42 *Egbert/Krasmann,* Predictive Policing, 2019, S. 67 f.; dazu eingehend in Teil 2.

43 Ähnliche Einschätzung auch *Egbert,* Zeitschrift für Rechtssoziologie 40 (2020), 26 (27 f., 46). So bezeichnete etwa *Rademacher* 2018 das raumbezogene Predictive Policing als rechtlich „relativ harmlos", *ders.,* in: Galetta/Ziller, Das öffentliche Recht vor den Herausforderungen der Informations- und Kommunikationstechnologien jenseits des Datenschutzes, 2018, S. 179 (181).

durch den Verweis auf den fehlenden Einsatz personenbezogener Daten in den Algorithmen pauschal verneint.[44] Das nötige Vorbereitungsstadium, in dem die verwendeten polizeilichen Daten durchaus einen Personenbezug aufweisen, wird ausgeklammert, obwohl insbesondere das unionale Datenschutzrecht strenge Vorgaben hinsichtlich Zweckbindung und -änderung macht. Eine Analyse der aktuellen rechtlichen Grenzen ist jedoch auch gerade im Hinblick auf mögliche Weiterentwicklungen in Richtung personenbezogenes Predictive Policing überfällig.

Einen genaueren Blick verdient neben dem Vorbereitungsstadium auch die Zeit nach Generierung eines Prognosegebietes und den tatsächlichen und rechtlichen Möglichkeiten, wie die Polizei in den jeweiligen prognostizierten Gebieten agieren kann, d.h. wie genau die versprochene Prävention geleistet werden kann. Hier wird ein Blick auf die Entwicklungen in den einzelnen Polizeigesetzen geworfen, die den Trend zu neuen Befugnissen für das Gefahrenvorfeld zeigen werden.

Zu wenig Aufmerksamkeit hat meiner Einschätzung zufolge bisher zudem die Tatsache erfahren, dass aktuell zwei Bundesländer Prognosesoftware verwenden bzw. verwendet haben, die sie nicht selbst entwickelt, sondern auf dem privaten Markt kommerziell erworben haben. Hier soll ein Versuch unternommen werden, mögliche rechtliche Grenzen eines solchen Einsatzes auszuloten.

Darüber hinaus wird meines Erachtens bei einer rechtlichen Beurteilung oftmals nicht genau genug differenziert, wie die Algorithmen arbeiten. Für Big Data Anwendungen bzw. den Einsatz von Künstlicher Intelligenz etwa stellen sich im Hinblick auf das Datenschutzrecht ganz andere Fragen als für theoriengestützte, in der verwendeten Datenmenge klar begrenzte automatisierte Auswertungen. Big Data Policing und Predictive Policing sind daher nicht zu verwechseln bzw. zu vermischen.[45]

Nachfolgend wird besonderes Augenmerk auf die Differenzierung der verschiedenen Stadien und Ausprägungen gelegt, um den aktuellen Rechtsrahmen des raumbezogenen Predictive Policing auszuloten und so auch die Basis für weitere Untersuchungen der Weiterentwicklungen auch in Richtung personenbezogenen Predictive Policing zu legen.

---

44 Beispielhaft *Wischmeyer,* in: Kulick/Goldhammer, Der Terrorist als Feind?, 2020, S. 193 (202); *Busch/Singelnstein,* in: Bode/Seidensticker, Predictive Policing, 2020, S. 261 (261 f.).

45 So aber z.B. *Zenner,* in: Wieczorek, Digitalisierung, 2018, S. 117 (118).

Letztlich konzentriert sich daher die vorliegende Arbeit fast ausschließlich auf das aktuell eingesetzte raumbezogene Predictive Policing und dessen rechtlicher Bewertung (Teil 1). Im zweiten Teil der Arbeit werden ebenfalls im Hinblick auf das raumbezogene Predictive Policing Weiterentwicklungstendenzen und -möglichkeiten sowie deren rechtliche Hürden dargestellt. Der dritte Teil setzt den Schlusspunkt und fasst die wesentlichen Erkenntnisse der Arbeit zusammen.

Teil 1: Der aktuelle Einsatz: Orts- bzw. Raumbezogenes Predictive Policing

A. Einführung

Aktuell werden in fünf Bundesländern raumbezogene Predictive Policing-Softwares zumindest testweise eingesetzt: In Sachsen die kommerzielle Software PRECOBS,[46] deren Name vermutlich nicht nur zufällig Assoziationen zu den übernatürlichen Sehern Precogs in der berühmten Buchverfilmung Minority Report weckt.[47] Berlin, Niedersachen, Hessen und Nordrhein-Westfalen haben jeweils eine Software in Eigenregie entwickelt, die auf verschiedenen Softwaremodulen von Microsoft, IBM u.a. aufbauen.[48] Andere Bundesländer könnten folgen.

Die eingesetzten Softwares sind, bis auf PRECOBS, das von gleich drei Bundesländern zumindest zeitweise eingesetzt wurde[49] und noch wird, alle unterschiedlich ausgestaltet.

Ihnen gemeinsam ist jedoch der Glaube daran, dass zumindest bestimmte Verbrechen berechenbar sind. Das zentrale Delikt für Predictive Policing-Systeme stellt – zumindest momentan noch – der Wohnungseinbruchdiebstahl als qualifizierter Diebstahl dar (§ 242 i.V.m. § 244 Abs. 1 Nr. 3, Abs. 4 StGB).[50] Dies gründet zum einen auf der Tatsache, dass Wohnungseinbrüche in der Kriminalstatistik zeitweise einen großen Anteil ausgemacht haben und vor allem in den Jahren 2006–2015 stark angestiegen sind,[51] auch wenn die Fallzahlen in jüngerer Vergangenheit wieder rückläu-

---

46 S. die Antwort des Sächsischen Staatsministeriums des Innern auf eine Kleine Anfrage des Abgeordneten *Valentin Lippmann*, SächsLT-Drucks. 6/17022.

47 *Balogh*, Kriminalistik 2016, 335 (336); *Egbert*, SchrStVV 42 (2018), S. 241 (241); *Thüne*, Predictive Policing, 2020, S. 95.

48 S. dazu unter A. II. 2.–5.

49 Baden-Württemberg stellte das Pilotprojekt bereits 2019 wegen zu geringer Fallzahlen ein, s. *Mayer*, Strobl entscheidet sich gegen Precobs, stuttgarter-nachrichten.de v. 03.09.2019; im Oktober 2021 gelangte Bayern zum gleichen Ergebnis und kündigte das Ende des Einsatzes von PRECOBS an, https://www.polizei.bayern.de/aktuelles/pressemitteilungen/018804/, zuletzt abgerufen am 24.10.2022.

50 S. BT-Drucks. 18/3703, S. 3.

51 *Kreuzer*, NK 29 (2017), 123 (123); *Dreißigacker/Wollinger/König/Bliesener*, NK 29 (2017), 321 (322); s.a. *Gerstner*, Predictive Policing, S. 11 für Baden-Württemberg.

fig sind.[52] Im ersten Covid-19 Pandemiejahr 2020 sanken die bundesweiten Fallzahlen von Wohnungseinbruchdiebstählen um fast 14% auf einen aktuellen Tiefstand.[53]

Ein weiterer zu berücksichtigender Faktor ist zudem, dass Wohnungseinbrüche enorme psychische Folgebelastungen der Opfer nach sich ziehen können.[54] Ein Einbruch in die eigene Wohnung stellt eine fatale Verletzung der Privatsphäre durch das Eindringen und Durchwühlen der eigenen Sachen, womöglich gar des Schlafzimmers, dar und kann bei den Betroffenen unter anderem zu Angstzuständen führen.[55] Verschiedenen Studien zufolge fühlen sich zwischen einem Viertel bis zu über der Hälfte aller Betroffenen direkt nach einem Einbruch in die eigene Wohnung dort nicht mehr sicher.[56] Daraus resultiert ein gesellschaftlicher Druck auf die Politik, auf diesem Gebiet durchzugreifen, zumal das Delikt Wohnungseinbruchdiebstahl für das Sicherheitsempfinden der Bevölkerung von erheblicher Bedeutung ist.[57]

---

52 BMI/BMJV, Dritter Periodischer Sicherheitsbericht, 2021, S. 27; *Egbert/Krasmann*, Predictive Policing, 2019, S. 35 Fn. 9; *Kowalik*, Die hoheitliche Videoüberwachung des öffentlichen Raums zur Kriminalprävention, 2021, S. 3 Fn. 6. So hat etwa Baden-Württemberg wegen zu geringer Fallzahlen im Jahr 2019 das Pilotprojekt aufgrund zu geringer Fallzahlen eingestellt, *Mayer*, Strobl entscheidet sich gegen Precobs, stuttgarter-nachrichten.de v. 03.09.2019; im nicht repräsentativen ersten Covid-19 Pandemiejahr 2020 sanken die Fallzahlen auf ein Rekordtief, „Wohnungseinbrüche auf Rekordtief", tagesschau.de v. 01.04.2021, abrufbar unter: https://www.tagesschau.de/inland/wohnungseinbrueche-109.html, zuletzt abgerufen am 24.10.2022. Trotzdem machen Diebstahlsdelikte mit knapp 32 % den größten Anteil an der Gesamtkriminalität aus, BMI, PKS 2020, S. 26; dazu auch *Singelnstein/Kunz*, Kriminologie, 8. Aufl. 2021, § 16 Rn. 47.

53 BMI, PKS 2020, S. 11.

54 *Deegener*, Psychische Folgeschäden nach Wohnungseinbruch, S. 13, 107; *Wollinger et al.*, Wohnungseinbruch: Tat und Folgen, 2014, S. 20, 53 ff.; *Hellmann*, Repräsentativbefragung zu Viktimisierungserfahrungen in Deutschland, 2014, S. 58; *Wollinger*, MschrKrim 98 (4) 2015, 365 (365).

55 *Baier et al.*, Kriminalistik 2012, 730 (735); *Hellmann*, Repräsentativbefragung zu Viktimisierungserfahrungen in Deutschland, 2014, S. 7; *Wollinger*, MschrKrim 98 (4) 2015, 365 (366 f.); LKA NRW, Forschungsbericht Wohnungseinbruchdiebstahl, Basisbericht 2017, S. 24.

56 Opferbeauftragter des Landes Berlin, Dritter Bericht zur Situation der Opfer von Straftaten im Land Berlin (2014/2015), S. 26; *Wollinger*, MschrKrim 98 (4) 2015, 365 (366) gibt die Zahl 29% an; *Wollinger et al.*, Wohnungseinbruch: Tat und Folgen, 2014, S. 19 fassten Ergebnisse von verschiedenen Studien dazu mit einem Drittel bis mehr als die Hälfte der Betroffenen zusammen, wobei ihre eigenen Befragungen gar ein Unsicherheitsgefühl in der gewohnten Umgebung bei ca. 75% ergaben, S. 53.

57 Zu Letzterem BMI/BMJV, Dritter Periodischer Sicherheitsbericht 2021, S. 27.

Weiterhin ist es von großer Relevanz, dass gerade Eigentumsdelikte, anders als etwa Gewalttaten, die häufig auch im Affekt, also spontan ausgelöst werden,[58] zumeist geplant und vorbereitet werden[59] und es kriminologische Schlussfolgerungen gibt, dass bestimmte Wohngebiete anfälliger sind als andere.[60] Diese Delikte haben demnach auch Ursachen, die außerhalb der Psyche des Täters begründet liegen und die man, so der Gedanke, durch präventive Maßnahmen der Polizei steuern und beeinflussen kann. Das Hauptmotiv für den Einsatz des raumbezogenen Predictive Policing ist zumeist die Verhinderung von Einbrüchen durch professionelle Einbrecherbanden.[61]

Im Folgenden soll daher als Vorüberlegung kurz auf den empirischen Forschungsstand zu dieser These eingegangen und der kriminologische Hintergrund beleuchtet werden (I.), bevor die einzelnen technischen Umsetzungen, also die einzelnen Softwarelösungen vorgestellt werden (II.). Anschließend wird das raumbezogene Predictive Policing rechtlich analysiert (B.). Es folgt die rechtliche Würdigung der Nutzung von Predictive Policing-Software, die auf dem privaten Markt eingekauft wurde (C.), bevor der erste Teil mit einem abschließenden Fazit (D.) endet.

I. Kriminologischer Hintergrund

Um zu verstehen, wieso so große Hoffnungen in Predictive Policing gesetzt werden, ist es hilfreich, sich mit den zugrunde liegenden kriminologischen Theorien bzw. beobachteten Phänomenen auseinanderzusetzen. Die Kriminologie ist ein Teilgebiet der Soziologie und versucht, strafbares Verhalten zu erklären bzw. Gesetzmäßigkeiten im Zusammenhang mit Straftaten aufzudecken.[62] *Neubacher* definiert Kriminologie als „Wissenschaft vom

---

58 *Kowalik,* Die hoheitliche Videoüberwachung des öffentlichen Raums zur Kriminalprävention, 2021, S. 332; dazu, dass sich bei Gewaltkriminalität anders als bei Eigentumsdelikten auch kein positiver Effekt von verstärkter Videoüberwachung zeigt, a.a.O., S. 231, 331 f.

59 S. *Kowalik,* Die hoheitliche Videoüberwachung des öffentlichen Raums zur Kriminalprävention, 2021, S. 330 f.

60 S.u. A. I. 1.– 4.

61 S. *Egbert/Krasmann,* Predictive Policing, 2019, S. 15; *Thüne,* Predictive Policing, 2020, S. 99 f.; s. auch *Kreuzer,* NK 29 (2017), 123 (124 f.).

62 *Neubacher,* Kriminologie, Kap. 1 Rn. 12, s. auch a.a.O., Rn. 3 Abb. 1.

abweichenden Verhalten und den gesellschaftlichen Reaktionen darauf".[63] Seit Jahrhunderten versuchen Menschen zu verstehen, wieso bestimmte Personen das Gesetz brechen und andere nicht und vor allem, wie man es verhindern kann.[64] Bis heute hat man darauf keine abschließende, vollständig befriedigende Antwort gefunden, aber es haben sich über die Jahre Theorien entwickelt, die zumindest für bestimmte Formen der Kriminalität eine gewisse empirisch belegte Geltung beanspruchen. Diese Teilgebiete sind vor allem die für Predictive Policing besonders interessanten Wohnungseinbruchdiebstähle und andere Vermögensdelikte.

Wie noch zu zeigen sein wird, basieren nicht alle zur Zeit eingesetzten Predictive Policing-Softwares auf all diesen Theorien, manche Softwares nutzen nur eine, Teilaspekte oder kommen ganz ohne theoretische Grundlagen aus. Im Folgenden sollen auch nur die wichtigsten kurz beschrieben werden, um einen Überblick über die Hintergründe dieser Vorhersagesoftwares zu geben. Denn hinter all der Technik steht die einfache Frage: Kann man menschliches delinquentes Verhalten vorhersagen?[65]

1. Rational Choice Theory

> Nature has placed mankind under the governance of two sovereign masters, pain and pleasure.[66] (Jeremy Bentham)[67]

a) Inhalt

Die wohl wichtigste, weil grundlegendste Theorie bezüglich Verbrechensbegehung in diesem Zusammenhang ist die vom vernunftbegabten, rational handelnden Straftäter. Sie entwickelte sich aus dem aus der Wirtschafts-

63 S. auch *Meier*, Kriminologie, § 1 Rn. 5; *Bock*, Kriminologie, Rn. 1; zur Geschichte der Kriminologie s. *Neubacher*, Kriminologie, Kap. 1 Rn. 16 ff.;

64 Etwa *Meier*, Kriminologie, § 1 Rn. 1 ff.

65 Zum logischen Zusammenhang zwischen Erklärung und Voraussage von strafbarem Verhalten, *Meier*, Kriminologie, § 3 Rn. 6.

66 Frei übersetzt: Die Natur hat die Menschheit der Steuerung durch zwei Maxime unterstellt, Schmerz und Freude.

67 *Bentham*, An introduction to the principles of morals and legislation, Reprint 1907, S. 1.

theorie bekannten Ansatz der Erwartungs-Nutzenhypothese,[68] die erstmals durch den Ökonomen *Gary S. Becker* von der Wirtschaft auf das Gebiet der Kriminologie übertragen wurde.[69]

Die Theorie geht vom Menschen als sog. homo oeconomicus[70] aus, der seine Handlungen im Vorhinein auf seine Folgen hin abwägt und zwar sowohl hinsichtlich möglicher Kosten bzw. des Einsatzes, den er erbringen muss, als auch hinsichtlich des denkbaren Nutzens, den er daraus ziehen kann[71] sowie der Wahrscheinlichkeit nach der sowohl Kosten als auch Nutzen eintreten.[72] Nur bei einer positiven Kosten-Nutzenabwägung wird diejenige Handlung ausgeführt, die im Vergleich den größten Nutzen bei den geringsten Kosten einbringt.[73]

Implizit vorausgesetzt wird von dieser Theorie daher, dass der Mensch an sich einen freien Willen und somit eine freie Wahl hat. Schon der berühmte Philosoph und Vordenker *Jeremy Bentham* ging in seinen Überlegungen zum Utilitarismus davon aus, dass der Mensch nach einer vernünftigen Abwägung seiner Alternativen und im Streben nach größtmöglicher Freude bei Vermeidung von Leid handelt.[74]

Gänzlich neu waren die Überlegungen von *Cornish* und *Clarke* im Jahre 1985/1986 daher nicht, als sich die Rational Choice Theorie endgültig als Kriminalitätstheorie weiterentwickelte.[75] *Derek B. Cornish*, ein britischer

---

68 *Akers/Sellers*, Criminological Theories, 2009, S. 26; s.a. *Walters*, CCJLS, Vol. 16, Issue 3 (2015), 1 (2); *Schneider*, in: ders., Internationales HB der Kriminologie, Bd. 1, S. 125 (129).

69 *Becker*, Journal of Political Economy, Vol. 76, No. 2 (1968), 169 (176 f.); s.a. den Wiederabdruck in der deutschen Übersetzung *Becker*, in: ders. Ökonomische Erklärung menschlichen Verhaltens, S. 39 (47 f.). *Gary S. Becker* erhielt für die Übertragung der mikroökonomischen Theorie auf die gesamtgesellschaftliche Ebene und auf das menschliche Verhalten generell 1992 den Nobelpreis in Wirtschaftswissenschaften. Dieser Ansatz *Beckers* wird auch oft als *ökonomischer Imperialismus* bezeichnet und hat viel Kritik geerntet, s. z.B. *Pies*, in: ders./Leschke, Gary Beckers ökonomischer Imperialismus, S. 1 (2).

70 Etwa *Neubacher*, Kriminologie, Kap. 8 Rn. 10; *Singelnstein/Kunz*, Kriminologie, § 12 Rn. 22.

71 *Neubacher*, Kriminologie, Kap. 8 Rn. 10. Die Rational Choice Theorie wird daher gemeinhin auch als ökonomische Kriminalitätstheorie bezeichnet, etwa *Bock*, Kriminologie, Rn. 221; *Singelnstein/Kunz*, Kriminologie, § 12 Rn. 11 ff., 36.

72 *Bock*, Kriminologie, Rn. 220.

73 *Bock*, Kriminologie, Rn. 220; s. auch *Neubacher*, Kriminologie, Kap. 8 Rn. 10.

74 *Bentham*, An introduction to the principles of morals and legislation, Reprint 1907, S. 29 ff.; *Singelnstein/Kunz*, Kriminologie, § 12 Rn. 12 f.

75 Etwa *Walters*, CCJLS, Vol. 16, Issue 3 (2015), 1 (2). Wegweisend hier insb. *Becker*, in: ders., Ökonomische Erklärung menschlichen Verhaltens, S. 39 ff.

Wirtschafts- und Politikwissenschaftler, und *Ronald V. Clarke*, ein britischer Professor für Strafrecht in den Vereinigten Staaten von Amerika, organisierten 1985 eine Konferenz, auf der interdisziplinär untersucht wurde, wie Straftäter zu ihren Entscheidungen gelangen.[76] Infolge dieser Konferenz erschien das Sammelwerk „The Reasoning Criminal"[77], welches als die bekannteste und wichtigste Grundlage für die kriminologische Rational Choice Theory, zu Deutsch Theorie des rationalen Wahlhandelns,[78] oder auch rationale Wahltheorie,[79] angesehen wird.[80]

Cornish und *Clarke* gehen davon aus, dass jeder Mensch rational nach den oben erklärten Grundsätzen handelt, also folgerichtig auch Kriminelle.[81] Sie wenden sich daher ab von der damals vorherrschenden Vorstellung, dass kriminelles Verhalten grundsätzlich pathologisch bedingt und irrational ist, sondern untersuchen Kriminalität auf der Basis der Annahme, dass auch Straftäter Kosten und Nutzen abwägen.[82]

Die hier abzuwägenden Kosten sind neben dem bloßen physisch aufzuwendenden Kraftakt u.a. die mögliche Strafe oder der Verlust der gesellschaftlichen Stellung, die bei Entdeckung und Aufklärung der Tat drohen,[83] während als mögliche Nutzen die Tatbeute bzw. die persönliche Befriedigung vor allem bei Nichtvermögensdelikten einzustellen sind.[84] Das Entdeckungsrisiko ist dann zuletzt als Wahrscheinlichkeitselement miteinzubeziehen.[85]

Obwohl die Theorie täterbezogen, also individueller Natur ist und daher grds. auf der Mikroebene angesiedelt ist und nicht Kriminalität als

---

76 *Cornish/Clarke*, in: dies., The Reasoning Criminal, S. 1.

77 *Cornish/Clarke*, The Reasoning Criminal, 1986.

78 *Neubacher*, Kriminologie, Kap. 8 Rn. 10; *Schwind/Schwind*, Kriminologie und Kriminalpolitik, § 6 Rn. 19a.

79 *Schneider*, in: ders., Internationales HB der Kriminologie, Bd. 1, S. 125 (129).

80 *Walters*, CCJLS, Vol. 16, Issue 3 (2015), 1 (2); *Gialopsos*, in: Wilcox/Cullen, Encyclopedia of Criminological Theory, S. 215; a.A.: *Meier*, Kriminologie, § 3 Rn. 16, der *Beckers* Werk als Grundlage sieht.

81 Vgl. *Eisenberg/Kölbel*, Kriminologie, § 9 Rn. 7.

82 *Cornish/Clarke*, in: dies., The Reasoning Criminal, vi; *dies.*, The Reasoning Criminal, S. 1 (15). Diese „Entpathologisierung" wird heute als eine der größten Errungenschaften der Rational Choice Theory gesehen, etwa *Meier*, Kriminologie, § 3 Rn. 19; *Schneider*, in: ders., Internationales HB der Kriminologie, Bd. 1, S. 125 (130).

83 *Meier*, Kriminologie, § 3 Rn. 18; *Schwind/Schwind*, Kriminologie und Kriminalpolitik, § 6 Rn. 19a.

84 *Singelnstein/Kunz*, Kriminologie, § 12 Rn. 14. S. insbesondere zu anderen als ökonomischen Nutzen *Meier*, Kriminologie, § 3 Rn. 17.

85 *Meier*, Kriminologie, § 3 Rn. 18.

gesellschaftliches Phänomen generell in den Blick nimmt (Makroebene),[86] sollte sie als Grundlage beziehungsweise als Anstoß für eine Erweiterung der Kriminalitätsprävention hin zu einer situationsbezogenen Prävention dienen.[87] Sie ist daher eng verknüpft mit der Idee der negativen Generalprävention als Straftheorie, die – grob zusammengefasst – annimmt, dass sich umso weniger Kriminalitätsaufkommen zeigt, je höher die Strafen und das Entdeckungsrisiko sind.[88]

Bereits damals sahen *Cornish* und *Clarke* das Bedürfnis, zwischen verschiedenen Arten der Kriminalität zu differenzieren, denn es unterscheiden sich nicht nur die Täter und ihre kognitiven Fähigkeiten und persönlichen Hintergründe, sondern auch die kognitiven Anforderungen an einzelne Straftaten.[89]

Führt man sich als einfaches Beispiel einen Wirtschaftskriminellen vor Augen, der durch ein kompliziertes Schneeballsystem jahrelang unentdeckt blieb und Millionen veruntreute, und daneben eine Person, die angetrunken eine Schlägerei beginnt, leuchtet dieser Gedanke unmittelbar ein.

b) Kritik

Die unterschiedlichen Tätereigenschaften und -fähigkeiten sind zugleich einer der Hauptkritikpunkte an der Theorie des rationalen Wahlhandelns. Selbst wenn also jeder Täter vor der Begehung der Tat eine Kosten-Nutzen-Analyse durchführen würde, hinge das Ergebnis sehr stark davon ab, ob der Täter überhaupt kognitiv dazu in der Lage ist, alle relevanten Aspekte

---

86 *Clarke/Felson,* in: dies., Routine Activity and Rational Choice, S. 1 (4 f.); allgemein zu Mikro- und Makroebene in der Kriminologie *Neubacher,* Kriminologie, Kap. 8 Rn. 1.

87 *Cornish/Clarke,* in: dies., The Reasoning Criminal, vii; *Clarke/Felson,* in: dies., Routine Activity and Rational Choice, S. 1 (4); *Walters,* CCJLS, Vol. 16, Issue 3 (2015), 1 (2); s.a. *Karstedt/Greve,* in: Bussmann/Kreissl, Kritische Kriminologie in der Diskussion, S. 171 (191).

88 *Karstedt/Greve,* in: Bussmann/Kreissl, Kritische Kriminologie in der Diskussion, S. 171 (175); s.a. *Singelnstein/Kunz,* Kriminologie, § 12, Rn. 19. Zur Kritik an der Geltung der negativen Generalprävention etwa *Singelnstein/Kunz,* Kriminologie, § 20, Rn. 10 ff., 25; *Eisenberg/Kölbel,* Kriminologie, § 20 Rn. 12 ff.

89 *Cornish/Clarke,* in: dies., The Reasoning Criminal, S. 1 (2); *Gialopsos,* in: Wilcox/Cullen, Encyclopedia of Criminological Theory, S. 215 (217); einer Täterstudie von *Deusinger* zufolge waren Täter von Einbruchsdelikten von relativ hoher Intelligenz, *Deusinger,* Der Einbrecher, 1993, S. 23; dazu auch *Behn,* Wohnungseinbruchdiebstahl in Deutschland, 2017, S. 248.

zu erkennen und dann auf Grundlage dieser auch eine tatsächlich objektiv rationale Wahl zu treffen.[90] Tatsächlich haben Studien gezeigt, dass die meisten Täter gerade das Entdeckungsrisiko völlig ausblenden oder für irrational gering halten.[91] Aus diesem Grund sprechen manche der Theorie die Fähigkeit ab, Kriminalität ausreichend zu erklären, um tatsächlich wirksame Prävention betreiben zu können. Denn stellt der Täter bei seiner Tat das Entdeckungsrisiko gar nicht als relevanten Faktor mit in seine Pro und Contra Abwägung hinsichtlich der Begehung einer Straftat ein, so wäre auch eine denkbare Erhöhung des Entdeckungsrisikos nicht zielführend.[92]

Zweiter großer Kritikpunkt an der rationalen Wahltheorie ist der, dass sie Affekttaten oder hochemotional geprägte Straftaten nicht zu erklären vermag.[93] Zu solchen Taten „entscheidet" sich der Täter innerhalb von Sekundenbruchteilen und handelt zumeist gerade ohne nachzudenken. Es ist wohl kaum vorstellbar, dass ein angetrunkener Täter, der seinen Lebenspartner bei einer Affäre überrascht und ihn mit dem mitgebrachten Aktenkoffer verletzt, zuvor abgewogen hat, ob ihm die persönliche Befriedigung mehr wert ist als die mögliche Strafe wegen ggf. gefährlicher Körperverletzung.

Aufgrund dieser Kritik gibt es in jüngerer Zeit Versuche, die Theorie des rationalen Wahlhandelns auszuweiten und insbesondere auch die emotionalen und moralischen Hintergründe der Täter mit in die Kosten-Nutzen-Analyse miteinzubeziehen, um Kriminalität zu erklären.[94]

Die bisher erfolgten Versuche, der Kritik durch eine Erweiterung des Rational Choice-Ansatzes zu begegnen, führten jedoch schließlich zur Erkenntnis, dass nur eine rein innerlich rationale, d.h. angepasst an die eigenen Wertvorstellungen, Informationen und Bedürfnisse folgerichtige Entscheidung getroffen wird und nur in den seltensten Fällen eine tatsächlich objektiv rationale. In der Konsequenz bedeutet das, dass die Theorie

---

90 *Singelnstein/Kunz*, Kriminologie, § 12 Rn. 31 f., § 20 Rn. 22.

91 *Tunnell*, in: Conklin, New Perspectives in Criminology, S. 246 (249 f, 252, 256); s.a. *Schneider*, in: ders., Internationales HB der Kriminologie, Bd. 1, S. 125 (130); *Neubacher*, Kriminologie, Kap. 8 Rn. 11.

92 Etwa *Bock*, Kriminologie, Rn. 222.

93 *Neubacher*, Kriminologie, Kap. 8 Rn. 11; *Schwind/Schwind*, Kriminologie und Kriminalpolitik, § 6 Rn. 19d; s.a. *Walters*, CCJLS, Vol. 16, Issue 3 (2015), 1 (2).

94 S. etwa das Rational/Nonrational Choice Modell von *Walters*, CCJLS, Vol. 16, Issue 3 (2015), 1 (5 ff., 9) oder auch die sog. Situational Action Theory, beschrieben etwa bei *Neubacher*, Kriminologie, Kap. 9 Rn. 11 ff. oder bei *Bock*, Kriminologie, Rn. 245 ff.; s.a. die subjektive expected utility Theorie, eingehend bei *Grünenfelder*, subjective utility theory and beyond, 1996, S. 13 ff.

zwar Verhalten generell erklären kann, jedoch keinerlei Rückschlüsse auf eventuelle Präventionsmaßnahmen zulässt und somit als Kriminalitätstheorie beliebig bzw. untauglich wird.[95] Über welche inneren Vorstellungen, Werte und Informationen ein einzelner Mensch verfügt, lässt sich nicht von außen einsehen.

c) Relevanz für Predictive Policing

Auch wenn die Kritik nicht von der Hand zu weisen ist, so kann die Theorie des rationalen Wahlhandelns dennoch einen wertvollen Baustein für die Prävention leisten. Denn auch wenn emotional geprägte Gewaltverbrechen nur selten Ergebnis einer rational nachvollziehbaren Kosten-Nutzen-Analyse sind, so kann ihr insbesondere im Bereich der geplanten Taten, vor allem den Vermögensdelikten, eine gewisse Plausibilität nicht abgesprochen werden.[96] Gerade bei professionellen Einbruchsbanden wird eine Kosten-Nutzen-Analyse zu erwarten sein. Vielmehr ist Grundvoraussetzung für Präventionsmaßnahmen, dass man Kriminelle als zumindest rudimentär rational handelnde Menschen ansieht, ansonsten wären Straftaten rein willkürlich und somit nicht zu verhindern. Die These bildet zudem oftmals die Grundlage, auf der weitere Theorien aufbauen.[97]

2. Routine Activity Approach

> Rather than assuming that predatory crime is simply an indicator of social breakdown, one might take it as a byproduct of freedom and prosperity as they manifest themselves in the routine activities of everyday life.[98] (Cohen und Felson)[99]

---

95 *Eisenberg/Kölbel,* Kriminologie, § 9 Rn. 9; *Singelnstein/Kunz,* Kriminologie, § 12 Rn. 34. S.a. *Akers/Sellers,* die der Theorie daher nach den erforderlichen Anpassungen den Titel rational choice absprechen, *dies.*, Criminological Theories, S. 30.

96 So auch *Klein,* in: Wilcox/Cullen, Encyclopedia of Criminological Theory, S. 774 (776) für Wirtschafts- und Unternehmenskriminalität.

97 S. sogleich; *Meier,* Kriminologie, § 3 Rn. 22; s.a. *Karstedt/Greve,* in: Bussmann/Kreissl, Kritische Kriminologie in der Diskussion, S. 171 (174).

98 Frei übersetzt: Anstatt davon auszugehen, dass Kriminalität nur ein Indikator für den sozialen Zusammenbruch darstellt, sollte man sie als Nebenprodukt von Freiheit und Wohlstand sehen, welche sich in den täglichen Routineaktivitäten widerspiegeln.

99 *Cohen/Felson,* American Sociological Review 1979, Vol. 44, No. 4, 588 (605).

a) Inhalt und Ausrichtung

Der Routine Activity Approach geht zurück auf *Lawrence E. Cohen* und *Marcus Felson.*[100] Dieser, explizit nicht als Theorie bezeichnete Ansatz entfernt sich von der klassischen Täteranalyse der Kriminologie und wendet sich stattdessen objektiven Gegebenheiten zu.[101] Anstatt also zu fragen, warum einzelne Täter straffällig werden, versucht der Routine Activity Approach Straftaten als alltägliche Situation zu begreifen und untersucht, welche Umstände zusammentreffen müssen, damit eine Straftat begangen wird.[102]

Cohen und *Felson* identifizierten drei Voraussetzungen, deren kumulatives Vorliegen die Wahrscheinlichkeit, dass eine Straftat begangen wird, signifikant erhöht: Einen tatgeneigten Täter (motivated, likely offender), ein attraktives Ziel (suitable target) und das Fehlen bzw. die Abwesenheit von fähigen oder schutzbereiten Wächtern (absence of a capable guardian).[103]

Anstoß für die Entwicklung des Routine Activity Approach, auf Deutsch auch Konzept der Routineaktivitäten genannt,[104] war ein Paradoxon, das in den 1960er Jahren in den USA beobachtet wurde: Obwohl die Armut und Arbeitslosigkeit sank und somit auch die allgemein als kriminalitätsfördernd angesehenen gesellschaftlichen Probleme abnahmen, stieg die Kriminalität selbst sprunghaft an.[105] Der Anstieg war dabei so gravierend, dass er nicht mehr auf normale Schwankungen zurückzuführen war und *Cohen* und *Felson* zur Frage inspirierte, welche anderen gesellschaftlichen Veränderungen zur selben Zeit stattgefunden hatten, die diese Entwicklung erklären könnten. Ihnen fiel auf, dass sich vor allem der Alltag vieler Menschen verändert hatte. Hielten sich z.B. früher zumindest die Ehefrauen in Familien fast durchgehend zuhause auf, führte die zunehmende Anstellung von Frauen dazu, dass sie sich vermehrt außer Haus und somit auch vermehrt im Visier von potentiellen Angreifern aufhielten, während gleich-

---

100 *Cohen/Felson,* American Sociological Review 1979, Vol. 44, No. 4, 588 ff.

101 *Cohen/Felson,* American Sociological Review 1979, Vol. 44, No. 4, 588 (589); *Pesch/Neubacher,* JURA 2011, 205.

102 *Cohen/Felson,* American Sociological Review 1979, Vol. 44, No. 4, 588 (589).

103 *Cohen/Felson,* American Sociological Review 1979, Vol. 44, No. 4, 588 (589 f.); *Clarke/Felson,* in: dies., Routine Activity and Rational Choice, S. 1 (2).

104 *Meier,* Kriminologie, § 8 Rn. 33.

105 *Cohen/Felson,* American Sociological Review 1979, Vol. 44, No. 4, 588; s.a. *Pesch/Neubacher,* JURA 2011, 205.

zeitig das Haus eine lange Zeitspanne unbewacht blieb.[106] Die Zunahme von Wohlstand führte zu einem gesteigerten Erwerb von Luxusprodukten, wie Fernsehern und Autos, die gleichzeitig über eine hohe Bewegbarkeit verfügen.[107] Somit stiegen nicht nur die Tatgelegenheiten, sondern auch die Verfügbarkeit attraktiver Beute, was aus Sicht von *Cohen* und *Felson* den Anstieg der Kriminalität erklären konnte.[108]

Der „motivierte Täter" ist der Aspekt des Ansatzes, der nur sehr vage ausgearbeitet wurde. Warum ein Täter eine Straftat begeht, wird nicht geklärt. Vielmehr wird der Straftäter als gesellschaftliches Phänomen vorausgesetzt.[109] Die Motive des Täters für die Tat, ob aus persönlicher Not, wegen fehlgesteuerter Moral oder pathologischer Auffälligkeiten, sind für das Konzept der Routineaktivitäten aber auch schlicht uninteressant. Der Ansatz rückt vielmehr die Tat (event) in den Vordergrund und analysiert statt des Täters und seinen Beweggründen die Umstände, die zur Tat führten.[110] Die Stärke des Ansatzes liegt also darin zu erklären, welche zusätzlichen Gegebenheiten dazu führen, dass ein motivierter Täter seine Tatneigung auch tatsächlich umsetzt, wenn er nicht völlig irrational handelt. Es geht somit hauptsächlich um die Frage nach den Tat*gelegenheiten*,[111] wobei der motivierte Täter als rational handelnde Person implizit vorausgesetzt wird.[112]

Das geeignete Ziel wird hingegen vertiefter ausgearbeitet. Durch die neutrale Formulierung *Ziel* sollte deutlich gemacht werden, dass der Ansatz ganzheitlich ist und auch Gewaltkriminalität miteinbezieht.[113] So kön-

---

106 *Cohen/Felson,* American Sociological Review 1979, Vol. 44, No. 4, 588 (593 f.); *Pesch/Neubacher,* JURA 2011, 205 (206); *Tewksbury/Ehrhardt Mustaine,* in: Wilcox/Cullen, Encyclopedia of Criminological Theory, S. 186 f.; s.a. *Neubacher,* Kriminologie, Kap. 9 Rn. 6.

107 *Cohen/Felson,* American Sociological Review 1979, Vol. 44, No. 4, 588 (595 f.); *Pesch/Neubacher,* JURA 2011, 205 (206).

108 *Cohen/Felson,* American Sociological Review 1979, Vol. 44, No. 4, 588 (598); *Clarke/Felson,* in: dies., Routine Activity and Rational Choice, S. 1 (8). S.a. *Eisenberg/Kölbel,* Kriminologie, § 9 Rn. 11.

109 *Clarke/Felson,* in: dies., Routine Activity and Rational Choice, 1 (2). S.a. *Pesch/Neubacher,* JURA 2011, 205 (208).

110 *Cohen/Felson,* American Sociological Review 1979, Vol. 44, No. 4, 588 (605); *Karstedt/Greve,* in: Bussmann/Kreissl, Kritische Kriminologie in der Diskussion, S. 171 (179 f.).

111 *Pesch/Neubacher,* JURA 2011, 205.

112 *Clarke/Felson,* in: dies., Routine Activity and Rational Choice, S. 1 (8 f.).

113 *Clarke/Felson, in*: dies., Routine Activity and Rational Choice, S. 1 (2); s.a. *Bock,* Kriminologie, Rn. 915 f.

nen Ziele sowohl materielle Tatbeute, also Eigentum anderer, oder aber (menschliche) Opfer sein.[114] Bezüglich der hier interessierenden materiellen Ziele kommen *Cohen* und *Felson* zu dem Schluss, dass besonders wertvolle und zugleich sehr bewegliche sowie gut absetzbare Gegenstände beliebte Tatobjekte sind.[115] Diese müssen weiterhin für den geneigten Täter sichtbar und zugänglich sein.[116] Vor allem Autos, Schmuck und elektronische Unterhaltungsmedien wurden als begehrtes Diebesgut identifiziert.[117]

Das dritte wesentliche Element des Ansatzes ist schließlich die Abwesenheit eines fähigen und schutzbereiten Wächters. Unter einem Wächter ist dabei jeder zu verstehen, der eine zeitlich-räumliche Aufsicht über potenzielle Ziele hat, die einen Angriff auf das Ziel verhindern könnte.[118] Dabei wird immer wieder betont, dass Wächter hier nicht allein staatliche Schutzbeauftragte, wie etwa Polizisten, sein müssen, sondern vielmehr jeder gewöhnliche Mitbürger, wie etwa Nachbar, Mitbewohner oder zufällig anwesender Fremder, dafür infrage kommt.[119]

Fällt auch nur eines dieser Elemente weg, aus welchen Gründen auch immer, kann eine Straftat – so die Idee – erfolgreich verhindert werden.[120]

Anders als die Theorie des rationalen Wahlhandelns ist das Konzept der Routineaktivitäten auf der Makroebene angesiedelt und löst sich von der einzelnen Tat bzw. dem einzelnen Täter.[121] Wegen der trotzdem in ihr impli-

---

114 *Cohen/Felson*, American Sociological Review 1979, Vol. 44, No. 4, 588 (589); *Pesch/Neubacher*, JURA 2011, 205.

115 *Cohen/Felson*, American Sociological Review 1979, Vol. 44, No. 4, 588 (595 f.).

116 *Pesch/Neubacher*, JURA 2011, 205 nennen es daher VIVA: value, intertia, visibility und access, also Wert, Beweglichkeit, Sichtbarkeit und Zugänglichkeit, zurückgehend wohl auf *Clarke*, Hot Products, 1999, S. 22. Speziell Diebesgut soll durch folgende Merkmale gekennzeichnet sein: leicht zu verstecken, tragbar, verfügbar, wertvoll, vergnüglich und verkäuflich, engl.: concealable, removable, available, valuable, enjoyable, disposable (CRAVED), *Clarke*, Hot Products, 1999, S. vi, 23 ff.; s.a. *Pesch/Neubacher*, JURA 2011, 205 (206); *Felson/Boba*, Crime and Everyday Life, 2010, S. 40.

117 *Clarke*, Hot products, 1999, S. 5 f., 7 ff.; *Felson/Boba*, Crime and Everyday Life, 2010, S. 38 ff.

118 *Pesch/Neubacher*, JURA 2011, 205 (206).

119 *Cohen/Felson*, American Sociological Review 1979, Vol. 44, No. 4, 588 (590); *Clarke/Felson*, in: dies., Routine Activity and Rational Choice, S. 1 (3); *Felson/Boba*, Crime and Everyday Life, 2010, S. 28; *Akers/Sellers*, Criminological Theories, S. 36; *Neubacher*, Kriminologie, Kap. 9 Rn. 7.

120 *Cohen/Felson*, American Sociological Review 1979, Vol. 44, No. 4, 588 (604).

121 *Clarke/Felson*, in: dies., Routine Activity and Rational Choice, S. 1 (8 f.); *Karstedt/Greve*, in: Bussmann/Kreissl, Kritische Kriminologie in der Diskussion, S. 171 (180).

zit angelegten Voraussetzung eines motivierten Täters, spricht *Neubacher* gar von einer Verbindung von Mikro- und Makroebene.[122]

b) Relevanz für Predictive Policing

Das „klassische" Predictive Policing führt zu rein raumbezogenen Vorhersagen. Daher ist sinnvollerweise für diese Art von Polizeiarbeit auch eine kriminalistische Theorie zugrunde zu legen, die sich vom einzelnen Täter löst und sich auf die raumbezogenen Merkmale konzentriert. Der Routine Activity Approach begreift Kriminalität als Alltagserscheinung, die sich mit Veränderungen des täglichen Lebens mitentwickelt und wandelt.[123] Identifiziert und versteht man diese Veränderungen, so die Idee, kann man Präventionsmaßnahmen entsprechend anpassen und schon mithilfe kleiner Maßnahmen einen Anstieg der Kriminalität verhindern bzw. stoppen.[124]

Gerade wegen seiner Konzentration auf Tatgelegenheiten, die durch ein Zusammentreffen der verschiedenen Aspekte *in Raum und Zeit* entstehen, ist der Ansatz gut geeignet, um gezielte Präventionsmaßnahmen an so herauskristallisierten, besonders gefährdeten Orten vorzunehmen.[125]

Der Routine Activity Approach kann sich, anders als etwa die Rational Choice Theorie, auf statistische Untermauerung berufen und kann zumindest Korrelationen zwischen Gesellschaftsstrukturen bzw. Umgebungen und Kriminalität erklären.[126] Inwiefern tatsächlich ursächliche Zusammenhänge, d.h. Kausalitäten bestehen, bleibt fraglich. *Cohen* und *Felson* schränken bereits in ihrem ersten Aufsatz zu ihrem Ansatz selbst ein, dass die drei identifizierten Umstände nur die minimal zusammentreffenden Gegebenheiten darstellen und andere keinesfalls ausgeschlossen seien.[127] Und so

---

122 *Neubacher,* Kriminologie, Kap. 9 Rn. 10; s.a. *Pesch/Neubacher,* JURA 2011, 205 (206 f.).

123 S. a. *Felson/Boba,* Crime and Everyday Life, 2010, S. 206.

124 *Felson/Boba,* Crime and Everyday Life, 2010, S. 203 ff., 206.

125 *Sherman/Gartin/Buerger,* Crimonology 27 (1989), 27 (30 f.); s.a. *Tewksbury/Ehrhardt Mustaine,* in: Wilcox/Cullen, Encyclopedia of Criminological Theory, S. 186 (192). Er ist daher grundsätzlich auch gut geeignet für Predictive Policing, *Pollich/Bode,* Polizei & Wissenschaft 2017, 2 (5 f.).

126 S. *Cohen/Felson,* American Sociological Review 1979, Vol. 44, No. 4, 588 ff.

127 *Cohen/Felson,* American Sociological Review 1979, Vol. 44, No. 4, 588 (589).

wurde auch dieser Ansatz bereits mehrfach überarbeitet und weiterentwickelt.[128] In seiner grundsätzlichen Aussagen bleibt er jedoch beständig.

Für eine Prävention, auf die Predictive Policing letztlich abzielt, ist es auch gar nicht notwendig, dass Kausalitäten im engeren Sinne bekannt sind, denn auch schlichte Korrelationen können zu erfolgreichen Vorhersagen führen. Das Warum einer Tat mag Soziologen, Kriminologen und Psychologen interessieren, potenzielle Opfer und Staat sind in erster Linie daran interessiert, die Tat zu verhindern, warum auch immer sie passiert. Wenn also bestimmte Routineaktivitäten mit dem erhöhten Risiko einer Viktimisierung korrelieren, so können der Staat und gegebenenfalls auch der Einzelne durch Drehen an den richtigen Stellschrauben, insbesondere durch Erhöhung der schutzbereiten Wächter, das Risiko minimieren. Gerade für situationsbezogene Prävention im Bereich von Eigentumsdelikten ist der Routine Activity Ansatz daher ein wertvolles Modell.[129]

3. Sozialkontrolltheorien: Broken Windows und Defensible Space

Die sog. Broken Windows Theorie wie auch der sog. Defensible Space Ansatz konzentrieren sich ebenfalls auf das Umfeld und nicht den Täter. Anders als der Routine Activity Approach nehmen sie vor allem städtebauliche Strukturen und Gegebenheiten sowie gesellschaftliche und soziale Verhältnisse in einer größeren Perspektive ins Visier.[130]

a) Broken Windows-These

Die Broken Windows-These von *James Wilson* und *George Kelling* rückte in den 1990er Jahren vor allem durch die Null Toleranz Politik der New Yorker Polizei in den Fokus der Aufmerksamkeit.[131]

---

128 S. etwa bei *Pesch/Neubacher*, JURA 2011, 205 (209).

129 *Pesch/Neubacher*, JURA 2011, 205 (208); *Schwind/Schwind*, Kriminologie und Kriminalpolitik, § 8 Rn.18c.

130 *Eisenberg/Kölbel*, Kriminologie, §53 Rn. 28; s. *Meier*, Kriminologie, § 3 Rn. 46, 50.

131 *Volkmann*, NVwZ 1999, 225 f; *Meier*, Kriminologie, § 3 Rn. 54 f.

(1) Inhalt der Broken Windows-These

Diese These besagt in ihren Anfängen, dass schon kleine Vernachlässigungen städtebaulicher Art, wie etwa zerbrochene Fenster, die nicht sofort repariert werden, dazu führen können, dass ein Gebiet in eine Abwärtsspirale[132] gerät und schließlich Kriminalität anzieht.[133] Bereits wenn kleinere Regelverstöße bzw. auch bloße Unhöflichkeiten und sozial unerwünschtes Verhalten, wie z.B. Graffiti, Betteln oder Alkohol in der Öffentlichkeit, nicht sanktioniert würden, entstehe der Eindruck fehlender gesellschaftlicher Kontrolle, die Einwohner reagierten mit vermehrter Kriminalitätsfurcht und schlimmstenfalls Wegzug, wodurch sich der Nährboden für Kriminalität entwickle.[134] *Kelling* und *Wilson* nennen diesen Prozess den städtischen Zerfall (urban decay).[135]

Ausgangspunkt ist dabei ein Experiment, das der Psychologe *Philip Zimbardo* 1969 in den USA zum Thema Vandalismus durchführte.[136] Er stellte je ein Auto in der New Yorker Bronx gegenüber des Bronx Campus der NYU ab und eines in einer Straße in der Nähe der Elite-Universität Stanford in Palo Alto, Kalifornien.[137] Um Anzeichen von Verlassenheit darzustellen, wurden die Motorhauben geöffnet und die Kennzeichen entfernt.[138] In weniger als drei Tagen war das Auto in der Bronx vollständig ausgenommen und demoliert, während in der kalifornischen Kleinstadt das Auto über eine Woche lang zunächst völlig ignoriert wurde; bei Regen schloss ein Passant sogar die Motorhaube.[139] Erst nachdem *Zimbardo* dort mit seinen Mitarbeitern selbst den ersten Schritt machte und u.a. die Frontscheibe einschlug, zog dies zunächst Anfeuerungsrufe und schließlich auch weitere Zerstörungsmaßnahmen nach sich, sodass letztlich beide Autos in ihrem Zerstörungsgrad nicht mehr voneinander abwichen.[140]

132 S.a. *Eisenberg/Kölbel,* Kriminologie, § 53 Rn. 25.

133 *Wilson/Kelling,* KrimJ 28 (1996), 121 (125); *Eisenberg/Kölbel,* Kriminologie, § 53 Rn. 25; s.a. *Neubacher,* Kriminologie, Kap. 8 Rn. 16 ff.

134 *Wilson/Kelling,* KrimJ 28 (1996), 121 (125); *Eisenberg/Kölbel,* Kriminologie, § 53 Rn. 25; *Singelnstein/Kunz,* Kriminologie, § 9 Rn. 51; *Gau,* in: Wilcox/Cullen, Encyclopedia of Criminological Theory, S. 1018 (1019).

135 *Wilson/Kelling,* KrimJ 28 (1996), 121 (127).

136 *Wilson/Kelling,* KrimJ 28 (1996), 121 (124); *Zimdardo,* in: Ward, Vandalism, S. 85 ff.

137 *Zimbardo,* in: Ward, Vandalism, S. 85 (86).

138 *Zimbardo,* in: Ward, Vandalism, S. 85 (86).

139 *Zimbardo,* in: Ward, Vanalism, S. 85 (88).

140 *Zimbardo,* in: Ward, Vanadlism, S. 85 (88 f.).

Daraus entwickelten *Wilson* und *Kelling* den Ansatz, dass grds. überall das Potenzial besteht, Kriminalität zu entwickeln, solange man zulässt, dass gesellschaftliche Kontrollsysteme versagen und ein Gefühl der Unachtsamkeit und Duldung von öffentlicher Unordnung (disorder) entstehen.[141] Wenn etwas nicht sanktioniert wird, so wird das Signal gesendet, dass man hier die Grenzen dessen austesten kann, was alles noch nicht sanktioniert wird bzw. dass die Wahrscheinlichkeit eines Eingreifens und der Entdeckung gering sei.[142] Die wachsende Kriminalitätsfurcht und das schwindende Sicherheitsgefühl der Anwohner führt schließlich tatsächlich zu einer verringerten sozialen Kontrolle, da sich niemand mehr wirklich traut, diejenigen, die das Ordnungsgefühl stören, anzusprechen oder gar zurechtzuweisen, wodurch Tatgelegenheiten entstehen.[143]

(2) Stellungnahme

Die Beobachtung, dass in bestimmten Gebieten, in denen augenscheinlich keine hohen Ansprüche an Ordnung und Sauberkeit gestellt werden, Menschen zumindest geringfügig bereitwilliger gegen soziale und moralische Normen der Gesellschaft verstoßen als anderswo, scheint empirisch ganz gut belegt.[144] Ob diese Orte aber tatsächlich auch (schwere) Kriminalität anziehen, bleibt fraglich.[145] Problematisch sind jedoch vor allem die Konsequenzen, die aus diesem Ansatz gezogen werden: Um Kriminalität im Keim zu ersticken, muss jede Art von Abweichung von der sozialen und gesellschaftlich als „normal" definierten Norm konsequent geahndet und

141 *Wilson/Kelling*, KrimJ 28 (1996), 121 (125).

142 *Wilson/Kelling*, KrimJ 28 (1996), 121 (129).

143 *Eisenberg/Kölbel*, Kriminologie, § 53 Rn. 25; s.a. *Meier*, Kriminologie, § 3 Rn. 52.

144 S.a. eine Studie aus den Niederlanden, die in sechs verschiedenen Versuchsanordnungen das Verhalten von Personen in einer Situation untersuchte, die einmal in einer normgetreuen Umgebung und einmal in einer Umgebung stattfand, die Anzeichen von fehlender öffentlicher Ordnung *(disorder)* zeigten. In jeder der sechs Studien war die Tendenz, gegen soziale oder gar Gesetzesnormen, wie dem Verbot von Diebstahl, zu verstoßen, signifikant höher, wenn eine andere soziale Norm, die mit dem begangenen Normverstoß gar nicht im Zusammenhang stand, wie etwa dem Gebot keinen Müll auf die Straße zu werfen, augenscheinlich bereits mehrfach verletzt worden war, *Keizer/Lindenberg/Steg*, Science 322 (2008), 1681 ff. Die Autoren nennen es daher die Ausbreitung öffentlicher Unordnung.

145 S.a. *Skogan*, Journal of Research in Crime and Delinquency 52(4) 2015, 464 (480), der wegen der unbeständigen Forschungsergebnisse weitere Studien fordert.

verhindert werden.[146] Dass dies auch bedeutet, nicht strafbares bzw. nicht einmal ordnungswidriges Verhalten zu sanktionieren, stellt einen massiven Eingriff in die Freiheit des Einzelnen, jedenfalls in die allgemeine Handlungsfreiheit aus Art. 2 Abs. 1 GG, dar. [147] Die einzige Rechtfertigung, die dafür vorgebracht wird, ist die Aufrechterhaltung des öffentlichen Anstandes, um das Sicherheitsgefühl der Anwohner nicht zu untergraben und einen städtischen Zerfall zu verhindern. Dass dies in der Regel im Einzelfall nicht dem Verhältnismäßigkeitsgrundsatz entsprechen kann, war bereits den Autoren *Wilson* und *Kelling* klar.[148] Trotzdem plädierten sie für ein hartes Durchgreifen für ein höheres Wohl, was schließlich durch den bekannten Polizeichef von New York, *William Bratton*, unter Bürgermeister *Giuliani* in den 1990er Jahren umgesetzt wurde.[149]

b) Defensible Space-Ansatz

Der Defensible Space Ansatz konzentriert sich noch mehr als die Broken Windows-These auf die städtebaulichen Gegebenheiten. Danach sind vor allem solche Gebiete risikobehaftet, deren architektonische Struktur eine gewisse Anonymität verleiht.[150] Wenn Menschen in großen Hochhäusern leben, ist es oft schwieriger, den Kontakt zu den Nachbarn zu halten oder auch nur den Überblick darüber, wer alles dort wohnt und wer nur zu Besuch ist. Diese Anonymität führt zu einer verringerten sozialen Kontrolle und einer Gleichgültigkeit gegenüber anderen Bewohnern,[151] der auch schon im Broken Windows Ansatz einen großen Einfluss auf das Kriminalitätsgeschehen zugesprochen wurde. Die Lösung für diese Probleme sieht der Begründer der Theorie, *Oscar Newman*, vor allem in städtebaulichen Veränderungen. So sollten beispielsweise die Fenster der Wohnungen zur Straße hinaus weisen, sodass diese durch die Anwohner im Blick behalten werden könne.[152] Auch solle eine klare Umgrenzung und somit Eingrenzung des privaten Raumes, bspw. durch Zäune, die Homogenität und somit

146 *Wilson/Kelling*, KrimJ 28 (1996), 121 (131, 135 ff.).
147 S.a. *Meier*, Kriminologie, § 3 Rn. 56; *Singelnstein/Kunz*, Kriminologie, § 9 Rn. 52.
148 *Wilson/Kelling*, KrimJ 28 (1996), 121 (131).
149 *Hess*, ZStW 116 (2004), 66 (73 ff.).
150 *Newman*, Defensible Space, S. 2; *Neubacher*, Kriminologie, Kap. 8 Rn. 22.
151 *Newman*, Defensible Space, S. 25.
152 *Newman*, Defensible Space, S. 9, 15.

die soziale Kontrolle fördern.[153] Es soll eine Umgebung geschaffen werden, in der sowohl ein Gefühl für Territorialität als auch ein Gemeinschaftsgefühl dazu führt, dass sich alle ihrer Verantwortung für ein sicheres Lebensumfeld bewusst sind.[154]

c) Relevanz für Predictive Policing

Sowohl die Broken Windows-These als auch der Defensible Space Ansatz rücken die (fehlende) gesellschaftliche Kontrolle als entscheidender Katalysator für Kriminalität in den Vordergrund. Diese fehlende Kontrolle ist Ergebnis eines oft schleichenden Prozesses, der eher schwerlich in Zahlen und Fakten abbildbar ist, was jedoch für eine Programmierung einer Predictive Policing-Software notwendig ist.[155] Anzeichen öffentlicher Unordnung oder städtebauliche Hürden für soziale Kontrolle sind Faktoren, die außerhalb der Kontrolle von Polizisten liegen. Die beiden Ansätze sind daher von eher geringer Relevanz für konkrete Predictive Policing Ansätze, als viel eher eine Mahnung, dass allein polizeiliches Handeln Kriminalität niemals vollständig zu verhindern vermag,[156] da Kriminalität vor allem ein gesellschaftliches Problem ist, das auch – wenn überhaupt – nur gesamtgesellschaftlich gelöst werden kann.

4. Kriminalgeographische Ansätze

Für das orts- bzw. raumbezogene Predictive Policing spielen vor allem die sog. kriminalgeographischen Ansätze eine große Rolle. Hier stehen die tatsächlichen Tatorte und deren Lage im Raum im Fokus. Beispiele sind die Hot Spot-Analyse, die auf die Chicagoer Schule der 1920er Jahre zurückgeht, sowie der Near-Repeat-Ansatz. Hierbei geht es bereits weniger um die Frage, wie bzw. warum Kriminalität entsteht, als vielmehr darum, beobachtete Kriminalitätsphänomene zu beschreiben, darzustellen und mit

153 *Newman*, Defensible Space, S. 9.

154 *Newman*, Defensible Space, 1973, S. 3.

155 S. etwa zur generellen Schwierigkeit, öffentliche Unordnung zu messen, *Skogan*, Journal of Research in Crime and Delinquency 52(4) 2015, 464 (472 ff., insb. 476).

156 So sieht auch *Newman* selbst die Polizei in einer untergeordneten Rolle, *Newman*, Defensible Space, 1973, S. 1 f.

entsprechenden polizeilichen Maßnahmen darauf zu reagieren.[157] Sie stellen eine Art Zwischenschritt zwischen Theorie und gezielter Prävention bzw. teilweise auch schon konkrete Umsetzungsmechanismen dar.

a) Hot Spot-Analyse

Die Tatsache, dass es, insbesondere in Großstädten, bestimmte Brennpunkte gibt, die als Kriminalitätsschwerpunkte gelten und immer wieder Ziel bzw. Schauplatz strafrechtlich relevanter Handlungen werden, ist inzwischen allgemein bekannt.[158] Verschiedene Studien haben gezeigt, dass sich ein Großteil der Kriminalität auf einen nur minimalen Prozentsatz von Orten konzentriert.[159]

Schon in den 1920er Jahren begann die sog. Chicago School solche *Hot Spots* auf Stadtkarten optisch sichtbar zu machen (sog. crime mapping).[160] Unterschieden werden können dabei sog. attracting areas, also solche Gebiete, die bestimmte Formen der Kriminalität anziehen, und solche Gebiete, in denen Kriminalität entsteht, also Gebiete, die überdurchschnittlich viele Kriminelle hervorbringen (sog. breeding areas, engl. Brutstätten).[161]

Die gängige Antwort der Polizei auf solche Brennpunkte ist eine verstärkte Kontrolle dieser Orte. Dies geschieht einerseits durch bloße Präsenzerhöhung, wie etwa der intensiveren Bestreifung der Gebiete,[162] andererseits aber auch durch verstärkte Interaktion wie Ausweiskontrollen und

157 Deshalb auch polizeiliche Kontrollstrategien genannt, s. *Eisenberg/Kölbel*, Kriminologie, § 52 Rn. 19 f.; s.a. *Braga*, in: Wilcox/Cullen, Encyclopedia of Criminological Theory, S. 230 (230 f.).

158 S. zur Beschreibung solcher Phänomene über die Zeit hinweg *Farrell/Sousa*, in: Farrell/Pease, Repeat Victimization, S. 221 (223 f.).

159 Wegweisend hier *Sherman/Gartin/Buerger*, Criminology 27 (1989), 27 (37 ff.) in den 80er Jahren in Minneapolis. Sie fanden heraus, dass etwas mehr als 50 % der bei der Polizei eingegangenen Notrufe sich auf ca. 3 % der Orte konzentrierten; s.a. *Weisburd/Morris/Groff*, die Jugendkriminalität in Seattle über eine 14 Jahre andauernde Zeitspanne untersuchten und feststellten, dass 50 % aller Verhaftungen für Jugendkriminalität auf weniger als 1 % aller Straßenabschnitte entfielen und 100% aller Verhaftungen auf 3-5 % der Straßenabschnitte, *dies.*, Journal of Quantitative Criminology 25 (2009), 443 (451).

160 *Neubacher*, Kriminologie, Kap. 8 Rn. 14.

161 *Neubacher*, Kriminologie, Kap. 8 Rn. 14.

162 *Braga*, in: Wilcox/Cullen, Encyclopedia of Criminological Theory, S. 230 (232); zur Problematik, ob Polizeistreifen wirklich geeignet sind, Kriminalität zu verhindern, *Sherman/Weisburd*, Justice Quarterly 12 (1995), 625 ff.

Befragungen[163] oder, in heutiger Zeit, durch die Installation fester Videoüberwachung.[164]

Der kriminaltheoretische Hintergrund dieses sog. *Hot Spots Policing*[165] ist die Annahme, dass solche Kriminalitätsschwerpunkte nicht zufällig im Raum entstehen, sondern dass es spezifische Merkmale gibt, die diese Orte von anderen unterscheiden, sodass sie eine stärkere Anziehung auf potenzielle Täter ausüben.[166] Hierzu wird insbesondere die Routine Activity Theorie herangezogen,[167] aber auch, vor allem in den Anfängen, die Theorie der sozialen Desorganisation bzw. Subkultur.[168]

Das Hot Spots Policing wird in zweifacher Hinsicht kritisch gesehen.

Zum einen wird zu bedenken gegeben, dass eine Konzentration der Einsatzkräfte auf bestimmte und nur wenige Gebiete zwar zu einer Reduktion der Kriminalität genau dort führen könne, dass aber insgesamt die Zahl der Straftaten nicht zurückgehe, sondern die Kriminalität lediglich verdrängt und in andere Gebiete verlagert werde.[169] Solche Verdrängungseffekte sind wohl aber durchaus nicht so gravierend wie befürchtet, zumindest eine Eins-zu-eins Verlagerung ist nicht nachweisbar, sodass immerhin ein Rückgang in der Kriminalität beobachtet werden kann.[170]

---

163 *Braga*, in: Wilcox/Cullen, Encyclopedia of Criminological Theory, S. 230 (232).

164 S. zu letzterem etwa *Schwind/Schwind*, Kriminologie, § 16 Rn. 13c f. So will z.B. die Landeshauptstadt Saarbrücken durch Videoüberwachung der „Kriminalitätsschwerpunkte" Hauptbahnhof und Johanneskirche die Sicherheit verbessern, *Zimmermann*, Noch schaut uns hier kein Fahnder zu, Saarbrücker Zeitung v. 29.01.2019, S. 15; s. auch *Eisenberg/Kölbel*, Kriminologie, § 52 Rn. 21 ff. für einen Überblick über die verschiedenen Maßnahmen.

165 *Braga*, APPSS 578 (2001), 104 (105).

166 *Braga*, in: Wilcox/Cullen, Encyclopedia of Criminological Theory, S. 230 (232).

167 *Sherman/Gartin/Buerger*, Criminology 27 (1989), 27 (30 f.); *Weisburd/Morris/Groff*, Journal of Quantitative Criminology 25 (2009), 443 (458); *Braga*, in: Wilcox/Cullen, Encyclopedia of Criminological Theory, S. 230 (232).

168 *Bock*, Kriminologie, § 3 Rn. 181 f.; *Singelnstein/Kunz*, Kriminologie, § 9 Rn. 48 ff. Dieser von *Clifford R. Shaw* und *Henry D. McKay* etablierte Ansatz erklärt Kriminalitätsschwerpunkte damit, dass in Gebieten, in denen eine hohe und heterogene Bevölkerungsfluktuation besteht, soziale Kontrolle nur sehr schwach ausgeprägt ist und dadurch neue (kriminelle) Subkulturen gebildet werden, *Shaw/McKay*, Juvenile delinquency and urban areas, wiedergegeben in: Beirne, The Cicago School of Criminology 1914-1945, Vol. VI, 2006, S. 435 ff.

169 Etwa *Braga*, in: Wilcox/Cullen, Encyclopedia of Criminological Theory, S. 230 (232).

170 *Braga*, AAPSS 578 (2001), 104 (120 f.); eher unsicher: *Sherman/Weisburd*, Justice Quarterly 12 (1995), 625 (629, 645 f.). Die Möglichkeit gleichzeitiger Ausbreitung der

Zum anderen haben vor allem Erfahrungen in den USA gezeigt, dass eine verstärkte Kontrolle nur weniger Straßenblocks die Gefahr steigert, dass Polizisten aggressiver und frühzeitiger und somit auch willkürlicher an diesen Orten agieren und das Verhältnis zwischen Polizei und Bevölkerung dauerhaft geschädigt wird.[171] Bekanntestes und sicher umstrittenstes Beispiel für eine solche Entwicklung ist die Ausartung der sog. Stop and Frisk-Praxis der New Yorker Polizei,[172] die zwischenzeitlich wegen Diskriminierungsvorfällen stark in der Kritik steht und deswegen reduziert wurde.[173]

Kriminalitätsschwerpunkte zu erkennen und kartographisch darzustellen, ist mittlerweile gängige polizeiliche Praxis. Auch wenn man bis heute nicht genau sagen kann, wieso bestimmte Räume Kriminalität in erhöhtem Maße anziehen, so kann die Identifizierung der Gebiete helfen, eine effektive Einsatzplanung zu unterstützen, etwa durch die Verteilung von Streifgebieten und -zeiten. Allerdings muss dabei darauf geachtet werden, die anderen Räume nicht völlig zu vernachlässigen und nicht in eine allzu

---

positiven Effekte auf andere Gebiete betonend, *Clarke/Weisburd,* Crime Prevention Studies 1994, 165 (178 f.).

171 *Braga,* in: Wilcox/Cullen, Encyclopedia of Criminological Theory, S. 230 (233).

172 Stop and frisk, zu Deutsch anhalten und „filzen“, wird die Polizeitaktik genannt, die ebenso wie die zero-tolerance Politik unter New Yorks Bürgermeister *Giuliani* in den 90er Jahren eingeführt wurde und der Polizei erlaubt, im öffentlichen Raum Personen anzuhalten, zu befragen und ggf. nach Waffen zu durchsuchen, wenn sie den Verdacht haben, dass die Person in eine Straftat verwickelt sein könnte, s. *Southall/Gold,* Why ‘Stop-and-Frisk’ Inflamed Black and Hispanic Neighborhoods, New York Times v. 17.11.2019; s. auch *Hess,* ZStW 116 (2004), 66 (103 ff.).

173 Siehe etwa den Artikel “Bloomberg entschuldigt sich für Polizei-Taktik gegen Schwarze und Latinos”, süddeutsche.de v. 18.11.2019, abrufbar unter: https://www.sueddeutsche.de/politik/bloomberg-stop-and-frisk-demokrat-1.4686179, zuletzt abgerufen am 24.10.2022, wonach mehr als 40% der angehaltenen Personen Schwarze oder Latinos waren, während ihr Bevölkerungsanteil bei nur 5% liegt und fast 90% der kontrollierten Personen unschuldig waren. Bereits 2013 stufte ein Bundesgericht die ausgeübte Praxis des Anhaltens als willkürlich und verfassungswidrig ein, s. Artikel „US-Gericht verurteilt Durchsuchungspraxis der New Yorker Polizei“, spiegel.de v. 13.08.2013, abrufbar unter: https://www.spiegel.de/panorama/justiz/stop-and-frisk-gericht-verurteilt-durchsuchungen-der-polizei-in-new-york-a-916207.html, zuletzt abgerufen am 24.10.2022. Dazu auch *Southall/Gold,* Why ‘Stop-and-Frisk’ Inflamed Black and Hispanic Neighborhoods, New York Times v. 17.11.2019. Eingehend zu den Problemen und möglichen Lösungen von stop and frisk *Fradella/White,* CCJLS Vol. 18, Issue 3, 2017, 45 ff.

suspekte Haltung gegenüber den Anwohnern und Passanten in Hot Spots zu verfallen.[174]

b) Near Repeat Victimisation

Das am häufigsten für Polizeivorhersagesoftwares genutzte Phänomen ist das der sog. Near Repeat Victimisation. Für diesen Ansatz gibt es keine gebräuchliche Übersetzung. Near Repeat heißt so viel wie nahe Wiederholung bzw. Wiederauftreten ganz in der Nähe. Der kriminologische Fachbegriff Viktimisierung übersetzt das englische Victimisation. Near Repeat Victimisation bedeutet also, dass einer Tat in einer bestimmten Umgebung weitere Taten ganz in der (zeitlichen und örtlichen) Nähe folgen werden und somit neue Opfer im nächsten Umkreis hervorbringen.[175] Entwickelt hat sich der Begriff aus dem Phänomen des *Repeat Victimisation.* Studien zur Viktimisierung zeigten, dass nur eine sehr geringe Prozentzahl von Menschen bzw. Objekten Opfer von Straftaten wird, diese dafür aber immer wieder.[176] So konnte u.a. nachgewiesen werden, dass 41 % der Eigentumsdelikte auf gerade einmal 2 % aller Opfer entfallen.[177]

Frank Morgan fand in seiner Studie zu diesem Thema schließlich heraus, dass nicht nur die Gefahr der direkten Reviktimisierung derselben Tatobjekte bzw. derselben Opfer innerhalb einer bestimmten Zeitspanne signifikant erhöht war, sondern auch benachbarte Objekte von diesem erhöhten Risiko betroffen waren.[178] Er etablierte daher den Begriff der *near*

174 Zu dieser möglichen Gefahr des raumbezogenen Predictive Policing später unter B. IV. 5. a) (2); B. VI. 4.

175 *Pease,* Repeat Victimisation: Taking Stock, 1998, S. 1; *Gluba/Heitmann/Hermes,* Kriminalistik 2015, 368 (369); *Farrell/Pease,* in: Bruinsma, Encyclopedia of criminology and criminal justice, S. 4371 (4378); s.a. *Pollich/Bode,* Polizei & Wissenschaft 2017, 2 (4).

176 *Ellingworth/Farrell/Pease,* British Journal of Criminology 35 (1995), 360 (362 ff., insb. 365); *Morgan,* in: Farrell/Pease, Repeat Victimization, S. 83 (87).

177 *Pease,* Repeat Victimisation: Taking Stock, 1998, S. 3, wobei die Quote bei persönlichen Delikten noch höher liegt: auf 1% der Bevölkerung entfallen 59% aller Delikte; s.a. zu einer Studie in den Niederlanden *Kleemans,* in: Farrell/Pease, Repeat Victimization, S. 53 (58) die zeigte, dass ein Viertel aller Wohnungseinbruchdiebstähle in Wohnungen stattfanden, die bereits Opfer eines solchen geworden waren, die insg. nur 1,2% aller Wohnungen in der untersuchten Stadt ausmachten. Weitere Studien im Überblick bei *Farrell/Pease,* in: Bruinsma, Encyclopedia of criminology and criminal justice, S. 4371 (4372 f.).

178 *Morgan,* in: Farrell/Pease, Repeat Victimisation, S. 83 (112).

repeats.[179] Tatsächlich ist statistisch belegt, dass bei einem Einbruch in der Nachbarschaft die Gefahr, erneut oder ebenfalls Opfer eines Einbruchs zu werden, für eine bestimmte Zeitspanne signifikant höher ist als sonst.[180] Einig ist man sich jedenfalls, dass die Erhöhung der Gefahr mit der Zeit stark abnimmt und irgendwann nicht mehr statistisch relevant ist.[181] Über die Gründe, wieso eine erneute Viktimisierung desselben Umkreises stattfindet, ist man sich noch nicht abschließend im Klaren.[182]

So könnte ein Grund sein, dass professionelle Täter die Umgebung lange vorher ausspionieren und daher möglichst viel aus dieser Vorarbeit herausholen wollen (sog. *boost-Hypothese*).[183]

Andere glauben, dass ein lohnenswertes Ziel eben auch auf andere Täter anziehend wirkt, etwa wenn keinerlei Abwehrmaßnahmen auf Abgeschiedenheit und Wohlstand treffen (sog. *Flag risk*: die erste Tat markiert hier lediglich das lohnenswerte Ziel, alle weiteren Taten entstehen aber unabhängig davon).[184]

Letzterer Ansatz vermag jedoch nicht zu erklären, warum nach einer bestimmten Zeitspanne nach dem ersten Einbruch keine statistisch relevante Erhöhung der Wahrscheinlichkeit auf einen erneuten Einbruch mehr besteht, obwohl am Tatobjekt und in der näheren Umgebung keine sichtbaren Veränderungen vollzogen wurden.[185]

---

179 *Morgan*, in: Farrell/Pease, Repeat Victimisation, 83 (112); s. dazu auch *Farrell/Pease*, in: Bruinsma, Encyclopedia of criminology and criminal justice, S. 4371 (4372).

180 *Johnson et al.*, Journal of Quantitative Criminology 23 (2007), 201 (210 ff., 215), die das near repeat Phänomen in zehn Gebieten in fünf verschiedenen Ländern untersuchten. Dazu, dass die Gefahr einer erneuten Viktimisierung (repeat) in den ersten 6 Monaten signifikant erhöht ist, *Polvi et al.*, British Journal of Criminology 31 (1991), 411 (413); s.a. *Ellingworth/Farrell/Pease*, British Journal of Criminology 35 (1995), 360 ff.; dazu dass die Gefahr innerhalb des ersten Monats am höchsten ist, *Gluba/Heitmann/Hermes*, Kriminalistik 2015, 368 (370).

181 *Polvi et al.*, British Journal of Criminology 31 (1991), 411 ff.; *Johnson et al.*, Journal of Quantitative Criminology 23 (2007), 201 (215).

182 S.a. *Pollich/Bode*, Polizei & Wissenschaft 2017, 2 (4).

183 *Gluba/Heitmann/Hermes*, Kriminalistik 2015, 368 (369); s.a. *Johnson et al.*, Journal of Quantitative Criminology 23 (2007), 201 (215).

184 *Pease*, Repeat Victimisation: Taking Stock, 1998, S. 8; *Pollich/Bode*, Polizei & Wissenschaft 2017, 2 (4); *Gluba/Heitmann/Hermes*, Kriminalistik 2015, 368 (369).

185 S. *Bottoms*, in: The Oxford Handbook of Criminology, 1994, S. 585 (619); s.a. *Morgan*, in: Farrell/Pease, Repeat Victimization, S. 83 (89); s. aber auch *Johnson et al.*, Journal of Quantitative Criminology 23 (2007), 201 (215), die davon ausgehen, dass sich die anvisierten Gebiete mit der Zeit automatisch verändern, gerade wenn sie Ziel von kriminellen Aktivitäten werden, sodass sie für potenzielle Täter einfach

Was genau noch als near repeat gewertet wird, variiert von Studie zu Studie. Bezogen auf die räumliche Komponente unterschieden sich die Reichweiten von 100m bis 400m Umkreis, während bei der zeitlichen Komponente teilweise Zeitspannen von 14 Tagen bis sechs Monaten untersucht wurden.[186]

Letztlich steht hinter der Nutzung des Near Repeat Ansatzes für die Zwecke des Predictive Policing die Überzeugung, dass einer der besten Prädikatoren für Einbrüche ein vergangener Einbruch ist.[187] Angesichts der Vielzahl an Studien, die diese Beobachtung stützen, scheint das Near Repeat Phänomen ein überzeugender Ansatz für wirksame Prävention zu sein. Wenn die Wahrscheinlichkeit eines Einbruchs nach einem erfolgreichen Einbruch für wenige Wochen in einem bestimmten Umkreis erhöht ist, kann die Polizei hierauf gezielt reagieren.

5. Die raumbezogene Umsetzung der kriminologischen Ansätze für eine Vorhersage: Risk Terrain-Modeling

Auch das sog. Risk Terrain-Modeling konzentriert sich darauf, räumlich abgrenzbare Risikogebiete für Kriminalität herauszufiltern. Anders als die bloße Hot Spot-Analyse und in gewissem Maße der Near Repeat-Ansatz, die bestimmte Gebiete erst im Nachhinein durch den Report von Straftaten in den Fokus der Aufmerksamkeit rücken, ist das Risk Terrain-Modeling ein vorgelagerter Prozess. Hier werden bestimmte räumliche Merkmale, die als kriminalitätsfördernd angesehen werden, dazu genutzt, um statistische Wahrscheinlichkeiten zu berechnen, welche Gebiete wohl am häufigsten von Kriminalität betroffen sein werden.[188]

Risk Terrain-Modeling vollzieht sich für gewöhnlich in drei Schritten.[189] Zunächst werden inkompatible Datensätze standardisiert, um eine geogra-

---

uninteressant werden; weitere Kritik auch bei *Bernasco,* European Journal of Criminology Vol. 5, 2008, 411 (413).

186 *Gluba/Heitmann/Hermes,* Kriminalistik 2015, 268 (270); s.a. *Johnson et al.,* Journal of Quantitative Criminology 23 (2007), 201 (214, Table 2).

187 *Pease,* Repeat Victimisation: Taking Stock, S. 3; *Morgan,* in: Farrell/Pease, Repeat Victimization, S. 83 (87); s.a. *Bernasco,* European Journal of Criminology, Vol. 5, 2008, 411 (412).

188 S. etwa *Caplan/Kennedy,* Risk Terrain Modeling, S. 11; s.a. *Perry et al.,* Predictive Policing, 2013, S. 50 f.

189 *Caplan/Kennedy,* Risk Terrain Modeling, S. 11.

phische Karte mit allen relevanten Merkmalen erstellen zu können.[190] Da hier ganz unterschiedliche Daten Verwendung finden können, von polizeilichen Kriminalstatistiken über Infrastrukturdaten bis hin zu Informationen über Einzelpersonen, besteht oft die erste Hürde in der Beschaffung aller Daten, denn nicht zu allen hat die Polizei ohne weiteres Zugriff.[191] Als nächstes werden die örtlichen Risikofaktoren für Kriminalität identifiziert und schließlich räumlich abgrenzbare Bereiche festgelegt, die wegen einer besonderen Nähe zu den Risikofaktoren oder einer Häufung derselben dann als besonders anfällig für Kriminalität gelten.[192] Die Identifikation der Risikofaktoren wird dabei oftmals der Statistik entnommen,[193] durch Erfahrungswerte festgelegt, kriminologischen Theorien und empirischen Studien entnommen,[194] oder durch Testen von Hypothesen im Laufe der Zeit selbst gewonnen.[195] Die so identifizierten Gebiete weisen eine erhöhte bzw. hohe Wahrscheinlichkeit für kriminelle Aktivitäten auf, ohne eine Unvermeidbarkeit zu indizieren.[196] Der Grad an Komplexität dieser einzelnen Modellierungen variiert dabei erheblich und hängt stark davon ab, welche und wie viele Risikofaktoren identifiziert und eingearbeitet werden.

Verbindet man beispielsweise das Risk Terrain-Modeling mit der Near Repeat Viktimisierung, indem man als einzigen Risikofaktor vergangene Einbrüche nutzt, kann das Risk Terrain-Modeling ein präziseres Risikogebiet ermitteln, als es der schlichte Near Repeat-Ansatz vermag. Denn anstelle eines bloßen Umkreises um den Tatort zu ziehen, werden hier homogene Gebiete herausgefiltert, in denen ein erneuter Einbruch wahrscheinlicher ist. So ist z.B. bei einem Haus, das von drei Seiten von Wald umgeben ist, ein kreisförmiges Risikogebiet nicht zielführend. Sinnvoller erscheint in einer solchen Situation, die gesamte Sackgasse, die zu diesem Haus führt, als mögliches Ziel weiterer Einbrüche im Blick zu behalten, auch wenn sie womöglich länger ist als 400m. Aber auch andere Faktoren, wie etwa der Wohlstand eines Wohngebietes, die Bauweise einzelner Häuser, natürliche

190 *Caplan/Kennedy*, Risk Terrain Modeling, S. 11 f.

191 S. zu diesen Problemen auch *Piza/Kennedy/Caplan*, European Journal on Criminal Policy and Research 24 (2008), 489 (495 f.).

192 *Caplan/Kennedy*, Risk Terrain Modeling, S. 11; s.a. *Perry et al.*, Predictive Policing, 2013, S. 50.

193 *Caplan/Kennedy*, Risk Terrain Modeling, S. 12.

194 *Caplan/Kennedy*, Risk Terrain Modeling, S. 14.

195 S. zu letzterem etwa *Piza/Kennedy/Caplan*, European Journal on Criminal Policy and Research 24 (2008), 489 (495).

196 *Caplan/Kenndy*, Risk Terrain Modeling, S. 12.

Grenzen wie Flüsse und Schnellstraßen sowie eine gute Verkehrsanbindung können ein Risikogebiet beeinflussen und geografisch formen. Diese Faktoren zu berücksichtigen und kartografisch einzuteilen, ist Kern des Risk Terrain Modeling. Der Vorteil dieser Methode liegt vor allem auch darin, dass sie nicht allein auf vergangene Taten angewiesen ist, sondern durch die eigene Identifikation von Risikofaktoren neue mögliche Hot Spots erkennen und vorhersagen kann, etwa wenn viele Risikogebiete eine ganz spezifische Struktur aufweisen und noch weitere Gebiete in derselben Stadt, die bisher noch nicht Ziel von Kriminalität wurden, über dieselben Merkmale verfügen.[197] Hier kann dann durch die Risk Terrain Analyse bereits im Vorfeld das Gefahrenpotenzial erkannt werden. Dies ist das Versprechen, das Predictive Policing so attraktiv macht.

6. Abschließende Beurteilung

Eines haben alle vorgestellten kriminologischen Ansätze gemeinsam: Sie sind letztlich nicht in der Lage, die *Ursachen* von Kriminalität als solcher zu erklären.[198] Sie können daher auch keine Verhinderung von Kriminalität im Ganzen versprechen.[199] Da man jedoch bis heute darüber streitet, warum manche Menschen kriminell werden und andere nicht, kann aktuell eine derartige absolute Generalprävention gar nicht geleistet werden, abgesehen davon, dass dies vermutlich eine gesamtgesellschaftliche Veränderung voraussetzen würde. Bei Predictive Policing geht es um einzelne präventive Maßnahmen der Polizei auf Grundlage von Wahrscheinlichkeitsberechnungen, die wiederum auf den dargestellten Theorien basieren. Eine solche situative Spezialprävention bzw. die Gefahrenabwehr im Einzelfall ist jedoch primäre Aufgabe der Polizei als Gefahrenabwehrbehörde. Die Kritik, dass sowohl die kriminologischen Ansätze als auch Predictive Policing als solches die Ursachen der Kriminalität nicht erklären bzw. bekämpfen können, geht daher in diesem Zusammenhang grundsätzlich fehl und ändert gerade nichts an der Brauchbarkeit des theoretischen Ansatzes für die Zwecke der vorausschauenden Polizeiarbeit.

197 *Perry et al.*, Predictive Policing, 2013, S. 53.
198 *Galla*, Bürgerrechte & Polizei/CILIP 121 (2020), 46 (46).
199 S. auch *Meier*, Kriminologie, § 10 Rn. 38a.

II. Technische Umsetzung

All die oben genannten Theorien und empirischen Studien sind sich darüber hinaus in einem weiteren Punkt einig: Eine genaue Vorhersage bestimmter Straftaten ist kaum bzw. nicht möglich. Möglich erscheint jedoch eine Aussage darüber zu treffen, in welchem abgrenzbaren Raum die Wahrscheinlichkeit für die Begehung eines bestimmten Delikts für eine gewisse Zeitspanne erhöht ist. Dafür gibt es in Deutschland diverse Softwarelösungen, die in verschiedenen Bundesländern eingesetzt werden. Im Folgenden sollen überblicksartig Entwicklung, Datengrundlage, Berechnungsweise und konkreter Umgang mit den Ergebnissen vorgestellt werden, soweit diese Informationen bekannt sind.

1. PRECOBS

PRECOBS steht für **Pre** Crime **Ob**servation **S**ystem und wurde vom Institut für musterbasierte Prognosetechnik entwickelt.[200] Dieses Institut hat seinen Sitz in Oberhausen und befindet sich weder in staatlicher Hand noch unter staatlicher Förderung. 2020 wurde das Unternehmen mehrheitlich von dem Schweizer Unternehmen LogObjekt übernommen.[201] Die Software PRECOBS steht grds. jedem (Bundesland) zum Erwerb offen und befindet sich derzeit in Deutschland seit März 2019 in Sachsen im Rahmen eines dortigen Pilotprojekts im Einsatz.[202] In Baden-Württemberg wurde die Software von 2017 bis 2019 eingesetzt, die Nutzung jedoch wegen zu geringer Fallzahlen schließlich wieder eingestellt.[203] Auch Bayern beendete 2021 den Einsatz der Software, die dort bereits 2014 eingeführt worden war.[204]

---

200 *Schweer,* Die Kriminalpolizei 1/2015, 13; *Gerstner,* Predictive Policing als Instrument zur Prävention von Wohnungseinbruchdiebstahl, 2017, S. 1.

201 https://logobject.com/ueber-uns/unternehmensgruppe/, zuletzt abgerufen am 24.10.2022.

202 Antwort des Staatsministers des Innern *Roland Wöller* auf die Kleine Anfrage des Abgeordneten *Valentin Lippmann*, SächsLT-Drucks. 6/17022, S. 1.

203 S. zum voraussichtlichen Ende des Einsatzes in Baden-Württemberg *Mayer,* Software zur Vorhersage von Einbrüchen vor dem Aus, stuttgarter-nachrichten.de v. 30.06.2019; zum endgültigen Ende des Projekts *ders.*, Strobl entscheidet sich gegen Precobs, Stuttgarter Nachrichten.de v. 03.09.2019; s.a. *Oversohl,* Zweifel an „Precobs", badische-zeitung.de v. 02.07.2019.

204 https://www.polizei.bayern.de/aktuelles/pressemitteilungen/018804/, zuletzt abgerufen am 24.10.2022.

Nach Angaben des Mitbegründers des Instituts *Schweer* handelt es sich um „eine Software, um Techniken und Methoden der geografisch, mathematisch und sozialwissenschaftlich unterstützten Kriminalitätsanalyse zu kombinieren und damit neue manuelle und automatische Prognosetechniken für die Bekämpfung des Wohnungseinbruchs bereitzustellen".[205]

Das System PRECOBS setzt ganz auf das Near Repeat Phänomen und errechnet kreisförmige Risikogebiete um ein auslösendes Delikt herum. Dies geschieht anhand bestimmter Kriterien, die eine Folgetat wahrscheinlich machen, weil sie zu professionellen Tätern passen bzw. eine bloß einmalige Beziehungstat auszuschließen ist. Anhand dieser Prognosen soll dann eine effiziente Ressourcenverteilung der polizeilichen Kräfte erfolgen.[206] Die Entwickler versuchen also hauptsächlich, professionelle (Banden-)Täter zu erfassen, die immer wieder zuschlagen und dabei ähnliche Vorgehensweisen verwenden, um diesen effizient entgegentreten zu können.

a) Funktionsweise

PRECOBS verwendet nach Angaben des Mitbegründers *Schweer* ausschließlich Daten über vergangene Delikte zur Vorhersage zukünftiger,[207] wobei ein Zugriff auf entsprechendes Kartenmaterial wohl impliziert ist. Um schon im Vorfeld zu ermitteln, ob ein Near Repeat wahrscheinlich ist oder nicht, wurden bestimmte Kriterien aufgestellt, die aus den vergangenen polizeilichen Daten herausgefiltert worden sind.[208] Ein Zusammenspiel aus diesen sog. Triggern und Anti-Triggern entscheidet, ob die aktuell begangene Tat weitere folgen lassen könnte oder ob dies zu unwahrscheinlich ist.[209] Triggerkriterien sind dabei solche Merkmale der Tat

205 *Schweer*, Die Kriminalpolizei 1/2015, 13.

206 S. *Schweer*, Die Kriminalpolizei 1/2015, 13 (15). S. auch *Gerstner*, Predictive Policing, 2017, S. 74, der bei der Evaluation des Einsatzes von PRECOBS in Baden-Württemberg feststellte, dass der Aussage „Predictive Policing ist ein gutes Hilfsmittel zur zielgerichteten Einsatzplanung" eine Mehrheit von 58,1% der Befragten zustimmte; s. allgemein zu diesem Zweck des Predictive Policing *Sommerer*, Personenbezogenes Predictive Policing, 2020, S. 36.

207 *Schweer*, Die Kriminalpolizei 1/2015, 13; *Gerstner*, Predictive Policing, 2017, S. 18 f.

208 *Gerstner*, Predictive Policing, 2017, S. 19.

209 *Gerstner*, Predictive Policing, 2017, S. 19; s.a. *Schweer*, Die Kriminalpolizei 1/2015, 13 (14).

hinsichtlich des Einbruchsziels, der Tatbeute und des modus operandi, also des Tathergangs, die zu vergangenen Einbrüchen bzw. zu professionellen Tätern passen und dadurch einen Near Repeat wahrscheinlich machen.[210] Antitriggerkriterien sind dagegen solche, die eine Wiederholungstat unwahrscheinlich erscheinen lassen, etwa weil es sich eindeutig um eine Beziehungstat handelt,[211] oder der Modus operandi gegen ein professionelles Einbruchsverhalten spricht.[212] Diese Kriterien wurden bereits im Vorfeld der Inbetriebnahme aufgrund vergangener polizeilicher Daten ermittelt, wobei beim Wechsel von Sommer- zur einbruchsstarken Winterzeit eine Neukonfiguration der Kriterien erfolgt, da unterschiedlich hohe Fallzahlen auch die Triggerkriterien beeinflussen.[213]

Mithilfe dieser Triggerkataloge werden nun zunächst sog. *Near Repeat Areas* identifiziert, indem die Fallzahlen des zu untersuchenden Delikts aus den vergangenen mindestens fünf Jahren mit diesen Triggerkriterien abgeglichen werden. Nur wenn ein signifikant hoher Anteil an Triggerdelikten (also solche, die die aufgestellten Kriterien erfüllen und Near Repeats waren) in einem Gebiet stattfanden und das System diese als Near Repeat anhand ihrer Simulation erkannt hatte, wird dieses als Near Repeat Area identifiziert und für weitere Prognosen verwendet.[214]

Wenn sowohl die Triggerkataloge als auch die Near Repeat Areas feststehen, beginnt der eigentliche Regelbetrieb. Sobald ein Einbruch passiert, werden die Deliktmerkmale in das Programm eingegeben: Tatzeit, Tatort und dessen spezifische Merkmale, Beute und Vorgehensweise. Nach der Eingabe der aktuellen Einbruchsdaten gleicht das System diese mit den vorhandenen Triggerkatalogen ab und bewertet aufgrund eines Wenn-Dann-Schemas, ob Near Repeats wahrscheinlich sind, [215] wobei den Antitriggern eine relativ hohe Bedeutung durch eine Art Vetofunktion zukommt.[216]

Ist eine hohe Wahrscheinlichkeit für einen Near Repeat gegeben, wird ein automatischer Alarm ausgelöst. Dieser Alarm ist zunächst rein interner

---

210 *Schweer,* Die Kriminalpolizei 1/2015, 13 (14).
211 *Schweer,* Die Kriminalpolizei 1/2015, 13 (14).
212 *Egbert,* SchrStVV 42 (2018), S. 241 (252).
213 S.a. *Gerstner,* Predictive Policing, 2017, S. 20.
214 *Schweer,* Die Kriminalpolizei 1/2015, 13 (14); *Gerstner,* Predictive Policing, 2017, S. 20.
215 *Gerstner,* Predictive Policing, 2017, S. 19.
216 S. *Schweer,* Die Kriminalpolizei 1/2015, 13 (14): „Antitrigger verhindern das Auslösen einer Prognose, auch wenn *alle anderen* Kriterien dem eines Triggerdelikts entsprechen." (Hervorhebung durch Verf.).

Natur und wird einem menschlichen *Operator* zugeleitet. Dieser kann sich dann alle Daten ansehen und entscheidet letztendlich, ob er die Prognose freigibt oder nicht.[217] Entscheidet er sich für eine Freigabe, so wird eine Karte ausgegeben, die um den Tatort des auslösenden Delikts herum einen Kreis mit einem Radius von i.d.R. 500 m zieht.[218]

Um die möglichen (Folge-)Tatorte noch weiter einzugrenzen – bei einem Radius von 500 m ist das Prognosegebiet immerhin über 750 000m^2 (0,75 km^2) groß – legt PRECOBS bei entsprechendem Wunsch des Nutzers Kacheln einer Größe von 250x250m als Raster über die Karte.[219] Diese Kacheln werden je nachdem, wie hoch die vergangene Einbruchsbelastung war, unterschiedlich stark eingefärbt: rot bedeutet starke Aktivität, gelb mittlere und grün schwach frequentierte Gebiete.[220] So soll den Einsatzkräften ein zusätzlicher Anhaltspunkt an die Hand gegeben werden, wo genau sich ein Einbruch lohnen und daher eine Präventionsmaßnahme besonders geboten sein könnte.[221] Die generierte Prognose wurde zumindest in Baden-Württemberg über entsprechende PDF-Dateien zugänglich gemacht sowie durch Freigabe der Datei im Intranet der Polizei.[222] Die Daten werden täglich aktualisiert.[223]

Der Operator, der die Letztentscheidung über die Freigabe von Prognosen in der Hand hält, ist nach Angaben von *Schweer* stets ein (Polizei-)beamter, der sowohl über hinreichende technische Fähigkeiten als auch über besondere Erfahrung und damit Sachkunde im Bereich des betreffenden Delikts verfügt.[224]

In der Pilotphase in Baden-Württemberg gab es zudem drei verschiedene Arten von Alarmen: der frühe Alarm, der automatische Alarm und eine Operatorprognose.[225] Ein früher Alarm wird ausgelöst, wenn nur einige

217 *Schweer*, Die Kriminalpolizei 1/2015, 13 (15).

218 *Gerstner*, Predictive Policing, 2017, S. 21.

219 *Schweer*, Die Kriminalpolizei 1/2015, 13 (16); *Gerstner*, Predictive Policing, 2017, S. 21.

220 *Schweer*, Die Kriminalpolizei 1/2015, 13 (16). Für die Errechnung der verschiedenen Häufigkeiten wird eine sog. Kerndichteschätzung eingesetzt, *Schweer*, ebd.

221 *Schweer*, Die Kriminalpolizei 1/2015, 13 (16); s.a. *Gerstner*, Predictive Policing, 2017, S. 21, der auf die Gefahr hinweist, dass sich Polizisten zu sehr auf farbliche Eindrücke verlassen, weswegen in Baden-Württemberg in der Pilotphase P4 diese Kachelfunktion nicht genutzt wurde.

222 *Gerstner*, Predictive Policing, 2017, S. 21.

223 *Schweer*, Die Kriminalpolizei 1/2015, 13 (16).

224 *Schweer*, Die Kriminalpolizei 1/2015, 13 (16); s.a. *Gerstner*, Predictive Policing, 2017, S. 20 f.

225 *Gerstner*, Predictive Policing, 2017, S. 20.

Triggerkriterien erfüllt sind, aber die Schwelle zur hohen Wahrscheinlichkeit noch nicht überschritten ist.[226] Erst wenn ausreichend Triggerkriterien bei fehlenden Antitriggerkriterien erfüllt sind, wird ein automatischer Alarm ausgelöst, auf welchen das System hauptsächlich ausgerichtet ist.[227] In beiden Fällen entscheidet jedoch der Operator, ob er die Prognose annimmt oder nicht.[228] Zusätzlich zu diesen vom System berechneten Prognosen kann der Operator jedoch auch selbst Prognosen auslösen. Da die frühen und automatischen Alarme nur innerhalb der Near Repeat Areas greifen, soll es den Beamten möglich sein, auch in den angrenzenden Randgebieten (500 m um das Near Repeat Areal) bei entsprechenden Hinweisen eine Prognose zu erstellen, sodass kein lebensunwirklicher Schnitt entsteht.[229] Zudem kann es möglich sein, dass Operatoren auch ganz eigene Prognosegebiete erstellen und daraufhin dort eigene Prognosen erstellen können.[230] Die Letztentscheidung über die Weiterleitung einer Prognose an die Einsatzkräfte obliegt somit in jedem Falle einem verantwortlichen Menschen.[231]

b) Weiterentwicklung: PRECOBS Enterprise

Seit 2019 wird eine Weiterentwicklung des ursprünglichen Systems namens PRECOBS Enterprise genutzt.[232] Durch dieses neue System soll es langfristig möglich sein, auch andere Delikte neben dem Wohnungseinbruchdiebstahl wie etwa Straßenkriminalität – z.B. Raub, Taschen- und Autodiebstahl – vorherzusagen.[233] Dazu werden zusätzliche Datensätze und die Integration neuer Theorieansätze nötig sein, sodass zukünftig weniger der

---

226 *Gerstner,* Predictive Policing, 2017, S. 20.

227 *Gerstner,* Predictive Policing, 2017, S. 20.

228 *Gerstner,* Predictive Policing, 2017, S. 20.

229 *Gerstner,* Predictive Policing, 2017, S. 20.

230 So war es auch im Pilotprojekt P4 in Baden-Württemberg, *Gerstner,* Predictive Policing, 2017, S. 20.

231 S. für Bayern Landesbeauftragten für den Datenschutz, 27. Tätigkeitsbericht 2015/2016, S. 52.

232 *Egbert/Krasmann*, Predictive Policing, 2019, S. 29.

233 *Egbert/Krasmann*, Predictive Policing, 2019, S. 29; dazu, dass sich diese Weiterentwicklungen zumindest für Bayern als nicht umsetzbar erwiesen haben, s. Pressemitteilung des Bayerischen LKA v. 27.10.2021, abrufbar unter: https://www.polizei.bayern.de/aktuelles/pressemitteilungen/018804/, zuletzt abgerufen am 24.10.2022.

reine Near-Repeat-Ansatz als vielmehr das Risk Terrain Modeling im Vordergrund stehen wird.[234]

2. SKALA

Nordrhein-Westfalen hat sich für eine Eigenentwicklung entschieden und unter Projektleitung des Landeskriminalamtes Nordrhein-Westfalen das sog. **S**ystem zur **K**riminalitäts**a**uswertung und **La**geantizipation, kurz SKALA entwickelt.[235] Durch die selbstständige Entwicklung konnten Schnittstellen mit anderen Informationssystemen geschaffen werden, wodurch eine erweiterte Datenvernetzung möglich ist.[236] Neben den Einbruchsdaten werden beispielsweise auch Daten über die Bebauung und die Sozial- und Infrastruktur berücksichtigt.[237] Darüber hinaus wird SKALA nicht nur für den klassischen Anwendungsbereich des Wohnungseinbruchs genutzt, sondern auch für Gewerbe- und Autodiebstähle.[238] Seit dem 1. Januar 2021 wird SKALA flächendeckend in ganz NRW eingesetzt.[239]

a) Verwendete Daten

SKALA verwendet, anders als PRECOBS, nicht nur polizeieigene, sondern eine ganze Bandbreite von Daten aus verschiedenen Quellen. Neben den klassischen Polizeidaten werden auch die Einwohnerstruktur, also insbesondere demografische Verteilung und Bildungsstärke der einzelnen Haushalte bzw. Viertel, die Gebäudestruktur, beispielsweise Baujahr, -art, und -weise, die Verkehrsanbindung, die Kaufkraft und die Mobilität der Haushalte sowie Kalender- und meteorologische Daten als Datengrundlage genutzt.[240] Da die Polizei selbst nicht im Besitz all dieser Daten ist, mussten diese zunächst beschafft werden. Während die Kalender- und Wetterda-

234 *Egbert/Krasmann*, Predictive Policing, 2019, S. 29, 61.

235 LKA NRW (2018), Abschlussbericht Projekt SKALA, S. 2.

236 LKA NRW (2018), Abschlussbericht Projekt SKALA, S. 22; *Knobloch*, Vor die Lage kommen, 2018, S. 14.

237 LKA NRW (2018), Abschlussbericht Projekt SKALA, S. 2 f., 22.

238 https://polizei.nrw/artikel/projekt-skala-predictive-policing-in-nrw-ergebnisse, zuletzt abgerufen am 24.10.2022; *Knobloch*, Vor die Lage kommen, 2018, S. 14.

239 https://lka.polizei.nrw/artikel/skala-ab-2021-in-ganz-nrw-verfuegbar, zuletzt abgerufen am 24.10.2022.

240 LKA NRW (2018), Abschlussbericht Projekt SKALA, S. 24, 22.

ten öffentlich zugänglich sind und somit den Polizeibehörden grds. ohne Einschränkungen zur Verfügung stehen,[241] wurden die oben aufgezählten Daten, die im Projektbericht unter dem Begriff der „soziostrukturellen Daten“[242] zusammengefasst werden, nach einer entsprechenden Ausschreibung kommerziell erworben.[243] Diese Daten waren bereits bei Erwerb vollständig anonymisiert und nach Angaben des Projektberichts im Einklang mit dem damalig geltenden Datenschutz erhoben worden.[244] Da diese Daten gleich zu Beginn der Entwicklung vorliegen mussten und zu diesem Zeitpunkt schon zuvor aufbereitet worden sind, waren sie bei Inbetriebnahme der Software bereits mindestens zwei Jahre alt.[245] Die erworbenen und bereits vorhandenen Daten mussten dann in ein einheitliches Dateiformat gebracht werden, um von der selbst entwickelten Software verarbeitet werden zu können.[246] Im nächsten Schritt wurden die Daten durch das Programm ArcGIS georeferenziert, d.h. den nicht raumbezogenen Daten wurden raumbezogene Informationen zugewiesen, um sie für eine raumbezogene Prognose nutzbar zu machen.[247] Erst dann konnte das eigentliche Programm zur Prognoseerstellung entwickelt werden.

Die Varianz der zur Verfügung stehenden Daten soll es ermöglichen, über den reinen Near Repeat- Gedanken hinaus noch andere Kriminalitätsrisiken in Raum und Zeit zu berücksichtigen und so neue und präzisere Vorhersagen, auch unabhängig von einem initialen Delikt, hervorzubringen.[248] Trotzdem bleiben auch hier die verwendeten Daten noch in einem überschaubaren Rahmen, weshalb das Projekt SKALA noch nicht zum sog. Big Data Policing gezählt werden kann.[249] Diese Form des Predictive Policing durchleuchtet Unmengen an Datensätzen völlig ohne Anleitung oder theoretische Basis, um Muster zu erkennen und kann so auch bis-

241 In den Worten des BVerfG steht es Behörden grundsätzlich frei, öffentlich-zugängliche Daten unter denselben Bedingungen wie jeder andere zur Kenntnis zu nehmen, BVerfGE 120, 274 (344 f.); 120, 351 (361 f.); BVerfG, NJW 2008, 822 (836); s. dazu auch *Bäcker*, in: Hoffmann-Riem, Big Data, 2018, S. 167 (171).

242 LKA NRW (2018), Abschlussbericht Projekt SKALA, S. 22.

243 LKA NRW (2018), Abschlussbericht Projekt SKALA, S. 24.

244 LKA NRW (2018), Abschlussbericht Projekt SKALA, S. 24.

245 LKA NRW (2018), Abschlussbericht Projekt SKALA, S. 56.

246 LKA NRW (2018), Abschlussbericht Projekt SKALA, S. 42.

247 LKA NRW (2018), Abschlussbericht Projekt SKALA, S. 43 f.

248 *Pollich/Bode*, Polizei & Wissenschaft 3/2017, 2 (4, 7 ff.); LKA NRW (2018), Abschlussbericht Projekt SKALA, S. 10 ff., 22.

249 S. a. *Egbert/Krasmann*, Predictive Policing, 2019, S. 18. Genauer zu Big Data Policing unter Teil 2, C.

her unbekannte Korrelationen aufzeigen.[250] Die Daten bei SKALA sind dagegen genau definiert und nach bestimmten Hypothesen, die man aus den zugrunde gelegten kriminologischen Theorien entwickelt hat, ausgewählt worden.[251] Zwar wird auch hier versucht, neue Zusammenhänge herzustellen, doch statt „blind in die Menge zu feuern", werden aufgestellte Hypothesen getestet, um tatsächlich ursächliche Zusammenhänge und nicht lediglich Korrelationen ohne praktische Aussagekraft für eine gezielte Prävention zu gewinnen.[252]

Die Datenbestände werden hinsichtlich der polizeieigenen Daten täglich aktualisiert (also insbesondere neue Wohnungseinbrüche aufgenommen), ebenso hinsichtlich der frei zugänglichen Wetterdaten.

b) Funktionsweise

Als räumliche Bezugsgröße für ihre Prognosen haben sich die Entwickler von SKALA für sog. Wohnquartiere mit durchschnittlich 400 Haushalten entschieden, die sie selbst anhand größtmöglicher Homogenität aus früheren Stimmbezirken herausgefiltert haben.[253] Dadurch soll verhindert werden, dass eigentlich zusammengehörige Ortsteile durch auferlegte Raster von vordefinierter Größe oder mathematischer Kreise künstlich aufgespalten werden und so die Prognosegüte verschlechtert wird.[254] Für die Prognoseübermittlung an die jeweiligen Polizeibehörden werden dann nur solche Wohnquartiere ausgewählt, die im Vergleich zu den anderen die höchsten Kriminalitätswahrscheinlichkeiten aufweisen (sog. Prognosegebiete).[255] Pro Polizeibezirk werden so maximal 1,5 % aller Wohnquartiere als Prognosegebiete definiert, um eine gezielte Prävention auch wirklich leisten zu können.[256] Als Prognosezeitraum wurden für Wohnungseinbrüche und Kraftfahrzeugdelikte sieben Tage gewählt, für Einbrüche in Gewerbeobjekte 14 Tage.[257] Nach diesem Zeitraum werden neue Prognosegebiete aufgrund der auf den aktualisierten Datenbeständen beruhenden aktuellen

---

250 *Pollich/Bode,* Polizei & Wissenschaft 3/2017, 2 (8).
251 LKA NRW (2018), Abschlussbericht Projekt SKALA, S. 24.
252 *Pollich/Bode,* Polizei & Wissenschaft 3/2017, 2 (8 f.).
253 LKA NRW (2018), Abschlussbericht Projekt SKALA, S. 29 f.
254 LKA NRW (2018), Abschlussbericht Projekt SKALA, S. 28 f.
255 LKA NRW (2018), Abschlussbericht Projekt SKALA, S. 27.
256 LKA NRW (2018), Abschlussbericht Projekt SKALA, S. 40.
257 LKA NRW (2018), Abschlussbericht Projekt SKALA, S. 31.

Prognosen übermittelt. Für Wohnungseinbruchdiebstähle errechnet das Programm jeden Montag die Prognosegebiete.[258]

Die Prognosen werden mithilfe des Programms SPSS Modeler von IBM erstellt.[259] SPSS Modeler ist ein sog. Data Mining-Programm, das es dem Nutzer erlaubt, Daten mithilfe verschiedenster statistischer Methoden zu analysieren und Vorhersagemodelle zu erstellen.[260] Zunächst wurde für jedes Wohnquartier ein sog. Kreuzprodukt erstellt, d.h. es wurde festgestellt, ob, wann, in welchem zeitlichen Abstand und unter welchen Umständen sich seit Januar 2012 ein Wohnungseinbruchdiebstahl ereignet hat, sodass am Ende eine umfangreiche Chronik für jedes Wohnquartier vorlag.[261] Da SKALA zwischen Winter- und Sommermonaten unterscheidet, werden für die Winterprognosen auch nur solche Daten verwendet, die im Winter gesammelt wurden, bzw. im Falle von soziostruktureller Daten solche, die durch statistische Berechnungen als typisch für Wintermonate identifiziert worden sind, um die saisonalen strukturellen Besonderheiten abbilden zu können.[262]

Die Prognosen selbst wurden anfangs mithilfe des sog. CHAID[263]-Algorithmus und Entscheidungsbaummodellen erstellt. Vereinfacht dargestellt, wurzeln Entscheidungsbäume in einem zentralen Ausgangspunkt und spalten sich anhand von Knotenpunkt-Entscheidungen immer weiter auf (Verästelungen).[264] Der CHAID-Algorithmus hat dabei die Besonderheit, dass auch mehr als zwei Verzweigungen pro Entscheidungspunkt möglich sind.[265] Um z.B. die Wahrscheinlichkeit eines Wohnungseinbruchdiebstahls zu berechnen, wird also pro Knotenpunkt entschieden, ob bzw. wie wahrscheinlich anhand dieses Kriteriums ein (erneuter) Wohnungseinbruchdiebstahl ist. Ist das Entscheidungskriterium bspw. die vergangene Zeit seit dem letzten Wohnungseinbruch, so können für verschieden lange Zeiträume unterschiedliche Wahrscheinlichkeiten vorliegen, die dann in verschiedenen Verästelungen abzweigen und anhand weiterer Folgekriterien auf ihren möglichen Einfluss auf ein Delikt hin untersucht werden. Diese

258 *Egbert/Krasmann*, Predictive Policing, 2019, S. 19.
259 LKA NRW (2018), Abschlussbericht Projekt SKALA, S. 39.
260 *Wendler/Gröttrup*, Data Mining with SPSS Modeler, S. 2.
261 LKA NRW (2018), Abschlussbericht Projekt SKALA, S. 44 f.
262 LKA NRW (2018), Abschlussbericht Projekt SKALA, S. 45.
263 CHAID bedeutet Chisquare Automated Interaction Detection und übersetzt Chi-Quadrat automatische Interaktionserkennung.
264 LKA NRW (2018), Abschlussbericht Projekt SKALA, S. 52.
265 LKA NRW (2018), Abschlussbericht Projekt SKALA, S. 53.

Entscheidungsbäume zeichnen sich dadurch aus, dass man den Weg bis zur Entscheidung genau nachverfolgen und sogar erkennen kann, welche Variablen welchen Einfluss genommen haben.

Die Entwickler von SKALA haben jedes einzelne Kriterium zur Aufspaltung des Baumes selbst festgelegt: Aus den verschiedensten kriminologischen Theorien wurden Hypothesen für einen Zusammenhang zwischen einzelnen Daten und der Wahrscheinlichkeit der zu untersuchenden Delikte entwickelt und daraus die Kriterien abgeleitet und auf ihren statistischen Einfluss hin getestet.[266] Wegen der hohen Treffsicherheit bezüglich professioneller Wohnungseinbrüche wurde zumeist die vergangene Zeit seit dem letzten Einbruch innerhalb des jeweiligen Quartiers als erstes Entscheidungskriterium genutzt.[267] Danach wurde anhand weiterer Kriterien, die sich z.T. auch erst im laufenden Prozess anhand von Testmodellierungen als sinnvoll oder nicht herausstellten, so lange weiterverästelt, bis eine aussagekräftige Wahrscheinlichkeitsprognose möglich war.[268] Dabei wurde erkannt, dass ein Einbeziehen aller möglicher Kriterien wenig sinnvoll ist, weshalb von einer vollständig automatisierten Entscheidungsfindung Abstand genommen wurde.[269]

Im Abschlussbericht wird jedoch auch erwähnt, dass in Zukunft verstärkt auf das sog. Random-Forest-Modell zurückgegriffen werden sollte,[270] das aus den aufgestellten Kriterien für jeden Entscheidungsbaum, den es generiert, eine eigene zufällige Zusammenstellung der Kriterien wählt, dann jeweils mithilfe dieser zufälligen Kriterien verschiedene Bäume erstellt und schließlich die Ergebnisse mittelt.[271] Dieses Vorgehen ist weniger fehleranfällig als ein einziger Entscheidungsbaum, der zwar exakt und in einer als sinnvoll erkannten Reihenfolge aufspaltet, dafür jedoch einzelne Datenlücken oder Fehler in der Eingabe kaum verzeiht.[272]

Die am Ende errechneten Einbruchswahrscheinlichkeiten der jeweiligen Wohnquartiere werden anschließend mit der zuvor aufgrund der Datenbasis der vergangenen Jahre errechneten Grundwahrscheinlichkeit verglichen. Diejenigen Wohnquartiere mit der größten erhöhten Wahrscheinlichkeit

266 LKA NRW (2018), Abschlussbericht Projekt SKALA, S. 12 ff., 45 f., 56 ff.
267 LKA NRW (2018), Abschlussbericht Projekt SKALA, S. 46. Dieses erste Kriterium wird daher als die Wurzel des Entscheidungsbaumes angesehen, vgl. a.a.O, S. 52.
268 LKA NRW (2018), Abschlussbericht Projekt SKALA, S. 46.
269 LKA NRW (2018), Abschlussbericht Projekt SKALA, S. 45.
270 LKA NRW (2018), Abschlussbericht Projekt SKALA, S. 84.
271 LKA NRW (2018), Abschlussbericht Projekt SKALA, S. 54.
272 LKA NRW (2018), Abschlussbericht Projekt SKALA, S. 54, 52.

werden als Prognosegebiete ausgegeben.[273] Dieses generierte Ergebnis steht sowohl als Excel-Datei als auch als kartografische, visuelle Darstellung zur Verfügung, wobei zunächst eine klassische Druckkarte im gängigen PDF- oder PNG-Format erstellt wurde und nun die Darstellung über die in Kooperation mit der Universität Konstanz selbst entwickelten App SKALA MAP erfolgt.[274] Die ausgegebenen Ergebnisse werden kriminalfachlich auf ihre Eignung hin überprüft und dann für die operativen Kräfte freigeschaltet.[275] Auch hier liegt demnach die Letztentscheidung über die Freigabe der Prognosen in den Händen eines Menschen.

c) Weiterentwicklung

Neben dem Übergang zur Nutzung des Random-Forest-Modells wurden 2016 zwei neue Stellen für Data Scientists geschaffen.[276] Diese sollen SKALA auch für weitere Deliktstypen nutzbar machen.[277] Laut den Angaben der Internetseite des LKA NRW wird SKALA mittlerweile auch für Prognosen im Bereich des Einbruchdiebstahl aus Gewerbeobjekten und bestimmte Delikte im Zusammenhang mit Kraftfahrzeugen genutzt.[278]

3. KrimPro

KrimPro steht schlicht für Kriminalitätsprognose Wohnraumeinbruch und wird seit 2016 in Berlin eingesetzt.[279] Im Gegensatz zum NRW-Programm SKALA sind offizielle Informationen und Stellungnahmen zu KrimPro rar. Erst einige Kleine Anfragen von Abgeordneten brachten detailliertere öffentliche Informationen zutage. Als Datenbasis verwendet auch KrimPro hauptsächlich die Daten aus dem ländereignen Polizeilichen Vorgangsbearbeitungssystem (POLIKS) sowie frei zugängliche infrastrukturelle und demografische Daten, die vom Amt für Statistik Berlin-Brandenburg bezo-

273 LKA NRW (2018), Abschlussbericht Projekt SKALA, S. 46.
274 LKA NRW (2018), Abschlussbericht Projekt SKALA, S. 46 ff.
275 LKA NRW (2018), Abschlussbericht Projekt SKALA, S. 47.
276 *Egbert/Krasmann*, Predictive Policing, 2019, S. 34.
277 *Egbert/Krasmann*, Predictive Policing, 2019, S. 34.
278 https://lka.polizei.nrw/artikel/projekt-skala-predictive-policing-in-nrw, zuletzt abgerufen am 24.10.2022.
279 AH Berlin, Drucks. 18/10732, S. 1.

gen werden.[280] Die polizeilichen Daten laufen über das polizeiliche Data-Warehouse von Microsoft SQL zusammen, wobei die Daten gerade zum Analysieren in bestimmten sog. Marten, also Teildatensätzen, optimiert zusammengeführt werden.[281] Ebenfalls auf Basis von Microsoft SQL erfolgte die Implementierung von Prognosemodellen.

Auch KrimPro setzt auf dem Near Repeat-Ansatz auf.[282] Anders als PRECOBS setzt es jedoch keine Trigger- und Antitriggerkriterien ein, sondern nutzt ein Scoringsystem, das Plus- oder Minuspunkte für bestimmte Tatkriterien vergibt.[283] Dadurch wird die Bewertung der bereits begangenen Taten spezifischer. Die Analysesoftware wird ständig weiterentwickelt, wobei die Polizei Berlin zunächst auch von Beratern von Microsoft und Oraylis unterstützt wird.[284] Seit 2018 befindet sich das System stadtweit im Dauerbetrieb.[285] Für die Prognosen wurden 5000 Quadranten erstellt, die jeweils ca. 400x400m Stadtgebiet abdecken.[286] Ausgegeben werden täglich drei Gebiete, in denen die Wahrscheinlichkeit für einen Wohnungseinbruch erhöht ist.[287]

Auch in Berlin wird geprüft, ob sich das Einsatzfeld von KrimPro über den Wohnungseinbruchdiebstahl hinaus auf weitere Delikte ausdehnen lässt.[288]

4. PreMAP

Die niedersächsische Eigenentwicklung PreMAP heißt mit vollem Namen Predictive Policing Mobile Analytics for Police.[289] Seit November 2018 be-

280 AH Berlin, Drucks. 18/17562, S. 3.

281 AH Berlin, Drucks. 18/17562, S. 1 f.

282 *Egbert/Krasmann*, Predictive Policing, 2019, S. 29.

283 *Egbert/Krasmann*, Predictive Policing, 2019, S. 29. Dabei werden z.B. beim Diebstahl von Gegenständen für den Alltagsgebrauch wie Essen oder Kleidung 50 Punkte abgezogen, aber beim modus operandi „bohren“ 300 Punkte hinzugefügt, da es dies auf professionelle Arbeit hindeutet, S. 29 f.

284 AH Berlin, Drucks. 18/17562, S. 2.

285 *Egbert/Krasmann*, Predictive Policing, 2019, S. 30.

286 *Graupner*, Berliner Polizisten nutzen eine Prognosesoftware, um Einbrüche zu verhindern. Mit Erfolg!, Berliner Zeitung v. 19.10.2017.

287 *Graupner*, Berliner Polizisten nutzen eine Prognosesoftware, um Einbrüche zu verhindern. Mit Erfolg!, Berliner Zeitung v. 19.10.2017.

288 AH Berlin, Drucks. 18/17562, S. 1.

289 Presseinformation des Ministeriums für Inneres und Sport Niedersachsen vom 02.11.2018, abrufbar unter: https://www.mi.niedersachsen.de/aktuelles/presse_info

findet sich die Software in der zweiten Pilotphase und wird nach Angaben des Innenministeriums in 15 näher bezeichneten Polizeiinspektionen, darunter in denen der großen Städte Hannover, Göttingen und Braunschweig, eingesetzt.[290] PreMAP setzt auf das Near-Repeat-Phänomen und stellt hauptsächlich vergangene Einbrüche kartografisch aufbereitet und farbig nach Aktualität dar.[291] Die verwendete Datenbasis besteht daher (allein) aus Daten aus dem niedersächsischen polizeilichen Vorgangsbearbeitungssystem NIVADIS[292].[293] Zunächst werden die polizeilichen Vorgangsdaten der letzten zehn Jahre daraufhin untersucht, ob und wo es Near-Repeat-Einbrüche gab.[294] Auf Grundlage der vergangenen Einbruchsdaten werden dann besonders risikoaffine Bereiche herausgefiltert und in einer Brennpunktkarte dargestellt.[295] Aktuelle Einbrüche werden ebenso markiert wie aktuell identifizierte Near-Repeat-Einbrüche; erkennt die Software, dass bei einem bestimmten Einbruch ein (weiterer) Near-Repeat wahrscheinlich ist, wird ein Kreis mit einem Radius von 500 m um den Tatort gezogen.[296] Dazu wird auch in Niedersachsen ein Scoring-System verwendet.[297] Die mobile Darstellung ermöglicht darüber hinaus auch eine Verknüpfung mit dem Standort und somit raumaktuelle Informationen über das deliktübergreifende Kriminalitätsgeschehen.[298] So soll eine aktuelle und benutzerfreundliche Einsatzplanung für die Polizei möglich sein.

---

rmationen/zweite-pilotphase-startet-einsatz-der-prognosesoftware-premap-wird-zum-1-november-weiter-intensiviert-170622.html, zuletzt abgerufen am 24.10.2022; *Egbert/Krasmann*, Predictive Policing, 2019, S. 33. S.a. *Gluba*, ProPolizei 1/2017,4 (4), der nur von Predictive Mobile Analytics Police spricht.

290 Presseinformation des Ministeriums für Inneres und Sport Niedersachsen vom 02.11.2018, mit allen 15 Polizeiinspektionen, abrufbar unter: https://www.mi.niedersachsen.de/aktuelles/presse_informationen/zweite-pilotphase-startet-einsatz-der-prognosesoftware-premap-wird-zum-1-november-weiter-intensiviert-170622.html, zuletzt abgerufen am 24.10.2022.

291 *Wolff*, ProPolizei 1/2017, 5 (6).

292 **N**iedersächsische **V**organgsbearbeitungs-, **A**nalyse-, **D**okumentations- und **I**nformations-**S**ystem, Niedersächsisches Ministerium für Inneres und Sport, NIVADIS, abrufbar unter: https://www.mi.niedersachsen.de/startseite/themen/innere_sicherheit/polizei_niedersachsen/technik_und_finanzen/nivadis/nvadis-62624.html, zuletzt abgerufen am 24.10.2022.

293 *Wolff*, ProPolizei 1/2017, 5 (5).

294 *Wolff*, ProPolizei 1/2017, 5 (5).

295 *Wolff*, ProPolizei 1/2017, 5 (5 f.); *Egbert/Krasmann*, Predictive Policing, 2019, S. 34 sprechen von „Heatmap-Design".

296 *Wolff*, ProPolizei 1/2017, 5 (6 f.).

297 *Wolff*, ProPolizei 1/2017, 5 (7); *Egbert/Krasmann*, Predictive Policing, 2019, S. 33 f.

298 *Wolff*, ProPolizei 1/2017, 5 (7).

5. KLB-operative

Hessen geht ebenfalls eigene Wege und hat bereits 2015 die Prognose Software KLB-operative pilotweise getestet. KLB steht dabei für Kriminalitätslagebild und beschreibt dabei in einem Wort, worum es in den „klassischen“ Predictive Policing-Softwares geht: Um die Abbildung und Visualisierung von (möglichen) örtlichen und zeitlichen Kriminalitätsschwerpunkten. Seit Herbst 2017 soll die Software hessenweit im Einsatz sein.[299] Wie genau KLB-operative funktioniert und welche Datenbasis im Einzelnen verwendet wird, ist weitestgehend unklar. Aus den wenigen offiziellen Stellungnahmen lässt sich jedoch herauslesen, dass auch hier vornehmlich bzw. einzig vergangene Einbruchsdaten genutzt werden, um Tatserien und Kriminalitätsschwerpunkte zu identifizieren.[300] Dazu wurden zunächst die Einbruchsdaten der vergangenen sechs Jahre statistisch aufbereitet und ausgewertet, wobei bestimmte Hypothesen anhand der Analysesoftware SPSS getestet wurden.[301] Auch hier scheint letztlich als theoretische Grundlage das Near-Repeat-Phänomen gewählt worden zu sein.[302] Vergleichbar mit KrimPro in Berlin wird ein Scoring-System mit 29 verschiedenen Faktoren eingesetzt.[303] Die Anwendung steht als App zur Verfügung und stellt sich als interaktive Karte dar. Hier können Straßenkarten, Luftbilder und umfassende Lagebilder der letzten 10 Tage abgebildet werden. KLB-operative analysiert jeden Morgen die Daten des Vortages und stellt die Ergebnisse zur Verfügung, um eine effektive 24h-Einsatzplanung der Polizeikräfte zu unterstützen.[304]

---

299 Pressemittelung der CDU-Fraktion im Hessischen Landtag v. 30.10.2017, Landesweite Einführung der Prognosesoftware „KLB-operative“, abrufbar unter: https://www.cdu-fraktion-hessen.de/presse/landesweite-einfuehrung-der-prognosesoftware-und-bdquo-klb-operativ-un/, zuletzt abgerufen am 24.10.2022; s.a. *Egbert/Krasmann*, Predictive Policing, 2019, S. 31.

300 Pressemitteilung der CDU-Fraktion im Hessischen Landtag v. 30.10.2017, Landesweite Einführung der Prognosesoftware „KLB-operative“, abrufbar unter: https://www.cdu-fraktion-hessen.de/presse/landesweite-einfuehrung-der-prognosesoftware-und-bdquo-klb-operativ-un/, zuletzt abgerufen am 24.10.2022; *Egbert/Krasmann*, Predictive Policing, 2019, S. 31.

301 *Egbert/Krasmann*, Predictive Policing, 2019, S. 31.

302 *Egbert/Krasmann*, Predictive Policing, 2019, S. 31.

303 *Egbert/Krasmann*, Predictive Policing, 2019, S. 31.

304 *Egbert/Krasmann*, Predictive Policing, 2019, S. 31.

6. Zusammenfassung

Letztlich lässt sich festhalten, dass jede der aktuell eingesetzten Softwarelösungen in irgendeiner Art und Weise auf das Near-Repeat-Phänomen zurückzuführen ist. Als Datenbasis werden hauptsächlich, aber oftmals nicht nur, die polizeieigenen Daten aus den jeweiligen Ländervorgangsbearbeitungssystemen verwendet, die teilweise zuvor in einem Data-Warehouse systematisiert und aufbereitet gespeichert wurden. Die Darstellung beim Endnutzer, also den einzelnen Einsatzkräften, erfolgt in der Regel über eine kartografische Visualisierung der Prognosegebiete, eventuell farblich abgestuft und in Verbindung mit der Gesamtkriminalitätslage. In ihrem Einsatz unterscheiden sich die einzelnen Softwarelösungen kaum, schließlich sollen sie alle lediglich als Unterstützung für die operative Einsatzplanung dienen. Letztlich entscheidet derjenige, dem die Einsatzplanung der einzelnen Polizeikräfte obliegt, wie viel Gewicht er einer Prognose beimisst.

B. Rechtliche Bewertung

Der Einsatz von raumbezogenen Predictive Policing-Software wirft in verschiedenster Hinsicht rechtliche Fragen auf, die es im Folgenden zu beantworten gilt. So soll zunächst geklärt werden, wie der Einsatz von Predictive Policing rechtlich einzuordnen ist. Dies ist Voraussetzung, um festzustellen, welche Gesetzgebungskompetenzen für den Einsatz bestehen. Anschließend wird untersucht, ob und inwieweit eine Ermächtigungsgrundlage für einen Einsatz von Predictive Policing-Softwares erforderlich ist und welchen Anforderungen eine solche gegebenenfalls genügen muss. Aber nicht nur der Einsatz als solcher ist zu problematisieren. Gerade im Hinblick auf den Datenschutz und die speziellen Anforderungen an die Datenverarbeitung sowie Zweckgebundenheit der Daten stellen sich bereits im Vorfeld des Einsatzes konkrete rechtliche Fragen: Welche Daten dürfen wann und wofür gesammelt werden und wie verarbeitet werden, um überhaupt in Predictive Policing-Softwares zum Einsatz zu gelangen?

Besonderes Augenmerk wird sodann auf die Folgemaßnahmen nach der Generierung eines Prognosegebietes geworfen: Welche Art von Maßnahmen kann die Polizei aufgrund dessen treffen, dass eine Predictive Policing-Software ein Risikogebiet ermittelt hat? Dies ist für die verschiedenen Bundesländer zu beantworten. Auch wenn Bayern im Oktober 2021 den Einsatz der Software PRECOBS wegen einer negativen Kosten-Nutzen-Rechnung eingestellt hat, wurde in der gleichen Pressemitteilung betont, dass der Einsatz von softwarebasierten Lage- und Risikoanalysen großes Potenzial hätte und daher weiterhin „strategische und innovative Möglichkeiten" zur Unterstützung der Verbrechensbekämpfung beobachtet würden.[305] Daher wird im Folgenden auch für Bayern der Rechtsrahmen ausgelotet.

Nach einem Blick auf die spezifischen Gefahren des Einsatzes von Predictive Policing-Systemen werden die besonderen Anforderungen beschrieben, die an den Einsatz eines privatwirtschaftlich entwickelten Systems wie PRECOBS zu stellen sind. Zuletzt wird ein Ausblick gewagt, wie die Systeme weiterentwickelt werden könnten und was hierbei zu beachten wäre.

I. Gesetzgebungskompetenz und Einordnung des Einsatzfeldes von Predictive Policing-Systemen

Zunächst ist zu klären, wie der Einsatz von Vorhersagesoftware rechtlich einzuordnen ist. Die Aufgaben der Polizeibehörden gliedern sich grundsätzlich in zwei Bereiche, die Gefahrenabwehr und die Strafverfolgung.[306] Während die Strafverfolgung als Teil des Prozessrechts grds. bundeseinheitlich in der StPO, EGStPO sowie dem OWiG geregelt wurde (Art. 72 Abs. 1 i.V.m. Art. 74 Abs. 1 Nr. 1 GG),[307] obliegt die Regelung der allgemeinen Gefahrenabwehr traditionell den Landesgesetzgebern nach Art. 30, Art. 70 Abs. 1 GG.[308] Die Gesetzgebungskompetenz des Bundes auf diesem Gebiet ist stark limitiert und beschränkt sich im Wesentlichen über Art. 71, Art. 73 Abs. 1 Nr. 9a und 10 GG auf die Kompetenz für die Regelung von Gefahrenabwehr im Bereich der Terrorismusbekämpfung und der Bund-Länder-Ko-

305 https://www.polizei.bayern.de/aktuelles/pressemitteilungen/018804/, zuletzt abgerufen am 24.10.2022.

306 Etwa *Bäcker*, in: Herdegen et al., HB des Verfassungsrechts, 2021, § 28 Rn. 8; *Thiel*, Polizei- und Ordnungsrecht, 4. Aufl. 2020, § 1 Rn. 14; *Kingreen/Poscher*, Polizei- und Ordnungsrecht, 11. Aufl. 2020, § 2 Rn. 5; *Götz/Geis*, Allgemeines Polizei- und Ordnungsrecht, 16. Aufl. 2017, § 1 Rn. 1; *Zöller*, Informationssysteme und Vorfeldmaßnahmen von Polizei, Staatsanwaltschaft und Nachrichtendiensten, 2002, S. 73; s. auch *Gusy*, Polizei- und Ordnungsrecht, 10. Aufl. 2017, § 1 Rn. 20.

307 *Schenke*, Polizei- und Ordnungsrecht, 11. Aufl. 2021, Rn. 29; *Schmidt*, Polizei- und Ordnungsrecht, 21. Aufl. 2020, Rn. 21.

308 *Schenke*, Polizei- und Ordnungsrecht, 11. Aufl. 2021, § 2 Rn. 24; *Guckelberger*, in: Gröpl/dies./Wohlfarth, Landesrecht Saarland, 4. Aufl. 2022, § 4 Rn. 4; s.a. *Schmidt*, Polizei- und Ordnungsrecht, 21. Aufl. 2020, Rn. 23.

ordination sowie einige Annexkompetenzen.[309] Daneben obliegt dem Bund die Regelung der Bundespolizei, Art. 73 Abs. 1 Nr. 5 GG. Das „klassische" Predictive Policing fällt nicht darunter.

Allerdings stellte das BVerfG in der Vergangenheit fest, dass die sog. Strafverfolgungsvorsorge als Unterfall der Strafverfolgung ebenfalls von Art. 74 Abs. 1 S. 1 GG erfasst ist.[310] Der Begriff des gerichtlichen (Straf-)Verfahrens in Art. 74 Abs. 1 S. 1 GG ist insoweit weit zu verstehen.[311] Die Strafverfolgungsvorsorge dient der Sicherstellung einer späteren repressiven Strafverfolgung bereits im Vorfeld strafrechtlich relevanter Handlungen, etwa durch Maßnahmen, die eine Strafverfolgung erst ermöglichen.[312]

Die Gefahrenabwehr dagegen fällt mangels Erwähnung in Art. 73 f. GG unter die grundsätzliche Zuständigkeit der Länder.[313] Diese dient präventiv der Verhinderung des Eintritts eines Schadens an einem polizeilichen Schutzgut.[314] Auch die Gefahrenvorsorge ist dabei Teil der Zuständigkeit der Länder.[315] Als Unterfall gehört zur Gefahrenvorsorge „auch die Verhütung von Straftaten, die noch nicht konkret drohen, die sogenannte Straftatenverhütung."[316]

Sowohl die Strafverfolgungsvorsorge als auch die Gefahrenabwehr und -vorsorge sollen dabei im Vorfeld einer polizeilich relevanten Handlung eines Täters/Störers greifen und wirken daher grds. beide in gewisser Weise

309 *Guckelberger,* in: Gröpl/dies./Wohlfarth, Landesrecht Saarland, 4. Aufl. 2022, § 4 Rn. 4 ff.; *Schenke,* Polizei- und Ordnungsrecht, 11. Aufl. 2021, Rn. 26.

310 BVerfGE 113, 348 (370 f.); bestätigend BVerfG zur automatisierten Kennzeichenkontrolle, BVerfGE 150, 244 (273 f. Rn. 64 ff.). S. dazu auch *Graulich,* NVwZ 2014, 685 (686); *Schenke,* in: FS Paeffgen, 2015, S. 393 ff.; *Gusy,* Polizei- und Ordnungsrecht, 10. Aufl. 2017, § 1 Rn. 20 ff. A.A. noch *Gärditz,* Strafprozeß und Prävention, 2003, S. 324 ff., 330 f.; s. auch *Paeffgen,* Vorüberlegungen zu einer Dogmatik des Untersuchungshaft-Rechts, 1986, S. 141 ff.; weitere Nachweise bei *Schenke,* in: FS Paeffgen, 2015, S. 393 (394 Fn. 8).

311 BVerfGE 150, 244 (273 Rn. 67); *Müller/Schwabenbauer,* in: Lisken/Denninger, HB des Polizeirechts, 7. Aufl. 2021, G. Rn. 571 f.; *Bäcker,* Kriminalpräventionsrecht, 2015, S. 248.

312 BVerfGE 150, 244 (274 Rn. 68).

313 BVerfGE 150, 244 (271 f. Rn. 59); *Schenke,* Polizei- und Ordnungsrecht, 11. Aufl. 2021, § 2 Rn. 24.

314 *Bäcker,* in: Herdegen et al., HB des Verfassungsrechts, 2021, § 28 Rn. 10.

315 BVerfGE 150, 244 (274 Rn. 70); *Schenke,* in Polizei- und Ordnungsrecht, 11. Aufl. 2021, § 1 Rn. 11; *Ogorek,* DÖV 2018, 688 (691).

316 BVerfGE 150, 244 (274 Rn. 70); s.a. BVerfGE 113, 348 (368); kritisch zu präventiv polizeilichen Vorfeldermittlungen *Bäcker,* Kriminalpräventionsrecht, 2015, S. 247 ff.

präventiv.[317] Sie liegen nach den Worten des BVerfG oft nahe beieinander, sodass sich die Regelungskompetenzen von Bund und Ländern insofern überschneiden können.[318] Die Abgrenzung wird hier zunächst nach dem Gegenstand der Maßnahme vorgenommen, namentlich welchem objektivierten Zweck diese dient.[319] Hierbei ist anerkannt, dass ein und dieselbe Maßnahme durchaus sowohl präventiven als auch repressiven Zwecken dienen kann (sog. doppelfunktionale Maßnahmen),[320] wobei hier bei der Einordnung vornehmlich auf den Schwerpunkt des verfolgten Zwecks abzustellen ist.[321] Lässt sich kein eindeutiger Schwerpunkt ermitteln, so steht dem Gesetzgeber ein Entscheidungsspielraum zu und kann unter Umständen sowohl der Bundes- als auch der Landesgesetzgeber tätig werden.[322]

Der Einsatz von raumbezogenem Predictive Policing ist dazu gedacht, die Einsatzplanung der Polizeikräfte zu verbessern, potenzielle Gefahren zu erkennen und so Straftaten zu verhindern, aber gleichzeitig auch Täter auf frischer Tat anzutreffen und die Strafverfolgung einzuleiten. So hat Sachsen als erstes Bundesland bei der probeweisen Einführung der Software PRECOBS bestätigt, man wolle auch repressiv potenzielle Tatverdächtige in den Prognosegebieten feststellen.[323]

Ähnlich wie die Videoüberwachung[324] dient der Einsatz von Predictive Policing-Systemen daher sowohl präventiven als auch repressiven Zwecken und ist somit als doppelfunktional anzusehen. Insoweit wird vertreten, dass

---

317 BVerfGE 150, 244 (274 Rn. 68 f.); *Graulich*, NVwZ 2014, 685 (686); *Schenke*, in: FS Paeffgen, 2015, S. 393 (400).

318 BVerfGE 150, 244 (275 Rn. 71).

319 BVerfGE 150, 244 (273 Rn. 66, Ls. Nr. 2).

320 BVerfGE 150, 244 (275 Rn. 72); *Thiel*, Polizei- und Ordnungsrecht, 4. Aufl. 2020, § 4 Rn. 20; *Schmidt*, Polizei- und Ordnungsrecht, 21. Aufl. 2020, Rn. 88; *Gusy*, Polizei- und Ordnungsrecht, 10. Aufl. 2017, § 1 Rn. 23; *Graulich*, NVwZ 2014, 685 (686); dazu auch, im Zusammenhang mit Rechtsschutzfragen, *Brodowski*, Verdeckte technische Überwachungsmaßnahmen im Polizei- und Strafverfahrensrecht, 2016, S. 327 ff.

321 BVerfGE 150, 244 (275 Rn. 72); 150, 309 (333 f. Rn. 65); *Bäcker*, in: HB des Polizeirechts, 7. Aufl. 2021, B. Rn. 103a; *Guckelberger*, in: Gröpl/dies./Wohlfarth, Landesrecht Saarland, 4. Aufl. 2022, § 4 Rn. 6.

322 BVerfGE 150, 244 (275 Rn. 72).

323 *Egbert/Krasmann*, Predictive Policing, 2019, S. 35.

324 *Guckelberger*, in: Gröpl/dies./Wohlfarth, Landesrecht Saarland, 4. Aufl. 2022, § 4 Rn. 132; *Ogorek*, in: BeckOK Polizei- und Ordnungsrecht Nordrhein-Westfalen, 21. Ed., § 15a PolG NRW Rn. 1; *Graulich*, NVwZ 2014, 685 (686); Ausführlich dazu auch *Zöller*, Informationssysteme und Vorfeldmaßnahmen von Polizei, Staatsanwaltschaft und Nachrichtendiensten, 2002, S. 83 ff.

sich Predictive Policing zumindest auf der Kante zwischen präventiver und repressiver Tätigkeit bewege.[325]

Nichtsdestotrotz liegt das Hauptaugenmerk der hier zu untersuchenden Softwarelösungen auf dem Erkennen potenzieller Risikogebiete und dem Verhindern von Straftaten und ist daher schwerpunktmäßig als präventives Instrument zu bewerten.[326] Der Einsatz von Predictive Policing ist grundsätzlich nicht darauf gerichtet, ein repressiv-personenbezogenes Eingreifen der Polizei zu ermöglichen, sondern darauf, präventiv-objektiv die Integrität der Rechtsordnung zu schützen, indem Einbruchdiebstähle in einem bestimmten Gebiet durch Abschreckung vorab verhindert werden sollen.[327]

Anders als bei der Videoüberwachung geht dieser präventive Effekt jedoch nicht von der Maßnahme selbst aus. Denn während die offene Videoüberwachung, die z.B. plakativ angekündigt wird, den potenziellen Störer bereits von sich aus, nur aufgrund der Existenz der Videoüberwachung, von der Begehung einer Straftat abhalten soll,[328] bleibt der Einsatz von Predictive Policing den meisten Bürgern verborgen und es wird i.d.R. gerade nicht mitgeteilt, dass bestimmte Orte besonders unter Beobachtung stehen. Ein bloß abstraktes Wissen um den Einsatz von Predictive Policing-Software ist darüber hinaus nicht geeignet, eine präventive Wirkung zu entfalten, da sich der Einzelne kaum eine genaue Vorstellung über die Funktionsweise und die Ergebnisse der Software machen wird.

Erst durch die verstärkte Präsenz von Einsatzkräften kann daher ein solcher Abschreckungseffekt entstehen.[329] Diese Einsatzkräfte wiederum können dann auf die ländereigen geschaffenen polizeilichen Standard- oder

325 *Singelnstein,* NStZ 2018, 1 (5 f.); *Zenner,* in: Wieczorek, Digitalisierung, S. 117 (118 f.).

326 Eingehend zur Problematik *Thüne,* Predictive Policing, 2020, S. 152 ff.

327 Zu den für die Abgrenzung maßgeblichen Begrifflichkeiten BVerfGE 150, 244 (274 Rn. 69). Zu trotzdem möglichen repressiven Folgemaßnahmen s. B. V.

328 *Kammerer,* KrimJ 40 (2008), 257 (260); *Kowalik,* Die hoheitliche Videoüberwachung des öffentlichen Raums zur Kriminalprävention, 2021, S. 109, 114 f., 330 f.; *Meier,* Kriminologie, § 10 Rn. 26. S.a. *Schmidt,* Polizei- und Ordnungsrecht, 21. Aufl. 2020, Rn. 154, 162; *Zöller,* Informationssysteme und Vorfeldmaßnahmen von Polizei, Staatsanwaltschaft und Nachrichtendiensten, 2002, S. 84; dazu, dass die offene Durchführung gerade Voraussetzung für eine Abschreckungswirkung ist, *Ogorek,* DÖV 2018, 688 (696).

329 *Houy et al.,* in: Klenk/Nullmeier/Wewer, Handbuch Digitalisierung in Staat und Verwaltung, 2019, S. 517 (522). S. ausführlich zur abschreckenden Wirkung von erhöhter Polizeipräsenz *Pett/Gluba,* Die Polizei 2017, 323 ff.

Generalklauseln zurückgreifen, um Einzelfallmaßnahmen vor Ort zu treffen, wie beispielsweise Identitätsfeststellungen.[330]

Solche Gefahrenabwehrmaßnahmen sind grds. Maßnahmen, die die Polizei bei Vorliegen einer bestimmten Gefahr im Einzelfall gegenüber polizeipflichtigen Personen, insb. Störern anwendet. Ihr Einsatz setzt daher grds. das Vorliegen eines bestimmten Gefahrentypus voraus.

Der Einsatz der Vorhersagesoftware selbst ist jedoch gerade darauf gerichtet, eine Gefahrenlage erst zu erkennen bzw. einen ersten Gefahrenverdacht[331] oder auch nur eine Risiko- bzw. Bedrohungslage zu generieren.[332] Sie wird daher im Vorfeld der polizeilichen Maßnahmen relevant.[333]

Solche Tätigkeiten sind als solche der Gefahrenvorsorge[334] zu qualifizieren. [335] Dabei handelt der Staat im Vorfeld konkreter Gefahren, die erst später entstehen könnten.[336] Zweck solcher Maßnahmen ist gerade das Verhindern des Eintretens der Gefahrensituation oder zumindest deren wirksame Bekämpfung.[337] Sie umfasst auch „die Verhütung von Straftaten, die noch nicht konkret drohen".[338]

Andererseits kann gegen die Einordnung des Einsatzes von raumbezogenen Predictive Policing als Maßnahme der präventiven Gefahrenvorsorge vorgebracht werden, dass die möglicherweise effektivste Verhütung von

---

330 Siehe zu einzelnen Folgemaßnahmen B. IV. 5.

331 Gefahrenverdacht bezeichnet eine Sachlage, bei der aufgrund unsicherer Tatsachenbasis bzw. unsicherem Kausalverlauf noch keine hinreichende Wahrscheinlichkeit eines Schadenseintritts besteht, gleichwohl jedoch Indizien für eine entfernte Schadensmöglichkeit bestehen, *Di Fabio*, Jura 1996, 566 (569). Näher dazu auch *Götz/ Geis*, Allgemeines Polizei- und Ordnungsrecht, 16. Auf. 2017, § 6 Rn. 30 ff.

332 Näher zur Einordnung des Outputs der Predictive Policing-Systeme unter B. IV. 1.–2.

333 Näher zu der Zulässigkeit entsprechender Folgemaßnahmen der Polizei nach dem Einsatz von Predictive Policing unter B. IV. 3.–6. und V.

334 Ausführlich zu den Begriffen Besorgnis, Risiko und Vorsorge bereits *Di Fabio*, Jura 1996, 566 (570 f.); *Schenke*, in: Polizei- und Ordnungsrecht, 11. Aufl. 2021, Rn. 11.

335 *Schenke*, Polizei- und Ordnungsrecht, 11. Aufl. 2021, Rn. 11; s. auch *Ogorek*, DÖV 2018, 688 (690).

336 *Schenke*, Polizei- und Ordnungsrecht, 11. Aufl. 2021, Rn. 11; BVerwG, NVwZ 2012, 757 (759); *Thiel*, Polizei- und Ordnungsrecht, 4. Aufl. 2020, § 4 Rn. 4.

337 *Schenke*, Polizei- und Ordnungsrecht, 11. Aufl. 2021, Rn. 11; *Thiel*, Polizei- und Ordnungsrecht, 4. Aufl. 2020, § 4 Rn. 4.

338 BVerfGE 150, 244 (274 Rn. 70); s.a. BVerwG, NVwZ 2012, 757 (759); *Schenke*, Polizei- und Ordnungsrecht, 11. Aufl. 2021, Rn. 11. S. dazu auch *Zöller*, Informationssysteme und Vorfeldmaßnahmen von Polizei, Staatsanwaltschaft und Nachrichtendiensten, 2002, S. 86, der darlegt, dass es trotz Vorverlagerung keiner neuen Aufgabenkategorie neben der Gefahrenabwehr bedarf.

diesen Straftaten – gerade im Hinblick darauf, dass man professionelle Bandentäter im Visier hat – darin liegen könnte, einzelne Täter die Schwelle des Versuchsstadiums überschreiten zu lassen und dann nach der Festnahme zu versuchen, auch die Hintermänner zu ermitteln.[339] Eine solche gezielte Repressionsmaßnahme kann also ebenso Prävention leisten. Dies zeigt wiederrum die enge Verknüpfung der beiden Handlungsfelder der Polizei. Hier stellen sich weitere rechtsstaatliche Fragen, inwieweit der Staat zuwarten darf, wenn er eine Rechtsgutbeeinträchtigung auch verhindern könnte.[340] Der BGH hat hierzu entschieden, dass jedenfalls dem potenziellen Täter insb. aus dem Recht auf ein faires Verfahren nach Art. 6 Abs. 1 S. 1 EMRK kein Anspruch auf möglichst frühzeitiges Eingreifen erwächst, bevor die Schwelle zur Straftat überschritten wurde.[341]

Nach meiner Einschätzung können solche einzelnen, gezielten Festnahmen die generelle Ausrichtung des Einsatzes von raumbezogenem Predictive Policing nicht zur repressiven Tätigkeit verschieben. Übergeordnetes Ziel ist nach wie vor die Prävention, allerdings durch zum Teil auch repressive Mittel. Vor allem ist eine solche Festnahme stark vom Zufall abhängig oder erfordert eine intensive, zeit- und ressourcenaufwändige Aufklärungsarbeit in dem Prognosegebiet. Diese Gebiete umfassen mehrere hunderttausend Quadratmeter, also in aller Regel mehrere Straßenzüge und viele Grundstücke. Genau zur rechten Zeit am rechten Ort in diesem Gebiet zu sein, um Täter gezielt bei der Tatausführung festzunehmen, würde erfordern, dass verdeckte Überwachungsmaßnahmen – etwa verdeckte Videoüberwachung oder Überwachung durch Polizeibeamte in Zivilkleidung – in dem Prognosezeitraum, der immerhin bis zu 14 Tage betragen kann, durchgeführt werden. Dadurch müssten Ressourcen gebunden werden, deren Schonung jedoch eigentliches Ziel des Einsatzes von Predictive Policing sein soll. Außerdem ist zu bezweifeln, dass diese verdeckten Aufklärungsmaßnahmen tatsächlich allein aufgrund einer raumbezogenen Prognose in einem großflächigen Gebiet möglich wären.[342] Repressive Zwecke können

339 Zu dieser Praxis Anm. *Brodowski* zu BGH JZ 2017, 1119 ff., JZ 2017, 1124 (1124).

340 Dazu eingehend *Brodowski,* Verdeckte technische Überwachungsmaßnahmen im Polizei- und Strafverfahrensrecht, 2016, S. 107 ff.

341 BGH, NJW 2022, 1826 (1826 Ls. Nr. 1, 1827 ff. Rn. 118 ff.); NStZ 2015, 466 (467 f.); NJW 2011, 1299 (1301 Rn. 31). Vgl. auch schon BVerfG, Nichtannahmebeschl. v. 04.12.2003, 2 BvR 328/03, Rn. 2, juris.

342 S. zum Erfordernis des Anfangsverdachtes bei repressiven Folgemaßnahmen und dazu, dass die Prognosen einen solchen nicht generieren können, B. V.

daher bei der Frage, ob raumbezogene Predictive Policing-Software eingesetzt werden soll, nur eine untergeordnete Rolle spielen.

Dahingegen ist eine verstärkte Bestreifung oder sind einzelne Identitätsfeststellungen in den Prognosegebieten weder flächendeckend noch dauerhaft nötig, um eine Abschreckungswirkung zu entfalten. Bei professionellen Tätern kann insoweit davon ausgegangen werden, dass sie das umliegende Gebiet selbst vor Begehung der Tat auf mögliche Hindernisse prüfen. Es bleibt daher bei der Zuordnung des Einsatzes von raumbezogenem Predictive Policing zur präventiven Tätigkeit der Polizei.

Als Maßnahme der Gefahrenvorsorge ist Predictive Policing somit nicht als eine Maßnahme auf dem Gebiet der Strafverfolgung anzusehen und unterfällt nicht Art. 74 Abs. 1 Nr. 1 GG. Es greift somit die grundsätzliche Zuständigkeit der Länder nach Art. 70 Abs. 1 GG. Selbst wenn man dies anders sehen würde, so bliebe den Ländern angesichts der Nichtregelung auf Bundesebene auch über die konkurrierende Gesetzgebung nach Art. 72 Abs. 1 GG eine aktuelle Regelungskompetenz.[343] Da sich die Beurteilung des Schwerpunktes einer solchen Maßnahme auch im Laufe der Zeit ändern kann, muss dies etwa bei Weiterentwicklungen im Blick behalten werden, welchem Zweck der Einsatz des jeweiligen Predictive Policing-Systems tatsächlich schwerpunktmäßig dienen wird.

II. Das Erfordernis von Rechtsgrundlagen für den Einsatz von Predictive Policing

Ob und in welchem Ausmaß Rechtgrundlagen für den Einsatz von insbesondere raumbezogenem Predictive Policing überhaupt erforderlich sind, wird unterschiedlich beurteilt.

1. Gegenwärtige Praxis

Bisher schufen diejenigen Bundesländer, die eine raumbezogene Predictive-Policing Software einsetzen bzw. eingesetzt haben, hierfür keine spezifischen Rechtsgrundlagen.

343 Vgl. für die Videoüberwachung *Ogorek*, in: BeckOK Polizei- und Ordnungsrecht Nordrhein-Westfalen, 21. Ed., § 15a PolG NRW Rn. 2; allgemein dazu, dass die Strafverfolgungsvorsorge bislang nur punktuell durch den Bund geregelt wurde, *Graulich*, NVwZ 2014, 685 (688).

So wurde zwar in Hessen 2018 die Einführung der Software HessenDATA für den Massenabgleich personenbezogener Daten durch die Schaffung einer speziellen Rechtsgrundlage begleitet (§ 25a HSOG).[344] Für den Einsatz der raumbezogenen Prognosesoftware KLB-operative fehlt es jedoch bisher an einer solchen spezifischen Rechtsgrundlage, obwohl sie bereits deutlich länger eingesetzt wird.

Tatsächlich ist das Saarland das bislang einzige Bundesland, das 2020 eine Rechtsgrundlage für die Erstellung von Lagebildern im § 23 Abs. 6 SPolDVG geschaffen hat, ohne dass das Saarland bisher konkrete Absichten hinsichtlich des Einsatzes von Predictive Policing-Software erkennen ließ.[345] Allerdings ermächtigt § 23 Abs. 6 SPolDVG, ebenso wie § 25a HSOG, zur Nutzung von personenbezogenen Daten, woraus wohl die Notwendigkeit der Schaffung der Rechtsgrundlage abgeleitet wurde.[346] Daraus lässt sich ableiten, dass man in der Praxis davon ausgeht, dass für die Nutzung von Predictive Policing-Systemen, die keine personenbezogenen Daten nutzen, auch keine Rechtsgrundlage erforderlich seien.

Diese Ansicht wird auch in der Literatur vertreten.[347] Begründen könnte man diese zunächst damit, dass derartige Software lediglich ein Hilfsmittel bei der Einsatzplanung darstellt. Die Software selbst und die Generierung eines Risikogebietes zeitigt keinerlei direkte Folgen für die Bürger. Der Einsatz von raumbezogenem Predictive Policing ist somit zunächst ein rein interner Vorgang. Jegliche Einzelmaßnahmen erfolgen nach wie vor auf Grundlage der speziellen polizeilichen Befugnisse der jeweiligen Landespo-

344 Seit 2019 ist eine Verfassungsbeschwerde u.a. gegen § 25a HSOG beim BVerfG unter dem AZ: 1 BvR 1547/19 anhängig. Die 81 Seiten umfassende Beschwerdeschrift, deren letzten 11 Seiten sich mit der Begründung einer Verfassungswidrigkeit von § 25a HSOG auseinandersetzt, ist abrufbar unter: https://freiheitsrechte.org/home/wp-content/uploads/2019/07/2019-07-01-VB-Hessen-finalohneAdressen.pdf, zuletzt abgerufen am 24.10.2022. Mit Beschl. v. 16.02.2023, 1 BvR 1547/19, 1 BvR 2634/20, Rn. 172, juris, erklärte das BVerfG § 25a Abs. 1 Alt. 1 HSOG für mit der Verfassung unvereinbar und ab 30.09.2023 für nicht mehr anwendbar.

345 Dazu eingehender *Zenner,* SRZ 2/2021, 81 (93 f.).

346 Die Gesetzentwurfsbegründung in LT-Drucks. Saarland 16/1180, S. 70 beschränkt sich dabei auf einen Satz, dass § 23 Abs. 6 unter engen Voraussetzungen die Nutzung personenbezogener Daten zulasse; *Zenner,* SRZ 2/2021, 81 (93).

347 *Wischmeyer,* in: Kulick/Goldhammer, Der Terrorist als Feind?, 2020, S. 193 (202); *Graulich,* in: Lisken/Denninger, HB des Polizeirechts, 7. Aufl. 2021, E. Rn. 329; s. auch *Härtel,* LKV 2019, 49 (54), die im bisher eingesetzten raumbezogenen Predictive Policing keinen Grundrechtseingriff sieht; kritisch *Zenner,* SRZ 2/2021, 81 (93 f. Fn. 67).

lizei- und Ordnungsgesetzen.[348] Vergleichen könnte man den Einsatz daher mit den „klassischen“ Werkzeugen wie bspw. einer polizeilichen Wandtafel, wie man sie aus unzähligen Kriminalserien und -filmen kennt: An einer Tafel oder auf einem Whiteboard werden sämtliche relevante Informationen zusammengetragen, farblich markiert und Verbindungen gezogen. Auch für diese Art der Polizeiarbeit gibt es keine spezielle Ermächtigungsgrundlage – ebenso wenig wie bspw. für eine Streifenfahrt – und ist auch nach einhelliger Meinung nicht erforderlich.[349]

Die Tragfähigkeit dieses Vergleichs ist jedoch kritisch zu hinterfragen. Zwar mag es für das Zusammenstellen und Markieren auf der Tafel keine Ermächtigungsgrundlage geben, für die Erhebung bzw. Ermittlung der einzelnen Daten gibt es sie durchaus, auch wenn die Polizei grds. für die Auswertung nicht-personenbezogener Daten keine spezielle Ermächtigungsgrundlage braucht.[350] So kann die Polizei eben nicht ohne weiteres auf alle Daten zugreifen, es muss im konkreten Fall um Amtshilfe bei zuständigen Stellen ersucht werden oder, im Falle eigener Ermittlungsdaten, müssen diese im Rahmen der im Gesetz vorgegebenen Grenzen erhoben werden.[351] Dies bedeutet etwa im Hinblick auf Zeugenbefragungen, die Zeugen gesetzeskonform zu belehren. Solche Datenerfassungen sind mühsam und erfordern sehr viel Zeit. Sie werden nur aus einem konkreten Anlass für einen ganz bestimmten Zweck erfolgen. Kann eine Software jedoch automatisch auf eine Vielzahl von Datensätzen zugreifen und sie entsprechend verknüpfen, hat dies eine andere Dimension und es stellen sich andere Fragen. Zudem ist zu klären, ob dem pauschalen Urteil, für

348 *Wischmeyer*, in: Kulick/Goldhammer, Der Terrorist als Feind?, 2020, S. 193 (202).

349 *Wischmeyer*, in: Kulick/Goldhammer, Der Terrorist als Feind?, 2020, S. 193 (202); *Singelnstein*, NStZ 2018, 1 (7); *Bäcker*, in: Herdegen et al., HB des Verfassungsrechts, 2021, § 28 Rn. 19; *Kingreen/Poscher*, Polizei- und Ordnungsrecht, 11. Aufl. 2020, § 2 Rn. 42.

350 S. *Wischmeyer*, in: Kulick/Goldhammer, Der Terrorist als Feind?, 2020, S. 193 (202); *Gusy*, Polizei- und Ordnungsrecht, 10. Aufl. 2017, Rn. 191, 258 ff. S. auch zum diesbezüglichen Wandel der Erforderlichkeit von Rechtsgrundlagen für das polizeiliche Informationshandeln, *Kingreen/Poscher*, Polizei- und Ordnungsrecht, 11. Aufl. 2020, § 1 Rn. 32.

351 Da die Arbeit mit Daten auch für die Arbeit der Polizei immer wichtiger geworden ist und dabei besondere europäische Vorgaben zu beachten sind, haben einzelne Länder eigene Gesetz für die Datenerhebung und den Umgang mit Daten bei der Polizei erhoben, etwa das Saarland mit dem Saarländischen Gesetz über die Verarbeitung personenbezogener Daten durch die Polizei (SPolDVG), das am 31.12.2020 in Kraft getreten ist, ABl. des Saarlandes I 2020, S. 1131 (1134 ff.).

den Einsatz raumbezogener Predictive Policing Systeme würden keine personenbezogenen Daten verwendet, uneingeschränkt zugestimmt werden kann.[352]

2. Vorbehalt des Gesetzes

Die Notwendigkeit einer spezifischen Rechtsgrundlage ergibt sich grundsätzlich aus dem Prinzip des Vorbehalts des Gesetzes.[353] Die Herleitung dieses allgemeinen, in der Verfassung nicht explizit ausformulierten Prinzips ist nicht abschließend geklärt.[354] Es wird meistens – oft auch in Verbindung mit dem Demokratieprinzip –[355] direkt aus dem Rechtsstaatsprinzip aus Art. 20 Abs. 3 GG abgeleitet.[356] Danach sind die vollziehende Gewalt und die Rechtsprechung an Gesetz und Recht gebunden. Im Zusammenspiel mit der unmittelbaren Bindung der Staatsgewalten an die Grundrechte durch Art. 1 Abs. 3 GG und der dort explizit ausformulierten Gesetzesvorbehalte ergibt sich zumindest für die Fälle, in denen in grundrechtlich geschützte, subjektive Rechte des Einzelnen eingegriffen wird,[357] die Pflicht des demokratisch legitimierten Gesetzgebers, diesen Eingriff vorab zumin-

352 Dazu unter B. II. 3. b) (1) (b).

353 Etwa *Thiel*, Polizei- und Ordnungsrecht, 4. Aufl. 2020, § 1 Rn. 5.

354 *Kotzur*, in: v. Münch/Kunig, GG, 7. Aufl. 2021, Art. 20 Rn. 154.

355 *Sommermann*, in: v. Mangoldt/Klein/Starck, GG, 7. Aufl. 2018, Art. 20 Rn. 273, 278; *Schulze-Fielitz*, in: Dreier GG, 3. Aufl. 2015, Art. 20 Rn. 105; *Antoni*, in: Hömig/Wolff, GG, 13. Aufl. 2022, Art. 20 Rn. 15. Das BVerfG spricht schon in einer frühen Entscheidung von der „Erkenntnis auch seiner demokratischen Komponente", BVerfGE 49, 89 (126); später auch explizit vom im Demokratie- und Rechtsstaat wurzelnden Gesetzesvorbehalt BVerfGE 105, 279 (304). S.a. im Zusammenhang mit der Wesentlichkeitstheorie: BVerfGE 134, 141 (184); dazu auch *Ossenbühl*, in: Isensee/Kirchhof, HB Staatsrecht Bd. V, § 101 Rn. 49.

356 BVerfGE 40, 237 (248 f.); 48, 210 (221); 49, 89 (126); 78, 179 (197); *Jarass*, in: ders./Pieroth, GG, 15. Aufl 2018, Art. 20 Rn. 69; *Sachs*, in: ders. GG, 8. Aufl. 2018, Art. 20 Rn. 113; *Ossenbühl*, in: Isensee/Kirchhof, HB Staatsrecht Bd. V, § 101 Rn. 18 spricht davon, dass der „Vorbehalt des Gesetzes nach herkömmlicher Auffassung Ausprägungen des rechtsstaatlichen Grundsatzes der Gesetzmäßigkeit der Verwaltung" sei. Siehe aber auch *Grzeszick*, in: Dürig/Herzog/Scholz, GG, 95. EL 2021, Art. 20 VI. Rn. 97, der eine alleinige Stützung auf das Rechtsstaatsprinzip ebenso ablehnt wie er eine Ableitung aus dem Demokratieprinzip kritisiert, Rn. 101 ff. und sich für eine differenzierte Ansicht und gegen einen allgemeinen Gesetzesvorbehalt ausspricht, Rn. 104.

357 Sprich in der sog. Eingriffsverwaltung, *Kotzur*, in: v. Münch/Kunig, GG, 7. Aufl. 2021, Art. 20 Rn. 155.

dest in den Grundzügen zu bestimmen und insbesondere dessen Grenzen festzulegen.[358]

Nicht für jedes Handeln der Polizei ist daher eine spezielle Ermächtigungsgrundlage erforderlich. So können bestimmte polizeiliche Handlungsformen auf die polizeilichen Aufgabenzuweisungsnormen gestützt werden.[359] Diese allgemeinen Normen weisen den Polizei- und Ordnungsbehörden die Aufgabe der Gefahrenabwehr, teilweise sogar explizit die Aufgabe vorbeugender Bekämpfung von Straftaten zu.[360] Als schwerpunktmäßig präventive Maßnahme fällt der Einsatz von Predictive Policing als Teil der Gefahrenvorsorge unter diese Gefahrenabwehr.[361] Die bloßen Auf-

---

358 S. *Sachs,* in ders. GG, 8. Aufl. 2018, Art. 20 Rn. 113 f.; *Kotzur,* in: v. Münch/Kunig, GG, 7. Aufl. 2021, Art. 20 Rn. 155; *Schulze-Fielitz,* in: Dreier GG, 3. Aufl. 2015, Art. 20 Rn. 107.

359 *Krane*, Schleierfahndung, 2003, S. 79 f., 91.

360 In Sachsen: § 1 Abs. 1 SächsPolG: [1]*Die Polizei hat die Aufgabe, von dem Einzelnen und dem Gemeinwesen Gefahren abzuwehren, durch die die öffentliche Sicherheit oder Ordnung bedroht wird und Störungen der öffentlichen Sicherheit oder Ordnung zu beseitigen, soweit es im öffentlichen Interesse geboten ist.* [2]*Sie hat insbesondere*

1. *die freiheitliche demokratische Grundordnung zu schützen und die ungehinderte Ausübung der Grundrechte und der staatsbürgerlichen Rechte zu gewährleisten,*
2. ***Straftaten zu verhindern und vorbeugend zu bekämpfen** und*
3. ***Vorbereitungen zu treffen, um künftige Gefahren abwehren zu können.***; in Hessen: § 1 Abs. 1 und Abs. 4 HSOG: *(1)* [1]*Die Gefahrenabwehrbehörden (Verwaltungsbehörden, Ordnungsbehörden) und die Polizeibehörden haben die gemeinsame Aufgabe der Abwehr von Gefahren für die öffentliche Sicherheit oder Ordnung (Gefahrenabwehr), soweit dieses Gesetz nichts anderes bestimmt.* [2]*Sie haben im Rahmen dieser Aufgabe auch die erforderlichen Vorbereitungen für die Hilfeleistung in Gefahrenfällen zu treffen. […]* ***(4) Die Polizeibehörden haben auch zu erwartende Straftaten zu verhüten sowie für die Verfolgung künftiger Straftaten vorzusorgen (vorbeugende Bekämpfung von Straftaten).***; in Niedersachsen: § 1 Abs. 1 NPOG: [1]*Die Verwaltungsbehörden und die Polizei haben gemeinsam die Aufgabe der Gefahrenabwehr.* [2]*Sie treffen hierbei auch Vorbereitungen, um künftige Gefahren abwehren zu können.* ***[3]Die Polizei hat im Rahmen ihrer Aufgabe nach Satz 1 insbesondere auch Straftaten zu verhüten.*** In Nordrhein-Westfalen: § 1 Abs. 1 S. 1, 2 PolG NRW: [1]*Die Polizei hat die Aufgabe, Gefahren für die öffentliche Sicherheit oder Ordnung abzuwehren (Gefahrenabwehr).* [2]*Sie hat im Rahmen dieser Aufgabe* ***Straftaten zu verhüten sowie vorbeugend zu bekämpfen*** *und die erforderlichen Vorbereitungen für die Hilfeleistung und das Handeln in Gefahrenfällen zu treffen.* In Bayern: Art. 2 Abs. 1 PAG: *Die Polizei hat die Aufgabe, die allgemein oder im Einzelfall bestehenden Gefahren für die öffentliche Sicherheit oder Ordnung abzuwehren* (Hervorhebungen durch die Verf.)

361 Allg. zur Zuordnung von Gefahrenvorsorge zum Gefahrenabwehrrecht, *Schenke,* Polizei- und Ordnungsrecht, 11. Aufl. 2021, Rn. 11; *Thiel*, Polizei- und Ordnungsrecht, 4. Aufl. 2020, § 4 Rn. 9; a.A. *Knemeyer,* Polizei- und Ordnungsrecht, 11. Aufl.

gabenzuweisungsnormen in den jeweiligen Polizei- und Ordnungsgesetzen der Länder sind jedoch grundsätzlich nur geeignet, Maßnahmen ohne Eingriffscharakter, wie beispielsweise Streifenfahrten, zu rechtfertigen.[362] Dagegen bedarf es bei einem Eingriff in die Rechte Einzelner immer einer speziellen Ermächtigungsgrundlage, einer sog. Befugnis.[363] Für den Einsatz einer Vorhersagesoftware auf polizeilicher Ebene bedeutet dies, dass zumindest dann eine gesetzliche Grundlage über die bloße Aufgabenzuweisungsnorm hinaus existieren muss, wenn in subjektive Rechte von Einzelnen eingegriffen wird. Beim Einsatz von Predictive Policing-Software sind dabei verschiedene Stadien zu unterscheiden: Die Erhebung von Daten, die Anonymisierung von Daten und die Verarbeitung der Daten, also das tatsächliche Errechnen von Prognosegebieten (Einsatz von Predictive Policing im engeren Sinne).

3. Grundrechtsrelevanz

Eine den Gesetzesvorbehalt des Grundgesetzes auslösende Grundrechtsrelevanz kann sich zunächst aus einem Eingriff in den Schutzbereich eines Grundrechts des Grundgesetzes ergeben.

a) Verdrängung der nationalen Grundrechte durch die Unionsgrundrechte?

Spätestens seit den Beschlüssen des BVerfG zum Recht auf Vergessen I und II muss jedoch vor der Erörterung der nationalen Grundrechte deren Verdrängung durch unionale Grundrechte geprüft werden.

2007, Rn. 75 der eine dritte Aufgabenkategorie der prä-präventiven Maßnahmen einführen will; äußerst kritisch bezüglich einer dritten Aufgabenkategorie für das Gefahrenvorfeld *Möstl*, in: BeckOK Polizei- und Sicherheitsrecht Bayern, Systematische und begriffliche Vorbemerkungen zum Polizeirecht in Deutschland, 18. Ed., Rn. 95.

362 *Graulich*, in: Lisken/Denninger, HB des Polizeirechts, 7. Aufl. 2021, E. Rn. 83; *Schmidt*, Polizei- und Ordnungsrecht, 20. Aufl. 2018, Rn. 62; *Götz/Geis*, Allgemeines Polizei- und Ordnungsrecht, 16. Aufl. 2017, § 7 Rn. 7; *Schenke*, Polizei- und Ordnungsrecht, 11. Aufl. 2021, Rn. 35; *Krane*, Schleierfahndung, 2003, S. 79 f., 91.

363 S. dazu grundlegend, wenn auch nicht speziell bezogen auf die Polizei, BVerwGE 90, 112 (Ls. Nr. 3, 123 f.); *Schmidt*, Polizei- und Ordnungsrecht, 20. Aufl. 2018, Rn. 61, 111; *Thiel*, Polizei- und Ordnungsrecht, 4. Aufl. 2020, § 6 Rn. 3; *Gusy*, Polizei- und Ordnungsrecht, 10. Aufl. 2017, § 1 Rn. 13; *Krane*, Schleierfahndung, 2003, S. 79 f.; *Bäcker*, in: Herdegen et al., HB des Verfassungsrechts, 2021, § 28 Rn. 9, 19.

Das BVerfG hat nunmehr anerkannt, dass bei unionsrechtlicher Determinierung eines Sachverhaltes sogar bei einer nationalen Verfassungsbeschwerde Prüfungsmaßstab allein die Grundrechte der Grundrechtecharta der Europäischen Union (EUGrCh) und nicht die des Grundgesetzes sind.[364] Bei nicht vollständig harmonisierten Regelungen sind die Grundrechtskataloge hingegen grds. nebeneinander anwendbar,[365] auch wenn das BVerfG hierbei davon ausgeht, dass der Schutzgehalt der Grundrechte des Grundgesetzes diejenigen der EUGrCh grundsätzlich mitumfasst.[366]

Einschlägige Grundrechte könnten hier insbesondere das Recht auf Achtung des Privat- und Familienlebens (Art. 7 EUGrCh) sowie explizit der Schutz personenbezogener Daten (Art. 8 Abs. 1 EUGrCh) sein.[367] Die Einschränkung dieser Grundrechte unterliegt nach Art. 52 Abs. 1 S. 1 bzw. Art. 8 Abs. 2 EUGrCh dem Gesetzesvorbehalt.[368]

Voraussetzung für deren Anwendbarkeit ist jedoch, dass der Anwendungsbereich der Charta eröffnet ist. Dieser ergibt sich aus Art. 51 Abs. 1 S. 1 Alt. 2 EUGrCh. Danach gilt die Charta für die Mitgliedstaaten ausschließlich bei der Durchführung des Rechts der Union. Wann genau eine solche Durchführung vorliegt, ist seit langer Zeit zwischen BVerfG und EuGH umstritten. Während der EuGH eine weite Auslegung favorisiert und eine Durchführung von Unionsrecht bei fast jedwedem Unionsrechtsbezug, im sog. Geltungsbereich des Unionsrechts bejaht,[369] hielt das BVerfG lange Zeit eine Durchführung nur bei unionsrechtlich determinierten Sachverhalten für gegeben.[370] Ansonsten könne das Unionsrecht die Anwendbarkeit der nationalen Grundrechte nicht verdrängen,[371] insbesondere bei verbleibenden Umsetzungsspielräumen.[372]

---

364 BVerfGE 152, 216 (216 Ls. Nr. 1, 2, 230 Rn. 42, 236 Rn. 50) – Recht auf Vergessen II.

365 Erst jüngst BVerfGE 152, 152 (169 f. Rn. 42 ff.) – Recht auf Vergessen I; *Rademacher/Perkowski*, JuS 2020, 713 (718).

366 BVerfGE 152, 152 (175 Rn. 55 ff.) – Recht auf Vergessen I.

367 So auch *Rademacher/Perkowski*, JuS 2020, 713 (718).

368 S. im Einzelnen unter B. III. 1. a)

369 St. Rspr. des EuGHs seit EuGH, NJW 2013, 1415 f. – Åkerberg Fransson, wobei der EuGH später jedoch auch betonte, dass etwa allein eine Regelungskompetenz der Union nicht ausreicht, EuGH, EuZW 2014, 795 (798 f.) – Hernández.

370 Bislang st. Rspr. BVerfGE 121, 1 (15); 125, 260 (306 f.); 129, 78 (90); 133, 277 (313 f. Rn. 88). Siehe auch anfänglich EuGH, Rs. 5/88, Slg 1989, 2609 Rn. 19 – Wachauf. S. dazu insgesamt auch *Neumann/Eichberger*, JuS 2020, 502 (504).

371 Vgl. BVerfGE 121, 1 (15); 125, 260 (306 f.); 133, 277 (313 f. Rn. 88).

372 Etwa BVerfGE 129, 78 (90 f.).

Wie eingangs erwähnt, änderte der 1. Senat des BVerfG in zwei noch jungen, Aufsehen erregenden Beschlüssen zum Recht auf Vergessenwerden I und II jedoch seine Haltung gegenüber der Prüfung von unionalen Grundrechten vor nationalen Gerichten grundlegend und entschied, dass auch das BVerfG unter bestimmten Bedingungen zur Prüfung der Einhaltung der Unionsgrundrechte nach der Grundrechtecharta berufen sei[373] und dies sogar auch dann, wenn nur eine Teilharmonisierung und somit ein Umsetzungsspielraum der Mitgliedstaaten bei der nationalen Ausgestaltung besteht.[374] Bei vollständiger Determination seien nunmehr sogar *allein* die unionalen Grundrechte Prüfungsmaßstab.[375] Der 2. Senat schloss sich dem Ende 2020 an.[376]

Anknüpfungspunkt für eine Durchführung von Unionsrecht beim Einsatz von Predictive Policing ist insoweit zunächst die JI-Richtlinie (JI-RiLi).[377] Die JI-RiLi wurde parallel zur Datenschutz-Grundverordnung (DSGVO)[378] auf Unionsebene erlassen, um den Einsatz personenbezogener Daten auch auf sicherheitsrechtlicher Ebene zu regulieren.[379]

Die DSGVO gilt nach Art. 2 Abs. 2 lit. d DSGVO nicht *für die Verarbeitung personenbezogener Daten durch die zuständigen Behörden zum Zwecke*

---

373 BVerfGE 152, 216 (236 ff. Rn. 50 ff.) – Recht auf Vergessen II; 152, 152 (183 Rn. 72) – Recht auf Vergessen I.

374 BVerfGE 152, 152 (180 Rn. 66) – Recht auf Vergessen I; kritisch zu dieser Entwicklung, *Detterbeck,* JZ 2021, 593 (599 ff.).

375 BVerfGE 152, 216 (216 Ls. Nr. 2; 233 Rn. 42). Dazu auch *Neumann/Eichberger,* JuS 2020, 502 (505 f.); aus diesem Grunde die Frage nach der Zukunft des nationalen Grundrechts auf informationelle Selbstbestimmung angesichts der weitreichenden Vereinheitlichung der Verarbeitung personenbezogener Daten durch die DSGVO stellend *Gersdorf,* in: BeckOK Informations- und Medienrecht, 35. Ed., Art. 2 GG Rn. 16a.

376 BVerfGE 156, 182 (197 Rn. 36).

377 Richtlinie (EU) 2016/680 des Europäischen Parlaments und des Rates vom 27. April 2016 zum Schutz natürlicher Personen bei der Verarbeitung personenbezogener Daten durch die zuständigen Behörden zum Zwecke der Verhütung, Ermittlung, Aufdeckung oder Verfolgung von Straftaten oder der Strafvollstreckung sowie zum freien Datenverkehr und zur Aufhebung des Rahmenbeschlusses 2008/977/JI des Rates (JI-Richtlinie), ABl. EU v. 27.04.2016, L 119, S. 89.

378 Verordnung (EU) 2016/679 des Europäischen Parlaments und des Rates vom 27. April 2016 zum Schutz natürlicher Personen bei der Verarbeitung personenbezogener Daten, zum freien Datenverkehr und zur Aufhebung der Richtlinie 95/46/EG (Datenschutz-Grundverordnung), ABl. EU v. 27.04.2016, L 119, S. 1 ff.

379 *Albrecht/Jotzo,* Das neue Datenschutzrecht der EU, 2017, Teil 1 Rn. 10; Teil 10 Rn. 7 f.; *Johannes/Weinhold,* Das neue Datenschutzrecht bei Polizei und Justiz, 2018, § 1 Rn. 11 f.

der Verhütung, Ermittlung, Aufdeckung oder Verfolgung von Straftaten oder der Strafvollstreckung, einschließlich des Schutzes vor und der Abwehr von Gefahren für die öffentliche Sicherheit. Diese Einschränkung gab es auch in der Vorläufer-Richtlinie 95/46/EG,[380] weshalb das BVerfG in seinem Urteil über das Antiterrordateigesetz 2013 eine Durchführung von Unionsrecht strikt ablehnte.[381] Da die öffentliche Sicherheit eine für die Mitgliedstaaten sensible Materie und Ausdruck der eigenen Staatlichkeit ist und bleiben soll,[382] wurde für die Regelung des Datenschutzes auf diesem Gebiet das Instrument der Richtlinie gewählt.[383] Anders als die DSGVO, die als Verordnung gemäß Art. 288 UAbs. 2 AEUV unmittelbar und verbindlich in allen Mitgliedstaaten gilt, bedarf die JI-RiLi einer nationalen Umsetzung, wobei hier auch Spielräume für die Mitgliedstaaten geschaffen wurden.[384]

(1) Anwendbarkeit auf rein nationale Sachverhalte

Der aktuelle Einsatz von raumbezogenen Predictive Policing stellt grds. rein nationales Handeln dar. So werden Einbruchsdaten in Deutschland erhoben, diese georeferenziert und in Algorithmen zur Vorhersage von weiteren Einbruchdiebstählen auf deutschem Staatsgebiet eingesetzt. Daher muss zunächst geklärt werden, ob rein nationales Handeln von Polizeikräften überhaupt in den Anwendungsbereich der beiden Rechtsakte fallen kann.

---

380 Richtlinie 95/46/EG des Europäischen Parlaments und des Rates vom 24. Oktober 1995 zum Schutz natürlicher Personen bei der Verarbeitung personenbezogener Daten und zum freien Datenverkehr, ABl. EG v. 23.11.1995, L 281, S. 31 ff.

381 BVerfGE 133, 277 (315 Rn. 90).

382 Vgl. nur Art. 276 AEUV zum Ausschluss der Gerichtsbarkeit des EuGH für die Überprüfung der Gültigkeit oder Verhältnismäßigkeit von Maßnahmen der Polizei oder anderer Strafverfolgungsbehörden eines Mitgliedstaats oder der Wahrnehmung der Zuständigkeiten der Mitgliedstaaten für die Aufrechterhaltung der öffentlichen Ordnung und den Schutz der inneren Sicherheit.

383 S. *Albrecht/Jotzo,* Das neue Datenschutzrecht der EU, 2017, Teil 1 Rn. 10, Teil 10 Rn. 8, wonach die Kommission aus Rücksicht auf die Souveränität der Mitgliedstaaten bei der Strafverfolgung eine von der DSGVO unabhängige Richtlinie vorgeschlagen hat, obwohl das Parlament eigentlich einen einheitlichen Rechtsrahmen befürwortet hatte. Dazu auch *Roßnagel,* in: Johannes/Weinhold, Das neue Datenschutzrecht bei Polizei und Justiz, 2018, Geleitwort, Rn. 11 ff.

384 *Johannes/Weinhold,* Das neue Datenschutzrecht bei Polizei und Justiz, 2018, § 1 Rn. 7; *Müller/Schwabenbauer,* in: Lisken/Denninger, HB des Polizeirechts, 7. Aufl. 2021, G. Rn. 558.

Sowohl die DSGVO als auch die JI-RiLi schränken ihren Anwendungsbereich zumindest formal ein. So findet nach Art. 2 Abs. 3 lit. a JI-RiLi diese *keine Anwendung auf die Verarbeitung personenbezogener Daten im Rahmen einer Tätigkeit, die nicht in den Anwendungsbereich des Unionsrechts fällt.* Eine wortgleiche Regelung findet sich in Art. 2 Abs. 2 lit. a DSGVO.

Durch die DSGVO und die JI-RiLi wurde auf Unionsebene ein sehr umfassendes Datenschutzrecht geschaffen, das auf den ersten Blick jegliche Bereiche abdeckt. Unter dem Vertrag von Nizza wurden die meisten Datenschutzregelungen der Union noch auf den akzessorisch zum Binnenmarkt geltenden allgemeinen Kompetenztitel des Art. 95 EGV[385] gestützt.[386] Diese Akzessorietät fiel mit Inkrafttreten des AEUV weg und die Union kann nunmehr grds. Datenschutzregelungen für alle Politikfelder erlassen.[387] So gilt auch die Datenschutzgrundverordnung unmittelbar in allen Mitgliedstaaten und bindet sowohl Privatpersonen als auch den Staat (Art. 288 UAbs. 2 AEUV).[388]

Wegen des Grundsatzes der begrenzten Einzelermächtigung (Art. 5 Abs. 2 EUV) können die unionsrechtlichen Regelungen jedoch grundsätzlich nur auf den Gebieten Geltung entfalten, für die die Union die Regelungskompetenz hat.[389] Daher ist der Kompetenztitel für den Datenschutz,

385 Art. 95 Abs. 1 S. 1 EGV lautete: *Soweit in diesem Vertrag nichts anderes bestimmt ist, gilt abweichend von Artikel 94 für die Verwirklichung der Ziele des Artikels 14 die nachstehende Regelung,* wobei in Art. 14 EGV die Verwirklichung des Binnenmarktes geregelt war.

386 *Kingreen,* in: Calliess/Ruffert EUV/AEUV, 5. Aufl. 2016, Art. 16 AEUV Rn. 5; so war auch die Vorgänger-Datenschutzrichtlinie auf die allgemeine Binnenmarktkompetenz gestützt, s. dazu *Marsch,* Das europäische Datenschutzgrundrecht, 2018, S. 309.

387 *Kingreeen,* in: Calliess/Ruffert, EUV/AEUV, 5. Aufl. 2016, Art. 16 AEUV Rn. 5; *Marsch,* Das europäische Datenschutzgrundrecht, 2018, S. 337. Dazu, dass der EuGH bereits vor dem Vertrag von Lissabon durch seine Rechtsprechung eine umfassende Gesetzgebungskompetenz für den Unionsgesetzgeber anerkannt hat, *Marsch,* a.a.O., S. 316, 333.

388 *Sydow,* in: ders. Europäische Datenschutzgrundverordnung, 2. Aufl. 2018, Einl. Rn. 36; *Taeger/Schmidt,* in: Taeger/Gabel, DSGVO BDSG TTDSG, 4. Aufl. 2022, Einf. DSGVO Rn. 21.

389 S. *Müller/Schwabenbauer,* in: Lisken/Denninger, HB des Polizeirechts, 7. Aufl. 2021, G. Rn. 419. Zur Entkopplung von Gesetzgebungskompetenz und Anwendungsbereich des Sekundärrechts im Bereich des Datenschutzrechts, *Marsch,* Das europäische Datenschutzgrundrecht, 2018, S. 312 ff., wobei auf S. 333 darauf hingewiesen wird, dass sich die Reichweite der unionale Gesetzgebungskompetenz und der Anwendungsbereich des Datenschutzsekundärrechts spiegelbildlich verhalten.

Art. 16 AEUV,[390] in Abs. 2 S. 1 beschränkt auf *Vorschriften über den Schutz natürlicher Personen bei der Verarbeitung personenbezogener Daten durch [...] die Mitgliedstaaten im Rahmen der Ausübung von Tätigkeiten, die in den Anwendungsbereich des Unionsrechts fallen.* Weiterhin bestimmt etwa Art. 4 Abs. 2 S. 3 EUV ausdrücklich, dass die nationale Sicherheit allein in die Verantwortung der einzelnen Mitgliedstaaten fällt.[391] Dies führte auch zur Einführung des § 1 Abs. 8 BDSG, der ausdrücklich festlegt, dass die DSGVO und die Teile I und II des BDSG „entsprechend" für die Bereiche Anwendung findet, in denen weder die DSGVO unmittelbar gilt noch der Anwendungsbereich der JI-RiLi eröffnet ist.[392]

Für den Bereich der inneren Sicherheit sind die Kompetenzen der Union stark eingeschränkt. So gibt es zwar in Art. 67 ff. AEUV Regelungen zum Raum der Freiheit, der Sicherheit und des Rechts, doch wird dort an verschiedenen Stellen die Eigenständigkeit der Mitgliedstaaten betont, etwa in Art. 67 Abs. 1 AEUV (Achtung der verschiedenen Rechtsordnungen und -traditionen), in Art. 69 AEUV (Achtung des Subsidiaritätsprinzips) und in Art. 72 AEUV, in welchem explizit festgelegt wird, dass die Wahrnehmung der Zuständigkeiten der Mitgliedstaaten für die Aufrechterhaltung der öffentlichen Ordnung und den Schutz der inneren Sicherheit nicht berührt werden.[393]

Diese einschränkenden Formulierungen in den unionalen wie auch nationalen Rechtstexten zum Datenschutz haben in der Praxis jedoch kaum Bedeutung.[394] Bereits vor dem Vertrag von Lissabon legte der EuGH die Kompetenz der Union in Sachen Datenschutz weit aus.[395] Zur damalig geltenden Datenschutzrichtlinie entschied er im Fall ORF und Lindqvist,

390 S. zur Eigenschaft als Kompetenzgrundlage *Schröder,* in: Streinz, EUV/AEUV, 3. Aufl. 2018, Art. 16 AEUV Rn. 8; *Kingreen,* in: Calliess/Ruffert, EUV/AEUV, 6. Aufl. 2022, Art. 16 AEUV Rn. 5; *Sobotta,* in: Grabitz/Hilf/Nettesheim, Das Recht der EU, Art. 16 AEUV Rn. 27.

391 Dies auch im Zusammenhang mit dem Erlass des neuen BDSG betonend, BT-Drucks. 18/11325, S. 74.

392 BT-Drucks. 18/11325, S. 80; *Ernst* in: Paal/Pauly, DS-GVO/BDSG, 3. Aufl. 2021, § 1 BDSG Rn. 18; kritisch dazu, weil durch eine solche „vorauseilende Aufgabe nationaler Regelungskompetenze" eine „offensivere" Auslegung des Anwendungsbereichs des EuGHs quasi gefördert würde, *Müller/Schwabenbauer,* HB des Polizeirechts, 7. Aufl. 2021, G. Rn. 423.

393 Dazu auch *Puttler,* in: Calliess/Ruffert, EUV/AEUV, 5. Aufl. 2016, Art. 4 EUV Rn. 21; *Pfeffer,* NVwZ 2022, 294 (295 ff.).

394 Zum Datenschutzrecht als „Kompetenzsog" *Pfeffer,* NVwZ 2022, 294 (296 f.).

395 *Marsch,* Das europäische Datenschutzgrundrecht, 2018, S. 312 ff., 316.

dass es dem Harmonisierungszielen entgegenlaufen würde, wenn man den nach dem Kompetenztitel erforderlichen Binnenmarktbezug zu eng verstehe und es somit mit unpraktikablen Abgrenzungsschwierigkeiten zu tun bekäme.[396] Auch *Marsch* befürwortet, den in Art. 16 AEUV vorausgesetzten Anwendungsbereich des Unionsrechts anders als bei Art. 52 EUGrCh nicht für den jeweiligen Einzelfall, sondern weit zu bestimmen und diesen als Hinweis auf die allgemeinen Unionskompetenzen zu verstehen.[397] So ist gerade in Bezug auf die DSGVO kaum ein Lebensbereich denkbar, der nicht darunter fällt.[398] Als Ausnahmen werden praktisch ausschließlich die Tätigkeiten der Streitkräfte und Nachrichtendienste sowie der Kernbereich politischer Willensbildung genannt.[399]

Der EuGH stellte in Bezug auf die Ausnahmevorschrift des Art. 2 Abs. 2 lit. a DSGVO mehrfach fest, dass diese eng auszulegen sei und in der Zusammenschau mit den Erwägungsgründen lediglich Tätigkeiten umfasse, die der Wahrung der nationalen Sicherheit dienten oder der gleichen Kategorie zuzuordnen seien.[400] Die teilweise als Ausnahme angesehene Datenverarbeitung durch mitgliedstaatliche Parlamente und deren Untergliederungen[401] wurde durch den EuGH ohne vertiefte Prüfung dem Anwendungsbereich der DSGVO zugeordnet.[402] Der EuGH begnügte sich dabei mit dem Hinweis, dass es unangebracht wäre, den Ausdruck *eine Tätigkeit, die nicht in den Anwendungsbereich von Unionsrecht fällt*, so auszulegen,

396 EuGH, Urt. v. 20.5.2003, verb. Rs. C-465/00 u.a. – ORF, Rn. 42; Urt. v. 06.11.2003, C-101/01 – Lindqvist, Rn. 40 ff.

397 *Marsch,* Das europäische Datenschutzgrundrecht, 2018, S. 337; ebenso *Bäcker,* in: BeckOK Datenschutzrecht, 36. Ed., Art. 2 DS-GVO Rn. 7, nunmehr in 39. Ed. differenzierter, aber im Ergebnis ähnlich, s. insb. a.a.O., Rn. 9.

398 S. auch *Bäcker,* in: BeckOK Datenschutzrecht, 36. Ed., Art. 2 DS-GVO Rn. 8 f.; ausführlich nun in 39. Ed., a.a.O., Rn. 7 ff.

399 *Schmidt,* in: Taeger/Gabel, DSGVO BDSG TTDSG, 4. Aufl. 2022, Art. 2 DS-GVO Rn. 14; *Zerdick,* in: Ehmann/Selmayr, DS-GVO, 2. Aufl. 2018, Art. 2 Rn. 8; *von Lewinski,* in: Auernhammer, DSGVO BDSG, 7. Aufl. 2020, Art. 2 Rn. 18, der in Rn. 19 zusätzlich das Begnadigungsrecht als mögliche Ausnahme vom europäisierten Datenschutzrecht ausmacht; eine pauschale Ausnahme für die Nachrichtendienste hingegen nun ablehnend, *Bäcker,* in: BeckOK Datenschutzrecht, 39. Ed., Art. 2 DS-GVO Rn. 9d.

400 EuGH, ZD 2020, 577 (578); NJW 2020, 2613 (2616); Urt. v. 22.06.2021, C-439/19, Rn. 62 ff., juris; dazu auch *Bäcker,* in: BeckOK Datenschutzrecht, 39. Ed., Art. 2 DS-GVO Rn. 9.

401 *Grzeszick,* NVwZ 2018, 1505 (1508); *Schröder,* ZRP 2018, 129 (130).

402 EuGH, NVwZ 2020, 1497 (1499 f. Rn. 66 ff.); dazu auch *Bäcker,* in: BeckOK Datenschutzrecht, 39. Ed., Art. 2 DS-GVO, Rn. 9e.

als müsse man in jedem Einzelfall prüfen, ob die betreffende konkrete Tätigkeit den freien Verkehr zwischen den Mitgliedstaaten unmittelbar beeinträchtige.[403]

Der EuGH vertritt insoweit einen rein pragmatischen Ansatz, der sich im Normtext der Unionsrechtsakte nicht direkt widerspiegelt. So wird durchaus vertreten, dass sich der Anwendungsbereich des Unionsrechts im Bereich der öffentlichen Sicherheit auf die Bereiche der justiziellen und polizeilichen Zusammenarbeit beschränke.[404]

Zutreffend wird jedoch andererseits darauf hingewiesen, dass es gerade in der heutigen globalisierten Welt rein praktisch beinahe unmöglich ist, einen Bezug zum Unionsrecht für behördliche Tätigkeiten völlig auszuschließen.[405] Dies gilt auch für das Polizeirecht, denkt man etwa an den Schengener Grenzkodex, der für die Schleierfahndung im Inland besondere Vorgaben macht.[406]

Die DSGVO und auch die JI-RiLi erfassen daher nach herrschender Meinung insbesondere auch rein innerstaatliche Sachverhalte, sodass gerade kein grenzüberschreitender Bezug im Einzelfall erforderlich ist.[407] Gera-

---

403 EuGH, NVwZ 2020, 1497 (1499 Rn. 66); so bereits EuGH, EuZW 2004, 245 (248 Rn. 40, 42).

404 *Müller/Schwabenbauer*, in: Lisken/Denninger, HB des Polizeirechts, 7. Aufl. 2021, G. Rn. 422.

405 *Schröder*, in: BeckOK Polizei- und Ordnungsrecht Hessen, 25. Ed., Systematische und begriffliche Vorbemerkungen Datenschutz-Richtlinie (EU) 2016/680 (JI-RL) Rn. 11; das daraus resultierende „Harmonisierungsbedürfnis“ hingegen als gering einstufend, *Müller/Schwabenbauer*, in: Lisken/Denninger, HB des Polizeirechts, 7. Aufl. 2021, G. Rn. 421.

406 *Schröder*, in: BeckOK Polizei- und Ordnungsrecht Hessen, 25. Ed., Systematische und begriffliche Vorbemerkungen Datenschutz-Richtlinie (EU) 2016/680 (JI-RL) Rn. 11, der angesichts der geringen Eingriffsschwelle bei Grundfreiheiten praktisch jeden Kontakt eines EU-Ausländers mit einer Sicherheitsbehörde in den Anwendungsbereich des Unionsrechts einordnet; äußerst kritisch dazu *Müller/Schwabenbauer*, in: Lisken/Denninger, HB des Polizeirechts, 7. Aufl. 2021, G. Rn. 422.

407 Zur DSGVO *Kühling/Raab*, in: Kühling/Buchner, DS-GVO BDSG, 3. Aufl. 2020, Art. 2 DS-GVO Rn. 21; a.A. *Roßnagel*, in: Simitis/Hornung/Spiecker gen. Döhmann, Datenschutzrecht, 2019, Art. 2 DSGVO Rn. 21; zur JI-RiLi *Roggenkamp*, in: Specht/Mantz, HB Europäisches und deutsches Datenschutzrecht, 2019, § 21 Rn. 3 f.; *Hornung/Spiecker gen. Döhmann*, in: Simitis/Hornung/Spiecker gen. Döhmann, Datenschutzrecht, 2019, Einl. Rn. 217; *Gola*, in: ders., Datenschutz-Grundverordnung, 2. Aufl. 2018, Art. 2 Rn. 28; *Roßnagel* in: Johannes/Weinhold, Das neue Datenschutzrecht bei Polizei und Justiz, 2018, Geleitwort Rn. 15; *Johannes/Weinhold*, Das neue Datenschutzrecht bei Polizei und Justiz, § 1 Rn. 17, 42; *Kugelmann*, in: Seckelmann, Digitalisierte Verwaltung, 2. Aufl. 2019, Kap. 18 Rn. 9; s.a. *Marsch*, Das

de für die JI-RiLi lässt sich dies auch damit erklären, dass die unionsrechtlichen Vorgaben dieser Richtlinie auf nationaler Ebene zumindest für alle Fälle im Anwendungsbereich des Unionsrechts geregelt werden müssen.[408] Da alle davon erfassten Fälle vom Gesetzgeber ex ante gar nicht antizipiert werden können, muss hier zwangsläufig ein sog. spill-over Effekt einhergehen und ein allgemeingültiger Rechtsrahmen geschaffen werden.[409] Daher sind auch bei rein innerstaatlichen, sogar rein länderinternen Datenverarbeitungen[410] durch die Polizei die sekundärrechtlichen Vorgaben zu beachten, soweit sie konkrete Vorgaben machen.

Dies führt gleichzeitig dazu, dass bei staatlichem Handeln, das der DSGVO unterfällt und keiner Öffnungsklausel unterliegt, die EUGrCh nicht nur anwendbar ist, sondern diese nach neuerer Rechtsprechung des BVerfG wegen vollständiger unionsrechtlicher Harmonisierung sogar den Grundrechtskatalog des Grundgesetzes in der Anwendung verdrängen.[411]

Bei Tätigkeiten, die unter die JI-RiLi fallen, liegt nach der hergebrachten Rechtsprechung des EuGHs ebenfalls eine Durchführung von Unionsrecht vor. Und auch das BVerfG hat zumindest anerkannt, dass die Unionsgrundrechte auch bei einer Teilharmonisierung neben den Grundrechten des Grundgesetzes Anwendung finden, diese jedoch nicht verdrängen, sondern vielmehr durch deren Schutzgehalt bereits mitabgedeckt sein sollen.[412]

(2) Sachlicher Anwendungsbereich

Beide Unionsrechtsakte setzen zunächst eine *ganz oder teilweise automatisierte Verarbeitung personenbezogener Daten oder eine nichtausautomatisierte Verarbeitung personenbezogener Daten, die in einem Dateisystem gespeichert sind oder gespeichert werden sollen* voraus, Art. 2 Abs. 1, Abs. 2 JI-

europäische Datenschutzgrundrecht, 2018, S. 308, 316. S. dazu bereits EuGH, EuZW 2004, 245 (248 Rn. 40 ff.); NVwZ 2020, 1497 (1499 f. Rn. 66).

408 *Schröder,* in: BeckOK Polizei- und Ordnungsrecht Hessen, 25. Ed., Systematische und begriffliche Vorbemerkungen Datenschutz-Richtlinie (EU) 2016/680 (JI-RL) Rn. 13.

409 *Schröder,* in: BeckOK Polizei- und Ordnungsrecht Hessen, 25. Ed., Systematische und begriffliche Vorbemerkungen Datenschutz-Richtlinie (EU) 2016/680 (JI-RL) Rn. 13.

410 Dazu, dass dies für Daten*erhebungen* anders zu beurteilen sein kann, *Müller/Schwabenbauer,* in: Lisken/Denninger, HB des Polizeirechts, 7. Aufl. 2021, G. Rn. 393.

411 BVerfGE 152, 216 (233 Rn. 42) – Recht auf Vergessen II; s. auch *Pfeffer,* NVwZ 2022, 294 (297).

412 BVerfGE 152, 152 (172 ff. Rn. 50 ff.) – Recht auf Vergessen I.

RiLi bzw. Art. 2 Abs. 1 DSGVO. Personenbezogene Daten werden in Art. 3 Nr. 1 JI-RiLi bzw. Art. 4 Nr. 1 DSGVO legaldefiniert als *alle Informationen, die sich auf eine identifizierte oder identifizierbare natürliche Person (im Folgenden „betroffene Person") beziehen; als identifizierbar wird eine natürliche Person angesehen, die direkt oder indirekt, insbesondere mittels Zuordnung zu einer Kennung wie einem Namen, zu einer Kennnummer, zu Standortdaten, zu einer Online-Kennung oder zu einem oder mehreren besonderen Merkmalen, die Ausdruck der physischen, physiologischen, genetischen, psychischen, wirtschaftlichen, kulturellen oder sozialen Identität dieser natürlichen Person sind, identifiziert werden kann.* Eine Verarbeitung liegt nach Art. 3 Nr. 2 JI-RiLi bzw. Art. 4 Nr. 2 DSGVO in *jede[m] mit oder ohne Hilfe automatisierter Verfahren ausgeführten Vorgang oder jede[r] solche Vorgangsreihe im Zusammenhang mit personenbezogenen Daten wie das Erheben, das Erfassen, die Organisation, das Ordnen, die Speicherung, die Anpassung oder Veränderung, das Auslesen, das Abfragen, die Verwendung, die Offenlegung durch Übermittlung, Verbreitung oder eine andere Form der Bereitstellung, den Abgleich oder die Verknüpfung, die Einschränkung, das Löschen oder die Vernichtung.*

Die Abgrenzung der JI-RiLi zur DSGVO gestaltet sich nicht völlig trennscharf.[413] So wurde die Formulierung „einschließlich des Schutzes vor und der Abwehr von Gefahren für die öffentliche Sicherheit" erst im Trilogverfahren aufgenommen und die Richtlinie soll gerade nicht für die allgemeine Gefahrenabwehr gelten.[414] Polizeiliche Tätigkeiten zur Gefahrenabwehr ohne Bezug zu Straftaten sollen daher direkt unter die DSGVO fallen.[415]

Damit ist die DSGVO zwar nicht vollständig, aber weitgehend für die Polizei nicht anwendbar.[416] Das kann in der Praxis durchaus zu erheblichen Schwierigkeiten führen, ist in manchen Situationen, in denen die Polizei handelt, noch gar nicht abschließend auszumachen, ob eine Straftat im Raum steht oder nicht. Dieses Problem wurde auch bei Erlass der JI-RiLi erkannt, weshalb ErwGr. 12 S. 1 klarstellt, dass zu den erfassten Tätigkeiten

---

413 *Johannes/Weinhold,* Das neue Datenschutzrecht bei Polizei und Justiz, 2018, § 1 Rn. 27.

414 *Johannes/Weinhold,* Das neue Datenschutzrecht bei Polizei und Justiz, 2018, § 1 Rn. 26 f., 22; *Albrecht/Jotzo,* Das neue Datenschutzrecht der EU, 1. Auf. 2017, Teil 10 Rn. 9.

415 *Albrecht/Jotzo,* Das neue Datenschutzrecht der EU, 2017, Teil 10 Rn. 9; *Johannes/Weinhold,* Das neue Datenschutzrecht bei Polizei und Justiz, 2018, § 1 Rn. 22, 26 f.

416 *Golla,* KriPoZ 2019, 238 (239).

auch solche in den Fällen gehören, in denen nicht von vornherein bekannt ist, ob es sich um Straftaten handelt oder nicht.[417] Es ist daher im jeweiligen Einzelfall zu entscheiden, ob die Behörde zu Zwecken, die der JI-RiLi unterfallen, handelt, oder ob die DSGVO einschlägig ist.[418]

Für den Bereich des raumbezogenen Predictive Policing zur vorbeugenden Verhinderung von Wohnungseinbruchdiebstählen sind zunächst die verschiedenen Stufen der Datenerhebung und -verarbeitung zu unterscheiden: das Vorbereitungsstadium, der Einsatz in den Algorithmen sowie die ausgegebenen Daten.

(a) Das Vorbereitungsstadium

Bevor ein Algorithmus aus raumbezogenen Daten Prognosegebiete errechnen kann, stellt sich die Frage, woher die verwendeten raumbezogenen Daten stammen. Ganz zu Anfang von Predictive Policing stehen begangene Einbruchdelikte. Aus den hierzu durch die Ermittlungsbehörden erhobenen Tatort- und Tathergangsdaten werden durch Georeferenzierung geeignete Daten zur Weiterverarbeitung durch die Predictive Policing-Softwares geschaffen. Vor dieser Georeferenzierung sind die Einbruchsdaten der Person des Opfers des (Wohnungs-)Einbruchs zuzuordnen, da sie mit den Personalien und der Adresse des Betroffenen zusammen erhoben und gespeichert wurden (Art. 3 Nr. 1 JI-RiLi).[419] Diese Erhebung und Speicherung personenbezogener Daten der Einbruchsopfer erfolgt im Rahmen eines Ermittlungsverfahrens der Staatsanwaltschaft zur Aufklärung einer begangenen Straftat und somit im Anwendungsbereich der JI-RiLi.[420]

Die Nutzung dieser Daten für die Zwecke der präventiven Gefahrenvorsorge (Zweckänderung) und die Anonymisierung durch Georeferenzierung könnte man dagegen sowohl in den Anwendungsbereich der JI-RiLi als auch den der DSGVO einordnen. Einerseits werden die Daten verwendet, um zukünftige Straftaten zu verhüten und haben somit durchaus einen Bezug zu Straftaten, wie es die JI-RiLi verlangt. Andererseits ist dieser Bezug sehr abstrakt bzw. die zu verhindernde Straftat noch völlig ungewiss und

417 ABl. EU v. 04.05.2016, L 119/89, S. 90 f.

418 *Johannes/Weinhold*, Das neue Datenschutzrecht bei Polizei und Justiz, 2018, § 1 Rn. 27, 80.

419 S. auch *Hofmann*, Predictive Policing, 2020, S. 148.

420 Auf die spezifischen Rechtsfragen rund um die Erhebung wird später noch zurückzukommen sein, s. unter B. III. 1.

nicht tatsächlich absehbar. Daher könnte man den Einsatz von Predictive Policing auch als allgemeine Gefahrenprävention einordnen, die unter die DSGVO fallen würde.[421]

Nach Art. 2 Abs. 1 JI-RiLi gilt diese Richtlinie für die Verarbeitung personenbezogener Daten durch die zuständigen Behörden zu den in Art. 1 Abs. 1 genannten Zwecken, also zum Schutz natürlicher Personen bei der Verarbeitung personenbezogener Daten durch die zuständigen Behörden zum Zwecke der Verhütung, Ermittlung, Aufdeckung oder Verfolgung von Straftaten oder der Strafvollstreckung, einschließlich des Schutzes vor und der Abwehr von Gefahren für die öffentliche Sicherheit.

Die JI-RiLi wurde geschaffen, um Mindeststandards hinsichtlich des Schutzes von personenbezogenen Daten bei polizeilicher Tätigkeit mit Bezug zu einer Straftat zu regeln,[422] wobei dieser Begriff nach ErwGr. 13 JI-RiLi unionsrechtlich eigenständig definiert werden muss,[423] sodass sich der nationale Gesetzgeber nicht durch Umbenennung z.B. in Ordnungswidrigkeit von den entsprechenden unionalen Vorgaben lösen kann.[424] In Anlehnung an die Rechtsprechung des EGMR[425] sind die sog. Engel-Krite-

---

421 Zur Einordnung der allgemeinen Gefahrenprävention unter den Anwendungsbereich der DSGVO *Johannes/Weinhold*, Das neue Datenschutzrecht bei Polizei und Justiz, 2018, § 1 Rn. 47.

422 *Johannes/Weinhold*, Das neue Datenschutzrecht bei Polizei und Justiz, 2018, § 1 Rn. 22. S. auch zu § 45 BDSG a.a.O Rn. 81; *Albrecht/Jotzo*, Das neue Datenschutzrecht der EU, 2017, Teil 3 Rn. 27.

423 *Johannes/Weinhold*, Das neue Datenschutzrecht bei Polizei und Justiz, 2018, § 1 Rn. 24, s. auch zu § 45 BDSG a.a.O Rn. 83 f.; *Hornung/Schindler/Schneider*, ZIS 2018, 566 (570); *Bäcker*, in: BeckOK Datenschutzrecht, 39. Ed., Art. 2 DS-GVO Rn. 25; *Zerdick*, in: Ehmann/Selmayr, DS-GVO, 2. Aufl. 2018, Art. 2 Rn. 12.

424 S. *Johannes/Weinhold*, Das neue Datenschutzrecht bei Polizei und Justiz, 2018, § 1 Rn. 84. Dazu, dass Ordnungswidrigkeiten gerade unter den unionalen Begriff der Straftaten fallen, *Bäcker*, in: BeckOK Datenschutzrecht, 39. Ed., Art. 2 DS-GVO Rn. 25a; *Müller/Schwabenbauer*, in: Lisken/Denninger, HB des Polizeirechts, 7. Aufl. 2021, G. Rn. 448; *Schmidt*, in: Taeger/Gabel, DSGVO BDSG TTDSG, 4. Aufl. 2022, Art. 2 DS-GVO Rn. 27; *Kühling/Raab*, in: Kühling/Buchner, DS-GVO BDSG, 3. Aufl. 2020, Art. 2 DS-GVO Rn. 29; gegen einen Einbezug der Verfolgung reiner Ordnungswidrigkeiten, *Zerdick*, in: Ehmann/Selmayr, DS-GVO 2. Aufl. 2018, Art. 2 Rn. 12.

425 Vgl. zum Einfluss der EMRK Art. 52 Abs. 3 S. 1 EUGrCh, Art. 6 Abs. 1 UAbs. 3, Abs. 2, 3 EUV.

rien[426] zu beachten,[427] wobei die „klassischen“ Straftaten wie Diebstahls-, Körperverletzungs- und Tötungsdelikte unproblematisch unter eine Straftat auch im unionsrechtlichen Sinne gefasst werden.[428]

Die „allgemeine Gefahrenabwehr“ sowie nicht-polizeiliche Gefahrenabwehr, wie z.B. im Bauordnungsrecht, fallen hingegen nicht unter die JI-RiLi, sondern unter die DSGVO.[429] So spricht zwar Art. 1 Abs. 1 JI-RiLi auch von dem Schutz vor und der Abwehr von Gefahren für die öffentliche Sicherheit, aber nur im Zusammenhang mit der Verhütung, Ermittlung, Aufdeckung oder Verfolgung von Straftaten, was durch die Formulierung „einschließlich“ deutlich wird.[430] Dies stützt auch die Entstehungsgeschichte. So wurde die Formulierung „einschließlich des Schutzes vor und der Abwehr von Gefahren für die öffentliche Sicherheit“ erst im Trilogverfahren aufgenommen und die Richtlinie soll nicht für die allgemeine Gefahrenabwehr gelten.[431] Polizeiliche Tätigkeiten zur Gefahrenabwehr ohne Bezug zu Straftaten sollen daher direkt unter die DSGVO fallen.[432]

Insoweit muss die Frage beantwortet werden, wie stark der Bezug zu einer Straftat sein muss. Bei Erhebung der Daten zur Aufklärung eines begangenen Deliktes ist ein klarer und eindeutiger Bezug zu einer Straftat und deren Verfolgung gegeben und der Anwendungsbereich der JI-RiLi insoweit eröffnet, derjenige der DSGVO folglich gesperrt. Nicht ganz so

---

426 Etwa EGMR, NJW 2014, 1791 (1792), zurückgehend auf EGMR, Urt. v. 08.06.1976, 5100/71, EGMR-E 1, 178 (189 f.) – Engel u.a. gegen Niederlande, jeweils zum Begriff der strafrechtlichen Anklage.

427 EuGH, EuZW 2012, 543 (544 Rn. 36 f.); 2013, 302 (304 Rn. 35), wonach folgende drei Kriterien zu beachten sind: Qualifikation des Verstoßes nach innerstaatlichem Recht, Art des Verstoßes sowie Art und Schwere der Sanktion, die dem Betroffenen droht.

428 So auch *Hornung/Schindler/Schneider*, ZIS 2018, 566 (570) hinsichtlich aller Verhaltensweisen, die von der deutschen Rechtsordnung mit Strafe i.S.d. §§ 38 ff. StGB bedroht werden.

429 *Johannes/Weinhold*, Das neue Datenschutzrecht bei Polizei und Justiz, 2018, §1 Rn. 22. S. auch zu § 45 BDSG a.a.O Rn. 81; *Roßnagel*, in: Simitis/Hornung/Spiecker gen. Döhmann, Datenschutzrecht, 2019, Art. 2 DSGVO Rn. 40; *Albrecht/Jotzo*, Das neue Datenschutzrecht der EU, 2017, Teil 3 Rn. 27.

430 Ebenso *Müller/Schwabenbauer*, in: Lisken/Denninger, HB des Polizeirechts, 7. Aufl. 2021, G. Rn. 456.

431 *Johannes/Weinhold*, Das neue Datenschutzrecht bei Polizei und Justiz, 2018, § 1 Rn. 26 f., 22; *Albrecht/Jotzo*, Das neue Datenschutzrecht der EU, 1. Auf. 2017, Teil 10 Rn. 9.

432 *Albrecht/Jotzo*, Das neue Datenschutzrecht der EU, 2017, Teil 10 Rn. 9; *Johannes/Weinhold*, Das neue Datenschutzrecht bei Polizei und Justiz, 2018, § 1 Rn. 22, 26 f.

eindeutig ist die Bewertung bei der Aufbereitung der Daten, also der Zweckänderung und der Anonymisierung.

Die aktuell eingesetzten Predictive Policing-Softwares werden gerade dazu eingesetzt, um Straftaten im Bereich des Einbruchdiebstahls möglichst frühzeitig zu unterbinden, möglichst noch im Vorbereitungsstadium. Es wird jedoch keinesfalls eine konkrete Straftat vorhergesagt, auch kein konkreter Tatort. Die Zweckänderung und Anonymisierung ist lediglich das Vorbereitungsstadium, um später durch Einsatz der Daten in einer Software eine Aussage treffen zu können, dass die Wahrscheinlichkeit für die Begehung eines bestimmten Deliktes in einem bestimmten Zeitraum in einem näher umgrenzten Raum signifikant erhöht ist. Der Bezug zu einer Straftat ist daher als gering einzustufen, ist aber durchaus vorhanden.

Ausgehend vom Wortlaut „zum Zwecke der *Verhütung* von Straftaten" erscheint gerade auch ein allgemeiner bzw. auch bloß potenzieller Bezug zu Straftaten ausreichend zu sein.[433] Denn eine Verhütung ist bereits begrifflich weiter gefasst als eine Verhinderung, die bereits einen Bezug zu einem konkreten Sachverhalt voraussetzt. In der ebenfalls authentischen englischen Sprachfassung wird das Verb „to prevent" verwendet, welches sowohl mit verhüten als auch verhindern übersetzt werden kann,[434] während das französische „prévention" mit Verhütung oder Vorbeugung übersetzt wird.[435]

In ErwGr. 12 der JI-RiLi wird zudem klargestellt, dass zu den umfassten Tätigkeiten der Verhütung, Ermittlung, Aufdeckung und Verfolgung von Straftaten auch polizeiliche Tätigkeiten in Fällen zählen, in denen nicht von vornherein bekannt ist, ob es sich um Straftaten handelt oder nicht. Es ist somit nicht von vornherein eine konkret vorliegende Straftat gefordert. *Bäcker* fasst den Anwendungsbereich als den Bereich der hoheitlichen Kriminalitätsbekämpfung zusammen,[436] welche wohl auch die Vorsorge umfasst. Nach *Müller/Schwabenbauer* ist der Anwendungsbereich der JI-RiLi

---

433 S. *Müller/Schwabenbauer*, in: Lisken/Denninger, HB des Polizeirechts, 7. Aufl. 2021, G. Rn. 457: „einen (zumindest potentiellen) `Straftatbezug´".

434 *Dietl/Lorenz/Kettler*, Wörterbuch Recht, Wirtschaft und Politik, Bd. 1, 2016, Eintrag prevent, S. 658; *v. Beseler/Jacobs-Wüstefeld*, Law Dictionary, 4. Aufl. 1986, Eintrag prevent, S. 1288; West Publishing Company, West´s Law and Commercial Dictionary in Five Languages, 1985, Eintrag prevent, S. 336.

435 *Fleck/Güttler/Kettler*, Wörterbuch Recht, Wirtschaft und Politik, Bd. 1, 2017, Eintrag prévention, S. 781.

436 *Bäcker*, in: BeckOK Datenschutzrecht, 39. Ed., Art. 2 DS-GVO Rn. 24; s. auch Ernst, in: Paal/Pauly, DS-GVO BDSG, 3. Aufl. 2021, Art. 2 DS-GVO Rn. 22.

erst dann verlassen, wenn aus der ex-ante Sicht „von vorneherein gar kein Straftaten-/Ordnungswidrigkeitenbezug“ vorliegt.[437]

Unter die nicht von der RiLi erfasste „allgemeine Gefahrenabwehr“ der Polizeibehörden fallen somit lediglich Sachverhalte wie die Sicherung von Gefahrenquellen oder der Schutz bei Unwettern,[438] bzw. ein Eingreifen in Fällen einer Selbstgefährdung.[439] Die teilweise ebenfalls als Ausnahmen vorgeschlagene Aufnahme von Vermisstenanzeigen[440] oder Tätigkeiten im Bereich des Ausländerrechts[441] sind dagegen angesichts des sehr weit gefassten Bezugs zu nur möglichen Straftaten kritisch zu hinterfragen. Denn auch hier ist nicht bei Erhebung der Daten ausgeschlossen, dass z.B. die vermissten Personen Opfer einer Straftat geworden sind.[442]

Bei einem Einsatz der Daten zur Erstellung einer raumbezogenen Prognose in Bezug auf künftige Wohnungseinbrüche ist gerade das erklärte Ziel, einen Zusammenhang zu einer Straftat herzustellen. Zwar kann eine solche nicht konkret und mit an Sicherheit grenzender Wahrscheinlichkeit hinsichtlich Ob und Wie vorhergesagt werden, dennoch liegt sowohl eine Eingrenzung hinsichtlich des Raumes, in dem der mögliche Tatort liegt, als auch des möglichen Zeitpunktes einer ebenfalls bereits der Art nach bestimmten Straftat vor. Der Zweck der Verarbeitung der Daten richtet sich daher auf die Verhütung von Straftaten. So ist auch die Aufbereitung von personenbezogenen Daten zu Zwecken der Vorhersage erhöhter Wahrscheinlichkeiten für bestimmte Delikte in einem bestimmten Gebiet in

---

437 *Müller/Schwabenbauer,* in: Lisken/Denninger, HB des Polizeirechts, 7. Aufl. 2021, G. Rn. 457.

438 *Hornung/Schindler/Schneider,* ZIS 2018, 566 (572); *Bäcker,* in: BeckOK Datenschutzrecht, 39. Ed., Art. 2 DS-GVO Rn. 29.1, der jedoch nochmals im Rahmen des Begriffs der allgemeinen Gefahrenabwehr differenziert, wobei der Schutz vor Unwettern unter die DSGVO fallen soll.

439 *Müller/Schwabenbauer,* in: Lisken/Denninger, HB des Polizeirechts, 7. Aufl. 2021, G. Rn. 458; s.a. *Kugelmann,* in: Seckelmann, Digitalisierte Verwaltung, 2. Aufl. 2019, Kap. 18 Rn. 18.

440 *Kühling/Raab,* in: Kühling/Buchner, DS-GVO BDSG, 3. Aufl. 2020, Art. 2 DS-GVO Rn. 29; auch *Hornung/Schindler/Schneider,* ZIS 2018, 566 (572).

441 *Roßnagel,* in: Simitis/Hornung/Spiecker gen. Döhmann, Datenschutzrecht, 2019, Art. 2 DSGVO Rn. 40.

442 So auch BayLT-Drucks. 17/19628 S. 47. Anders *Hornung/Schindler/Schneider,* ZIS 2018, 566 (572), die genau aus diesem Grunde argumentieren, man könne nicht automatisch den Anwendungsbereich der JI-RiLi eröffnen, wenn ein Bezug zu einer Straftat nicht ausgeschlossen sei, sondern müsse in Grenzfällen eine Einzelfallbetrachtung vornehmen, wobei unklar ist, zu welchem Zeitpunkt und wie diese in der Praxis vollzogen werden soll.

einem bestimmten Zeitraum dem Anwendungsbereich der JI-RiLi zu unterwerfen.

Nach Art. 2 Abs. 2 JI-RiLi gilt die Richtlinie sowohl für ganz oder teilweise automatisierte Verarbeitung personenbezogener Daten als auch für die nichtautomatisierte Verarbeitung personenbezogener Daten, die in einem Dateisystem gespeichert sind oder gespeichert werden sollen. Gespeichert werden personenbezogene Daten, die im Zusammenhang mit der präventiven und repressiven polizeilichen Tätigkeit erhoben werden, in den kriminalpolizeilichen personenbezogenen Sammlungen (KpS).[443] Damit befindet man sich im Anwendungsbereich der JI-RiLi.[444]

(b) Nutzung der georeferenzierten Daten

Was die Nutzung der georeferenzierten Daten in den jeweiligen Algorithmen angeht, so muss zunächst geklärt werden, ob hier überhaupt noch personenbezogene Daten i.S.d. Art. 3 Nr. 1 JI-RiLi bzw. Art. 4 Nr. 1 DSGVO verwendet werden.

Bei der Georeferenzierung werden die zuvor erhobenen personenbezogenen Einbruchsdaten, die Adresse des Opfers, durch ortsbezogene Informationen ersetzt.[445] Solche sog. Geodaten sind gem. § 3 Abs. 1 GeoZG alle Daten mit direktem oder indirektem Bezug zu einem bestimmten Standort oder geografischen Gebiet.[446] Dazu gehören insbesondere alle rechenlesbaren Geoinformationen, wie z.B. geografische Koordinaten.[447] Solche Geo-

443 S. etwa für NRW RdErl. d. Innenministeriums des Landes Nordrhein-Westfalen v. 25. 8. 2000 – IV A 5 - 6420/1 –, MBl. NRW, S. 1370; dazu auch *Arzt,* in: Lisken/Denninger, HB des Polizeirechts, 7. Aufl. 2021, G. Rn. 1215 ff. Kritisch zu dieser hergebrachten Praxis mit Blick auf das aktualisierte Datenschutzrecht, *Simitis/Hornung/Spiecker gen. Döhmann,* in: dies. Datenschutzrecht, 2019, Einl. Rn. 18; ebenso im Hinblick auf Kontakt-, Begleit- und Auskunftspersonen *Arzt,* a.a.O., G. Rn. 1216.

444 S. *Müller/Schwabenbauer,* in: Lisken/Denninger, HB des Polizeirechts, 7. Aufl. 2021, G. Rn. 442 ff. Ohne tiefere Begründung auch *Hofmann,* Predictive Policing, 2020, 220 f.

445 S. eingehend zur Georeferenzierung von Daten *Neumann,* in: Seckelmann, Digitalisierte Verwaltung, 2. Aufl. 2019, Kap. 24 Rn. 3 f.

446 Dazu, dass diese Definition sowohl in der Geoinformatik als auch der Rechtswissenschaft Konsens sei, *Neumann,* in: Seckelmann, Digitalisierte Verwaltung, 2. Aufl. 2019, Kap. 24 Rn. 3.

447 *Karg,* DuD 2010, 824 (824).

daten haben grds. keinen spezifischen Bezug zu einer einzelnen Person und sind grds. Sachdaten.[448]

In den Predictive Policing Systemen werden nur Daten verwendet, die auf eine Lage im Raum hinweisen. Allerdings wurden diese Geodaten aus Adressdaten gewonnen, die direkt mit einer natürlichen Person verknüpft waren und daher Personenbezug aufwiesen.

Hier muss die Frage beantwortet werden, ob in der Umwandlung der Adressdaten in Raumdaten, also in der Georeferenzierung, eine Anonymisierung und somit möglicherweise ein Ausschluss personenbezogener Daten zu sehen ist.

Weder die JI-RiLi noch die DSGVO kennen eine explizite Begriffsdefinition der Anonymisierung.[449] In Art. 4 Nr. 5 DSGVO bzw. Art. 3 Nr. 5 JI-RiLi ist lediglich die sog. Pseudonymisierung legaldefiniert. Danach werden Daten pseudonymisiert, wenn die Daten in einer Weise verarbeitet wurden, *dass die personenbezogenen Daten ohne Hinzuziehung zusätzlicher Informationen nicht mehr einer spezifischen betroffenen Person zugeordnet werden können, sofern diese zusätzlichen Informationen gesondert aufbewahrt werden und technischen und organisatorischen Maßnahmen unterliegen, die gewährleisten, dass die personenbezogenen Daten nicht einer identifizierten oder identifizierbaren natürlichen Person zugewiesen werden.* Dies ist etwa bei Erstellung von Statistiken oder wissenschaftlicher Studien der Fall, wenn Merkmale bestimmter Personen bestimmten Kennnummern zugeordnet werden, die beide separat aufbewahrt werden.

Bei der Georeferenzierung von Daten für den Zweck des Einsatzes in Predictive Policing-Softwares geht es gerade darum, den Personenbezug komplett zu löschen.[450] Denn für das raumbezogene Predictive Policing sind allein die Ortsdaten und deren Lage im Raum relevant. Wem diese Daten zuzuordnen sind, interessiert weder den eingesetzten Algorithmus noch die diesen einsetzenden Polizisten. Eine solche Zuordnung ist nach der Georeferenzierung nicht mehr ohne Zwischenschritte wie einem Koordinaten-Karten-Abgleich und ggf. einem Auszug aus dem Einwohnermel-

448 *Eßer,* in: Auernhammer, DSGVO BDSG, 7. Aufl. 2020, Art. 4 DSGVO Rn. 22; *Krügel,* ZD 2017, 455 (456 f.).

449 *Hornung/Wagner,* ZD 2020, 223 (223); *Roßnagel,* ZD 2021, 188 (189); zur DSGVO etwa *Ernst,* in: Paal/Pauly, DS-GVO BDSG, Art. 4 DS-GVO Rn. 48.

450 Zur Entfernung des Personenbezugs als Anonymisierung *Roßnagel,* ZD 2021, 188 (190); hingegen das Potenzial von Geodaten für eine personenbezogene Verarbeitung betonend, *Karg,* DuD 2010, 824 (827).

deamt bzw. einem Abgleich mit den polizeilichen Datenbanken feststellbar.[451]

Zwar geht die Definition des Art. 3 Nr. 1 JI-RiLi sehr weit und reicht grds. auch die Möglichkeit der Identifizierung aus („identifizierbar" i.S.d. Art. 3 Nr. 1 Hs. 2 JI-RiLi). So beschreibt etwa der Bericht zur künstlichen Intelligenz der Enquete-Kommission,[452] nicht-personenbezogene Daten als Datensatz, für den es „kein bekanntes Verfahren gibt, aus diesem personenbezogene Informationen zu gewinnen".[453] Dies wäre nur bei Daten der Fall, die nach jeweils aktuellem Stand der Technik unter keinen Umständen bestimmten Personen zuzuordnen wären, egal unter welchem Aufwand.

Dies lässt sich aus der Definition des Art. 3 Nr. 1 JI-RiLi jedoch so nicht entnehmen. Zwar zeichnet sich gerade das unionale Datenschutzrecht durch einen hohen Schutzstandard zugunsten von Bürgerinnen und Bürgern aus, dennoch sind im Umkehrschluss solche Daten als nicht-personenbezogene Daten zu werten, die gerade nicht die Definitionsmerkmale aus Art. 3 Nr. 1 JI-RiLi bzw. Art. 4 Nr. 1 DSGVO erfüllen. Es kommt also darauf an, ob durch die Daten eine natürliche Person durch Zuordnung der Daten zu einer Kennung oder ähnlichem aufgrund ihr eigener Merkmale identifiziert werden kann. Darüber hinaus kommt es jedoch zur Vermeidung der Konturenlosigkeit des Datenschutzrechtes gerade bei Geodaten entscheidend auf den Kontext der Verarbeitung an.[454]

Anerkannte Kriterien zur Ermittlung eines Personenbezuges bei Geodaten sind eine personenbezogene Verarbeitung, eine Erhebung gerade zu dem Zweck, das Geodatum einer natürlichen Person zuzuordnen, oder vorhandenes Zusatzwissen beim Verantwortlichen der Datenverarbeitung, das eine Zuordnung ermöglicht.[455] Die Verrechnung der Geodaten in Predictive Policing-Software stellt keine personenbezogene Verarbeitung dar und

---

451 Soweit ein einzelner Polizist z.B. wegen besonderer Ortskunde einer Koordinate direkt eine Person oder Familie zuordnen kann, so beeinflusst diese zufällige Wissenskumulation nach hier vertretener Ansicht nicht die grundsätzliche Einordnung als nicht personenbezogenes Datum einer bzw. mehrerer Koordinate(n).

452 Unterrichtung der Enquete-Kommission Künstliche Intelligenz – Gesellschaftliche Verantwortung und wirtschaftliche, soziale und ökologische Potenziale, BT-Drucks. 19/23700.

453 BT-Drucks. 19/23700, S. 57.

454 So auch *Krüger,* ZD 2017, 455 (457); *Eßer,* in Auernhammer, DSGVO BDSG, 7. Aufl. 2020, Art. 4 DSGVO Rn. 22.

455 *Eßer,* in: Auernhammer, DSGVO BDSG, 7. Aufl. 2020, Art. 4 Rn. 23; ähnlich *Krüger,* ZD 2017, 455 (457 ff.); zum Zusatzwissen auch *Gola,* in: ders./Heckmann, DS-GVO BDSG, 3. Aufl. 2022, Art. 4 DS-GVO Rn. 8.

erfolgt auch nicht zu dem Zweck, die Daten Personen zuzuordnen, sondern Prognosegebiete, also weitere Raumdaten, zu ermitteln. Über Zusatzwissen, um aus den Geodaten wieder Personendaten herzustellen, verfügt die Polizei allerdings, bzw. kann sie theoretisch einfache technische Hilfsmittel zur Herstellung eines Personenbezugs nutzen. Auch nach dem EuGH kommt es im Zusammenhang mit dynamischen IP-Adressen entscheidend auf die Frage an, ob die verarbeitende Stelle „über rechtliche Mittel verfügt, die es [ihr] erlauben, die betreffende Person anhand der Zusatzinformationen, über die [sie] verfügt, bestimmen zu lassen.[456]

Allerdings ist gerade bei der Speicherung dynamischer IP-Adressen ein mögliches Interesse an einer Herstellung eines Personenbezuges, etwa zur Strafverfolgung, evident. Die Speicherung erfolgt hier gerade wegen solcher Optionen. Allein vorhandenes Zusatzwissen führt nach hier vertretener Auffassung nicht zu einem Personenbezug, sondern bedarf es dazu auch eine realistischerweise zu erwartende, wenn auch nicht notwendigerweise zwingende, zukünftige Nutzung dieses Wissens.

Dies wird in der Literatur teilweise anders gesehen. Um den weiten Datenschutzgedanken Rechnung zu tragen, gehen einige Stimmen davon aus, dass es gerade nicht auf die Motivation oder Intention ankomme, Mittel zur Identifizierung auch tatsächlich zu nutzen.[457] So sei allein ein objektiver Maßstab anzulegen. Allerdings stellen auch *Klar/Kühling* letztlich die entscheidende Frage, ob die Nutzung des Zusatzwissens zur Re-Identifizierung *wahrscheinlich* ist.[458] Dies soll zwar rein abstrakt und objektiv beurteilt werden, jedoch vorhandene subjektive Faktoren dennoch einbezogen werden.[459] Dem ist grds. zuzustimmen. Meines Erachtens jedoch nicht nur bei Vorhandensein eines subjektiven Willens zur Wiederherstellung des Personenbezuges, sondern auch bei explizitem Willen, dies nicht zu tun, solange die objektiven Umstände ebenfalls gegen eine solche Re-Identifizierung durch den Verantwortlichen sprechen.

Sinn und Zweck der datenschutzrechtlichen Regelungen ist der Schutz personenbezogener Daten vor missbräuchlicher und ausufernder Erhe-

---

456 EuGH, CR 2021, 550 (552 Rn. 102); s. auch schon EuGH NJW 2016, 3579 (3581 Rn. 49).

457 *Klar/Kühling,* in: Kühling/Buchner, DS-GVO BDSG, 3. Aufl. 2020, Art. 4 DS-GVO Rn. 23; so auch *Krüger,* ZD 2017, 455 (458).

458 *Klar/Kühling,* in: Kühling/Buchner, DS-GVO BDSG, 3. Aufl. 2020, Art. 4 DS-GVO Rn. 23.

459 *Klar/Kühling,* in: Kühling/Buchner, DS-GVO BDSG, 3. Aufl. 2020, Art. 4 DS-GVO Rn. 23.

bung, Verwendung bzw. Verarbeitung.[460] Ein solcher Missbrauch steht im Kontext der Verwendung von georeferenzierten Tatortdaten in raumbezogener Predictive Policing-Software nicht im Raum.

Bei den eingesetzten georeferenzierten Tatortdaten kann zwar grds. ein Personenbezug wiederhergestellt werden. So kann etwa über GoogleMaps aus einer Koordinate technisch einfach eine Adresse ermittelt werden und es kann auch Auskunft über die dort lebenden Personen eingeholt werden. Diese Schritte sind jedoch nicht zu erwarten. Zum einen ist die Polizei bereits im Besitz der Tatortdaten in den Polizeidatenbanken und hat auch Zugriff darauf. Diese Daten wurden rechtmäßig erhoben. Wesentlich ist in diesem Zusammenhang zum anderen, dass für die aktuellen Predictive Policing-Softwares allein die Raumdaten von Interesse sind. Nur diese ermöglichen eine Raumprognose. Zudem wird eine Zuordnung zu Personen von den Systemen grds. nicht ermöglicht.[461]

Die Georeferenzierung ist daher als Anonymisierung und nicht als reine Pseudonymisierung einzuordnen.[462]

Eine solche Anonymisierung ist in ErwGr. 26 Sätze 5 und 6 DSGVO und ErwGr. 21 JI-RiLi umschrieben und schließt die Anwendbarkeit der Verordnung und der Richtlinie für anonymisierte Daten mangels Identifizierbarkeit aus.[463]

Nach hier vertretener Auffassung werden bei der aktuellen Ausgestaltung der Predictive Policing-Systeme daher aufgrund der Anonymisierung in der Software selbst keine personenbezogenen Daten i.S.d. Art. 3 Nr. 1 JI-RiLi bzw. Art. 4 Nr. 1 DSGVO, sondern Sachdaten verwendet. Somit ist weder der Anwendungsbereich der Richtlinie noch der der DSGVO eröffnet. Die bloße Möglichkeit, dass bei einer Weiterentwicklung der Anwendungsbereich eröffnet werden könnte, reicht noch nicht aus, um die Durchführung von Unionsrecht zu begründen. Dies ändert sich jedoch in dem Moment, in dem personenbezogene Daten verwendet werden. Daher ist bei Weiter-

---

460 So auch *Krüger,* ZD 2017, 455 (458).

461 Für SKALA s. LKA NRW (2018), Abschlussbericht Projekt SKALA, S. 24; s. auch *Karg,* DuD 2010, 824 (828), der sich zwar grds. sehr kritisch gegenüber der Verneinung von Personenbezug bei Geodaten zeigt, jedoch bei entsprechender bewusster technischer Aufhebung der Beziehbarkeit ebenfalls eine Zuordnung als Sachinformation in Erwägung zieht.

462 Zur notwendigen Trennung dieser beiden Begrifflichkeiten auch *Stürmer,* ZD 2020, 626 (629).

463 Zur DSGVO *Hornung/Wagner,* ZD 2020, 223 (223 f.); auch *Roßnagel,* ZD 2021, 188 (189); *Ernst,* in: Paal/Pauly, DS-GVO BDSG, Art. 4 DS-GVO Rn. 48.

entwicklungen stets auch der unionsrechtliche Rechtsrahmen im Blick zu behalten.

(3) Auswirkung auf die Anwendbarkeit der Grundrechte des Grundgesetzes

Der Anwendungsbereich des Unionsrechts ist somit im Vorbereitungsstadium eröffnet, die JI-RiLi ist für die Datenerhebung und -verarbeitung für den Einsatz von Predictive Policing-Software anwendbar. Eine vollständige unionsrechtliche Harmonisierung, die die Grundrechte des Grundgesetzes verdrängen könnte, liegt in den Vorgaben der JI-RiLi jedoch nicht. Die Grundrechte des Grundgesetzes bleiben somit neben den unionalen Grundrechten anwendbar.[464]

Betreffend die Nutzung der georeferenzierten Daten in den Prognosesoftwares zur Ermittlung einer weiteren Geoinformation sind in diesem Stadium weder JI-RiLi noch DSGVO einschlägig. Damit steht keine Durchführung von Unionsrecht i.S.d. Art. 51 Abs. 1 S. 1 Alt. 2 EUGrCh im Raum und (einzig) die nationalen Grundrechte sind anwendbar.

b) Die Grundrechte des Grundgesetzes

Somit bleiben die nationalen Grundrechte des Grundgesetzes für den Einsatz von Predictive Policing relevant.

Deren Auslegung kann zudem durch die Europäische Menschenrechtskonvention (EMRK) beeinflusst werden. Gemäß Art. 59 Abs. 2 S. 1 GG ist diesem völkerrechtlichen Vertrag durch Zustimmungsgesetz auf nationaler Ebene zur Geltung verholfen worden.[465] Durch dieses Zustimmungsgesetz kommt der EMRK als völkerrechtlichem Vertrag im Gegensatz zu

---

464 Zu den grundrechtlichen Vorgaben des Mehrebenensystems im Vorbereitungsstadium von raumbezogenem Predictive Policing s. unter B. III. 1. a)–d), B. III. 2. a) (1)–(4) und (6), B. III. 2. b) (1)–(3).

465 BGBl. II 1954, S. 14. Siehe zu den verschiedenen Ansätzen, ob die völkerrechtlichen Verträge in nationales Recht umgewandelt werden (sog. Transformationslehre) oder die völkerrechtlichen Regelungen adaptiert werden (sog. Adoption) bzw. durch einen Vollzugsbefehl zur innerstaatlichen Geltung gelangen (sog. Vollzugslehre), *Krajewski*, Völkerrecht, 2017, § 5 Rn. 10 ff. Für Deutschland wird die Vollzugslehre favorisiert, auch wenn das BVerfG bis jetzt eine Entscheidung offenließ, *Krajewski*, § 5 Rn. 42 ff. So spricht etwa das BVerfG in BVerfGE 111, 307 (316 f.) in ein und demselben Satz davon, dass der Gesetzgeber durch das Zustimmungsgesetz zur

den allgemeinen Regeln des Völkerrechts nach Art. 25 GG[466] lediglich einfacher Gesetzesrang zu.[467] Dennoch ist aufgrund der Einbindung der Bundesrepublik Deutschland in die internationale Völkerrechtsebene und dem Grundsatz der Völkerrechtsfreundlichkeit des Grundgesetzes[468] die EMRK und die Rechtsprechung des Europäischen Gerichtshofs für Menschenrechte (EGMR) von zentraler Bedeutung bei der Auslegung der nationalen Grundrechte.[469]

(1) Informationelle Selbstbestimmung

Alle Predictive Policing-Systeme verarbeiten eine bestimmte Menge an verschiedensten Daten, um durch einen Algorithmus eine datenbasierte Prognose zu erhalten. Wenn es um den Einsatz von Daten geht, drängt sich zunächst das Grundrecht auf informationelle Selbstbestimmung auf. Dieses Grundrecht, das aus Art. 2 Abs. 1 GG i.V.m. Art. 1 Abs. 1 GG vom BVerfG als Unterfall des allgemeinen Persönlichkeitsrechts entwickelt wurde,[470] schützt seit dem Volkszählungsurteil von 1983 den „Einzelnen gegen unbegrenzte Erhebung, Speicherung, Verwendung und Weitergabe seiner persönlichen Daten".[471] Eingriffe in die informationelle Selbstbestimmung müssen seit dem Grundsatzurteil auf einer hinreichend bestimmten, klaren Gesetzesgrundlage beruhen.[472] Dieses Grundrecht wurde gerade dazu entwickelt, den besonderen Herausforderungen rund um die moderne, au-

---

EMRK diese in das deutsche Recht *transformiert* und einen entsprechenden *Rechtsanwendungsbefehl erteilt* habe (Kurisvhervorhebung durch Verf.).

466 Diese allgemeinen Regeln stehen im Rang zwischen Verfassungsrecht und einfachgesetzlichem Recht, s. Art. 25 S. 2 GG: „Sie gehen den Gesetzen vor […]". Dazu auch *Krajewski*, Völkerrecht, 1. Auf. 2017, § 5 Rn. 29.

467 BVerfGE 74, 358 (370); 111, 307 (316 f.); 128, 326 (367); *Krajewski*, Völkerrecht, § 5 Rn. 47; *Epping*, Grundrechte, 9. Aufl. 2021, Rn. 1021.

468 BVerfGE 143, 101 (155 f. Rn. 177); 123, 267 (347); 112, 1 (26); 111, 307 (317 f.); *Krajewski*, Völkerrecht, 2017, § 5 Rn. 21.

469 BVerfGE 82, 106 (120); 111, 307 (317); 128, 326 (367 ff.). S.a. *Epping*, Grundrechte, 9. Aufl. 2021, Rn. 1021; *Conrad*, in: Auer-Reinsdorff/dies., HB IT- und Datenschutzrecht, 3. Aufl. 2019, § 34 Rn. 21, 23.

470 BVerfGE 65, 1 (41 ff.); *Di Fabio*, in Dürig/Herzog/Scholz, GG, 95. EL 2021, Art. 2 Abs. 1 Rn. 173.

471 BVerfGE 65, 1 (43).

472 BVerfGE 65 1 (44); bestätigend etwa BVerfGE 89, 69 (84); 115, 320 (345); 120, 378 (408); dazu *Kube*, in HB des Staatsrechts Bd. VII, § 148 Rn. 84.

tomatisierte Datenverarbeitung zu begegnen.[473] Es „gewährleistet insoweit die Befugnis des Einzelnen, grundsätzlich selbst über die Preisgabe und Verwendung seiner persönlichen Daten zu bestimmen."[474] Nach der Rechtsprechung des BVerfG ist insbesondere die Erstellung eines vollständigen Persönlichkeitsprofils einzelner Bürger ein besonders schwerer Eingriff in das Recht auf informationelle Selbstbestimmung.[475] Aber auch die tatsächlichen und sogar die „nicht ohne Grund befürchtet[en]" Nacheile, die dem Betroffenen aufgrund des Eingriffs drohen, spielen bei der Gewichtung des Eingriffs eine Rolle.[476]

Der Schutzbereich der informationellen Selbstbestimmung ist jedoch auf „persönliche Daten" beschränkt.

(a) Begriff der persönlichen Daten

Entscheidend für die Frage, ob die aktuell verwendeten Vorhersagesoftwares überhaupt den Schutzbereich der informationellen Selbstbestimmung tangieren, ist daher, ob „persönliche Daten" in diesem Sinne verwendet werden. Begibt man sich auf die Suche nach einer genauen Definition von persönlichen Daten i.S.d. informationellen Selbstbestimmung, gerät man zu dem Ergebnis, dass es an einer eindeutigen, trennscharfen Definition bislang fehlt. Die Voraussetzung wird teilweise lediglich benannt.[477] Zwar ist der Begriff des personenbezogenen Datums spätestens seit Inkrafttreten der DSGVO auch national allgegenwärtig, doch außerhalb des unionalen Datenschutzrechts und seiner nationalen Ausprägungen scheint bislang kein Bedürfnis danach bestanden zu haben, personenbezogene Daten eindeutig von anderen Daten abzugrenzen, zumindest nicht auf Ebene des Verfassungsrechts. Dabei ist diese Unterscheidung angesichts der Worte des BVerfG, dass es im Zeitalter von moderner Datenverarbeitung – die sich im Übrigen seit Erlass dieses Urteils massiv weiterentwickelt hat –[478] kein per

473 BVerfGE 65, 1 (42).
474 BVerfGE 65, 1 (43).
475 BVerfGE 115, 320 (350 f.). Dazu auch bereits BVerfGE 65, 1 (42).
476 BVerfGE 115, 320 (351); s.a. für die Beurteilung eines Eingriffs in das Fernmeldegeheimnis BVerfGE 100, 313 (375); 107, 299 (320).
477 Etwa *Windthorst,* in: Gröpl/ders./v. Coelln, Studienkommentar GG, Art. 2 Rn. 87c; *Manssen,* Staatsrecht II, § 11 Rn. 270.
478 S. dazu auch *Kube,* in: Isensee/Kirchhof, HB Staatsrecht Bd. VII, § 148 Rn. 68.

se belangloses (personenbezogenes) Datum mehr gibt,[479] gerade äußerst relevant.

Hufen definiert die personenbezogenen Daten als Daten mit Bezug zur Persönlichkeit des Einzelnen,[480] was den engen Bezug zum allgemeinen Persönlichkeitsrecht unterstreicht, jedoch für wenig Klarheit sorgt. *Di Fabio* rekurriert auf die Legaldefinition des Bundesdatenschutzgesetzes „in der derzeitigen Fassung",[481] zitiert dabei jedoch § 3 Abs. 1 BDSG, der aktuell keine solche Definition mehr enthält.[482] Der von ihm zitierte Wortlaut entspricht vielmehr § 2 Abs. 1 BDSG aF, der seit Inkrafttreten des neuen BDSG 2018 nicht mehr gilt. So ziehen etwa *Kunig/Kämmerer* die neue einfachgesetzliche Definition personenbezogener Daten aus § 46 Nr. 1 BDSG „als Referenz" heran.[483]

Dieses Vorgehen ist kritisch zu hinterfragen. Zwar zog auch das BVerfG bei seinem Volkszählungsurteil, in dem die vom Schutzbereich erfassten Daten an mehreren Stellen explizit als „personenbezogene Daten" benannt wurden, die damals geltende Definition des § 2 Abs. 1 BDSG a.F. heran,[484] weshalb man diese Norm wohl als konkretisiertes Verfassungsrecht betrachten konnte.[485] Auch in seinem Urteil zum Gentechnik-Gesetz im Jahre 2010 zog das BVerfG den Wortlaut dieser Norm, wenn auch nicht mit Normzitat, zur Definition der personenbezogenen Daten heran.[486]

Diese Definition ist im einfachen Recht jedoch überholt und wurde nach Erlass der DSGVO und der JI-RiLi auf Unionsebene durch Anpassung des BDSG gestrichen. Stattdessen wurde nun in § 46 BDSG eine neue Definition eingeführt, die nahezu wortlautidentisch mit Art. 3 Nr. 1 JI-RiLi und

479 BVerfGE 65, 1 (45); nun st. Rspr., BVerfGE 150, 244 (264 Rn. 38); 120, 378 (398 f.); 118, 168 (185); 115, 320 (350).

480 *Hufen*, Staatsrecht II, 8. Aufl. 2020, § 13 Rn. 4.

481 *Di Fabio*, in: Dürig/Herzog/Scholz, GG, 95. EL 2021, Art. 2 Abs. 1 Rn. 175.

482 § 3 BDSG n.F. lautet: Die Verarbeitung personenbezogener Daten durch eine öffentliche Stelle ist zulässig, wenn sie zur Erfüllung der in der Zuständigkeit des Verantwortlichen liegenden Aufgabe oder in Ausübung öffentlicher Gewalt, die dem Verantwortlichen übertragen wurde, erforderlich ist.

483 *Kunig/Kämmerer* in v. Münch/Kunig, GG, Art. 2 Rn. 76; s. auch *Pieper*, JA 2018, 598 (602), der in Fn. 41 sogar auf die Definition der DSGVO rekurriert.

484 BVerfGE 65, 1 (42, 45, 46).

485 Auch wenn eine Auslegung von Verfassungsnormen mit Hilfe des einfachen Rechts stets äußerst sorgfältig daraufhin überprüft werden muss, dass der Vorrang der Verfassung nicht unterlaufen wird, besteht eine Wechselwirkung zwischen Grundgesetz und einfachem Recht, *Kotzur*, in: v. Münch/Kunig, GG, 7. Aufl. 2021, Art. 20 Rn. 25.

486 BVerfGE 128, 1 (43).

Art. 4 Nr.1 DSGVO ist. Das einfache Recht kann grds. aufgrund der Normenhierarchie kein Verfassungsrecht definieren.[487] Deshalb haben auch Änderungen im einfachen Recht grundsätzlich keinen direkten Einfluss auf die geschützten Rechtsgüter des Grundgesetzes.[488] Trotzdem können solche Definitionen im einfachen Recht Indizwirkung im Sinne von konkretisiertem Verfassungsrecht haben,[489] zumal auch die Verfassung kein starres Konstrukt ist.[490]

Dies ist allerdings bei unionsrechtlich determinierten Definitionen kritisch zu sehen, da sich die Entscheidungsträger auf unionaler Ebene gerade nicht an den Maßstäben unseres Grundgesetzes, sondern denen der Lissabonner Verträge und der EUGrCh ausrichten. § 46 BDSG wurde durch das „Gesetz zur Anpassung des Datenschutzrechts an die Verordnung (EU) 2016/679 und zur Umsetzung der Richtlinie (EU) 2016/680“[491] erlassen. In den Gesetzesmaterialien heißt es dazu, dass die Begriffsbestimmungen zum Zweck der Umsetzung der JI-RiLi aufgenommen wurden und sich an die im dortigen Art. 3 JI-RiLi anschließen.[492]

Demnach ist zu fragen, ob die neue Definition des § 46 BDSG bzw. der JI-RiLi für die Bestimmung des Schutzbereiches der informationellen Selbstbestimmung überhaupt herangezogen werden kann. Nach der im Grundsatzurteil zitierten Definition des § 2 Abs. 1 BSDG a.F. sind personenbezogene Daten solche *„Einzelangaben über persönliche und sachliche*

487 S. etwa *Gröpl,* in: Dürig/Herzog/Scholz, GG, 95. EL 2021, Art. 91c Rn. 64; s. auch *Ruge,* in: Schmidt-Bleibtreu/Hofmann/Henneke, GG, 15. Aufl. 2022, Art. 91c Rn. 55 f.

488 Daher zieht etwa *Classen,* Staatsrecht II, 2019, § 13 Rn. 44 nach wie vor die Definition des BVerfG aus dem Urteil zum Gentechnik-Gesetz heran (BVerfGE 128, 1 (43)).

489 Etwa jüngst in Bezug auf den Klimaschutz ausdrücklich BVerfG, NJW 2021, 1723 (1742 Rn. 208 ff.); s. auch *Gröpl,* in: Dürig/Herzog/Scholz, GG, 95. EL 2021, Art. 91c Rn. 64.

490 S. auch *Zippelius/Würtenberger,* Deutsches Staatsrecht, 33. Aufl. 2018, § 7 Rn. 68. Dies wird auch unter dem Begriff des Verfassungswandels diskutiert, instruktiv *Volkmann,* JZ 2018, 265 ff.; s. etwa zur im Wandel befindlichen Auslegung von Ehe und Familie, *Jestaedt,* in: Herdegen et al., HB des Verfassungsrechts, 2021, § 22 Rn. 34; s. auch *Gärditz,* in: Herdegen et al., HB des Verfassungsrechts, 2021, § 4 Rn. 36 ff., der die Trägheit der Verfassungsauslegung bemängelt. Eingehend zum Verfassungswandel durch Digitalisierung, *Peuker,* Verfassungswandel durch Digitalisierung, 2020.

491 (Datenschutz-Anpassungs- und Umsetzungsgesetz EU – DSAnpUG-EU), BGBl. I Nr. 44 v. 05.07.2017, S. 2097 ff., 2115.

492 BT-Drucks. 18/11325, S. 111.

Verhältnisse einer bestimmten oder bestimmbaren Person (Betroffener)."[493] Nach der neuen Definition des § 46 Abs. 1 S. 1 BDSG sind „personenbezogene Daten" alle *Informationen, die sich auf eine identifizierte oder identifizierbare natürliche Person (betroffene Person) beziehen; als identifizierbar wird eine natürliche Person angesehen, die direkt oder indirekt, insbesondere mittels Zuordnung zu einer Kennung wie einem Namen, zu einer Kennnummer, zu Standortdaten, zu einer Online-Kennung oder zu einem oder mehreren besonderen Merkmalen, die Ausdruck der physischen, physiologischen, genetischen, psychischen, wirtschaftlichen, kulturellen oder sozialen Identität dieser natürlichen Person sind, identifiziert werden kann.*

Beide Definitionen sprechen insoweit von (B)etroffenen (Personen). Ihr Merkmal ist, dass sie aufgrund der Daten identifiziert oder identifizierbar sind. Die neue Definition spezifiziert hier näher, wann eine Person identifizierbar ist. Über diese Identifizierbarkeit wird ein Datum zu einem personenbezogenen. Alles andere, also insbesondere der spezifische Inhalt des Datums, ist dagegen irrelevant, solange das Datum einer natürlichen Person zugeordnet werden kann. Sie ist daher sehr weitgehend und umfasst auch grundsätzlich neutrale Informationen. Die alte, nationale Definition des BDSG a.F. dagegen wertete nur solche Einzelangaben, die persönliche oder sachliche Verhältnisse der Betroffenen betreffen, als personenbezogene Daten. Die neue Definition, durch die auch grds. neutrale Daten, die einer natürlichen Person zugeordnet werden können, zu personenbezogenen Daten erhoben werden können, wird den Warnungen des BVerfG, dass bei moderner Datenverarbeitung kein an sich belangloses Datum mehr existiert, gerecht. Tatsächlich hat sich das BVerfG in seinen jüngeren Entscheidungen selten explizit zum Personenbezug geäußert. Zwar betont es immer wieder, dass sich der Schutzumfang nicht auf Informationen beschränkt, „die bereits ihrer Art nach sensibel und schon deshalb grundrechtlich geschützt werden", sondern unter bestimmten Voraussetzungen auch auf solche personenbezogenen Daten erstreckt wird, „die für sich genommen nur geringen Informationsgehalt haben".[494] Der Personenbezug wird jedoch gerade vorausgesetzt, ohne ihn näher zu konkretisieren. Somit bleibt die Frage noch nicht abschließend geklärt.

493 § 2 Abs. 1 BDSG idF v. 1.2.1977, BGBl. I 1977, S. 201 (202).

494 BVerfGE 150, 244 (264); 120, 378 (398 f.); 118, 168 (185). S. dazu auch *Gurlit*, NJW 2010, 1035 (1036).

Nun steht das Unionsrecht in der Normenhierarchie aufgrund des Anwendungsvorrangs[495] über dem nationalen Recht und führt bei Kollisionen sogar zur Unanwendbarkeit von entgegenstehendem Verfassungsrecht.[496] Dieser Anwendungsvorrang folgt im deutschen Recht insbesondere aus dem Wirksamkeits- und Durchsetzungsversprechen des Art. 23 Abs. 1 GG.[497] Um das Unionsrecht voll zur Geltung zu bringen ist nach der Rechtsprechung des EuGH zudem „das nationale Recht so weit wie möglich in Übereinstimmung mit dem Unionsrecht auszulegen".[498] Im Hinblick auf die Auslegung grundgesetzlicher Normen im Lichte unionsrechtlicher (Sekundär-)Vorschriften ist man bisher abseits von Art. 19 Abs. 3 GG[499] eher vorsichtig.[500] Eine solche unionsrechtskonforme Auslegung setzt zudem voraus, dass andernfalls ein Verstoß gegen Unionsrecht drohte.[501] Ein solcher steht jedoch nicht im Raum. Auch aus diesen Erwägungen lässt sich also keine eindeutige Antwort entnehmen.

Festzuhalten bleibt jedoch Folgendes: Ist schon der Maßstab der neuen, weiteren Definition der personenbezogenen Daten nicht erfüllt, so kann die informationelle Selbstbestimmung, die in ihrem Ursprung auf die alte, engere Definition gestützt wurde, nicht tangiert sein.

(b) Einordnung der verwendeten Daten

Um sich ein klares Bild in Bezug auf die informationelle Selbstbestimmung im Zusammenhang mit Predictive Policing zu machen, müssen auch hier die verschiedenen Stadien des Predictive Policing unterschieden werden.

495 Grundlegend EuGH, NJW 1964, 2371 (2371 f.) – Costa/ENEL.

496 BVerfGE 140, 317 (335 Rn. 38); 142, 123 (187 Rn. 118); *Battis/Edenharter,* Einführung in das Verfassungsrecht, 7. Aufl. 2022, § 6 Rn. 220.

497 BVerfGE 126, 286 (302); 140, 317 (335 Rn. 37 f.); 142, 123 (186 f. Rn. 117 f.).

498 EuGH, EuZW 2020, 155 (164 f. Rn. 159).

499 Das BVerfG erkennt hier an, dass der Begriff „inländisch" wegen der Diskriminierungsverbote des Primärrechts auch das EU-Ausland umfasst, BVerfGE 129, 78 (96 ff.); dazu *Enders,* in: BeckOK GG, 50. Ed., Art. 19 Rn. 37 f.

500 Für Art. 16a GG ablehnend *Gärditz,* in: Dürig/Herzog/Scholz, GG, 95. EL 2021, Rn. 167, wonach Verfassungs- und Unionsrecht interpretatorisch jedenfalls nicht unmittelbar miteinander verkoppelt seien.

501 *Jarass,* in: ders./Pieroth, GG, 16. Aufl. 2020, Art. 23 Rn. 42.

(i) Das Vorbereitungsstadium

Die Einbruchsdaten, die für eine raumbezogene Prognose gebraucht werden, werden zunächst im Rahmen eines Ermittlungsverfahrens der Staatsanwaltschaft erhoben. Dieser erste notwendige Vorbereitungsschritt für Predictive Policing findet also gar nicht auf der Ebene der Gefahrenabwehr statt, sondern repressiv im Bereich der Strafverfolgung. Die personenbezogenen Daten werden im Zuge einer Anzeige gegen unbekannt vom Betroffenen selbst und freiwillig preisgegeben für die Zwecke der Strafverfolgung.[502] Nur die wenigsten Betroffenen werden wissen, dass die Polizei diese Daten womöglich auch für den Einsatz in einer prädiktiven Analysesoftware verwenden wird, um zukünftige „Risikogebiete" zu errechnen.[503] Sowohl die Erhebung als auch die Zweckänderung dieser Daten stellt einen Eingriff in die informationelle Selbstbestimmung dar, die gerechtfertigt werden muss.[504] Diese Schritte bedürfen also insbesondere einer gesetzlichen Grundlage, die wiederum den verfassungsrechtlichen Anforderungen wie der Verhältnismäßigkeit genügen müssen.

Auch bei der Georeferenzierung selbst werden zunächst personenbezogene Daten verwendet. Erst nach diesem Verarbeitungsschritt ist kein Personenbezug mehr gegeben.[505] Auch hier stellt sich die Frage nach einer geeigneten Rechtsgrundlage. Der Frage nach den Rechtsgrundlagen im Vorbereitungsstadium wird ein eigenes Kapitel gewidmet (III.)

(ii) Die in den Algorithmen eingesetzten Daten

Werden nun bei der Errechnung der Prognosegebiete, also beim Einsatz von Predictive Policing-Software, ausschließlich raumbezogene Daten verwendet, die keinerlei Rückschlüsse auf Einzelpersonen mehr zulassen, so werden keine personenbezogenen Daten in diesem Sinne verwendet. Dann ist das Recht auf informationelle Selbstbestimmung schon im Schutzbereich nicht tangiert. Daher sind, zumindest nach den aktuell verfügbaren Informationen, die Softwarelösungen PRECOBS, KLB-operative, PreMAP und – im Hinblick auf polizeiliche gespeicherte Daten – auch KrimPro

502 *Hofmann*, Predictive Policing, 2020, S. 148 f.
503 *Hofmann*, Predictive Policing, 2020, S. 149.
504 Dazu eingehend unten B. III.
505 S. dazu schon oben unter B. II. 3. a) (2) (b).

und SKALA im Hinblick auf die informationelle Selbstbestimmung nicht relevant, da sie ausschließlich georeferenzierte Daten, also Koordinaten, als anonymisierte polizeiliche Daten hinsichtlich Tatort, Tatzeit, Tatmittel und Vorgehensweise verwenden.[506] Diese lassen keinerlei Rückschlüsse auf bestimmte Täter oder Opfer, also Personen zu. Um aus den einzelnen Koordinaten Adressen und darüber Personen zu identifizieren, sind mehrere Schritte notwendig, wie bspw. ein Koordinaten-Karten-Adressenabgleich und ein entsprechender Auszug aus dem Einwohnermelderegister. Solche Schritte sind von den Softwarelösungen nicht vorgesehen und insb. auch nicht zu erwarten.[507]

Nach der Rspr. des BVerwG, allerdings noch zu § 3 BDSG a.F.,[508] kommt es bei der Beurteilung, ob ein Datum noch personenbezogen ist oder nicht, auf eine genaue Bewertung im Einzelfall an, ob eine De-Anonymisierung eines Datums zu erwarten, oder nur unter unverhältnismäßigem Aufwand möglich ist.[509] Der Bayerische Verwaltungsgerichtshof zog diese Rechtsprechung auch im Jahr 2020, also zwei Jahre nach Inkrafttreten des neuen BDSG am 25. Mai 2018,[510] zur Beschlussfindung heran.[511] In seinem Urteil zum Gentechnik-Gesetz stellte das BVerfG klar, dass alle Informationen geschützt werden sollen, die über die Bezugsperson etwas aussagen können.[512] Wenn es nun jedoch an dieser Bezugsperson fehlt, so kann auch keine Aussage über diese getroffen werden. Der enge Zusammenhang zum allgemeinen Persönlichkeitsrecht darf im Hinblick auf die Datenschutzdiskussionen nicht außer Acht gelassen werden. Erinnert sei hier nochmals an die

---

506 S.a. *Härtel*, LKV 2019, 49 (54), die wegen der Nutzung rein raumbezogener Daten gleich jegliche Grundrechtsrelevanz für ausgeschlossen hält.

507 Für SKALA etwa LKA NRW (2018), Abschlussbericht Projekt SKALA, S. 24. Dazu ausführlich oben unter B. II. 3. a) (2) (b).

508 § 3 Abs. 6 BDSG a.F. (BGBl. I 2003, S. 66 (69)) definierte die Anonymisierung als das Verändern personenbezogener Daten derart, dass die Einzelangaben über persönliche oder sachliche Verhältnisse nicht mehr oder nur mit einem unverhältnismäßig großen Aufwand an Zeit, Kosten und Arbeitskraft einer bestimmten oder bestimmbaren natürlichen Person zugeordnet werden können. Das Saarland übernahm nunmehr diese Definition wörtlich in § 2 Abs. 6 SPolDVG (ABl. I 2020, 1133 ff.).

509 BVerwGE 151, 1 (11 f. Rn. 41).

510 Artikel 8 des Gesetzes zur Anpassung des Datenschutzrechts an die Verordnung (EU) 2016/679 und zur Umsetzung der Richtlinie (EU) 2016/680 (Datenschutz-Anpassungs- und Umsetzungsgesetz EU – DSAnpUG-EU), BGBl. I Nr. 44 v. 05.07.2017, S. 2132.

511 BayVGH, AfP 2020, 423 (424).

512 BVerfGE 128, 1 (44).

Definition von *Hufen,* der die personenbezogenen Daten als solche Daten beschreibt, die einen Bezug zur Persönlichkeit des Einzelnen aufweisen.[513] So ist das Recht auf informationelle Selbstbestimmung geschaffen worden, um die Persönlichkeitsentwicklung des Einzelnen nicht durch Sammlung, Preisgabe und Verwendung seiner persönlichen Daten zu gefährden, etwa dadurch, dass sich der Einzelne aufgrund von Angst vor solcher Datenverarbeitung in seinem Verhalten oder seiner Entscheidungsfreiheit beeinflussen lässt.[514]

Dies entspricht zudem dem engen Zusammenhang zum allgemeinen Persönlichkeitsrecht.[515] Auch der Schutz anderer Daten mag zwar ein legitimes Ziel sein, ist jedoch keine Frage des Grundrechts auf informationelle Selbstbestimmung aus Art. 2 Abs. 1 i.V.m. Art. 1 Abs. 1 GG. Ansonsten liefe man Gefahr, das Grundrecht zu überdehnen und die dogmatische Verwurzelung zu missachten.

Etwas anderes ergibt sich auch nicht aus der bei der Auslegung der Grundrechte ebenfalls heranzuziehenden EMRK. Auch die EMRK kennt wie das Grundgesetz kein explizites Recht auf Datenschutz, sondern das Recht auf Achtung des Privat- und Familienlebens, Art. 8 EMRK. Bereits im Jahr 1987 entschied der EGMR, dass sowohl das Speichern als auch die Weitergabe von Daten über das Privatleben einer Person zu einem rechtfertigungsbedürftigen Eingriff in Art. 8 EMRK führen.[516] Später betonte er, dass auch Daten aus dem öffentlichen bzw. Berufsleben unter den Schutz fallen können[517] und entwickelte somit ebenfalls eine Art von Recht auf informationelle Selbstbestimmung[518] bzw. erkannte den Schutz personenbezogener Daten als Teil des Privatlebens i.S.d. Art. 8 EMRK an.[519]

---

513 *Hufen,* Staatsrecht II, 8. Aufl. 2020, § 13 Rn. 4.

514 BVerfGE 65, 1 (42 f.); s. auch *Hufen,* JuS 2021, 193 (198); *Becker,* NVwZ 2015, 1335 (1335).

515 Dazu, dass das Grundrecht auf informationelle Selbstbestimmung kein eigenständiges Grundrecht, sondern lediglich Ausprägung des allgemeinen Persönlichkeitsrechts ist, etwa *Di Fabio,* in: Dürig/Herzog/Scholz, GG, 95. EL 2021, Art. 2 Abs. 1 Rn. 173.

516 EGMR-E 3, 430 (445) – Leander/Schweden.

517 EGMR, Urt. v. 25.03.1998, 23224/94, Rn. 50 ff. – Kopp; Urt. v. 04.05.2000, 28341/95, Rn. 42 ff. – Rotaru/Rumänien; s. dazu *Gersdorf,* in: BeckOK Informations- und Medienrecht, 35. Ed., Art. 8 EMRK Rn. 29.

518 *Gersdorf,* in: BeckOK Informations- und Medienrecht, 35. Ed., Art. 8 EMRK Rn. 29; *Grabenwarter/Pabel,* EMRK, § 22 Rn. 11; *Grabenwarter,* in: FS Paeffgen, 2015, S. 779 (780 ff., 784).

519 *Gaede,* in: MüKo StPO, Bd. 3/2, 2018, Art. 8 EMRK Rn. 12.

Allerdings wurde in der Rechtsprechung des EGMR auch immer daran festgehalten, dass vernünftige Erwartungen an die Privatheit der Daten gestellt werden müssten und dass von der Speicherung bzw. Nutzung der Daten auch hinreichend gewichtige Persönlichkeitsgefährdungen ausgehen müssten.[520] Die EMRK bietet insoweit nur einen Mindeststandard in Sachen Datenschutz,[521] der direkt auf den geforderten Schutz des Privatlebens zurückzuführen ist. Dieser ist bei anonymisierten Daten grundsätzlich nicht tangiert.

Bei der Georeferenzierung von Daten wird deren Personenbezug komplett aufgehoben.[522] Denn für das raumbezogene Predictive Policing sind allein die Ortsdaten, also die Koordinaten, relevant. Wem diese Daten zuzuordnen sind, interessieren weder die Programme noch die mit ihnen arbeitenden Polizisten. Bestimmte Personen können nicht mehr identifiziert werden, jedenfalls nicht ohne zusätzlichen Aufwand, der noch dazu durch das Design der Programme erhöht wird (sog. privacy by default)[523].[524] Zwar ist die theoretische Möglichkeit gegeben, dass der Personenbezug wiederhergestellt werden kann, doch ist dies nicht unter vernünftigen Erwägungen zu erwarten.[525] Insoweit sind die Überlegungen des BVerwG nach wie vor aktuell und können, mindestens für die Bestimmung des Begriffes der personenbezogenen Daten i.S.d. informationellen Selbstbestimmung, übertragen werden.

Auch die teilweise verwendeten öffentlich zugänglichen Wetterdaten unterfallen unproblematisch nicht der informationellen Selbstbestimmung. Nach der Rechtsprechung des BVerfG steht es dem Staat frei, öffentlich zu-

520 S. EGMR, Urt. v. 04.05.2000, 28341/95, Rn. 43 f. – Rotaru/Rumänien, wo betont wird, dass verschiedenste Daten über die berufliche, politische und kriminelle Vergangenheit einer Person systematisch staatlich gesammelt und gespeichert wurden; dazu *Schneider,* in: BeckOK Datenschutzrecht, 39. Ed., Syst. B. Völker- und unionsverfassungsrechtliche Grundlagen, Rn. 15; s. auch *Grabenwarter/Pabel,* EMRK § 22 Rn. 10; *Marsch,* Das europäische Datenschutzgrundrecht, 2018, S. 15.

521 *Marsch,* Das europäische Datenschutzgrundrecht, 2018, S. 15 f.; *Schneider,* in: BeckOK Datenschutzrecht, 39. Ed., Syst. B. Völker- und unionsverfassungsrechtliche Grundlagen, Rn. 15.

522 S. dazu ausführlich unter B. II. 3. a) (2) (b).

523 ErwGr. 53, 55 und Art. 20 der JI-RiLi sowie ErwGr. 78 und Art. 25 DSGVO, siehe auch *Hermstrüwer,* in: Hoffmann-Riem, Big Data, S. 99 (99).

524 Für SKALA s. LKA NRW (2018), Abschlussbericht Projekt SKALA, S. 24.

525 Siehe dazu schon oben unter B. II. 3. a) (2) (b).

gängliche Daten ebenso zur Kenntnis zu nehmen, wie jeder andere auch.[526] Darin liegt insb. kein Eingriff in die informationelle Selbstbestimmung.[527]

(iii) Besonderheit soziostrukturelle Daten

Fraglich ist, ob dies auch für die Software SKALA aus NRW zutrifft. Bei dieser Software werden neben den anonymisierten polizeilichen Einsatzdaten auch sog. soziostrukturelle Daten verwendet.[528] So fließen in die Prognosen Informationen über die verschiedenen Wohnquartiere mit ein, namentlich Einwohner- und Gebäudestruktur, Verkehrsanbindung, Kaufkraft und Mobilität.[529] Auch die Weiterentwicklung anderer Predictive Policing-Softwares sind zumindest offen für neue Datenintegrationen.[530] Allerdings ist diesen Daten gemein, dass sie zu Statistikzwecken erhoben und vor der Verwendung anonymisiert wurden.[531] Sie weisen daher ebenso keinen Bezug mehr zu einzelnen Personen auf und unterfallen nicht mehr dem Schutzbereich der informationellen Selbstbestimmung.[532]

(iv) Die ausgegebenen Daten

Auch das errechnete Prognosegebiet lässt als solches nicht ohne Weiteres einen Rückschluss auf Personendaten zu. So geben alle verwendeten Predictive Policing-Softwares ein Prognosegebiet aus, das eine ganze Vielzahl von Haushalten umfasst und keine parzellenscharfe Prognose zulässt.[533] Das heißt auch im Hinblick auf ein mögliches Tatobjekt ist bereits aufgrund der Größe des Prognosegebietes keine unmittelbare Zuordnung zu einer

526 BVerfGE 120, 274 (344 f.); 120, 351 (361).

527 Dazu auch *Bäcker,* in: Hoffmann-Riem, Big Data, 2018, S. 167 (171); *Graulich,* in: Lisken/Denninger, HB des Polizeirechts, 7. Aufl. 2021, E. Rn. 310.

528 LKA NRW (2018), Abschlussbericht SKALA Kurzfassung, S. 3.

529 *Egbert/Krasmann,* Predictive Policing, 2019, S. 18 f.

530 *Egbert,* in: Hunold/Ruch, Polizeiarbeit zwischen Praxishandeln und Rechtsordnung, 2020, S. 77 (87).

531 Für diese Art von Daten entschied das BVerfG bereits früh, dass die Erhebung zwar ein Eingriff in die informationelle Selbstbestimmung sei, aber bei statistischen Daten etwa die enge Zweckbindung nicht gelte und ein Missbrauch durch organisatorische Sicherungen vorgebeugt werden müsse, BVerfGE 65, 1 (47 ff.); dazu auch *Hofmann,* Predictive Policing, 2020, S. 152.

532 *Hofmann,* Predictive Policing, 2020, S. 152.

533 *Rademacher,* AöR 142 (2017), 366 (369).

natürlichen Person möglich. Zwar mögen einzelnen Polizeibeamten einzelne Bewohner des entsprechenden Gebietes bekannt sein und damit auch deren erhöhtes Risiko, Opfer eines Wohnungseinbruchs zu werden. Der Aussagegehalt der Prognosegebiete in einer Größe von mehreren hunderttausend Quadratmetern ist jedoch nicht konkret auf einzelne Personen oder Haushalte gerichtet, sondern bietet eine zeitlich begrenzte, raumbezogene Information. Insoweit ist das Grundrecht auf informationelle Selbstbestimmung ebenfalls nicht tangiert.[534]

(c) Fazit

Solange lediglich anonyme und anonymisierte Daten, bei denen eine Re-Personalisierung ausgeschlossen, nur unter großen Anstrengungen möglich oder aufgrund der Umstände nicht realistisch zu erwarten ist, verwendet werden, um eine rein raumbezogene, nicht parzellenscharfe Prognose zu generieren, ist das Recht auf informationelle Selbstbestimmung nicht tangiert. Sollten in Zukunft auch solche Daten bei der Berechnung der Gebiete, also in den jeweiligen Algorithmen, verwendet werden, bei denen ein solcher Bezug zu einer natürlichen Person hergestellt werden kann, so ist nach Art. 2 Abs. 1 i.V.m. Art. 1 Abs. 1 GG in jedem Falle eine parlamentarische Rechtsgrundlage erforderlich, die die Grenzen der Datenverarbeitung festlegt.[535] Aktuell ist jedoch nur in den Vorbereitungsstadien eine solche Rechtsgrundlage erforderlich.

(2) Grundrecht auf Vertraulichkeit und Integrität informationstechnischer Systeme

Auch das Recht auf Gewährleistung der Vertraulichkeit und Integrität informationstechnischer Systeme wurde erst im Zuge der zunehmenden Verbreitung der informations- und kommunikationstechnischen Systeme in der Gesellschaft durch das BVerfG im Jahre 2008 entwickelt.[536] Auch dieses

534 So auch *Rademacher*, AöR 142 (2017), 366 (369).
535 Siehe dazu Teil 2, B. I.
536 BVerfGE 120, 274 ff.

wurzelt im allgemeinen Persönlichkeitsrecht, das aus Art. 2 Abs. 1 i.V.m. Art. 1 Abs. 1 GG hergeleitet wird.[537]

Diese, oft auch als „Computergrundrecht“[538] oder „IT-Grundrecht“[539] bezeichnete, Ausprägung des allgemeinen Persönlichkeitsrechts klingt zunächst vielversprechend, wenn es um die Nutzung von Vorhersagesoftwares geht, werden sie doch auf solchen informationstechnischen Systemen – Computern – betrieben.[540] Denn der Schutz der Integrität von informationstechnischen Systemen umfasst vor allem die Unversehrtheit des Systems, auch vor Manipulation durch Dritte, während die Vertraulichkeit den im System gespeicherten Datensatz vor ungerechtfertigten Zugriffen schützt.[541] Allerdings fehlt diesem herkömmlichen, verkürzt dargestellten Namen des Grundrechts der entscheidende Teil: Das BVerfG entwickelte dieses Grundrecht, um die Bürger vor einem staatlichen Zugriff auf die *eigenen* Informationssysteme zu schützen,[542] beispielweise vor sog. Staatstrojanern auf dem eigenen Rechner oder, wie im Ursprungsfall, vor Online-Durchsuchungen.[543] Es gibt dem Einzelnen daher gerade nicht das Recht, sicherstellen zu lassen, dass ihn betreffende *staatliche* Informationssysteme vertraulich und sicher arbeiten. Vielmehr wurde das Grundrecht wegen der technischen Entwicklung und der nunmehr zentralen Bedeutung der Nutzung solcher Systeme – wie eigener Rechner oder Smartphones – und den daraus resultierenden Möglichkeiten und Gefahren für die Persönlichkeitsentwicklung, etabliert.[544] Die Vernetzung der Daten auch im Internet und die hohe Komplexität der technischen Systeme erfordern ein hohes Maß an

537 BVerfGE 120, 274 (274 Ls. Nr. 1, 302, 313).

538 *Kutscha,* NJW 2008, 1042 (1044); *Martini,* JA 2009, 839 (840); *Rixen,* in: Sachs GG, 9. Aufl. 2021, Art. 2 Rn. 73c f.; *Pieper,* JA 2018, 598 (600); *Hebeler/Berg,* JA 2021, 617 (617).

539 *Dreier,* in: ders. GG, 3. Aufl. 2013, Art. 2 Rn. 82; *Gurlit,* NJW 2010, 1035 (1036).

540 Zwar wird im Grundsatzurteil keine Definition des informationstechnischen Systems etabliert, jedoch wird der Personalcomputer explizit als Beispiel genannt, BVerfGE 120, 274 (303); dazu auch *Böckenförde,* JZ 2008, 925 (928); *Hoeren,* MMR 2008, 365 (365).

541 *Böckenförde,* JZ 2008, 925 (928).

542 So wird oft nur von Grundrecht auf Vertraulichkeit und Integrität informationstechnischer Systeme gesprochen, s. etwa *Gusy,* DuD 2009, 33 (Überschrift); *Böckenförde,* JZ 2008, 925 (927); *Hoeren,* MMR 2008, 365 (Überschrift) statt präziser von Vertraulichkeit und Integrität *eigengenutzter* informationstechnischer Systeme zu sprechen, s. *Hoffmann-Riem,* JZ 2008, 1009 (Überschrift). Allerdings hat das BVerfG selbst diesen verkürzten Namen etabliert, BVerfGE 120, 274 (274 LS Nr. 1, 302).

543 BVerfGE 120, 274 (267).

544 BVerfGE 120, 274 (303 ff.).

Selbstschutzmöglichkeiten, die der Durchschnittsnutzer nicht immer ohne weiteres leisten kann, zumal wenn gezielt versucht wird, von außen auf das System zuzugreifen.[545]

Das Grundrecht auf Vertraulichkeit und Integrität eigengenutzter informationstechnischer Systeme schützt also vor staatlichem Zugriff auf das eigene informationstechnische System insgesamt.[546] Diese Integritäts- und Vertraulichkeitserwartung in die eigenen informationstechnischen Systeme besteht nach dem BVerfG jedoch nur insoweit, als der Betroffene das System als eigenes nutzt und deshalb davon ausgehen darf, dass er allein oder zusammen mit anderen zur Nutzung berechtigte Personen über das System verfügt.[547] „Soweit die Nutzung des eigenen informationstechnischen Systems über informationstechnische Systeme stattfindet, die sich in der Verfügungsgewalt anderer befindet, erstreckt sich der Schutz des Nutzers nicht hierauf."[548] Damit ist erst recht eine Anwendbarkeit auf solche informationstechnische Systeme ausgeschlossen, die von vornherein nicht der eigenen Verfügungsgewalt unterstanden.

Daher können aus diesem Grundrecht keine Vorgaben für den Einsatz von Predictive Policing durch die Exekutive abgeleitet werden,[549] solange eine solche Software nicht zusätzlich auf Daten von den Rechnern von Bürgern zugreift, was aktuell weder der Fall noch konkret geplant ist.[550] Anders sieht dies bei den ebenfalls neuen Instrumenten der sog „Staatstrojaner" (Quellen-Telekommunikationsüberwachung, Quellen-TKÜ) aus, die in einigen Polizeigesetzen sowie seit 2021 auch auf verfassungsschutzrechtlicher Ebene zu finden sind und immer wieder vor die Verfassungsgerichte gebracht werden.[551] Das Grundrecht gewährleistet jedoch kein umfassen-

545 BVerfGE 120, 274 (306).

546 BVerfGE 120, 274 (313).

547 BVerfGE 120, 274 (315).

548 BVerfGE 120, 274 (315).

549 So auch *Hofmann,* Predictive Policing, 2020, S. 153 f. Zur bisher ungeklärten Frage nach den Schutzpflichten insb. der informationsbezogenen Grundrechte und dies im Hinblick auf Cyber-Sicherheit ablehnend *Brodowski,* in: Kipker, Cybersecurity, Kap. 13 Rn. 4.

550 Siehe auch *Hofmann,* Predictive Policing, 2020, S. 154.

551 S. zur teilweisen Verfassungswidrigkeit des § 20l BKAG a.F. BVerfGE 141, 220 (309 ff. Rn. 227 ff.); zur als unzulässig verworfenen Verfassungsbeschwerde gegen § 54 Abs. 2 PolG BW BVerfG, NVwZ 2021, 1361 ff. Die entsprechenden Änderungen des Artikel 10-Gesetzes (insb. § 11 Abs. 1a G10-Gesetz) durch Art. 5 des Gesetzes v. 05.07.2021 (BGBl. I 2021, S. 2274 (2276 ff.)) wurden schon mit Schriftsatz vom 14.07.2021 durch Verfassungsbeschwerde von 64 FDP-Politikern angegriffen, abrufbar unter: https://

des Recht auf Datenschutz, wie der 2. Senat sowie die zweite und dritte Kammer des 2. Senats des BVerfG das Grundrecht auf Vertraulichkeit und Integrität eigengenutzter informationstechnischer Systeme in jeweils einer älteren Einzelentscheidung einmal nannten.[552] Daher kann hieraus auch nicht die Notwendigkeit einer Rechtsgrundlage hergeleitet werden.

(3) Recht auf Datenschutz

Auf Bundesebene gibt es daher, wie gezeigt, kein umfassendes Recht auf Datenschutz. Einzelne Bundesländer haben jedoch im Zuge der digitalen Entwicklung der letzten Jahre eine entsprechende Regelung in ihren Landesverfassungen aufgenommen.[553] Diese gehen jedoch in ihrem materiellen Gehalt zumeist nicht über den Schutzgehalt der informationellen Selbstbestimmung auf Bundesebene hinaus, sondern formulieren dieses Recht nur auf Landesebene explizit aus.[554] Allerdings treffen manche Länder, wie etwa Bremen, weitergehende Regelungen, etwa dass der Mensch über der Technik steht[555] oder garantieren Auskunftsansprüche auf Verfassungsebene.[556]

In Sachsen, wo der Einsatz von PRECOBS getestet wird, bestimmt Art. 33 der Verfassung des Freistaates Sachsen (SächsVerf): *[1]Jeder Mensch hat das Recht, über die Erhebung, Verwendung und Weitergabe seiner personenbezogenen Daten selbst zu bestimmen. [2]Sie dürfen ohne freiwillige und ausdrückliche Zustimmung der berechtigten Person nicht erhoben, gespeichert, verwendet oder weitergegeben werden. [3]In dieses Recht darf nur durch Gesetz oder aufgrund eines Gesetzes eingegriffen werden.* Da beim Einsatz von PRECOBS lediglich anonymisierte Daten verwendet werden, ist Art. 33 SächsVerf nicht einschlägig. Für die Erhebung und Anonymisierung selbst dagegen ist diese Norm zu beachten. Die Frage nach den ausreichenden

---

www.fdpbt.de/sites/default/files/2021-07/20210714_VfB_Pressefassung.pdf, zuletzt abgerufen am 24.10.2022.

552 BVerfGE 84, 239 (279 f.); BVerfG, NJW 1995, 2839 (2840); LKV 1994, 332 (333).

553 Berlin: Art. 33 BlnVerf; Brandenburg: Art. 11 BbgVerf; Bremen: Art. 12 BremVerf; Mecklenburg-Vorpommern: Art. 6 MVVerf; Saarland: Art. 2 Satz 2 SVerf; Sachsen: Art. 33 SächsVerf; Sachsen-Anhalt: Art. 6 Abs. 1 LSAVerf; Thüringen: Art. 6 ThürVerf; Schleswig-Holstein: Art. 15 VerfSH.

554 S. etwa zu Art. 33 BlnVerf VerfGH Bln, Beschl. v. 19.06.2020, 25/18, Rn. 20, juris; zu Art. 11 BdbVerf VerfG BB, NJOZ 2017, 1324 (1326); zu Art. 6 MVVerf VerfG MV, NordÖR 2009, 20 (20 Ls. Nr. 2, 21); zu Art. 2 S. 2 SVerf VerfGH SL NVwZ 2020, 1751 (1755); zu Art. 33 SächsVerf s. VerfGH Sachsen, ZUM-RD 2017, 18 (20).

555 Art. 12 Abs. 1 BremVerf.

556 Bspw. Art. 6 Abs. 4 ThürVerf; Art. 12 Abs. 4 BremVerf.

Rechtsgrundlagen im Vorfeld von Predictive Policing wird unter III. nachgegangen.

In Berlin (KrimPro) bestimmt Art. 33 der Verfassung von Berlin (BlnVerf): [1]*Das Recht des [E]inzelnen, grundsätzlich selbst über die Preisgabe und Verwendung seiner persönlichen Daten zu bestimmen, wird gewährleistet.* [2]*Einschränkungen dieses Rechts bedürfen eines Gesetzes.* [3]*Sie sind nur im überwiegenden Allgemeininteresse zulässig.* Diese Norm ist somit ebenfalls bei der Erhebung und der Georeferenzierung der Daten zu beachten ist.

Auch in Nordrhein-Westfalen (SKALA) wurde eine explizit auf personenbezogene Daten Bezug nehmende Verfassungsnorm geschaffen. Art. 4 Abs. 2 S. 1 der Verfassung für das Land Nordrhein-Westfalen (NRW Verf.) bestimmt, dass jeder Anspruch auf den Schutz seiner personenbezogenen Daten hat. Nach Satz 2 sind Eingriffe nur im überwiegenden Interesse der Allgemeinheit auf Grund eines Gesetzes zulässig.

Keines der anderen Bundesländer, die bis jetzt Predictive Policing einsetzen, haben jedoch eine solche zusätzliche Verfassungsregelung aufgenommen. Bei ihnen bleibt es einzig bei der Bindung an die vom Grundgesetz vorgegebenen Grundrechte.

(4) Eigentum und Unverletzlichkeit der Wohnung

Auf den ersten Blick scheint eine mögliche Grundrechtsrelevanz hinsichtlich Eigentum, Art. 14 Abs. 1 GG, und Unverletzlichkeit der Wohnung, Art. 13 Abs. 1 GG, durch den Einsatz von raumbezogenen Predictive Policing fernzuliegen, zumal es gerade dazu eingesetzt wird, einer diesbezüglichen staatlichen Schutzpflicht nachzukommen. Denn der präventive Einsatz von Vorhersagesoftware soll letztlich dazu führen, durch gezielte Präventionsmaßnahmen an besonders akut gefährdeten Orten die Begehung von Eigentumsdelikten und das Eindringen in die Wohnung von Bürgern zu verhindern. Trotzdem gibt es einzelne Datenschutzbeauftragte, die auf spezifische Gefahren hinweisen. So wird insbesondere eine mögliche Stigmatisierung bestimmter (Wohn-)Gebiete befürchtet.[557] Dies könnte unter

557 Siehe etwa die Stellungnahme der Landesbeauftragten für den Datenschutz Niedersachsen, ZD-Aktuell 2015, 04674. Dies nicht kategorisch ausschließend, wenn auch eher im Zusammenhang mit der allg. Handlungsfreiheit, *Thüne*, Predictive Policing, 2020, S. 223.

anderem zu Wertverlusten führen.[558] Dabei stellt sich jedoch die Frage, ob die Integrität und das Ansehen eines Wohngebietes ein grundrechtlich geschütztes Gut ist.

Art. 14 Abs. 1 S. 1 GG gewährt die rechtliche Zuordnung eines vermögenswerten Gutes zu einem Rechtsträger als Eigentum.[559] Dieses Eigentum umfasst jede konkrete, vermögenswerte Rechtsposition, das durch Privatnützigkeit gekennzeichnet ist und dem Einzelnen grundsätzlich zur ausschließlichen und freien Disposition zur Verfügung steht.[560] Das Grundrecht stellt primär einen Bestandsschutz dar.[561] Beim Einsatz von Predictive Policing-Systemen zur Vorhersage von Wohnungseinbrüchen bzw. auch Einbrüchen in Gewerbeflächen ist das Grundstücks- bzw. Wohnungseigentum sowie das Eigentum an den darin enthaltenen Sachen betroffen.

Da hauptsächlich auf die Integrität und das Ansehen des gesamten Wohngebietes als Gefahr hingewiesen wird, stellt sich die Frage, ob dieser Aspekt grundrechtlich durch Art. 14 GG geschützt ist. Das Wohngebiet als solches setzt sich aus dem Eigentum verschiedener Grundrechtsträger zusammen. Ob dadurch eine Art kollektiver Bestandsschutz im Hinblick auf ein bestimmtes Wohngebiet erwächst, ist fraglich. Im Baurecht ist zwar anerkannt, dass man als Nachbarn in einem (faktischen) Baugebiet eine bau- und bodenrechtliche Schicksalsgemeinschaft bildet, wodurch gegenseitige Abwehrrechte, aber auch Pflichten zur Einhaltung bestimmter Rahmen bei der Nutzung des Eigentums erwachsen (Gebietserhaltung).[562] Allerdings gewährt diese Gemeinschaft lediglich Abwehransprüche und Schutzfunktionen zwischen Grundstückseigentümern,[563] wobei der Planaufsteller auch nicht wegen Art. 14 Abs. 1 GG gezwungen ist, bestimmte Festsetzungen als nachbarschützend festzulegen oder derart auszulegen.[564] So kann eine Ge-

558 *Trute*, in: Bär/Grädler/Mayr, Digitalisierung im Spannungsfeld von Politik, Wirtschaft, Wissenschaft und Recht, Bd. 2, 2018, S. 313 (325); vgl. im Zusammenhang mit der Erstellung polizeilicher Lagebilder und Festlegung sog. Brennpunkte, *Zenner*, SRZ 2/2021, 81 (93 f. Fn. 67).

559 *Axer*, in: BeckOK GG, 50. Ed., Art. 14 Rn. 42.

560 st. Rspr., etwa BVerfGE 24, 267 (389 f.); 31, 229 (240 f.); 50, 290 (339); 52, 1 (30); 100, 226 (241); 102, 1 (15); 143, 246 (323 f. Rn. 216 f.); *Axer*, in: BeckOK GG, 50. Ed., Art. 14 Rn. 43.

561 BVerfGE 24, 367 (400); 38, 175 (181); 56, 249 (260); 143, 246 (324 Rn. 217); *Depenheuer/Froese*, in: v. Mangoldt/Klein/Starck, GG, Bd. I, Art. 14 Rn. 87.

562 BVerwGE 162, 363 (368 f. Rn. 15); 94, 151 (161); BVerwG, NVwZ 2008, 427 (428); *Muckel/Ogorek*, Öffentliches Baurecht, 3. Aufl. 2018, § 10 Rn. 12b.

563 BVerwGE 162, 363 (368 f. Rn. 15).

564 BVerwGE 162, 363 (369 f. Rn. 17).

meinde grds. ein Baugebiet neu ausweisen, denn der Anspruch auf Gebietserhaltung gilt nicht gegenüber dem Planaufsteller.[565] Auch dadurch kann es zu einem Wertverlust der Grundstücke kommen, der aber hinzunehmen ist. Zwar muss der Planaufsteller ebenfalls die *jeweiligen* Eigentumspositionen und private Belange der vom Plan betroffenen Grundstückseigentümer in die Abwägung miteinstellen,[566] doch gibt es keinen grundsätzlichen Anspruch auf Planerhaltung[567] bzw. Erhaltung eines bestimmten Baugebietes. Es gibt daher weder einfachrechtlichen noch grundgesetzlichen Bestandschutz bezüglich einer bestimmten Umgebung, in die das eigene Eigentum eingebettet ist. Im Hinblick auf das gesamte Wohngebiet kann daher die Eigentumsgarantie von vornherein nicht greifen.

In Bezug auf das einzelne Eigentum besteht der grundrechtliche Schutz aus Art. 14 Abs. 1 GG. Fraglich ist hier jedoch, wie weit dieser reicht bzw. ob ein Eingriff in die Eigentumsgarantie vorliegt. Durch den Einsatz von Predictive Policing wird der Bestand des jeweiligen Eigentums in keiner Weise berührt, sodass eine Inhaltsbestimmung von vornherein ausscheidet. Allenfalls eine Schrankenbestimmung kommt somit in Betracht. Hierbei kann jedoch die reine Möglichkeit, dass ein Wertverlust durch eine ebenfalls nur mögliche Stigmatisierung wegen einer eventuellen zunehmenden Bestreifung durch die Polizei nicht als Eingriff in die Eigentumsgarantie zu werten sein. Zum einen schützt Art. 14 GG nur den Bestand und Besitz des Eigentums als solches, nicht jedoch den jeweiligen Wert, also das Vermögen des Eigentümers.[568] Die Eigentümerstellung wird durch den Einsatz von Predictive Policing jedoch nicht infrage gestellt. Insbesondere für das hier

565 Siehe dazu indirekt BVerwGE 162, 363 (365 f. Rn. 8 ff.) zu den Grenzen von Befreiungen von Festsetzungen, die eine rechtliche Schicksalsgemeinschaft betreffen und der Notwendigkeit einer (Neu-)Planung; dazu auch *Gatz*, jM 2019, 30 (30).

566 Das gebietet einfachrechtlich § 1 Abs. 7 BauGB, wobei das unter Art. 14 GG fallende Eigentum „selbstverständlich und in hervorgehobener Weise zu den abwägungserheblichen Belangen" gehört, BVerwGE 61, 295 (294 f.); dazu auch *Papier/Shirvani*, in: Dürig/Herzog/Scholz, GG, 95. EL 2021, Art. 14 Rn. 197; s. auch *Guckelberger*, in: Gröpl/dies./Wohlfahrt, Landesrecht Saarland, 4. Aufl. 2022, § 5 Rn. 46.

567 BayVGH, Beschl. v. 01.08.2006 – 15 ZB 06.91 – Rn. 6, juris; s. auch BVerwG, Beschl. v. 28.10.2020, 4 BN 44/20, Rn. 11 juris.

568 *Papier/Shirvani*, in: Dürig/Herzog/Scholz, GG, 95. EL 2021, Art. 14 Rn. 277; *Bryde/Wallrabenstein*, in: v. Münch/Kunig, GG, 7. Aufl. 2021, Art. 14 Rn. 47; ausführlich auch zu Tendenzen, den Schutz des Vermögens doch miteinzubeziehen, aber aus dogmatischen Gesichtspunkten zu Recht ablehnend, weil die Eigentumsgarantie ein Recht schützt, das Vermögen jedoch nicht als solches ausgestaltet ist, *Wieland*, in: Dreier GG, 3. Aufl. 2013, Art. 14 Rn. 65 ff., 68.

in Rede stehende Grundstückseigentum ist darüber hinaus auch anerkannt, dass die Nutzungs-,[569] Verwaltungs- und Veräußerungsmöglichkeiten in den Schutzbereich von Art. 14 GG fallen.[570] „Eine allgemeine Wertgarantie vermögenswerter Rechtspositionen kann aus dieser Vorschrift [indes] nicht abgeleitet werden".[571] So sieht Art. 14 Abs. 3 S. 2–4 GG explizit nur eine Entschädigung bei Enteignung vor, sodass nur in diesem, grundgesetzlich festgelegten Fall an die Stelle der Bestandsgarantie eine subsidiäre Eigentumswertgarantie tritt.[572] Zwar hat das BVerfG daneben bereits früh auch sog. ausgleichpflichtige Inhalts- und Schrankenbestimmung für besondere Härtefälle anerkannt.[573] Dieser Ausgleichsanspruch aus Verhältnismäßigkeitsgründen verlangt jedoch eine unzumutbare Belastung im Sinne eines Sonderopfers.[574] Der Einsatz von Predictive Policing betrifft jedoch mehrere Eigentumspositionen gleichermaßen und führt nicht zu einem spezifischen Sonderopfer, das einen solchen Ausgleichsanspruch auslösen könnte. Eine bloße Minderung des Marktwertes einer Eigentumsposition, der hoheitlich bewirkt wurde, unterfällt in der Regel nicht der Eigentumsgarantie[575] und ist grds. entschädigungslos hinzunehmen.[576]

Zum anderen ist die doppelte Mittelbarkeit zu beachten, die auch den modernen Eingriffsbegriff übersteigt. Zwar können auch mittelbare oder faktische Auswirkungen staatlichen Handelns einen Eingriff in Art. 14 Abs. 1 GG darstellen.[577] Sie müssen jedoch zurechenbare und erhebliche Grund-

569 BVerfGE 143, 246 (327 Rn. 228 ff.); zur baulichen Nutzbarkeit eines Grundstücks, *Papier/Shirvani*, in: Dürig/Herzog/Scholz, GG, 95. EL 2021, Art. 14 Rn. 164 f.

570 BVerfGE 97, 350 (370); 105, 17 (30); *Bryde/Wallrabenstein*, in: v. Münch/Kunig, GG, 7. Aufl. 2021, Art. 14 Rn. 31; *Jarass*, in: ders./Pieroth, GG, 16. Aufl. 2020, Art. 14 Rn. 16; *Epping*, Grundrechte, 9. Aufl. 2021, Rn. 455.

571 BVerfGE 105, 17 (30); *Papier/Shirvani*, in: Dürig/Herzog/Scholz, GG, 95. EL 2021, Art. 14 Rn. 116.

572 *Papier/Shirvani*, in: Dürig/Herzog/Scholz, GG, 95. EL 2021, Art. 14 Rn. 116.

573 BVerfGE 58, 137 (149 f.); 100, 226 (244).

574 BVerfGE 58, 137 (149 f.); 100, 226 (243); *Axer*, in: BeckOK GG, 50. Ed., Art. 14 Rn. 104.

575 BVerfGE 105, 17 (30); *Papier/Shirvani*, in: Dürig/Herzog/Scholz, GG, 95. EL 2021, Art. 14 Rn. 281; nach *Bryde/Wallrabenstein*, in: v. Münch/Kunig, GG, 7. Aufl. 2021, Art. 14 Rn. 48 kann jedoch ein durch *rechtswidriges* Hoheitshandeln verursachter Wertverlust zumindest Indizwirkung für eine Rechtsbeeinträchtigung darstellen (Kursivhervorhebung durch Verf.).

576 BVerfGE 100, 226 (242 f.); *Axer*, in: BeckOK GG, 50. Ed., Art. 14 Rn. 104.

577 BVerfGE 149, 86 (114 Rn. 75); *Jarass*, in: ders./Pieroth, GG, 16. Aufl. 2020, Art. 14 Rn. 25.

rechtsbeeinträchtigungen nach sich ziehen.[578] Schwankungen im Grundstückswert sind jedoch normal und könnten ebenso gut entstehen, wenn ein Gebiet wiederholt Ziel von Wohnungseinbrüchen würde, die wegen fehlender Bestreifung nicht verhindert wurden.

(5) Allgemeine Handlungsfreiheit, Art. 2 Abs. 1 GG

Letztlich unterfällt der Wert eines Grundstücks, der als Vermögensposition nicht von der Eigentumsgarantie umfasst ist,[579] auch nicht dem Auffanggrundrecht[580] aus Art. 2 Abs. 1 GG. Zwar wird der Schutzbereich der freien Entfaltung der Persönlichkeit seit der Elfes-Entscheidung des BVerfG fast einhellig als umfassende allgemeine Handlungsfreiheit verstanden,[581] doch sind eben nur menschliche *Verhaltensweisen* im Sinne eines Tuns oder Unterlassens hiervon gedeckt.[582] So werden etwa eine Abgabenpflicht oder sonstige Vermögensopfer an den Maßstäben des Art. 2 Abs. 1 GG gemessen.[583] Ein allgemeiner Vermögens(bestands)schutz als solcher wird jedoch mangels Handlung auch vom Auffanggrundrecht des Art. 2 Abs. 1 GG nicht erfasst,[584] soweit nicht Nutzungsmöglichkeiten oder von Art. 12 Abs. 1 und 14 Abs. 1 GG nicht erfasste wirtschaftliche Betätigungen betrof-

578 S. *Oermann/Staben*, Der Staat 52 (2013), 630 (637) m.w.N.

579 Das BVerfG spricht insoweit vom „Tauschwert vermögenswerter Rechte“, der nicht vom Schutz des Art. 14 GG umfasst ist, BVerfGE 105, 17 (30); s.a. *Wieland*, in: Dreier, GG, 3. Aufl. 2013, Art. 14 Rn. 69; *Axer*, in: BeckOK GG, 50. Ed., Art. 14 Rn. 54.

580 Dazu etwa *Lang*, in BeckOK GG, 50. Ed., Art. 2 Rn. 8 f.; *Dreier*, in: ders., GG, 3. Aufl. 2013, Art. 2 Rn. 26 ff.

581 BVerfGE 6, 32 (36 f.); st. Rspr, siehe etwa BVerfGE 8, 274 (328); 108, 186 (234); 111, 54 (81); BVerfG, NJW 2020, 2953 (2954 Rn. 34); h.M. in der Literatur, statt vieler *Dreier*, in ders., GG, 3. Aufl. 2013, Art. 2 Rn. 26 m.w.N. in Fn. 87, auch mit Auseinandersetzung mit den vereinzelt vertretenen einschränkenden Positionen in Rn. 27.

582 S. *Kunig/Kämmerer*, in: v. Münch/Kunig, GG, 7. Aufl. 2021, Art. 2 Rn. 21, 25; *Dreier*, in: ders. GG, 3. Aufl. 2013, Art. 2 Rn. 26; insoweit ist der Begriff der „allgemeinen Verhaltensfreiheit“ treffender *Sachs*, Verfassungsrecht II, 3. Aufl. 2017, Kap. 14 Rn. 5; *Epping*, Grundrechte, 9. Aufl. 2021, Rn. 560.

583 Etwa zur Künstlersozialabgabe BVerfGE 75, 108 (154 ff.); *Kunig/Kämmerer*, in: v. Münch/Kunig, GG, 7. Aufl. 2021, Art. 2 Rn. 29; *Papier/Shirvani*, in: Dürig/Herzog/Scholz, GG Art. 14 Rn. 278.

584 Zur Erforderlichkeit eines Verhaltens *Epping*, Grundrechte, 9. Aufl. 2021, Rn. 560; s. aber *Sachs*, Verfassungsrecht II, 3. Aufl. 2017, Kap. 14 Rn. 15 ff., der eine allgemeine Eingriffsfreiheit in jedes rechtlich anerkannte, individuelle Interesse ableitet.

fen sind. Solche stellt der Einsatz einer Vorhersagesoftware jedoch nicht grundsätzlich infrage.

In Bezug auf die allgemeine Handlungsfreiheit wäre allenfalls noch daran zu denken, dass sich im Laufe der Einsatzzeit der Predictive Policing-Systeme bestimmte Gebiete als dauerhaft bzw. immer wieder im Fokus stehend herauskristallisieren und so womöglich die Bürger dazu bringen, die entsprechenden Wohngebiete zu meiden.[585] Dies sind jedoch allenfalls mittelbare Auswirkungen, die von den einsetzenden staatlichen Stellen nicht final forciert werden. Hier stellt sich dann die Frage, ob eine solche mögliche mittelbare Auswirkung auf das Verhalten Einzelner einen Eingriff in Art. 2 Abs. 1 GG darstellen kann.

Im Rahmen von Art. 14 Abs. 1 GG wurde bereits festgestellt, dass auch mittelbar faktische Grundrechtsverkürzungen einen Eingriff in Grundrechte darstellen können. Weil Art. 2 Abs. 1 GG jedoch einen umfassenden Schutzbereich bietet und grds. jedes menschliche Verhalten schützt, droht das Grundrecht bei gleichzeitiger Annahme eines weiten Eingriffsbegriffs auszuufern.[586] Um dies zu verhindern, ist heute weitgehend anerkannt, dass der moderne Eingriffsbegriff nicht uneingeschränkt bei der allgemeinen Handlungsfreiheit zur Anwendung kommen kann.[587] Für die Annahme eines Eingriffs werden verschiedene Lösungsansätze angeboten, teils wird ein klassischer Eingriff verlangt,[588] teils einzelne qualifizierte Kriterien wie

585 Dazu *Thüne,* Predictive Policing, 2020, 223 f. Diese Gefahr sogar in Bezug auf den Schutzbereich des Art. 2 Abs. 2 S. 2 GG prüfend aber letztlich zutreffend einen Eingriff in die Freiheit der Person verneinend, *Hofmann,* Predictive Policing, 2020, S. 157 f.

586 *Kunig/Kämmerer,* in: v. Münch/Kunig GG, 7. Aufl. 2021, Art. 2 Rn. 34; *Rixen,* in: Sachs GG, 9. Aufl. 2021, Art. 2 Rn. 79 ff.; *Höfling,* in: Berliner Kommentar GG, Lfg. 2/2021, Art. 2 Abs. 1 Rn. 60 ff.; *Kingreen/Poscher,* Grundrechte, 36. Aufl. 2020, Rn. 454.

587 *Kunig/Kämmerer,* in: v. Münch/Kunig GG, 7. Aufl. 2021, Art. 2 Rn. 34; zu Recht jedoch gegen den Ausschluss jeglichen mittelbaren Eingriffs *Dreier,* in ders. GG, 3. Aufl. 2013, Art. 2 Abs. 1 Rn. 50; auch *Lorenz/Krönke,* Bonner Kommentar GG, 213. Aktualisierung 2021, Art. 2 Abs. 1 Rn. 108 f.

588 *Pietzcker,* in: FS Bachof, 1984, S 131 (145 f.); *Kingreen/Poscher,* Grundrechte, 36. Aufl. 2020, Rn. 455 ff.

Intensität, Finalität,[589] Zielgerichtetheit[590] oder Zielsetzung und Wirkung[591]. Im Ergebnis ist der Einschätzung von *Kunig/Kämmerer* zuzustimmen, dass die Annahme eines Eingriffs stets für den Einzelfall im Hinblick darauf bestimmt werden muss, inwieweit eine Berührung des Schutzbereichs eines Grundrechtsadressaten auf diesen tatsächlich freiheitsverkürzend wirkt.[592]

Freiheitsverkürzend bedeutet im Zusammenhang mit der allgemeinen Handlungsfreiheit, dass sich der Einzelne nicht mehr frei verhalten kann, wie er es für richtig hält, also in seiner individuellen Entscheidungsautonomie beschränkt wird.[593] Wird nun bei Nutzung von Predictive Policing über einen längeren Zeitraum deutlich, dass bestimmte Gebiete besonders oft in den Fokus polizeilicher Aufmerksamkeit rücken, so geht damit zunächst keinerlei direkte Einwirkung auf das Verhalten Einzelner einher. Die Entscheidung, ein solches Gebiet zu meiden, sei es aus Beklemmung, dort könne mehr Kriminalität herrschen, oder aus der Sorge heraus, selbst Adressat einer polizeilichen Maßnahme zu werden, bleibt eine eigenverantwortliche. Auch ein gegenteiliger Effekt, die Erhöhung eines Sicherheitsgefühls durch verstärkte Präsenz ist denkbar. Allein die Tatsache, dass ein staatliches Handeln geeignet ist, Verhalten des Einzelnen zu beeinflussen, reicht als Eingriff jedoch nicht aus, kann doch in fast jeglichem staatlichen Handeln eine solche Eignung gesehen werden.[594] Der Umstand, dass die Polizei an bestimmten Orten vermehrt bestreift, führt nicht dazu, dass Personen gezwungen sind, ihr Verhalten anzupassen. Insofern lässt sich die Wirkung mit einer staatlichen Information vergleichen: Auch hier bleibt es eine eigenverantwortliche Entscheidung des Bürgers, wie mit der Information umgegangen wird und ob z.B. bestimmte Produkte nicht mehr gekauft werden. Auch in solchen Fällen ist ein Eingriff in die allgemeine

589 *Rixen,* in: Sachs GG, 9. Aufl. 2021, Art. 2 Rn. 83; auch *Di Fabio,* in: Dürig/Herzog/Scholz, GG, 95. EL 2021, Art. 2 Abs. 1 Rn. 49 in Verbindung mit Maß und Absehbarkeit der Betroffenheit.

590 *Dreier, in:* ders. GG, 3. Aufl. 2013, Art. 2 Abs. 1 Rn. 50.

591 S. zur Geltung dieses Maßstabes „im Grundsatz" *Kunig/Kämmerer,* in: v. Münch/Kunig, GG, 7. Aufl. 2021, Art. 2 Rn. 34.

592 *Kunig/Kämmerer,* in: v. Münch/Kunig GG, 7. Aufl. 2021, Art. 2 Rn. 34; s. auch *Di Fabio,* in Dürig/Herzog/Scholz, GG, 95. EL 2021, Art. 2 Abs. 1 Rn. 49.

593 *Lorenz/Krönke,* in: Bonner Kommentar GG, 213. Aktualisierung 2021, Art. 2 Abs. 1 Rn. 107.

594 *Hillgruber,* in: Isensee/Kirchhof, HB des Staatsrechts, 3. Aufl. 2011, § 200 Rn. 78; s. auch *Di Fabio,* in: Dürig/Herzog/Scholz, GG, 95. EL 2021, Art. 2 Abs. 1 Rn. 49, der vor einer Ausuferung der Grundrechte warnt.

Handlungsfreiheit grds. zu verneinen.[595] Eine Freiheitsverkürzung kann daher nicht angenommen werden. Dies könnte nur dann anders beurteilt werden, wenn sich ein Missbrauch von Predictive Policing-Prognosen entwickeln sollte und eine solche Prognose zu willkürlichen und ungerechtfertigten Eingriffsmaßnahmen gegenüber unbeteiligten Bürgern führen sollte.[596] Diese abstrakte Gefahr kann jedoch nicht zu einer grundsätzlichen Grundrechtsrelevanz führen.

(6) Allgemeiner Gleichheitssatz, Art. 3 Abs. 1 GG

Datenschutzbeauftragte warnen zudem vor Diskriminierungen aufgrund von Predictive Policing-Prognosen, etwa durch die Tatsache, dass ein Gebiet zum (dauerhaften bzw. wiederholten) Risikogebiet ernannt wird. Dies kann neben einem möglichen Wertverlust des Eigentums auch zu anderen negativen Auswirkungen führen, etwa zu Vorurteilen gegenüber den Bewohnern.[597] So könnten etwa Gebäudeversicherungen eine Abwertung des Wohngebietes bei wiederholter Einstufung als Risikogebietes vornehmen bzw. die Versicherungspolicen wegen gesteigerter Gefahr erhöhen.

Diese Schlechterstellung Einzelner erfolgt dann jedoch nicht durch einen Hoheitsträger, sondern durch Private. Diese dürfen im Rahmen ihrer Vertragsfreiheit grds. selbst über ihre Vertragsbeziehungen frei entscheiden und unterliegen nur in den sehr engen Grenzen des AGGs überhaupt Gleichbehandlungsgrundsätzen.[598] Die Differenzierung nach individuellem Risiko gehört etwa zum tragenden Geschäftsmodell von Versicherungen. Hier ist der Staat gerade nicht verpflichtet, eine Gleichstellung herbeizuführen. Nur bei unsachgerechter unterschiedlicher Behandlung von wesentlich Gleichem durch ein und denselben Hoheitsträger kann der allgemeine Gleichheitssatz nach Art. 3 Abs. 1 GG verletzt sein.[599]

---

595 *Hillgruber*, in: Isensee/Kirchhof, HB des Staatsrechts, 3. Aufl. 2011, § 200 Rn. 78.

596 Zu den Voraussetzungen und Grenzen solcher Folgemaßnahmen siehe unten, B. IV., V.; zu den Gefahren einer Verkennung der Eingriffsschwellen wegen möglicher Technikhörigkeit unter B. VI. 4.

597 ZD-Aktuell 2015, 04674.

598 BVerfGE 148, 267 (267 Ls. Nr. 1). S.a. *P. Kirchhof*, in: Dürig/Herzog/Scholz, GG, 95. EL 2021, Art. 3 Abs. 1 Rn. 291. Zur spezifischen Ausnahme bei privatrechtlichem Hausrecht i.S.v. Stadionverboten, BVerfGE 148, 267 (283 f. Rn. 41 f.).

599 BVerfGE 1, 14 (52); 11, 283 (287); 45, 376 (386 f.); 76, 256 (329 f.); 126, 400 (416); 138, 136 (180 Rn. 121); BVerfG, NVwZ 2021, 1445 (1447 Rn. 110).

Eine Schutzpflichtendimension zur Verhinderung von Ungleichbehandlungen zwischen Privaten ist im Rahmen des allgemeinen Gleichheitssatzes nicht anerkannt, allenfalls in engen Grenzen im Rahmen der besonderen Diskriminierungsverbote des Art. 3 Abs. 3 GG.[600] So hat das BVerfG im Jahr 2021 im Hinblick auf den durch Art. 3 Abs. 3 S. 2 GG besonders geforderten Schutz für Menschen mit Behinderungen erstmalig eine Schutzpflicht aus Art. 3 Abs. 3 S. 2 GG in seiner Triage-Entscheidung bejaht und bei Verdichtung dieser allgemeinen Schutzpflicht zu einer konkreten Schutzpflicht eine gesetzliche Regelung gefordert.[601]

Keines der in Art. 3 Abs. 3 GG genannten verbotenen Differenzierungskriterien spielen jedoch bei der Generierung eines Risikogebietes und der anschließenden Beurteilung dieses Gebietes durch Private eine Rolle. Der allgemeine Gleichheitssatz kann daher bei der Beurteilung der Grundrechtsrelevanz keine Bedeutung erlangen.

c) Fazit

Aktuell beschränkt sich die Grundrechtsrelevanz im Hinblick auf die Abwehrdimension der Grundrechte von Predictive Policing auf das Vorbereitungsstadium von Predictive Policing. Wegen der Erhebung und Verarbeitung personenbezogener Daten sind dort spezifische Ermächtigungsgrundlagen erforderlich.[602]

4. Wesentlichkeitstheorie, Art. 20 Abs. 3 GG

Der Vorbehalt des Gesetzes beschränkt sich jedoch nicht von vornherein auf Fälle eines Eingriffs in Grundrechte.

Grundsätzlich ist es in einem gewaltenteiligen Staat selbstverständlich möglich, dass eine Aufgabe allein von der Exekutive wahrgenommen wird, solange sie sich in den rechtsstaatlichen Grenzen von Recht und Gesetz

600 Dazu eingehend *Lehner*, Zivilrechtlicher Diskriminierungsschutz und Grundrechte, 2013, S. 31 ff.; dies grds. ablehnend *Langenfeld*, in: Dürig/Herzog/Scholz, GG, 95. EL 2021, Art. 3 Abs. 3 Rn. 83 ff., die betont, dass im Rahmen der Privatautonomie grds. auch Willkür geschützt ist und daher privatrechtliche Diskriminierungsverbote der Rechtfertigung bedürfen, a.a.O., Rn. 81, 83.

601 BVerfG, NJW 2022, 380 (384 Rn. 96 f.).

602 Dazu eingehend unter B. III.

bewegt. Insbesondere der Normvollzug ist klassischerweise vollständig der Exekutive überlassen.[603] Der moderne Staat wird sogar häufig dafür gerügt, dass er mit seiner Regelungswut jede Entwicklung und jedes Verbesserungspotenzial schon im Kern erstickt.[604] Wesentliche Entscheidungen hat jedoch aus Gründen des Demokratieprinzips bzw. des Gewaltenteilungsgrundsatzes die Legislative zu treffen.

Art. 20 Abs. 3 Hs. 2 GG bindet die vollziehende Gewalt an Gesetz und Recht. Dieses Rechtsstaatsprinzip ordnet die Gesetzmäßigkeit der Verwaltung an.[605] Zugleich folgt aus ihm – in Verbindung mit dem Demokratieprinzip – der sog. Vorbehalt des Gesetzes.[606] Dieser besagt in seiner Ausprägung als Wesentlichkeitstheorie, dass der parlamentarische Gesetzgeber die grundlegenden und wesentlichen Entscheidungen in allen wichtigen Lebensbereichen, also insbesondere denen, die die Grundrechte der Bürger tangieren, selbst treffen muss.[607]

Was genau zu diesen wesentlichen Entscheidungen gehört, ergibt sich aus dem „jeweiligen Sachbereich und [der] Eigenart des betroffenen Regelungsgegenstandes“[608]. Solche sind zunächst immer dann gegeben, wenn Grundrechtseingriffe in Rede stehen, also belastende Maßnahmen des Staates getroffen werden.[609] Das ist, wie gezeigt wurde, aktuell nicht der Fall. Aber auch unterhalb dieser Schwelle eines Grundrechtseingriffs kann es

603 S. jüngst den Beschluss des BVerfG zur Bundesnotbremse, BVerfG, NJW 2022, 139 (146).

604 S. etwa schon *Denninger*, KJ 1988, 1 (8 f.), der einen dadurch bedingten Verlust der Rechtssicherheit beklagt. Auch *Möstl,* Die Verw. 53 (2020), 21 (26 f.) tendiert zur Einschätzung, dass man im Polizeirecht nicht alles bis ins kleinste Detail regeln sollte. S. auch *Di Fabio,* Coronabilanz, 2021, S. 48 f.

605 *Sachs,* in ders., GG, 8. Aufl. 2018, Art. 20 Rn. 110; *Antoni,* in: Hömig/Wolff, GG, 13. Aufl. 2022, Art. 20 Rn. 15.

606 BVerfGE 101, 1 (34); 136, 69 (114 Rn. 102); 150, 1 (98 Rn. 190); *Jarass,* in: ders./Pieroth, GG, 15. Aufl. 2018, Art. 20 Rn. 69; *Antoni*, in: Hömig/Wolff, GG, 13. Aufl. 2022, Art. 20 Rn. 15; teilweise auch nur aus dem Rechtsstaatsprinzip hergeleitet, etwa *Sachs,* in ders., GG, 8. Aufl. 2018, Art. 20 Rn. 113; s. zum Begriff und der Herleitung des Vorbehalts des Gesetzes bereits B. II. 2.

607 BVerfGE 49, 89 (126 f.); 84, 212 (226); 101, 1 (34); 139, 19 (45 Rn. 52); BVerwGE 138, 201 (204 Rn. 26); *Jarass,* in: ders./Pieroth, GG, 15. Aufl. 2018, Art. 20 Rn. 71; *Antoni*, in: Hömig/Wolff, GG, 13. Aufl. 2022, Art. 20 Rn. 15.

608 BVerfGE 98, 218 (251); s. a. BVerfGE 49, 89 (127); 136, 69 (114 Rn. 102); 150, 1 (97); *Jarass,* in: ders./Pieroth, GG, 15. Aufl. 2018, Art. 20 Rn. 71.

609 So wurde der Vorbehalt des Gesetzes früher grundsätzlich eng verstanden und nur auf die Eingriffsverwaltung bezogen, dazu *Huber,* in: Herdegen et al., HB des Verfassungsrechts, 2021, § 6 Rn. 23. Nach den Worten des BVerfG bedeutet wesentlich zunächst „wesentlich für die Verwirklichung der Grundrechte“, BVerfGE 150, 1 (97

durchaus das Bedürfnis nach einer parlamentarischen Grundlage geben, etwa in bestimmten Bereichen der Leistungsverwaltung,[610] in der Frage der Zulässigkeit der friedlichen Nutzung von Kernenergie[611] oder für elementare institutionelle Fragen, wie bspw. die Ressortverteilung der Ministerien.[612]

Nach der st. Rspr. des BVerfG ist gerade anerkannt, dass „der Gesetzgeber verpflichtet ist, – losgelöst vom Merkmal des „Eingriffs" – in grundlegenden normativen Bereichen [...] alle wesentlichen Entscheidungen selbst zu treffen".[613] Er ist in den Bereichen zur Regelung aufgerufen, „die für Staat und Gesellschaft von erheblicher Bedeutung sind."[614] Vertreten wird hier sogar, dass auch die Verwirklichung von Staatszielbestimmungen solche grundlegende normative Bereiche darstellen, die den Parlamentsvorbehalt auslösen.[615] Das BVerfG betont in diesem Zusammenhang jedoch auch, dass es für die Aktivierung der Wesentlichkeitslehre nicht ausreicht, wenn eine Materie politisch umstritten ist.[616] Letztlich ist auf die jeweilige in Rede stehende Materie zu blicken.[617]

Der Einsatz von prädiktiver Analytik auf polizeilicher Ebene ist politisch hochumstritten. Aber dem Einsatz von Predictive Policing-Systemen sind zudem mehrere Aspekte zu eigen, die in ihrem Zusammenspiel das Bedürfnis nach einer Rechtsgrundlage auslösen können.

Rn. 194); 139, 19 (45 Rn. 52); 98, 218 (251); 47, 46 (79); *Jarass*, in: ders./Pieroth, GG, 15. Aufl. 2018, Art. 20, Rn. 73.

610 S. etwa BVerfGE 47, 46 (79); *Sommermann*, in: v. Mangoldt/Klein/Starck, GG, 7. Aufl. 2018, Art. 20 Rn. 281 f.

611 BVerfGE 49, 89 (127); 143, 246 (351).

612 *Sachs*, in: ders., GG, 8. Aufl. 2018, Art. 20 Rn. 117.

613 Zitat aus BVerfGE 49, 89 (126); so auch in BVerfGE 76, 1 (75); 77, 170 (230); ohne den Zusatz „losgelöst vom Merkmal des Eingriffs" st. Rspr.: BVerfGE 40, 237 (249); 47, 46 (78 f.); 101, 1 (34); 150, 1 (96 Rn. 191).

614 BVerfGE 150, 1 (97 Rn. 194). Dazu auch *Huber*, in: Herdegen et al., HB des Verfassungsrechts, 2021, § 6 Rn. 23.

615 *Sommermann*, in: v. Mangoldt/Klein/Starck, GG, 7. Aufl. 2018, Art. 20 Rn. 280. Diese Ansicht gewinnt angesichts des jüngst ergangene Klimabeschlusses des BVerfG an Brisanz, BVerfG, NJW 2021, 1723 ff.

616 BVerfGE 150, 1 (97 Rn. 194).

617 S. auch *F. Kirchhof*, in: Dürig/Herzog/Scholz, GG, 95. EL 2021, Art. 83 Rn. 43.

a) Polizeirecht als Ausdruck des Gewaltmonopols des Staates und Notwendigkeit der Sicherung des Vertrauens in die Sicherheitsbehörden

Zum einen gehört das Polizeirecht zu einer grundsätzlich besonders sensiblen Materie. Es setzt – zusammen mit anderen Gesetzen, insbesondere des StGB und den Prozessordnungen –[618] das Gewaltmonopol des Staates um und trägt daher elementar zur Legitimation des Staates an sich bei.[619] Die Wahrung der inneren Sicherheit ist dabei ein grundlegendes Staatsziel[620] und zugleich Verpflichtung aus dem Rechtsstaatsprinzip und den Schutzpflichten der Grundrechte.[621]

Der Bezug zum Gewaltmonopol besteht bei Einsatz einer Vorhersagesoftware allerdings nur mittelbar. Die Errechnung und Freigabe eines Prognosegebietes ist nur ein vorbereitender Schritt und zeitigt keinerlei direkte Folgen für den einzelnen Bürger.[622] Auch eine direkte polizeiliche Eingriffsmaßnahme kann nicht ohne Weiteres daran anknüpfen, wie noch zu zeigen sein wird.[623]

Die Polizei als Sicherheits- und Ordnungsbehörde muss bei Wahrnehmung ihrer Aufgaben jedoch auch das Vertrauen der Bevölkerung in ihre Integrität wahren.[624] Schleicht sich der Verdacht ein, die Polizei würde ihre Aufgaben nicht ordnungsgemäß wahrnehmen oder sich gar selbst in rechtliche Grauzonen wagen und dabei die Rechte der Bürger vernachlässigen, kommt es zu einer für einen Rechtsstaat gefährlichen Entwicklung.[625]

---

618 Vgl. *Herzog,* in: Isensee/Kirchhof, HB Staatsrecht Bd. IV, § 72 Rn. 40 ff., 47 ff.

619 *Thiel,* Polizei- und Ordnungsrecht, 4. Aufl. 2020, § 1 Rn. 1; s. auch *Götz,* in: Isensee/Kirchhof, HB Staatsrechts Bd. IV, § 85 Rn. 2. S. Vertieft zum Gewaltmonopol C. II. 1.

620 *Götz,* in: Isensee/Kirchhof, HB Staatsrechts Bd. IV, § 85 Rn. 1 ff.

621 *Götz,* in: Isensee/Kirchhof, HB Staatsrechts Bd. IV, § 85 Rn. 22.

622 S. dazu auch nochmals eingehend unter C. II. zu den Besonderheiten bei der Nutzung von privater Software.

623 S. dazu unter B. IV. und V.

624 Vgl. *Graulich,* in: Lisken/Denninger, HB des Polizeirechts, 7. Aufl. 2021, E. Rn. 46.

625 OECD, Regierung und Verwaltung auf einen Blick 2013, 2014, S. 28 ff., abrufbar unter: https://www.oecd-ilibrary.org/governance/regierung-und-verwaltung-auf-einen-blick-2013_9789264209541-de, zuletzt abgerufen am 24.10.2022; s. auch zur wichtigen Funktion des Vertrauens im und durch Recht, *Böhme-Neßler,* NJW 2017, 3031 (3035 f.); *Ernst,* Der Grundsatz digitaler Souveränität, 2020, S. 68 ff. Als Negativbeispiel sei etwa die Entwicklung in den USA genannt, wo die Polizei wegen Diskriminierungsvorfällen mit extremen Vertrauensproblemen zu kämpfen hat. So haben nach einer Umfrage eines Marktforschungsunternehmens aus dem Jahr 2020 über die Hälfte der Amerikaner kein Vertrauen in die Polizei und die Justiz, *Aimee*

Der Staat hat nicht nur die Aufgabe, das Recht gegenüber den Bürgern durchzusetzen, sondern auch eine gewisse Vorbildfunktion, wenn es darum geht, rechtliche Grenzen einzuhalten.[626] Dies ergibt sich bereits aus Art. 1 Abs. 3 GG und der umfassenden Bindung des Staates an Recht und Gesetz. Natürlich ist der Staat nicht verpflichtet auf jedes diffuse Bedrohungsgefühl von Teilen der Bevölkerung oder gar Verschwörungstheorien zu reagieren.[627] Die Bundesrepublik Deutschland zeichnet sich gegenüber anderen Staaten gerade durch eine hohe Akzeptanz der staatlichen Hoheitsträger und ihren Institutionen aus.[628] Dies hat sich auch wieder in jüngster Zeit angesichts der weltweiten Covid19-Pandemie gezeigt, als weitreichende und sehr grundrechtseinschneidende Regelungen getroffen wurden, die trotz allem auf eine insgesamt sehr hohe Akzeptanz in der Bevölkerung gestoßen sind.[629] Insbesondere das Vertrauen in das Bundesverfassungsgericht, das höchste deutsche Gericht, ist groß.[630] Man hat das Gefühl, dass sich der Staat im Großen und Ganzen vorbildlich an die eigenen Regeln hält.[631] Und natürlich unterliegt der Einsatz der Vorhersagesoftwares jeglichen rechtlichen Rahmenbedingungen, insbesondere dem Schutz der Grundrechte und den Vorgaben der JI-RiLi, die im BDSG und in den einzelnen Polizeigesetzen der Länder bzw. auch in eigenen Polizeidatenverarbeitungsgesetzen der

---

Ortiz, Confidence in Police Is at Record Low, Gallup Survey Finds, New York Times v. 12.08.2020.

626 S. auch im Zusammenhang mit der Diskussion um wirksame Zwangsmittel gegen den Staat bzw. seine Amtsträger, *Lind/Priebe,* ZEuS 3/2020, 429 (440, 460 f.).

627 S. auch *Götz,* in: Isensee/Kirchhof, HB Staatsrechts Bd. IV, § 85 Rn. 26, der davor warnt, kollektive Ängste zum Maßstab staatlichen Handelns zu machen.

628 S. auch *Di Fabio,* Coronabilanz, 2021, S. 114 f.

629 S. dazu etwa die fortlaufende Studie des Projekts COSMO, Universität Erfurt et al., Projekt COSMO unter 4 und 5, auch wenn dies angesichts der beachtlichen Lautstärke der protestierenden Minderheit mitunter in Vergessenheit zu geraten drohte.

630 So war nach Angaben von *Rath,* der sich auf eine Umfrage von Infratest Dimap beruft, im Dezember 2020 das Vertrauen in das Bundesverfassungsgericht bei 80 % der Befragten (sehr) groß, *ders.,* Die öffentliche Wahrnehmung des Bundesverfassungsgerichts, APuZ, bpb v. 10.09.2021.

631 Abgesehen von einigen prominenten Beispielen von offener Weigerung der Umsetzung rechtskräftiger Urteile durch die Exekutive, wie bspw. der Weigerung der bayerischen Landeshauptstadt, den Münchener Luftreinhalteplan trotz entsprechendem Urteil den europäischen Vorgaben anzupassen, s. dazu ausführlich *Lind/Priebe,* ZEuS 3/2020, 429 ff.

Länder[632] konkretisiert wurden. Es ist auch ohne weiteres davon auszugehen, dass die die Software einsetzende Exekutive diese Grenzen einhält. Eine wesentliche Entscheidung, die den Gesetzesvorbehalt auslösen würde, ist unter diesem Aspekt daher nicht zu sehen.

b) Staatliche Kontrollmöglichkeiten und Rechtsschutz des Bürgers

Unser demokratischer Rechtsstaat zeichnet sich jedoch nicht nur durch eine umfassende Bindung der Staatsgewalten an Recht und Gesetz, sondern auch durch die Teilung der verschiedenen Gewalten sowie deren gegenseitige Kontrolle aus.[633] So unterliegt die nicht direkt demokratisch legitimierte Exekutive grds. der parlamentarischen Kontrolle sowie der Kontrolle durch die Judikative.[634] Gerade im Bereich des Polizeirechts, das die Ausübung des Gewaltmonopols des Staates ausformuliert, ist eine solche Kontrolle wichtig.[635] Diese Kontrollfunktion sowohl durch die Legislative als auch die Judikative ist aktuell jedoch auf dem Gebiet des Einsatzes der klassischen Predictive Policing-Systeme praktisch nicht existent. Die wenigen parlamentarischen Anfragen zeugen oftmals davon, wie wenig über den Einsatz und die Technik der Predictive Policing-Software bekannt

---

632 Das Saarland etwa hat zu diesem Zweck 2020 das SPolDVG erlassen, ABl. des Saarlandes I 2020, S. 1133 (1134 ff.); auch in Hamburg existiert ein eigenes Gesetz über die Datenverarbeitung der Polizei (PolDVG), HmbGVBl. 2019, 485 ff.

633 BVerfGE 3, 225 (247); 95, 1 (15); 139, 321 (361 ff. Rn. 125 ff.); 143, 101 (136 f. Rn. 118); *Jarass*, in Jarass/Pieroth, GG, 15. Aufl. 2018, Art. 20 Rn. 33. *Schoch*, in: Scherzberg/Can/Dogan, Regierungssysteme im Licht von „Checks and Balances", 2017, 89 (97 f., 111). Im Englischen treffend als checks and balances bezeichnet. Zur Ableitung des Gewaltenteilungsprinzips aus dem Demokratie- und Rechtsstaatsgebotes im Einzelnen *Groß*, Der Staat 55 (2016), 489 (497 f.). Dazu, dass der Begriff der Gewaltenteilung im GG an keiner Stelle erwähnt ist und daher als eigenständiger Verfassungsgrundsatz nicht selbstverständlich ist, *ders.*, Der Staat 55 (2016), 489 (489 f., 491 ff.); auch *Zimmer*, Funktion, Kompetenz, Legitimation, 1979, S. 198 ff.

634 *Zimmer*, Funktion, Kompetenz, Legitimation, 1979, S. 212 ff.

635 *Groß*, Der Staat 55 (2016), 489 (507).

ist.[636] Dennoch sind solche Anfragen möglich, werden jedoch nicht immer zufriedenstellend beantwortet.[637]

Daneben obliegt es den Datenschutzbeauftragten der Länder, den Einsatz solcher Informationstechnik kritisch zu begleiten. Vor der Einführung der DSGVO und der JI-RiLi wurde bereits 2017 auf den durch diesen europäischen Rechtsrahmen entstehenden Mehrbedarf an Personal hingewiesen.[638] Nach Einschätzung des bisherigen hamburgischen Datenschutzbeauftragten *Caspar* ist hier auch im Jahr 2021 nach wie vor Nachbesserungsbedarf auch bei der finanziellen Ausstattung auszumachen.[639] So verwies er bei einem Vortrag auf dem DAV-Tag 2021 darauf, dass nur ein einziger Sachbearbeiter für die Bereiche Justiz, Polizei und weiterer zuständig sei. Aus rein praktischer Sicht kann man sich daher vorstellen, dass entsprechend priorisiert werden muss und nicht jede Entwicklung effizient kontrolliert werden kann.

Für den einzelnen Bürger gibt es keinen zulässigen Rechtsbehelf gegen den Einsatz der Vorhersagesoftwares.[640] Denn mangels Regelungswirkung bei Einsatz der Vorhersagesoftware gibt es keinen Verwaltungsakt i.S.d. § 35 S. 1 VwVfG, den man mithilfe einer Anfechtungsklage angreifen könnte. Eine allgemeine Leistungsklage gerichtet auf die Durchsetzung eines öffentlich-rechtlichen Unterlassungsanspruch hinsichtlich des Einsatzes von Predictive Policing scheint zwar ganz grundsätzlich möglich. Mangels Auskunftsansprüchen des Bürgers hinsichtlich der Predictive Policing-Systeme, die i.d.R. an berechtigten Geheimhaltungsinteressen des Staates schei-

636 S. etwa die Anfrage des sächsischen Landtagsabgeordneten *Lippmann,* der einen Ausschnitt der Dresdner Morgenpost als Anstoß nahm, SächsLT-Drucks. 6/17022, S. 1.

637 S. unter Berufung auf die Berührung des Kernbereichs exekutiver Eigenverwaltung die Antwort des Sächsischen Staatsministeriums des Innern v. 27.07.2016 auf die Kleine Anfrage des Abgeordneten *Lippmann*, SächsLT-Drucks. 6/5657, S. 2 f.

638 *Roßnagel,* Zusätzlicher Arbeitsaufwand für die Aufsichtsbehörden der Länder durch die Datenschutz-Grundverordnung, 2017, S. 157 ff. Dazu auch ZD-Aktuell 2017, 05517.

639 *Caspar* beim DAV 2021. S. auch den 29. Tätigkeitsbericht Datenschutz des Hamburgischen Beauftragten für Datenschutz und Informationsfreiheit 2020, S. 22 f.

640 S. allgemein zum Problem der erschwerten gerichtlichen Kontrolle bei Kriminalprävention *Aden/Fährmann,* ZRP 2019, 175 (176).

tern,[641] könnte jedoch keine Klagebefugnis dargelegt werden.[642] Es fehlt in der Regel an einem Eingriff in ein subjektives Recht durch den Einsatz der Software selbst (s.o.). Bei einer Feststellungsklage dagegen müsste das Vorliegen eines hinreichend konkreten Rechtsverhältnisses dargelegt werden,[643] was ebenfalls unmöglich erscheint.[644]

Trotzdem scheidet ein Konflikt mit der Rechtsschutzgarantie[645] basierend auf Art. 19 Abs. 4 S. 1 GG aus. Denn diese Verfassungsnorm garantiert lediglich die Eröffnung eines Rechtsweges, wenn jemand durch die öffentliche Gewalt in seinen Rechten verletzt wurde. Die Norm greift also nur dann, wenn ein Bürger in „seinen", also subjektiven Rechten,[646] „verletzt" wurde. Insbesondere wird ein bestehendes subjektives Recht vorausgesetzt und nicht etwa durch Art. 19 Abs. 4 S. 1 GG selbst geschaffen.[647] Zwar

---

641 S. etwa den letzten Absatz der Antwort des Hessischen Ministeriums des Innern und für Sport v. 03.08.2017 auf eine Anfrage in Bezug auf KLB-operative, in der „aus Gründen der Sicherheit der polizeilichen Informationstechnik weder über Versionsbezeichnungen und Softwarekomponenten noch über Datenbanksysteme Auskunft" gegeben wurde, https://fragdenstaat.de/anfrage/softwarestack-klb-operativ/, zuletzt abgerufen am 24.10.2022. In Bayern etwa gibt es in Art. 39 Abs. 4 Satz 1 Nr. 4 BayDSG eine explizite Ausnahme für Auskunftsbegehren über den Inhalt von Dateien und Akten öffentlicher Stellen für die Polizei, weshalb eine entsprechende Anfrage bezüglich PRECOBS abgelehnt wurde, https://fragdenstaat.de/anfrage/anfrage-zum-einsatz-der-prognose-software-precobs-durch-das-lka-bayern/, zuletzt abgerufen am 24.10.2022.

642 Zum Erfordernis einer Klagebefugnis auch bei der allgemeinen Leistungsklage zum Ausschluss von Popularklagen st. Rspr. BVerwG, BVerwGE 36, 192 (199); 154, 328 (332 f. Rn. 16); 161, 76 (79 Rn. 17); 170, 345 (349 f. Rn. 23 ff.); *Erbguth/Guckelberger*, Allgemeines Verwaltungsrecht und Verwaltungsprozessrecht, 10. Aufl. 2020, § 23 Rn. 10.

643 BVerwGE 157, 8 (9 f. Rn. 10 f.); *Erbguth/Guckelberger*, Allgemeines Verwaltungsrecht und Verwaltungsprozessrecht, 10. Aufl. 2020, § 10 Rn. 10.

644 Denkbar erscheint angesichts der Rechtsprechung des BVerfG zur automatisierten Kennzeichenkontrolle im Hinblick auf die systematischen Schwierigkeiten in Bezug auf eine substantiierte Geltendmachung eigener Rechtsverletzungen bzw. eines konkreten Rechtsverhältnisses mangels Kenntnis einzig eine direkte Verfassungsbeschwerde, wobei es bei der Kennzeichenkontrolle immerhin eine Norm gab, die Anknüpfungsgegenstand sein konnte, s. BVerfGE 120, 378 (394 ff.).

645 *Remmert*, JURA 2014, 906 (906); *Dietlein*, in: Stern, Staatsrecht Bd. IV/2, 2011, S. 1915.

646 *Ernst*, in: v. Münch/Kunig, GG, 7. Aufl. 2021, Art. 19 Rn. 109; *Jarass*, in: ders./Pieroth, GG, 16. Aufl. 2020, Art. 19 Rn. 36; *Remmert*, JURA 2014, 906 (911); *Dietlein*, in: Stern, Staatsrecht Bd. IV/2, 2011, S. 1915.

647 St. Rspr. BVerfGE 15, 275 (281); 51, 176 (185); 69, 1 (49); 116, 1 (18); 129, 1 (20); BVerwGE 84, 375 (377); *Schulze-Fielitz*, in: Dreier, GG, 3. Aufl. 2013, Art. 19 IV Rn. 61.

wird Art. 19 Abs. 4 S. 1 GG als eigenständiges Grundrecht angesehen,[648] doch eben nur in den Grenzen der einfachgesetzlich gewährten subjektiven Rechten und somit als sog. normgeprägtes Grundrecht.[649] Das heißt, es wird lediglich garantiert, eine mögliche eigene Rechtsverletzung vor Gericht bringen zu können, mitnichten jedoch garantiert Art. 19 Abs. 4 S. 1 GG eine Möglichkeit für den Bürger, jegliche Handlungen des Staates objektiv auf eine mögliche Rechtswidrigkeit hin untersuchen zu lassen.[650] Eine Verletzung subjektiver Rechte kommt bei dem Einsatz von Predictive Policing-Software zur Ermittlung von Prognosegebieten – wie gezeigt – nicht in Betracht. Von daher ist ein fehlender zulässiger Rechtsbehelf zur Überprüfung des Einsatzes von Predictive Policing durch die Polizei im Hinblick auf Art. 19 Abs. 4 S. 1 GG unproblematisch.

Neben der Rechtsschutzgarantie des Art. 19 Abs. 4 S. 1 GG, der auf Rechtsschutz gegen die öffentliche Gewalt beschränkt ist, ist auch die Existenz eines allgemeinen Justizgewährleistungsanspruchs anerkannt.[651] Dieser wird direkt aus dem Rechtsstaatsprinzip des Art. 20 Abs. 3 GG und den Grundrechten, insbesondere Art. 2 Abs. 1 GG, hergeleitet.[652] Er wurde gerade für jene Fallgestaltungen entwickelt, die von der expliziten Rechtsschutzklausel des Art. 19 Abs. 4 S. 1 GG nicht umfasst sind, insb. für zivilrechtliche Streitigkeiten der Bürger untereinander.[653] Auch hier soll ein effektiver Rechtsschutz durch die Gerichte garantiert werden. Im Laufe der Zeit wurde dieser Anwendungsbereich des allgemeinen Justizgewährleistungsanspruch auch über zivilrechtliche Streitigkeiten hinaus ausgeweitet,

---

648 BVerfGE 83, 182 (194); 96, 27 (39); 113, 273 (310); *Ernst*, in: v. Münch/Kunig, GG, 7. Aufl. 2021, Art. 19 Rn. 100; *Huber*, in: v. Mangoldt/Klein/Starck, GG, 7. Aufl. 2018, Art. 19 Rn. 371; *Schulze-Fielitz*, in: Dreier, GG, 3. Aufl. 2013, Art. 19 Rn. 39.

649 *Ernst*, in: v. Münch/Kunig, GG, 7. Aufl. 2021, Art. 19 Rn. 100; *Huber*, in: v. Mangoldt/Klein/Starck, GG, 7. Aufl. 2018, Art. 19 Rn. 372; *Schulze-Fielitz*, in: Dreier, GG, 3. Aufl. 2013, Art. 19 Rn. 42; *Kingreen/Poscher*, Grundrechte, 36. Aufl. 2020, Rn. 11587.

650 *Remmert*, JURA 2014, 906 (911). Eine solche objektive Rechtmäßigkeitskontrolle kann daher in einem auf subjektive Rechtsverletzungen ausgeprägten Rechtsschutzsystem lediglich als Reflex eintreten, dazu *Huber*, in: v. Mangoldt/Klein/Starck, GG, 7. Aufl. 2018, Art. 19 Rn. 343 f.

651 BVerfGE 83, 337 (345 f.); 107, 395 (401, 406 f.); 148, 69 (89 Rn. 53).

652 BVerfGE 88, 118 (123); 107, 395 (406 f.); 132, 99 (126); *Kunig/Kämmerer*, in: v. Münch/Kunig, GG, 7. Aufl. 2021, Art. 2 Rn. 31; *Huber*, in: v. Mangoldt/Klein/Starck, GG, 7. Aufl. 2018, Art. 19 Rn. 355.

653 BVerfGE 88, 118 (123); 107, 395 (406 f.). S. zur Gebotenheit eines solchen Anspruchs auch aufgrund des Art. 6 EMRK *Kunig/Kämmerer*, in: v. Münch/Kunig, GG, 7. Aufl. 2021, Art. 19 Rn. 31.

und zwar auf Fälle, „in denen dies rechtstaatlich geboten ist".[654] Dies klingt zunächst danach, als wäre einer Ausuferung des Allgemeinen Justizgewährleistungsanspruchs Tür und Tor geöffnet. Allerdings bezog sich der damalige Plenumsbeschluss ebenfalls auf eine Verletzung eigener Rechte, namentlich von Verfahrensgrundrechten durch ein Gericht.[655] Somit ist auch bei einer solchen Erweiterung des Justizgewährleistungsanspruchs eine subjektive Rechtsverletzung als tragendes Prinzip des deutschen Rechtsschutzsystems Voraussetzung.[656] Altruistische oder kollektive Rechtsschutzmöglichkeiten sind grds. nicht verfassungsrechtlich geboten[657] und daher nach wie vor eine Ausnahme trotz vermehrter völker- und unionsrechtlicher Vorgaben, diese Möglichkeiten für bestimmte Fälle zu schaffen.[658] Daher ist auch nach dem allgemeinen Justizgewährleistungsanspruch keine Rechtsschutzmöglichkeit gegen den Einsatz prädiktiver Software auf Polizeiebene geboten.

c) Spezifische Gefahren der automatischen Datenanalyse

Letztlich ist der Einsatz von Softwares, die Daten sammeln und verarbeiten, im Zuge der Datenschutzdebatten der letzten Jahre, insbesondere durch die Einführung der DSGVO verstärkt in den Fokus rechtlicher Diskurse gerückt. Vor allem der Einsatz prädiktiver Analytik ist von vielen Unwägbarkeiten behaftet und kann nur eine statistische Wahrscheinlichkeit auf Basis vergangener Daten errechnen, ohne die Welt, wie sie aktuell ist, wirklich je

654 BVerfGE 107, 395 (407).

655 BVerfGE 107, 395 (407). Aus diesem Grunde kritisierte *Voßkuhle* die Anwendung des allgemeinen Justizgewährleistungsanspruchs anstelle des spezielleren Art. 19 Abs. 4 S. 1 GG wegen einer für ihn nicht gebotenen Verengung des Begriffs der öffentlichen Gewalt allein auf die Exekutive unter Ausschluss der Judikative, *Voßkuhle*, NJW 2003, 2193 (2196).

656 S. BVerfGE 116, 1 (18). S. zur Strukturentscheidung für ein Individualrechtsschutzsystem und dem damit verbundenen Erfordernis der Geltendmachung einer eigenen Rechtsverletzung etwa *Erbguth/Guckelberger,* Allgemeines Verwaltungsrecht, 11. Aufl. 2022, § 9 Rn. 11, *Gluding,* Kollektiver und überindividueller Rechtsschutz im Zivil- und Verwaltungsprozessrecht, 2020, S. 58.

657 S. *Meller-Hannich*, Gutachten A 72. DJT A 39; *Gluding,* Kollektiver und überindividueller Rechtsschutz im Zivil- und Verwaltungsprozessrecht, 2020, S. 59, 373.

658 Insbesondere im Umweltrecht durch Art. 9 Abs. 3 der Aarhus-Konvention, siehe dazu *Erbguth/Guckelberger,* Allgemeines Verwaltungsrecht, 11. Aufl. 2022, § 9 Rn. 13; *Gluding,* Kollektiver und überindividueller Rechtsschutz im Zivil- und Verwaltungsprozessrecht, 2020, S. 378 ff.

ganz abbilden zu können.[659] Immer wieder kommt durch Recherchen ans Licht, dass solche Analysesoftwares aufgrund vorbelasteter Eingabedaten diskriminierende Ergebnisse liefern.[660]

Im Hinblick auf das Grundrecht auf informationelle Selbstbestimmung hat das BVerfG bereits festgestellt, dass die moderne Datenverarbeitung, gerade hinsichtlich der vielfältigen, fast unbegrenzten technischen Möglichkeiten einen Gefährdungstatbestand darstellt.[661] In seinem jüngeren Beschluss zum Recht auf Vergessen I hob das BVerfG gerade hervor, dass der Schutzgehalt des Grundrechts auf informationelle Selbstbestimmung auch mittelbare Drittwirkung entfaltet,[662] die der Staat garantieren muss.

Der Gesetzgeber hat diese Gefahr auch durchaus erkannt. So gibt es etwa für Banken mit § 31 Abs. 1 BDSG Vorgaben, wie eine Kredit-Scoring-Software auszusehen hat, auch wenn die Vorgaben hinsichtlich der Berechnungsverfahren als eher schwach eingestuft werden.[663] Die Risikomessverfahren für Banken sind dagegen stark staatlich reguliert, was angesichts der möglichen Folgen etwaiger Berechnungsfehler als geboten erscheint.[664] Weder Kredit-Scoring noch Risikomessverfahren haben unmittelbaren Einfluss auf die Rechte der einzelnen Bankkunden. Erst die aufgrund der Ergebnisse getroffenen Entscheidungen können die Grundrechte berühren. Trotzdem hat sich hier der Gesetzgeber entschieden, sich bereits im Vorfeld schützend vor die eventuell betroffenen Bankkunden zu stellen und

659 S. *Knobloch,* Vor die Lage kommen, 2018, S. 6.

660 So wurden bspw. bei einer automatisierten Studienplatzvergabe in Frankreich nachweislich Schüler aus Paris gegenüber solchen vom Land bevorzugt und soziale Ungleichheit wegen der dortigen hohen Wohnkosten verstärkt, *Lischka/Klingel,* Wenn Maschinen Menschen bewerten, 2017, S. 25 f.; dazu auch *Guckelberger,* Öffentliche Verwaltung im Zeitalter der Digitalisierung, 2019, Rn. 488. In den USA werden Softwares wie das verbreitete System COMPAS verwendet, um das Rückfallrisiko eines Straftäters zu berechnen, auf dessen Grundlage ein Richter bspw. über eine mögliche Bewährung entscheidet. Personen mit schwarzer Hautfarbe erhielten doppelt so oft eine negative Fehlprognose als diejenigen mit weißer Hautfarbe, d.h. sie wurden trotz errechneter hoher Rückfallwahrscheinlichkeit tatsächlich nicht rückfällig, was darauf hindeutet, dass allein aufgrund der Hautfarbe ein höheres Rückfallrisiko berechnet werden könnte, *Lischka/Klingel,* a.a.O., S. 9 f.; *Guckelberger,* ebd.

661 BVerfGE 118, 168 (184 f.).

662 BVerfGE 152, 152 (189 ff. Rn. 85 ff.); *Lang,* in: BeckOK GG, 50. Ed., Art. 2 Rn. 45.

663 S. dazu *Gerberding/Wagner,* ZRP 2019, 116 (118), die kritisieren, dass durch § 31 Abs. 1 Nr. 2 BDSG lediglich reine Zufallsprognosen, Intuitionsprognosen oder auf fehlerhaften Statistiken beruhende Prognosen rechtswidrig sind.

664 *Gerberding/Wagner,* ZRP 2019, 116 (117).

verpflichtende Vorgaben zu machen, um das Risiko eines Missbrauchs von Analysesystemen und falscher Vorhersagen möglichst zu verringern.[665]

Es stellt sich daher die Frage, ob nicht auch auf dem Gebiet von Verbrechensvorhersagen solche vorbeugende Entscheidungen der jeweils zuständigen Parlamente wünschenswert wären.

Natürlich hinkt der Vergleich insoweit, als dass Banken als private Akteure nicht unmittelbar an die Grundrechte gebunden sind und daher die Schutzpflicht des Staates in besonderem Maße greift. Neben der Abwehrdimension, die allen Freiheitsgrundrechten innewohnt, ist seit langem anerkannt, dass dem Gesetzgeber auch eine gewisse Schutzpflicht aus den Grundrechten erwächst.[666] Diese Schutzpflichten wurden grundsätzlich für Fälle anerkannt, in denen eine Verletzung der Grundrechte durch andere Stellen als den Staat selbst drohen, also insbesondere durch nicht grundrechtsverpflichtete Private oder durch Naturereignisse.[667] Aus der objektiven Werteordnung, die die Grundrechte bilden, und der expliziten Verpflichtung des Staates zum Schutz der Menschenwürde, wird der Staat zum Garant der Grundrechte.[668]

Beim Einsatz von Vorhersagesoftware auf polizeilicher Ebene geht es jedoch nicht um mögliche Eingriffe durch nicht direkt grundrechtsverpflichtete Dritte, sondern durch den Staat selbst. Für ihn gilt bereits die Abwehrdimension der Grundrechte und er darf nur aufgrund eines Gesetzes in diese eingreifen. Der Rechtsstaat muss insofern darauf vertrauen (können), dass seine Exekutive, die aktuell allein für den Einsatz von Predictive Policing verantwortlich ist, ihre Grenzen kennt und einhält. So gehen vom Einsatz moderner Datenverarbeitungstechnologien spezifische Gefahren für die informationelle Selbstbestimmung einher,[669] die auch dem Staat beim Einsatz bewusst sein müssen. Zumindest aktuell kann man einen sehr informierten und vorsichtigen Umgang mit den neuen Softwarepro-

665 S. zum § 28b BDSG a.F. zur Regelung von Scoring-Systemen in der Kreditwirtschaft auch bereits *Karg*, DuD 2010, 824 (831).

666 St. Rspr., etwa BVerfGE 39, 1 (42); 49, 24 (53); (jeweils zu Art. 2 Abs. 2 GG); 49, 220 (238); (zu Art. 14 GG); 115, 118 (152 f.); 153, 182 (270 f.) (zu Art. 2 Abs. 2 und Art. 1 Abs. 1 GG); zur Herleitung dieser Schutzpflicht aus der eigentlich objektiv-rechtlichen Dimension der Grundrechte und somit eher eine Verfassungsfortbildung befürwortend, *Starck*, in: v. Mangold/Klein/Starck, GG, 7. Aufl. 2018, Art. 1 Rn. 193 ff.; siehe zu objektivrechtlichen, aus der Grundrechtsordnung herzuleitenden Schutzpflichten auch BVerfGE 49, 89 (140).

667 *Epping*, Grundrechte, 9. Aufl. 2021, Rn. 123 f.

668 *Epping*, Grundrechte, 9. Aufl. 2021, Rn. 123.

669 S. BVerfGE 65, 1 (41).

grammen beobachten und alle Entwickler sowie Verantwortlichen scheinen sich über die Sensibilität der personenbezogenen Daten sowie über die Notwendigkeit deren Nichtverwendung einig zu sein.[670]

Auch betrifft das Kreditscoring einzelne Personen, während sich das raumbezogene Predictive Policing lediglich auf ein abgrenzbares (Wohn-)Gebiet bezieht, in dem zwar Menschen leben, die aber durch die Identifizierung des Gebietes als Risikogebiet nicht unmittelbar betroffen sind. Trotzdem gibt es Überlegungen, ob das Datenschutzrecht nicht angesichts neuer Gefahren durch erweiterte Datenanalysen auszuweiten ist. Unter dem Stichwort „group privacy" wird diskutiert, ob nicht in Situationen, in denen Menschen nach Kategorien betroffen sind und dadurch negative Konsequenzen, wie etwa overpolicing, Abwertung des eigenen Wohngebietes, Abwertung des eigenen Kreditscorings etc. erleiden, ein besonderer Schutz greifen müsse.[671]

Allerdings ist hier festzuhalten, dass durch raumbezogene Prognosen weder einzelne Personen noch bestimmte Personengruppen direkt betroffen werden. Dass der Polizei ein mehrere hunderttausend Quadratmeter großes Gebiet bekannt ist, in dem möglicherweise Einbrüche in nächster Zeit stattfinden könnten, führt nicht automatisch zu einer Abwertung dieser Wohngebiete und auch nicht zu einem übermäßigen Polizeieinsatz. Eine Abwertung eines Wohngebietes käme nur bei einer immer wiederkehrenden Betroffenheit durch Wohnungseinbrüche und einer entsprechenden Dauerwiederholung der Einschätzung als Prognosegebiet in Betracht. Dabei ist jedoch zu beachten, dass eine solche Abwertung dann zumindest auch Konsequenz der Einbrüche wäre und auch gänzlich ohne Prognosegebiet eintreten würde. Vielmehr dient die Identifizierung als Risikogebiet dem Schutz dieses Gebietes und kann daher dazu führen, dass weitere Einbrüche gerade verhindert werden und die entsprechenden Gebiete ihren Wert erhalten.

Zwar mag sich die Präsenz von Polizeibeamten in den Prognosegebieten erhöhen, Folgemaßnahmen jedoch, also Maßnahmen der Polizei gegenüber einzelnen Bürgern, stehen stets unter dem Vorbehalt der jeweils in den Polizeigesetzen normierten besonderen Voraussetzungen.[672] Ein overpolicing

---

670 Zu ersterem etwa *Knobloch,* Vor die Lage kommen, 2018, S. 36; zu letzterem s. *Schweer,* Die Kriminalpolizei 1/2015, 13.

671 *Wischmeyer,* in Kulick/Goldhammer, Der Terrorist als Feind?, 2020, S. 193 (209 Fn. 77).

672 S. dazu eingehend unter B. IV.

allein durch die Generierung eines Prognosegebietes ist daher nicht zu erwarten.

d) Fazit

Zunächst bleibt festzuhalten, dass die Exekutive als vollziehende Gewalt i.S.d. Art. 20 Abs. 3 GG im gewaltenteiligen Staat befugt ist, Handlungen eigenständig durchzuführen und dabei uneingeschränkt an die Grundrechte und an Gesetz und Recht gebunden ist nach Art. 1 Abs. 3 GG und Art. 20 Abs. 3 GG. Im Hinblick auf die parlamentarische Kontrolle, die angesichts der fehlenden Möglichkeit des Einzelnen, den Predictive Policing-Einsatz gerichtliche überprüfen zu lassen, eine besondere Relevanz für den Rechtsstaat erlangt,[673] lässt sich bisher eine bemerkenswerte Passivität der Parlamente feststellen. Zwar gibt es parlamentarische Anfragen, doch sind diese überraschend selten. Vielmehr lässt sich feststellen, dass Informationen über verwendete Daten, Funktionsweise etc. insbesondere dann verfügbar sind, soweit diese von den Entwicklern freiwillig öffentlich gemacht wurden,[674] teilweise stehen sie gar unter dem Betriebs- und Geschäftsgeheimnisschutz (PRECOBS).[675] So obliegt es bisher hauptsächlich den Datenschutzbeauftragten der jeweiligen Bundesländer, den Einsatz der Software zu begleiten.

Hinsichtlich der spezifischen Gefahren rund um die automatisierte Datenverarbeitung gerade im Hinblick auf Vorhersagesoftwares, die von Unwägbarkeiten begleitet sind und auf bloßen Wahrscheinlichkeiten basieren, ist beim raumbezogenen Predictive Policing festzuhalten, dass der einzelne Bürger durch Errechnung eines Prognosegebietes nicht unmittelbar betroffen ist. Erst wenn die Polizei beschließt, auf Grundlage dieser Prognose zu handeln, stehen die Rechte des Einzelnen in Rede. Dies ist aber eine Frage

---

673 S. oben, B. II. 4. b).

674 Insofern Vorbild NRW mit detaillierten Berichten zu SKALA, abrufbar unter: https://lka.polizei.nrw/artikel/projekt-skala-predictive-policing-in-nrw und unter https://lka.polizei.nrw/artikel/projekt-skala-evaluation, jeweils zuletzt abgerufen am 24.10.2022.

675 *Egbert/Krasmann,* Predictive Policing, 2019, S. 48; *Rademacher,* AöR 142 (2017), 366 (376). S. dazu unten, C. II. 3., insbesondere zur Forderung, diesen zumindest gegenüber der einsetzenden Stelle einzuschränken, unter C. II. 3. b).

der Zulässigkeit und Grenzen von Folgemaßnahmen, der noch nachgegangen werden soll.[676]

5. Stellungnahme

Letztlich bleibt festzuhalten, dass die Akteure rund um den Einsatz von Predictive Policing mit ihrer Einschätzung (bisher) Recht haben. Eine spezielle Rechtsgrundlage ist lediglich im Vorfeld der Nutzung von Predictive Policing zu fordern, für die Nutzung der Softwares selbst dagegen ist – zumindest in der derzeitigen Ausgestaltung – eine solche nicht zwingend erforderlich.[677]

Da kein Eingriff in Grundrechte stattfindet, greifen die dortigen Gesetzesvorbehalte nicht ein. Auch aus der Wesentlichkeitstheorie selbst lässt sich das Erfordernis nicht ableiten, da die Exekutive per se an die Grundrechte gebunden ist und insoweit einen Vertrauensvorschuss genießt. Die fehlende Überprüfbarkeit von Predictive Policing-Softwares ist zwar bedauerlich, aber mit Art. 19 Abs. 4 S. 1 GG vereinbar. Die Kontrollmöglichkeit der Parlamente ist durch die Möglichkeit von Anfragen in ausreichendem Maße gegeben. Zudem gibt es die jeweiligen Beauftragten für Datenschutz und Informationsfreiheit, die den Einsatz von Predictive Policing kritisch begleiten können.

Daher steht es letztlich dem Gesetzgeber frei, seine Einschätzungsprärogative auszuüben. So gibt es sicher auch gute Argumente gegen eine spezifisch ausgeformte Rechtsgrundlage, etwa um nicht vorschnell eine bestimmte technische Weiterentwicklung im Keim zu ersticken und der Exekutive einen großen Handlungsspielraum zu belassen.[678] Eine zu ausgeprägte Regelungswut kann Fehlentwicklungen festschreiben und Innovationen behindern.[679] So kann, zumindest bis zu einer Weiterentwicklung, die mit Grundrechtseingriffen einhergeht, der Einsatz der Predictive Po-

676 So auch *Graulich*, in Lisken/Denninger, HB des Polizeirechts, 7. Aufl. 2021, E. Rn. 329, der das Erfordernis einer Ermächtigungsgrundlage für Predictive Policing mangels Ansiedlung auf Handlungsebene ablehnt, erst die sich daraus abzuleitenden polizeilichen Maßnahmen bedürften einer gesetzlichen Grundlage.

677 aA *Galla*, Bürgerrechte & Polizei/CILIP 121 (2020), 46 (53 f.), die eine Rechtsgrundlage – allerdings ohne Begründung – für erforderlich und daher nur Pilotprojekte ohne Rechtsgrundlage für zulässig erachtet; s.a. *Zenner*, SRZ 2/2021, 81 (93 f. Fn. 67) im Hinblick auf die Erstellung von Lagebildern.

678 S. schon *Denninger*, KJ 1988, 1 (5 f.); *Möstl*, Die Verw. 53 (2020), 21 (26 f.).

679 Zu letzteren Bedenken und daher einen Innovationscheck für die Gesetzgebung fordernd die Studie von Bundesverband der Deutschen Industrie e.V./Kienbaum

licing-Systeme auf die Aufgabennorm zur Gefahrendabwehr bzw. zur vorbeugenden Straftatenverhinderung gestützt werden.

Nach bisherigem Kenntnisstand scheint auch in den Entwurf eines neuen Musterpolizeigesetzes keine spezifische Regelung betreffend Predictive Policing aufgenommen worden zu sein.[680]

Aus Gründen der Rechtssicherheit und der besseren Kontrolle durch die Parlamente erscheint de lege ferenda eine (technikneutrale) Rechtsgrundlage, die zumindest die Grenzen insbesondere auch im Hinblick auf Weiterentwicklungen vorzeichnet, jedoch wünschenswert.

III. Analyse der Rechtsgrundlagen im Vorfeld des Einsatzes von Predictive Policing: Datenbeschaffung und -aufbereitung

Anders sieht das jedoch im Vorfeld der Nutzung der Softwares aus. Um Predictive Policing-Softwares nutzen zu können, müssen zunächst entsprechende Daten erhoben und für die Systeme nutzbar gemacht werden. Hierbei werden auch personenbezogene Daten der Opfer von Wohnungseinbrüchen benötigt, denn aus deren Adressen werden die in den Predictive Policing-Softwares genutzten Koordinaten gewonnen.[681] Neben der informationellen Selbstbestimmung als nationales Grundrecht und Art. 8 Abs. 1 EUGrCh bei Durchführung von Unionsrechts nach Art. 51 Abs. 1 S. 1 Alt. 2 EUGrCh können hierbei auch sekundärrechtliche Vorgaben aus der JI-RiLi zu beachten sein. Diese unionalen Rechtsakte geben in weitem Maße die Erforderlichkeit der Schaffung spezifischer Rechtsgrundlagen vor.

1. Beschaffung der Daten für den Einsatz in der Software

Zunächst soll ein Blick auf die Beschaffung der Daten geworfen werden. Die Predictive Policing-Softwares verwenden vornehmlich polizeiliche Da-

---

Management Consultants GmbH, Innovations-Check in der Gesetzesfolgenabschätzung, BDI-Publikations-Nr. 046, 2016. S. auch *Klein/Schwarz,* in: Dürig/Herzog/Scholz, GG, 95. EL 2021, Art. 38 Rn. 49 Fn. 4, die auf die Gefahr hinweisen, dass sich der Gesetzgeber zu sehr in Detailregelungen verliert.

680 S. den Sachstandsbericht Musterpolizeigesetz zur Vorlage an die Innenministerkonferenz, Stand 17.03.2021, Anlage zu TOP 17, abrufbar unter: https://www.innenministerkonferenz.de/IMK/DE/termine/to-beschluesse/202106_16-18.html, zuletzt abgerufen am 24.10.2022.

681 S. auch *Hofmann,* Predictive Policing, 2020, S. 222 f.

ten vergangener Delikte, die unter anderem auch den Tatort i.S.e. Adresse enthalten. Dieses Datum kann ohne große Mühe einer bestimmten Person oder Personengruppe durch die genaue Adresse zugeordnet werden (vgl. Art. 3 Nr. 1 JI-RiLi). Erst durch die Georeferenzierung entfällt dieser Personenbezug.[682]

a) Primärrechtliche Anforderungen an eine Rechtsgrundlage

Bevor die Vorgaben des Grundgesetzes, insb. die des Grundrechts auf informationelle Selbstbestimmung aus Art. 2 Abs. 1 i.V.m. Art. 1 Abs. 1 GG, erörtert werden, muss wegen des Anwendungsvorrangs des Unionsrechts zunächst der unionale Rechtsrahmen bestimmt werden.

Der Schutz personenbezogener Daten ist bereits seit einiger Zeit nicht mehr allein Sache des nationalen Gesetzgebers, sondern vermehrt unional überformt.[683] Insbesondere die nach Art. 288 UAbs. 2 AEUV unmittelbar in allen Mitgliedstaaten geltende DSGVO führte zu einer Art „Europäisierung der informationellen Selbstbestimmung".[684] Denn bei Durchführung von Unionsrecht sind nach Art. 51 Abs. 1 EUGrCh die Unionsgrundrechte zu beachten. Auch das Bundesverfassungsgericht erkennt dies nunmehr sogar im Rahmen einer (nationalen) Verfassungsbeschwerde an, auch wenn es betont, einer gleichzeitigen Anwendung von Unionsgrundrechten und Grundrechten des Grundgesetzes seien Grenzen gesetzt.[685]

Die Unionsgrundrechte sind grds. dann anwendbar, soweit die Mitgliedstaaten Unionsrecht durchführen gem. Art. 51 Abs. 1 EUGrCh.

Wie bereits gezeigt wurde, ist der Anwendungsbereich der JI-RiLi im hier zu untersuchenden Vorbereitungsstadium eröffnet.[686]

Nach der Rechtsprechung des EuGH ist somit auch eine Durchführung von Unionsrecht gegeben und sind die Unionsgrundrechte anwendbar.[687] Auch nach neuerer Rechtsprechung des BVerfG können „innerstaatliche Regelungen auch dann als Durchführung des Unionsrechts im Sinne des Art. 51 Abs. 1 Satz 1 EUGrCh zu beurteilen sein, wenn für deren Gestaltung

682 Dazu sogleich unter B. III. 2. b) bzw. bereits ausführlich unter B. II. 3. a) (2) (b).

683 S. *Kunig/Kämmerer*, in: v. Münch/Kunig GG, 7. Aufl. 2021 Art. 2 Rn. 79.

684 *Kunig/Kämmerer*, in: v. Münch/Kunig GG, 7. Aufl. 2021, Art. 2 Rn. 79.

685 BVerfGE 152, 152 (169 Rn. 43).

686 S. unter B. II. 3. a).

687 s. EuGH EuZW 2014, 795 (796 ff.) - Hernández; so auch *Johannes/Weinhold*, Das neue Datenschutzrecht bei Polizei und Justiz, 2018, § 1 Rn. 29.

den Mitgliedstaaten Spielräume verbleiben, das Unionsrecht dieser Gestaltung aber einen hinreichend gehaltvollen Rahmen setzt, der erkennbar auch unter Beachtung der Unionsgrundrechte konkretisiert werden soll. Die Unionsgrundrechte treten dann zu den Grundrechtsgewährleistungen des Grundgesetzes hinzu."[688] Dies klingt zunächst einleuchtend, gerade wenn man an das stark unionsrechtlich geprägte Datenschutzrecht denkt. Allerdings geht das BVerfG davon aus, dass die Gewährleistungen der Grundrechte des Grundgesetzes diejenigen der Unionsgrundrechte grds. mitabdecken.[689] Diese Vermutung sei jedoch widerlegbar und daher im Einzelfall zu prüfen, wenn es Hinweise gebe, dass das Schutzniveau der nationalen Grundrechte nicht ausreiche.[690] Wirkliche Klarheit im Hinblick auf die Anwendbarkeit der unionalen Grundrechte bei nicht vollständig determinierten Sachverhalten hat diese Rechtsprechungsentwicklung bisher noch nicht gebracht.

Dass sich das BVerfG hier schwertut, beide Grundrechtskataloge nebeneinander anzuwenden, mag zum einen mit der Rolle des BVerfG im Hinblick auf die Durchsetzung der nationalen Grundrechte zusammenhängen, welche mit der Verfassungsbeschwerde nach Art. 93 Abs. 1 Nr. 4a GG seine Hauptaufgabe ist, und zum anderen auch mit der Rolle des EuGH als obersten Unionsrechtshüter. Eine Verschränkung und Überlappung beider Grundrechtsgehalte macht es für die Gerichte sicherlich nicht leichter, eine Entscheidung zu treffen. Aber auch eine unterstellte, aber widerlegbare Mitgewährleistung der unionsrechtlichen Grundrechtsdogmatik durch nationale Grundrechte macht eine Entscheidung nicht nachvollziehbarer.

Pragmatische Erwägungen können insoweit auch kein Argument dafür sein, Unionsgrundrechte nicht zur Anwendung zu bringen. Bereits der Wortlaut „Durchführung von Unionsrecht" spricht nicht für eine reine Anwendbarkeit nur bei vollständig determinierten Sachverhalten, da auch bei einem Umsetzungsspielraum die Ziele und Zwecke des Unionsrecht zur Geltung gebracht werden müssen.[691] Zu diesen Zielen und Zwecken gehört auch die Gewährleistung eines Grundrechtsschutzes.[692]

---

688 BVerfGE 152, 152 (170 Rn. 44).

689 BVerfGE 152, 152 (175 Rn. 55; 180 Rn. 66).

690 BVerfGE 152, 152 (180 ff. Rn. 66 ff.).

691 A.A. *Müller/Schwabenbauer,* in: Lisken/Denninger, HB des Polizeirechts, 7. Aufl. 2021, G. Rn. 391 unter Verweis auf BVerfGE 152, 152 (172 Rn. 51) – Recht auf Vergessen I.

692 So legt der EuGH konsequent auch Richtlinien im Lichte der Grundrechte der Grundrechtecharta aus, um zu ermitteln, welche Vorgaben sich daraus für nationa-

Das BVerfG argumentierte, dass das Unionsrecht ein Kooperationsrecht sei und die Unionsgrundrechte die nationalen Grundrechte nicht überschreiben wollten.[693] Dieses Argument mag zwar im Hinblick auf eine Verdrängung greifen, jedoch nicht im Hinblick auf einen komplementären Grundrechtsschutz. Im Gegenteil. Es wäre ohne Weiteres möglich gewesen, den Anwendungsbereich der Grundrechtecharta zu präzisieren und auf Fälle zu beschränken, in denen vollständig determiniertes Unionsrecht angewendet wird oder der nationale Grundrechtsschutz im Vergleich zu den Gewährleistungen der Charta erkennbar nicht ausreicht. Der Anwendungsbereich wurde jedoch weit gehalten. Gerade wenn es um das Datenschutzrecht geht, so hat der Erlass der Unionsrechtsakte DSGVO und JI-RiLi auf nationaler Ebene einen großen Umbruch bewirkt und führte zu zahlreichen Anpassungen im nationalen Recht, die zum Teil noch immer nicht abgeschlossen sind.[694] Die sekundärrechtlichen Vorgaben müssen unstreitig umfassend beachtet und umgesetzt werden.[695] In einem solchen Fall zwar das Sekundärrecht zu beachten, aber gleichzeitig zu argumentieren, es handele sich nicht um die Durchführung von Unionsrecht, erscheint inkonsequent. Die Anwendbarkeit der Unionsgrundrechte korreliert daher mit dem Anwendungsbereich des Sekundärrechts.[696] Die Grundrechtecharta und damit insbesondere Art. 8 EUGrCh ist daher neben den Grundrechten des Grundgesetzes anwendbar.

Anders als in Deutschland hat man sich auf der Ebene der Europäischen Union dazu entschieden, ein Datenschutzgrundrecht explizit auszuformen in Art. 8 EUGrCh. Nach dessen Abs. 1 hat jede Person das Recht auf Schutz der sie betreffenden personenbezogenen Daten. Die Schranken dieses Grundrechts sind Absatz 2 zu entnehmen und spezifizieren insofern

---

les Recht ergeben, s. etwa EuGH, NJW 2021, 531 (535 Rn. 114) – La Quadrature du Net u.a.

693 S. BVerfGE 133, 277 (316 Rn. 91).

694 Dazu eingehend *Müller/Schwabenbauer,* in: Lisken/Denninger, HB des Polizeirechts, 7. Aufl. 2021, G. Rn. 557 ff.

695 S. auch *Müller/Schwabenbauer,* in: Lisken/Denninger, HB des Polizeirechts, 7. Aufl. 2021, die den sachlichen Anwendungsbereich eigentlich einschränken wollen und der Grundrechtsgeltung sehr kritisch gegenüberstehen (G. Rn. 414 ff., 423,), die Geltung der JI-Richtlinie für die Tätigkeit der nationalen Polizeibehörden jedoch im weiteren Verlauf wohl doch umfassend annehmen (G. Rn. 442 ff.).

696 *Streinz,* JuS 2015, 281 ff.; *Schwabenbauer,* in: Lisken/Denninger, HB des Polizeirechts, 6. Aufl. 2018, G. Rn. 330; einschränkend nun *Müller/Schwabenbauer,* in: Lisken/Denninger, HB des Polizeirechts, 7. Aufl. 2021, G. Rn. 390.

die allgemeine Schrankenregelung in Art. 52 Abs. 1 EUGrCh.[697] Nach Art. 8 Abs. 2 EUGrCh dürfen Daten nur nach Treu und Glauben für festgelegte Zwecke und mit Einwilligung der betroffenen Person oder auf einer sonstigen gesetzlich geregelten legitimen Grundlage verarbeitet werden und hat jede Person das Recht, Auskunft über die sie betreffenden erhobenen Daten zu erhalten und die Berichtigung der Daten zu erwirken. Gemäß Art. 52 Abs. 1 EUGrCh muss eine Einschränkung der Grundrechte der Grundrechtecharta gesetzlich vorgesehen sein und den Wesensgehalt dieser Rechte und Freiheiten achten.

Wegen der Wiederholung des Wortlauts des Art. 8 Abs. 1 EUGrCh in Art. 16 Abs. 1 AEUV gibt es allerdings auch Stimmen, die anstelle des allgemeinen Vorbehalts von Art. 52 Abs. 1 EUGrCh die Regelung des Art. 52 Abs. 2 EUGrCh zur Anwendung bringen wollen, wonach die Ausübung der durch diese Charta anerkannten Rechte, die in den Verträgen geregelt sind, im Rahmen der in den Verträgen festgelegten Bedingungen und Grenzen erfolgt.[698] Art. 52 Abs. 2 EUGrCh statuiert insoweit einen „Auslegungsvorrang der Vertragsregelungen".[699] Allerdings trifft Art. 16 AEUV keine eigene Regelung zu Einschränkungsmöglichkeiten. Nach *Bernsdorff* müssten dann die Sekundärrechtsakte direkt herangezogen werden.[700] Dem stehen jedoch dogmatische Bedenken hinsichtlich der Hierarchie der Unionsrechtsakte entgegen.[701] Gemäß Art. 6 Abs. 1 Hs. 2 EUV sind die Grundrechtecharta

---

697 *Jarass,* in: ders. Charta der Grundrechte der EU, 4. Aufl. 2021, Art. 8 Rn. 13; *Kingreen,* in: Calliess/Ruffert, EUV/AEUV, 6. Aufl. 2022, Art. 8 EU-GRCharta Rn. 15; *Johlen,* in: Stern/Sachs, Europäische Grundrechte-Charta, 2016, Art. 8 Rn. 41; s. auch *Schindler,* Biometrische Videoüberwachung, 2021, S. 400.

698 *Bernsdorff,* in: Meyer/Hölscheidt, Charta der Grundrechte der Europäischen Union, Art. 8 Rn. 24; dazu auch, wenn auch im Ergebnis ablehnend, *Folz,* in: Vedder/Heintschel v. Heinegg, Europäisches Unionsrecht, 2. Aufl. 2018, Art. 8 Rn. 7; eingehend zur Problematik auch *Schindler,* Biometrische Videoüberwachung, 2021, S. 401 ff.

699 *Jarass,* in: ders. Charta der Grundrechte der EU, 4. Aufl. 2021, Einl. Rn. 13.

700 *Bernsdorff,* in: Meyer/Hölscheidt, Charta der Grundrechte der Europäischen Union, 5. Aufl. 2019, Art. 8 Rn. 24 unter Bezugnahme auf die Erklärung Nr. 20 zur Schlussakte der Regierungskonferenz von Lissabon zu Art. 16 AEUV, in der auf das Sekundärrecht Bezug genommen wird.

701 S. auch *Szczekalla,* in: Heselhaus/Nowak, HB der Europäischen Grundrechte, § 10 Rn. 73, der die Anwendbarkeit des Art. 52 Abs. 2 EUGrCh für Art. 8 EUGrCh mit der Begründung ablehnt, dass das Datenschutzrecht zwar primärrechtlich erwähnt wird, aber im Wesentlichen sekundärrechtlich ausgestaltet wurde. Siehe dazu, dass der Vorrang des Primärrechts anerkannt ist und auch Stütze in den Verträgen findet *Classen/Nettesheim,* in: Oppermann/Classen/Nettesheim, Europarecht, 9. Aufl. 2021, § 10 Rn. 28.

und die Verträge rechtlich gleichrangig. Die Charta nimmt daher die gleiche Hierarchiestufe wie EUV und AEUV ein und hat den Rang von Primärrecht.[702] Ähnlich wie einfaches Recht auf nationaler Ebene können Sekundärrechtsakte zwar Anhaltspunkte für eine Interpretation der Verträge bzw. der Charta liefern.[703] Trotzdem können solche sekundärrechtlichen Normen explizit getroffene Regelungen in den Primärrechtsakten nicht verdrängen. Daher gilt weiterhin die Schrankenregelung des Art. 8 Abs. 2 EUGrCh i.V.m. Art. 51 Abs. 1 EUGrCh.[704] Auch der EuGH zieht in seinen Entscheidungen zu Art. 8 EUGrCH die Schrankenregelung des Art. 52 Abs. 1 EUGrCh heran.[705]

Nach alldem bedürfte es also bei einem Eingriff in Art. 8 Abs. 1 EUGrCh zur Rechtfertigung einer gesetzlichen Grundlage.[706]

Die Erhebung der personenbezogenen Tatortdaten stellt einen solchen rechtfertigungsbedürftigen Eingriff dar.

b) Sekundärrechtliche Anforderungen an eine Rechtsgrundlage

Wegen des (Vor-)Rangverhältnisses zwischen Unionsrecht und nationalem Recht müssen nicht nur die Vorgaben des Primärrechts, sondern gerade auch die Vorgaben des Sekundärrechts bei der Setzung des nationalen Rechtsrahmens beachtet werden. Die JI-Richtlinie ist als Richtlinie i.S.d. Art. 288 UAbs. 3 AEUV umsetzungsbedürftig, da sie grds. nur hinsichtlich des zu erreichenden Ziels verbindlich ist, aber die Wahl der Form und Mittel den Mitgliedstaaten überlässt. Soweit die Richtlinie spezifische Vorgaben für die Ausgestaltung spezieller Aspekte macht, müssen diese daher umgesetzt werden.

---

702 *Schorkopf,* in: Grabitz/Hilf/Nettesheim, Das Recht der Europäischen Union, 72. EL 2021, Art. 6 EUV Rn. 28; *Jarass,* in: ders. Charta der Grundrechte der EU, 4. Aufl. 2021, Einl. Rn. 10.

703 S. auch *Kingreen,* in: Calliess/Ruffert, EUV/AEUV, 6. Aufl. 2022, Art. 8 EU-GRCharta Rn. 17.

704 S. auch *Folz,* in: Vedder/Heintschel v. Heinegg, Europäisches Unionsrecht, 2. Aufl. 2018, Art. 8 Rn. 7; *Kingreen,* in: Calliess/Ruffert, EUV/AEUV, 6. Aufl. 2022, Art. 8 EU-GRCharta Rn. 4; *Szczekalla,* in: Heselhaus/Nowak, HB der Europäischen Grundrechte, § 10 Rn. 73.

705 EuGH, EuZW 2010, 939 (941 ff.) – Schecke; NVwZ 2014, 435 (437 ff.) – Schwarz/Stadt Bochum; EuZW 2014, 459 (461 ff.) – Digital Rights; NJW 2021, 531 (536 ff.) – La Quadrature du Net u.a.

706 *Jarass,* in: ders., Charta der Grundrechte der EU, 4. Auf. 2021, Art. 8 Rn. 14.

Die JI-RiLi erfordert nach Art. 8 Abs. 1 JI-RiLi, dass jede Verarbeitung auf Grundlage des Unionsrechts oder des Rechts der Mitgliedstaaten erfolgt, wobei unter den Begriff der Verarbeitung nach Art. 3 Nr. 2 JI-RiLi auch die Erhebung von personenbezogenen Daten fällt.

c) Grundgesetzliche Anforderungen an eine Rechtsgrundlage

Die Erhebung personenbezogener Daten stellt schließlich einen Eingriff in die informationelle Selbstbestimmung dar[707] und bedarf zur Rechtfertigung einer verfassungsgemäßen Schranke. Bei einem Eingriff in das Grundrecht auf informationelle Selbstbestimmung als Ausprägung des allgemeinen Persönlichkeitsrechts aus Art. 2 Abs. 1 GG i.V.m. Art. 1 Abs. 1 GG ist auf der Rechtfertigungsebene die Frage zu stellen, woraus sich die Schranken für dieses nicht explizit ausformulierte Grundrecht ergeben. Angelehnt an die dogmatische Verwurzelung in Art. 2 Abs. 1 GG orientiert sich das Bundesverfassungsgericht an den dort festgelegten Schranken,[708] wobei diese im Ergebnis enger ausgelegt werden als bei der allgemeinen Handlungsfreiheit.[709] Insbesondere fordert das Bundesverfassungsgericht stets ein förmliches Gesetz,[710] das dem überwiegenden Interesse der Allgemeinheit dient und verhältnismäßig ist.[711]

d) Länderspezifische Anforderungen an eine Rechtsgrundlage

In Sachsen, Nordrhein-Westfalen und Berlin ergibt sich das Erfordernis einer (landesrechtlichen) Rechtsgrundlage zudem zusätzlich aus den jeweiligen Landesverfassungen. Art. 33 S. 3 SächsVerf und Art. 33 S. 2 Bln Verf. sehen jeweils vor, dass Einschränkungen des Rechts, grundsätzlich selbst über die Erhebung und Verwendung seiner persönlichen Daten zu bestim-

---

707 Zur Eingriffsqualität der Erhebung personenbezogener Daten st. Rspr. seit BVerfGE 65, 1 (43); 115, 320 (343); 130, 151 (184); 156, 63 (119 Rn. 199, 150 f. Rn. 295).

708 BVerfGE 120, 180 (201 f.).

709 *Dreier,* in: ders. GG, 3. Aufl. 2013, Art. 2 Abs. 1 Rn. 91; *Kunig/Kämmerer,* in: v. Münch/Kunig GG, 7. Aufl. 2021, Art. 2 Rn. 86; *Lang,* in: BeckOK GG, 50. Ed., Art. 2 Rn. 52.

710 *Kunig/Kämmerer,* in: v. Münch/Kunig GG, 7. Aufl. 2021, Art. 2 Rn. 87; *Rixen,* in: Sachs GG, 9. Aufl. 2021, Art. 2 Rn. 107; *Dreier,* in: ders. GG, 3. Aufl. 2013, Art. 2 Abs. 1 Rn. 91; *Starck,* in: v. Mangoldt/Klein/ders. GG, 7. Aufl. 2018, Art. 2 Rn. 23.

711 BVerfGE 65, 1 (44); 89, 69 (84); 92, 191 (197); 128, 1 (46).

men, einer gesetzlichen Grundlage bedürfen. In Nordrhein-Westfalen hat jeder Anspruch auf den Schutz seiner personenbezogenen Daten nach Art. 4 Abs. 2 S. 1 und darf nach S. 2 nur auf Grund eines Gesetzes eingegriffen werden. In Nordrhein-Westfalen und Berlin müssen die Eingriffe zudem im überwiegenden Allgemeininteresse liegen, Art. 4 Abs. 2 S. 2 NRW Verf. und Art. 33 S. 3 Bln. Verf.

e) Rechtsgrundlage

Die Datenerhebung erfolgt entweder im Rahmen der Aufnahme einer Anzeige der Straftat nach § 158 Abs. 1 S. 1 ggf. i.V.m. Abs. 2 StPO oder, falls die Betroffenen sich nicht selbst melden, im Zuge des Ermittlungsverfahrens der Staatsanwaltschaft zur Aufklärung der begangenen Straftat durch die Polizeibeamten als von der Staatsanwaltschaft weisungsabhängige Ermittlungspersonen[712] nach §§ 160, 161 i.V.m. § 152 Abs. 2 StPO[713] und speziellen Ermächtigungsgrundlagen wie etwa § 163b StPO[714] oder im Rahmen ihrer eigenen, begrenzten Ermittlungskompetenz nach § 163 Abs. 1 S. 2 StPO[715].[716] Die Erhebung dieser Daten beruht daher auf einer Ermächtigungsgrundlage. Darüber hinaus werden diese Daten von den Geschädigten i.d.R. freiwillig zur Aufklärung des begangenen Deliktes überlassen.[717]

712 Vgl. § 152 GVG, § 161 Abs. 1 S. 2 StPO, dazu auch *Rachor/Roggan*, in: Lisken/Denninger, HB des Polizeirechts, 7. Aufl. 2021, C. Rn. 120; *Frister*, in Lisken/Denninger, HB des Polizeirechts, 7. Aufl. 2021, F. Rn. 18.

713 Zur Generalklauseleigenschaft der § 160, 161, 163 StPO zur Datenerhebung der Staatsanwaltschaft *Müller/Schwabenbauer*, in: Lisken/Denninger, HB des Polizeirechts, 7. Aufl. 2021, G. Rn. 632 ff.; s. auch *Petri*, in: BeckOK Polizei- und Sicherheitsrecht Bayern, 18. Ed., Art. 32 PAG Rn. 11.

714 S. *Schmidt*, Polizei- und Ordnungsrecht, 21. Aufl. 2020, Rn. 86 f.

715 Zu dieser subsidiären Generalklausel *Schmidt*, Polizei- und Ordnungsrecht, 21. Aufl. 2020, Rn. 86. Dazu, dass in der Praxis Fälle der leichten und mittleren Kriminalität faktisch die Polizei bis zur Entscheidungsreife selbstständig ausermittelt werden, obwohl dies vom Wortlaut der StPO nicht gedeckt ist, *Kölbel*, in: MüKo StPO, Bd. 2, 2016, § 160 Rn. 19; *Frister*, in: HB des Polizeirechts, 7. Aufl. 2021, F. Rn. 16.

716 S. auch *Kuhlmann/Trute*, GSZ 2021, 103 (108).

717 Näher zu den Konsequenzen der Freiwilligkeit und einer möglichen Einwilligung unter B. III. 2. a) (6).

2. Aufbereitung der Daten für den Einsatz in der Software

Eine wiederum davon zu unterscheidende Frage ist die, ob die anschließende Verwendung zu präventiven Zwecken und die Georeferenzierung an sich eine Ermächtigungsgrundlage erfordern.

a) Zweckänderung

Weil die Erhebung der Tatortdaten zu Ermittlungszwecken und damit aus repressiven Gründen erfolgte, ist zu erörtern, ob diese Daten ohne weiteres auch für die präventive Arbeit der Polizei, die Gefahrenabwehr, eingesetzt werden können, oder ob eine solche Zweckänderung einer Ermächtigungsgrundlage bedarf.[718]

(1) Primärrechtliche Anforderungen

Die Grundrechtecharta legt in Art. 8 Abs. 2 EUGrCh explizit fest, dass personenbezogene Daten nur für festgelegte Zwecke und auf gesetzlicher Grundlage verarbeitet werden dürfen. Der EuGH sah in einer Entscheidung zur Zulässigkeit einer Vorratsdatenspeicherung in Italien daher bereits in der Speicherung von Daten zu anderen Zwecken als für solche, für die sie erhoben wurden, einen Eingriff in Art. 7 und Art. 8 Abs. 1 EUGrCh und forderte eine entsprechend aussagekräftige nationale Rechtsvorschrift, die die Ziele der Speicherung angibt.[719]

(2) Sekundärrechtliche Anforderungen

Aber auch das europäische Sekundärrecht stellt besondere Anforderungen an eine Zweckänderung und legt die Zweckbindung als tragenden Grundsatz[720] sowohl in der DSGVO als auch in der maßgeblichen JI-Richtlinie

718 Dies nur im Zusammenhang mit der Nutzung nichtanonymsierter personenbezogener Daten im späteren Prognosebetrieb problematisierend, *Busch/Singelnstein*, in: Bode/Seidensticker, Predictive Policing, 2020, S. 261 (263).

719 EuGH, NJW 2021, 531 (541) – La Quadrature du Net u.a.

720 *Wolff*, in: BeckOK Datenschutzrecht, 39. Ed., Syst. A Prinzipien des Datenschutzes, Rn. 21.

fest.[721] Eine Verarbeitung von personenbezogenen Daten zu anderen als den Zwecken der Verhütung von Straftaten einschließlich des Schutzes vor und der Abwehr von Gefahren (Art. 1 Abs. 1 JI-RiLi) ist nur unter den Voraussetzungen des Art. 4 Abs. 2 oder 3 JI-RiLi erlaubt und muss insbesondere nach dem nationalen Recht vorgesehen sein (Art. 4 Abs. 2 lit. a JI-RiLi). Die Umsetzung in nationales Recht erfolgte auf Bundesebene insbesondere durch § 49 BDSG, in den jeweiligen Landesdatenschutzgesetzen[722] sowie in den jeweiligen Fachgesetzen.

(3) Anforderungen des Grundgesetzes

Auch nach der ständigen Rechtsprechung des BVerfG bedarf grundsätzlich jede Nutzung von Daten, die über den konkreten Anlass und rechtfertigenden Grund der Datenerhebung hinausgeht, also jede Zweckänderung, einer gesetzlichen Ermächtigungsnorm.[723] Diese muss den Anforderungen an die Normenklarheit und -bestimmtheit gerecht werden.[724] Das Erfordernis der Bestimmtheit von Normen wird einerseits bei Grundrechtseingriffen aus dem Vorbehalt des Gesetzes abgeleitet,[725] andererseits auch direkt als eigenständiger Grundsatz aus dem Rechtsstaatsprinzip, Art. 20 Abs. 3 GG.[726] Auch der Grundsatz der Normenklarheit ergibt sich aus dem Rechtsstaatsprinzip.[727] Dabei ist auch zu beachten, dass der neue Zweck nicht unvereinbar mit dem ursprünglichen Verwendungszweck sein darf,[728] bzw. ist nach neuerer Rechtsprechung des BVerfG das Kriterium der hypo-

721 Art. 5 Abs. 1 lit b DSGVO und Art. 4 Abs. 1 lit. b RiLi (EU) 2016/680.

722 Z.B. § 39 DSG NRW.

723 St. Rspr. des BVerfG, BVerfGE 141, 220 (324 Rn. 277); 130 1 (33 f.); 120, 351 (368 f.); 109, 279 (375 f.); 100, 313 (360); s.a. *Trute,* Die Verw. 42 (2009), 85 (92); *Bäcker,* in: Herdegen et al., HB des Verfassungsrechts, 2021, § 28 Rn. 137 ff.

724 *Trute,* Die Verw. 42 (2009), 85 (92).

725 *Jarass,* in: ders./Pieroth GG, 16. Aufl. 2020, Art. 20 Rn. 78 f.

726 S. *Sachs,* in: ders. GG, 9. Aufl. 2021, Art. 20 Rn. 126; *Schulze-Fielitz,* in: Dreier GG, 3. Aufl. 2015, Art. 20 Rn. 129. Dazu, dass sich der allgemeine Bestimmtheitsgrundsatz und der des Vorbehalt des Gesetzes nicht trennscharf zueinander verhalten, *Jarass,* in: ders./Pieroth GG, 16. Aufl. 2020, Art. 20 Rn. 78, 82.

727 *Sachs,* in: ders. GG, 9. Aufl. 2021, Art. 20 Rn. 125; *Schulze-Fielitz,* in: Dreier GG, 3. Aufl. 2015, Art. 20 Rn. 141.

728 BVerfGE 120, 351 (369); 109, 279 (375 f.); 100, 313 (360); 65, 1 (46 ff.); *Trute,* Die Verw. 42 (2009), 85 (92 f.).

thetischen Neuerhebung maßgeblich.[729] Dahinter steht, unter anderem,[730] das Recht auf informationelle Selbstbestimmung aus Art. 2 Abs. 1 GG i.V.m. Art. 1 Abs. 1 GG. Denn die zulässige Erhebung von personenbezogenen Daten durch den Staat ist daran geknüpft, dass bereits bei Erhebung der Zweck der Datenerhebung und -verarbeitung feststeht, um die Rechtfertigung derselben, insb. die Verhältnismäßigkeit, überhaupt bestimmen zu können.[731] Der Gesetzgeber muss den Verwendungszweck bereichspezifisch und präzise bestimmen.[732] Es gilt der sog. Grundsatz der Zweckbindung.[733] Eine Zweckänderung stellt daher einen neuen, rechtfertigungsbedürftigen Eingriff in das jeweilig einschlägige Grundrecht dar.[734] Dies erfordert eine gesetzliche Grundlage, die den Anforderungen an die Normenklarheit und Bestimmtheit genügt.

(4) Gemeinsame Anforderungen

Keine Rolle spielt es dabei sowohl nach den nationalen als auch europäischen Vorgaben, welcher Hoheitsträger die Daten zu anderem Zweck weiterverarbeitet, auch eine Weiterverarbeitung durch den gleichen Verantwortlichen unterliegt der besonderen Rechtfertigung.[735] So gibt es etwa für die Speicherung und Wiederverwertung von in Strafverfahren gewonnenen

729 Im Zusammenhang mit Art. 10 GG BVerfGE 125, 260 (333); Art. 10 und Art. 13 GG BVerfGE 133, 277 (372 ff. Rn. 225 f.); allgemein BVerfGE 141, 220 (327 f. Rn. 287); 156, 11 (49 f. Rn. 97 ff.); dazu auch *Schwabenbauer,* in: Lisken/Denninger, HB des Polizeirechts, 7. Aufl. 2021, G. Rn. 249 f.

730 Für spezielle Arten der Datenerhebung greifen entsprechend die spezielleren Grundrechte wie etwa Art. 10 Abs. 1 GG, s. etwa BVerfGE 100, 313 (358 ff.); 125, 260 (333); 133, 277 (372 ff. Rn. 225 f.).

731 Grundlegend BVerfGE 65, 1 (45).

732 BVerfGE 65, 1 (46); 100, 313 (359 f.); 113, 29 (51).

733 BVerfGE 118, 168 (187); 155, 119 (179 Rn. 130); ausführlich dazu unter Teil 2, C. III. 1.

734 S. BVerfGE 100, 313 (359 f.). S. auch *Schwabenbauer,* in: Lisken/Denninger, HB des Polizeirechts, 7. Aufl. 2021, G. Rn. 23 ff., 247.

735 S. Art. 4 Abs. 2 Hs. 1 JI-RiLi: Eine Verarbeitung durch denselben oder einen anderen Verantwortlichen [...] ist erlaubt, sofern [...]; dazu auch *Schwabenbauer,* in: Lisken/Denninger, HB des Polizeirechts, 7. Aufl. 2021, G. Rn. 23 ff.; zur engen (verfassungsrechtlichen) Ausnahme bei der sog. zweckkonformen Weiternutzung durch dieselbe Behörde im Rahmen derselben Aufgabe für den Schutz derselben Rechtsgüter, BVerfGE 141, 220 (324 f. Rn. 279); dazu *Schwabenbauer,* in: Lisken/Denninger, HB des Polizeirechts, 7. Aufl. 2021, G. Rn. 27 ff.; *Bäcker,* in: Herdegen et al., HB des Verfassunsgrechts, 2021, § 28 Rn. 140.

Daten für die repressive Strafverfolgungsvorsorge in der StPO besondere Regelungen, etwa § 484, §§ 492 ff. StPO.[736]

(5) Rechtsgrundlagen

Nach § 481 Abs. 1 S. 1 StPO dürfen Polizeibehörden nach Maßgabe der Polizeigesetze personenbezogene Daten aus Strafverfahren verwenden. Diese als Generalklausel[737] angesehene Norm erlaubt eine nahezu umfassende Umwidmung von Daten, die die Polizei durch repressive Tätigkeit gewonnen hat, für präventive Zwecke.[738] In § 484 Abs. 4 StPO findet sich die entsprechende Ermächtigung für solche Daten, die für die Zwecke künftiger Strafverfahren von der Polizei gespeichert werden. Danach richtet sich die Verarbeitung personenbezogener Daten, die für Zwecke künftiger Strafverfahren von der Polizei gespeichert sind oder werden, ausgenommen die Verarbeitung für Zwecke eines Strafverfahrens, nach den Polizeigesetzen. Anders als § 481 Abs. 1 S. 1 StPO grenzt § 484 StPO jedoch die Art der Daten, die zu Zwecken künftiger Strafverfahren verarbeitet und somit auch gespeichert werden dürfen, in § 484 Abs. 1 StPO ein. Nach § 484 Abs. 1 Nr. 3 StPO dürfen die nähere Bezeichnung der Straftaten, insbesondere die Tatzeiten, die Tatorte und die Höhe etwaiger Schäden in Dateisystemen verarbeitet werden. Ihre Nutzung zu präventiven Zwecken richtet sich nach den jeweiligen Polizeigesetzen.

Das heißt, die einzelnen Polizeigesetze der Länder bestimmen, ob und inwieweit personenbezogene Daten, die im Rahmen von Ermittlungen in Strafverfahren erhoben wurden, für die Verwendung zur Gefahrenabwehr zugelassen sind. Das Strafverfahren beginnt ab dem Zeitpunkt, zu dem tatsächliche Anhaltspunkte für eine verfolgbare Straftat vorliegen,[739] § 152

736 *Kölbel*, in: MüKo StPO, Bd. 2, 2016, § 160 Rn. 12.

737 *Köhler*, in: Meyer-Goßner/Schmitt, StPO, § 481 Rn. 1; *Wittig*, in: BeckOK StPO, 41. Ed. 2021, § 481 Rn. 2.

738 *Roggenkamp*, in: Specht/Mantz, HB des Europäischen und deutsches Datenschutzrecht, § 21 Rn. 70; *Wittig*, in: BeckOK StPO, 41. Ed. 2021, § 481 Rn. 2; *Gieg*, in: Karlsruher Kommentar zur Strafprozessordnung, 8. Aufl. 2019, § 481 Rn. 1; zur Kritik an der hohen Reichweite der Norm im Hinblick auf den Schutz informationeller Selbstbestimmung, *Singelnstein*, in: MüKo StPO, Bd. 3/1, 2019, § 481 Rn. 6.

739 S. BGH, NJW 1989, 96 (97). S. auch *Scheinfeld/Willenbacher*, NJW 2019, 1357 (1359).

Abs. 2 StPO,[740] es sind also nicht allein gerichtlich gewonnenen Daten erfasst, sondern gerade alle repressiv ermittelten personenbezogenen Daten, beispielsweise auch eines erfolglosen Ermittlungsverfahrens.[741] Erfasst sind grds. alle Daten, die die Polizeibehörden im Rahmen von Ermittlungshandlungen erlangt hat, insb. auch diejenigen Daten, die sie über eine Anzeige aus der Bevölkerung erlangt.[742]

Die Polizeigesetze der Länder regeln die Zulässigkeit von Datenverarbeitungen zu präventiv-polizeilichen Zwecken in der Regel großzügig.[743] Teilweise wurden die entsprechenden Befugnisse in Verbindung mit Datenerhebung, -verwendung und -speicherung aus den (allgemeinen) Polizeigesetzen ausgelagert und in eigenen Polizeidatenverarbeitungsgesetzen geregelt.[744]

Im Folgenden sollen die Regelungen der jeweiligen Bundesländer auf ihre Tauglichkeit als Ermächtigungsgrundlage für die nötige Zweckänderung von Daten für die Aufbereitung für einen Einsatz in Predictive Policing-Softwares untersucht werden.

Darüber hinaus kennen alle Bundesländer auch eine Regelung zur Verwendung personenbezogener Daten zu statistischen und/oder wissenschaftlichen Zwecken.

(a) Verwendung repressiv erhobener Daten zu präventiven Zwecken

Alle hier näher zu untersuchenden Bundesländer kennen eine Ermächtigungsgrundlage zur Nutzung repressiv erhobener Daten zu präventiven Zwecken.

---

740 *Frister,* in: Lisken/Denninger, HB des Polizeirechts, 7. Aufl. 2021, F. Rn. 10; s. auch zum „gerichtlichen Verfahren" i.S.d. Art. 74 Abs. 1 Nr. 1 GG *Gärditz,* Strafprozeß und Prävention, 2003, S. 312 f., 322 ff., 328, 429.

741 S. *Knape/Schönrock,* Allgemeines Polizei- und Ordnungsrecht für Berlin, § 42 ASOG Rn. 52.

742 *Knape/Schönrock,* Allgemeines Polizei- und Ordnungsrecht für Berlin, § 42 ASOG Rn. 52.

743 *Singelnstein,* in: MüKo StPO, Bd. 3/1, 2019, § 481 Rn. 6.

744 In Hamburg existiert das PolDVG bereits seit 1991, HmbGVBl. S. 187 (191 ff.), neu gefasst 2019, HmbGVBl. S. 485, zuletzt geändert durch Gesetz v. 29.06.2021, HmbGVBl. S. 514; im Saarland wurde 2020 das SPolDVG neu eingeführt durch Art. 2 des Gesetzes Nr. 2007 zur Neuregelung der polizeilichen Datenverarbeitung im Saarland v. 6./7.10.2020, ABl. des Saarlandes I 2020, 1133 (1134 ff.).

(i) Bayern

So bestimmt in Bayern Art. 54 Abs. 2 S. 1 PAG, dass die Polizei personenbezogene Daten, die sie im Rahmen strafrechtlicher Ermittlungsverfahren gewonnen hat oder von Personen, die verdächtig sind, eine Straftat begangen zu haben, speichern und anderweitig verarbeiten kann, soweit dies zur Gefahrenabwehr, insbesondere zur vorbeugenden Bekämpfung von Straftaten erforderlich ist. Diese Norm stellt eine zu Art. 54 Abs. 1 PAG speziellere, eigenständige Ermächtigungsgrundlage zur Verarbeitung personenbezogener Daten aus Kriminalakten dar.[745]

Wirft man einen Blick in die Kommentierungen, so gewinnt man den Eindruck, Kriminalakten nach Abs. 2 enthielten nur Daten von zumindest potenziellen Tätern.[746] Notwendigerweise erhobene Daten zu den begangenen Delikten, inklusive der Grunddaten der von dem Delikt Betroffenen, wären dann schon von vornherein nicht von der Ermächtigung zur Zweckänderung erfasst. Aus dem Wortlaut von Art. 54 Abs. 2 S. 1 PAG lässt sich diese Einschränkung nicht zweifelsfrei entnehmen. Während sich die zweite Alternative explizit auf personenbezogene Daten von Personen bezieht, die verdächtig sind, eine Straftat begangen zu haben, ist der Wortlaut der ersten Alternative weiter gefasst und bezieht alle personenbezogene Daten mit ein, die im Rahmen von strafrechtlichen Ermittlungsverfahren gewonnen wurden. Das Ermittlungsverfahren beginnt nach § 160 StPO, sobald die Staatsanwaltschaft durch Anzeige oder auf anderem Wege von dem Verdacht einer Straftat Kenntnis erlangt (s. auch § 152 Abs. 2 StPO). Nun könnte man sich auf den Standpunkt stellen, eine das Ermittlungsverfahren anstoßende Anzeige und dort gemachte Angaben gehörten noch nicht zum Ermittlungsverfahren und seien daher außen vor. Die personenbezogenen Daten wären dann nicht „im Ermittlungsverfahren gewonnen" worden. Eine solche Auslegung wird jedoch dem Sinn und Zweck der Vorschrift nicht gerecht. Gerade die im Rahmen einer Anzeige einer Straftat gemachten Angaben sind für die Ermittlungsbehörden relevant und werden in der anzulegenden Ermittlungsakte gespeichert. Sie sind daher auch von einer späteren Weiterverwendung der Daten aus den Ermittlungsakten mitumfasst.

---

745 *Schmidbauer*, in: ders./Steiner, PAG/POG, 5. Aufl. 2020, Art. 54 Rn. 17; *Aulehner*, in: BeckOK Polizei- und Sicherheitsrecht Bayern, 18. Ed., Art. 54 PAG Rn. 20.

746 *Schmidbauer*, in: ders./Steiner, PAG/POG, 5. Aufl. 2020, Art. 54 Rn. 18, 25, 28 f.; *Aulehner*, in: BeckOK Polizei- und Sicherheitsrecht Bayern, 18. Ed., Art. 54 PAG Rn. 22 f.

Allerdings lässt die Norm eine Normenklarheit, wie sie das BVerfG für eine Zweckänderung verlangt, vermissen, da keinerlei Einschränkungen hinsichtlich der Art der Daten, des im Ermittlungsverfahren untersuchten Delikts oder der Art der Weiterverwendung gemacht werden.[747]

Die Daten müssen einzig für die Gefahrenabwehr erforderlich sein, was in der Praxis in der Regel keine allzu hohe Hürde darstellen dürfte.[748] Die vorbeugende Bekämpfung von Straftaten wird explizit als Beispiel für Gefahrenabwehr hervorgehoben.

Auch Art. 30 Abs. 4 PAG bietet hier keine Konkretisierung. Zwar besagt diese Norm, dass bei einer Datenverarbeitung im Zusammenhang mit einer begangenen oder drohenden Straftat nach Möglichkeit unterschieden werden soll, ob die Daten 1. Verdächtige, 2. Verurteilte, 3. Opfer oder 4. andere Personen betreffen, was die Anforderungen von Art. 6 JI-RiLi in das PAG überträgt.[749] Tatsächliche Konsequenzen wurden jedoch nicht ausgestaltet. Insbesondere unterscheidet Art. 54 PAG gerade nicht danach, wem die Daten zugeordnet wurden. Beim aktuell eingesetzten Predictive Policing geht es um die Zweckänderung von Daten von Opfern, was wohl nach Art. 30 PAG eine höhere Schutzwürdigkeit der Daten annehmen lässt als bei Daten von Verdächtigen und Verurteilten.[750] So hätte durchaus etwa die Notwendigkeit einer Anonymisierung in Fällen, in denen dies den Zwecken der Gefahrenabwehr nicht widerspricht, angeordnet werden können. Für die Zwecke der Erstellung von Kriminalitätslagebildern, Hot Spot Analysen oder eben des Einsatzes in Predictive Policing-Softwares würde sich mit dieser einschränkenden Anforderung keine Nachteile ergeben. Darauf wurde jedoch verzichtet. Die Norm ist daher sehr weit gefasst.

---

747 S. zu einer ähnlichen Kritik allerdings in Bezug auf § 484 StPO, *Zöller,* Informationssysteme und Vorfeldmaßnahmen von Polizei, Staatsanwaltschaft und Nachrichtendiensten, 2002, S. 104 ff.

748 S. zu diesbezüglichen Bedenken bereits *Kutscha,* NJ 1994, 545 (548); dazu, allerdings im Zusammenhang mit einer entsprechenden Formulierung im Rahmen der Befugnis zur Befragung in NRW, dass dadurch der Verhältnismäßigkeitsgrundsatz betont werden soll, *Ogorek* in: BeckOK Polizei- und Ordnungsrecht NRW, 21. Ed. 2022, § 9 PolG NRW Rn. 17.1.

749 *Petri,* in: BeckOK Polizei- und Sicherheitsrecht Bayern, 18. Ed., Art. 30 PAG Rn. 28, der auch betont, dass bereits früher im PAG oftmals zwischen Betroffenenkategorien unterschieden wurde.

750 Dazu, dass auch die JI-RiLi zu den Konsequenzen schweigt, die Differenzierung aber wohl Ausdruck des Verhältnismäßigkeitsgrundsatzes sein soll, *Petri,* in: BeckOK Polizei- und Sicherheitsrecht Bayern, 18. Ed., Art. 30 PAG Rn. 29.

Mit Art. 54 Abs. 2 PAG existiert für Bayern eine Ermächtigungsgrundlage, die auch für die vorliegenden Zwecke grds. eingreift. Allerdings ist die Norm hinsichtlich ihrer Bestimmtheit und fehlender Vorgaben zu den Rechten Betroffener und fehlender Unterscheidung zwischen der Zuordnung der Daten zu verschiedenen Betroffenen als verfassungsrechtlich bedenklich einzustufen. De lege ferenda sollte daher eine Neufassung angestrebt werden.

(ii) NRW

In Nordrhein-Westfalen wird der aufgezeigte Rechtsrahmen durch Art. 4 Abs. 2 der Verfassung für das Land Nordrhein-Westfalen erweitert, wonach jeder Anspruch auf den Schutz seiner personenbezogenen Daten hat und Eingriffe nur im überwiegenden Interesse der Allgemeinheit auf Grund eines Gesetzes zulässig sind.

In § 23 Abs. 7 PolG NRW ist bezüglich einer Zweckänderung von personenbezogenen Daten, die in Strafverfahren gewonnen wurden, geregelt, dass die gleichen Voraussetzungen gelten, wie bei einer Zweckänderung von personenbezogenen Daten, die zur Gefahrenabwehr erhoben wurden, § 23 Abs. 2–5 PolG NRW. Eine suchfähige Speicherung dieser Daten in Dateisystemen und Akten ist darüber hinaus nur über Personen zulässig, gegen die ein strafrechtliches Ermittlungsverfahren eingeleitet worden ist, § 23 Abs. 7 S. 2 PolG NRW.

Nach § 23 Abs. 2 PolG NRW kann die Polizeibehörde zur Erfüllung ihrer Aufgaben personenbezogene Daten zu anderen Zwecken als denjenigen, zu denen sie erhoben worden sind, weiterverarbeiten, wenn 1. mindestens a) vergleichbar schwerwiegende Straftaten verhütet oder vorbeugend bekämpft oder b) vergleichbar bedeutsame Rechtsgüter oder sonstige Rechte geschützt werden sollen **und** 2. sich im Einzelfall Anhaltspunkte a) zur Verhütung oder vorbeugenden Bekämpfung solcher Straftaten ergeben oder b) zur Abwehr einer innerhalb eines absehbaren Zeitraums drohenden Gefahr für mindestens vergleichbar bedeutsame Rechtsgüter oder sonstige Rechte erkennen lassen.

Im Hinblick auf eine Verwendung der Opferdaten zu Predictive Policing-Zwecken lässt sich hier eine Lücke im Gesetz erkennen. Zwar sollen durch die Predictive Policing-Software vergleichbar schwerwiegende Straftaten verhütet werden, wie das ursprüngliche Delikt. Durch die Daten vergangener Diebstahlsdelikte sollen die möglichen Tatorte vergleichbarer

Diebstahldelikte vorausgesagt und somit deren Begehung verhindert werden können. Aber die Daten werden gerade erst dazu verwendet, um Anhaltspunkte für ein weiteres Delikt zu erhalten, sie liegen zum Zeitpunkt der notwendigen Zweckänderung also noch nicht vor. Die notwendigen, kumulativen Voraussetzungen von § 23 Abs. 7 S. 1 i.V.m. § 23 Abs. 2 Nr. 2 PolG NRW liegen somit nicht vor.

Somit kann die Zweckänderung der genutzten personenbezogenen Daten zu Zwecken des Einsatzes in Predictive Policing-Software aktuell nicht auf diese gesetzliche Grundlage im PolG NRW gestellt werden.

(iii) Sachsen

In Sachsen gilt für den Landesgesetzgeber neben den oben für alle Bundesländer geltenden Vorgaben zusätzlich Art. 33 der Verfassung des Freistaates Sachsen (SächsVerf). Dieser besagt, dass jeder Mensch das Recht hat, über die Erhebung, Verwendung und Weitergabe seiner personenbezogenen Daten selbst zu bestimmen. Nach Satz 2 dürfen sie ohne freiwillige und ausdrückliche Zustimmung der berechtigten Person nicht erhoben, gespeichert, verwendet oder weitergegeben werden. Nach Satz 3 darf in dieses Recht nur durch Gesetz oder aufgrund eines Gesetzes eingegriffen werden.

In Sachsen wird die Befugnis zur Datenweiterverarbeitung von im Rahmen der Strafverfolgung gewonnenen personenbezogenen Daten zum Zweck der Gefahrenabwehr in § 80 Abs. 2 SächsPVDG geregelt:

(2) Die Polizei kann im Rahmen der Verfolgung von Straftaten gewonnene personenbezogene Daten zum Zweck der Gefahrenabwehr weiterverarbeiten von: 1. Verurteilten, 2. Beschuldigten, 3. Personen, die einer Straftat verdächtig sind, sofern die Weiterverarbeitung der Daten erforderlich ist, 4. weil wegen der Art oder Ausführung der Tat, der Persönlichkeit der betroffenen Person oder sonstiger Erkenntnisse Grund zu der Annahme besteht, dass zukünftig Strafverfahren gegen sie zu führen sind, und Personen, bei denen Anlass zur Weiterverarbeitung besteht, weil tatsächliche Anhaltspunkte die Annahme rechtfertigen, dass sie in naher Zukunft Straftaten von erheblicher Bedeutung begehen werden.

In Sachsen wird daher allein eine Zweckänderung von solchen personenbezogenen Daten aus Ermittlungsverfahren gestattet, welche einen zumindest potenziellen Täter betreffen (Nr. 1-4) und darüber hinaus müssen tatsächliche Anhaltspunkte bestehen, dass genau diese Personen in naher Zukunft Straftaten von erheblicher Bedeutung begehen werden. Die Nutzung von Opferdaten ist daher implizit ausgeschlossen.

Auch § 80 Abs. 3 SächsPVDG[751] kann für die Zweckänderung der Daten zur Nutzung in PRECOBS nicht herangezogen werden.

Die zu verhütende bzw. vorzusorgende Straftat müsste von erheblicher Bedeutung sein, was zumindest bei Wohnungseinbruchdiebstahl als Verbrechen und bandenmäßigem Einbruchsdiebstahl nach der Legaldefinition der Straftaten von erheblicher Bedeutung in § 4 Nr. 4 lit. a und lit b lit cc SächsPVDG der Fall ist.

Auch wird hier der Kreis der Betroffenen erweitert und erfasst in Nr. 2 z.B. auch Daten von Personen, bei denen tatsächliche Anhaltspunkte vorliegen, dass sie als Opfer einer künftigen Straftat in Betracht kommen.

Dies beträfe jedoch im Ergebnis eine Prognose hinsichtlich einer konkreten Person, was durch PRECOBS gar nicht geleistet wird. Vielmehr sollen hier die Daten von früheren Geschädigten einer Straftat verwendet werden, um Risiko*gebiete* für weitere Straftaten zu identifizieren. Da PRECOBS mit dem Near Repeat Phänomen arbeitet, das nicht davon ausgeht, dass am selben Tatort, also das frühere Opfer erneut betroffen sein wird, kommt keine der Alternativen in Betracht.

Darüber hinaus wird auch hier nicht auf die Herkunft der Daten Bezug genommen, weshalb unklar bleibt, ob über Absatz 3 überhaupt solche Daten nach Absatz 2, also repressiv erhobene Daten, umfasst sind.

Die Anwendung der Norm scheitert jedoch zumindest – wie gezeigt – an der Beschränkung des Betroffenenkreises, der Opfer vergangener Straftaten nicht miteinbezieht.

§ 80 SächsPVDG ist somit keine ausreichende gesetzliche Grundlage für die Zweckänderung von personenbezogenen Daten für die Nutzung in Predictive Policing-Softwares.

---

751 § 80 SächsPVDG: [...] (3) [1]Soweit dies zur Verhütung oder zur Vorsorge für die künftige Verfolgung einer Straftat mit erheblicher Bedeutung erforderlich ist, kann die Polizei personenbezogene Daten von Personen weiterverarbeiten, bei denen tatsächliche Anhaltspunkte vorliegen, dass
1. sie bei einer künftigen Strafverfolgung als Zeugen in Betracht kommen,
2. sie als Opfer einer künftigen Straftat in Betracht kommen,
3. es sich um Hinweisgeber und sonstige Auskunftspersonen handelt oder
4. es sich um Kontakt- und Begleitpersonen der Personen nach Absatz 2 Nummern 1 bis 3 handelt.
[2]Personenbezogene Daten über Personen nach Satz 1 Nummern 1 bis 3 dürfen nur mit Einwilligung der betroffenen Person gespeichert werden. [3]Die Einwilligung ist nicht erforderlich, wenn das Bekanntwerden der Speicherungsabsicht den mit der Speicherung verfolgten Zweck gefährden würde.

(iv) Niedersachsen

In Niedersachsen kann nach § 39 Abs. 3 NPOG die Polizei personenbezogene Daten, die sie im Rahmen der Verfolgung von Straftaten über eine tatverdächtige Person und in Zusammenhang damit über Dritte rechtmäßig erhoben oder rechtmäßig erlangt hat, zu Zwecken der Gefahrenabwehr speichern, verändern oder nutzen, sofern nicht besondere Vorschriften der Strafprozessordnung entgegenstehen.

Nach Satz 2 darf sie diese Daten zur *Verhütung* von Straftaten nur speichern, verändern oder nutzen, wenn dies wegen der Art, Ausführung oder Schwere der Tat sowie der Persönlichkeit der tatverdächtigen Person zur Verhütung von vergleichbaren künftigen Straftaten *dieser Person* erforderlich ist. Dabei setzt die Verarbeitung von Daten nach den Sätzen 1 oder 2 nach Satz 3 voraus, dass sie zu dem geänderten Zweck auch nach diesem Gesetz mit dem Mittel oder der Methode hätten erhoben werden dürfen, mit denen sie nach der Strafprozessordnung erhoben worden sind.

Bei der Nutzung der personenbezogenen Daten zur Vorbereitung des Einsatzes in der Predictive Policing-Software PreMap geht es um die Vorbereitung der Zweckverfolgung der Verhütung von Straften, sodass allein § 39 Abs. 2 S. 2 NPOG in Betracht kommt. Wie in Sachsen ist diese Ermächtigungsnorm jedoch einzig auf die Daten von Tatverdächtigen bzw. von im Zusammenhang mit diesem über Dritte erhobene Daten zugeschnitten, wobei nach Satz 2 eindeutig klargestellt wird, dass die Daten zur Straftatenverhütung nur dann weiterverarbeitet werden dürfen, wenn eine weitere, vergleichbare Straftat genau dieser tatverdächtigen Person zu erwarten ist. Dies ist nicht der Fall, denn das raumbezogene Predictive Policing konzentriert sich gerade nicht allein auf einen Täter.

Somit fehlt es auch in Niedersachsen an einer tauglichen Ermächtigungsgrundlage für die Zweckänderung der Daten.

(v) Hessen

In Hessen bestimmt sich die Zulässigkeit der Weiterverwendung von personenbezogenen Daten, die im Rahmen der Verfolgung von Straftaten erhoben wurden, nach § 20 Abs. 6 HSOG. Nach Satz 1 können die Polizeibehörden, soweit Bestimmungen der Strafprozessordnung oder andere Rechtsvorschriften nicht entgegenstehen, personenbezogene Daten, die sie im Rahmen der Verfolgung von Straftaten gewonnen haben, zur Abwehr einer Gefahr oder zur vorbeugenden Bekämpfung von Straftaten weiterverarbeiten. Nach Satz 2 sind die Daten, soweit es sich um Daten von Personen handelt, die verdächtig sind, eine Straftat begangen zu haben, zu löschen, sobald der Verdacht entfällt.

Dadurch, dass Satz 2 explizite Löschungsfristen für personenbezogene Daten im Zusammenhang mit Tatverdächtigen vorsieht, stellt er im Umkehrschluss klar, dass auch andere Daten als nur diejenigen von potenziellen Tätern weiterverwendet werden dürfen.[752] Für diese Daten fehlt es an einer Löschungsvorgabe.[753]

Als Tatbestandsvoraussetzung sieht auch § 20 Abs. 6 HSOG zunächst vor, dass zur Abwehr einer Gefahr gehandelt werden kann, was beim Einsatz der Daten in ein Prognosesystem noch nicht in Rede steht. Aber auch in Hessen ist als zweite Alternative die vorbeugende Bekämpfung von Straftaten erfasst, die in § 1 Abs. 4 HSOG als Aufgabe definiert wird. Nach § 1 Abs. 4 HSOG haben die Polizeibehörden auch zu erwartende Straftaten zu verhüten sowie für die Verfolgung künftiger Straftaten vorzusorgen. Diesem Zweck dient auch der Einsatz von KLB-operative. Die „Umwidmung" der vorliegenden Einbruchsdaten ist dabei der notwendige Vorbereitungsschritt und kann daher von der Norm als erfasst angesehen werden.

Allerdings erweist sich auch diese Norm als sehr weitgehend. Sie enthält für andere als Daten von Tatverdächtigen keinerlei Vorkehrungen wie Löschungspflichten oder Vorgaben hinsichtlich einer notwendigen Anonymisierung. Somit ist auch in Hessen Nachbesserungsbedarf gegeben.[754]

Hessen hat mit § 20 Abs. 6 HSOG eine gesetzliche Grundlage, deren Voraussetzungen auf die zu untersuchende Situation passen. Allerdings ist die Norm sehr weitgehend und es fehlt an Vorgaben zur Sicherung der Rechte Betroffener. Die gesetzliche Grundlage ist daher nachbesserungsbedürftig.

---

752 S. auch *Bäuerle,* in: BeckOK Polizei- und Ordnungsrecht Hessen, 25. Ed., § 20 HSOG, Rn. 123.

753 *Bäuerle,* in: BeckOK Polizei- und Ordnungsrecht Hessen, 25. Ed., § 20 HSOG, Rn. 123 f.

754 Zur bis dahin erforderlichen verfassungskonformen Auslegung von § 20 Abs. 6 HSOG *Bäuerle,* in: BeckOK Polizei- und Ordnungsrecht, 25. Ed. 2022, § 20 HSOG Rn. 126; *Graulich,* in: Lisken/Denninger, HB des Polizeirechts, 7. Aufl. 2021, G. Rn. 404.

(vi) Berlin

Für die Berliner Polizei- und Ordnungsbehörden wird die zulässige Verwendung repressiv erhobener Daten zu präventiven Zwecken in § 42 Abs. 3 ASOG ebenfalls sehr weit zugelassen:

Die Polizei kann, soweit Bestimmungen der Strafprozessordnung oder andere gesetzliche Regelungen nicht entgegenstehen, personenbezogene Daten, die sie im Rahmen von strafrechtlichen Ermittlungen gewonnen hat, speichern, verändern und nutzen, soweit das zur Gefahrenabwehr, insbesondere zur vorbeugenden Bekämpfung von Straftaten (§ 1 Abs. 3) erforderlich ist.

Die Norm ähnelt im Wortlaut der bayerischen Ausgestaltung, weshalb auch die dort erhobenen Bedenken hinsichtlich der Bestimmtheit und der fehlenden Vorgaben für die Sicherung der Rechte Betroffener in gleichem Maße gelten. Anwendung finden jedoch die Löschungs- oder Vernichtungsregelungen aus anderen Rechtsvorschriften, wie bspw. der Strafprozessordnung, da die Regelung nur vorbehaltlich nicht entgegenstehender anderer Rechtsvorschriften gilt.[755]

In Berlin existiert eine anwendbare Rechtsvorschrift mit § 42 Abs. 3 ASOG, die ähnlich wie in Bayern und Hessen sehr weit gehalten ist und hinsichtlich der Bestimmtheit und den Sicherungen der Rechte Betroffener noch Nachbesserungsbedarf erkennen lässt.

(b) Verwendung personenbezogener Daten zu statistischen und wissenschaftlichen Zwecken

Alle Bundesländer, die Predictive Policing einsetzen, kennen darüber hinaus eine Norm, die dazu ermächtigt, polizeiliche Daten für statistische und/oder wissenschaftliche Zwecke zu verwenden.[756]

In diesem Zusammenhang stellen sich für eine Zweckänderung repressiv erhobener Daten für einen späteren, anonymisierten Einsatz in präventiver Predictive Policing Systeme drei zu betrachtende Probleme. Einerseits stellt sich die Frage, ob auch zu repressiven Zwecken erhobene Daten überhaupt

---

755 *Knape/Schönrock*, Allgemeines Polizei- und Ordnungsrecht für Berlin, 11. Aufl. 2016, § 42 ASOG Rn. 45.

756 In Bayern: Art. 54 Abs. 4 PAG; in NRW: § 24 Abs. 2 PolG NRW sowie § 24a PolG NRW i.V.m. § 40 DSG NRW; in Sachsen lediglich für statistische Zwecke: § 80 Abs. 6 SächsPVDG; in Nds.: § 38 Abs. 4 NPOG sowie § 39 Abs. 7 NPOG; in Hessen: § 20 Abs. 8 HSOG sowie § 20b HSOG; in Berlin für statistische Zwecke: § 42 Abs. 4 ASOG.

von diesen Ermächtigungen erfasst sind. Zum anderen nutzen die Predictive Policing Systeme zwar statistische Methoden, doch ist fraglich, ob dies einen für eine Zweckänderung „zu statistischen Zwecken" ausreichenden Zusammenhang darstellt. Die jeweiligen Rechtsgrundlagen zur Verarbeitung von Daten zu wissenschaftlichen Zwecken werden von vornherein nur bei den Bundesländern relevant, die ihre Predictive Policing Systeme selbst entwickeln.

(i) Repressiv erhobene Daten überhaupt erfasst?

Am Beispiel der bayerischen Norm zeigt sich die Problematik, welche Daten von den jeweiligen Ermächtigungsgrundlagen überhaupt erfasst sein sollen.

Art. 54 Absatz 4 Satz 1 PAG sieht explizit die Möglichkeit zur Weiterverarbeitung von personenbezogenen Daten zu statistischen Zwecken vor. Nach Art. 54 Abs. 4 S. 2 PAG kann dabei eine Anonymisierung unter den dort genannten Voraussetzungen unterbleiben, was im Umkehrschluss bedeutet, dass für eine solche Weiterverarbeitung die Daten grds. zu anonymisieren sind.[757]

Nach Satz 3 können personenbezogene Daten auch zu wissenschaftlichen Zwecken weiterverarbeitet werden, soweit eine Verwendung anonymisierter oder pseudonymisierter Daten nicht möglich ist und das öffentliche Interesse das schutzwürdige Interesse des Betroffenen erheblich überwiegt. Hier wurde also gerade die Nutzung anonymisierter Daten als Regelfall angeordnet. Solche werden als unproblematisch weiterverwendbar angesehen. Im Gegensatz zu Abs. 2 wird in Abs. 4 nicht explizit auf die Herkunft der Daten eingegangen, sondern wird nur allgemein von personenbezogenen Daten gesprochen. Insofern ist fraglich, ob für eine Weiterverarbeitung von im Strafverfahren gewonnenen Daten für statistische bzw. wissenschaftliche Zwecke zusätzlich die Voraussetzungen des Abs. 2 vorliegen müssen, oder alle polizeilich vorliegenden Daten erfasst sind.

In Abs. 1 wird ebenso wie in Abs. 4 nur von personenbezogenen Daten gesprochen, weil jedoch Abs. 2 explizit auf Daten abstellt, die durch die repressive Tätigkeit erlangt wurden, bezieht sich Abs. 1 im Umkehrschluss nur auf solche Daten, die im Rahmen der Gefahrenabwehr erhoben werden. Da Abs. 4 nach Abs. 2 geregelt ist, kann diese Schlussfolgerung nicht

757 So auch *Aulehner*, in: BeckOK Polizei- und Sicherheitsrecht Bayern, 18. Ed., Art. 54 PAG Rn. 50.

automatisch übertragen werden, da sich Abs. 4 auch allgemein auf alle polizeiinternen Daten beziehen könnte, die in Abs. 1 und Abs. 2 erwähnt wurden. Dafür spricht insbesondere, dass anders als in Abs. 1 und Abs. 2 in Abs. 4 gerade weitergehende Anforderungen an den Umgang mit den Daten gestellt werden und im Regelfall eine Anonymisierung erforderlich ist. Dafür spricht auch ein vergleichender Blick auf die Vorgaben der JI-RiLi, die in Art. 4 Abs. 2 die Vorgaben für eine allgemeine Zweckänderung aufstellt und in Art. 4 Abs. 3 unabhängig dazu eine Verarbeitung zu statistischen, wissenschaftlichen und historischen Zwecken. Somit ist es für Art. 54 Abs. 4 PAG nach hier vertretener Ansicht irrelevant, in welchem Zusammenhang die Daten ursprünglich erhoben wurden.

Für die anderen Bundesländer lässt sich jeweils ähnlich argumentieren.

(ii) Konkretisierung statistischer und wissenschaftlicher Zwecke

Was genau unter die wissenschaftlichen und statistischen Zwecke fällt, bleibt bei der Lektüre der jeweiligen Landesgesetze ebenfalls zunächst unklar. In der Gesetzentwurfsbegründung zu § 50 BDSG, wo in Umsetzung der JI-RiLi ebenfalls eine Verarbeitung zu archivarischen, wissenschaftlichen und statistischen Zwecken vorgesehen ist, wird insbesondere eine Verarbeitung in der kriminologischen und kriminaltechnischen Forschung des BKA genannt.[758]

Forschung wird gemeinhin definiert als die selbstständige Gewinnung (neuer) wissenschaftlicher Erkenntnisse.[759] Die *Entwicklung* eigener Predictive Policing-Softwares könnte man unter eine solche Verarbeitung subsumieren. So ist etwa die (Weiter-)Entwicklung von SKALA in NRW bei der dortigen kriminalistisch-kriminologischen Forschungsstelle beim LKA angesiedelt und werden die Daten genutzt, um Erkenntnisse zu gewinnen und Hypothesen zu testen,[760] was zur Forschung zu zählen ist. Die Zweck-

758 BT-Drucks. 18/11325, 111; s. dazu auch *Schlösser-Rost/Koch,* in: BeckOK Datenschutzrecht, 39. Ed., § 50 BDSG Rn. 5.

759 S. zur Definition des Forschungsbegriffs im Zusammenhang mit dem lange geführten Streit, ob Fachhochschulen im gleichen Maße wie Universitäten Träger der Wissenschaftsfreiheit sind bzw. alle Hochschullehrer als Professoren zu bezeichnen sind, BVerfGE 61, 237 (244); 64, 323 (354); 126, 1 (21 f.); *Jarass,* in: ders./Pieroth, GG, 16. Aufl. 2020, Art. 5 Rn. 137; zu § 40 DSG NRW *Johannes,* in: Schwartmann/Pabst, Landesdatenschutzgesetz NRW, 2020, § 40 Rn. 19.

760 *Meyer,* Die Polizei 2019, 36 (38), sowie allgemein zum Aufbau und zur Forschungsarbeit der Kriminalistisch-Kriminologischen Forschungsstelle NRW a.a.O., S. 36 ff.;

änderung zur Nutzung für den tatsächlichen Betrieb aber kann nicht mehr der Gewinnung wissenschaftlicher Erkenntnisse zugeordnet werden, da die hinter dem System stehenden wissenschaftlichen Theorien bereits feststehen und eine mögliche Fortentwicklung nur noch Nebenzweck darstellt. Vor allem in Bayern und Sachsen, wo das aus der Privatwirtschaft eingekaufte PRECOBS-System eingesetzt wird bzw. wurde, dient die Zweckänderung der Daten allein der Kriminalitätsprognose zur Einsatzplanung.

Statistische Zwecke sind ebenfalls nicht definiert. Nach dem allgemeinen Sprachgebrauch sind als Verarbeitungen zu statistischen Zwecken aber solche anzusehen, an deren Ende eine erstellte Statistik steht, etwa die allgemeine Kriminalitätsstatistik der Länder.[761]

Hier stellt sich nun die Frage, ob auch die reine Nutzung statistischer Methodik in den Predictive Policing Systemen bereits ausreicht, um raumbezogene Kriminalitätsprognosesoftwareanwendungen unter Datenverarbeitung zu statistischen Zwecken subsumieren zu können.

Für die Verarbeitung von personenbezogenen Daten nach der DSGVO könnte dies auf den ersten Blick im Hinblick auf das dortige weite Begriffsverständnis angenommen werden. In ErwGr. 162 S. 3 DSGVO werden die statistischen Zwecke definiert als *jeder für die Durchführung statistischer Untersuchungen und die Erstellung statistischer Ergebnisse erforderliche Vorgang der Erhebung und Verarbeitung personenbezogener Daten.* Weitere Voraussetzung ist, dass am Ende der Verarbeitung keine personenbezogenen Daten stehen und *diese Ergebnisse und personenbezogenen Daten nicht für Maßnahmen oder Entscheidungen gegenüber einzelnen natürlichen Personen verwendet werden.*[762]

Andere Definitionsversuche beinhalten sogar explizit die Nutzung statistischer Methodik. So definiert *Richter* Statistik als methodischer Umgang mit empirischen Daten.[763] In diesem Zusammenhang wird auch diskutiert,

---

dazu auch *Keller,* in: BeckOK Polizei- und Ordnungsrecht Nordrhein-Westfalen, 21. Ed., § 13 POG NRW Rn. 14.

761 Für Hessen siehe *Bäuerle,* in: BeckOK Polizei- und Ordnungsrecht Hessen, 25. Ed., § 20 HSOG Rn. 140; allg. auch *Johannes/Weinhold,* Das neue Datenschutzrecht bei Polizei und Justiz, 2018, § 1 Rn. 153.

762 ErwGr. 162 S. 4 DSGVO.

763 *Richter,* in: Roßnagel, Europäische Datenschutz-Grundverordnung, 2017, § 4 Rn. 97; *Schlösser-Rost/Koch,* in: BeckOK Datenschutzrecht, 39. Ed., § 27 BDSG Rn. 22; *Buchner/Tinnefeld,* in: Kühling/Buchner, DSGVO BDSG, Art. 89 DSGVO Rn. 15.

ob kommerzielle Big Data-Anwendungen unter die Privilegierung der Nutzung von personenbezogenen Daten zu statistischen Zwecken fällt.[764]

Allerdings gelten für den Anwendungsbereich der JI-RiLi besondere Regelungen. Die JI-RiLi enthält anders als die DSGVO gerade keine eigene Begriffsbestimmung, erklärt die Verarbeitung zu statistischen Zwecken in Art. 4 Abs. 3 JI-RiLi für die in Art. 1 Abs. 1 genannten Zwecken jedoch ebenfalls für grds. zulässig.[765] Hier muss sich daher die Frage gestellt werden, ob die JI-RiLi insoweit von einem einheitlichen Begriffsverständnis parallel zur DSGVO ausgeht. Ausgehend von der parallelen Entstehungsgeschichte von DSGVO und JI-RiLi kann man sowohl in die eine als auch andere Richtung argumentieren. Denn auch wenn wohl grds. zunächst ein einheitliches Begriffsverständnis bei der Gestaltung der beiden Rechtsakte in den Köpfen der Ausarbeitenden geherrscht haben wird, kann andererseits die fehlende Definition in der JI-RiLi gerade darauf hindeuten, dass man den Mitgliedstaaten einen gewissen Interpretationsspielraum lassen wollte. In der Kommentarliteratur zu § 50 BDSG wird teilweise ohne nähere Begründung auf die Erläuterungen zu § 27 BDSG, der insoweit die DSGVO konkretisiert, verwiesen und somit deren weite Definition auch bei Umsetzung der JI-RiLi für anwendbar gehalten.[766] Teilweise wird allein die Erstellung polizeilicher Statistiken als Beispiel erwähnt.[767] In den Gesetzesmaterialien zur Neustrukturierung des Sächsischen Polizeirechts von 2019 wird als Anwendungsbeispiel für § 80 Abs. 6 Alt. 2 ebenfalls lediglich die Erstellung von Statistiken genannt.[768]

Selbst wenn man die weite Definition für anwendbar hält, so ist doch mehr als fraglich, ob eine Nutzung in prädiktiver Analysesoftware noch zu statistischen Zwecken zu zählen ist. Zwar werden dazu empirisch erhobene Daten mithilfe statistischer Methodik verarbeitet. Auch sind die Ergebnisse raumbezogene Prognosegebiete, die, wie noch zu zeigen sein wird, nicht

764 Dies zumindest nicht von vornherein ausschließend *Schlösser-Rost/Koch,* in: BeckOK Datenschutzrecht, 39. Ed., § 27 BDSG Rn. 26.

765 Dazu, dass Art. 4 Abs. 3 JI-RiLi dogmatisch keine Rechtsgrundlage für eine Zweckänderung, sondern eine Ausnahme vom Zweckbindungsgrundsatz statutiert, *Schwichtenberg,* in: Kühling/Buchner, DSGVO BDSG, 3. Aufl. 2020, § 50 BDSG Rn. 2.

766 *Schlösser-Rost/Koch,* in: BeckOK Datenschutzrecht, 39. Ed., § 50 BDSG Rn. 6; *Krohm,* in: Gola/Heckmann, BDSG, § 50 Rn. 6.

767 *Johannes/Weinhold,* Das neue Datenschutzrecht bei Polizei und Justiz, 2018, § 1 Rn. 153; *Garges,* in: Plath, DSGVO/BDSG, 3. Aufl. 2018, § 50 BDSG Rn. 1; *Bäuerle,* in: BeckOK Polizei- und Ordnungsrecht Hessen, 25. Ed., § 20 HSOG Rn. 140.

768 SächsLT-Drucks. 6/14791, S. 223.

allein für direkte Folgemaßnahmen gegenüber Einzelnen eingesetzt werden können. Allerdings bezieht sich eine Statistik grds. auf bereits abgeschlossene Vorgänge bzw. soll die Gegenwart darstellen. Ein Blick in die Zukunft mag *auf Grundlage* von Statistiken zwar schon seit jeher gewagt worden sein. Im Unterschied dazu wird jedoch bei Prognosesoftware direkt mithilfe von verschiedenen Verrechnungsmethoden eine Aussage über ein mögliches zukünftiges Ereignis getroffen, nicht erst auf Grundlage der ausgegebenen Ergebnisse. Diese sind bereits zukunftsgerichtet. Das heißt im Klartext, Predictive Policing ist ein Aliud zu reiner statistischer Auswertung.[769] Daher können nach hier vertretener Ansicht auch die Privilegierungsnormen zur Nutzung von personenbezogenen Daten nicht ohne weiteres auf prädiktive Datenanalysen angewendet werden.[770]

Die Nutzung statistischer Methodik in den Predictive Policing-Systemen kann also nicht allein dazu führen, dass die Zweckänderung der Einbruchsdaten für die Errechnung von Prognosegebieten als Verarbeitung zu statistischen Zwecken angesehen werden kann.[771]

Somit kann die Nutzung von Einbruchsdaten zu Prognosezwecken allein unter die allgemeine Zweckänderungsermächtigung zur Gefahrenabwehr fallen.

(iii) Entwicklungs- und Weiterentwicklungsphase

In den Bundesländern, die ihre eigenen Predictive Policing-Softwares entwickeln, sind die jeweiligen Ermächtigungen zur Nutzung von polizeilichen Daten zu wissenschaftlichen Zwecken in der Entwicklungsphase relevant. Hier lohnt sich ein näherer Blick auf die Regelungen in Nordrhein-Westfalen.

In NRW wird ein eigenentwickeltes Predictive Policing-System, SKALA, verwendet. Die Entwicklung erfolgte durch die Kriminalistisch-Kriminologische Forschungsstelle als Projekt und SKALA ist nun, nach Einführung der Software in allen Kriminalhauptstellen, fest in die Organisation

769 So auch für die Erstellung von Mustern, auf deren Grundlage dann Predictive Policing eingesetzt werden kann, etwa beim Fluggastdatenabgleich, *Kuhlmann/Trute*, GSZ 2021, 103 (108 Fn. 75).

770 Daher muss meines Erachtens auch bei einer Einbeziehung von Big Data-Analysen in die Privilegierung des § 27 BDSG differenziert werden, ob sie sich auf eine reine Auswertung von vorhandenen Daten beschränken oder eine Prognose erstellen.

771 S. auch *Kuhlmann/Trute*, GSZ 2021, 103 (108 Fn. 75).

der Forschungsstelle eingegliedert.[772] Eine Weiterentwicklung sowohl hinsichtlich der angewendeten Methodik als auch hinsichtlich weiterer Anwendungsfelder wird dort vorangetrieben.[773] Werden Daten der Strafverfolgungsbehörden für diese (Weiter-)Entwicklungen nutzbar gemacht, so werden sie zur Gewinnung neuer Erkenntnisse, zur Überprüfung aufgestellter Hypothesen und somit zu Forschungszwecken genutzt.

In § 24a PolG NRW ist die Weiterverarbeitung zu wissenschaftlichen Zwecken angesprochen. In Abs. 1 wird eine Weiterverarbeitung von personenbezogenen Daten, die aus Maßnahmen nach § 18 erlangt wurden abweichend von den §§ 17 und 40 Datenschutzgesetz (DSG) NRW geregelt.[774]

Im Umkehrschluss gelten für die Weiterverarbeitung personenbezogener Daten, die nicht mittels Datenerhebung durch den verdeckten Einsatz technischer Mittel in oder aus Wohnungen erlangt wurden (§ 18 PolG NRW), die Vorgaben des allgemeinen Datenschutzgesetzes von Nordrhein-Westfalen. § 17 DSG NRW stellt weitere Anforderungen an eine Weiterverarbeitung von personenbezogenen Daten im Anwendungsbereich der DSGVO auf, während § 40 DSG NRW im Teil 3 über die Umsetzung der hier maßgeblichen JI-Richtlinie[775] zu finden ist. Nach § 40 DSG NRW dürfen personenbezogene Daten zu den in § 35 DSG NRW genannten Zwecken in wissenschaftlicher Form verarbeitet werden, wenn hieran ein öffentliches Interesse besteht und geeignete Garantien für die Rechtsgüter der betroffenen Personen vorgesehen sind. § 35 Abs. 1 S. 1 DSG NRW nennt die Zwecke der Verhütung, Ermittlung, Aufdeckung, Verfolgung und Ahndung von Straftaten oder Ordnungswidrigkeiten und der Strafvollstreckung, wobei die Verhütung von Straftaten nach S. 2 den Schutz vor sowie die Abwehr von Gefahren für die öffentliche Sicherheit und Ordnung umfasst.

Nach hier vertretener Ansicht ist die JI-Richtlinie auch für den Bereich des Einsatzes von Predictive Policing-Systemen, namentlich SKALA, rele-

772 *Meyer*, Die Polizei 2019, 36 (38).

773 *Meyer*, Die Polizei 2019, 36 (38).

774 § 24a Weiterverarbeitung zu wissenschaftlichen Zwecken:
(1) [1]Abweichend von den §§ 17 und 40 des Datenschutzgesetzes Nordrhein-Westfalen ist eine Weiterverarbeitung oder Übermittlung von personenbezogenen Daten, die aus Maßnahmen nach § 18 erlangt wurden, ausgeschlossen. [2]Dies gilt nicht, soweit die Weiterverarbeitung für die polizeiliche Eigenforschung und Evaluierung unerlässlich ist. […]

775 S.o. B. II. 3. a) (2).

vant.[776] Somit ist nach § 24a Abs. 1 PolG NRW e contrario auf die Voraussetzungen des § 40 DSG zu rekurrieren und zu fragen, ob diese Norm eine ausreichende Ermächtigungsgrundlage zur Zweckänderung der personenbezogenen Einbruchsdaten zur Nutzung in Predictive Policing-Systemen darstellt. § 40 DSG NRW lautet: *Personenbezogene Daten dürfen im Rahmen der in § 35 genannten Zwecke in wissenschaftlicher oder statistischer Form verarbeitet werden, wenn hieran ein öffentliches Interesse besteht und geeignete Garantien für die Rechtsgüter der betroffenen Personen vorgesehen sind. Solche Garantien können in einer so zeitnah wie möglich erfolgenden Anonymisierung der personenbezogenen Daten, in Vorkehrungen gegen ihre unbefugte Kenntnisnahme durch Dritte oder in ihrer räumlich und organisatorisch von den sonstigen Fachaufgaben getrennten Verarbeitung bestehen.*

Auffällig ist zunächst, dass für die Verarbeitung zu statistischen Zwecken eine eigene Rechtsgrundlage im PolG NRW mit § 24 Abs. 2 PolG NRW geschaffen wurde und den Rekurs auf § 40 DSG NRW somit als lex specialis sperrt, während für (erlaubte) Weiterverarbeitungen zu wissenschaftlichen Zwecken § 40 DSG NRW gelten soll, der nach seinem Wortlaut gerade auch statistische Zwecke umfasst. Eine einheitliche Regelungstechnik wäre hier wünschenswert. Weiterhin ist § 40 DSG NRW in höchstem Maße unbestimmt. Es gibt weder Einschränkungen hinsichtlich der Daten, dem Speicherungsort, der Übermittlung[777] oder der erfassten Phasen der Verarbeitung.[778] Hinsichtlich der Übermittlung ist allerdings § 24a Abs. 2 PolG NRW zu beachten, nach dem personenbezogenen Daten nur an Amtsträger, für den öffentlichen Dienst besonders Verpflichtete oder Personen, die zur Geheimhaltung verpflichtet worden sind, übermittelt werden dürfen.

Schwer wiegt jedoch, dass konkrete Vorgaben hinsichtlich des Schutzes der Betroffenen fehlen. Zwar wird in § 24a Abs. 3 PolG NRW vorgeschrieben, dass geeignete Maßnahmen getroffenen werden müssen, um die Daten gegen unbefugte Kenntnisnahme zu schützen. Konkrete Vorgaben zur Anonymisierung oder Löschung der Daten sucht man jedoch sowohl in

776 So auch, ohne Begründung, *Johannes/Weinhold,* Das neue Datenschutzrecht bei Polizei und Justiz, 2018, § 1 Rn. 18.

777 *Arzt,* in BeckOK Polizei- und Ordnungsrecht Nordrhein-Westfalen, 21. Ed., § 24a PolG NRW Rn. 11; für § 50 BDSG *Frenzel,* in: Paal/Pauly, DS-GVO BDSG § 50 BDSG Rn. 2; a.A. *Johannes,* in Schwartmann/Pabst, Landesdatenschutzgesetz NRW, 2020, § 40 Rn. 15.

778 *Arzt,* in: BeckOK Polizei- und Ordnungsrecht Nordrhein-Westfalen, 21. Ed., § 24a PolG NRW Rn. 8 ff., der die Unbestimmtheit insb. durch einen Vergleich mit § 21 BKAG belegt.

§ 40 DSG NRW als auch § 24a PolG NRW vergeblich.[779] Vielmehr werden beispielhaft denkbare Maßnahmen in § 40 Satz 2 DSG NRW aufgezählt, ohne jedoch eine verbindliche Festlegung vorzunehmen.[780] Die Formulierung in § 40 Satz 2 DSG NRW weist eher einen Auftragscharakter an den Fachgesetzgeber auf, sodass im jeweiligen Fachrecht spezifische Anforderungen festgelegt werden sollten.[781] § 40 DSG NRW ist daher nicht als ausreichende Befugnisnorm zur Weiterverarbeitung polizeilicher Daten zu wissenschaftlichen Zwecken anzusehen.[782] Vielmehr ist eine weitere Ausgestaltung im Fachrecht notwendig,[783] wie dies zur Konkretisierung des nahezu wortgleichen § 50 BDSG durch § 21 BKAG geschehen ist.[784] Anders als zur statistischen Weiterverarbeitung wurde sich jedoch in § 24a PolG NRW darauf beschränkt, bestimmte Daten explizit von der Weiterverarbeitung auszuschließen. Ohne nähere Konkretisierungen hinsichtlich der Weiterverarbeitung der anderen Daten fehlt im PolG NRW jedoch eine ausreichende Ermächtigungsgrundlage zur Weiterverarbeitung zu wissenschaftlichen Zwecken.

Insoweit ist hier dringender Handlungsbedarf auch im Hinblick auf die Nutzung personenbezogener Daten aus Strafverfahren zur Weiterentwicklung von SKALA festzustellen.

---

779 S. auch *Arzt,* in BeckOK Polizei- und Ordnungsrecht Nordrhein-Westfalen, 21. Ed., § 24a PolG NRW Rn. 6.

780 *Arzt,* in: BeckOK Polizei- und Ordnungsrecht Nordrhein-Westfalen, 21. Ed., § 24a PolG NRW Rn. 6.

781 S. auch *Arzt,* in: BeckOK Polizei- und Ordnungsrecht Nordrhein-Westfalen, 21. Ed., § 24a PolG NRW Rn. 6.

782 So bereits die Stellungnahmen des Landesbeauftragten für den Datenschutz und die Informationsfreiheit NRW, Stellungnahme 17/791 zu LT-Drucks. NRW 17/2576, S. 9 und Stellungnahme 17/508 zu LT-Drucks. NRW 17/11981, S. 37; *Arzt,* in: BeckOK Polizei- und Ordnungsrecht Nordrhein-Westfalen, 21. Ed., § 24a PolG NRW Rn. 12; a.A. *Johannes,* in: Schwartmann/Pabst, Landesdatenschutzgesetz, 2020, § 40 Rn. 9, der in § 40 eine Erlaubnisnorm auch zur Erhebung von Daten erblickt.

783 *Arzt,* in: BeckOK Polizei- und Ordnungsrecht Nordrhein-Westfalen, 21. Ed., § 24a PolG NRW Rn. 12; s. auch *Johannes,* in: Schwartmann/Pabst, Landesdatenschutzgesetz, 2020, § 40 Rn. 11.

784 S. *Johannes,* in: Schwartmann/Pabst, Landesdatenschutzgesetz, 2020, § 40 Rn. 11 Fn. 12; Ausführlich zum Vergleich *Arzt,* in: BeckOK Polizei- und Ordnungsrecht Nordrhein-Westfalen, 21. Ed., § 24a PolG NRW Rn. 7 ff.

(c) Fazit

Insgesamt zeigt der Blick auf die Reglungen in den einzelnen Bundesländern zu Zweckänderungen von Daten aus Ermittlungsverfahren, dass diese eine Zweckänderung im Hinblick auf den Einsatz von Predictive Policing oftmals bisher nicht abdecken. So sind die meisten Regelungen hinsichtlich Zweckänderungen von zu repressiven Zwecken erhobenen personenbezogenen Daten zu präventiven Zwecken zugeschnitten auf personenbezogenen Daten von (potenziellen) Tätern oder Verdächtigen. Besonders deutlich wird dies bei den Regelungen in Niedersachsen, § 39 Abs. 3 NPOG. Angesichts der Ausgestaltung der Norm liegt die Vermutung nahe, dass man hier lediglich darauf abzielte, bereits bekannte Täter bzw. Verdächtige auch als Adressaten für präventive Maßnahmen im Blick zu behalten. Über die Daten der Opfer wird zumeist geschwiegen, vielleicht weil man davon ausgeht, dass diese Informationen ja freiwillig preisgegeben wurden. Die Zweckbindung der Daten hängt davon jedoch nicht ab.

In NRW, Sachsen und Niedersachsen fehlt es aktuell an der erforderlichen Rechtsgrundlage und ist jeweils eine neue Ermächtigungsgrundlage zu schaffen bzw. sind die vorhandenen entsprechend zu erweitern. In Sachsen ist dabei Art. 33 SächsVerf zu beachten.

In Bayern, Hessen und Berlin existiert zwar jeweils eine Rechtsgrundlage, die auch auf die hier zu untersuchende Situation passt, jedoch lassen diese hinsichtlich der erforderlichen Bestimmtheit weiteren Konkretisierungsbedarf erkennen.[785]

Da durch die Nutzung der Daten in Predictive Policing-Softwares nicht per se statistische oder wissenschaftliche Zwecke verfolgt werden, können diesbezügliche Ermächtigungen zur Zweckänderung ebenfalls nicht herangezogen werden.

(6) Einwilligung als Alternative?

Bis zur Schaffung adäquater Rechtsgrundlagen kann daher überlegt werden, ob bei der Erhebung, also Aufnahme der Daten die Betroffenen zumindest über die mögliche Weiterverarbeitung aufgeklärt werden und eine entsprechende Einwilligung eingeholt werden kann.

785 A.A. insoweit *Kuhlmann/Trute*, GSZ 2021, 103 (108), die ohne vertiefte Prüfung davon ausgehen, dass die allgemeinen Zweckänderungsbefugnisse der Polizeigesetze regelmäßig ausreichen würden.

(a) Zulässigkeit nach dem Primärrecht

Art. 8 Abs. 2 S. 1 Alt. 1 EUGrCh sieht die Einwilligung explizit als Alternative zu einer gesetzlichen Grundlage zur Rechtfertigung vor. Nach überwiegender Ansicht lässt eine solche Einwilligung bereits den Eingriff in Art. 8 Abs. 1 EUGrCh entfallen.[786]

(b) Zulässigkeit nach dem Sekundärrecht

Dagegen gibt es Stimmen, die im Anwendungsbereich der JI-RiLi eine Einwilligung nicht als zulässiges Mittel zur Legitimation ansehen, da sie in der JI-RiLi anders als in der DSGVO nicht als solches benannt wurde, es sei denn das nationale Recht sieht dies explizit durch Rechtsvorschrift vor.[787] Dies folge aus ErwGr. 35. Richtigerweise versperrt ErwGr 35 S. 4 jedoch nur in solchen Fällen eine wirksame Einwilligung, in der die „zuständigen Behörden natürliche Personen auffordern oder anweisen [können], ihren Anordnungen nachzukommen."[788] In einem solchen Fall fehle die für eine wirksame Einwilligung erforderliche Wahlfreiheit (Satz 5). Dies besagt jedoch nicht, dass eine tatsächliche, d.h. freiwillige und informierte Einwilligung, [789] die frei von Druck gegeben wird, ausgeschlossen ist.[790]

Auch ErwGr. 37 JI-RiLi beschäftigt sich mit einer möglichen Einwilligung. Zwar wird hier ebenfalls eine Einwilligung nur im Zusammenhang mit einer spezifischen Rechtsgrundlage als zulässige rechtliche Grundlage für eine Datenverarbeitung angesehen.[791] Allerdings geht es in diesem Zu-

786 *Jarass*, in: ders. Charta der Grundrechte der EU, 4. Aufl. 2021, Art. 8 Rn. 10; *Augsberg*, in: von der Groeben/Schwarze/Hatje, Europäisches Unionsrecht, 7. Aufl. 2015, Art. 8 GRC Rn. 12; *Schindler*, Biometrische Videoüberwachung, 2021, S. 400.

787 *Hornung/Schindler/Schneider*, ZIS 2018, 566 (568).

788 ErwGr 35 S. 3 JI-RiLi, ABl. EU 2016 L 119/89, S. 94; dazu *Johannes/Weinhold*, Das neue Datenschutzrecht bei Polizei und Justiz, 2018, Rn. 154.

789 S. ErwGr. 32 S. 1 DSGVO: Die Einwilligung sollte durch eine eindeutige bestätigende Handlung erfolgen, mit der freiwillig, für den konkreten Fall, in informierter Weise und unmissverständlich bekundet wird, dass die betroffene Person mit der Verarbeitung der sie betreffenden personenbezogenen Daten einverstanden ist, etwa in Form einer schriftlichen Erklärung, die auch elektronisch erfolgen kann, oder einer mündlichen Erklärung.

790 Dazu auch *Johannes/Weinhold*, Das neue Datenschutzrecht bei Polizei und Justiz, 2018, Rn. 155.

791 ErwGr. 37 JI-RiLi, Abl. EU 2016 L 119/89, S. 95: *[...] Die Verarbeitung solcher Daten sollte ebenfalls durch Rechtsvorschriften erlaubt sein, wenn die betroffene Person der*

sammenhang um eine besondere Form personenbezogener Daten, „die ihrem Wesen nach hinsichtlich der Grundrechte und Grundfreiheiten besonders sensibel sind […], da im Zusammenhang mit ihrer Verarbeitung erhebliche Risiken für die Grundrechte und Grundfreiheiten auftreten können."[792] Als Beispiel nennt der Erwägungsgrund etwa personenbezogene Daten, „aus denen die rassische oder ethnische Herkunft hervorgeht".[793] Im Umkehrschluss kann daraus, dass bei solchen Daten explizit erwähnt wurde, dass eine Einwilligung allein nicht als rechtliche Grundlage für eine Verarbeitung ausreichend ist, gerade nicht der allgemeine Schluss gezogen werden, dass im Anwendungsbereich der JI-RiLi generell eine wirksame Einwilligung in allen anderen Fällen nicht ausreichend sein kann.[794]

Bei der Nutzung der Grunddaten der Betroffenen von Wohnungseinbruchdiebstählen zu repressiven Zwecken geht es weder um die Zwangsmaßnahmen der Polizei noch um besonders sensible personenbezogene Daten. Eine Einwilligung kann hier daher grundsätzlich eine rechtliche Grundlage i.S.d. JI-RiLi sein.[795]

(c) Zulässigkeit nach dem Grundgesetz

Eine wirksam erteilte Einwilligung schließt einen Grundrechtseingriff in die Grundrechte des Grundgesetzes aus.[796] Eine solche wirksame Einwilligung setzt voraus, dass sie freiwillig, also ohne inneren und äußeren

---

Datenverarbeitung, die besonders stark in ihre Privatsphäre eingreift, ausdrücklich zugestimmt hat. Die Einwilligung der betroffenen Person allein sollte jedoch noch keine rechtliche Grundlage für die Verarbeitung solch sensibler personenbezogener Daten durch die zuständigen Behörden liefern.

792 ErwGr. 37 S. 1 JI-RiLi, ABl. EU 2016 L 119/89 S. 94 f.

793 ErwGr. 37 S. 2 JI-RiLi, ABl. EU 2016 L 119/89, S. 95.

794 Hingegen eine gesetzliche Grundlage für die Möglichkeit der Einwilligung fordernd, *Schröder,* in: ders. Bayerisches Datenschutzgesetz, 2021, Art. 28 BayDSG Rn. 30.

795 A.A. *Schröder,* in: ders. Bayerisches Datenschutzgesetz, 2021, Art. 28 BayDSG Rn. 30, der eine Einwilligung als konstitutive Rechtsgrundlage für eine Datenverarbeitung ohne gesetzliche Grundlage ausschließt.

796 Im Hinblick auf Art. 10 GG s. BVerfGE 85, 386 (398); *Stettner,* in: Merten/Papier, HB der Grundrechte IV, § 92 Rn. 57; *Ogorek,* in: BeckOK GG, 50. Ed., Art. 10 Rn. 62. Im Hinblick auf das allgemeine Persönlichkeitsrecht *Jarass,* NJW 1989, 857 (860); *Di Fabio,* in: Dürig/Herzog/Scholz, GG, 95. EL 2021, Art. 2 Abs. 1 Rn. 228; *Enders,* in: HB der Grundrechte IV, § 89 Rn. 53. Allgemein für alle Grundrechte spricht *Hillgruber* in: BeckOK GG, 50. Ed., Art. 1 Rn. 74 von einem „Verzicht auf die Ausübung eines Grundrechts im Einzelfall".

Druck und unmissverständlich erteilt wird.[797] Insbesondere muss der Grundrechtsträger auf den Zweck der Datenerhebung und -verarbeitung hingewiesen werden.[798]

(d) Fazit

Somit können bis zur Schaffung geeigneter Rechtsgrundlagen nach entsprechender Aufklärung der Betroffenen deren Daten mit ihrer freiwilligen und informierten Einwilligung weiterverarbeitet werden. Dadurch, dass die Daten im Predictive Policing-System selbst vollständig ohne Personenbezug verwendet werden, erscheint die Einholung einer solchen Einwilligung bei entsprechender Vermittlung dieses Aspektes in rein praktischer Hinsicht kein unüberwindbares Hindernis zu sein. *Hofmann* stellt gar in den Raum, die erforderliche Einwilligung zur weiteren Risikobeurteilung bereits als Teil der freiwilligen Preisgabe zur Sachverhaltsaufklärung zu sehen.[799] Dabei fehlt es jedoch ohne entsprechende Aufklärung bereits an der erforderlichen Unmissverständlichkeit. Eine Einwilligungslösung birgt jedoch auch immer die Gefahr, dass einzelne Personen – aus welchen Gründen auch immer – ihre Einwilligung verweigern. Dies führt zu Lücken in den Datensätzen und kann auch die Prognosegüte beeinträchtigen.[800]

b) Georeferenzierung

Nachdem die Daten erhoben und zu Zwecken der Nutzung in Predictive Policing zu präventiven Zwecken gewidmet wurden, müssen sie für eine raumbezogene Prognose georeferenziert werden. Dazu werden die personenbezogenen Daten durch ortsbezogene Informationen ersetzt. Der Personenbezug wird dadurch aufgehoben, sodass dieser Schritt als Anonymisierung zu werten ist.[801]

797 *Wolff,* in: Hömig/ders., GG, 13. Aufl. 2022, Art. 10 Rn. 10; *Ogorek,* in: BeckOK GG, 50. Ed., Art. 10 Rn. 62.

798 S. *Rudolf,* in: Merten/Papier, HB der Grundrechte IV, § 90 Rn. 65.

799 *Hofmann,* Predictive Policing, 2020, S. 233.

800 S. dazu auch unter B. VII. 2.

801 S. bereits oben unter B. II. 3. a) (2) (b).

Die Anonymisierung von Daten stellt eine Verarbeitung von personenbezogenen Daten dar,[802] denn zunächst werden die gespeicherten personenbezogenen Daten abgefragt und anschließend verändert, indem der Personenbezug durch die Georeferenzierung gelöscht wird. Die Abfrage und Veränderung von personenbezogenen Daten fällt unter den Begriff der Verarbeitung i.S.d. § 46 Nr. 2 BDSG, Art. 3 Nr. 2 JI-RiLi.[803] Wie das Beispiel von Bayern zeigt, wird diese Art der „Verarbeitung" oft nur als Vorstufe von weiterer Verwendung angesehen, weshalb in der Regel nur die Fälle explizit geregelt werden, in der eine Verarbeitung selbst ohne Anonymisierung zulässig sein soll, vgl. Art. 54 Abs. 4 S. 2 und 3 Hs. 2 PAG. Es stellt sich nun die Frage, ob die Anonymisierung von rechtmäßig erhobenen polizeilichen Daten zur weiteren Nutzung in einer Analyse- bzw. Prognosesoftware einen den Gesetzvorbehalt auslösenden Eingriff in die informationelle Selbstbestimmung darstellt oder ob sich ggf. die Notwendigkeit einer Rechtsgrundlage aus dem Unionsrecht ergibt und welche Anforderungen ggf. an eine solche Grundlage zu stellen sind.

(1) Recht auf informationelle Selbstbestimmung

Der Schutzbereich des Rechts auf informationelle Selbstbestimmung ist bei personenbezogenen Daten eröffnet.[804] Klassischerweise zeichnet sich ein Eingriff in den Schutzbereich eines Grundrechts durch eine finale, unmittelbare, imperative und grds. rechtsaktsförmige Verkürzung grundrechtlicher Freiheiten aus.[805] Aber auch mittelbar faktische Beeinträchtigungen können einen Grundrechtseingriff darstellen.[806] Früher sah man im Verar-

802 Bericht der Enquete Kommission Künstliche Intelligenz, BT-Drucks. 19/23700, S. 57; im unionsrechtlichen Kontext *Hornung/Wagner,* ZD 2020, 223 (223); *Roßnagel,* ZD 2021, 188 (189).

803 S. zur Anonymisierung als Verarbeitung i.S.d. der DSGVO *Hornung/Wagner,* ZD 2020, 223 (223, 228); *Roßnagel,* ZD 2021, 188 (189).

804 S. ausführlich zum Begriff des personenbezogenen Datums i.S.d. informationellen Selbstbestimmung B. II. 3. b) (1) (a).

805 BVerfGE 105, 279 (299 f.); 149, 86 (114 Rn. 75); *Jarass,* in: ders./Pieroth, GG, 16. Aufl. 2020, Vorb. Art. 1 Rn. 27; *Dreier,* in: ders. GG, 3. Aufl. 2013, Vorb. Art. 1 Rn. 124; *Epping,* Grundrechte, 9. Aufl. 2021, Rn. 392.

806 BVerfGE 105, 279 (300 f.); 113, 63 (76 f.); 149, 86 (114 Rn. 75); BVerfG, NVwZ 2021, 1211 (1214 f. Rn. 54); *Epping,* Grundrechte, 9. Aufl. 2021, Rn. 393; *Dreier,* in: ders. GG, 3. Aufl. 2013, Vorb. Art. 1 Rn. 125.

beitungsschritt nur eine unselbstständige Folge der Erhebung.[807] Zutreffend macht *Bäcker* darauf aufmerksam, dass gerade in Zeiten fortschreitender Analysetechniken die Auswertung der Daten als besonders grundrechtsgefährdend für die Persönlichkeitsentwicklung einzustufen ist und somit auch als eigenständiger Eingriff in Betracht kommt.[808]

Auch das BVerfG hat dies inzwischen erkannt. Zwar war bereits im Volkszählungsurteil die Rede davon, dass der Einzelne durch die informationelle Selbstbestimmung auch vor der unbegrenzten Verwendung seiner persönlichen Daten geschützt werden solle.[809] Trotzdem blieb etwa die Frage nach dem Grundrechtseingriff automatisierter Datenverarbeitungen lange Zeit unklar.[810] Während das BVerfG in der ersten Entscheidung zur automatisierten Kennzeichenkontrolle noch keinen Eingriff bei Nichttrefferfällen feststellen konnte,[811] gab es diese Ansicht in der Entscheidung Kennzeichenkontrollen II wieder auf.[812] Erstmals sah das BVerfG eine finale automatisierte Datenauswertung i.S.e. automatisierten Abgleich von Daten als solche als Eingriff in das Recht auf informationelle Selbstbestimmung an.[813] Somit kann gerade auch in jeder Auswertung personenbezogener Daten eine Beeinträchtigung des Schutzbereiches liegen.

Der Fokus muss hier jedoch auf das Wort *beeinträchtigen* gelegt werden.[814] Kann eine Anonymisierung, also die Löschung eines Personenbezugs wirklich die informationelle Selbstbestimmung beeinträchtigen? Unproblematisch liegt kein Eingriff vor, wenn diejenigen, deren Daten im Zuge des Ermittlungsverfahrens erhoben wurden, in eine solche Verarbeitung bzw. Nutzung ihrer Daten eingewilligt haben.[815]

Aber selbst wenn keine Aufklärung und Einwilligung erfolgte, ist eine Beeinträchtigung mehr als fraglich. Eine „Auswertung" im Sinne eines Abglei-

---

807 *Bäcker,* in: Hoffmann-Riem, Big Data, 2018, S. 167 (170).
808 *Bäcker,* in: Hoffmann-Riem, Big Data, 2018, S. 167 (170).
809 BVerfGE 65, 1 (43).
810 *Rademacher/Perkowski,* JuS 2020, 713 (718).
811 BVerfGE 120, 378 (399).
812 BVerfGE 150, 244 (265 f. Rn. 42; 266 ff. Rn. 45 ff., 50f.); bestätigt durch BVerfGE 156, 63 (119 Rn. 199).
813 Dazu auch *Rademacher/Perkowski,* JuS 2020, 713 (718).
814 S. auch *Jarass,* in: ders./Pieroth, GG, 16. Aufl. 2020, Vorb. Art. 1, Rn. 25.
815 s. dazu schon unter B. III. 2. a) (6); *Jarass,* NJW 1989, 857 (860); *Di Fabio,* in: Dürig/Herzog/Scholz, GG, 95. EL 2021, Art. 2 Abs. 1 Rn. 228; *Enders,* in: HB der Grundrechte IV, § 89 Rn. 53.

ches[816] oder der Herstellung neuer Verknüpfungen[817] liegt jedenfalls nicht vor. Für andere Arten der automatisierten Verarbeitung personenbezogener Daten hat das BVerfG noch keine Entscheidung hinsichtlich der Eingriffsqualität getroffen. Die diametrale Zweckrichtung spricht jedenfalls gegen die Annahme eines Eingriffs bei Anonymisierung. Während bei einem Abgleich von Daten gerade eine spezifische Zuordnung zu einzelnen Personen bezweckt wird und sich darin das staatliche Interesse an den betroffenen Daten „spezifisch verdichtet hat",[818] geht es bei der Anonymisierung darum, jegliche Zuordnung aufzuheben.

Personenbezogene Daten sind aufgrund ihres Personenbezuges schützenswert.[819] Dies ergibt sich bereits aus der dogmatischen Verwurzelung des Rechts auf informationeller Selbstbestimmung im allgemeinen Persönlichkeitsrecht. Mit den Worten von *Kunig/Kämmerer* ist vor allem die besondere Gefahr der Datenverarbeitungen, die sich für die Persönlichkeit ergeben, „Spezifikum und Existenzgrund des Rechts auf informationelle Selbstbestimmung".[820] Wenn das BVerfG im Zusammenhang mit den besonderen Gefahren der automatisierten Datenverarbeitung davon spricht, dass es kein per se „belangloses" Datum" gibt, so ist auch hier zu beachten, dass das Gericht insoweit von personenbezogenen Daten spricht,[821] deren Verknüpfung und Verarbeitung Einfluss auf die Persönlichkeit des Einzelnen nehmen kann.[822]

Anonymisierte Daten verlieren ihren Bezug zur Persönlichkeit eines Einzelnen und müssen im Folgenden nicht mehr geschützt werden. Dem Schutz personenbezogener Daten wird gerade durch die Verarbeitung i.S.d. Anonymisierung Rechnung getragen, zumindest dann, wenn eine De-Anonymisierung ausgeschlossen ist.[823] Wie bereits ausgeführt geht es bei der

816 BVerfGE 150, 244 (265 f. Rn. 42; 266 ff. Rn. 45 ff., 50f.); bestätigt durch BVerfGE 156, 63 (119 Rn. 199).

817 Dazu BVerfGE 156, 11 (39 f. Rn. 73) – Antiterrordateigesetz II. Das BVerfG spricht insoweit auch von „erweiterter Datennutzung".

818 So das BVerfG zur automatisierten Kennzeichenkontrolle, BVerfGE 150, 244 (267 Rn. 48 f.).

819 Erinnert sei insoweit nochmals an die Definition der personenbezogenen Daten von *Hufen*, Staatsrecht II, 8. Aufl. 2020, § 13 Rn. 4.

820 *Kunig/Kämmerer*, in: v. Münch/Kunig GG, 7. Aufl. 2021, Art. 2 Rn. 77.

821 S. auch BVerwG, NVwZ 2018, 739 (741).

822 BVerfGE 65, 1 (45). S. auch *Caldarola/Schrey*, Big Data und Recht, 2019, Rn. 31.

823 Schon sehr früh entschied das BVerfG, dass etwa bei statistischer Auswertung die personenbezogenen Angaben wegen der Anonymität ihrer Auswertung den Persönlichkeitsbezug verlieren können, BVerfGE 27, 1 (7); 65, 1 (48 ff.); s. auch BVerfG(K),

Georeferenzierung von Daten für den Zweck des Einsatzes in Predictive Policing-Softwares gerade darum, den Personenbezug zu löschen. Zwar können grds. aus den Koordinaten wieder Adressen hergestellt und Auskunft über die dort lebenden Personen eingeholt werden, sodass bestimmten Personen identifiziert werden könnten. Allerdings sind für das raumbezogene Predictive Policing allein die Ortsdaten relevant. Wem diese Koordinaten zuzuordnen sind, sind weder für die Programme noch für die mit ihnen arbeitenden Polizisten von Interesse, sodass eine Wiederherstellung des Personenbezuges nicht realistisch zu erwarten ist.[824]

Da bereits die Erhebung von personenbezogenen Daten strengen Maßgaben unterliegt, würde die Annahme eines Eingriffs in den Schutzbereich bei jeder Art der Verarbeitung, selbst die der Löschung des Personenbezuges, das Grundrecht völlig ausufern lassen und letztlich ad absurdum führen.[825]

Auf einer ähnlichen Linie liegt die Argumentation des BVerfG bei der Beurteilung eines Eingriffs in das Recht auf Unverletzlichkeit der Wohnung aus Art. 13 Abs. 1 GG bei Nutzung einer Home Unit zur Störung der genauen Aufenthaltsverfolgung innerhalb der eigenen Wohnung im Rahmen der elektronischen Aufenthaltsüberwachung.[826] Zwar verneinte es explizit nur einen Eingriff in den Kernbereich privater Lebensgestaltung, doch geht aus der Formulierung von allgemeinen Rechtfertigungsgründen als „Selbst wenn"-Überlegung hervor, dass das BVerfG generell keinen Eingriff in Art. 13 Abs. 1 GG annehmen möchte.[827] Dem aus Art. 13 Abs. 1 GG folgenden verfassungsrechtlichen „Gebot, die Wohnung als räumlich-gegenständlichen Bereich der Privatsphäre zu schützen, in dem der Einzelne für sich sein und sich nach selbstgesetzten Maßstäben frei entfalten kann", werde dadurch hinreichend Rechnung getragen, dass lediglich eine bloße Präsenzkontrolle stattfinde, darüber hinaus durch die Home Unit jedoch eine genaue Überwachung des Betroffenen im häuslichen Bereich gerade

---

NJW 2005, 883 (884). S. auch *Härtel*, LKV 2019, 49 (55), die feststellt, dass bei einer Anonymisierung der Schutzbereich nicht mehr eröffnet, bei einer De-Anonymisierung aber wieder eröffnet sei.

824 S. dazu bereits B. II. 3. a) (2) (b).

825 A.A. *Schwabenbauer*, in: Lisken/Denninger, HB des Polizeirechts, 7. Aufl. 2021, G. Rn. 20, der grds. in jedem „Schritt im gesamten ´Lebenszyklus´ einer Information einen Eingriff" in die informationelle Selbstbestimmung sieht und sich dabei erkennbar an den unionsrechtlichen Vorgaben orientiert.

826 BVerfGE 156, 63 (161 ff. Rn. 330 ff.).

827 BVerfGE 156, 63 (162 Rn. 332 f.).

verhindert werde bzw. doch erhobene Daten unverzüglich nach Kenntnisnahme zu löschen sind.[828] Die Home Unit verhindert also gerade einen (tieferen) Eingriff in Art. 13 GG, wobei das BVerfG jedoch den notwendigen Vorbereitungsschritt des Platzierens der Home Unit in der Wohnung durch die zuständige Behörde gar nicht eigenständig rechtlich bewertet.[829]

Hält man einen Eingriff dennoch für gegeben, so sind jedenfalls die Anforderungen an eine Rechtfertigung gering.

Insoweit könnte man gewisse Parallelüberlegungen zur Rechtsprechung des BVerfG zum staatlichen Informationshandeln anstellen. Zwar können bloße Aufgabenzuweisungsnormen wegen der dogmatischen Unterschiede zwischen Aufgaben- und Befugnisnormen,[830] aber auch insbesondere wegen der besonderen Anforderungen an die Schranken der informationellen Selbstbestimmung, vorliegend nicht ausreichend sein.[831] Zuzustimmen ist aber dem Grundgedanken des BVerfG, dass bei nur sehr schwachen Grundrechtsbeeinträchtigungen, also geringer Eingriffsintensität, die Anforderungen an eine Ermächtigungsgrundlage nicht überstrapaziert werden dürfen.[832] Im Hinblick darauf, dass eine Anonymisierung einen stärkeren Eingriff in die informationelle Selbstbestimmung gerade verhindern soll, wäre auch ein Eingriff in Art. 2 Abs. 1 i.V.m. Art. 1 Abs. 1 GG durch Löschung des Personenbezuges als Eingriff von sehr geringer Tiefe anzusehen.[833]

828 BVerfGE 156, 63 (161 f. Rn. 331 f.).

829 Zu diesem Problem aber *Guckelberger,* DVBl. 2017, 1121 (1127 f.); *Kaiser,* Auf Schritt und Tritt – Die elektronische Aufenthaltsüberwachung, 2016, 171 ff.

830 Etwa *Schoch,* NVwZ 2011, 193 (196); *Graulich,* in: Lisken/Denninger, HB des Polizeirechts, 7. Aufl. 2021, E. Rn. 81; *Isensee,* in: ders./Kirchhof, HB des Staatsrechts, Bd. IV, 3. Aufl. 2006, § 73 Rn. 21.

831 S. auch *Rixen,* in: Sachs GG, 9. Aufl. 2021, Art. 2 Rn. 107; so aber BVerwGE 84, 375 (382), das in der Aufgabenzuweisungsnorm des § 3 Abs. 1 BVerfSchG, dass die Verfassungsschutzbehörden bestimmte Informationen sammeln, eine hinreichende Rechtsgrundlage für die Erhebung von Daten sah.

832 Die dort angenommene geringe Eingriffsintensität der staatlichen Warnungen führt dazu, dass sie sogar auf reine Aufgabenzuweisungsnormen gestützt werden können BVerfGE 105, 279 (300 ff.). Das BVerfG folgte damit der schon zuvor bestehenden Rspr.-Linie des BVerwG, s. BVerwGE 82, 76 (79 ff.); 87, 37 (46 ff.); 90, 112 (122 f.); zur Kritik an dieser Rechtsprechung, *Rixen,* in: Sachs GG, 9. Aufl. 2021, Art. 2 Rn. 107 Fn. 205; *Discher,* JuS 1993, 463 (467 ff.); vorsichtiger („verfassungsrechtsdogmatisch interessant"), *Meyn,* JuS 1990, 630 (633).

833 Vgl. *Oermann/Staben,* Der Staat 52 (2013), 630 (655 f.), die eine solche Parallelüberlegung für staatliche Online-Streifen bzw. Online-Ermittlungen zu Recht ablehnen, da hier gerade neue Informationen über einzelne Personen gewonnen werden.

Bei nicht eingriffsintensiven Maßnahmen können grds. auch Generalklauseln als Rechtsgrundlage ausreichend sein.[834] Die einzelnen Polizeigesetze sehen, wenn überhaupt, zumeist nur eine Generalklausel für Datenerhebungen vor,[835] keine für Datenverarbeitungen.

Insofern kann man jedoch die allgemeine Generalklausel der Landesdatenschutzgesetzen als Rechtsgrundlage heranziehen. Die Regelungen der Landesdatenschutzgesetze werden durch die Polizeigesetze in der Regel für ergänzend anwendbar erklärt, etwa für Bayern durch Art. 66 PAG. In NRW gibt es keine solche explizite Anweisung im PolG NRW, die ergänzende Anwendung folgt hierbei jedoch direkt aus dem DSG NRW: Nach § 35 Abs. 1 Nr. 1 DSG NRW gelten die Vorschriften dieses Teils für die Verarbeitung personenbezogener Daten durch die Behörden der Polizei, wobei nach Abs. 3 besondere Rechtsvorschriften, also etwa das PolG NRW, diesem Gesetz vorgehen. Wenn also die bereichsspezifischen Regelungen in den Polizeigesetzen den Fall nicht vorsehen, kann auf die jeweiligen Landesdatenschutzgesetze rekurriert werden. So regelt beispielsweise § 3 Abs. 1 DSG NRW: *Soweit spezialgesetzliche Regelungen nicht vorgehen, ist die Verarbeitung personenbezogener Daten durch öffentliche Stellen zulässig, wenn sie für die Wahrnehmung einer im öffentlichen Interesse liegenden Aufgabe der verarbeitenden Stellen erforderlich ist oder wenn sie in Ausübung öffentlicher Gewalt erfolgt, die dem Verantwortlichen übertragen wurde.* Diese Norm kann grds. als Rechtsgrundlage eine Datenverarbeitung durch öffentliche Stellen rechtfertigen.[836] Eine ähnliche Generalermächtigung gibt es auch in allen anderen Bundesländern,[837] die Predictive Policing nutzen.

(2) Art. 8 EUGrCh

Anders sieht es möglicherweise auf der Ebene des unionalen Grundrechtsschutzes aus. Nach Art. 8 Abs. 1 EUGrCh hat jede Person *das Recht auf Schutz der sie betreffenden personenbezogenen Daten*. Nach Absatz 2 Satz 1 dürfen diese Daten *nur nach Treu und Glauben für festgelegte Zwecke und*

---

834 Im Zusammenhang mit Datenerhebungen durch die Polizei *Bäcker*, Kriminalpräventionsrecht, S. 258; *Golla*, DSRITB 2018, 871 (875).

835 Etwa Art. 32 PAG; § 13 HSOG; § 31 NPOG.

836 *Schwartmann/Hermann/Mühlenbeck*, in: Schwartmann/Pabst, Landesdatenschutzgesetz NRW, 2020, § 3 Rn. 1.

837 In Bayern: Art. 4 Abs. 1 BayDSG, in Sachsen: § 13 Abs. 1 SächsDSG, in Niedersachsen: § 25 Abs. 1 NDSG, in Hessen: § 3 HDSIG, in Berlin: § 3 Nr. 1 BlnDSG.

mit Einwilligung der betroffenen Person oder auf einer sonstigen gesetzlich geregelten legitimen Grundlage verarbeitet werden. Zwar wird das Grundrecht auf Datenschutz in der Rechtsprechungspraxis der EuGHs oftmals zusammen mit dem Recht auf Achtung des Privat- und Familienlebens aus Art. 7 EUGrCh geprüft und insoweit das Recht auf „Achtung des Privatlebens hinsichtlich der Verarbeitung personenbezogener Daten“ genannt.[838] Der EuGH spricht insofern davon, dass das Grundrecht aus Art. 8 EUGrCh bei natürlichen Personen in engem Zusammenhang mit dem Recht auf Achtung ihres Privatlebens steht.[839] Anders als bei der informationellen Selbstbestimmung des Grundgesetzes besteht jedoch keine dogmatische Verknüpfung oder gar Verwurzelung von Art. 8 mit bzw. in Art. 7 EUGrCh.[840] So kommt Art. 8 EUGrCh auch eigenständige Bedeutung zu.[841] Insofern können die soeben zur informationellen Selbstbestimmung angestellten Überlegungen bzw. Wertungen nicht ohne Weiteres auf die unionsrechtliche Ebene übertragen werden.

Als Eingriff in den Schutz personenbezogener Daten legt die Grundrechtecharta in Art. 8 Abs. 2 Satz 1 EUGrCh insbesondere die Verarbeitung personenbezogener Daten fest.[842] Eine Einschränkung hinsichtlich der Art der

838 EuGH, Urt. v. 09.11.2010, C-92/09 und C-93/09, Rn. 52; Urt. v. 03.10.2019, C-70/18, Rn. 54; dazu *Jarass,* in: ders., Charta der Grundrechte der EU, 4. Aufl. 2021, Art. 8 Rn. 4.

839 EuGH, Urt. 09.11.2010, C-92/09 und C-93/09, Rn. 47; Urt. v. 18.06.2020, C-78/18, Rn. 126; Urt. v. 06.10.2020, C-245/19 und C-246/19, Rn. 72. Dazu, dass das genaue Verhältnis der beiden Chartagrundrechte umstritten ist, *Müller/Schwabenbauer,* in: Lisken/Denninger, HB des Polizeirechts, 7. Aufl. 2021, G. Rn. 381.

840 So auch *Schindler,* Biometrische Videoüberwachung, 2021, S. 372 f. Soweit Generalanwalt *Villalón* in den Schlussanträgen v. 12.12.2013, C-293/12 und C-594/12, Nr. 62 mit Verweis auf die Schlussanträge v. Generalanwältin *Kokott* v. 18.07.2007, C-275/06 davon spricht, dass das Grundrecht aus Art. 8 auf Art. 7 EUGrCh beruhe, so übersieht er, dass *Kokott* in Nr. 51 lediglich davon spricht, dass der Datenschutz allgemein auf das Grundrecht auf Privatsphäre, wobei sie sich zudem auf die EMRK bezieht, zurückgehe und in der europäischen Grundrechtecharta „in Art. 7 bestätigt und in Art. 8 das Grundrecht auf Schutz personenbezogener Daten einschließlich wichtiger Grundprinzipien des Datenschutzes besonders hervorgehoben“ wurde; gleichwohl ist das genaue Verhältnis der beiden Grundrechte umstritten, s. *Müller/Schwabenbauer,* in: Lisken/Denninger, HB des Polizeirechts, 7. Aufl. 2021, G. Rn. 381.

841 Schlussanträge des Generalanwalts *Villalón* v. 12.12.2013, C-293/12 und C-594/12, Nr. 55.

842 EuGH, Urt. v. 09.11.2010, C-92/09, Rn. 60; Urt. v. 08.04.2014, C-293/12 und C-594/12, Rn. 36; *Jarass,* in: ders., Charta der Grundrechte der EU, 4. Aufl. 2021, Art. 8 Rn. 9.

Verarbeitung erfolgt nicht, weshalb es nach dem EuGH auch nicht darauf ankommt, ob die Verarbeitung zu einem Nachteil führt.[843] Der Begriff der Verarbeitung als Grundrechtseingriff ist somit weit auszulegen.[844] Die Begriffsauslegung wird am Sekundärrecht angelehnt und umfasst jeden Vorgang im Zusammenhang mit personenbezogenen Daten, insbesondere auch das Löschen.[845] Auch eine Anonymisierung stellt somit grds. einen Eingriff in das unionale Datenschutzgrundrecht aus Art. 8 Abs. 1 EUGrCh dar und bedarf einer Rechtfertigung, muss also insbesondere nach Art. 52 Abs. 1 EUGrCh gesetzlich vorgesehen sein. Etwas anderes gilt nur, wenn der Betroffene in die Verarbeitung eingewilligt hat, was nach überwiegender Ansicht bereits einen Eingriff in Art. 8 Abs. 1 EUGrCh ausschließt.[846]

(3) JI-RiLi

Zuletzt stellt sich die Frage, welche Anforderungen das Sekundärrecht, insbesondere die JI-RiLi an eine Rechtsgrundlage für die Georeferenzierung stellt.

In Art. 3 Abs. 2 JI-RiLi wird eine Anonymisierung nicht explizit als Verarbeitung i.S.d. JI-RiLi definiert. Sie wird jedoch in ErwGr. 26 Sätze 5 und 6 DSGVO und ErwGr. 21 JI-RiLi umschrieben und schließt die Anwendbarkeit der Verordnung und der Richtlinie für anonymisierte Daten mangels Identifizierbarkeit aus.[847] In Art. 4 Abs. 1 lit. e JI-RiLi wird als Grundsatz der Datenverarbeitung festgelegt, dass die Mitgliedstaaten vorzusehen haben, dass personenbezogene Daten nicht länger als es für die Zwecke, für die sie verarbeitet werden, erforderlich ist, in einer Form gespeichert

843 EuGH, Urt. v. 20.05.2003, C-465/00, C-138/00 und C139/00, Rn. 75; dazu auch *Jarass*, in: ders., Charta der Grundrechte der EU, 4. Aufl. 2021, Art. 8 Rn. 9; *Bernsdorff*, in: Meyer/Hölscheidt, Charta der Grundrechte der Europäischen Union, 5. Aufl. 2019, Art. 8 Rn. 22; *Augsberg*, in: von der Groeben/Schwarze/Hatje, Europäisches Unionsrecht, 7. Aufl. 2015, Art. 8 GRC Rn. 11.

844 *Bernsdorff*, in: Meyer/Hölscheidt, Charta der Grundrechte der Europäischen Union, 5. Aufl. 2019, Art. 8 Rn. 22.

845 *Augsberg*, in: von der Groeben/Schwarze/Hatje, Europäisches Unionsrecht, 7. Aufl. 2015, Art. 8 GRC Rn. 11.

846 *Jarass*, in: ders., Charta der Grundrechte der EU, 4. Aufl. 2021, Art. 8 Rn. 10; *Augsberg*, in: von der Groeben/Schwarze/Hatje, Europäisches Unionsrecht, 7. Aufl. 2015, Art. 8 GRC Rn. 12.

847 Zur DSGVO *Hornung/Wagner*, ZD 2020, 223 (223 f.); auch *Roßnagel*, ZD 2021, 188 (189); *Ernst*, in: Paal/Pauly, DS-GVO BDSG, Art. 4 DS-GVO Rn. 48.

werden, die die Identifizierung der betroffenen Personen ermöglicht. Im Umkehrschluss könnte dies bedeuten, dass eine Anonymisierung und dadurch verlängerte Speicherung gerade möglich ist.[848] Allerdings schweigt die JI-RiLi zur Zulässigkeit und zu Vorgaben hinsichtlich einer Anonymisierung, keine der Vorschriften nennt diese Form der Verarbeitung personenbezogener Daten explizit.[849] Diskutiert wird diesbezüglich auch die Frage, ob durch eine Anonymisierung von Daten den in Art. 17 DSGVO festgelegten Löschungspflichten für gespeicherte personenbezogene Daten genügt werden kann.[850]

Da jedoch sogar die Löschung und Vernichtung personenbezogener Daten als Verarbeitung gem. Art. 3 Nr. 2 JI-RiLi gelten, muss dies ebenso für eine Anonymisierung gelten, die eine ähnliche Stoßrichtung verfolgt. Somit müssen hier die gleichen Grundsätze wie bei jeder anderen Verarbeitung i.S.d. Art. 2 Nr. 2 JI-RiLi gelten.

Gemäß Art. 8 Abs. 1 JI-RiLi sehen die Mitgliedstaaten vor, dass die Verarbeitung nur dann rechtmäßig ist, wenn und soweit die Verarbeitung für die Erfüllung einer Aufgabe erforderlich ist und auf Grundlage des Unionsrechts oder des Rechts der Mitgliedstaaten erfolgt. Die Anonymisierung in Form der Georeferenzierung ist notwendiger Schritt hin zur Erstellung von Kriminalitätsprognosen durch die Predictive Policing-Softwares und somit zur Gefahrenabwehr in Bezug auf Wohnungseinbruchdiebstahl. Weiterhin muss diese Verarbeitung auf der Grundlage des Rechts des betreffenden Mitgliedstaates, also Deutschland, erfolgen. Nach Art. 8 Abs. 2 JI-RiLi muss das Recht der Mitgliedstaaten dabei zumindest die Ziele der Verarbeitung, die personenbezogenen Daten, die verarbeitet werden sollen und die Zwecke der Verarbeitung angeben.

(4) Rechtsgrundlagen

Das Unionsrecht erfordert somit eine Rechtsgrundlage auch für die Georeferenzierung der Daten. Mangels expliziter Regelungen ist insoweit auf den Vorschlag zurückzukommen, ob nicht die Generalklauseln der Landesdatenschutzgesetze die Anforderungen an eine gesetzliche Grundlage hin-

848 Ähnlich *Stürmer*, ZD 2020, 626 (629) im Hinblick auf die Speicherbegrenzung des Art. 5 Abs. 1 lit. e DSGVO.

849 Zur DSGVO *Roßnagel*, ZD 2021, 188 (190).

850 Dafür *Stürmer*, ZD 2020, 626 ff.; dagegen hält *Roßnagel*, ZD 2021, 188 (192) dies für dogmatisch nicht vertretbar.

reichend erfüllen, wie z.B. § 3 Abs. 1 DSG NRW: *Soweit spezialgesetzliche Regelungen nicht vorgehen, ist die Verarbeitung personenbezogener Daten durch öffentliche Stellen zulässig, wenn sie für die Wahrnehmung einer im öffentlichen Interesse liegenden Aufgabe der verarbeitenden Stellen erforderlich ist oder wenn sie in Ausübung öffentlicher Gewalt erfolgt, die dem Verantwortlichen übertragen wurde.*

Diese Normen sind als Generalklauseln sehr unbestimmt. Die JI-RiLi gibt jedoch als Richtlinie auch keine allzu detaillierten Vorgaben. Allerdings verlangt sie, dass die personenbezogenen Daten, die verarbeitet werden sollen, in der Ermächtigungsnorm anzugeben sind. In den Generalklauseln ist hingegen nur ganz allgemein von personenbezogenen Daten die Rede. Eine Konkretisierung käme nur in Verbindung mit den Vorgaben der jeweiligen Polizeigesetze in Betracht, die, wie gezeigt, bereits ebenfalls an mangelnder Bestimmtheit leiden. Somit bleibt auch hier die Einwilligung als einzig mögliche Alternative.

(5) Fazit

Die Georeferenzierung der Daten stellt eine Verarbeitung personenbezogener Daten dar. Damit geht jedoch nach hier vertretener Ansicht kein Eingriff in das Grundrecht auf informationelle Selbstbestimmung einher. Allerdings verlangt das Unionsrecht, namentlich Art. 8 Abs. 2 i.V.m. Art. 52 Abs. 1 EUGrCh und Art. 8 JI-RiLi eine Ermächtigungsgrundlage, die bisher fehlt, oder alternativ die Einwilligung der Betroffenen.

3. Gesamtwürdigung

Insgesamt zeigt der Blick in die Polizei- und Datenschutzgesetze der Länder, dass auf dem Gebiet des Datenschutzrechts bei der Polizeiarbeit noch einiger Nachhol- und Präzisierungsbedarf besteht.[851] Insbesondere das unionale Datenschutzrecht setzt auch der staatlichen Datenverarbeitung deutliche Grenzen und verlangt vom nationalen Gesetzgeber, diese auch einfachrechtlich präzise auszugestalten.[852] Die bisherige Praxis, wenn

851 So auch nach eingehender Analyse in den Rn. 557 ff. *Müller/Schwabenbauer*, in: Lisken/Denninger, HB des Polizeirechts, 7. Aufl. 2021, G. Rn. 567.

852 So mahnte auch der Bundesbeauftragte für den Datenschutz und die Informationsfreiheit *Kelber* im Jahr 2021 erneut an, dass die JI-Richtlinie auf Bundesebene noch

überhaupt nur sehr unbestimmte Rechtsrahmen zu schaffen, sollte daher dringend überdacht werden. Als Übergangspraxis bietet es sich an, die Einwilligung der Geschädigten zur Weiterverarbeitung ihrer Daten einzuholen.

IV. Präventiv-polizeiliche Folgemaßnahmen aufgrund von Prognosen

Neben dem Einsatz von raumbezogenen Predictive Policing-Systemen an sich werfen auch die eventuellen Folgemaßnahmen rechtliche Fragen auf. Ergebnis der Vorhersagesysteme sind errechnete und von einem Sachbearbeiter bei der Polizei freigegebene Prognosegebiete, in denen die Wahrscheinlichkeit für die Begehung eines bestimmten Delikts für einen bestimmten Zeitraum signifikant erhöht sein soll. Auf Grundlage dieser Erkenntnisse soll die Einsatzplanung der (Streifen-)Polizei angepasst werden und bspw. die Präsenz in den Prognosegebieten erhöht werden. Im Folgenden soll untersucht werden, ob und welche Maßnahmen die jeweiligen Einsatzkräfte vor Ort in den Prognosegebieten durchführen können.[853]

1. Grundsatz: keine konkrete Gefahr

Für die meisten polizeilichen Standardmaßnahmen sowie die Generalklauseln ist das Vorliegen einer konkreten Gefahr Voraussetzung.[854] Es stellt sich also die Frage, ob bereits die Generierung eines Prognosegebietes durch die Software zur Annahme einer solchen konkreten Gefahr führen kann.[855] Eine konkrete Gefahr erfordert eine Sachlage, bei der aus der ex-ante-Sicht eines verständigen Polizisten bei ungehindertem Ablauf des objektiv zu erwartenden Geschehens mit hinreichender Wahrscheinlichkeit in absehbarer Zeit ein Schaden an einem polizeilichen Schutzgut entste-

---

nicht vollständig umgesetzt sei und insb. spezifische und normenklare Ergänzungen im jeweiligen Fachrecht vorgenommen werden müssten, BT-Drucks. 19/29681, S. 62; s. auch *Pfeffer,* NVwZ 2022, 294 (297).

853 Aus Gründen der besseren Lesbarkeit wird auf die genaue Benennung der jeweils zuständigen Gefahrenabwehrbehörde in den einzelnen Bundesländern verzichtet und allgemein von der „Polizei" gesprochen. Gemeint sind jeweils selbstverständlich die im Einzelfall zuständigen Behörden.

854 *Kulick,* AöR 143 (2018), 175 (180); zur Gefahr als „zentrale[n] Terminus" des Gefahrenabwehrrechts, a.a.O., S. 179; so auch schon *Di Fabio,* Jura 1996, 566 (566).

855 Zu dieser Fragestellung auch *Thüne,* Predictive Policing, 2020, S. 189 ff.

hen wird.[856] Erforderlich ist mithin eine Prognoseentscheidung.[857] Eine Prognose scheint wiederum auf den ersten Blick genau das zu sein, was Predictive Policing-Software generiert.

Bei der Generierung eines Prognosegebietes von mehreren hunderttausend Quadratmetern fehlt es allerdings bereits an einem konkreten Sachverhalt oder einer konkreten Handlungsweise. Grundlage für die Generierung des Prognosegebietes ist das spezifische Kriminalitätsgeschehen bezüglich einer bestimmten Straftat, aber gerade nicht eine bestimmte Handlung oder eine bestimmte Straftat als solche. Die Wahrscheinlichkeit des Schadenseintritts mag zwar „signifikant erhöht"[858] sein, jedoch hat sie sich angesichts der großen Unsicherheiten und Unwägbarkeiten solcher Prognosen noch nicht zu einer hinreichenden Wahrscheinlichkeit verdichtet.[859] Auch das Tatobjekt ist nicht konkretisiert, es steht lediglich die statistische Annahme im Raum, dass Objekte in einem bestimmten Gebiet für einen bestimmten Zeitraum mit einer bestimmten, höheren Wahrscheinlichkeit geschädigt werden könnten.[860]

Zwar ist wegen des prognostischen Elements anerkannt, dass an die Konkretisierung des Schadenseintritts keine übertriebenen Anforderungen gestellt werden dürfen.[861] „Unsicherheiten, die in Bezug auf ein einzelnes Kriterium oder einzelner Kriterien bestehen, schließen die Annahme einer konkreten Gefahr nicht aus, wenn in Bezug auf die übrigen Kriterien ein hohes Maß an prognostischer Sicherheit konstatiert werden kann."[862] So stellt auch *Rademacher* zunächst fest, dass eine Übersetzung des Prognoseergebnisses in polizeirechtliche Terminologie zwar an die Feststellung einer

856 BVerwGE 143, 74 (80 Rn. 27); BVerwG, NJW 2012, 2676 (2677); NVwZ-RR 2019, 971 (972 Rn. 13); *Guckelberger,* in: Gröpl/dies./Wohlfarth, Landesrecht Saarland, 4. Aufl. 2022, § 4 Rn. 41; *Schenke,* Polizei- und Ordnungsrecht, 11. Aufl. 2021, § 3 Rn. 74; *Thiel,* Die Verw 53 (2020), 1 (2). S. auch BVerfGE 120, 274 (328).

857 *Guckelberger,* in: Gröpl/dies./Wohlfarth, Landesrecht Saarland, 4. Aufl. 2022, § 4 Rn. 44; *Thiel,* Polizei- und Ordnungsrecht, 4. Aufl. 2020, § 8 Rn. 52; *Schmidt,* Polizei- und Ordnungsrecht, 20. Aufl. 2018, Rn. 679; *Trurnit,* JA 2019, 258 (263); *Kulick,* AöR 143 (2018), 175 (179); *Schoch,* Jura 2003, 472 (473).

858 Etwa *Gerstner,* Predictive Policing, 2017, S. 42.

859 Siehe dazu etwa *Altwicker,* ZBl 2018, 619 (631 ff.), der betont, dass eine statistische Wahrscheinlichkeit nur sehr rudimentäre Gemeinsamkeiten mit einer sicherheitsrechtlichen Wahrscheinlichkeit hat und weiterer, normativer Wertungen bedarf. Dazu auch *Guckelberger,* Öffentliche Verwaltung im Zeitalter der Digitalisierung, 2019, Rn. 97.

860 S.a. *Gerstner,* European Journal for Security Research 2018, 115 (119).

861 *Ogorek,* JZ 2019, 63 (64).

862 *Ogorek,* JZ 2019, 63 (64); s.a. *Bäcker,* Kriminalpräventionsrecht, 2015, S. 79.

konkreten Gefahr erinnere, wegen der Größe des Gebiets und des längeren Gültigkeitszeitraums der Prognose aber die Annahme einer „Gefahrenlage" näher liege,[863] ohne diese näher auszuführen.

Zudem basiert die Generierung des Prognosegebietes nur auf allgemeinen kriminologischen Theorien und statistischen Erwägungen, während die Beurteilung einer Gefahrenprognose im Sicherheitsrecht immer auch eine normative Wertung fordert.[864] Eine solche bedingt stets eine Abwägung im Einzelfall und kann nicht allein durch Zahlen oder Statistiken dargestellt werden.[865] Eine allgemeine Annahme, dass etwa von bestimmten Personen bestimmte Arten von Straftaten aufgrund ihrer kriminogenen Neigung oder der Angehörigkeit eines bestimmten kriminellen Milieus zu erwarten sind, mithin eine rein statistikbasierte Prognose, erfüllt daher nicht die Anforderungen an den Gefahrenbegriff.[866] *Trurnit* bringt es mit folgenden Worten auf den Punkt: „Grundlage der Prognose müssen Tatsachen sein. Vermutungen reichen nicht."[867] So kann auch die allgemeine Annahme, dass die Begehung eines Wohnungseinbruchdiebstahls in einem bestimmten Gebiet zu einer bestimmten Zeit mit bestimmten Tatmerkmalen weitere solcher Delikte in der Nähe hervorrufen *könnte*, keine konkrete Gefahr sein. Bloße Verdachtsmomente oder Vermutungen sind nach gefestigter Rspr. des BVerfG nicht ausreichend.[868] In seiner Entscheidung zum BKAG machte das BVerfG im Umkehrschluss zu terroristischen Straftaten deutlich, dass grds. Eingriffsmaßnahmen der Polizei nur dann zulässig sind, wenn ein seiner Art nach konkretisiertes und zeitlich absehbares Geschehen *erkennbar* ist.[869] Davon kann bei einer Berechnung eines Prognosegebietes, in dem die Wahrscheinlichkeit eines Wohnungseinbruchdiebstahls durch einen gerade noch nicht bekannten Täter(kreis) lediglich im Vergleich zu jedem anderen Gebiet erhöht ist, nicht die Rede sein.

863 *Rademacher,* AöR 142 (2017), 366 (380).

864 S. *Rademacher,* AöR 142 (2017), 366 (383 f.); *Singelnstein,* NStZ 2018, 1 (8); *Kulick,* AöR 143 (2018), 174 (179 f.); *Altwicker,* ZBl 2018, 619 (632); *Guckelberger,* Öffentliche Verwaltung im Zeitalter der Digitalisierung, 2019, Rn. 97; *Busch/Singelnstein,* in: Bode/Seidensticker, Predictive Policing, 2020, S. 261 (268); *Pünder,* in: Ehlers/Fehling/Pünder, Besonderes Verwaltungsrecht, Bd. 3, 4. Aufl. 2021, § 69 Rn. 72.

865 *Rademacher,* AöR 142 (2017), 366 (384).

866 *Bäcker,* Kriminalpräventionsrecht, 2015, S. 79; *Altwicker,* ZBl 2018, 619 (632); *Singelnstein,* NStZ 2018, 1 (8).

867 *Trurnit,* JA 2019, 258 (263).

868 BVerfGE 69, 315(353 f.); 110, 33 (61); 113, 348 (378 f.); 120, 274 (328).

869 BVerfGE 141, 220 (272 f.); kritisch dazu *Schmidbauer,* in: ders./Steiner, PAG/POG, 5. Aufl. 2020, Art. 11 PAG Rn. 147, 168 ff.

Rademacher gibt zudem zutreffend zu bedenken, dass Prognosesoftwares zwar alle ihnen zur Verfügung gestellten Umstände auswerten, jedoch nicht alle Umstände, die eine Gefahrenprognose stützen und erfordern, mangels vollständiger Digitalisierung der Lebenswirklichkeit berücksichtigen können.[870]

Auch die Zugrundelegung der Je-desto-Formel führt hier zu keinem anderen Ergebnis: Wann im Einzelfall die Wahrscheinlichkeit bereits hinreichend ist, hängt umgekehrt proportional von der Bedeutung des betroffenen Rechtsgutes ab.[871] So können im Einzelfall die Anforderungen an die Wahrscheinlichkeit des Schadenseintritts gesenkt sein, je höherwertiger das bedrohte Rechtsgut bzw. je gravierender der befürchtete Schaden[872] und je geringer der Grundrechtseingriff durch die polizeiliche Präventionsmaßnahme.[873] So kann die überragende Bedeutung eines Schutzgutes, etwa Leib und Leben vieler Menschen, dazu führen, dass bereits eine entfernte Wahrscheinlichkeit des Schadenseintritts ausreicht, z.B. bei einer Bombendrohung.[874]

Der Schutz einzelnen Privateigentums hat jedoch keine so herausragend hohe Stellung in unserer Rechtsordnung, als dass er es rechtfertigen würde, die Unsicherheiten hinsichtlich des Schadenseintritts zu akzeptieren. Eine solche Ausdehnung des Gefahrenbegriffes würde zu einer nicht hinnehmbaren Aufhebung der Differenzierung zwischen Wahrscheinlichkeit und Möglichkeit, zwischen Gefahr und Risiko führen.[875] Daher kann Predictive

---

870 *Rademacher,* AöR 142 (2017), 366 (383); dazu auch *Guckelberger,* Öffentliche Verwaltung im Zeitalter der Digitalisierung, 2019, Rn. 97. S. auch im Zusammenhang mit personenbezogenen Predictive Policing, *Sommerer,* Personenbezogenes Predictive Policing, 2020, S. 101.

871 *Bäcker,* Kriminalpräventionsrecht, 2015, S. 92; *Götz/Geis,* Allgemeines Polizei- und Ordnungsrecht, 16. Aufl. 2017, § 6 Rn. 7.

872 BVerfGE 100, 313 (392); 110, 33 (60); 115, 320 (360 f.); BVerwGE 45, 51 (61); 88, 348 (351); 116, 347 (356); *Bäcker,* Kriminalpräventionsrecht, 2015, S. 92; *Götz/Geis,* Allgemeines Polizei- und Ordnungsrecht, 16. Aufl. 2017, § 6 Rn. 7; *Schmidt,* Polizei- und Ordnungsrecht, 20. Aufl. 2018, Rn. 667; *Schenke,* JuS 2018, 505 (506); *Schoch,* Jura 2003, 472 (473) m.w.N. aus der Rspr.

873 BVerfGE 115, 320 (360 f.).

874 BVerwG, NJW 1970, 1890 (1892); OLG Düsseldorf, NVwZ 2002, 629 (629); *Guckelberger,* in: Gröpl/dies./Wohlfarth, Landesrecht Saarland, 4. Aufl. 2022, § 4 Rn. 43; *Schmidt,* Polizei- und Ordnungsrecht, 20. Aufl. 2018, Rn. 667.

875 S. schon *Losch,* DVBl. 1994, 781 (782).

Policing keine konkrete Gefahr generieren.[876] Infolgedessen können auch keine polizeilichen Gefahrenabwehrmaßnahmen, die eine konkrete Gefahr voraussetzen, allein auf das Vorliegen einer raumbezogenen Predictive-Policing Prognose gestützt werden.

2. Gefahrenverdacht oder Risiko- bzw. allgemeine Bedrohungslage?

Nach der Generierung des Prognosegebietes befindet man sich daher nach wie vor im Bereich des Gefahrenvorfeldes. Um diesen Begriff hat es seit jeher intensive Debatten gegeben, die noch nicht abgeschlossen sind. Viele Begrifflichkeiten und dogmatische Feinheiten sind nach wie vor umstritten,[877] insbesondere das genaue Verhältnis zur Gefahr, was durch die womöglich unbeabsichtigte Einführung einer neuen Gefahrenkategorie „drohende Gefahr" durch das BVerfG und deren späteren Aufgreifen in einzelnen Polizeigesetzen der Länder wie im bayerischen PAG noch verschärft wurde.[878]

a) Gefahrenverdacht

Durch den Einsatz von Predictive Policing und die Generierung eines Prognosegebietes könnte ein sog. Gefahrenverdacht generiert werden. Gefahrenverdacht bezeichnet eine Sachlage, bei der aufgrund unsicherer Tatsachenbasis bzw. unsicherem Kausalverlauf noch keine hinreichende Wahrscheinlichkeit eines Schadenseintritts besteht, gleichwohl jedoch Indizien für eine entfernte Schadensmöglichkeit bestehen.[879] Eine algorithmenba-

876 A.A. wohl *Ebert,* LKV 2017, 10 (12), der Predictive Policing als „technisch gestützten Erkenntnisgewinn [versteht], der die Gefahrenprognose eines erfahrenen Polizisten ersetzt".

877 *Kießling,* in: Kulick/Goldhammer, Der Terrorist als Feind?, 2020, S. 261 (283); s. etwa zur Unterscheidung der Begrifflichkeiten Gefahrenverdacht und Gefahrenvorfeld *dies.,* a.a.O., S. 274 ff.

878 Dazu eingehend *Kießling,* in: Kulick/Goldhammer, Der Terrorist als Feind?, 2020, S. 261 ff. Allerdings ist in Bezug auf das BVerfG-Urteil zum BKA-Gesetz, aus dem diese neue Gefahrenkategorie abgeleitet wird, umstritten, ob das Gericht tatsächlich eine solche angedacht hat, oder nur einen Unterfall einer konkreten Gefahr beschrieben hat, s. dazu etwa *Graulich,* in: Lisken/Denninger, HB des Polizeirechts, 7. Aufl. 2021, E. Rn. 146; s. zur drohenden Gefahr auch unter B. IV. 3. c).

879 *Di Fabio,* Jura 1996, 566 (569); *Ibler,* in: Jochum/Fritzemeyer/Kau, FS Hailbronner, S. 737 (740). Näher dazu auch *Götz/Geis,* Allgemeines Polizei- und Ordnungsrecht,

sierte Vorhersage aufgrund vergangener Ereignisse ist von sich aus eine unsichere Entscheidungsgrundlage. Man könnte hier schon bezweifeln, ob sie überhaupt eine „Tatsachenbasis" darstellt.[880] Gleichwohl indiziert die Prognose eine gewisse erhöhte Wahrscheinlichkeit für einen Schadenseintritt. Teilweise wird für den Gefahrenverdacht bereits eine entfernte Möglichkeit als ausreichend angesehen,[881] weshalb man dann eine Prognose einer Predictive Policing-Software als großflächigen Gefahrenverdacht qualifizieren könnte.[882]

Poscher dagegen sieht den Begriff enger und nennt drei Merkmale für einen Gefahrenverdacht: (1) das Fehlen der erforderlichen Überzeugung von einer Gefahr auf Seiten des handelnden Beamten, (2) das Vorliegen von Gefahr und möglichem Schadenseintritt werde dennoch für wahrscheinlich gehalten und (3) der Beamte stehe unter Handlungszwang.[883] Auch er geht also davon aus, dass zwar noch keine hinreichende Wahrscheinlichkeit angenommen werden kann, der Beamte den Schadenseintritt gleichwohl bereits für wahrscheinlich hält. Insbesondere muss sich aber ein gewisser Handlungszwang ergeben, also ein Zuwarten auf einen befürchteten Schadenseintritt als zu riskant erscheinen.[884] Nach diesem engen Verständnis wäre noch nicht einmal ein Gefahrenverdacht generiert worden, denn eine bloß erhöhte Wahrscheinlichkeit im Vergleich zu allen anderen Gebieten macht den konkreten Eintritt des Schadens noch nicht wahrscheinlich. Auch ein konkreter Handlungsbedarf besteht noch nicht.

Di Fabio sieht das anders: „Der Gefahrenverdacht liegt vor, wenn die Gefahrenprognose nicht mit hinreichender Gewissheit abgegeben werden kann, weil der Sachverhalt in [B]ezug auf die Kausalität – objektiv im Hinblick, ob überhaupt ein Schaden droht, oder subjektiv im Hinblick darauf, wer der Störer ist – zur Zeit nicht aufklärbar ist."[885] Bei Predictive Policing

---

16. Aufl. 2017, § 6 Rn. 30 ff.; *Schenke*, Polizei- und Ordnungsrecht, 11. Aufl. 2021, Rn. 89 ff.

880 Vgl. unter 5.

881 *Di Fabio*, Jura 1996, 566 (569).

882 *Pünder*, in: Ehlers/Fehling/Pünder, Besonderes Verwaltungsrecht Bd. 3, 4. Aufl. 2021, § 69 Rn. 72; *Wischmeyer*, in: Ebers et al., Künstliche Intelligenz und Robotik, 2020, § 20 Rn. 19; siehe *Rademacher*, AöR 142 (2017), 366 (384), der je nach Gewissheit und Genauigkeit der Software einen mehr oder minder konkreten Gefahrenverdacht bejaht.

883 *Poscher*, NVwZ 2001, 141 (142).

884 *Schmidbauer* in: ders./Steiner, PAG/POG, 5. Aufl. 2020, Art. 11 PAG Rn. 60.

885 *Di Fabio*, Jura 1996, 566 (569).

allerdings sind gleich mehrere Unwägbarkeiten gegeben: Unsicherheit, ob überhaupt ein Schaden eintritt, wo genau und durch wen.

b) Risikolage bzw. allgemeine Bedrohungslage

Neben diesem weiten und engen Begriffsverständnis bezüglich des Gefahrenverdachts gibt es noch eine dritte Kategorie im Gefahrenvorfeld. Die Generierung eines Prognosegebietes könnte zur Erfassung einer reinen Risikolage[886] bzw. einer allgemeinen Bedrohungslage[887] führen. Nach *Bäcker* zeichnet sich ein Gefahrenverdacht durch das Wissen ob des Informationsdefizits und der grundsätzlichen Möglichkeit der Schließung der Wissenslücken aus.[888] Das Informationsdefizit hinsichtlich des konkret drohenden Schadens ist bei Generierung eines mehrere hunderttausend Quadratmeter umfassendes Prognosegebietes evident. Diese Lücken müssen jedoch greifbar sein, d.h. es muss klar sein, was noch alles ermittelt werden muss, um eine positive Gefahrenprognose erstellen zu können.[889] „In einer Risikolage [dagegen] lässt sich ein Gefahrurteil nicht abgeben, weil Wissen über relevante Umstände und Zusammenhänge fehlt und solches Wissen nach aktuellem Erkenntnisstand auch nicht beschafft werden kann."[890] Der Begriff des Risikos bzw. der Risikolage ist jedoch bisher beschränkt auf Gebiete des besonderen Gefahrenabwehrrechtes, wie etwa im Umwelt- oder Atomrecht.[891]

Der Begriff der allgemeinen Bedrohungs- oder auch allgemeine Gefahrenlage[892] ist hingegen nicht auf ein bestimmtes Teilrechtsgebiet beschränkt, sondern beschreibt generell einen Zustand, in dem Anhaltspunkte für eine drohenden Schaden gegeben sind, die über das allgemeine, immerwährende Lebensrisiko hinausgehen, aber noch keine nähere Spezi-

886 *Bäcker*, Kriminalpräventionsrecht, 2015, S. 98; *ders.*, in: Lisken/Denninger, HB des Polizeirechts, 7. Aufl. 2021, D. Rn. 107.

887 *Bäcker*, in: Lisken/Denninger, HB des Polizeirechts, 7. Aufl. 2021, D. Rn. 286 ff.

888 *Bäcker*, Kriminalpräventionsrecht, 2015, S. 97 f.; ebenso *Kießling*, in: Kulick/Goldhammer, Der Terrorist als Feind?, 2020, S. 261 (275).

889 *Bäcker*, Kriminalpräventionsrecht, 2015, S. 98.

890 *Bäcker*, Kriminalpräventionsrecht, 2015, S. 98; *Kulick*, AöR 143 (2018), 175 (195 f.) und dazu, dass der Begriff des Risikos vorherrschend als aliud zur Gefahr verstanden wird, ebd. m.w.N.

891 *Denninger*, in: Lisken/Denninger, HB des Polizeirechts, 6. Aufl. 2018, D. Rn. 13; s. auch *Kulick*, AöR 143 (2018), 175 (195 f.).

892 *Poscher*, Die Verw. 41 (2008), 345 (356 ff.).

fikationen des Schadenseintritts gegeben sein müssen, weder in zeitlicher, örtlicher bzw. räumlicher Hinsicht noch im Hinblick auf die konkret Beteiligten.[893] Es muss sich lediglich auf ein Ereignis beziehen, einen drohenden Schaden.[894] Auch die allgemeine Bedrohungslage ist noch im Vorfeld eines Gefahrenverdachtes angesiedelt.[895] Angesichts der deutlichen Konturenlosigkeit sollen nur Maßnahmen zur ersten Verdachts- bzw. Verdächtigtengewinnung bei Anknüpfung einer Ermächtigung an eine allgemeine Bedrohungslage zulässig sein.[896] Andere lehnen diese Kategorie aufgrund ihrer Weite hingegen grds. ab.[897]

Nach der Generierung eines Prognosegebietes ist die Wahrscheinlichkeit eines Schadenseintrittes am polizeilichen Schutzgut der öffentlichen Sicherheit in Gestalt der geschriebenen Rechtsordnung, insb. des qualifizierten Diebstahls, und der Eigentumspositionen der Grundstückseigentümer im betroffenen Gebiet signifikant erhöht. Das heißt, das Risiko, dass ein Einbruchdiebstahl begangen wird, geht für eine bestimmte Zeit in einem bestimmten Gebiet über das allgemeine Lebensrisiko hinaus. Der drohende Schadenseintritt kann nicht mit hinreichender Wahrscheinlichkeit angenommen werden, ebenso wenig wie die vorhandenen Wissenslücken dahingehend geschlossen werden können. Gleichwohl existieren zumindest dahingehende Anhaltspunkte. Ein Prognosegebiet könnte daher eine Bedrohungslage widerspiegeln. Dadurch, dass es bereits gewisse Eingrenzungen gibt, gerade in zeitlicher wie räumlicher Hinsicht, passt begrifflich der Zusatz „allgemein" jedoch nur bedingt. Insofern sollte in diesem Zusammenhang besser von einer partiellen Bedrohungslage gesprochen werden.

---

893 *Bäcker,* in: Lisken/Denninger, HB des Polizeirechts, 7. Aufl. 2021, D. Rn. 286; ähnlich auch *Kießling,* in: Kulick/Goldhammer, Der Terrorist als Feind?, 2020, S. 261 (276), die eine solche Situation im Gegensatz zu einem Gefahrenverdacht als „Gefahrenvorfeld im tatsächlichen Sinne" einordnet.

894 *Bäcker,* in: Lisken/Denninger, HB des Polizeirechts, 7. Aufl. 2021, D. Rn. 286.

895 *Bäcker,* in: Lisken/Denninger, HB des Polizeirechts, 7. Aufl. 2021, D. Rn. 291.

896 *Bäcker,* in: Lisken/Denninger, HB des Polizeirechts, 7. Aufl. 2021, D. Rn. 287; s. auch *Kießling,* in: Kulick/Goldhammer, Der Terrorist als Feind?, 2020, S. 261 (276), die betont, dass Eingriffe in einen Kausalverlauf nur „in extremen Ausnahmefällen" überhaupt denkbar sind.

897 Im Hinblick auf „allgemeine Gefahren" *Albers,* Die Determination polizeirechtlicher Tätigkeit in den Bereichen der Staftatenverhütung und der Verfolgungsvorsorge, 2001, S. 41 ff.

c) Fazit

Die Einordnung eines durch Predictive Policing-Software errechneten Prognosegebietes in die bestehenden Klassifizierungen von Gefahr und Gefahrenverdacht gestaltet sich nicht ohne Schwierigkeiten.[898] Diese zeigen sich auch bei *Rademacher*, der Predictive Policing grds. als automatisiertes Verfahren der Gefahrverdachtserkennung einordnet,[899] aber auch relativiert, dass Predictive Policing einen „mehr oder minder konkreten Gefahrenverdacht"[900] anzeigen könne und davon spricht, dass „maximal" ein Gefahrenverdacht angezeigt werde.[901] Weil bei einer Prognose eines großflächigen (Wohn-)Gebietes, in dem die Wahrscheinlichkeit eines Wohnungseinbruchdiebstahls erhöht ist, aber weder das Ob noch das Wann, Wie, durch wen oder wo genau schon feststehen, lässt sich ein Verdacht einer konkretisierten Gefahr schwer begründen. Es handelt sich zunächst um eine reine Risikoberechnung,[902] die sich als partielle Bedrohungslage einordnen lässt. Diese ist weit im Vorfeld einer Gefahr angesiedelt und bedarf sowohl für die Generierung eines konkreten Gefahrenverdachts und erst Recht für die Annahme einer konkreten Gefahr des Hinzutretens weiterer Kenntnisse.[903] So sieht es auch *Sommerer* im Zusammenhang mit personenbezogenem Predictive Policing, die in dem errechneten „Risikoscore" nur einen einzelnen tatsächlichen Anhaltspunkt sieht, aber noch keinen Gefahrenverdacht.[904] Einig ist man sich jedenfalls dahingehend, dass sich die Polizei nach Generierung des Prognosegebietes im weit gefassten Bereich des Gefahrenvorfeldes befindet.

---

898 Auch *Singelnstein*, NStZ 2018, 1 (5 f.). S. generell zu den Schwierigkeiten, Vorverlagerungen der Polizeiarbeit in die hergebrachten Kategorien des Polizeirechts einzuordnen, *Denninger*, in: Lisken/Denninger, HB des Polizeirechts, 6. Aufl. 2018, D. Rn. 206.

899 *Rademacher*, AöR 142 (2017), 366 (391).

900 *Rademacher*, AöR 142 (2017), 366 (384).

901 *Rademacher*, AöR 142 (2017), 366 (386).

902 *Singelnstein*, NStZ 2018, 1 (8); *Busch/Singelnstein*, in: Bode/Seidensticker, Predictive Policing, 2020, S. 261 (268).

903 Zum Erfordernis des Hinzutretens weiterer Anhaltspunkte (vor Ort) für die Annahme einer konkreten Gefahr auch *Rademacher*, AöR 142 (2017), 366 (384).

904 *Sommerer*, Personenbezogenes Predictive Policing, 2020, S. 130 ff.

3. Generalklausel im Gefahrenvorfeld

Die dogmatische Einordnung des durch die Software generierten Prognosegebietes hat Bedeutung für die möglichen Folgemaßnahmen der Polizei. Zu beantworten ist, ob und welche Maßnahmen allein auf Grundlage der Identifizierung eines Gebietes als Prognosegebiet getroffen werden können, insbesondere ob bereits Eingriffsmaßnahmen zulässig sind.

a) Anwendbarkeit der Generalklausel bei Gefahrenverdacht

Früher wurden teilweise die Gefahr und der Gefahrenverdacht gleichgestellt, insbesondere bei der Anwendung der polizeilichen Generalklausel.[905] Auch in einem Urteil aus 2019 über die Rechtmäßigkeit einer Identitätsfeststellung der Bundespolizei subsumierte das OVG des Saarlandes den Gefahrenverdacht ohne nähere Prüfung unter den Begriff der konkreten Gefahr nach § 14 Abs. 2 S. 1 BPolG.[906]

Gefahrenverdacht ist jedoch kein reines Minus zur Gefahr, sondern ein Aliud,[907] insbesondere wenn bei Inanspruchnahme einer Befugnisnorm das Vorliegen einer konkreten Gefahr zwingende Tatbestandsvoraussetzung ist. Zwar kann der Übergang zwischen Gefahrenverdacht und konkreter Gefahr fließend sein, insbesondere bei Beachtung der Je-desto-Formel in der Prognoseerstellung.[908] *Bäcker* etwa ordnet die konkrete Gefahr als Gefahr erster Ordnung und den Gefahrenverdacht als Gefahr zweiter Ordnung ein.[909] Dennoch muss diese Unterscheidung gerade Konsequenzen in der Beurteilung der Zulässigkeit bestimmter polizeilicher Maßnahmen zeitigen, ansonsten wäre sie obsolet.[910]

Nach Generierung des Prognosegebietes befindet sich die Polizei nach hier vertretener Auffassung sogar noch im Vorfeld eines konkreten Gefah-

905 *Ibler*, in Jochum/Fritzemeyer/Kau, FS Hailbronner, S. 737 (741); dazu auch *Di Fabio*, Jura 1996, 566 (569); *Götz/Geis*, Polizei- und Ordnungsrecht, 16. Aufl. 2017, § 6 Rn. 31; dem zustimmend auch *Bäcker*, in: Lisken/Denninger, HB des Polizeirechts, 7. Aufl. 2021, D. Rn. 108 f.

906 OVG des Saarlandes, Urt. v. 21.02.2019, 2 A 806/17, Rn. 31.

907 *Schmidt*, Polizei- und Ordnungsrecht, 20. Aufl. 2018, Rn. 691.

908 *Losch*, DVBl. 1994, 781 (782).

909 *Bäcker*, Kriminalpräventionsrecht, 2015, S. 97 ff., 102 f.

910 S. i.Erg. auch *Bäcker*, in: Lisken/Denninger, HB des Polizeirechts, 7. Aufl. 2021, D. Rn. 114 ff., der zwar in Rn. 108 f. den Gefahrenverdacht als Unterfall einer konkreten Gefahr einordnet, aber dennoch endgültige Abwehrmaßnahmen nur ausnahmsweise mit präziser Begründung für zulässig erachtet.

renverdachts, in einer partiellen Bedrohungslage. Wenn aber noch nicht einmal der Verdacht einer konkreten Gefahr angenommen werden kann, so sind Eingriffsmaßnahmen, die als Tatbestandsvoraussetzung expressis verbis sogar das *Vorliegen* einer konkreten, also gerade im Einzelfall, bestehenden Gefahr fordern, keinesfalls zulässig. Denn die Lage nach Generierung eines Prognosegebietes hat mehr Gemeinsamkeiten mit der alltäglichen und längst bekannten Situation, dass es wahrscheinlicher ist, dass in großen Menschenmengen wie etwa an Bahnhöfen mehr Taschendiebstähle begangen werden. Auch dies rechtfertigt noch keine konkrete Gefahrenabwehrmaßnahme der Polizei gegen einzelne Personen nach der Generalklausel des Gefahrenabwehrrechts.

Daher sind grundsätzlich[911] zunächst lediglich Maßnahmen zur Aufklärung des Sachverhaltes denkbar.[912] Diese sog. Gefahrerforschungsmaßnahmen dienen der Aufklärung des Sachverhaltes oder des Kausalverlaufes und sind keine endgültigen Abwehrmaßnahmen.[913] Solange sie keinen Eingriffscharakter haben, sind sie verfassungsrechtlich ohne weiteres denkbar,[914] auch im Vorfeld eines Gefahrenverdachts.

b) Generalklausel bei Gefahrerforschungsmaßnahmen

Allerdings können auch Gefahrerforschungsmaßnahmen in die Rechte Einzelner eingreifen, etwa bei einer Probebohrung.[915] Hier stellt sich die Frage, ob mangels spezifischer Ermächtigungsgrundlage zur Aufklärung des Sachverhaltes nicht doch die Generalklausel als Eingriffsermächtigung herangezogen werden kann.[916] Dafür spricht die Notwendigkeit einer Handlungsmöglichkeit der Polizei,[917] die ansonsten abwarten müsste, bis sich ein Ge-

911 Zu explizit geschaffenen Standardmaßnahmen, die die Eingriffsvoraussetzungen in das Vorfeld der konkreten Gefahr gerückt haben, s.u. 5.

912 *Schmidt,* Polizei- und Ordnungsrecht, 21. Aufl. 2020, Rn. 691; *Bäcker,* in: Lisken/Denninger, HB des Polizeirechts, 7. Aufl. 2021, D. Rn. 114, 287: „Maßnahmen zur ersten Verdachts- und Verdächtigtengewinnung".

913 *Shirvani,* DVBl. 2018, 1393 (1395). Eingehend zur Vorläufigkeit *Losch,* DVBl. 1994, 781 (783 ff.).

914 *Ibler,* in: Jochum/Fritzemeyer/Kau, FS Hailbronner, S. 737 (740); s. auch *Schenke,* Polizei- und Ordnungsrecht, 11. Aufl. 2021, § 3 Rn. 96.

915 *Ibler,* in: Jochum/Fritzemeyer/Kau, FS Hailbronner, S. 737 (741).

916 *Schenke,* JuS 2018, 505 (509 f.).

917 *Poscher,* NVwZ 2001, 141 (142); s.a. *Ibler,* in: Jochum/Fritzemeyer/Kau, FS Hailbronner, S. 737 (742), der von Funktionsfähigkeit der Polizei spricht.

fahrenverdacht oder eine Bedrohungslage selbsttätig in eine konkrete Gefahr oder gar Störung umwandelt. Denn ein Handeln ohne Gesetz kommt in Eingriffssituationen aufgrund des Vorbehalts des Gesetzes von vornherein nicht in Betracht.[918] Mit anderen Worten streitet der Grundsatz der Effektivität der Gefahrenabwehr für eine Anwendbarkeit der Generalklauseln.[919] So hat auch in der Vergangenheit die Rechtsprechung unter strenger Beachtung des Verhältnismäßigkeitsgrundsatzes Erforschungsmaßnahmen auf Grundlage der (polizeilichen) Generalklauseln bei Vorliegen eines Gefahrenverdachts als zulässig angesehen.[920] Dies wird teils auch heute noch als herrschende Meinung angesehen.[921]

Dagegen spricht jedoch der Wortlaut der Generalklauseln, der stets eine konkrete Gefahr verlangt.[922] Je weiter die Voraussetzungen für einen Gefahrenverdacht gezogen werden, desto mehr entfernt man sich von den Vorgaben der Gesetzestexte. Der Wortlaut ist jedoch Grenze der Auslegung.[923] Somit spricht die Rechtssicherheit gegen eine Anwendbarkeit der polizeilichen Generalklausel.[924] Es ist Aufgabe des Gesetzgebers, für adäquate Handlungsbefugnisse zu sorgen, die an einen Gefahrenverdacht oder eine

918 *Gröpl,* Staatsrecht I, 13. Aufl. 2021, Rn. 456; s. auch *Schenke,* Polizei- und Ordnungsrecht, 11. Aufl. 2021, § 3 Rn. 98.

919 *Di Fabio,* Jura 1996, 566 (569); *Poscher,* NVwZ 2001, 141 (142); *Holzner,* in: BeckOK Polizei- und Sicherheitsrecht Bayern, 18. Ed., Art. 11a PAG Rn. 46.

920 S. VGH Mannheim, NVwZ-RR 1989, 400 (400 f.); DÖV 1990, 394 f.; OVG Koblenz, NVwZ 1987, 240 (241); dazu *Di Fabio,* Jura 1996, 566 (569).

921 *Holzner,* in: BeckOK Polizei- und Sicherheitsrecht Bayern, 18. Ed., Art. 11a PAG Rn. 46 m.w.N.; s. auch schon *Ibler,* in: Jochum/Fritzemeyer/Kau, FS Hailbronner, S. 737 (741) m.w.N.; differenzierter *Bäcker,* in: Lisken/Denninger, HB des Polizeirechts, 7. Aufl. 2021, D. Rn. 115 ff.

922 *Schenke,* Polizei- und Ordnungsrecht, 11. Aufl. 2021, § 3 Rn. 97; *Graulich,* in: Lisken/Denninger, HB des Polizeirechts, 6. Aufl. 2018, E. Rn. 187; anders allerdings in neuer Auflage, in der die polizeiliche Generalklausel als ausreichende Grundlage für einen Gefahrerforschungseingriff angesehen wird, *ders.,* in: Lisken/Denninger, HB des Polizeirechts, 7. Aufl. 2021, E. Rn. 165. S. a. *Schenke,* JuS 2018, 505 (510), der bei einem Verzicht auf die hinreichende Wahrscheinlichkeit i.S.d. konkreten Gefahr eine nicht hinnehmbare Ausuferung der polizeilichen Eingriffsbefugnisse annimmt.

923 *Muthorst,* JA 2013, 721 (725); *Gröpl,* Staatsrecht I, 13. Aufl. 2021, § 4 Rn. 197a; *Müller/Christensen,* Juristische Methodik, Bd. I, 11. Aufl. 2013, Rn. 310 ff. und speziell zur Grenzfunktion des Wortlautes bei Generalklauseln Rn. 314 ff.; *Larenz/Canaris,* Methodenlehre der Rechtswissenschaft, 3. Aufl. 1995, S. 145. S.a. *Bydlinsky/Bydlinsky,* Grundzüge der juristischen Methodenlehre, 3. Aufl. 2018, S. 114.

924 *Ibler,* in: Jochum/Fritzemeyer/Kau, FS Hailbronner, S. 737 (742).

Bedrohungslage anknüpfen.[925] So entschied auch der VGH Mannheim 2012, der in der Vergangenheit für eine Anwendbarkeit der Generalklausel eingetreten war, dass ein Rechtseingriff rechtswidrig ist, solange nur ein Gefahrenverdacht bzw. Besorgnispotenzial bestehe.[926]

c) Vorreiter Bayern: eigene Generalklausel für das Gefahrenvorfeld

Folgerichtig hat etwa Bayern bei der Reform des PAG 2017 eine eigene Generalklausel für Maßnahmen im Gefahrenvorfeld geschaffen mit Art. 11 Abs. 3 PAG a.F.,[927] wobei diese nur auf Fälle der drohenden Gefahr beschränkt ist.[928] Durch das Gesetz zur Änderung des Polizeiaufgabengesetzes und weiterer Rechtsvorschriften v. 23.07.2021 hat diese Generalklausel einen eigenen Artikel mit Art. 11a PAG erhalten, die nun auch die Überschrift trägt: Allgemeine Befugnisse bei drohender Gefahr.[929] Es stellt sich daher für Bayern die Frage, unter welchen Voraussetzungen eine Maßnahme der Polizei nach dieser Generalklausel nach der Generierung eines Prognosegebietes durchgeführt werden kann.

Art. 11 Abs. 3 PAG 2017 lautete wie folgt:

(3) [1]Die Polizei kann unbeschadet der Abs. 1 und 2 die notwendigen Maßnahmen treffen, um den Sachverhalt aufzuklären und die Entstehung einer Gefahr für ein bedeutendes Rechtsgut zu verhindern, wenn im Einzelfall

1. *das individuelle Verhalten einer Person die konkrete Wahrscheinlichkeit begründet oder*

925 *Schenke,* JuS 2018, 505 (505, 516); s.a. *Ibler,* in: Jochum/Fritzemeyer/Kau, FS Hailbronner, S. 737 (742 f., 745).

926 VGH Mannheim, DVBl 2013, 119 (121).

927 Durch das Gesetz zur effektiveren Überwachung gefährlicher Personen v. 24.7.2017, BayGVBl. 2017, S. 388. S. zur Generalklauseleigenschaft für Vorfeldmaßnahmen *Holzner,* BeckOK Polizei- und Sicherheitsrecht Bayern, 18. Ed., Art. 11a PAG Vor. Rn. 1; *Schmidbauer,* in: ders./Steiner, PAG/POG, 5. Aufl. 2020, Art. 11 Rn. 166. Dazu, dass die Generalklausel bei nur drohender Gefahr subsidiär zur Generalklausel bei einer konkreten Gefahr ist, BayLT-Drucks. 18/13716, S. 21.

928 *Holzner,* BeckOK Polizei- und Sicherheitsrecht Bayern, 18. Ed., Art. 11a PAG Rn. 45 f. Dazu, dass in allen anderen Fällen dennoch die allg. Generalbefugnis des Art. 11 PAG eingreifen soll, *ders.,* a.a.O., Art. 11 PAG Rn. 61 ff., 163 ff., Art. 11a PAG Rn. 46 f.

929 BayGVBl. 2021, S. 418 (418); BayLT-Drucks. 18/13716, S. 21.

> 2. *Vorbereitungshandlungen für sich oder zusammen mit weiteren bestimmten Tatsachen den Schluss auf ein seiner Art nach konkretisiertes Geschehen zulassen,*
>
> *wonach in absehbarer Zeit Angriffe von erheblicher Intensität oder Auswirkung zu erwarten sind (drohende Gefahr), soweit nicht die Art. 12 bis 65 die Befugnisse der Polizei besonders regeln.* [2]*Bedeutende Rechtsgüter sind:*
>
> 1. *der Bestand oder die Sicherheit des Bundes oder eines Landes,*
> 2. *Leben, Gesundheit oder Freiheit,*
> 3. *die sexuelle Selbstbestimmung,*
> 4. *erhebliche Eigentumspositionen oder*
> 5. *Sachen, deren Erhalt im besonderen öffentlichen Interesse liegt.*

Die neue Norm des Art. 11a PAG wurde zwar auf den ersten Blick nur leicht modifiziert, jedoch an einer entscheidenden Stelle, auf die noch zurückzukommen sein wird:

> *(1) Wenn die Voraussetzungen des Art. 11 Abs. 1 und 2 nicht vorliegen, kann die Polizei die notwendigen Maßnahmen treffen, um den Sachverhalt aufzuklären und die Entstehung einer Gefahr für ein bedeutendes Rechtsgut zu verhindern, wenn im Einzelfall*
>
> 1. *das individuelle Verhalten einer Person die konkrete Wahrscheinlichkeit begründet oder*
> 2. *Vorbereitungshandlungen für sich oder zusammen mit weiteren bestimmten Tatsachen den Schluss auf ein seiner Art nach konkretisiertes Geschehen zulassen,*
>
> *wonach in absehbarer Zeit Angriffe von erheblicher Intensität oder Auswirkung zu erwarten sind (drohende Gefahr), soweit nicht die Art. 12 bis 65 die Befugnisse der Polizei besonders regeln.*
> *(2) Bedeutende Rechtsgüter sind*
>
> 1. *der Bestand oder die Sicherheit des Bundes oder eines Landes,*
> 2. *Leben, Gesundheit oder Freiheit,*
> 3. *die sexuelle Selbstbestimmung, soweit sie durch Straftatbestände geschützt ist, die im Mindestmaß mit wenigstens drei Monaten Freiheitsstrafe bedroht sind, oder*
> 4. *Anlagen der kritischen Infrastruktur sowie Kulturgüter von mindestens überregionalem Rang.*

Die Norm erfasst sowohl eingreifende Gefahrerforschungsmaßnahmen, als auch Abwehrmaßnahmen im Gefahrenvorfeld.[930] Sie setzt eine drohende Gefahr voraus.

Im Zuge der Reform des PAG 2017 wurde diese Rechtsfigur der drohenden Gefahr an mehreren Stellen implementiert,[931] und in einem weiteren Änderungsgesetz 2018 auf weitere Standardmaßnahmen ausgeweitet.[932] Die drohende Gefahr ist ein dogmatisch noch relativ junger Begriff. Er wurde erstmals vom BVerfG in seiner Entscheidung zum BKAG aufgeworfen, allerdings explizit im Zusammenhang mit terroristischen Straftaten. [933]

Das PAG liefert hierzu eine sehr viel weiter gefasste Legaldefinition einer drohenden Gefahr in Art. 11 Abs. 3 S. 1 PAG a.F. bzw. Art. 11a Abs. 1 PAG n.F. Voraussetzung ist danach, dass *im Einzelfall das individuelle Verhalten einer Person die konkrete Wahrscheinlichkeit begründet oder Vorbereitungshandlungen für sich oder zusammen mit weiteren bestimmten Tatsachen den Schluss auf ein seiner Art nach konkretisiertes Geschehen zulassen, wonach in absehbarer Zeit Angriffe von erheblicher Intensität oder Auswirkung zu erwarten sind (drohende Gefahr).* Diese Definition, die weitere neuere unbestimmte Begrifflichkeiten wie „Vorbereitungshandlungen für sich oder zusammen mit weiteren bestimmten Tatsachen den Schluss auf ein seiner Art nach konkretisiertes Geschehen zulassen" oder „Angriffe von erheblicher Auswirkung" verwendet, steht angesichts der Reichweite und Unschärfe teilweise in der Kritik.[934] Zwar bestehen keine grds. rechts-

930 *Holzner,* BeckOK Polizei- und Sicherheitsrecht Bayern, 18. Ed., Art. 11a PAG Rn. 44 f. Zum früheren Art. 11 Abs. 3 PAG *Schenke,* JuS 2018, 505 (509).

931 Durch § 1 des Gesetzes zur effektiveren Überwachung gefährlicher Personen vom 24. Juli 2017, BayGVBl. 2017, S. 388 ff.; s. BayLT-Drucks. 17/20425, S. 42, 52, 55, 59, 62; *Shirvani,* DVBl. 2018, 1393 (1394). Dazu auch BayLT-Drucks. 18/13716, S. 22.

932 Durch § 1 des Gesetzes zur Neuordnung des bayerischen Polizeirechts (PAG-Neuordnungsgesetz) vom 18. Mai 2018, GVBl. 2018, S. 301 ff. Unter anderem wurde die drohende Gefahr eingeführt bei Art. 15 (Vorladung), Art. 25 (Sicherstellung) und Art. 45 (Verdeckter Zugriff auf informationstechnische Systeme), siehe zur Darstellung der Änderungen im Einzelnen, Bayerisches Staatsministerium für Inneres und Integration, Synoptische Übersicht Änderungen im PAG gemäß Beschluss des Bayerischen Landtages vom 15. Mai 2018, abrufbar unter: https://www.polizeiaufgabengesetz.bayern.de/assets/stmi/med/aktuell/180524pag-synopse.pdf, zuletzt abgerufen am 24.10.2022. Das bayerische Polizeigesetz gilt unter anderem deswegen „als das schärfste Polizeigesetz in Deutschland", *Pieroth,* Die Verw. 53 (2020), 39 (43); s.a. *Weinrich,* NVwZ 2018, 1680 (1861).

933 BVerfGE 141, 220 (272 f. Rn. 112).

934 Etwa *Shirvani,* DVBl 2018, 1393 (1395 f.); *Löffelmann,* GSZ 2018, 85 (87 f.); *Schilderoth,* Die Verfassungswidrigkeit der bayerischen Polizeigesetzgebung aus der Sicht

staatlichen Bedenken an der Verwendung unbestimmter Rechtsbegriffe, solange diese nach den gängigen Auslegungsmethoden konkretisiert werden können.[935] Eine Verletzung des Bestimmtheitsgrundsatzes kommt jedoch dann in Betracht, wenn der unbestimmte Rechtsbegriff konturenlos sehr viele unterschiedliche Interpretationen zulässt, auch die Systematik keine Anhaltspunkte für die tatsächlich gewollte Auslegung bietet und letztlich einer willkürlichen Handhabung der Behörden Tür und Tor öffnet.[936]

So ist schon fraglich, was mit einer „konkreten Wahrscheinlichkeit" gemeint ist. Es wird vertreten, dass an eine konkrete Wahrscheinlichkeit wohl weniger strenge Anforderungen geknüpft sind als an die für eine konkrete Gefahr erforderliche hinreichende Wahrscheinlichkeit.[937] Zwingend ist das angesichts des Wortlauts „konkret" jedoch nicht. Angesichts der Entstehungsgeschichte ist aber klar: Es findet eine Vorverlagerung der Eingriffsbefugnisse statt.[938]

Ein u.a. gegen die Einführung der drohenden Gefahr und der Generalklausel des Art. 11 Abs. 3 PAG gerichtete Popular-Antrag auf den Erlass einer einstweiligen Anordnung wurde vom Bayerischen Verfassungsgerichtshofs

---

Studierender, verfassungsblog.de v. 22.06.2018; aus diesem Grund wurde auch der anhängige Normenkontrollantrag (s. Fn. 941) vor dem BVerfG nach den Änderungen v. 21.07.2021, die an der Definition der drohenden Gefahr nichts geändert haben, nicht zurückgenommen, https://www.lto.de/recht/nachrichten/n/polizeigesetz-bayern-landtag-verabschiedet-kritik-spd-klage/, zuletzt abgerufen am 24.10.2022. Sein Ausgang bleibt abzuwarten.

935 BVerfGE 31, 255 (264); 103, 21 (33); 110, 33 (56 f.); 134, 141 (184 f. Rn. 127); 149, 293 (324 Rn. 78); *Jarass,* in: ders./Pieroth, GG, 16. Aufl. 2020, Art. 20 Rn. 83; *Grzeszick,* in: Dürig/Herzog/Scholz, GG, 95. EL 2021, Art. 20 Rn. 62; *Gröpl,* Staatsrecht I, 13. Aufl. 2021, Rn. 476, 192 ff.; *Geiger,* SVR 2009, 41 (42);

936 *Geiger,* SVR 2009, 41 (42); zu letzterem etwa BVerfGE 108, 186 (236); 124, 348 (382); BVerwGE 105, 144 (147 f.) m.w.N.

937 *Shirvani,* DVBl. 2018, 1393 (1295); *Weinrich,* NVwZ 2018, 1680 (1682); a.A. *Schmidbauer,* in: ders./Steiner, PAG/POG, 5. Aufl. 2020, Art. 11 PAG Rn. 151, der davon ausgeht, dass zwar die Anforderungen an die Vorhersehbarkeit des Kausalverlaufs aber nicht die Anforderungen an den Wahrscheinlichkeitsmaßstab gesenkt wurden.

938 *Aden/Fährmann,* ZRP 2019, 175 (176); s. auch *Schenke,* JuS 2018, 505 (509); *Möstl,* in: BeckOK Polizei- und Sicherheitsrecht Bayern, 18. Ed., Systematische und begriffliche Vorbemerkungen zum Polizeirecht in Deutschland, Rn. 93 dagegen sieht die drohende Gefahr im PAG als „hybrides Gebilde [...], das dogmatisch zwar als Vorfeldschwelle ausgestaltet ist, der Sache nach aber nur einen Grenzfall der konkreten Gefahr beschreibt". In diese Richtung auch BayVGH, Beschl. v. 04.11.2021, 10 CS 21.2126, Rn. 26 f., juris, wonach der streitige Bescheid zulässigerweise den Fokus bei der Prognose einer drohenden Gefahr auf die Gefahrenabwehr in Form der Verhinderung eines zukünftigen Tuns legt.

am 7. März 2019 abgelehnt.[939] Eine Entscheidung in der Hauptsache steht noch aus.[940] Daneben sind noch weitere Rechtsbehelfe gegen das PAG anhängig, insbesondere auch eine abstrakte Normenkontrolle vor dem BVerfG.[941]

Richtet man den Blick auf die Situation der Polizei nach der Generierung eines Prognosegebietes, so kann festgehalten werden, dass auch die bei der drohenden Gefahr gesenkten Anforderungen an die Wahrscheinlichkeit nicht erfüllt sind. Zum einen ist die erhöhte Wahrscheinlichkeit eines Einbruchdiebstahls nicht auf das individuelle Verhalten einer Person, sondern auf das allgemeine Tatgeschehen in einem bestimmten Prognosezeitraum zurückzuführen. Zum anderen ist auch Nr. 2 nicht einschlägig, da die Polizei keine konkreten Kenntnisse von konkreten Vorbereitungshandlungen hat, sondern solche lediglich aufgrund von Wahrscheinlichkeitserwägungen vermutet.[942] Zudem erfordert Art. 11a Abs. 1 PAG einen zu erwartenden Angriff von erheblicher Intensität oder Auswirkung auf eines der in Abs. 2 genannten, bedeutenden Rechtsgüter. Ein solch qualifizierter Angriff i.S.d. Abs. 1 ist durch einen „gewöhnlichen" Wohnungseinbruch kaum zu begründen.

Anders könnte dies aussehen, wenn es aufgrund der vorherigen Taten Anhaltspunkte dazu gibt, dass Täter mit besonderer Brutalität vorgehen und insbesondere auch Opfer in ihren Häusern im Zusammenhang mit dem Wohnungseinbruchdiebstahl misshandeln oder gar töten.[943] In solchen Fällen steht auch ein nach Abs. 2 erforderliches bedeutendes Rechtsgut mit Leib, Leben und Freiheit in Rede (Art. 11a Abs. 2 Nr. 2 PAG).

Nach wie vor fehlt es jedoch an den Voraussetzungen des Art. 11a Abs. 1 Nr. 1 oder 2. Bei nur „gewöhnlichen" Wohnungseinbrüchen ohne Gewalt

---

939 BayVerfGH, Entsch. v. 07.03.2019, Vf. 15-VII-18, juris.

940 https://www.lto.de/recht/nachrichten/n/bayverfgh-15vii-18-pag-bayern-eilantrag-abgelehnt-popularklage/, zuletzt abgerufen am 24.10.2022.

941 https://www.lto.de/recht/nachrichten/n/polizeiaufgabengesetz-bayern-grundgesetz-bverfg-allianz-fdp-linke-gruene/, zuletzt abgerufen am 24.10.2022. Durch die Fraktion der Grünen des bayerischen Landtages wurde auch eine sog. Meinungsverschiedenheit nach Art. 75 Abs. 3 BayVerf vor den BayVerfGH gebracht, s. den Antrag unter https://katharina-schulze.de/wp-content/uploads/2018/06/Klage-BayVerfGH-BayPAG.pdf, zuletzt abgerufen am 24.10.2022.

942 Dazu auch *Schmidbauer,* in: ders./Steiner, PAG/POG, 5. Aufl. 2020, Art. 11 PAG Rn. 208, wonach die Polizei entsprechende Vorbereitungsmaßnahmen beweisen können muss.

943 S. dazu, dass solche Fälle durchaus vorkommen, *Schmidbauer,* in: ders./Steiner, PAG/POG, 5. Aufl. 2020, Art. 11 PAG Rn. 221.

kommt dagegen zusätzlich auch keines der als bedeutend gekennzeichneten Rechtsgüter in Betracht.

Nach der alten Rechtslage, also Art. 11 Abs. 3 PAG a.F., sah die dortige Nr. 4 noch die sog. „erheblichen Eigentumspositionen“ als bedeutendes Rechtsgut vor. Bei dieser Norm hätte man sich die Frage stellen können, ob auch der Schutz vor Wohnungseinbrüchen unter diese Norm gefasst werden könnte. Der Begriff der erheblichen Eigentumspositionen war jedoch eng auszulegen. *Holzner* definierte sie als solche Eigentumspositionen, „deren Gefährdung und Beschädigung im Hinblick auf deren Wert, aber auch mit Blick auf deren besondere Bedeutung in z.B. historischer oder kultureller Sicht nicht als Bagatelle anzusehen ist“.[944] Die Neuregelung stellt durch die Streichung dieser Passage und die Schaffung der neuen Nr. 4, in der von *Anlagen der kritischen Infrastruktur sowie Kulturgüter von mindestens überregionalem Rang* die Rede ist, diese enge Begriffsinterpretation auch normativ durch Präzisierung klar.[945] Damit nähert sich das bayerische PAG an die Vorgaben des BVerfG für eine drohende Gefahr im Hinblick auf die schutzwürdigen Rechtsgüter an.

Die jüngsten Änderungen im PAG gehen auch auf die massive und nicht abgerissene Kritik an den Neuerungen des PAG, insbesondere hinsichtlich der drohenden Gefahr, zurück.[946] Diese ist jedoch auch nach der Verabschiedung des neusten Änderungsgesetzes nicht verstummt und auch gegen dieses Gesetz kündigte die Opposition gerichtliche Schritte an.[947] Das letzte Wort in Bezug auf die Gültigkeit auch des Art. 11a PAG werden daher die Verfassungsgerichte haben.

Für das vorliegend zu untersuchende Predictive Policing bleibt folgendes festzuhalten: Trotz Generalklausel, die explizit auf das Gefahrenvorfeld zugeschnitten ist, bleibt es auch in Bayern dabei, dass zur Anwendung der Generalklauseln zunächst weitere Erkenntnisse erforderlich sind. Allein

---

944 *Holzner*, in: BeckOK Polizei- und Sicherheitsrecht, 16. Ed., Art. 11 PAG Rn. 167; ebenso *Schmidbauer*, in: ders./Steiner, PAG/POG, 5. Aufl. 2020, Art. 11 PAG Rn. 239, wonach Eigentumspositionen von erheblicher materieller oder immaterieller Bedeutung erfasst sind.

945 BayLT-Drucks. 18/13716, S. 2, 23. S. auch den neuen Zusatz in Art. 11a Abs. 2 Nr. 3 PAG, der das Rechtsgut der sexuellen Selbstbestimmung unter den Vorbehalt stellt, dass sie durch eine mit Freiheitsstrafe von min. 3 Monaten bedrohte Straftat geschützt ist.

946 https://www.lto.de/recht/nachrichten/n/polizeigesetz-bayern-landtag-verabschiedet-kritik-spd-klage/, zuletzt abgerufen am 24.10.2022.

947 https://www.lto.de/recht/nachrichten/n/polizeigesetz-bayern-landtag-verabschiedet-kritik-spd-klage/, zuletzt abgerufen am 24.10.2022.

eine PRECOBS-Prognose reicht nicht aus, um die Generalklauseln zu aktivieren und konkrete Maßnahmen zu ergreifen.

4. Gefahrerforschungsmaßnahmen

Somit bleiben zunächst die nichteingreifenden Gefahrerforschungsmaßnahmen. Diese dienen lediglich der Aufklärung des Sachverhaltes oder des Kausalverlaufes und sind keine endgültigen Abwehrmaßnahmen.[948] Solange sie keinen Eingriffscharakter haben, sind sie verfassungsrechtlich ohne weiteres denkbar.[949] Sie sind Ausdruck des allgemeinen Untersuchungsgrundsatzes, der etwa in § 24 VwVfG und den entsprechenden Landesverwaltungsverfahrensgesetzen normiert wurde,[950] und dienen der Polizei zur Erfüllung ihrer Aufgabe der Sachverhaltsaufklärung.[951] So sind etwa eine Streifenfahrt oder ein Ansprechen einzelner Personen auf der Straße durch Polizeibeamten keine Maßnahmen, die einer speziellen Ermächtigungsgrundlage bedürfen.[952] Sie können, ebenso wie eine Bitte um Auskunft ohne Zwangscharakter, ohne weiteres auf die allgemeine polizeiliche Aufgabenzuweisungsnorm der Polizei zur Gefahrenabwehr gestützt werden.[953]

5. Bestimmte Standardmaßnahmen

Wegen der fehlenden Konkretisierung und hinreichenden Wahrscheinlichkeit können die Software-Vorhersagen, wie gezeigt, keine Gefahr i.S.d. Polizeirechts erkennen, weshalb grundsätzlich Gefahrenabwehrmaßnahmen allein aufgrund des Outputs von Predictive Policing-Software unzulässig

948 *Shirvani,* DVBl. 2018, 1393 (1395).

949 *Ibler*, in: Jochum/Fritzemeyer/Kau, FS Hailbronner, S. 737 (740); *Rademacher,* AöR 142 (2017), 366 (386); s. auch *Schenke,* Polizei- und Ordnungsrecht, 11. Aufl. 2021, § 3 Rn. 96.

950 *Schenke,* Polizei- und Ordnungsrecht, 11. Aufl. 2021, § 3 Rn. 96; s. auch *Guckelberger,* in: Gröpl/dies./Wohlfarth, Landesrecht Saarland, 4. Aufl. 2022, § 4 Rn. 50. Zur Frage, ob § 24 VwVfG außerhalb der §§ 9 ff. VwVfG entsprechend herangezogen werden kann oder nur die dort normierten allgemeinen Grundsätze, was in der Praxis keinen Unterschied mache, *Heßhaus,* in: BeckOK VwVfG, 54. Ed., § 24 Rn. 3.

951 S. *Schenke,* Polizei- und Ordnungsrecht, 11. Aufl. 2021, § 3 Rn. 96.

952 *Singelnstein,* NStZ 2018, 1 (7); *Bäcker,* in: Herdegen et al., HB des Verfassungsrechts, 2021, § 28 Rn. 19; *Rademacher,* AöR 142 (2017), 366 (386).

953 S. *Bäcker,* in: Herdegen et al., HB des Verfassungsrechts, 2021, § 28 Rn. 19; *Holzner,* in: BeckOK Polizei- und Sicherheitsrechts Bayern, 18. Ed., Art. 2 PAG Rn. 15; *Mühl/Fischer,* in: BeckOK Polizei- und Ordnungsrecht Hessen, 25. Ed., § 1 HSOG Rn. 2.

sind. So können insb. Personen, die sich im Prognosegebiet aufhalten, nicht einfach so einer Personenkontrolle unterzogen werden, solange die entsprechende Standardbefugnis das Vorliegen einer konkreten Gefahr voraussetzt.[954] Nicht jede Standardbefugnis setzt jedoch eine solche voraus. Dies ist insbesondere auch nicht verfassungsrechtlich geboten. [955]

Einzelne Standardmaßnahmen sind an weniger strenge Voraussetzungen geknüpft. Seit wenigen Jahren ist in den Bundesländern zudem der Trend zu beobachten, die Polizeigesetze zu verschärfen und neue Befugnisse zu schaffen.[956] Diese zielen teilweise darauf ab, die Arbeit der Polizei ins Vorfeld von konkreten Gefahren zu rücken,[957] was sich auch an der Einführung der Generalklausel für das Gefahrenvorfeld in Bayern sowie der Einführung und sukzessiven Ausweitung der drohenden Gefahr als Tatbestandsvoraussetzung verschiedener Maßnahmen im PAG zeigt. Auch Sachsens neues Polizeigesetz (SächsPVDG),[958] das Anfang 2020 in Kraft trat,[959] soll der „veränderte[n] Gefährdungslage bei der Gefahrenabwehr und der vorbeugenden Verbrechensbekämpfung“ Rechnung tragen.[960] Hessens geändertes Polizeigesetz,[961] das sowohl Staatstrojaner (§ 15c HSOG) als auch das sog. HessenDATA als umfassende Datenbank(-analyse) über Kriminelle legitimieren soll (§25a HSOG), wurde bereits kurz nach seinem Inkrafttreten vor das Bundesverfassungsgericht gebracht.[962] Insgesamt ver-

954 *Schmidbauer,* in: ders./Steiner, PAG/POG, 5. Aufl. 2020, Art. 11 PAG Rn. 186; s. auch *Singelnstein,* NStZ 2018, 1 (7).

955 BVerfGE 141, 202 (272 Rn. 112); *Albers,* die Determination polizeilicher Tätigkeit in den Bereichen der Straftatenverhütung und der Verfolgungsvorsorge, 2001, S. 255; auch *Ogorek,* in: BeckOK Polizei- und Ordnungsrecht Nordrhein-Westfalen, 21. Ed., § 12a PolG NRW Rn. 49.1.

956 Insbesondere durch Aufweichen des Eingriffsschwelle der konkreten Gefahr, *Bäcker,* in: Herdegen et al., HB des Verfassungsrechts, 2021, § 28 Rn. 38 f.

957 *Trurnit,* JA 2019, 258 (262); *Bäcker,* in: Herdegen et al., HB des Verfassungsrechts, 2021, § 28 Rn. 38 f, 95; s. zu dieser Tendenz bereits *Zöller,* Informationssysteme und Vorfeldmaßnahmen von Polizei, Staatsanwaltschaft und Nachrichtendiensten, 2002, S. 22.

958 Art. 1 des Gesetzes zur Neustrukturierung des Polizeirechtes des Freistaates Sachsen vom 11. Mai 2019, SächsGVBl. 2019 Nr. 9, S. 358 ff.

959 Art. 26 Abs. 1 des Gesetzes zur Neustrukturierung des Polizeirechtes des Freistaates Sachsen vom 11. Mai 2019, SächsGVBl. 2019 Nr. 9, S. 419.

960 SächsLT-Drucks. 6/14791, S. 1.

961 Hess. GVBl. Nr. 13 v. 03.07.2018, S. 302 (319 ff.).

962 Beschwerdeschrift verfasst von *Singelnstein* abrufbar unter: https://freiheitsrechte.org/home/wp-content/uploads/2019/07/2019-07-01-VB-Hessen-finalohneAdressen.pdf, zuletzt abgerufen am 24.10.2022. Zur Verfassungswidrigkeit von § 25a Abs. 1 Alt. 1 HSOG BVerfG, Beschl. v. 16.02.2023, 1 BvR 1547/19, 1 BvR 2634/20, juris.

breitet sich die Auffassung, das Polizeirecht unterlaufe einen dogmatischen Wandel, hin zur stärkeren Fokussierung auf Handlungsmöglichkeiten im Vorfeld einer konkreten Gefahr.[963] Abzuwarten bleibt insofern, ob etwa der Rechtsbegriff der drohenden Gefahr auch in das aktuell in Ausarbeitung befindliche neue Musterpolizeigesetz Einzug finden[964] bzw. ob die neue Bundesregierung dieses Projekt überhaupt weiter vorantreiben wird.[965]

Führt man sich das Ziel vor Augen, das mit dem Einsatz der Predictive Policing-Softwares verfolgt werden soll – die Verhütung von Straftaten –, so soll der Blick auf solche Standardmaßnahmen gerichtet werden, von denen man ausgeht, dass ihnen ein Abschreckungseffekt innewohnt.

Das Beispiel der Identitätsfeststellung, die sich im Zusammenhang mit Predictive Policing-Einsatz besonders aufdrängt, soll im Folgenden mit ihren Voraussetzungen für die verschiedenen einsetzenden Bundesländer näher analysiert werden.

In Nordrhein-Westfalen ist zudem jüngst eine Befugnis zur strategischen Schleierfahndung in das Polizeigesetz eingefügt worden. Auch diese Norm soll auf ihre Implikationen hin untersucht werden.

Allen diesen Eingriffsbefugnissen gemein ist die Ausgestaltung als Ermessensnorm.[966] Dieses Ermessen muss stets pflichtgemäß ausgeübt werden und auch der Verhältnismäßigkeitsgrundsatz muss in die jeweilige Einzelentscheidung, ob eine Maßnahme durchgeführt wird, einfließen.[967] Hier darf insbesondere die Generierung eines Prognosegebietes nicht plötzlich dazu führen, dass die Ermessensausgestaltung unterlaufen wird und sich die Polizei in einem faktischen Handlungszwang wiederfindet. Eine Ermessensreduzierung auf Null bei Vorliegen der nachfolgend dargestellten Tatbestandsvoraussetzungen kommt bei einem bloßen großflächigen Pro-

---

963 *Leisner-Egensperger,* DÖV 2018, 677 (677 f.); *Ogorek,* DÖV 2018, 688 (690); *Schenke,* in: Polizei- und Ordnungsrecht, 11. Auf. 2021, § 1 Rn. 9; *Bäcker,* in: Herdegen et al., HB des Verfassungsrechts, 2021, § 28 Rn. 38 f.; bereits *Albers,* Die Determination polizeirechtlicher Tätigkeiten in den Bereichen Straftatenverhütung und der Verfolgungsvorsorge, 2001, S. 15 ff. S. auch *Schönemann,* Kriminalistik 2021, 378 (382).

964 *Leisner-Egensperger,* DÖV 2018, 677 (678).

965 Im Koalitionsvertrag 2021–2025 von SPD/Bündnis 90 Die Grünen/FDP „Mehr Fortschritt wagen" findet sich unter dem Stichwort „Musterpolizeigesetz" jedenfalls kein Treffer.

966 Näher dazu unter B. IV. 5. a) (2).

967 Die pflichtgemäße Ausübung des Ermessens sowie die Beachtung des Verhältnismäßigkeitsgrundsatzes ist dabei in den Polizeigesetzen zumeist explizit angeordnet, etwa Art. 4 f. PAG; §§ 4 f. HSOG; §§ 4 f. NPOG; §§ 2 f. PolG NRW; §§ 11 f. ASOG; in Sachsen lediglich der Verhältnismäßigkeitsgrundsatz, § 5 SächsPVDG.

gnosegebiet allein nicht in Betracht. Es ist weiterhin stets auf den Einzelfall zu blicken.

a) Identitätsfeststellung

Sind Polizisten in einem ausgewiesenen Prognosegebiet auf Streife, so kann nach dem oben dargestellten Routine Activity Approach[968] bereits ihre bloße Anwesenheit als Wächter ausreichen, um motivierte Täter von ihrer Tat abzubringen. Um diese Abschreckungswirkung noch zu erhöhen, könnte eine weitere wirksame Möglichkeit darin bestehen, Personen, die sich in dem Gebiet aufhalten,[969] nach ihren Personalien zu fragen.[970] So nehmen potenzielle Täter eher Abstand von ihrem Tatvorhaben, wenn ihnen bewusst ist bzw. sie die Gefahr sehen, dass ihre Personalien bereits der Polizei bekannt sind,[971] insbesondere wenn sie in der Nähe des Tatobjekts erhoben wurden. Ergeben sich durch eine Identitätsfeststellung, deren Vornahme nicht an das Vorliegen einer konkreten Gefahr geknüpft war, hingegen Erkenntnisse, die eine Gefahrenprognose im Einzelfall rechtfertigen, so können weitere Maßnahmen wie etwa einer Gefährderansprache nach den Generalklauseln[972] oder einer speziell dafür geformten Ermächti-

968 S. unter A. I. 2.

969 Dazu, dass das Merkmal aufhalten insb. einen „Moment des Verweilens" beinhaltet, also ein bloßes Passieren eines Ortes nicht ausreichend ist, bspw. *Knape/Schönrock,* Allgemeines Polizei- und Ordnungsrecht für Berlin, 11. Aufl. 2016, § 21 Rn. 50; *Peters/Fertig,* GSZ 2018, 225 (226); *Graulich,* in: Lisken/Denninger, HB des Polizeirechts, 6. Aufl. 2018, E. Rn. 321, wobei er ihn in der 7. Aufl. 2021 dazu keine Stellung mehr nimmt. So auch in der Rspr. VG Berlin, ZD 2018, 335 (336); HambOVG, NVwZ-RR 2003, 276 (277). A.A. jedoch SächsOVG, Urt. v. 19.12.2019, 3 A 851/18, Rn. 32, juris, das gerade in einem zielgerichteten Passieren oder gar Rennen ein Motiv für eine Identitätsfeststellung erblickt.

970 *Graulich*, in: Lisken/Denninger, HB des Polizeirechts, 6. Aufl. 2018, E. Rn. 315, 318, wobei er hierzu in der 7. Aufl. 2021 keine Aussage mehr trifft; s. OLG Bremen, NJW 1977, 158 (159); BayVGH, BayVBl. 1993, 429 (432); SächsVerfGH, LVerfGE 14, 333 (362 f., 369, 383), wobei der Gerichtshof gleichzeitig eine gewisse Skepsis äußert, ob Identitätskontrollen allein ein Abschreckungseffekt innewohnt, a.a.O., S. 362, 385.

971 *Schmidbauer,* in: ders./Steiner, PAG/POG, 5. Aufl. 2020, Art. 13 PAG Rn. 5.

972 S. z.B. für Sachsen *Walther,* Öffentliches Recht in Sachsen, 8. Auflage 2020, S. 180.

gungsgrundlage[973] vorgenommen werden oder auch, falls sich Hinweise auf ein bereits begangenes Delikt ergeben, Maßnahmen nach der StPO.[974]

(1) Die unterschiedliche tatbestandliche Ausgestaltung

Eine Befugnis zur Identitätsfeststellung gibt es in jedem Bundesland unter teilweise divergierende Voraussetzungen, im Kern sind die Normen jedoch sehr ähnlich aufgebaut und teilweise auch wortgleich. Sie ermöglicht eine polizeiliche Datenerhebung.[975]

Neben der Ermächtigung zur Identitätsfeststellung zur Abwehr einer (konkreten) Gefahr kennen alle Bundesländer auch die Möglichkeit zur Identitätsfeststellung im Vorfeld einer solchen, insb. durch Anknüpfung an einen besonders gefährlichen, kriminogenen bzw. kriminalitätsbelasteten Ort. Die meisten hier näher zu untersuchenden Bundesländer kennen zudem eine Identitätsfeststellung in zumindest unmittelbarer Nähe eines besonders gefährdeten Objekts, an eingerichteten Kontrollstellen sowie Ermächtigungen zu Schleierfahndungen. Die Normen sollen im Hinblick auf ihre Relevanz nach Generierung eines Prognosegebietes durch Predictive Policing-Softwares untersucht werden.

(a) NRW

§ 12 PolG NRW Identitätsfeststellung
(1) Die Polizei kann die Identität einer Person feststellen,

1. *zur Abwehr einer Gefahr,*
2. *wenn sie sich an einem Ort aufhält, von dem Tatsachen die Annahme rechtfertigen, dass*

973 In Berlin wurde die Ermächtigung für eine Gefährderansprache bzw. -schreiben nunmehr als Standardmaßnahme ausgeformt, § 18b ASOG; dazu auch *Heintzen/Siegel,* LKV 2021, 289 (291 f.); auch in Niedersachsen gibt es mit § 12a NPOG eine solche Standardmaßnahme; ebenso in Baden-Württemberg, § 29 PolG BaWü.

974 Zu letzterem *Ogorek,* in: BeckOK Polizei- und Ordnungsrecht Nordrhein-Westfalen, 21. Ed., § 12 PolG NRW Rn. 16; s. generell zu repressiven Folgemaßnahmen in Anschluss einer Prognose, unter B. V.

975 *Berner/Köhler/Käß,* Polizeiaufgabengesetz, 20. Aufl. 2010, Art. 13 Rn. 2; *Knape/Schönrock,* Allgemeines Polizei- und Ordnungsrecht für Berlin, 11. Aufl. 2016, § 21 ASOG Rn. 3.

> a) *dort Personen Straftaten von erheblicher Bedeutung verabreden, vorbereiten oder verüben,*
> *[...]*
> 3. *wenn sie sich in einer Verkehrs- oder Versorgungsanlage oder -einrichtung, einem öffentlichen Verkehrsmittel, Amtsgebäude oder einem anderen* ***besonders gefährdeten Objekt*** *oder in dessen* ***unmittelbarer Nähe*** *aufhält und Tatsachen die Annahme rechtfertigen, dass in oder an Objekten dieser Art Straftaten begangen werden sollen, durch die Personen oder diese Objekte gefährdet sind, und dies auf Grund der Gefährdungslage oder auf die Person bezogener Anhaltspunkte erforderlich ist,*
> 4. *an einer* ***Kontrollstelle****, die von der Polizei eingerichtet worden ist, um eine Straftat nach § 129a des Strafgesetzbuches, eine der in dieser Vorschrift genannten Straftaten oder eine Straftat nach § 250 Abs. 1 Nr. 1 Buchstabe a) oder b), Abs. 2 Nr. 1 oder nach § 255 des Strafgesetzbuches in den vorgenannten Begehungsformen zu verhüten.*
> *[...]*

§ 12 PolG NRW legt fest, dass die Identitätsfeststellung einer Person zur Abwehr einer Gefahr zulässig ist (Nr. 1), zugleich in Nr. 2 jedoch auch dann, *wenn sie sich an einem Ort aufhält, von dem Tatsachen die Annahme rechtfertigen, dass a) dort Personen Straftaten von erheblicher Bedeutung verabreden, vorbereiten oder verüben, [...].*

Der Gesetzestext knüpft in Nr. 2 an die Feststellung eines gefährlichen Ortes an, der anhand konkreter Umstände des Einzelfalls zu beurteilen ist.[976] Das Erfordernis einer möglichen Straftat von „erheblicher Bedeutung" nach lit. a wird auch in der StPO an mehreren Stellen verwendet.[977] Das PolG NRW definiert diesen Begriff in § 8 Abs. 3, wonach insbesondere Verbrechen sowie gewerbs- und bandenmäßig begangene Vergehen unter anderem nach den §§ 243 und 244 StGB als Straftaten von erheblicher Be-

976 *Ogorek*, in: BeckOK Polizei- und Ordnungsrecht Nordrhein-Westfalen, 21. Ed., § 12 PolG NRW Rn. 14.

977 Siehe u.a. die Ermächtigungsgrundlagen der StPO in § 81g Abs. 1 (DNA-Identitätsfeststellung), § 98a Abs. 1 StPO (Ermächtigung zur Rasterfahndung); 100g Abs. 1 Nr. 1 (Erhebung von Verkehrsdaten), der explizit auf die in § 100a Abs. 2 bezeichneten Straftaten verweist; § 100h Abs. 1 S. 2 i.V.m. S. 1 Nr. 2 (Weitere Maßnahmen außerhalb von Wohnraum); § 100i Abs. 1 (Technische Ermittlungsmaßnahmen bei Mobilfunkendgeräten) und § 100k Abs. 1 (Erhebung von Nutzungsdaten bei Telemediendiensten), die ebenfalls „insbesondere" auf die in § 100a Abs. 2 bezeichneten Straftaten verweisen; § 110a Abs. 1 (Verdeckter Ermittler).

deutung gelten. Der gewerbs- oder bandenmäßige Wohnungseinbruchdiebstahl nach § 244 Abs. 1 Nr. 2, 3 StGB bzw. der Wohnungseinbruchdiebstahl in eine dauerhaft genutzte Privatwohnung nach § 244 Abs. 1 Nr. 3 i.V.m. § 244 Abs. 4 i.V.m. § 12 Abs. 1 StGB ist also von der Norm erfasst.

Die erforderlichen tatbestandlichen Voraussetzungen i.S.v. „Tatsachen, die die Annahme rechtfertigen" liegen zudem unterhalb der Gefahrenschwelle.[978] Die Prognosen, die durch SKALA in NRW erstellt werden, basieren hauptsächlich auf Grundlage vergangener Delikte, also Tatsachen.

Die Prognose selbst wird durch statistische Berechnungen auf Grundlage von kriminologischen Theorien erstellt. Sie trifft eine Aussage darüber, dass die Wahrscheinlichkeit für ein weiteres Delikt des Wohnungseinbruchdiebstahl in einem sehr großen Gebiet für eine bestimmte Zeit erhöht ist. Bloße allgemeine kriminalistische Erfahrung reicht grds. nicht aus.[979] Dadurch, dass die Software SKALA aber nicht allein auf eine allgemeine Erfahrung wie das Near-Repeat-Phänomen zurückgreift, sondern noch weitere Umstände mit in die Risikoberechnung einbezieht und dadurch einzelne, näher konkretisierte Prognosegebiete generiert, geht eine solche Prognose über bloße allgemeine Erfahrungsschätze hinaus.

Einzelne Stimmen gehen daher durchaus davon aus, dass die Prognosen von SKALA unter § 12 Abs. 1 Nr. 2 PolG NRW gefasst werden können.[980] Der Streit, ob die von § 12 Abs. 1 Nr. 2 PolG NRW und entsprechenden Regelungen in anderen Bundesländern erfassten Orte vor einer möglichen Maßnahme zur Identitätsfeststellung durch behördliche Entscheidung festgelegt sein müssen,[981] ist bei einer expliziten Generierung eines Prognose-

978 *Schenke*, Polizei- und Ordnungsrecht, 11. Aufl. 2021, Rn. 91; *Meyer*, JZ 2017, 429 (430 ff.); s. auch *Brodowski*, Verdeckte technische Überwachungsmaßnahmen im Polizei- und Strafverfahrensrecht, 2016, S. 102, der herausarbeitet, dass dieses Tatbestandsmerkmal *auch* eine eine dem Gefahrenverdacht vergleichbare Situation erfasst. Dazu, dass bisher keine konkrete Einordnung in den Bereich von Gefahrenvorfeld bzw. Gefahrenverdacht erfolgt ist, *Kießling*, in: Kulick/Goldhammer, Der Terrorist als Feind?, 2020, S. 261 (270). Kritisch dazu, dass die Formulierung „Tatsachen, die die Annahme rechtfertigen" tatsächlich eine Vorverlagerung von Eingriffshürden in das Gefahrenvorfeld erreichen kann wegen der starken Annäherung an die konkrete Gefahr, allerdings in Bezug auf § 33a NPOG, *Albrecht*, in: BeckOK Polizei- und Ordnungsrecht Niedersachsen, 22. Ed., § 33a NPOG Rn. 33.

979 *Ogorek*, in: BeckOK Polizei- und Ordnungsrecht Nordrhein-Westfalen, 21. Ed., § 12 PolG NRW Rn. 14.

980 *Baldarelli/v. Prondzinski*, Polizeigesetz Nordrhein-Westfalen, 2019, S. 49.

981 S. dazu allgemein, nicht speziell im Hinblick auf die Regelung in NRW, etwa *Thiel*, Polizei- und Ordnungsrecht, 4. Aufl. 2020, § 10 Rn. 27; gegen eine Erforderlichkeit einer offiziellen Ausweisung OVG Bautzen, BeckRS 2019, 43421 Rn. 30 f.

gebietes und Freigabe desselben durch einen Polizeibeamten zumindest obsolet.[982]

Gegen die Einbeziehung der Prognosegebiete von SKALA könnte dagegen die Größe der berechneten Prognosegebiete sprechen. SKALA ermittelt Prognosegebiete von Wohnquartieren mit durchschnittlich 400 Haushalten, was in einer Gegend mit größeren Grundstücken und reinen Einfamilienhäusern durchaus viele Quadratkilometer umfassen kann. Es stellt sich insoweit die Frage, ob solch ein Prognosegebiet noch als „Ort" i.S.d. § 12 Abs. 1 Nr. 2 PolG NRW zu qualifizieren ist.

Rein nach Wortlaut erscheint ein „Ort" schon im allgemeinen Sprachgebrauch enger gefasst zu sein als ein „Gebiet".[983] Ein Ort ist ein bestimmter „Fleck" auf der Landkarte, nach der Duden-Definition ein „lokalisierbarer, oft auch im Hinblick auf seine Beschaffenheit *bestimmter* Platz"[984], während ein Gebiet im geografischen Sinne nach der Duden-Definition ein „unter bestimmten Gesichtspunkten in sich geschlossener räumlicher *Bereich von größerer Ausdehnung*" ist,[985] also durchaus mehrere Orte umfassen kann. Für eine unterschiedliche Auslegung der beiden Begrifflichkeiten auch im nordrhein-westfälischen Polizeirecht spricht zudem, dass im neu eingefügten § 12a Abs. 1 S. 4 PolG NRW von einem „Gebiet" und gerade nicht von einem Ort die Rede ist und mit der Schaffung dieser Befugnisnorm eine Erweiterung der Befugnisse aus § 12 PolG NRW beabsichtigt war.[986]

Auch bei der Standardbefugnis der Platzverweisung ist die Auslegung des Begriffs „von einem Ort" vielfach diskutiert worden. So gibt es Stimmen, die nach dem reinen Wortlaut eine restriktive Auslegung als eng begrenzten Raum fordern,[987] während andere eine Fläche bis zu 10.000

---

982 Nach einem Urteil des VerfGH NRW aus dem Jahr 2020 bezüglich einer zu Unrecht verweigerten bzw. unzureichenden Antwort auf eine parlamentarische Anfrage bezüglich der in NRW festgestellten „gefährlichen Orte" waren zum Zeitpunkt des Urteils 44 solcher Orte in NRW gemeldet, VerfGH NRW, NWVBl. 2020, 366 (368, 375).

983 *Tomerius,* DVBl. 2017, 1399 (1401).

984 Dudenredaktion, Duden Deutsches Universalwörterbuch, 9. Aufl. 2019, Eintrag Ort, S. 1323, Kursivhervorhebung durch Verf.

985 Dudenredaktion, Duden Deutsches Universalwörterbuch, 9. Aufl. 2019, Eintrag Gebiet, S. 688, Kursivhervorhebung durch Verf.

986 So auch *Tomerius,* DVBl. 2017, 1399 (1401). S. dazu ausführlicher unter B. IV. 5. b).

987 *Götz/Geis,* Allgemeines Polizei- und Ordnungsrecht, 16. Aufl. 2017, § 8 Rn. 23; *Robrecht/Petersen-Thrö,* SächsVBl. 2006, 29 (31) m.w.N.

Quadratmetern noch als Ort ansehen würden.[988] Vorzugswürdig erscheint eine vermittelnde Ansicht. So wird zutreffend festgehalten, dass sich ein Ort i.S.e. Platzverweisung nicht nach Quadratmetern bemessen lasse,[989] aber dennoch ist eine Begrenzung zumindest im Sinne eine Überschaubarkeit unter Beachtung der abzuwehrenden Gefahr zu fordern.[990] Dies gebietet gerade auch die notwendige Abgrenzung zu einem oftmals ebenfalls normierten Aufenthaltsverbot, dass sich räumlich auf ein „Gebiet"[991] oder, wie in § 34 Abs. 2 S. 1 PolG NRW, auf einen örtlichen *Bereich* bezieht, der nach S. 2 ein Gemeindegebiet oder ein Gebietsteil innerhalb der Gemeinde ist.[992]

Diese Überlegungen erscheinen hinsichtlich der unterschiedlichen Ausgestaltung von § 12 und § 12a PolG NRW übertragbar. Auch *Ogorek* geht davon aus, dass gefährliche Orte i.S.d. § 12 Abs. 1 Nr. 2 PolG NRW zwar durchaus weitläufig sein könnten, die Einbeziehung eines Gemeindegebiets oder eines ganzen Stadtteils jedoch die Wortlautgrenze sprengen würde.[993] Auch die Möglichkeit einer Identitätsfeststellung bei einem gefährdeten Objekt, bei dem zumindest ein Aufhalten in *unmittelbarer Nähe* zu einem solchen Objekt gefordert ist, spricht für eine generell enge räumliche Auslegung des § 12 PolG NRW.[994]

Die besseren Argumente sprechen daher dafür, dass die Prognosegebiete von SKALA zumindest aktuell nicht unter einen „Ort, an dem Tatsachen die Annahme rechtfertigen", dass bestimmte Delikte begangen werden, fallen.[995]

---

988 *Helmke,* Der polizeiliche Platzverweis im Rechtsstaat, 2002, S. 96.

989 *Thiel,* Polizei- und Ordnungsrecht, 4. Aufl. 2020, § 10 Rn. 86.

990 S. OVG Lüneburg, NdsVBl 2020, 86 (87), das einen engeren räumlichen Bereich erfordert, aber je nach Gefahrenlage auch einen Bereich wie „Innenstadt" als „Ort" akzeptiert, wobei dies schon sehr weitgehend ist; *Schenke,* Polizei- und Ordnungsrecht, 11. Aufl. 2021, § 3 Rn. 145.

991 Etwa § 12 Abs. 3 SPolG.

992 OVG NRW, DVBl. 2022, 538 (542 Rn. 77); s. auch *Thiel,* Polizei- und Ordnungsrecht, 4. Aufl. 2020, § 10 Rn. 86 aE.; *Schmidt,* Polizei- und Ordnungsrecht, 21. Aufl. 2021, Rn. 431c.

993 *Ogorek,* in: BeckOK Polizei- und Ordnungsrecht Nordrhein-Westfalen, 21. Ed., § 12 PolG NRW, Rn. 13.

994 S. zu § 13 NPOG, der in inhaltlicher Hinsicht § 12 PolG NRW sehr gleicht, *Waechter,* in: BeckOK Polizei- und Ordnungsrecht Niedersachsen, 22. Ed., § 13 NPOG Rn. 23.

995 S. auch *Schmidt,* Polizei- und Ordnungsrecht, 20. Aufl. 2018, Rn. 215a, nach dem Identitätsfeststellungen an gefährlichen Orten zumindest einen Gefahrenverdacht voraussetzen, welcher nach Generierung eines Prognosegebietes ebenfalls nach hier vertretener Ansicht noch nicht vorliegt, siehe dazu oben unter B. IV. 2.

Zudem ist generell fraglich, ob ein Einbeziehen von Predictive Policing-Prognosegebieten vom Sinn und Zweck der Vorschrift zur Identitätsfeststellung an gefährlichen Orten noch erfasst ist bzw. ob ein solches Einbeziehen nicht mit der Bestimmtheit der Norm in Konflikt gerät. Ursprünglich waren die Standardmaßnahmen, die auf einen gefährlichen Ort bezogen sind, dazu geschaffen worden, um bekannte Kriminalitätsschwerpunkte, sog. Hot Spots, besser in den Griff zu bekommen. Erfasst sind also vor allem Orte, an denen bereits häufig Polizeieinsätze zu präventiven oder repressiven Zwecken durchgeführt wurden,[996] es sich somit *erfahrungsgemäß* um einen gefährlichen Ort handelt.[997] Diese werden aufgrund von langzeitigen Erfahrungswerten identifiziert[998] und ändern sich entsprechend langsam. So sind sie in der Regel auch der Bevölkerung weitestgehend bekannt bzw. sind sie zumindest erahnbar. Predictive Policing-Prognosen sind jedoch dynamisch an das jeweils aktuelle Kriminalitätsaufkommen gekoppelt, sodass sich die Prognosegebiete öfter ändern. Für den Bürger ist es daher sehr viel schwieriger zu antizipieren, ob er sich nun gerade in einem Prognosegebiet aufhält und somit potenzieller Adressat einer polizeilichen Maßnahme sein kann.

Für die Möglichkeit einer Identitätsfeststellung nach § 12 Abs. 1 Nr. 2 PolG NRW müssen daher direkt vor Ort weitere Erkenntnisse gewonnen werden, aufgrund derer dann die Voraussetzungen der Standardmaßnahme erfüllt sein müssen.[999]

Die gleichen Argumente sprechen auch gegen eine Anwendung von § 12 Abs. 1 Nr. 3 PolG NRW allein auf Grundlage einer Predictive Policing-Prognose. Bloß weil SKALA eine erhöhte Wahrscheinlichkeit von Wohnungseinbrüchen in einem Gebiet errechnet, kann noch nicht von einem gefährdeten „Objekt" i.S.d. § 12 Abs. 1 Nr. 3 PolG NRW gesprochen werden. Zwar stellt *Ogorek* fest, dass Nr. 3 nicht erfordere, dass sich die Tatsachen auf ein ganz bestimmtes Objekt beziehen, sondern ausreichend sei, dass ein Objekt

---

996 *Roggan*, NVwZ 2001, 134 (137).

997 OVG Berlin, NJW 1986, 3223 (3223); OVG Bautzen, BeckRS 2019, 43421 Rn. 30; s. im Bezug auf die saarländische Norm des § 9 Abs. 1 Nr. 2 SPolG auch *Guckelberger*, in: Gröpl/dies./Wohlfarth, Landesrecht Saarland, § 4 Rn. 95.

998 *Graulich*, in: Lisken/Denninger, HB des Polizeirechts, 6. Aufl. 2018, E. Rn. 320, wobei er hierzu in neuer Auflage keine Aussage mehr trifft; s. auch OVG Bautzen, BeckRS 2019, 43421, Rn. 30.

999 So auch, wenn auch ohne Begründung, *Egbert*, Zeitschrift für Rechtssoziologie 40 (2020), 26 (36 f.).

„dieser Art“ gefährdet sei.[1000] Aber alle Wohnhäuser bzw. alle Gebäude mit Wohnungen in einem Prognosegebiet zu erfassen, würde auch hier die Wortlautgrenze sprengen. Abgesehen davon erfasst Nr. 3 grds. Objekte, die für die Allgemeinheit von besonderer Bedeutung sind, wie etwa die explizit genannten Versorgungsanlagen oder Amtsgebäude.[1001] Wohngebäude könnten daher höchstens unter den Auffangtatbestand anderer besonders gefährdeter Objekte fallen, der jedoch in systematischer Auslegung eine ähnliche Bedeutung bzw. Wichtigkeit für die Öffentlichkeit wie die explizit genannten voraussetzt.[1002] Die Objekte müssen in besonderer Weise schutzbedürftig sein, etwa wegen erhöhter Anschlagsgefahr.[1003] Dies ist bei normalen Wohngebäuden nicht anzunehmen.[1004]

Die Einrichtung einer Kontrollstelle nach § 12 Abs. 1 Nr. 4 PolG NRW innerhalb eines Prognosegebietes setzt dagegen voraus, dass ganz bestimmte, sehr schwerwiegende Delikte verhindert werden sollen, unter die der Wohnungseinbruchdiebstahl nicht fällt.[1005]

Insgesamt lässt sich daher festhalten, dass eine Identitätsfeststellung in Nordrhein-Westfalen in Prognosegebieten vom Hinzutreten weiterer Anhaltspunkte direkt vor Ort abhängt.

1000 *Ogorek,* in: BeckOK Polizei- und Ordnungsrecht Nordrhein-Westfalen, 21. Ed. 2022, § 12 PolG NRW Rn. 24.

1001 *Ogorek,* in: BeckOK Polizei- und Ordnungsrecht Nordrhein-Westfalen, 21. Ed. 2022, § 12 PolG NRW Rn. 23.

1002 *Ogorek,* in: BeckOK Polizei- und Ordnungsrecht Nordrhein-Westfalen, 21. Ed. 2022, § 12 PolG NRW Rn. 23 nennt als Beispiele etwa Konsulate und Banken.

1003 *Schmidt,* Polizei- und Ordnungsrecht, 21. Aufl. 2020, Rn. 215a.

1004 Anders könnte dies etwa bei Wohnungen von besonders gefährdeten Personen, etwa Prominenten oder Politikern, zu beurteilen sein, s. etwa *Ogorek,* in: BeckOK Polizei- und Ordnungsrecht Nordrhein-Westfalen, 21. Ed. 2022, § 12 PolG NRW, Rn. 23; *Graulich,* in: Lisken/Denninger, HB des Polizeirechts, 6. Aufl. 2018, E. Rn. 331.

1005 Siehe die genaue Auflistung der darunter gefassten Straftaten bei *Ogorek,* in: BeckOK Polizei- und Ordnungsrecht Nordrhein-Westfalen, 21. Ed. 2022, § 12 PolG NRW Rn. 33.

(b) Niedersachsen

§ 13 NPOG Identitätsfeststellung, Prüfung von Berechtigungsscheinen
(1) Die Verwaltungsbehörden und die Polizei können die Identität einer Person feststellen,

1. *wenn dies zur Abwehr einer Gefahr erforderlich ist,*
2. *wenn sie an einem Ort angetroffen wird, von dem Tatsachen die Annahme rechtfertigen, dass dort*
   a) *Personen Straftaten von erheblicher Bedeutung verabreden, vorbereiten oder verüben,*
   b) *sich Personen aufhalten, die gegen aufenthaltsrechtliche Strafvorschriften verstoßen, oder*
   c) *sich Personen verbergen, die wegen Straftaten gesucht werden,*
3. *wenn sie in einer Verkehrs- oder Versorgungsanlage oder -einrichtung, einem öffentlichen Verkehrsmittel, Amtsgebäude oder einem anderen besonders gefährdeten Objekt oder in unmittelbarer Nähe hiervon angetroffen wird und Tatsachen die Annahme rechtfertigen, dass in oder an Objekten dieser Art Straftaten begangen werden sollen, durch die in oder an diesen Objekten befindliche Personen oder diese Objekte selbst unmittelbar gefährdet sind, und dies aufgrund der Gefährdungslage oder aufgrund von auf die Person bezogenen Anhaltspunkten erforderlich ist, oder*
4. *die an einer Kontrollstelle (§ 14) angetroffen wird.*

[...]

Die Befugnis der (Vollzugs-)Polizei und der Verwaltungsbehörden zu Identitätsfeststellung und Prüfung von Berechtigungsscheinen ist in Niedersachsen in § 13 NPOG normiert. Der Wortlaut von § 13 Abs. 1 NPOG ist zwar nicht identisch mit der nordrhein-westfälischen Regelung, gleicht ihr jedoch inhaltlich sehr. Auch hier kann die Identität einer Person festgestellt werden, wenn sie sich an einem näher beschriebenen „kriminell belasteten“[1006] Ort aufhält (Nr. 2), zumindest in unmittelbarer Nähe eines gefährdeten Objekts (Nr. 3) oder an einer Kontrollstelle i.S.d. § 14 NPOG (Nr. 4) angetroffen wird.

Für Identitätsfeststellungen in der Nähe von gefährdeten Objekten ergeben sich zu NRW keine abweichenden Besonderheiten.

1006 *Waechter,* in: BeckOK Polizei- und Ordnungsrecht Niedersachsen, 22. Ed., § 13 NPOG Rn. 22.

In Bezug auf einen gefährlichen Ort verlangt § 13 Abs. 1 Nr. 2 lit. a NPOG, dass Tatsachen die Annahme rechtfertigen, dass dort Personen Straftaten von erheblicher Bedeutung verabreden, vorbereiten oder verüben. Die Straftaten von erheblicher Bedeutung i.S.d. NPOG werden in § 2 Nr. 14 NPOG in einem abschließenden Katalog aufgezählt[1007] und umfassen neben fast allen Verbrechen (lit. a), auch bandenmäßig oder gewerbsmäßig begangene Vergehen, wenn die Tat nach Art und Schwere geeignet ist, den Rechtsfrieden besonders zu stören (lit. c).

Die Vorschrift erfasst jedoch nicht jeden (durch einen Einzeltäter geplanten bzw. begangenen) Diebstahl in bzw. aus Wohnungen nach § 244 Abs. 1 Nr. 3 StGB, der in § 2 Nr. 14 lit b NPOG ebenso wie der einfache oder besonders schwere Fall des Diebstahls nach § 243 StGB gerade nicht explizit aufgeführt wird.[1008] Da der Wohnungseinbruch in eine dauerhaft genutzte Privatwohnung gem. § 244 Abs. 1 Nr. 3 i.V.m. § 244 Abs. 4 StGB jedoch mit einer Freiheitsstrafe von mindestens einem Jahr belegt wurde und damit als Verbrechen zu qualifizieren ist (§ 12 Abs. 1 StGB), müsste daher bei einem Prognosegebiet bereits in einem ersten Schritt geprüft werden, für welche Arten von Einbruchdiebstählen die Wahrscheinlichkeit im Prognosegebiet erhöht ist. Da in der Realität jedoch der Großteil der begangenen Wohnungseinbrüche auch unter § 244 Abs. 4 StGB fällt,[1009] und zudem auch der banden- und gewerbsmäßig begangene Diebstahl erfasst ist,[1010] wäre eine generelle Annahme, dass die Prognosen von PreMap Straftaten von erheblicher Bedeutung i.S.d. § 12 Abs. 1 StGB i.V.m. § 2 Nr. 14 lit. a NPOG erfassen, nicht zu beanstanden. Die Nutzung der Predictive Policing-Softwares ist wie beschrieben gerade darauf angelegt, insbesondere bandenmäßig begangene Straftaten zu verhindern.

Allerdings greifen die Bedenken hinsichtlich des räumlichen Ausmaßes eines Prognosegebietes und dessen Qualifizierung als „Ort“ auch in Niedersachsen. Das Prognosegebiet von PreMap mit einem Radius von 500 m um eine bestimmte Koordinate umfasst rund einen Quadratkilometer, wovon

1007 *Ullrich,* in: BeckOK Polizei- und Ordnungsrecht Niedersachsen, 22. Ed., § 2 NPOG, Rn. 146.

1008 Dazu auch *Waechter,* in: BeckOK Polizei- und Ordnungsrecht Niedersachsen, 22. Ed., § 13 NPOG Rn. 30.

1009 S. BMI, PKS 2020, S. 27, wonach der Anteil der Wohnungseinbruchdiebstähle an Diebstählen insg. in/aus Wohnungen 65,3% beträgt.

1010 *Waechter,* in: BeckOK Polizei- und Ordnungsrecht Niedersachsen, 22. Ed., § 13 NPOG Rn. 30.

in der Realität zumindest mehrere Straßen, vielleicht mehrere Wohnviertel zumindest tangiert sind.

Ein Prognosegebiet gleicht daher eher einem Gefahren-„Gebiet", für das etwa im hamburgischen Polizeidatenverarbeitungsgesetz a.F. spezielle Befugnisse geschaffen worden waren.[1011] Die „normalen" Befugnisse zur Identitätsfeststellung in den Polizeigesetzen der einzelnen Bundesländer, die an einen gefährlichen bzw. gefährdeten Ort anknüpfen, verfolgen jedoch das Leitbild einer bestimmten „Ortshaftung"[1012], die nach ihrem Wortlaut auf einen bestimmten und begrenzten Raum beschränkt ist.[1013] Die Ausweitung auf ein großflächiges Terrain würde die Wortlautgrenze sprengen und den Bestimmtheitsgrundsatz verletzen und bedürfte daher einer eigenen Ermächtigungsgrundlage.[1014]

Anders als in NRW ist jedoch der Einrichtung einer Kontrollstelle nach § 13 Abs. 1 Nr. 4 i.V.m. § 14 NPOG keine vergleichbar hohe Hürde gesetzt worden. Gem. § 14 Abs. 1 Nr. 1 NPOG können etwa Kontrollstellen auf öffentlichen Straßen oder Plätzen oder an anderen öffentlich zugänglichen Orten eingerichtet werden, wenn Tatsachen die Annahme rechtfertigen, dass eine Straftat von erheblicher Bedeutung begangen werden soll und die Kontrollstellen zur Verhütung dieser erforderlich sind. Einbrüche in Privatwohnungen sowie banden- oder gewerbsmäßiger Einbruchdiebstahl wären als Straftaten von erheblicher Bedeutung erfasst. Für die Einrichtung einer Kontrollstelle ist zunächst keine Beschränkung auf einen konkreten Ort vorgesehen. Zwar muss die später eingerichtete Kontrollstelle schon aus Gründen der Verhältnismäßigkeit in einem logischen Sachzusammenhang mit der zu verhütenden Straftat stehen, erforderlich ist jedoch nicht zwin-

---

1011 § 4 Abs. 2 HmbPolDVG idF v. 16.06.2005, HmbGVBl. 2005, S. 233 (235); zur verfassungsrechtlichen Unzulänglichkeit der Norm OVG Hamburg, NVwZ-RR 2015, 695 ff.; s. dazu auch *Waechter*, in BeckOK Polizei- und Ordnungsrecht Niedersachsen, 22. Ed., § 13 NPOG Rn. 32a.

1012 S. zu NRW: *Ogorek*, in: BeckOK Polizei- und Ordnungsrecht Nordrhein-Westfalen, 21. Ed., § 12 Rn. 20; zu Niedersachsen: *Waechter*, in: BeckOK Polizei- und Ordnungsrecht Niedersachsen, 22. Ed., § 13 NPOG Rn. 32a; allgemein *Graulich*, in: Lisken/Denninger, HB des Polizeirechts, 7. Aufl. 2021, E. Rn. 328.

1013 S. auch *Waechter*, in: BeckOK Polizei- und Ordnungsrecht Niedersachsen, 22. Ed., § 13 NPOG Rn. 32a.

1014 *Waechter*, in: BeckOK Polizei- und Ordnungsrecht Niedersachsen, 22. Ed., § 13 NPOG Rn. 32a.

gend ein enger räumlicher Zusammenhang.[1015] Eine solche könnte daher auch in einem Prognosegebiet eingerichtet werden.

Als weitere Voraussetzung wäre dann noch zu prüfen, ob eine Kontrollstelle erforderlich zur Verhütung der Straftat ist. Insoweit ist fraglich, ob nicht als milderes Mittel eine reine Bestreifung des Gebietes, also das Zeigen von (uniformierter) Präsenz nicht ebenso abschreckend wirken kann. Eine formelle Hürde besteht in dem Erfordernis der Einrichtung durch schriftliche und begründete Anordnung des Dienstellenleiters oder eines Beamten der Laufbahngruppe 2 ab dem zweiten Einstiegsamt nach § 14 Abs. 2 NPOG.

Interessant ist, dass die Norm keinerlei zeitliche Grenze für eine Kontrollstelle explizit festlegt. Trotzdem ist schon aus Gründen der Verhältnismäßigkeit keine beliebig lange Aufrechterhaltung einer solchen Kontrollstelle möglich. Generell unterliegt die Einrichtung einer Kontrollstelle nach § 14 Abs. 1 NPOG der Erforderlichkeit für die Verhütung der dort genannten Straftaten und muss daher sowohl geeignet als auch das relativ mildeste Mittel zur Erreichung der Straftatenverhütung sein, wobei hier eine Prognose aufgrund allgemeiner Erfahrungssätze ausreichend ist.[1016]

(c) Bayern

Art. 13 PAG Identitätsfeststellung und Prüfung von Berechtigungsscheinen
(1) Die Polizei kann die Identität einer Person feststellen

1. *zur Abwehr*
a) *einer Gefahr oder*
b) *einer drohenden Gefahr für ein bedeutendes Rechtsgut,*
2. *wenn die Person sich an einem Ort aufhält,*
a) *von dem auf Grund tatsächlicher Anhaltspunkte anzunehmen ist, daß dort*
   aa) *Personen Straftaten verabreden, vorbereiten oder verüben,*
   [...]

1015 *Waechter,* in: BeckOK Polizei- und Ordnungsrecht Niedersachsen, 22. Ed., § 14 NPOG Rn. 24.

1016 *Waechter,* in: BeckOK Polizei- und Ordnungsrecht Niedersachsen, 22. Ed., § 14 NPOG Rn. 24.

3. *wenn sie sich in einer Verkehrs- oder Versorgungsanlage oder -einrichtung, einem öffentlichen Verkehrsmittel, Amtsgebäude oder einem anderen* ***besonders gefährdeten Objekt*** *oder in* ***unmittelbarer Nähe*** *hiervon aufhält und Tatsachen die Annahme rechtfertigen, daß in oder an Objekten dieser Art Straftaten begangen werden sollen, durch die in oder an diesen Objekten befindliche Personen oder diese Objekte selbst unmittelbar gefährdet sind,*
4. *a.F.: an einer* ***Kontrollstelle****, die von der Polizei eingerichtet worden ist, um Straftaten im Sinn von § 100a der Strafprozeßordnung (StPO) oder Art. 20 Abs. 1 Nrn. 1 und 3, Abs. 2 Nrn. 5 bis 7 des Bayerischen Versammlungsgesetzes (BayVersG) zu verhindern,*
4. ***n.F.:*** *an einer polizeilichen Kontrollstelle, die eingerichtet worden ist,*
a) *um Straftaten nach § 100a der Strafprozessordnung (StPO) oder Art. 20 Abs. 1 Nr. 1 und 3, Abs. 2 Nr. 5 bis 7 des Bayerischen Versammlungsgesetzes (BayVersG) zu verhüten, die aufgrund tatsächlicher Anhaltspunkte zu erwarten sind,*
b) *um gefahrenträchtige Großereignisse zu schützen, oder*
c) *zum Zwecke spezifischer polizeilicher Ermittlungsstrategien der Gefahrenabwehr,*
5. *im Grenzgebiet bis zu einer Tiefe von 30 km sowie auf Durchgangsstraßen (Bundesautobahnen, Europastraßen und andere Straßen von erheblicher Bedeutung für den grenzüberschreitenden Verkehr) und in öffentlichen Einrichtungen des internationalen Verkehrs zur Verhütung oder Unterbindung des unerlaubten Aufenthalts und zur Bekämpfung der grenzüberschreitenden Kriminalität oder*
6. *zum Schutz privater Rechte (Art. 2 Abs. 2).*

[...]

In Bayern ist die Identitätsfeststellung in Art. 13 PAG geregelt. Nach Absatz 1 kann die Polizei insbesondere zur Abwehr einer zumindest drohenden Gefahr tätig werden, an bestimmten als besonders gefährdet eingestuften Orten und auch zum Schutz privater Rechte.[1017]

1017 *Senftl*, in: BeckOK Polizei- und Sicherheitsrecht Bayern, 18. Ed., Art. 13 PAG Rn. 5.

Sowohl eine konkrete als auch eine drohende Gefahr ist nach Generierung eines Prognosegebietes ohne Hinzutreten weiterer Erkenntnisse nicht anzunehmen.[1018]

Auch das Bayerische PAG kennt eine Identitätsfeststellung an gefährlichen Orten nach Art. 13 Abs. 1 Nr. 2 lit. a PAG. Anders als in NRW und Niedersachsen, müssen hier die Tatsachen die Annahme nicht *rechtfertigen*, dass an einem Ort bestimmte Delikte begangen werden (sollen) bzw. sich Straftäter verbergen, sondern es reicht aus, dass sich eine Person an einem Ort aufhält, von dem auf Grund tatsächlicher Anhaltspunkte *anzunehmen* ist, dass die in lit. aa bis cc genannten Handlungen durchgeführt werden. Dies deutet begrifflich darauf hin, dass wiederum geringere Anforderungen an eine Prognosesicherheit gestellt werden.[1019] Trotzdem reichen auch hier bloße Vermutungen nicht aus.[1020]

In einem Beschluss von 2014[1021] stellte sich das BayVGH auf den Standpunkt, dass für eine Einschätzung als gefährlicher Ort i.S.d. Art. 13 Abs. 1 Nr. 2 lit. a lit. aa erforderlich sei, dass Tatsachen bekannt sind, die nach kriminalistischer Erfahrung darauf hindeuten, dass die in Art. 13 Abs. 1 Nr. 2 PAG genannten Tätigkeiten am entsprechend identifizierten Ort *regelmäßig* stattfinden.[1022] Dies deutet wiederum[1023] darauf hin, dass von dieser Standardbefugnis grds. nur die klassischen Kriminalitäts-Hot Spots erfasst sein sollten, die sich durch langzeitige Beobachtung und Analyse des Kriminalitätsgeschehens herausgefiltert haben und an denen es immer wieder zu Verstößen gegen die Rechtsordnung kommt.[1024] Die Prognosen von PRECOBS sind dagegen darauf ausgerichtet, möglichst tagesaktuelle räumliche Gebiete zu identifizieren, für die aufgrund kürzlich vergangener

---

1018 Auch in Bayern ist eine Gefahr nach Art. 11 Abs. 1 PAG legaldefiniert als eine im einzelnen Fall bestehende Gefahr für die öffentliche Sicherheit oder Ordnung und somit als konkrete Gefahr; zur drohenden Gefahr s. B. IV. 3. c).

1019 Für Niedersachsen in eine ähnliche Richtung *Albrecht*, BeckOK Polizei- und Ordnungsrecht Niedersachsen, 22. Ed., § 33a NPOG Rn. 33.

1020 S. etwa BVerfGE 150, 244 (290 f. Rn. 118 ff.); BayVGH, Beschl. v. 18.11.2014 – 10 C 14.2284, Rn. 18, juris; *Senftl*, in: BeckOK Polizei- und Sicherheitsrecht Bayern, 18. Ed., Art. 13 PAG Rn. 10.

1021 Die seither in Kraft getretenen Änderungen des PAG betreffen nicht den Wortlaut des Art. 13 Abs. 1 Nr. 2 lit a lit. aa PAG.

1022 BayVGH, BeckRS 2014, 59432 Rn. 18.

1023 S. dazu bereits zu NRW B. IV. 5. a) (1) (a).

1024 So auch *Schmidbauer*, in: ders./Steiner, PAG/POG, 5. Aufl. 2020, Art. 13 PAG Rn. 7a. A.A. jedoch VG München, Urt. v. 01.12.2020, M 3 K 19.5149, Rn. 21, juris, wonach ein Kriminalitätsschwerpunkt nicht zwingend voraussetze, dass an diesem Ort auch vermehrt Straftaten verübt würden.

Verstöße die Wahrscheinlichkeit für die Begehung eines ähnlichen Deliktes erhöht ist, ohne dass das Gebiet an sich als besonders kriminalitätsanfällig gelten würde.

Darüber hinaus sind auch die von PRECOBS generierten Prognosegebiete nicht ausreichend räumlich begrenzt, um ein Ort i.S.d. Art. 13 Abs. 1 Nr. 2 lit. a PAG zu sein. Auch PRECOBS zieht in der Regel einen Kreis mit einem Radius von 500 m um einen Tatort. Insofern wird auf die obigen Ausführungen verwiesen.[1025]

Ebenso ergeben sich keine Besonderheiten in Bezug auf die Identitätsfeststellung in zumindest unmittelbarer Nähe gefährdeter Objekte.

Die Befugnis zur Identitätsfeststellung an eingerichteten Kontrollstellen war nach dem Wortlaut der alten Fassung sehr weitgehend. Der Katalog der zu verhindernden Straftaten war mit allen Delikten des § 100a StPO sehr lang und umfasste auch den Wohnungseinbruchdiebstahl und Bandendiebstahl nach § 100a Abs. 2 Nr. 1 lit. j StPO. Anders als in Niedersachsen, dessen Katalog ebenfalls eher großzügig ausgestaltet ist, gab es in Bayern jedoch darüber hinaus keinerlei näheren Voraussetzungen für die Einrichtung einer solchen Kontrollstelle, weder in formeller noch materieller Hinsicht.[1026] So war insbesondere ausreichend, dass die Kontrollstelle durch irgendeinen Polizeibeamten angeordnet und in Anwesenheit von Polizeibeamten durchgeführt wurde.[1027] Wegen dieser sehr weiten Ausgestaltung ohne nähere, begrenzende Konkretisierungen bedurfte es nach einer Entscheidung des BVerfG aus dem Jahr 2018 einer verfassungskonformen Auslegung des Art. 13 Abs. 1 Nr. 4 PAG a.F. „nach den Grundsätzen des allgemeinen Sicherheitsrecht, nach der die Einrichtung einer Kontrollstelle eine konkrete Gefahr voraussetzt".[1028] Nach dem BVerfG müsse die Einrichtung einer Kontrollstelle zwar nicht in jedem Falle vom Bestehen einer konkreten Gefahr abhängig gemacht werden, jedoch hätte der Gesetzgeber für ein Tätigwerden unterhalb dieser allgemeinen Schwelle des

1025 S. dazu bereits zu NRW B. IV. 5. a) (1) (a).

1026 S. auch *Senftl*, in: BeckOK Polizei- und Sicherheitsrecht Bayern, 18. Ed., Art. 13 PAG Rn. 13.

1027 BayVGH, BeckRS 2020, 16884 Rn. 7; *Senftl*, in: BeckOK Polizei- und Sicherheitsrecht Bayern, 16. Ed., Art. 13 PAG Rn. 13.

1028 BVerfGE 150, 244 (293 ff. Rn. 128 ff., 133); s. auch BayVGH, BeckRS 2020, 16884 Rn. 8; *Senftl*, in: BeckOK Polizei- und Sicherheitsrecht Bayern, 16. Ed., Art. 13 PAG Rn. 13.

Polizeirechts eine hinreichend klare und begrenzte gesetzliche Regelung treffen müssen.[1029]

Die Norm erlangte daher insbesondere im Zusammenhang mit Versammlungen besondere Relevanz,[1030] war aber wegen des im Endeffekt sehr eingeschränkten Anwendungsbereichs nicht ohne weitere, einzelfallbezogene Erkenntnisse auf Prognosegebiete anwendbar.

Vermutlich auch wegen der weitgehenden „Entschärfung" der Norm durch die Entscheidung des BVerfG wurde Art. 13 Abs. 1 Nr. 4 PAG im Zuge der jüngsten PAG-Änderung im Jahr 2021 ebenfalls reformiert.[1031] In den Materialien wird betont, man wolle die vom BVerfG getroffenen Feststellungen aufgreifen und die im Urteil ausdrücklich für möglich erachteten Fallkonstellationen, die unterhalb einer konkreten Gefahr liegen, umsetzen.[1032]

In Art. 13 Abs. 1 Nr. 4 lit a PAG n.F. ist nach wie vor der umfassende Katalog des § 100a StPO als zu verhütende Straftaten genannt, jedoch wird nun einschränkend zusätzlich verlangt, dass diese aufgrund tatsächlicher Anhaltspunkte zu erwarten sind.

Daneben ist für die hier zu untersuchende Situation jedoch vor allem der neu geschaffene Art. 13 Abs. 1 Nr. 4 lit c PAG n.F. interessant. Dieser besagt, dass Identitätsfeststellungen an einer polizeilichen Kontrollstelle möglich sind, die *zum Zwecke spezifischer polizeilicher Ermittlungsstrategien zur Gefahrenabwehr* eingerichtet worden ist.

Auffällig an der Formulierung des Gesetzestextes ist die Verbindung des Begriffes „Ermittlungsstrategien", den man im Zusammenhang mit repressiven Tätigkeiten erwarten würde, mit dem Begriff der „Gefahrenabwehr", der den präventiven Aufgabenbereich der Polizei beschreibt. So wird unter Ermittlungsstrategien nach allgemeinem Sprachgebrauch Maßnahmen im Zusammenhang mit der Aufklärung einer Straftat zu verstehen sein. Was unter solche spezifische Ermittlungsstrategien zur Gefahrenabwehr fällt, lässt sich anhand des Wortlautes daher kaum ermitteln. Eine Legaldefinition enthält das PAG nicht.

1029 BVerfGE 150, 244 (294 f. Rn. 133).
1030 *Senftl*, in: BeckOK Polizei- und Sicherheitsrecht Bayern, 16. Ed., Art. 13 PAG Rn. 13.
1031 BayGVBl. 2021, S. 418 (418 f.).
1032 BayLT-Drucks. 18/13716, S. 24.

Insofern ist zur Auslegung die Gesetzentwurfsbegründung heranzuziehen.[1033] Nach den Materialien sind „polizeiliche Ermittlungsstrategien im Sinne der Vorschrift [...] dabei in der Regel gebündelte und aufeinander abgestimmte Maßnahmen der Polizei zur Gefahrenabwehr. Das Tatbestandsmerkmal ‚spezifisch' dient dabei der Abgrenzung zur allgemeinen Gefahrenabwehr."[1034] Auch diese Erklärung allein trägt nicht unbedingt zu mehr Klarheit bei. Interessant sind vielmehr die daran anschließend genannten Beispiele: So seien polizeiliche Ermittlungsstrategien im Sinne der Vorschrift „beispielsweise Schwerpunkteinsätze im Zusammenhang mit zeitlichen oder örtlichen Kriminalitätsbrennpunkten, wie serienmäßig begangene Brandstiftungen oder *gehäuft auftretende Wohnungseinbruchdiebstähle in der ‚dunklen Jahreszeit'*."[1035] Dies deutet zum ersten Mal eindeutig auf Maßnahmen hin, die im Zusammenhang mit einer PRECOBS-Prognose getätigt werden sollen.

Werden Normen zur automatisierten Datenanalyse wie etwa § 49 HmbPolDVG oder § 25a HSOG auch schon als sog. Palantir-Paragrafen bezeichnet,[1036] so könnte man in Art. 13 Abs. 1 Nr. 4 lit c PAG den ersten PRECOBS-Artikel sehen, da diese Vorschrift zumindest nach den Materialien geradezu dazu geschaffen scheint, in Prognosegebieten zum Einsatz zu kommen, auch wenn Bayern kürzlich sein Predictive Policing Einsatz (vorerst) eingestellt hat.

Allerdings ist die Norm vom Wortlaut her unbestimmt und lässt diesen intendierten Einsatzbereich allein durch die Lektüre des Gesetzeswortlautes kaum erahnen. In formeller Hinsicht wurden auch in der neuen Fassung keine einschränkenden Voraussetzungen geschaffen, es gibt weder einen Behördenleitervorbehalt, noch ein besonderes Verfahren oder eine explizite zeitliche Obergrenze.

Nach Art. 13 Abs. 1 Nr. 5 Alt. 2 PAG können zudem Identitätsfeststellungen im Grenzgebiet bis zu einer Tiefe von 30 km und auf Durchgangsstraßen durchgeführt werden, um grenzüberschreitende Kriminalität zu bekämpfen. Wie Sachsen[1037] besitzt Bayern damit eine Ermächtigung zur ge-

1033 So auch *Senftl,* in: BeckOK Polizei- und Sicherheitsrecht Bayern, 18. Ed., Art. 13 Rn. 13c.

1034 BayLT-Drucks. 18/13716, S. 25.

1035 BayLT-Drucks. 18/13716, S. 25, Kursivhervorhebung durch Verf.

1036 S. etwa *Golla,* in: Chibanguza/Kuß/Steege, Künstliche Intelligenz, 2022, § 9 A. Rn. 46; *Bröckling,* Juristinnen kritisieren „Palantir-Paragraf" im geplanten Polizeigesetz, netzpolitik.org v. 24.09.2019.

1037 S. dazu unten unter B. IV. 5. a) (1) (f).

fahrenabwehrrechtlichen Schleierfahndung im Grenzgebiet. Schleierfahndung beschreibt die verdachts- und ereignisunabhängige Kontrolle von Personen.[1038] Dadurch sollen Straftaten mit internationalem Bezug vorbeugend verhindert werden.[1039] Grenzüberschreitende Kriminalität im Sinne der Ermächtigungen zur Schleierfahndung sind solche Taten, bei denen sich die Täter den Wegfall der Grenzkontrollen zu Nutze machen.[1040] In den Materialien zur Einführung der Maßnahme in Baden-Württemberg wurden dabei explizit auch die Fälle eingeschlossen, bei denen die Täter im benachbarten Ausland wohnen und in Deutschland unter Ausnutzung der Grenznähe Straftaten begehen.[1041] Professionelle Wohnungseinbruchdiebstähle werden oftmals Einbrecherbanden aus Osteuropa zugesprochen.[1042]

Wegen der europäischen Freizügigkeit und dem damit einhergehenden Schengenraum ohne Grenzkontrollen[1043] sind an diese Schleierfahndung im Grenzgebiet besondere Anforderungen zu stellen.[1044] So hat der EuGH bereits mehrfach entschieden, dass eine solche Schleierfahndung nicht zu einer Maßnahme gleicher Wirkung wie die durch das Unionsrecht aufgehobenen Grenzkontrollen werden darf.[1045] Dies ist in Art. 23 lit. a des Schengener Grenzkodex[1046] explizit ausgestaltet worden. Danach ist die Ausübung von polizeilichen Befugnissen nach Maßgabe des nationalen

1038 *Michl*, DÖV 2018, 50 (51); *Groh*, NVwZ 2016, 1678 (1678); *Götz/Geis*, Allgemeines Polizei- und Ordnungsrecht, 16. Aufl. 2017, § 17 Rn. 19; *Graulich*, in: Lisken/Denninger, HB des Polizeirechts, 7. Aufl. 2021, E. Rn. 324. Eingehend zum Begriff von verdachts- und ereignisunabhängigen Kontrollen, *Krane*, Schleierfahndung, 2003, S. 34; *Schmidt*, Polizei- und Ordnungsrecht, 21. Aufl. 2020, Rn. 229 spricht nur dann von Schleierfahndung, wenn entsprechende Orte engmaschig kontrolliert werden.

1039 *Götz/Geis*, Allgemeines Polizei- und Ordnungsrecht, 16. Aufl. 2017, § 17 Rn. 19.

1040 BVerfGE 150, 244 (271 Rn. 58); SächsVGH, LVerfGE 14, 333 (365); *Graulich*, in: Lisken/Denninger, HB des Polizeirechts, 7. Aufl. 2021, E. Rn. 763.

1041 LT-Drucks. BaWü 12/52, S. 6.

1042 S. *Kreuzer*, NK 29 (2017), 123 (124 f.); *Egbert*, Zeitschrift für Rechtssoziologie 40 (2020), 26 (39); *Laurin*, So arbeitet ein bosnisches Einbrechernetzwerk, welt.de v. 07.05.2016. Kritisch dazu wegen unzureichender Datengrundlage, *Baier/Wollinger/Dreißigacker*, MschrKrim 99 (2016), 385 (389); *Dreißigacker u.a.*, NK 29 (2017), 321 (326 f.).

1043 S. Art. 67 Abs. 2, Art. 77 Abs. 1 lit. a AEUV i.V.m. Art. 22 f. VO (EU) 2016/399 v. 09.03.2016, ABl. EU v. 23.03.2016, L 77, S. 1.

1044 S. BVerfGE 150, 244 (297 ff. Rn. 143 ff.).

1045 EuGH, Urt. v. 22.06.2010, C-188/10, C-189/10 Rn. 69 f., 74 f.; Urt. v. 19.07.2012, C-278/12, Rn. 53 ff.; Urt. v. 21.06.2017, C-9/16, Rn. 34 f., 63; Beschl. v. 04.06.2020, C-554/19, Rn. 38.

1046 Verordnung (EU) 2016/399 des europäischen Parlaments und des Rates

Rechts grds. keine Maßnahme gleicher Wirkung wie Grenzübertrittskontrollen, wenn diese Maßnahmen keine Grenzkontrolle zum Ziel haben, auf allgemeinen polizeilichen Informationen und Erfahrungen in Bezug auf mögliche Bedrohungen der öffentlichen Sicherheit beruhen und insbesondere auf die Bekämpfung der grenzüberschreitenden Kriminalität abzielen, in einer Weise konzipiert sind und durchgeführt werden, die sich eindeutig von systematischen Personenkontrollen an den Außengrenzen unterscheidet und auf der Grundlage von Stichproben durchgeführt werden.

Die bayerische Befugnisnorm wäre somit zunächst stets im Lichte dieser unmittelbar geltenden Unionsvorschrift europarechtskonform auszulegen.[1047] Allerdings hat der EuGH in seinen Entscheidungen zur Vereinbarkeit nationaler Bestimmungen mit dem Schengener Grenzkodex stets hervorgehoben, dass die Einhaltung der europarechtlichen Grenzen durch Schaffung eines entsprechend konkreten Rechtsrahmens sicherzustellen ist und dieser derart genau und detailliert sein muss, dass er ohne weiteres selbst einer Kontrolle unterzogen werden kann.[1048] Daraus wurde vom Baden-Württembergischen Verwaltungsgerichtshof aufgrund des Anwendungsvorrangs hinsichtlich § 23 Abs. 1 Nr. 3 BPolG geschlossen, dass die Norm ohne weitere Konkretisierungen zum damaligen Zeitpunkt keinen dem Unionsrecht genügenden Rechtsrahmen darstellte und daher gänzlich unanwendbar war.[1049] Eine auf diese Norm gestützte Identitätskontrolle war somit rechtswidrig.[1050]

Eine rein europarechtskonforme Auslegung ist daher angesichts der konkreten Anforderungen an den bestehenden Rechtsrahmen gerade nicht ausreichend,[1051] was insb. auch daraus resultiert, dass der EuGH eine mögliche europarechtskonforme Auslegung entsprechend unkonkreter Befugnisnormen in den nationalen Rechtsordnungen als Alternative zur Unanwendbarkeit nicht einmal angesprochen hat.[1052]

---

vom 9. März 2016 über einen Gemeinschaftskodex für das Überschreiten der Grenzen durch Personen (Schengener Grenzkodex), ABl. EU v. 23.03.2016, L 77, S. 1 ff.

1047 S. *Trent*, DÖV 2012, 216 (222); *Halder/Ittner*, ZJS 2018, 308 (312).

1048 EuGH, Urt. v. 19.07.2012, C-278/12, Rn. 68, 76; Urt. v. 21.06.2017, C-9/16, Rn. 40 f. = DÖV 2018, 74 (76); EuGH, Beschl. v. 04.06.2020, C-554/19, Rn. 40, 54.

1049 VGH Mannheim, NVwZ 2018, 1893 (1898 Rn. 48).

1050 VGH Mannheim, NVwZ 2018, 1893 (1898 Rn. 48).

1051 *Trent*, DÖV 2012, 216 (222); *Halder/Ittner*, ZJS 2018, 308 (312); BVerwG, NVwZ 2020, 382 mAnm. *Halder*, 386 (386).

1052 *Trent*, DÖV 2012, 216 (222).

Das BVerwG entschied dazu Ende 2019, dass auch eine Verwaltungsvorschrift einen hinreichend konkretisierenden Rechtsrahmen bilden kann,[1053] was durchaus kritisiert wurde.[1054] So bilden einen Rechtsrahmen in diesem Sinne, der insb. zu Grundrechtseingriffen ermächtigt, grds. nur Normen mit Außenwirkung.[1055] Allerdings hat der EuGH ein entsprechendes Vorbringen in Bezug auf eine ermessenslenkende Verwaltungsvorschrift in einem Vorabentscheidungsverfahren zu § 23 BPolG unwidersprochen hingenommen bzw. der weiteren Klärung, ob dies den Anforderungen des EuGHs genügt, dem vorlegenden Gericht als Tatsachenfeststellung zurücküberantwortet, weshalb eine endgültige Klärung durch den EuGH noch nicht erfolgt ist.[1056]

So ist auch in Bezug auf Art. 13 Abs. 1 Nr. 5 PAG, der hinsichtlich der Ausgestaltung § 23 BPolG sehr ähnelt, umstritten, ob die dort vorgenommene Eingrenzung auf bestimmte Straßen und Gebiete und Festlegung bestimmter Zwecke den Vorgaben des EuGHs genügt.[1057] Ein gesetzgeberischer Wille zur Anpassung kann bisher jedenfalls nicht ausgemacht werden. Trotz wiederholter Änderungen und Anpassungen des PAG in jüngster Vergangenheit blieb Art. 13 Abs. 1 Nr. 5 PAG unangetastet.

Hinsichtlich einer auf Art. 13 Abs. 1 Nr. 5 PAG verweisende Ermächtigung zur automatisierten Kennzeichenkontrollen im Grenzgebiet hat das BVerfG 2018 entschieden, dass diese den verfassungsmäßigen Anforderungen nicht in Gänze genügte.[1058] Der Senat hob hervor, dass die Regelung sehr weit reiche und eine Befugnis zu praktisch anlasslosen Maßnahmen grundsätzlich mit verfassungsrechtlichen Anforderungen nicht vereinbar

---

1053 BVerwG, NVwZ 2020, 382 (383 Rn. 7 ff.); s. zuvor auch schon OVG d. Saarlandes, NVwZ-RR 2019, 725 (727 Rn. 22).

1054 BVerwG, NVwZ 2020, 382 mAnm. *Halder,* 386 (386).

1055 *Groh,* NVwZ 2016, 1678 (1682); *Halder/Ittner,* ZJS 2018, 308 (316 f); iErg. auch *Schenke,* Polizei- und Ordnungsrecht, 11. Aufl. 2021 Rn. 134.

1056 EuGH, Urt. v. 21.06.2017, C-9/16, Rn. 60 f.; kritisch zu dieser, seiner Meinung nach impliziten, Anerkennung von Verwaltungsvorschriften als Rechtsrahmen, EuGH, NVwZ 2017, 1608 mAnm. *Groh,* NVwZ 2017, 1608 (1609).

1057 *Wollenschläger,* in: Huber/ders., Landesrecht Bayern, § 4 Rn. 105; Das BVerfG begnügte sich in seinem Beschluss über die automatisierte Kennzeichenkontrolle, deren Ermächtigungsgrundlage auf Art. 13 Abs. 1 Nr. 5 PAG verweist, mit dem Hinweis, dass nach dem Stand der fachgerichtlichen Rechtsprechung die angegriffenen Vorschriften nicht den unionsrechtlichen Maßstäben genügten und weiterer Nachbesserung bedürften, die zur Verhältnismäßigkeit der Maßnahmen beitragen würden, BVerfGE 150, 244 (301 f. Rn. 152).

1058 BVerfGE 150, 244 (296 f. Rn. 139).

sei, es sei denn, es finde sich eine besondere Rechtfertigung.[1059] Diese sah das BVerfG im Wegfall der Grenzkontrollen und dem nach wie vor bestehenden Bedürfnis des nationalen Staates, die Sicherheit seiner Bürger zu gewährleisten.[1060] In Konsequenz forderte das BVerfG daher, dass die Orte, an denen eine Kennzeichenkontrolle als Kompensation für weggefallene Grenzkontrollen durchgeführt werden dürfen, auch einen klaren Grenzbezug haben müssen, klar definiert sind und nicht ausufern dürfen.[1061] Insofern beanstandete das BVerfG die Befugnis zu Kennzeichenkontrollen allgemein auf Durchgangsstraßen als zu unbestimmt, da dies auch Straßen weit im Landesinneren erfassen könnte.[1062] Die Durchgangsstraßen sind in Art. 13 Abs. 1 Nr. 5 PAG definiert als Bundesautobahnen, Europastraßen und andere Straßen von erheblicher Bedeutung für den grenzüberschreitenden Verkehr, was den Bestimmtheitsanforderungen nicht genüge.[1063]

Ob diese Unbestimmtheit nun auch im Hinblick auf Art. 13 Abs. 1 Nr. 5 PAG zum Tragen kommt, ist damit nicht unbedingt gesagt,[1064] immerhin besteht diese Norm bereits seit einigen Jahren unbeanstandet. Die automatisierte Kennzeichenkotrolle stellt sich als Maßnahme von sehr großer Streubreite und wegen dementsprechend hoher Nichttrefferquote als besonders grundrechtssensibel dar,[1065] während einzelne Identitätsfeststellungen durch Polizeibeamte von eher geringem Eingriffsgewicht sind.[1066] So hat das BayVerfGH bereits mehrfach entschieden, dass die Schleierfahndung mit der Bayerischen Verfassung vereinbar sei.[1067]

Bei Überschneidung von Prognosegebieten mit entsprechenden Grenzgebieten oder Durchgangsstraßen ist daher eine Identitätskontrolle nach Art. 13 Abs. 1 Nr. 5 PAG grds. denkbar, sofern ein Sachzusammenhang zu grenzüberschreitender Kriminalität besteht.

1059 BVerfGE 150, 244 (297 Rn. 142).

1060 BVerfGE 150, 244 (297 f. Rn. 144).

1061 BVerfGE 150, 244 (299 f. Rn. 149).

1062 BVerfGE 150, 244 (300 Rn. 149).

1063 BVerfGE 150, 244 (300 Rn. 149).

1064 So auch *Senftl,* in: BeckOK Polizei- und Sicherheitsrecht Bayern, 18. Ed., Art. 13 PAG Rn. 16.

1065 Das BVerfG spricht von Eingriffen von erheblichem Gewicht, BVerfGE 150, 244 (283 ff. Rn. 96 ff.).

1066 BayVerfGH, NVwZ 2003, 1375 (1377); NVwZ 2006, 1284 (1286); *Wollenschläger,* in: Huber/Wollenschläger, Landesrecht Bayern, § 4 Rn. 105; *Graulich,* in: Lisken/Denninger, HB des Polizeirechts, 7. Aufl. 2021, R. Rn. 320.

1067 BayVerfGH, NVwZ 2003, 1375 ff.; NVwZ 2006, 1284 ff.

Als letzte Alternative bietet Art. 13 Abs. 1 Nr. 6 PAG eine Befugnis zur Identitätsfeststellung zum Schutz privater Rechte. In Bezug auf die privaten Rechte ist Art. 2 Abs. 2 PAG zu beachten, der insoweit den Subsidiaritätsgrundsatz ausgestaltet und den Vorrang des gerichtlichen Rechtsschutzes des Einzelnen hervorhebt.[1068] Der praktische Anwendungsbereich erstreckt sich daher insb. auf Verkehrsunfälle, bei denen die Polizei die Personalien aufnimmt, um dem Geschädigten die Durchsetzung einer Schadensersatzforderung zu ermöglichen.[1069] Für eine Folgemaßnahme einer Predictive Policing-Prognose kommt dieser Alternative daher keine Bedeutung zu.

(d) Hessen

§ 18 HSOG Identitätsfeststellung und Prüfung von Berechtigungsscheinen

(1) Die Gefahrenabwehr- und die Polizeibehörden können die Identität einer Person feststellen, wenn dies zur Abwehr einer Gefahr, zur Erfüllung der ihnen durch andere Rechtsvorschriften zugewiesenen weiteren Aufgaben (§ 1 Abs. 2) oder zum Schutz privater Rechte (§ 1 Abs. 3) erforderlich ist.
(2) Die Polizeibehörden können die Identität einer Person feststellen, wenn

1. *die Person sich an einem Ort aufhält,*
a) *von dem aufgrund tatsächlicher Anhaltspunkte anzunehmen ist, dass dort*
   aa) *Personen Straftaten verabreden, vorbereiten oder verüben,*
   bb) *sich Personen ohne erforderlichen Aufenthaltstitel treffen oder*
   cc) *sich Straftäterinnen oder Straftäter verbergen, oder*
b) *an dem Personen der Prostitution nachgehen,*
2. *dies zur Leistung von Vollzugshilfe (§ 1 Abs. 5) erforderlich ist,*
3. *die Person sich in einer Verkehrs- oder Versorgungsanlage oder -einrichtung, einem öffentlichen Verkehrsmittel, Amtsgebäude oder einem anderen besonders gefährdeten Objekt oder in dessen unmittelbarer Nähe aufhält und tatsächliche Anhaltspunkte die Annahme rechtfertigen, dass in oder an diesen Objekten Straftaten begangen werden sollen, durch die in oder an diesen Objekten befindliche Personen oder diese Objekte selbst*

1068 S. *Senftl,* in: BeckOK Polizei- und Sicherheitsrecht Bayern, 18. Ed., Art. 13 PAG Rn. 17; *Holzner,* in: BeckOK Polizei- und Sicherheitsrecht Bayern, 18. Ed., Art. 2 Rn. 21.

1069 *Senftl,* in: BeckOK Polizei- und Sicherheitsrecht Bayern, 18. Ed., Art. 13 PAG Rn. 17.

unmittelbar gefährdet sind, und dies aufgrund der Gefährdungslage oder auf die Person bezogener Anhaltspunkte erforderlich ist,

4. *die Person sich im räumlichen Umfeld einer Person aufhält, die in besonderem Maße als gefährdet erscheint, und tatsächliche Anhaltspunkte die Maßnahme zum Schutz der Person rechtfertigen,*
5. *die Person an einer Kontrollstelle angetroffen wird, die von der Polizeibehörde auf öffentlichen Straßen oder Plätzen oder an anderen öffentlich zugänglichen Orten eingerichtet worden ist, um eine der in § 100a der Strafprozessordnung bezeichneten Straftaten oder eine Straftat nach § 27 des Versammlungsgesetzes zu verhüten. Die Einrichtung von Kontrollstellen ist nur mit Zustimmung des für die Polizei zuständigen Ministeriums oder von ihm benannter Stellen zulässig, es sei denn, dass Gefahr im Verzug vorliegt, oder*
6. *die Person in Einrichtungen des internationalen Verkehrs, auf Straßen oder auf Bundeswasserstraßen, soweit aufgrund von Lageerkenntnissen oder polizeilicher Erfahrung anzunehmen ist, dass diese von erheblicher Bedeutung für die grenzüberschreitende Kriminalität sind, angetroffen wird zur vorbeugenden Bekämpfung der grenzüberschreitenden Kriminalität.*

[...]

In Hessen ist die Identitätsfeststellung zweigeteilt. Zum einen enthält § 18 Abs. 1 HSOG eine Art Generalklausel, die sowohl für Gefahrenabwehr- als auch Polizeibehörden gilt: *Die Gefahrenabwehr- und die Polizeibehörden können die Identität einer Person feststellen, wenn dies zur Abwehr einer Gefahr, zur Erfüllung der ihnen durch andere Rechtsvorschriften zugewiesenen weiteren Aufgaben (§ 1 Abs. 2) oder zum Schutz privater Rechte (§ 1 Abs. 3) erforderlich ist.*

Zum anderen hält auch Absatz 2 Voraussetzungen bereit, unter denen eine Identitätsfeststellung nur für Polizeibehörden möglich ist: *(2) Die Polizeibehörden können die Identität einer Person feststellen, wenn 1. die Person sich an einem Ort aufhält, a) von dem auf Grund tatsächlicher Anhaltspunkte anzunehmen ist, dass dort aa) Personen Straftaten verabreden, vorbereiten oder verüben [...].*

Auch in Hessen kann eine Identitätsfeststellung daher an einem sog. gefährlichen Ort durchgeführt werden.[1070]Anders als in NRW werden hier,

1070 *Bäuerle,* in: BeckOK Polizei- und Ordnungsrecht Hessen, 25. Ed., § 18 HSOG Rn. 58.

wie in Bayern, keine Straftaten von besonderer Bedeutung gefordert. Die Bedenken hinsichtlich der tatsächlichen Anhaltspunkte und insbesondere der fehlenden räumlichen Begrenzung i.S.e. Ortes einer Prognose bestehen jedoch auch hier in gleichem Maße.[1071] Auch in Hessen müssen die Polizeibeamten daher vor Ort noch weitere Anhaltspunkte gewinnen, die eine Identitätsfeststellung rechtfertigen.

In § 18 Abs. 2 Nr. 3 HSOG findet sich die Parallelnorm zu § 12 Abs. 1 Nr. 3 PolG NRW zu Identitätsfeststellungen bei besonders gefährdeten Objekten.

Als Besonderheit weist § 18 Abs. 2 Nr. 4 HSOG eine besondere Befugnis zur Identitätskontrolle im räumlichen Umfeld von besonders gefährdeten Personen auf, die jedoch im Zusammenhang mit dem Einsatz von Predictive Policing-Software zur Vorhersage von Wohnungseinbrüchen keine Bedeutung zukommt.

In Nr. 5 wiederum ist die Identitätsfeststellung an einer eingerichteten Kontrollstelle geregelt.

Die dadurch zu verhütenden Straftaten sind erneut wie in Bayerns Art. 13 Abs. 1 Nr. 4 lit. a PAG durch § 100a StPO näher konkretisiert. Problematisch im Hinblick auf die Bestimmtheit ist dabei, dass es sich um eine statische Verweisung handelt, die auf die Fassung der Vorschrift aus dem Jahr 1998,[1072] bzw. spätestens aus dem Jahr 2005, dem Jahr aus dem die aktuelle Fassung des HSOG stammt,[1073] verweist und die Norm seitdem erhebliche Ausweitungen erfahren hat.[1074] Im Hinblick auf den erst deutlich später geregelten Einbruchdiebstahl in eine dauerhaft genutzte Privatwohnung nach § 244 Abs. 4 StGB ergeben sich daher Probleme. Dieser Straftatbestand wurde erst durch Art. 1 des 55. Gesetzes zur Änderung des Strafgesetzbuches – Wohnungseinbruchdiebstahl v. 17.07.2017 in das StGB[1075] und erst 2019 in den Katalog des § 100a StPO aufgenommen.[1076] Allerdings war der

---

1071 S. auch *Bäuerle,* in: BeckOK Polizei- und Ordnungsrecht Hessen, 25. Ed., § 18 HSOG Rn. 61, der als „Ort" eine Straße oder einen Platz nennt.

1072 *Bäuerle,* in: BeckOK Polizei- und Ordnungsrecht Hessen, 25. Ed., § 18 HSOG Rn. 87.

1073 Hess. GVBl. I 2005, S. 14 ff., wobei *Bäuerle,* in: BeckOK Polizei- und Ordnungsrecht Hessen, 25. Ed., § 18 HSOG Rn. 87.1 darauf hinweist, dass es insoweit an Anhaltspunkten fehle, dass mit der Neubekanntmachung der Vorschrift auch eine Aktualisierung der Verweisungen vorgenommen werden sollte.

1074 *Bäuerle,* in: BeckOK Polizei- und Ordnungsrecht Hessen, 25. Ed., § 18 HSOG Rn. 87 ff.

1075 BGBl. I 2017, S. 2442.

1076 Art. 1 des Gesetzes zur Modernisierung des Strafverfahrens v. 10.12.2019, BGBl. I 2019, S. 2121 (2122).

Bandendiebstahl sowie der schwere Bandendiebstahl bereits damals vom Katalog des § 100a StPO erfasst.[1077] Da es beim raumbezogenen Predictive Policing hauptsächlich um die Verhinderung professioneller Wohnungseinbruchdiebstähle geht, die oftmals durch Banden begangen werden, kann Nr. 5 trotzdem als grds. einschlägig angesehen werden.

Allerdings gibt es keine tatbestandlichen Voraussetzungen, die die Möglichkeit zur Einrichtung einer Kontrollstelle konkretisieren bzw. einschränken würden. So fordert der Wortlaut, anders als in anderen Bundesländern, keine tatsächlichen Anhaltspunkte für die Begehung solcher Straftaten. Ausreichend erscheint daher eine bloße Lageeinschätzung der Polizei.[1078] Angelehnt an die Rechtsprechung des BVerfG zur ursprünglichen Ausgestaltung des Art. 13 Abs. 1 Nr. 4 PAG a.F. ist angesichts der gleichen Unbestimmtheit auch für Hessen insofern eine verfassungskonforme Auslegung zu fordern. Auch hier ist daher eine konkrete Gefahr als ungeschriebenes allgemeines Tatbestandsmerkmal hineinzulesen.

Formelle Voraussetzung für die Einrichtung einer solchen Kontrollstelle ist die Zustimmung des für die Polizei zuständigen Ministeriums oder von einer von ihm benannten Stelle, es sei denn, dass Gefahr im Verzug vorlag.

(e) Berlin

§ 21 ASOG Identitätsfeststellung

(1) Die Ordnungsbehörden und die Polizei können die Identität einer Person feststellen, wenn das zur Abwehr einer Gefahr oder zur Erfüllung der ihnen durch andere Rechtsvorschriften übertragenen Aufgaben (§ 1 Abs. 2) erforderlich ist.

(2) Die Polizei kann ferner die Identität einer Person feststellen,

1. *wenn die Person sich an einem Ort aufhält, von dem Tatsachen die Annahme rechtfertigen, dass*

a) *dort Personen Straftaten von erheblicher Bedeutung verabreden, vorbereiten oder verüben,*

b) *sich dort gesuchte Straftäter verbergen oder*

1077 *Bäuerle,* in: BeckOK Polizei- und Ordnungsrecht Hessen, 25. Ed., § 18 HSOG Rn. 91 spricht insofern vom sog. Kernstrafrecht.

1078 S. auch, wenn auch nicht explizit zu Hessen, *Knape/Schönbrock,* Allgemeines Polizei- und Ordnungsrecht für Berlin, § 21 ASOG Rn. 70 a.E.

c) *dort mutmaßlich Geschädigte von Straftaten nach den §§ 177, 180, 180a, 181a, 182, 232, 232a, 232b, 233, 233a des Strafgesetzbuches anzutreffen oder untergebracht sind.*

2. *wenn das zum Schutz privater Rechte (§ 1 Abs. 4) oder zur Leistung von Vollzugshilfe (§ 1 Abs. 5) erforderlich ist,*

3. *wenn sie sich in einer Verkehrs- oder Versorgungsanlage oder -einrichtung, einem öffentlichen Verkehrsmittel, Amtsgebäude oder einem anderen besonders gefährdeten Objekt oder in dessen unmittelbarer Nähe aufhält und Tatsachen die Annahme rechtfertigen, dass in oder an einem Objekt dieser Art Straftaten begangen werden sollen, durch die Personen oder dieses Objekt gefährdet sind, und die Identitätsfeststellung auf Grund der Gefährdungslage oder personenbezogener Anhaltspunkte erforderlich ist,*

4. *wenn sie an einer Kontrollstelle angetroffen wird, die von der Polizei eingerichtet worden ist, um eine Straftat nach § 129a des Strafgesetzbuches, eine der in dieser Vorschrift genannten Straftaten oder eine Straftat nach § 250 Abs. 1 Nr. 1 oder 2 oder nach § 255 des Strafgesetzbuches in Verbindung mit der vorgenannten Straftat zu verhüten, und Tatsachen die Annahme rechtfertigen, dass solche Straftaten begangen werden sollen. Die Einrichtung der Kontrollstelle ist außer bei Gefahr im Verzug nur mit Zustimmung der für Inneres zuständigen Senatsverwaltung zulässig. Die Polizei kann mitgeführte Sachen in Augenschein nehmen.*

[...]

(4) [1]*Die Polizei veröffentlicht umschreibende Bezeichnungen der jeweiligen Orte im Sinne von Absatz 2 Nummer 1 Buchstabe a.* [2]*Der Senat unterrichtet das Abgeordnetenhaus jährlich über die nach Absatz 2 Nummer 1 Buchstabe a und § 34 Absatz 2 Nummer 2 getroffenen Maßnahmen, die Bezeichnungen der Orte im Sinne von Absatz 2 Nummer 1 Buchstabe a und die Gründe für die Bestimmung dieser Orte.*

Ähnlich wie in Hessen ist auch die Befugnisnorm in Berlin aufgebaut.

§ 21 ASOG Bln hält in Absatz 1 eine Generalklausel sowohl für Ordnungsbehörden als auch die Polizei bereit: *(1) Die Ordnungsbehörden und die Polizei können die Identität einer Person feststellen, wenn das zur Abwehr einer Gefahr oder zur Erfüllung der ihnen durch andere Rechtsvorschriften übertragenen Aufgaben (§ 1 Abs. 2) erforderlich ist.*

In Absatz 2 wird sodann eine Identitätsfeststellung an gefährdeten Orten normiert, die sich, wiederum wie in Hessen, nur an die Polizei richtet.

Mit dem 23. Gesetz zur Änderung des Allgemeinen Sicherheits- und Ordnungsgesetzes und anderer Gesetze vom 22.03.2021[1079] wurde § 21 Abs. 2 ASOG Bln im Frühjahr 2021 modifiziert und wurden insbesondere die kriminalitätsbelasteten Orte nach Nr. 1 neu definiert.[1080] So wurde die zuvor enthaltene Ermächtigung zur Identitätsfeststellung von Personen an Orten, an denen der Prostitution nachgegangen wird (§ 21 Abs. 2 Nr. 1 lit. b a.F.) infolge der Entkriminalisierung dieser Tätigkeit folgerichtig gestrichen.[1081]

Für die Beantwortung der Frage, unter welchen Voraussetzungen in Prognosegebieten in Berlin eine Identitätsfeststellung nach § 21 Abs. 2 ASOG Bln durchgeführt werden kann, ist § 21 Abs. 2 Nr. 1 lit. a ASOG Bln in den Blick zu nehmen. Danach kann die Polizei die Identität einer Person feststellen, wenn die Person sich an einem Ort aufhält, von dem Tatsachen die Annahme rechtfertigen, dass dort Personen Straftaten von erheblicher Bedeutung verabreden, vorbereiten oder verüben.

Der Begriff der Straftaten von erheblicher Bedeutung findet in § 17 Abs. 3 ASOG Bln eine Legaldefinition. Danach sind Straftaten von erheblicher Bedeutung nach § 17 Abs. 3 Nr. 1 zunächst alle Verbrechen und alle weiteren in § 100a StPO aufgeführten Straftaten sowie in Nr. 3 auch explizit alle Straftaten nach § 243, § 244 Abs. 1 Nr. 1 und 3 StGB, soweit sie organisiert, insb. banden-, gewerbs- oder serienmäßig, begangen werden. Somit sind nach § 12 Abs. 1 StGB i.V.m. § 17 Abs. 3 Nr. 1 Alt. 1 ASOG Bln der Wohnungseinbruchdiebstahl in dauerhaft genutzte Privatwohnungen nach § 244 Abs. 4 StGB als Verbrechen ebenso wie die „professionalisierten" Formen des besonders schweren Falls des Diebstahls nach § 243 und auch die Fälle des § 244 Abs. 1 Nr. 1 und 3 StGB erfasst. Auf die Verhütung genau solcher Einbruchdiebstähle ist auch in Berlin der Einsatz von KrimPro gerichtet.

Bezüglich der gebotenen engen Auslegung des Begriffs des „Ortes" kann nach oben verwiesen werden.

Im Hinblick auf die Bedenken, dass jeweils aktuelle Prognosegebiete auch aufgrund fehlender langzeitiger Erfahrung hinsichtlich des Kriminalitätsgeschehens an bestimmten Orten nicht von der Vorschrift erfasst sein

1079 GVBl. Bln. 2021, Nr. 26, S. 318 ff.

1080 *Heintzen/Siegel*, LKV 2021, 289 (294).

1081 AH Berlin Drucks. 18/2787, S. 31 f.; *Heintzen/Siegel*, LKV 2021, 289 (294). Dazu, dass eine solche Vorschrift jedoch auch dem Schutz der Prostituierten dienen kann, *Guckelberger*, in: Gröpl/dies./Wohlfarth, Landesrecht Saarland, § 4 Rn. 95.

sollen,[1082] findet sich in Berlin ein weiteres, gesetzessystematisches Argument. Nach § 21 Abs. 4 S. 1 ASOG Bln veröffentlicht die Polizei umschreibende Bezeichnungen der jeweiligen Orte im Sinne von Absatz 2 Nr. 1 lit. a ASOG Bln und unterrichtet nach Satz 2 das Abgeordnetenhaus jährlich über die nach dieser Tatbestandsalternative getroffenen Maßnahmen, die Bezeichnungen der Orte in diesem Sinne und die Gründe für die Bestimmung dieser Orte. Dieser Absatz 4 ist durch die Gesetzesnovelle 2021 ins ASOG Bln eingeführt worden.[1083] Obwohl die Norm bereits in der alten Fassung inhaltlich Bestand hatte, sah man sich wohl durch einen Beschluss des OVG Berlin-Brandenburg aus dem Jahr 2018 veranlasst, die Transparenz für den Bürger hinsichtlich der kriminalitätsbelasteten Orte und möglicher Konsequenzen zu erhöhen.[1084] Das OVG hatte festgehalten, dass das Rechtsstaatsprinzip nicht die Veröffentlichung der von der Berliner Polizei abgesteckten, konkreten Gefahrengebietsgrenzen erfordere.[1085] In der gleichen Randnummer wies das Gericht jedoch auch darauf hin, dass das Rechtsstaatsprinzip zwar nicht die Vorhersehbarkeit der jeweils konkreten Maßnahme verlange, jedoch dass Betroffene grundsätzlich erkennen können, bei welchen Anlässen und unter welchen Voraussetzungen das Risiko eines Eingriffs gegeben ist.[1086]

Die Umsetzung dieser Veröffentlichungspflicht hinsichtlich allgemein umschreibender Kriterien ist bei einem Prognosegebiet kaum möglich und würde eine ständige Aktualisierung erfordern. Die Ermächtigung zur Identitätskontrolle an „gefährlichen" Orten erfasst daher auch in Berlin solche Orte, an denen regelmäßig Straftaten verübt werden.[1087]

Hinsichtlich der Befugnis zu Identitätsfeststellungen in der Nähe von gefährdeten Objekten (§ 21 Abs. 1 Nr. 3 ASOG Bln) ergeben sich auch für Berlin keine Besonderheiten.

In § 21 Abs. 1 Nr. 4 ASOG Bln ist die Befugnis zur Identitätsfeststellung an einer eingerichteten Kontrollstelle normiert. Als Tatbestandsvorausset-

---

1082 S. auch *Knape/Schönrock*, Allgemeines Polizei- und Ordnungsrecht für Berlin, § 21 ASOG Rn. 49 zur Unterscheidung von kriminalitäts- bzw. polizeiauffälligen großflächigen Räumen im Gegensatz zu kriminalitätsbelasteten Orten.

1083 Durch Art. 1 des Gesetzes zur Änderung des Allgemeinen Sicherheits- und Ordnungsgesetzes und anderer Gesetze v. 22.03.2021, GVBl. Bln. 2021, Nr. 26, S. 318 (319); s. AH Berlin Drucks. 18/2787, S. 6, 31 f.

1084 S. AH Berlin Drucks. 18/2787, S.32.

1085 OVG Berlin-Brandenburg, Beschl. v. 18.12.2018, OVG 12 N 77.17, Rn. 4, juris.

1086 OVG Berlin-Brandenburg, Beschl. v. 18.12.2018, OVG 12 N 77.17, Rn. 4, juris.

1087 *Knape/Schönrock*, Allgemeines Polizei- und Ordnungsrecht für Berlin, § 21 ASOG Rn. 49, 54.

zung für die Einrichtung einer Kontrollstelle erfordert § 21 Abs. 1 Nr. 4 ASOG Bln, dass Tatsachen die Annahme rechtfertigen, dass Straftaten nach § 129a StGB, eine der in dieser Vorschrift genannten Straftaten oder eine Straftat nach § 250 Abs. 1 Nr. 1 oder 2 oder nach § 255 StGB in Verbindung mit der vorgenannnten Straftat begangen werden sollen. Die Straftaten nach § 129a StGB erfassen jedoch nur schwere Gewaltkriminalität und gemeingefährliche Straftaten und keine Diebstahldelikte. § 250 und § 255 StGB erfassen die Straftatbestände Raub und räuberische Erpressung. Somit ist diese Alternative aktuell für Prognosegebiete nicht von erhöhtem Interesse.

(f) Sachsen

§ 15 SächsPVDG Identitätsfeststellung, Prüfung von Berechtigungsscheinen

(1) Die Polizei kann die Identität einer Person feststellen:

1. *zur Abwehr einer Gefahr,*
2. *wenn sie sich an einem Ort aufhält, von dem auf Grund von Tatsachen anzunehmen ist, dass dort regelmäßig Personen Straftaten verabreden, vorbereiten oder verüben, sich unter Verstoß gegen Aufenthaltsanordnungen oder Kontaktverbote treffen oder sich dort Straftäter verbergen; dies gilt auch für Orte, an denen Personen der Prostitution nachgehen und durch gegen sie gerichtete Straftaten gefährdet sind,*
3. *wenn sie sich in einer Verkehrs- oder Versorgungsanlage oder -einrichtung, einem öffentlichen Verkehrsmittel, einem Amtsgebäude oder einem besonders gefährdeten Objekt oder in unmittelbarer Nähe hiervon aufhält und Tatsachen die Annahme rechtfertigen, dass in oder an Objekten dieser Art Straftaten begangen werden sollen,*
4. *stichprobenhaft zum Zweck der vorbeugenden Bekämpfung der grenzüberschreitenden Kriminalität im Grenzgebiet zur Republik Polen und zur Tschechischen Republik bis zu einer Tiefe von 30 Kilometern, darüber hinaus in öffentlichen Anlagen, Einrichtungen oder Verkehrsmitteln des internationalen Verkehrs oder in unmittelbarer Nähe hiervon, auf Bundesfernstraßen und auf anderen Straßen, soweit deren erhebliche Bedeutung für die grenzüberschreitende Kriminalität durch die Polizei vor der Durchführung der Maßnahme durch dokumentierte Erkenntnisse dargelegt und die Umsetzung in einem dienststellenübergreifenden Kontrollkonzept geregelt ist,*

5. *wenn sie an einer Kontrollstelle angetroffen wird, die von der Polizei eingerichtet worden ist, um Straftaten von erheblicher Bedeutung oder gemäß § 28 des Sächsischen Versammlungsgesetzes vom 25. Januar 2012 (SächsGVBl. S. 54), das zuletzt durch Artikel 7 des Gesetzes vom 11. Mai 2019 (SächsGVBl. S. 358) geändert worden ist, in der jeweils geltenden Fassung, zu verhindern,*
6. *wenn sie sich innerhalb eines Kontrollbereichs aufhält, der von der Polizei bestimmt worden ist, um Straftaten im Sinne des § 100a der Strafprozessordnung oder nach § 28 des Sächsischen Versammlungsgesetzes zu verhindern, da Tatsachen die Annahme rechtfertigen, dass dann dort Straftaten dieser Art bevorstehen; die Bestimmung eines Kontrollbereichs darf längstens für sieben Tage erfolgen, bedarf der Zustimmung des Staatsministeriums des Innern und der öffentlichen Bekanntgabe durch die anordnende Dienststelle; die öffentliche Bekanntgabe kann unterbleiben, wenn der Kontrollbereich nicht für länger als 48 Stunden bestimmt wird, sonst die Wahrnehmung der polizeilichen Aufgabe gefährdet wäre und besondere gebietsbezogene Maßnahmen zu dessen Abgrenzung vorgenommen werden,*
7. *wenn sie sich an Orten aufhält, für die durch Rechtsverordnung nach § 42 des Waffengesetzes vom 11. Oktober 2002 (BGBl. I S. 3970, 4592; 2003 I S. 1957), das zuletzt durch Artikel 1 des Gesetzes vom 30. Juni 2017 (BGBl. I S. 2133) geändert worden ist, in der jeweils geltenden Fassung, das Führen von Waffen im Sinne des § 1 Absatz 2 des Waffengesetzes verboten oder beschränkt worden ist oder*
8. *zum Schutz privater Rechte*

In Sachsen trat Anfang 2020 ein neues, verschärftes Polizeigesetz in Kraft.[1088] Nach dem Gesetzentwurf sollten „[i]m Einklang mit der

Sächsischen Verfassung und der Rechtsprechung des Bundesverfassungsgerichts [...] die erforderlichen Befugnisse geschaffen und bestehende Ermächtigungen angepasst [werden], um technische Entwicklungen und eine veränderte Gefährdungslage bei der Gefahrenabwehr und der vorbeugen-

1088 Art. 1, 26 des Gesetzes zur Neustrukturierung des Polizeirechtes des Freistaates Sachsen vom 11. Mai 2019, SächsGVBl. 2019 Nr. 9, S. 358 ff, 419. In Karlsruhe ist aktuell eine Verfassungsbeschwerde zur Überprüfung der erweiterten (Überwachungs-)Befugnisse des SächsPVDG anhängig, Beschwerdeschrift v. *Matthias Bäcker* abrufbar unter: https://freiheitsrechte.org/home/wp-content/uploads/2020/12/Beschwerdeschrift_VB_Sachsen_geschwa%CC%88rzt-2.pdf, zuletzt abgerufen am 24.10.2022.

den Verbrechensbekämpfung berücksichtigen zu können".[1089] Im Zuge dieses neuen Gesetzes wurde auch die Vorschrift zur Identitätsfeststellung modifiziert.

Im neuen § 15 Abs. 1 SächsPVDG sind acht verschiedene Tatbestandsalternativen normiert, bei deren jeweiligen Vorliegen die Polizei eine Identitätsfeststellung mit den Mitteln des Absatzes 2 vornehmen kann. Während § 15 Abs. 1 Nr. 1 das Tatbestandsmerkmal *zur Abwehr einer Gefahr*, das nach § 4 Nr. 3 lit. a und lit. i SächsPVDG eine konkrete Gefahr bzw. Störung meint, voraussetzt, die bei einer Generierung eines Prognosegebietes noch nicht bejaht werden kann, knüpfen die Nrn. 2–8 nicht an eine konkrete Gefahr an.

Die sächsische Ermächtigungsgrundlage zur Identitätsfeststellung an gefährlichen Orten ist in § 15 Abs. 1 Nr. 2 SächsPVDG normiert. Danach kann die Polizei insb. dann die Identität einer Person feststellen, wenn sie sich an einem Ort aufhält, von dem auf Grund von Tatsachen anzunehmen ist, dass dort regelmäßig Personen Straftaten verabreden, vorbereiten oder verüben.

Interessant an der sächsischen Regelung im Vergleich zu denjenigen in den anderen Bundesländern ist, dass keinerlei Einschränkungen hinsichtlich der Qualität bzw. Schwere der Straftat vorgenommen werden. Nach dem Wortlaut erfasst die Norm jedwede Art von Straftaten. Zudem müssen in Sachsen die der Einschätzung als gefährlicher Ort zugrundeliegenden Tatsachen nicht die Annahme *rechtfertigen*, sondern sie müssen lediglich zur Annahme *führen*, dass an dem Ort Straftaten begangenen werden. Der Wortlaut deutet hier auf das Erfordernis einer weniger gesicherten Prognose hin.[1090] Die Norm erweist sich daher als sehr weit. Dafür normiert Sachsen jedoch explizit, dass sich die Annahme darauf beziehen muss, dass an diesen Orten *regelmäßig* Straftaten begangen werden.[1091] Dies stützt also das schon für die Befugnisse der anderen Bundesländer angenommene Ergebnis, dass die sog. Ortshaftung nur an solchen Orten in Betracht kommt, die durch längere polizeiliche Beobachtung und Lageerkenntnisse zu einem Kriminalitätsschwerpunkt wurden. Für eine Identitätsfeststellung in Prognosegebieten muss sich also auch in Sachsen zusätzlich eine Über-

1089 SächsLT-Drucks. 6/14791, S. 1.

1090 In eine ähnliche Richtung *Albrecht*, BeckOK Polizei- und Ordnungsrecht Niedersachsen, 22. Ed., § 33a NPOG Rn. 33; s. schon zu Bayern unter B. IV. 5. a) (1) (c).

1091 Bereits in der Vorgängernorm des § 19 Abs. 1 Nr. 2 SächsPolG a.F. wurde verlangt, dass sich dort *erfahrungsgemäß* Straftaten ereignen bzw. Straftäter aufhalten. Dazu auch SächsOVG, Urt. v. 19.12.2019, 3 A 851/18, Rn. 30, juris.

schneidung von einem Prognosegebiet mit einem solchen Ort i.S.d. § 15 Abs. 1 Nr. 2 SächsPVDG ergeben.

§ 15 Abs. 1 Nr. 3 SächsPVDG ist eine objektbezogene Befugnisnorm. So kann die Polizei die Identität einer Person feststellen, wenn sie sich insb. in einem besonders gefährdeten Objekt oder in unmittelbarer Nähe hiervon aufhält und Tatsachen die Annahme rechtfertigen, dass in oder an Objekten dieser Art Straftaten begangen werden sollen. Ein solches besonders gefährdetes Objekt kann jedoch bei nicht parzellenscharfer Prognose nicht durch PRECOBS identifiziert werden und greift daher, wie in den anderen Bundesländern, ebenfalls nicht.

§ 15 Abs. 1 Nr. 4 SächsPVDG beinhaltet für die Polizei in Sachsen die Befugnis zur Schleierfahndung im Grenzgebiet. Bei dieser Befugnis ist daher stets zu differenzieren, ob ein Prognosegebiet und das zur Schleierfahndung „freigegebene" Gebiet Überschneidungen aufweisen. Allerdings muss zusätzlich durch die Polizei die erhebliche Bedeutung für die grenzüberschreitende Kriminalität festgestellt worden sein und durch dokumentierte Erkenntnisse dargelegt sowie die Umsetzung in einem dienststellenübergreifenden Kontrollkonzept geregelt sein. Eine Schleierfahndung ist trotz der weiten Ermächtigung nicht flächendeckend und auch nicht völlig beliebig anlasslos möglich, sondern bedarf rechtsstaatlicher Rechtfertigung.[1092] Sie bedarf dokumentierter Lageerkenntnisse.[1093] Hinsichtlich der unionsrechtlichen Bedenken zur Schleierfahndung kann auf die Ausführungen zu Bayern verwiesen werden.

Nach § 15 Abs. 1 Nr. 5 SächsPVDG kann die Identität einer Person festgestellt werden, *wenn sie an einer Kontrollstelle angetroffen wird, die von der Polizei eingerichtet worden ist, um Straftaten von erheblicher Bedeutung oder gemäß § 28 des Sächsischen Versammlungsgesetzes [...] zu verhindern.* Voraussetzung ist hierbei zunächst, dass die Polizei eine Kontrollstelle eingerichtet hat, wobei keine weiteren Voraussetzungen hinsichtlich Zuständigkeit und Verfahren für eine solche Einrichtung geschaffen wurden.

Straftaten von erheblicher Bedeutung wurden in § 4 Nr. 4 SächsPVDG legaldefiniert. So sind Straftaten von erheblicher Bedeutung nach § 4 Nr. 4 lit. a SächsPVDG alle Verbrechen, wozu auch der Wohnungseinbruchdiebstahl in dauerhaft als Privatwohnung genutzten Wohnraum zählt gem. § 12 Abs. 1 i.V.m. § 244 Abs. 1 Nr. 3 i.V.m. Abs. 4 StGB. Nach § 4 Nr. 4 lit. c lit. cc

1092 *Götz/Geis*, Allgemeines Polizei- und Ordnungsrecht, 16. Aufl. 2017, § 17 Rn. 19; s.a. *Krane*, Schleierfahndung, 2003, S. 35.

1093 SächsLT-Drucks. 6/14791, S. 152, 160.

SächsPVDG kann zudem auch ein gewerbs-, gewohnheits-, serien- oder bandenmäßig oder sonst organisiert begangenes Vergehen eine Straftat von erheblicher Bedeutung sein, wenn es im Einzelfall nach Art und Schwere geeignet ist, den Rechtsfrieden besonders zu stören.

Eine solche Kontrollstelle ist allerdings streng ortsbezogen, was ein vergleichender Blick in § 15 Abs. 1 Nr. 6 SächsPVDG verdeutlicht. Hier können Personen in einem eingerichteten Kontroll*bereich* kontrolliert werden, allerdings nur unter verschärften Bedingungen. Daher ist die Kontrollstelle in Nr. 5 eng auszulegen und bezieht sich tatsächlich streng nur auf eine an einem ganz bestimmten Ort eingerichtete Stelle, sodass auch nur diejenigen Personen einer Identitätsfeststellung unterzogen werden dürfen, die an genau dieser Stelle angetroffen werden. Dies erscheint in einem großflächigen Prognosegebiet eher untauglich.

Dagegen ermächtigt Nr. 6 zu weiträumigen, flächendeckenden Kontrollen in einem von der Polizei bestimmten Kontrollbereich.

Diese Kontrollbereiche dürfen nur zur Abwehr bestimmter, schwerer Straftaten bestimmt werden. Darunter fallen jedoch auch der Wohnungseinbruchdiebstahl und der Bandendiebstahl gem. § 100a Abs. 2 Nr. 1 lit. j StPO.

Nach dem Wortlaut der früheren Ermächtigung im nunmehr abgelösten Sächsischen Polizeigesetz (§ 19 Abs. 1 Nr. 6 lit. a SächsPolG a.F.) [1094] war eine Identitätsfeststellung innerhalb eines Kontrollbereiches möglich, der von der Polizei „eingerichtet" worden ist, um bestimmte Straftaten zu verhindern. Nach einem Urteil des Sächsischen Verfassungsgerichtshofes bedeutete der Wortlaut „einrichten", dass der Kontrollbereich tatsächlich räumlich durch gebietsbezogene Maßnahmen wie etwa Kontrollstellen an dessen Grenzen, erkennbar gemacht wurde.[1095] Die bloße Benennung reichte daher nicht.[1096] Der Wortlaut der neuen Rechtsgrundlage erfordert nunmehr lediglich eine „Bestimmung" des Kontrollbereichs. Zwar soll nach den Materialien § 15 Abs. 1 Nr. 6 SächsPVDG „im Wesentlichen" § 19 Abs. 1 S. 1 Nr. 6 SächsPolG a.F. übernommen haben.[1097] Insofern könnte das Erfordernis von gebietsbezogenen Maßnahmen zur Abgrenzung nach

1094 § 19 Abs. 1 Nr. 6 lit. a SächsPolG a.F. lautete: (1) Die Polizei kann die Identität einer Person feststellen, [...] 6. wenn sie sich innerhalb eines Kontrollbereichs aufhält, der von der Polizei eingerichtet worden ist, a) um Straftaten im Sinne des § 100a der Strafprozeßordnung oder § 27 des Versammlungsgesetzes zu verhindern.

1095 SächsVerfGH, LVerfGE 14, 333 (382).

1096 SächsVerfGH, LVerfGE 14, 333 (382).

1097 SächsLT-Drucks. 6/14791, S. 160.

wie vor bestehen.[1098] Nach dem Wortlaut sind solche jedoch nicht mehr zwingend erforderlich, da eine „Bestimmung" gerade einer bloßen „Benennung" gleichkommt, während ein „Einrichten" eine aktive, weitere Handlung indiziert. Gestützt wird diese Auslegung auch durch § 15 Abs. 1 Nr. 6 Hs. 3 SächsPVDG, nach welchem eine öffentliche Bekanntmachung des Kontrollbereiches dann unterbleiben kann, wenn unter anderem besondere gebietsbezogene Maßnahmen zu dessen Abgrenzung vorgenommen wurden. Im Umkehrschluss erfordern solche Kontrollbereiche, die öffentlich bekannt gemacht wurden, keine besonderen räumlichen Abgrenzungen. Nach der neuen Fassung des § 15 Abs. 1 S. 1 Nr. 6 SächsPVDG ist eine Benennung des Gebietes dann ausreichend, wenn das Gebiet öffentlich bekannt gemacht wird.

Anders als bei der Ermächtigung zu Identitätsfeststellungen an gefährlichen Orten in Nr. 2 müssen für die Bestimmung des Kontrollbereichs Tatsachen die Annahme *rechtfertigen*, müssen also strengere Voraussetzungen erfüllt sein. Wie schon aufgezeigt wurde, gehen die Risikoberechnungen über die allgemeine Erfahrung der Polizeibeamten hinaus und errechnen präzisere Risikogebiete aus bestimmten Daten vergangener Delikte. Zwar nutzt PRECOBS anders als SKALA grds. nur das Near Repeat Phänomen. Allerdings werden in dem Programm verschiedene Trigger- und Antitriggermerkmale geprüft und nur einzelne Delikte als Near Repeat Delikte ausgewählt, die ein Prognosegebiet auslösen. Auch dies geht über den allgemeinen Erfahrungssatz, dass vergangene Einbrüche weitere in der unmittelbaren Nähe generieren können, hinaus. Die Voraussetzung kann somit als erfüllt angesehen werden.

Die Bestimmung des Kontrollbereichs ist auf max. sieben Tage begrenzt und bedarf der Zustimmung des Staatsministeriums des Innern. Außerdem muss der Kontrollbereich – wie bereits angesprochen – durch die anordnende Dienststelle i.d.R. öffentlich bekannt gemacht werden (§ 15 Abs. 1 Nr. 6 Hs. 2 SächsPVDG). Diese Bekanntmachung kann jedoch unterbleiben, wenn der Kontrollbereich nicht für länger als 48 Stunden bestimmt wird, durch die Bekanntgabe die Wahrnehmung der polizeilichen Aufgabe

1098 So *Walther*, Öffentliches Recht in Sachsen, S. 181, der nach wie vor eine Ermächtigung zur „Einrichtung" einer Kontrollstelle annimmt, die nach dem SächsVerfGH verfassungskonform auszulegen sei und daher nach wie vor eine räumliche Abgrenzung fordere, obwohl das zitierte Urteil des SächsVerfGH keine Aussage zu einer verfassungsrechtlich gebotenen Auslegung macht, sondern allein den Wortlaut „einrichten" der alten Gesetzeslage auslegt, s. SächsVerfGH, LVerfGE 14, 333 (382) und dies in der Verhältnismäßigkeit nicht beanstandet, a.a.O., S. 385 f.

gefährdet wäre und besondere gebietsbezogene Maßnahmen zu dessen Abgrenzung vorgenommen werden (Hs. 3). Die grundsätzliche Bekanntmachungspflicht verfolgt nach den Gesetzesmaterialien die gleichen Ziele wie § 21 Abs. 4 ASOG Bln, nämlich die erhöhte Erkennbarkeit und somit auch Vorhersehbarkeit einer möglichen Kontrolle.[1099]

(2) Rechtsfolge und Adressatenauswahl

Bereits zu Beginn wurde darauf hingewiesen, dass die polizeilichen Standardmaßnahmen, insbesondere auch die Befugnisse zur Identitätsfeststellung in all ihren unterschiedlichen Tatbestandsvarianten, immer im polizeilichen Ermessen stehen. In allen Predictive Policing-Software einsetzenden Bundesländern außer in Sachsen findet sich hierzu im Abschnitt über die Allgemeinen Vorschriften eine Norm, die besagt, dass die Polizei ihr Ermessen pflichtgemäß ausübt (§ 3 Abs. 1 PolG NRW, § 5 Abs. 1 NPOG, Art. 5 Abs. 1 PAG, § 5 Abs. 1 HSOG, § 12 Abs. 1 ASOG Bln). Für Sachsen gilt mangels lex specialis gemäß des Verweises aus § 1 VwVfG Sachsen in das VwVfG des Bundes § 40 VwVfG Bund, nach welchem ein eingeräumtes Ermessen entsprechend dem Zweck der Ermächtigung auszuüben und die gesetzlichen Grenzen des Ermessens einzuhalten sind. Auch der Grundsatz der Verhältnismäßigkeit wurde in den Polizeigesetzen der Bundesländer explizit ausgestaltet (§ 2 PolG NRW, § 4 NPOG, Art. 4 PAG, § 4 HSOG, § 11 ASOG Bln, § 5 SächsPVDG). Diese Grundsätze des polizeilichen Eingriffshandelns dürfen auch nicht durch den Einsatz neuer Prognosetechnik unterlaufen werden.

Nach wie vor gilt hinsichtlich des Entschließungsermessens das Opportunitätsprinzip und die Polizei ist gerade nicht verpflichtet, bei Vorliegen aller Tatbestandsvoraussetzungen auch tatsächlich einzugreifen.[1100] So weist auch *Schenke* darauf hin, dass z.B. eine zero-tolerance-Politik, also ein verpflichtendes Einschreiten bei selbst kleinsten Verstößen gegen die Rechtsordnung, in Deutschland nicht rechtmäßig wäre.[1101] Ein solcher Handlungszwang kann sich nur unter den besonderen Voraussetzungen einer

1099 SächsLT-Drucks. 6/14791, S. 160.
1100 S. *Schenke*, Polizei- und Ordnungsrecht, 11. Aufl. 2021, § 3 Rn. 107, 113.
1101 *Schenke*, Polizei- und Ordnungsrecht, 11. Aufl. 2021, § 3 Rn. 113.

Ermessensreduzierung auf Null im Einzelfall ergeben.[1102] Dann müssen besondere Umstände, wie etwa die Bedrohung „besonders hochwertiger Rechtsgüter“[1103] bzw. grundrechtliche Schutzpflichten dazu führen, dass nur ein Einschreiten rechtmäßig ist.[1104] Nach einer sehr frühen BGH-Entscheidung zu staatlichen Verkehrssicherungspflichten muss die Polizei dann einschreiten, „wenn es sich um die Abwendung einer unmittelbaren Gefahr für wesentliche Rechtsgüter handelt“.[1105] Dies ist bei Maßnahmen, die bereits im Vorfeld einer konkreten Gefahr eingreifen, grds. nicht der Fall.

Und auch im Hinblick auf den Grundsatz der Verhältnismäßigkeit gilt: Bei Normen, deren Tatbestandsmerkmale im Vorfeld konkreter Gefahren angesiedelt sind, ist der Verhältnismäßigkeit der zu treffenden Maßnahme besondere Aufmerksamkeit zu widmen, da hier der mit der Maßnahme verfolgte Zweck unter Umständen noch sehr abstrakt ist.

Praktische Schwierigkeiten ergeben sich auch im Hinblick auf die Adressatenauswahl. Adressaten polizeilicher Maßnahmen zur Abwehr einer konkreten Gefahr sind in erster Linie Verhaltens- oder Zustandsverantwortliche.[1106] Unter weiteren, besonderen Voraussetzungen können auch sog. Nichtstörer, also an der Gefahr unbeteiligte Personen, in Anspruch genommen werden, wenn die Gefahrenabwehr anders nicht oder nicht rechtzeitig möglich ist.[1107] Die Inanspruchnahme von Nichtstörern ist daher grds. sub-

1102 *Schenke,* Polizei- und Ordnungsrecht, 11. Aufl. 2021, § 3 Rn. 114, zur Einzelfallabhängigkeit einer Ermessensreduzierung auf Null BVerwG, Beschl. v. 18.02.2009, 3 B 63/08, Rn. 3, juris; OVG NRW, NWVBl 2010, 195 (198).

1103 *Schenke,* Polizei- und Ordnungsrecht, 11. Aufl. 2021, § 3 Rn. 115; s. auch *Schmidt,* Polizei- und Ordnungsrecht, 21. Aufl. 2020, Rn. 712, wonach nach der Rechtsprechung eine unmittelbare Gefahr für wesentliche Rechtsgüter vorausgesetzt werde.

1104 *Erbguth/Guckelberger,* Allgemeines Verwaltungsrecht und Verwaltungsverfahrensrecht, 10. Aufl. 2020, § 14 Rn. 48; *Schenke,* Polizei- und Ordnungsrecht, 11. Aufl. 2021, § 3 Rn. 115.

1105 BGH, NJW 1962, 1245 (1246); BayObLG, VersR 1967, 758 (758); dazu auch *Schmidt,* Polizei- und Ordnungsrecht, 21. Aufl. 2020, Rn. 712.

1106 S. BVerfGE 141, 220 (296); *Schenke,* Polizei- und Ordnungsrecht, 11. Aufl. 2021, § 4 Rn. 299; *Schmidt,* Polizei- und Ordnungsrecht, 21. Aufl. 2020, Rn. 749.

1107 *Schenke,* Polizei- und Ordnungsrecht, 11. Aufl. 2021, § 4 Rn. 384; *Guckelberger,* in: Gröpl/dies./Wohlfahrth, Landesrecht Saarland, 4. Aufl. 2022, § 4 Rn. 71; *Schmidt,* Polizei- und Ordnungsrecht, 21. Aufl. 2020, Rn. 826 ff.

sidiär,[1108] und wird auch als polizeilicher Notstand bezeichnet,[1109] was den Ausnahmecharakter auch begrifflich unterstreicht.[1110]

Bei Vorfeldmaßnahmen können jedoch nicht die gleichen Maßstäbe gelten wie bei Maßnahmen, die auf die Abwehr einer konkret vorliegenden Gefahr abzielen. [1111] Wenn noch keine Gefahr vorliegt, so kann auch nicht vornehmlich ein Gefahrenverursacher Adressat einer Verhütungsmaßnahme sein. Der Gesetzgeber hat hier also einen gewissen Spielraum bei der Regelung des Adressaten.[1112]

Die vorgestellten Befugnisse zur Identitätsfeststellung enthalten hinsichtlich der Tatbestandsvariante an gefährlichen Orten die Formulierung, dass eine Person sich dort „aufhält". Umstritten ist hier zunächst, ob für die Annahme eines solchen Aufhaltens ein zumindest kurzzeitiges Verweilen oder ein zögerlicher Bewegungsablauf notwendig ist,[1113] oder bereits ein Passieren ausreichend ist.[1114]

Auch nicht gänzlich unumstritten ist die Frage, ob Identitätsfeststellungen an gefährlichen Orten tatsächlich verdachts- und ereignisunabhängig erfolgen, also jedermann betreffen können.[1115] Der Wortlaut der Normen lässt diese Interpretation zu, es gibt keine weiteren Einschränkungen hinsichtlich der zu kontrollierenden Person. In den Gesetzesmaterialien wird

1108 *Schenke,* Polizei- und Ordnungsrecht, 11. Aufl. 2021, § 4 Rn. 299, 384.

1109 S. auch *Schmidt,* Polizei- und Ordnungsrecht, 21. Aufl. 2020, Rn. 826.

1110 S. auch *Graulich,* in: Lisken/Denninger, HB des Polizeirechts, 7. Aufl. 2021, E. Rn. 189 f., der in diesem Zusammenhang auf die Problematik einer Generalprävention hinweist.

1111 *Enders,* in: Mertens/Papier, HB der Grundrechte IV, § 89 Rn. 34 spricht insofern von der Aufhebung der überkommenden Unterscheidung zwischen Störer und Nichtstörer; zu den Schwierigkeiten der Adressatenermittlung im Hinblick auf die bayerische Generalklausel für das Gefahrenvorfeld, *Bäcker,* in: Lisken/Denninger, HB des Polizeirechts, 7. Aufl. 2021, D. Rn. 275.

1112 Dazu auch *Schenke,* Polizei- und Ordnungsrecht, 11. Aufl. 2021, § 4 Rn. 384 a.E.

1113 S. etwa VG Berlin, ZD 2018, 335 (336), wonach ein sich aufhalten vorliege, wenn eine Person eine gewisse Zeit an einem Ort oder Platz verbringt; einen zumindest zögerlichen Bewegungsablauf verlangend HambOVG, NVwZ-RR 2003, 276 (277); *Schenke,* Polizei- und Ordnungsrecht, 11. Aufl. 2021, § 3 Rn. 132 Fn. 284; *Knape/Schönrock,* Allgemeines Polizei- und Ordnungsrecht für Berlin, 11. Aufl. 2016, § 21 Rn. 50; *Peters/Fertig,* GSZ 2018, 225 (226).

1114 SächsOVG, Urt. v. 19.12.2019, 3 A 851/18, Rn. 32, juris. Zu dem Streit *Guckelberger,* in: Gröpl/dies./Wohlfarth, Landesrecht Saarland, 4. Aufl. 2022, § 4 Rn. 95.

1115 Dafür etwa VG Berlin, ZD 2018, 335 (336); OVG Berlin-Brandenburg, Beschl. v. 18.12.2018, OVG 12 N 77.17, Rn. 6, juris; s. auch OVG NRW, NVwZ 2018, 1497 (1501 Rn. 57); VerfGH NRW, NWVBl 2020, 366 (367); *Guckelberger,* in: Gröpl/dies./Wohlfarth, Landesrecht Saarland, 4. Aufl. 2022, § 4 Rn. 95.

dies in der Regel auch explizit als Sinn und Zweck der Schaffung einer Ermächtigungsnorm, die an die Gefährdung bzw. Gefährlichkeit eines Ortes knüpft, angegeben.[1116]

Gegen die Annahme einer völlig verdachtsunabhängigen Kontrolle hat sich jedoch das VG Hamburg in einem Urteil aus dem Jahr 2020 ausgesprochen. Es entschied, dass die entsprechende Hamburgische Ermächtigungsnorm nicht zu einer völlig anlasslosen Kontrolle berechtige, sondern gewisse Anhaltspunkte für einen Bezug der an dem jeweiligen Ort bestehende Gefahr auf die zu kontrollierende Person vorliegen müssten.[1117]

Diese Ansicht wird auch teilweise in der Literatur vertreten, so müsse zumindest eine Verantwortlichkeit für einen Gefahrenverdacht bestehen.[1118]

Dies erscheint in der Praxis allerdings wenig praktikabel und setzt die einzelnen Polizeibeamten gerade der Gefahr aus, nach Stereotypen auszusondern.[1119] Es stellen sich also besondere Fragen im Zusammenhang mit dem Gleichbehandlungsgrundsatz und dem Diskriminierungsverbot hinsichtlich der Gefahr von Racial Profiling.[1120] Zwar sind verdachtsunabhängige Maßnahmen im Hinblick auf den Verhältnismäßigkeitsgrundsatz im Einzelfall problematisch.[1121] Die ihnen immanente gewisse „Entwertung“[1122] des Verhältnismäßigkeitsgrundsatzes ist aber vom Gesetzgeber gerade so gewollt.[1123] Richtigerweise kann aus Gründen der Verhältnismäßigkeit daher nur dann eine Identitätskontrolle von vornherein ausscheiden, wenn

1116 Etwa AH Berlin, Drucks. 18/2787, S. 21, 31; LT-Drucks NRW 17/2351, S. 33.

1117 VG Hamburg, Urt. v. 10.11.2020, 20 K 1515/17, Rn. 48, 50 ff. juris.

1118 *Schmidt,* Polizei- und Ordnungsrecht, 21. Aufl. 2020, Rn. 227; *Kingreen/Poscher,* Polizei- und Ordnungsrecht, 11. Aufl. 2020, § 14 Rn. 49. S. auch *Peters/Freitag,* GSZ 2018, 225 (226 f.), wobei diese nur bei einer zusätzlichen Durchsuchung von einer Unverhältnismäßigkeit der Maßnahme ausgehen, wenn kein innerer Zusammenhang zur Gefährlichkeit des Ortes begründet ist.

1119 So auch *Tomerius,* DVBl. 2017, 1399 (1403; 1405 f.); s. auch *Egbert,* Zeitschrift für Rechtssoziologie 40 (2020), 26 (39 ff.).

1120 *Tomerius,* DVBl. 2017, 1399 (1400; 1403; 1405 f.); *Heintzen/Siegel,* LKV 2021, 289 (295); ausführlich dazu *Graulich,* in: Lisken/Denninger, HB des Polizeirechts, 7. Aufl. 2021, E. Rn. 332 ff.; s. dazu gerade im Zusammenhang mit einer Identitätsfeststellung durch Beamte der Bundespolizei, OVG des Saarlandes, Urt. v. 21.02.2019, 2 A 806/17, Rn 32; OVG NRW, NVwZ 2018, 1497 (1499 ff.). Kritisch ggü. der Annahme, dass die Polizei grds. jeden Fremden als potenziellen Straftäter sehen würde, *Eisele/Böhm,* in: Beck/Kusche/Valerius, Digitalisierung, Automatisierung, KI und Recht, 2020, S. 517 (530).

1121 *Enders,* in: Merten/Papier, HB der Grundrechte IV, § 89 Rn. 34.

1122 So *Enders,* in: Merten/Papier, HB der Grundrechte IV, § 89 Rn. 34.

1123 S. auch generell zur Einhaltung des Verhältnismäßigkeitsgrundsatzes bei anlasslosen Maßnahmen wie der Kennzeichenkontrolle, BVerfGE 150, 244 (282 Rn. 94).

die Person erkennbar, also offensichtlich in keinerlei Zusammenhang mit dem kriminalitätsbelasteten Ort steht.[1124] Ansonsten lassen die Ermächtigungsnormen eine verdachts- und ereignisunabhängige Identitätsfeststellung bei jedermann zu.

Um die Eingriffstiefe einer völlig verdachtslosen Maßnahme gegenüber dem Einzelnen zu mindern, erscheint es jedoch ein gangbarer Weg zu sein, die Orte, an denen mit verstärkten Kontrollen gerechnet werden muss, als solche kriminalitätsbelasteten Orte zu veröffentlichen, wie es nunmehr in § 21 Abs. 4 S. 1 ASOG Bln vorgesehen wird.[1125] Dadurch wird für den einzelnen Bürger die Vorhersehbarkeit und Nachvollziehbarkeit der jeweiligen Identitätsfeststellung erhöht und somit eine Transparenz bei polizeilichem Eingreifen gefördert.[1126]

Im Hinblick auf die Identitätsfeststellung an Kontrollstellen bzw. -gebieten und bei der Schleierfahndung ergeben sich hinsichtlich der soeben dargestellten Grundsätze rund um die Rechtsfolge und Adressatenauswahl keine Besonderheiten.

(3) Fazit

Alle Bundesländer, die zur Zeit bzw. bis vor kurzem Predictive Policing-Systeme verwende(te)n, kennen eine Befugnis zur Identitätsfeststellung an einem sog. „gefährlichen" bzw. „verrufenen" Ort. Wie gezeigt, kann allein ein Prognosegebiet der aktuell verwendeten Softwares nicht einen solchen „Ort" feststellen, da zum einen das Prognosegebiet zu ausufernd ist,[1127]

1124 *Heintzen/Siegel,* LKV 2021, 289 (295); *Knape/Schönrock,* Allgemeines Polizei- und Ordnungsrecht für Berlin, 11. Aufl. 2016, § 21 Rn. 56.

1125 Zu den früheren Bedenken hinsichtlich der Veröffentlichung von solchen Schwerpunkten wegen möglicher Stigmatisierung, Verunsicherung und dem Schutz der Funktionsfähigkeit der Polizei, Antwort des Senats auf die Schriftliche Anfrage des Abgeordneten *Lauer,* AH Berlin, Drucks. 17/17 078 S. 1 sowie auf die Kleine Anfrage der Abgeordneten *Bayram,* AH Berlin, Drucks. 17/11 096, S. 1; s. auch *Tomerius,* DVBl. 2017, 1399 (1400 f.).

1126 Dazu auch *Heintzen/Siegel,* LKV 2021, 289 (294), die eine Erkennbarkeit aus rechtsstaatlichen Gründen fordern.

1127 S. auch VG Hamburg, Urt. v. 10.11.2020, 20 K 1515/17, Rn. 49 juris, das die Frage nach der Subsumtion unter einen „Ort" im Rahmen der Identitätsfeststellung in Hamburg (§ 4 Abs. 1 Nr. 2 lit a HmbPolDVG a.F., nunmehr § 13 Abs. 1 Nr. 2 lit a HmbPolDVG) bei einer Fläche von 0,371 qm^2 zwar offen ließ, aber erkennbar zumindest in Frage stellt, ob nicht einzelne Straßen und Plätze gesondert zu betrachten sind.

zum anderen fraglich ist, ob sich diese Befugnisnormen nicht auf solche Orte beschränken, die seit längerer Zeit Kriminalitätsschwerpunkte sind. Stütze findet diese Ansicht zum einen im Wortlaut der sächsischen Norm, die voraussetzt, dass aufgrund von Tatsachen anzunehmen ist, dass dort regelmäßig Straftaten verabredet, vorbereitet oder verübt werden. Zum anderen deutet auch die Transparenzpflicht aus § 21 Abs. 4 ASOG Bln darauf hin, dass längerfristige und durch längere Beobachtung identifizierte Brennpunkte erfasst sein sollen.

Hier müssen sich also zunächst Prognosegebiete mit näher konkretisierten gefährlichen Orten im Sinne der Befugnisnormen überschneiden.

Hinsichtlich eines möglichen Adressaten einer solchen Identitätsfeststellung ist besonderes Fingerspitzengefühl verlangt. So wird grds. angenommen, dass eine Identitätsfeststellung an besonders kriminalitätsbelasteten Orten grds. verdachtsunabhängig erfolgen kann, was den Eingriffsgehalt der Maßnahme erhöht.[1128] Aus Gründen des Gleichbehandlungsgrundsatzes kann eine Identitätskontrolle von vornherein jedoch nur dann aus Verhältnismäßigkeitsgründen ausscheiden, wenn die Person erkennbar, also offensichtlich in keinerlei Zusammenhang mit dem kriminalitätsbelasteten Ort steht.[1129] Eine Veröffentlichung der bekannten kriminalitätsbelasteten Orte kann die Vorhersehbarkeit der verdachts- und ereignisunabhängigen Maßnahme erhöhen und ggf. auch ihre gerichtliche Überprüfbarkeit fördern.

In Bezug auf die Einrichtung von Kontrollstellen, Kontrollbereichen und einer möglichen Schleierfahndung ist jeweils im Einzelfall zu betrachten, inwiefern die Voraussetzungen vorliegen. Bayern ist insoweit das bisher einzige Bundesland, dass durch seine jüngste PAG-Reform eine Befugnis geschaffen hat, die speziell auf Predictive Policing-Prognosen zugeschnitten ist, ohne sie als solche zu benennen. Aber auch in Sachsen existiert mit § 15 Abs. 1 Nr. 6 SächsPVDG eine Norm, die für die Zwecke einer Identitätsfeststellung in einem Prognosegebiet geeignet erscheint. In allen anderen Bundesländern können Prognosegebiete zwar Anhaltspunkte sein, sind aber letztlich allein nicht ausreichend.

1128 *Tomerius,* DVBl. 2017, 1399 (1399 f.; 1402 f.).
1129 *Heintzen/Siegel,* LKV 2021, 289 (295).

b) Strategische Fahndung

Im Anschluss an die Ermächtigung zur klassischen Identitätsfeststellung einzelner Personen nach § 12 PolG NRW wurde in Nordrhein-Westfalen 2018 eine Ermächtigung zur strategischen Fahndung eingeführt,[1130] die die Standardmaßnahme der Identitätskontrolle ergänzen soll:[1131]

§ 12a Polizeiliche Anhalte- und Sichtkontrollen (strategische Fahndung)
(1) [1]Die Polizei darf im öffentlichen Verkehrsraum

1. *zur Verhütung von Straftaten von erheblicher Bedeutung im Sinne des § 8 Absatz 3 und zur Verhütung von terroristischen Straftaten nach § 8 Absatz 4,*
2. *zur Verhütung gewerbs- oder bandenmäßig begangener grenzüberschreitender Kriminalität oder*
3. *zur Unterbindung des unerlaubten Aufenthalts*

Personen anhalten und befragen sowie die zur Feststellung der Identität erforderlichen Maßnahmen nach § 12 Absatz 2 treffen. [2]Fahrzeuge und mitgeführte Sachen dürfen in Augenschein genommen werden. [3]Die Polizei darf verlangen, dass mitgeführte Sachen sowie Fahrzeuge einschließlich an und in ihnen befindlicher Räume und Behältnisse geöffnet werden; im Übrigen ist die Durchsuchung von Personen, mitgeführten Sachen und Fahrzeugen unter den Voraussetzungen der §§ 39 und 40 zulässig. [4]Die Maßnahme ist nur zulässig, wenn Tatsachen die Annahme rechtfertigen, dass in diesem Gebiet Straftaten der in Satz 1 bezeichneten Art begangen werden sollen und die Maßnahme zur Verhütung dieser Straftaten erforderlich und verhältnismäßig im Sinne von § 2 ist.

(2) Die Maßnahme ist schriftlich zu beantragen und bedarf der schriftlichen Anordnung durch die Behördenleitung oder deren Vertretung. Umfasst das festgelegte Gebiet die Zuständigkeit mehrerer Behörden, so trifft die Anordnung das Landesamt für Zentrale Polizeiliche Dienste. Die Anordnung ist zeitlich und örtlich auf den in Absatz 1 genannten Zweck zu beschränken. Sie darf die Dauer von 28 Tagen nicht überschreiten. Eine Verlängerung um jeweils bis zu weiteren 28 Tagen ist zulässig, soweit die Vor-

1130 Durch Art. 1 des Gesetzes zur Stärkung der Sicherheit in Nordrhein-Westfalen - Sechstes Gesetz zur Änderung des Polizeigesetzes des Landes Nordrhein-Westfalen, GV. NRW 2018, Nr. 31, S. 684.

1131 LT-Drucks. NRW 17/2351, S. 30.

aussetzungen für eine Anordnung weiterhin vorliegen. In der Anordnung sind

1. *die tragenden Erkenntnisse für das Vorliegen der Voraussetzungen nach Absatz 1 Satz 1,*
2. *die Art der Maßnahme einschließlich zeitlicher und örtlicher Beschränkung und*
3. *die Begründung der Verhältnismäßigkeit der Maßnahme nach Absatz 1 Satz 4*

anzugeben.

Normzweck von § 12 Abs. 1 Nr. 1–2 PolG NRW ist explizit die *Verhütung* von bestimmten Straftaten, sodass die Norm ein Eingreifen der Polizei noch im Vorbereitungsstadium einer Straftat ermöglicht.[1132] Im ursprünglichen Gesetzentwurf von 2018 war auch für das PolG NRW die Einführung des Rechtsbegriffs der drohenden Gefahr vorgesehen.[1133] Die Verhütung einer drohenden Gefahr sollte dabei ganz zu Anfang des Gesetzesänderungsvorhabens auch Normzweck von § 12a Abs. 1 PolG NRW werden.[1134] Allerdings wurde die drohende Gefahr bereits in der offiziellen Druckfassung des Gesetzentwurfs der Landesregierung in der LT-Drucks. 17/2351 schon nicht mehr als Tatbestandsvariante in § 12a Abs. 1 Nr. 1 PolG NRW erwähnt,[1135] auch wenn in der Begründung zu § 12a nach wie vor darauf eingegangen wurde.[1136] Im weiteren Verlauf des Gesetzgebungsverfahrens hat man sich – nach einigen kritischen Stellungnahmen –[1137] schließlich dazu entschie-

1132 *Ogorek*, in: BeckOK Polizei- und Ordnungsrecht Nordrhein-Westfalen, 21. Ed., § 12a PolG NRW Rn. 1.

1133 LT-Drucks. NRW 17/2351, S. 2, 29 f.

1134 Ministerium des Innern des Landes Nordrhein-Westfalen, Vorlage 17/569, S. 6, 21. Dazu, dass die drohende Gefahr aber nicht entsprechend im Tatbestand auftauchte, *Arzt*, Stellungnahme 17/652 zu LT-Drucks. NRW 17/2351, S. 11.

1135 LT-Drucks. NRW 17/2351, S. 9.

1136 LT-Drucks. NRW 17/2351, S. 31.

1137 S. etwa *Arzt*, Stellungnahme 17/652 zu LT-Drucks. NRW 17/2351, S. 7, 3 ff., der ein erhebliches Bestimmtheitsdefizit ausmacht; rechtspolitische Fragen aufwerfend, *Gusy*, Stellungnahme 17/630 zu LT-Drucks. NRW 17/2351, S. 4 f.; auf „gewisse verfassungsrechtlicher Risiken hinweisend, *Klein*, Stellungnahme 17/644 zu LT-Drucks. NRW 17/2351, S. 2 f.; die ursprünglich geplante Ausgestaltung der drohenden Gefahr in NRW dagegen als verfassungskonform ansehend, *Schwarz*, Stellungnahme 17/632 zu LT-Drucks. NRW 17/2351, S. 4 ff. Insgesamt zur massiven Kritik an den Änderungen des Polizeigesetzes insgesamt, *Podolski*, Besser, aber immer noch verfassungswidrig?, lto v. 12.12.2018.

den, den Begriff der drohenden Gefahr im gesamten PolG NRW nicht aufzunehmen.[1138]

Die neu geschaffene Befugnis zu Anhalte- und Sichtkontrollen des § 12a PolG NRW ist eher ungewöhnlich aufgebaut. Die Tatbestandsvoraussetzungen ergeben sich aus einem Zusammenspiel aus Abs. 1 S. 1 und S. 4.[1139] So bestimmt § 12a Abs. 1 S. 4 PolG NRW, dass die strategische Fahndung nur zulässig ist, wenn Tatsachen die Annahme rechtfertigen, dass in diesem Gebiet des öffentlichen Verkehrsraums (Abs. 1 S. 1) Straftaten der in Satz 1 bezeichneten Art begangen werden sollen. Dort sind zum einen u.a. – wie schon in § 12 Abs. 1 Nr. 1 lit. a PolG NRW – die Straftaten von erheblicher Bedeutung i.S.d. § 8 Abs. 3 PolG NRW genannt (Nr. 1) und zum anderen gewerbs- oder bandenmäßig begangene grenzüberschreitende Kriminalität (Nr. 2).

In den Stellungnahmen zum Gesetzentwurf wurde teilweise kritisiert, die Norm sei zu weitgehend und ermögliche eine völlig verdachts- und somit anlasslose Identitätskontrolle und führe daher zu einer Einführung einer „Ortshaftung".[1140] Tatsächlich knüpft die Norm nicht an das einzelne Verhalten bestimmter Personen an, sondern bleibt der Adressatenkreis sehr offen gehalten. Eingeschränkt wird dieser nur durch den äußeren Umstand, dass sich eine Person im öffentlichen Verkehrsraum aufhält,[1141] der in einem zuvor festgelegten Fahndungsgebiet liegt (§ 12a Abs. 1 S. 4, Abs. 2 S. 1–2). *Löffelmann* verwies dazu in seiner Stellungnahme darauf, dass dies eher der Ausgestaltung der schon länger in den Polizeigesetzen vorhandenen Standardbefugnisse zur Identitätskontrolle ähnele, die ebenfalls oftmals an einen „gefährlichen Ort" anknüpften.[1142] Die Verwendung des Begriffes

---

1138 Änderungsantrag der Fraktionen CDU und FDP v. 10.10.2018, LT-Drucks. NRW 17/3865, S. 6 f. Dies begrüßend, *Thiel,* Stellungnahme 17/944 zur Änderungslandtagsdrucks. NRW 17/3865 zum Gesetzentwurf in LT-Drucks. NRW 17/2351, S. 2 f.; *Arzt,* Stellungnahme 17/936 zu LT Drucks. NRW 17/2351 und 17/3865, S. 4; ausführlich zum Ablauf dieses Gesetzgebungsverfahrens *Schönemann,* Kriminalistik 2021, 378 (379).

1139 S. auch *Baldarelli/v. Prondzinski,* Polizeigesetz Nordrhein-Westfalen, 2019, S. 53.

1140 *Arzt,* Stellungnahme 17/652 zu LT-Drucks. NRW 17/2351, S. 10 f.; *ders.*, Stellungnahme 17/936 zu LT Drucks. NRW 17/2351 und 17/3865, S. 8.

1141 *Ogorek,* in: BeckOK Polizei- und Ordnungsrecht Nordrhein-Westfalen, 21. Ed., § 12a PolG NRW Rn. 31.

1142 *Löffelmann,* Stellungnahme 17/641 zu LT-Drucks. NRW 17/2351, S. 4. S. auch *Thiel,* Stellungnahme 17/651 zu LT-Drucks. NRW 17/2351, S. 3, der eine „inhaltliche Nähe" zur Identitätsfeststellung sieht; so auch *v. Coelln/Pernice-Warnke/Pützer/Reisch,* NWVBl. 2019, 89 (91).

„Gebiet" in § 12a Abs. 1 S. 4 PolG NRW im Gegensatz zu einem „Ort" weist jedoch, zusammen mit dem Begriff des „öffentlichen Verkehrsraum[es]" in § 12a Abs. 1 S. 1 PolG NRW, auf einen weit größeren Anwendungsbereich hin.[1143]

Ob eine Maßnahme nach § 12a PolG NRW zudem völlig verdachtsunabhängig möglich ist, wird unterschiedlich beurteilt. Im Koalitionsvertrag war die Einführung einer verdachtsunabhängigen strategischen Fahndung vorgesehen,[1144] hinsichtlich der Umsetzung durch § 12a PolG NRW teilen auch einige Ansichten diese Einschätzung.[1145] *Löffelmann* ist dagegen der Meinung, dass die Norm zwar keinen Verdacht gegen eine Person voraussetzt, aber dennoch einen nicht personenbezogenen Verdacht künftiger Straftaten, und daher keine vollkommen verdachtsunabhängigen Maßnahmen zulasse.[1146]

Für die Verhältnismäßigkeit der Eingriffsmaßnahme erlangt die potenziell große Streubreite Bedeutung. *Fock/Möhle* sprechen insofern von überschießender Tendenz der strategischen Fahndung, weil der Großteil der kontrollierten Personen in der Regel keine strafrechtliche Relevanz aufweisen werden.[1147] So war sich auch der Landesgesetzgeber nach den Materialien durchaus bewusst, dass die Anhalte- und Sichtkontrollen eine Vielzahl von Unbeteiligten betreffen können, weshalb besonders hohe Anforderungen an die Verhältnismäßigkeit der Eingriffsbefugnis geknüpft seien.[1148]

1143 S. *Ogorek*, in: BeckOK Polizei- und Ordnungsrecht Nordrhein-Westfalen, 21. Ed., § 12a PolG NRW Rn. 27; a.A. *Gusy*, Stellungnahme 17/630 zu LT-Drucks. NRW 17/2351, S. 5, der eine inhaltliche Entsprechung des Gebietes i.S.d. § 12a Abs. 1, 2 PolG NRW und den „gefährdeten Gebieten" i.S.d. § 12 Abs. 1 Nr. 3 PolG NRW annimmt, wobei § 12 Abs. 1 Nr. 3 PolG NRW diesen Begriff nicht nennt, sondern konkrete gefährdete Objekte voraussetzt, in deren Nähe Identitätsfeststellungen zulässig sein können.

1144 Koalitionsvertrag für Nordrhein-Westfalen 2017–2022, S. 57, abrufbar unter: https://www.cdu-nrw.de/koalitionsvertrag-fuer-nordrhein-westfalen-2017-2022, zuletzt abgerufen am 24.10.2022.

1145 *Arzt*, Stellungnahme 17/652 zu LT-Drucks. NRW 17/2351, S. 10; *Ogorek*, in: BeckOK Polizei- und Ordnungsrecht Nordrhein-Westfalen, 21. Ed., § 12a PolG NRW Rn. 32.

1146 *Löffelmann*, Stellungnahme 17/641 zu LT-Drucks. NRW 17/2351, S. 4; aus diesem Grund zwar als eine verdachtsunabhängige, dafür aber nicht ereignisunabhängige Maßnahme einordnend *v. Coelln/Pernice-Warnke/Pützer/Reisch*, NWVBl. 2019, 89 (91); für eine anlassbezogene, aber verdachtsunabhängige Maßnahme, *Schönemann*, Kriminalistik 2021, 378 (381, 382).

1147 *Fock/Möhle*, GSZ 2021, 170 (171 f.) unter Verweis auf *Gusy*, Gutachten zu verfassungsrechtlichen Fragen zum 6. Änderungsgesetz zum PolG NRW v. November 2019, S. 17.

1148 LT-Drucks. NRW 17/2351, S. 32.

Hinzu kommt, dass auch eine mehrmalige Kontrolle der gleichen Personen, etwa der Anwohner, bei einer Dauer von bis zu 28 Tagen und darüber hinaus, nicht ausgeschlossen ist.[1149]

Im 25. Datenschutzbericht der Landesbeauftragten für Datenschutz und Informationsfreiheit 2020 wurde die Praxis der strategischen Fahndung nach ihrer Einführung beleuchtet. Gleich die erste strategische Fahndung wurde zur Bekämpfung von Wohnungseinbruchdiebstählen durchgeführt, zu Zeiten und in Gebieten, in denen statistisch gesehen relativ viele Wohnungseinbrüche begangen werden.[1150] Ob zur Beurteilung dieser Gebiete SKALA eingesetzt wurde, ist nicht bekannt, liegt jedoch nahe. Über mehrere Wochen wurden insgesamt über 5.000 Personen und 2.000 Fahrzeuge einer Anhalte- und Sichtkontrolle unterzogen, ohne dass sich ein einziger konkreter Hinweis auf einen konkreten Wohnungseinbruchdiebstahl ergab.[1151] Auch die Anzahl der tatsächlich begangenen Wohnungseinbrüche wies keine signifikante Veränderung auf. Die Eignung der Maßnahme zur Verhinderung solcher Delikte müsse daher bei gleichbleibenden Ergebnissen infrage gestellt werden.[1152] Allerdings wurde bereits zu Anfang dieser Untersuchung darauf hingewiesen, dass es (bisher) praktisch unmöglich ist, den Nutzen von Vorhersagen und Vorfeldmaßnahmen empirisch zu messen. Daher muss dem Gesetzgeber hier grds. ein weiter Einschätzungsspielraum zugebilligt werden.

In Bezug auf die Angemessenheit lässt sich durchaus bezweifeln, ob das Ziel der Verhinderung von Einbruchdiebstählen tatsächlich eine Maßnahme von so großer Streubreite ohne konkretisierten Adressatenkreis bei nicht messbarer Erfolgsquote rechtfertigen kann. Für die Verhältnismäßigkeit sprechen die verfahrensrechtlichen Sicherungen, wie z.B. die notwendige schriftliche Beantragung und schriftliche Anordnung durch die Behördenleitung oder deren Vertretung (§ 12a Abs. 2 S. 1 PolG NRW) bzw. bei

1149 Dazu im Einzelnen, *Fock/Möhle,* GSZ 2021, 170 (174 f.).

1150 Landesbeauftragte für Datenschutz und Informationsfreiheit Nordrhein-Westfalen *Helga Block,* 25. Datenschutzbericht für die Zeit 01.01.2019–31.12.2019, S. 82.

1151 Landesbeauftragte für Datenschutz und Informationsfreiheit Nordrhein-Westfalen *Helga Block,* 25. Datenschutzbericht für die Zeit 01.01.2019–31.12.2019, S. 82.

1152 Auch aus Sicht der Datenschutzbeauftragten ist eine abschließende Beurteilung der Maßnahme noch nicht möglich, s. Landesbeauftragte für Datenschutz und Informationsfreiheit Nordrhein-Westfalen *Helga Block,* 25. Datenschutzbericht für die Zeit 01.01.2019–31.12.2019, S. 82 f. Die Landesregierung wies die Kritik zurück und verwies darauf, dass die Geeignetheit einer Norm nicht vom Erfolg einer Maßnahme im Einzelfall abhänge, LT NRW Vorlage 17/3793, S. 7 und Vorlage 17/4190, S. 2.

einem festgelegten Gebiet, das die Zuständigkeit mehrerer Behörden umfasst, durch das Landesamt für Zentrale Polizeiliche Dienste (§ 12a Abs. 2 S. 2 PolG NRW). Damit wurde sichergestellt, dass durch ein einzuhaltendes Verfahren nicht vorschnell von dieser Maßnahme Gebrauch gemacht wird. Sie ist nach § 12a Abs. 2 S. 3 PolG NRW zeitlich und örtlich auf den in Absatz 1 genannten Zweck zu beschränken.[1153]

Andererseits kann die Maßnahme nach Satz 4 bis zu 28 Tage angeordnet werden. Angesichts dieses langen Zeitraums und einer potenziellen Mehrfachbetroffenheit etwa der Anwohner oder von Personen, die im festgelegten Gebiet arbeiten bzw. deren Arbeitsweg dort durchführt und sich den Kontrollen nicht entziehen können, wird zur verfassungsrechtlichen Rechtfertigung dieses möglichen Dauereingriffs ein Richtervorbehalt vorgeschlagen.[1154] Nach Satz 5 ist eine Verlängerung um jeweils bis zu 28 weiteren Tagen zulässig, soweit die Voraussetzungen für die Anordnung weiterhin vorliegen. Eine endgültige zeitliche Obergrenze fehlt also, die Maßnahme kann nach dem Wortlaut mehrmals verlängert werden.[1155] Dies ist angesichts der eher weiten tatbestandlichen Voraussetzungen, dass Tatsachen die Annahme rechtfertigen müssen, zu ausufernd, gerade wenn man sich nach dem Datenschutzbericht vor Augen führt, dass die Bestimmung eines Gebietes durch die Statistik erfolgte. Vereinzelt wird daher vorgeschlagen, auch eine Verlängerung unter einen Richtervorbehalt zu stellen.[1156]

Auch werden Bedenken wegen der grundsätzlichen Eignung der Maßnahmen nach § 12a PolG NRW als Maßnahmen gleicher Wirkung wie Grenzkontrollen erhoben, die das Unionsrecht, wie gezeigt, ausschließt.[1157]

6. Fazit

Bereits die Untersuchung dieser wenigen, beispielhaften Standardbefugnisse der Bundesländer, die ortbezogenes Predictive Policing zurzeit einsetzen bzw. bis vor kurzem eingesetzt haben, zeigt die Veränderungen, die das Po-

1153 Kritisch zu den detaillierten und seiner Ansicht nach eher praxisuntauglichen Verfahrensvorgaben, *Walter,* DVBl. 2019, 1238 (1241 f.).

1154 *Fock/Möhle,* GSZ 2021, 170 (174 f.).

1155 *Ogorek,* in: BeckOK Polizei- und Ordnungsrecht NRW, 20. Ed. 2021, § 12a Rn. 30.

1156 *Fock/Möhle,* GSZ 2021, 170 (174 f.).

1157 *Gusy,* Stellungnahme 17/630 zu LT-Drucks. NRW 17/2351, S. 5; *Fock/Möhle,* GSZ 2021, 170 (175); die Vereinbarkeit mit Unionsrecht bejahend *v. Coelln/Pernice-Warnke/Pützer/Reisch,* NWVBl. 2019, 89 (92); *Walter,* DVBl. 2019, 1238 (1240); *Schönemann,* Kriminalistik 2021, 378 (381).

lizeirecht insgesamt momentan durchläuft. Die meisten Polizeigesetze wurden in jüngster Vergangenheit mindestens einmal angepasst, immer waren auch neue Vorfeldmaßnahmen bzw. die Schaffung neuer Voraussetzungen für das Gefahrenvorfeld Gegenstand der Neuerungen. Bayern nimmt in Bezug auf solche Maßnahmen, die auf ein Zusammenspiel mit Predictive Policing Prognosen zugeschnitten zu sein scheinen, eine Vorreiterrolle ein, auch wenn es jüngst den Einsatz der Software PRECOBS eingestellt haben. Auch die strategische Fahndung in NRW weist nach ihrem Einsatz in der Praxis einen möglichen Bezug zu SKALA-Prognosen auf. Die weiteren Entwicklungen, insbesondere die teilweise anhängigen verfassungsrechtlichen Überprüfungen, sind auch hier im Blick zu behalten. Insgesamt lässt sich aber festhalten, dass die Softwareprognosen vor allem Erkenntnisse liefern, die für eine weitergehende Beurteilung der polizeilichen Lage verwendet werden können, ohne bereits selbst Tatbestandsmerkmale einer Befugnisnorm verbindlich feststellen zu können. Diese Einschätzung ist grds. den menschlichen Amtswaltern vorbehalten, die die Maßnahmen umsetzen.

V. Repressiv-polizeiliche Folgemaßnahmen

Neben präventiven Maßnahmen nach den jeweiligen Landespolizeigesetzen ist die (Vollzugs-)Polizei der Staatsanwaltschaft im Bereich der Strafverfolgung als Ermittlungspersonen zugeordnet (§ 152 Abs. 2 GVG i.V.m. den jeweiligen Landesverordnungen)[1158] und in dieser Eigenschaft auch berechtigt, bestimmte Maßnahmen zu repressiven Zwecken auf dem Gebiet der Strafverfolgung durchzuführen.[1159] Dies folgt aus der Doppelfunktion der (Vollzugs-)Polizei.[1160] Bloß weil der aktuelle Einsatz von Predictive Policing also grds. auf dem Gebiet der Gefahrenabwehr und damit im präventiven bzw. präemptiven Bereich zu verorten ist, schließt dies ein repressives Tätigwerden der Vollzugspolizei im Anschluss an eine Prognose im Prognosegebiet sozusagen „bei Gelegenheit“ nicht automatisch aus.[1161]

1158 Zu den einzelnen Verordnungen der Bundesländer *Schmitt,* in: Meyer-Goßner/ders., StPO, 64. Aufl. 2021, § 152 GVG Rn. 6.

1159 S. *Bäcker,* in: Lisken/Denninger, HB des Polizeirechts, 7. Aufl. 2021, D. Rn. 29 f.; *Schenke,* in: Polizei- und Ordnungsrecht, 11. Aufl. 2021, § 8 Rn. 465 f.

1160 *Schmidt,* Polizei- und Ordnungsrecht, 21. Aufl. 2020, Rn. 88a; s. auch *Kingreen/Poscher,* Polizei- und Ordnungsrecht, 11. Aufl. 2020, § 2 Rn. 7 f.

1161 Im Einzelnen ist das Verhältnis repressiver zu präventiver Maßnahmen und deren Abgrenzung, insb. im Hinblick auf Rechtsschutzfragen, sehr umstritten, s.

Auch die Rechtsprechung betont regelmäßig, dass strafprozessuale und gefahrenabwehrrechtliche Maßnahmen grundsätzlich nebeneinander anwendbar sind.[1162]

In der Literatur ist dies jedoch auch auf Kritik gestoßen. So bliebe ein gewisses Unbehagen, wenn die Ermittlungsbehörden im Wege eines „Befugnis-shoppings" handelten und sich je nach Situation die Rechtsgrundlage mit den für sie günstigeren Voraussetzungen aussuchen könnten.[1163] Letztlich sei dies jedoch Konsequenz aus der aktuellen Sicherheitsrechtsarchitektur.[1164] Es finden sich jedenfalls keine Hinweise in der Rechtsordnung, die auf eine Exklusivität oder eine strikte Subsidiarität eines der Handlungsfelder gegenüber der anderen hindeuten würden.[1165] Daher setzen grds. allein die Voraussetzungen der jeweiligen Befugnisnormen ihrem Einsatz Grenzen.[1166]

Voraussetzung für ein Eingreifen nach der StPO, etwa einer strafrechtlichen Durchsuchung einer in einem Prognosegebiet angetroffenen Person nach § 102 StPO,[1167] oder Maßnahmen zur Identitätsfeststellung nach § 163b StPO,[1168] ist dabei – bis auf wenige Ausnahmen – stets das Vorliegen eines Anfangsverdachts,[1169]vgl. § 160 Abs. 1 StPO.

---

zum Meinungsstand bei doppelfunktionellen Maßnahmen eingehend *Brodowski,* Verdeckte technische Überwachungsmaßnahmen im Polizei- und Strafverfahrensrecht, 2015, S. 327 ff., zu den Abgrenzungstheorien S. 338 ff.; s. generell dazu, dass sie grds. gleichberechtigt nebeneinander stehen, *Graulich,* HB des Polizeirechts, 7. Aufl. 2021, E. Rn. 175 ff., 183 f.; s. zur grds. Trennung der repressiven und präventiven Maßnahmen *Senftl,* BeckOK Polizei- und Sicherheitsrecht Bayern, 18. Ed., Art. 13 PAG Rn. 4.

1162 BVerwG, NVwZ 2001, 1285 (1286); BGHSt 62, 123 (133 Rn. 27) = BGH, JZ 2017, 1119 ff. mAnm. *Brodowski*; BGH, Urt. v. 10.06.2021, 5 StR 377/20, Rn. 20, juris.

1163 Anm. *Brodowski* zu BGH JZ 2017, 1119 ff., JZ 2017, 1124 (1126); eine solche „Rosinentheorie" strikt ablehnend, *Schiemann,* Anm. zu BGH NStZ 2017, 651 ff., 657 (657).

1164 Anm. *Brodowski* zu BGH JZ 2017, 1119 ff., JZ 2017, 1124 (1126).

1165 S. Anm. *Brodowski* zu BGH JZ 2017, 1119 ff., JZ 2017, 1124 (1126); s. auch *Danne,* JuS 2018, 434 (437).

1166 Anm. *Brodowski* zu BGH JZ 2017, 1119 ff., JZ 2017, 1124 (1126).

1167 *Hauschild,* in: MüKo StPO, Bd. 1, 2014, § 102 Rn. 8 verlangt einen personenbezogenen, qualifizierten Anfangsverdacht einer Straftat.

1168 *Griesbaum,* in: Karlsruher Kommentar zur Strafprozessordnung, 8. Aufl. 2019, § 163b Rn. 9; s. auch SächsOVG, Urt. v. 19.12.2019, 3 A 851/18, Rn. 17, juris.

1169 *Bäcker,* in: Herdegen et al., HB des Verfassungsrechts, § 28 Rn. 16; *ders.,* in: Lisken/Denninger, HB des Polizeirechts, 7. Aufl. 2021, D. Rn. 293; *Schenke,* in: Polizei- und Ordnungsrecht, 11. Aufl. 2021, § 1 Rn. 11; *Singelnstein,* NStZ 2018, 1 (7) spricht von Tatverdacht im Strafverfahren.

Ein Anfangsverdacht liegt nach einhelliger Meinung dann vor, wenn konkrete Tatsachen vorliegen, die es nach kriminalistischer Erfahrung möglich erscheinen lassen, dass eine verfolgbare Straftat begangen wurde,[1170] bzw. tatsächliche Anhaltspunkte für eine begangene Straftat bestehen,[1171] wobei wiederum bloße Vermutungen und diffuse Anhaltspunkte nicht ausreichend sind.[1172] Dies folgt aus § 152 Abs. 2 StPO, der den Legalitätsgrundsatz vom Vorliegen zureichender tatsächlicher Anhaltspunkte abhängig macht.[1173] Auch die Annahme eines Anfangsverdachtes bedarf – ebenso wie die Annahme einer konkreten Gefahr – einer normativen Wertung im Einzelfall, welche durch rein rechenlogisch agierende Predictive Policing-Software nicht geleistet werden kann.[1174]

Die repressiven Maßnahmen nach der StPO dürfen insbesondere auch nicht zur Ermittlung von Tatsachen eingesetzt werden, die noch zur Begründung eines Anfangsverdachts erforderlich sind, sondern setzen einen solchen voraus.[1175] Anlasslose Maßnahmen zur Verdachtsgewinnung sind grds. nicht vom Legalitätsprinzip gedeckt.[1176]

Auch die StPO wurde in den vergangenen Jahren insb. durch informationelle Befugnisse erweitert. Damit einhergehend wird auch auf repressiver Seite diskutiert bzw. befürchtet, ob nicht eine Aufweichung des Dogmas des Anfangsverdachts für Vorfeldermittlungen angestrebt wird.[1177] Eine solche Aufweichung würde jedoch nicht nur die wegen der unterschiedlichen

1170 BVerfG, NStZ 1982, 430 (430); BGH, NJW 1989, 96 (97); s. auch BGH, Beschl. v. 30.11.2021, StB 37/21, Rn. 6 ff., juris; *Scheinfeld/Willenbacher*, NJW 2019, 1357 (1357); *Peters*, in: MüKo StPO, Bd. 2, 2016, § 152 Rn. 35.

1171 *Zabel*, ZIS 2014, 340 (341); *Bäcker*, in: Herdegen et al., HB des Verfassungsrechts, 2021, § 28 Rn. 16; s. *Schmitt*, in Meyer-Goßner/ders., StPO, 64. Aufl. 2021, § 152 Rn. 4.

1172 BVerfGE 115, 166 (197 f.); BVerfG NJW 2014, 3085 (3087); BVerfG(K), Nichtannahmebeschl. v. 03.03.2021, 2 BvR 1746/18, Rn. 58, juris; *Scheinfeld/Willenbacher*, NJW 2019, 1357 (1357); *Schmitt*, in: Meyer-Goßner/ders., StPO, 64. Aufl. 2021, § 152 Rn. 4; *Peters*, in: MüKO StPO, Bd. 2, 2016, § 152 Rn. 38.

1173 BVerfGE 156, 11 (56 Rn. 120); 150, 244 (274 Rn. 68); s. auch *Peters*, in: MüKO StPO, Bd. 2, 2016, § 152 Rn. 34.

1174 *Busch/Singelnstein*, in: Bode/Seidensticker, Predictive Policing, 2020, S. 261 (268).

1175 BVerfG(K)E, 8, 332 (336); 11, 88 (92); BVerfG(K), stattgebender Kammerbeschluss v. 27.07.2020, 2 BvR 2132/19, Rn. 20, juris.

1176 *Walder*, ZStW 95 (1983), 862 (867); *Weßlau*, Vorfeldermittlungen, 1989, S. 279 ff.; *dies.*, in: SK-StPO, Vor §§ 151 ff. Rn. 6; *Deiters*, Legalitätsprinzip und Normgeltung, 2006, S. 140 f.; *Kölbel*, in: MüKo StPO, Bd. 2, 2016, § 160 Rn. 71.

1177 *Zabel*, ZIS 2014, 340 (343 f.); s. auch *Gless*, in: Herzog/Schlothauer/Wohlers, Rechtsstaatlicher Strafprozess und Bürgerrechte, 2016, S. 165 (173 ff.); s.a. schon *Keller*, NStZ 1990, 416 (418).

Regelungskompetenzen notwendige Trennung zwischen repressiven und präventiven Maßnahmen erheblich erschweren bzw. unmöglich machen,[1178] sondern widerspräche dem Erfordernis des Bestehens eines Anfangsverdachts nach § 152 Abs. 2, § 160 Abs. 1 und § 163 Abs. 1 StPO.[1179] Nach herrschender Meinung sind solche Vorfeldermittlungen zur Verdachtsgenerierung nach der StPO daher unzulässig.[1180]

Allein das Antreffen in einem prognostizierten Gebiet begründet noch keinen Anfangsverdacht und es müssen vor Ort weitere Erkenntnisse hinzutreten, die einen solchen tragen können.[1181]

VI. Spezifische Gefahren und Probleme des Einsatzes von Predictive Policing und Lösungsansätze

Das raumbezogene Predictive Policing weist nicht nur Fragen im Hinblick auf erforderliche Rechtsgrundlagen und möglichen Folgemaßnahmen auf, sondern auch ganz eigene Probleme und Gefahren, die im Folgenden näher beleuchtet werden sollen.

1. Gefahr von Verdrängungseffekten

Im Zusammenhang mit Predictive Policing, insbesondere in den soziologisch/kriminologischen Abhandlungen, wird oft auf die Problematik verwiesen, dass der Einsatz solcher Vorhersagesoftwares dazu führen könne, dass sich das Kriminalitätsgeschehen schlicht verlagert, anstatt tatsächlich

---

1178 S. etwa *Peters,* in: MüKo StPO, Bd. 2, 2016, § 152 Rn. 63, der Vorfeldermittlungen der präventiven Polizeiarbeit zuordnet. Zur immer konturenloser werdenden Grenze zwischen Gefahrenabwehr und Strafverfolgung etwa *Jahn/Brodowski,* StV-Spezial 2022, 33 (33 f.).

1179 Dazu, dass dieses Dogma des Erfordernisses eines reaktiven und einzelfallbezogenen Anfangsverdachts schrittweise durch die teils großzügige Vorkriminalisierung im materiellen Strafrecht mittelbar relativiert wird, *Bäcker,* in: HB des Polizeirechts, 7. Aufl. 2021, D. Rn. 313.

1180 *Schmitt,* in: Meyer-Goßner/ders., StPO, 64. Aufl. 2021, § 152 Rn. 4b; *Peters,* in: MüKo StPO, Bd. 2, 2016, § 152 Rn. 62 f.; *Beukelmann,* in: BeckOK StPO, 41. Ed. 2021, § 152 Rn. 6.1; *Diemer,* in: Karlsruher Kommentar zur Strafprozessordnung. 8. Aufl. 2019, § 152 Rn. 10; *Senge,* in: FS Hamm, 2008, 701 (703 f.); schon *Keller,* NStZ 1990, 416 (418).

1181 So auch *Singelnstein,* NStZ 2018, 1 (7 f.).

verhindert zu werden.[1182] Ein rechtliches Problem kann darin jedoch nicht erblickt werden. Der Staat ist nicht verpflichtet, umfassend jegliche Kriminalität zu verhindern. Ihm kommt ein erheblicher Einschätzungsspielraum zu und er kann ohne Weiteres verschiedene Ansätze im Rahmen der Gesetze ausprobieren.

Allerdings spielte die Sorge vor Verdrängungseffekten und vor einer möglichen Beeinträchtigung der Effektivität der Gefahrenabwehr bereits bei der Antwort auf parlamentarische Anfragen eine Rolle. So verweigerte der Berliner Senat in der Vergangenheit immer wieder die Veröffentlichung von ihm bekannten Kriminalitätsschwerpunkten, an denen Identitätsfeststellungen und Durchsuchungen unter vereinfachten Bedingungen durchgeführt werden können, unter anderem unter Verweis auf den Schutz der Funktionsfähigkeit der Polizei vor Beeinträchtigungen bei einer Offenlegung.[1183]

Nachdem 2017 die alte Regierung abgelöst wurde, folgte der Berliner Senat jedoch dem Beispiel Bremens und veröffentlicht seitdem die Schwerpunkte sogar im Internet.[1184] Nach einem Beschluss des OVG Berlin-Brandenburg müssen aber die exakten geografischen Grenzen eines kriminalitätsbelasteten Ortes nicht veröffentlicht werden. Das Gericht akzeptierte die Begründung, man wolle Verdrängungseffekte vermeiden, indem es keine ernstlichen Zweifel an der Richtigkeit des vorangegangenen Urteils annahm und eine Berufung zurückwies, durch die der Kläger erfolglos die Veröffentlichung begehrte.[1185]

1182 Insbesondere die US-amerikanische Debatte um diesen Aspekt zusammenfassend, *Belina,* MschrKrim 99 (2016), 85 (93); s.a. *Pesch/Neubacher,* JURA 2011, 205 (208 f.).

1183 Antwort des Senats auf die Schriftliche Anfrage des Abgeordneten *Christopher Lauer,* AH Berlin Drucks. 17/17078, S. 1; dazu auch *Tomerius,* DVBl. 2017, 1399 (1400 f., Fn. 13); Antwort des Senats auf die Schriftliche Anfrage des Abgeordneten *Christopher Lauer,* AH Berlin Drucks. 17/14496, S. 3.

1184 *Tomerius,* DVBl. 2017, 1399 (1400 f.); die aktuelle Liste, auf der zurzeit sieben Orte stehen, unter anderem der Alexanderplatz, ist abrufbar unter: https://www.berlin.de/polizei/polizeimeldungen/fakten-hintergruende/artikel.1078268.php, zuletzt abgerufen am 24.10.2022.

1185 OVG Berlin-Brandenburg, Beschl. v. 18.12.2018, OVG 12 N 77.17, Rn. 5 ff., juris.

2. Gefahr der Schaffung immer neuer Befugnisse, die die Eingriffsschwelle kontinuierlich weiter ins Vorfeld einer konkreten Gefahr verlagern

Wie gezeigt wurde, sind die bisherigen Eingriffsbefugnisse der Polizei größtenteils von noch weiteren, konkret vor Ort hinzutretenden Faktoren abhängig und können nicht allein auf Grundlage einer Predictive Policing-Prognose ausgeübt werden. Wie aber ebenfalls schon angedeutet wurde, befindet sich das Polizeirecht insgesamt in einem eindeutig erkennbaren Wandel.[1186] Die Straftatenvorsorge, also die Verhinderung von Straftaten, für die es noch keine unmittelbaren, konkreten Anhaltspunkte i.S.e. konkreten Gefahr gibt, rückt dabei in den Fokus der Regierungen und des Gesetzgebers.[1187] Schließlich spiegelt auch der Einsatz von Predictive Policing-Systemen diesen Trend wider.[1188]

Der Ablauf der Diskussionen über die Vorverlagerung von Eingriffsschwellen und Schaffung neuer Befugnisse für das Gefahrenvorfeld ist dabei auffallend ähnlich. Ausgangspunkt der Begründungen der Gesetzentwürfe zu derartigen Verschärfungen in den Polizeigesetzen ist stets die (abstrakte) terroristische Bedrohungslage.[1189] Zur Bekämpfung dieser speziellen Bedrohung hat das BVerfG in seinem Urteil zum BKA-Gesetz anerkannt, dass Eingriffsbefugnisse auch im Vorfeld einer konkreten Gefahr zulässig sein können, sofern es hinreichend einschränkende Tatbestandsmerkmale gibt.[1190] Diese Entscheidung wurde von einigen Bundesländern zum Anlass genommen, die dort aufgeworfene drohende Gefahr in ihre Polizeigesetze aufzunehmen und insbesondere auch als Voraussetzung für die Verhütung von anderen, nicht terroristischen Straftaten zu schaffen.[1191] bzw. zumindest darüber nachzudenken.[1192] Intendiert wird damit eine Vorverlagerung der Eingriffsschwelle.[1193] Allerdings gibt es auch Stimmen in der

---

1186 S. *Schönemann,* Kriminalistik 2021, 378 (382).

1187 Siehe zum Wandel hin zur Ausweitung der Eingriffsbefugnisse weit ins Gefahrenvorfeld, *Aden/Fährmann,* ZRP 2019, 175 (175); *Enders,* DÖV 2019, 205 (205).

1188 S. auch *Egbert,* SchrStVV 42 (2018), S. 241 (261 f.); *ders.,* Zeitschrift für Rechtssoziologie 40 (2020), 26 (41 f., 44 ff.).

1189 Etwa LT-Drucks. NRW 17/2351, S. 1; AH Berlin Drucks. 18/2787, S. 22. Dazu *Aden/Fährmann,* ZRP 2019, 175 (176); *Enders,* DÖV 2019, 205 (205 ff).

1190 BVerfGE 141, 220 (272 f. Rn. 112).

1191 In Bayern: Art. 11a PAG, s. dazu oben unter B. IV. 3. c); ohne den Begriff der drohenden Gefahr als solche zu benennen, aber mit den vom BVerfG aufgeworfenen Voraussetzungen etwa § 15 Abs. 2 S. 1 Nr. 2 HSOG, § 12 Abs. 4 S. 2 Nr. 1 SPolG.

1192 Z.B. in NRW, siehe dazu oben unter B. IV. 5. b).

1193 *Löffelmann,* GSZ 2018, 85 (86).

Literatur, die die „drohende Gefahr“, die das BVerfG aufgeworfen hat, als eine spezielle Form der konkreten Gefahr ansehen und eine Vorverlagerung von Eingriffsbefugnissen durch die Einführung einer drohenden Gefahr daher ablehnen.[1194]

Doch auch abseits des neuen Rechtsbegriffs der drohenden Gefahr werden immer wieder neue Tatbestände geschaffen, die an eine wesentlich geringere Eingriffsschwelle als eine konkrete Gefahr anknüpfen.[1195] Prominente Beispiele für Standardmaßnahmen, bei denen auf eine konkrete Gefahr als Tatbestandsmerkmal verzichtet wird, sind etwa die Fluggastdatenverarbeitung nach § 4 FlugDaG[1196] oder die Schleierfahndung an gefährdeten Orten.[1197]

Derartige Vorverlagerungen – insbesondere in Verbindung mit „gefährdeten“, „gefährlichen“ oder auch „verrufenen“[1198] Orten – von Eingriffsbefugnissen werden umso reizvoller, wenn es im tagtäglichen Einsatz der Polizeibehörden bereits ein Analysetool gibt, das auf Grundlage bestimmter Daten eine erhöhte Wahrscheinlichkeit für die Begehung bestimmter Delikte innerhalb eines bestimmten Zeitraumes in einem zwar großflächigen, aber doch näher bestimmten örtlichen Bereich errechnen kann.[1199]

In Bayern wurde mit Art. 13 Abs. 1 Nr. 4 lit. c PAG n.F. gerade erstmals eine Eingriffsnorm geschaffen, die auf „spezifische polizeiliche Ermittlungsstrategien“ abstellt. In den Materialien wurde hervorgehoben, dass insbe-

1194 S. etwa *Thiel,* Stellungnahme 17/651 zu LT-Drucks. NRW 17/2351, S. 5; ähnlich zu der drohenden Gefahr im PAG *Möstl* in: BeckOK Polizei- und Sicherheitsrecht Bayern, 18. Ed., Systematische und begriffliche Vorbemerkungen zum Polizeirecht in Deutschland, Rn. 93, wonach der Begriff der drohenden Gefahr der Sache nach einen Grenzfall der konkreten Gefahr beschreibe.

1195 Dazu auch *Abel/Fährmann,* ZRP 2019, 175 (175), die insb. die Polizeigesetze in Bayern, Sachsen und Baden-Württemberg als Beispiele für Gesetze mit einigen Eingriffsverschärfungen und Vorverlagerungen nennen.

1196 S. näher zum Gesetz über die Fluggastdatenverarbeitung *Arzt,* DÖV 2017, 1023 ff.; näher zum dort geregelten Musterabgleich als Ausprägung personenbezogenen Predictive Policings *Sommerer,* Personenbezogenes Predictive Policing, 2020, S. 96 ff.; *Arzt,* in: Lisken/Denninger, HB des Polizeirechts, 7. Aufl. 2021, G. Rn. 1330; s. auch *Wischmeyer,* in: Ebers et al., Künstliche Intelligenz und Robotik, 2020, § 20 Rn. 21; *Sprenger,* in: Ebers et al., Künstliche Intelligenz und Robotik, 2020, § 31 Rn. 29.

1197 S. dazu oben, B. IV. 5. a).

1198 *Thiel,* Polizei- und Ordnungsrecht, 4. Aufl. 2020, § 10 Rn. 27; *Graulich,* in: Lisken/Denninger, HB des Polizeirechts, 6. Aufl. 2018, E. Rn. 318, jeweils in Bezug auf die Identitätsfeststellung.

1199 Ähnliche Einschätzung *Egbert,* Zeitschrift für Rechtssoziologie 40 (2020), 26 (44 ff.).

sondere auch Schwerpunkteinsätze an örtlich wie zeitlichen Kriminalitätsschwerpunkten von der Norm erfasst sein sollen.[1200] Hier wird gerade deutlich, dass der Einsatz von Predictive Policing-Software nicht folgenlos bleiben soll, auch wenn Bayern erst kürzlich den Einsatz der Software PRECOBS eingestellt hat.

Perspektivisch könnte man sich zum einen vorstellen, dass die bisherigen Standardmaßnahmen, die an einen „Ort" anknüpfen, der nach hier vertretenem Verständnis eng umgrenzt sein muss, in Zukunft auch gefährliche Gebiete umfassen. In Nordrhein-Westfalen wurde mit der Anhalte- und Sichtkontrolle in § 12a PolG NRW erst kürzlich eine Norm geschaffen, die ein Gebiet voraussetzt, für das Tatsachen die Annahme rechtfertigen, dass dort bestimmte Straftaten begangen werden sollen (§ 12a Abs. 1 S. 4 PolG NRW).

Ebenfalls ist denkbar, dass die immer wieder öffentlichkeitswirksam diskutierte Videoüberwachung im öffentlichen Raum in Prognosegebieten erleichtert zugelassen werden könnte.[1201] Neben fest installierten Überwachungskameras sind perspektivisch auch Drohneneinsätze in Prognosegebieten zumindest denkbar.[1202] In Bayern können gemäß Art. 47 Abs. 1 Nr. 1 PAG offene Bild- und Tonaufnahmen nach Art. 33 Abs. 1–3 PAG unter den dort genannten Voraussetzungen bereits heute auch durch den Einsatz unbemannter Luftfahrtsysteme erhoben werden.[1203]

In Nordrhein-Westfalen brachte die letzte Änderung des Polizeigesetzes den neuen § 15a Abs. 1 S. 1 Nr. 2 PolG NRW,[1204] der die Polizei dazu ermächtigt, zur Verhütung von Straftaten einzelne öffentlich zugängliche Orte mit-

---

1200 BayLT-Drucks. 18/13716, S. 25.

1201 Dazu auch *Hofmann,* Predictive Policing, 2020, S. 264, der in Predictive Policing auch die Chance sieht, die Streubreite von Eingriffsmaßnahmen durch konzentriertere Maßnahmen zu minimieren. Zu den aktuell bestehenden Möglichkeiten *Kowalik,* Die hoheitliche Videoüberwachung des öffentlichen Raums zur Kriminalprävention, 2021, S. 62 f.

1202 Zu den verfassungsrechtlichen Problemen und möglichen Rechtsgrundlagen von polizei-präventiven Drohneneinsätzen in Berlin *Tomerius,* LKV 2020, 481 ff.; zum aktuellen Einsatzfeld bei der Polizei siehe die Studie von *Rivera,* Der Blick von Oben, IMI-Studie Nr. 6/2021 v. 13.07.2021; dazu auch *Reuter,* Polizeidrohnen werden mittlerweile in fast allen Bundesländern eingesetzt, netzpolitik.org v. 14.07.2021; zur Möglichkeit des staatlichen Einsatzes von Drohnen bei Versammlungen, siehe Wissenschaftliche Dienste, WD 3 – 3000 – 036/21.

1203 Dazu auch *Schmidt,* Polizei- und Ordnungsrecht, 21. Aufl. 2020, Rn. 153.

1204 GV. NRW 2018, Nr. 31, S. 684; s. denkbar kurz dazu *Schönemann,* Kriminalistik 2021, 378 (381).

tels (offener) Bildübertragung zu beobachten und die übertragenen Bilder aufzuzeichnen, wenn Tatsachen die Annahme rechtfertigen, dass dort Straftaten von erheblicher Bedeutung nach § 8 Abs. 3 PolG NRW verabredet, vorbereitet oder begangen werden und jeweils ein unverzügliches Eingreifen der Polizei möglich ist. Unter die Straftaten von erheblicher Bedeutung nach § 8 Abs. 3 PolG NRW fallen neben Verbrechen unter anderem auch gewerbs- oder bandenmäßig begangene Vergehen nach den §§ 243, 244 StGB (Nr. 1).[1205]

In den Gesetzesmaterialien wurde dies als wesentliche Neuerung für Nordrhein-Westfalen hervorgehoben[1206] und betont, dass die Eingriffsschwelle für die Anordnung der Maßnahme gesenkt werden sollte.[1207] Dadurch, dass auch diese Standardmaßnahme an einen „Ort" anknüpft, kann hier nicht unmittelbar an ein Prognosegebiet angeknüpft werden. In den Materialien wird aber darauf hingewiesen, dass wegen der Erweiterung auf die Vorbereitung einer Straftat auch z.B. Verkehrsknotenpunkte in der Nähe eines erkannten Brennpunktes beobachtet werden könnten, von wo aus potenzielle Täter auf Tatgelegenheiten warten könnten.[1208] *Löffelmann* wies in seiner Stellungnahme zurecht darauf hin, dass angesichts der Einbeziehung von solchen Vorbereitungshandlungen, die sich im bloßen Abwarten erschöpfen können, eine vorhersehbare Begrenzung der Maßnahme kaum möglich ist und erhob daher Bedenken hinsichtlich der Bestimmtheit der Norm.[1209]

Das BVerfG hat bereits in mehreren Entscheidungen festgehalten, dass an eine Verlagerung von Eingriffsbefugnissen ins Gefahrenvorfeld besondere Anforderungen zu stellen sind. So führte es in einer Entscheidung im 113. Band aus, dass bei Überwachungsmaßnahmen, die darauf gerichtet sind, im Vorfeld von Gefahrenabwehr und Strafverfolgung Vorsorge in Bezug auf eventuell zukünftige Straftaten zu treffen, spezifische Bestimmtheitsanforderungen, angepasst an das Gefahrenvorfeld, gelten müssen.[1210] Denn während Gefahrenabwehrmaßnahmen an die Voraussetzung einer

---

1205 Die Einbeziehung von gewerbsmäßigem Diebstahl wurde auch in den Materialien extra hervorgehoben, LT-Drucks. NRW 17/2351, S. 35 f.

1206 LT-Drucks. NRW 17/2351, S. 28 f.

1207 LT-Drucks. NRW 17/2351, S. 35.

1208 LT-Drucks. NRW 17/2351, S. 35.

1209 *Löffelmann,* Stellungnahme 17/641 zu LT-Drucks NRW 17/2351, S. 5; a.A. *Thiel,* Stellungnahme 17/651 zu LT-Drucks. NRW 17/2351, S. 2 f., der die neue Variante begrüßt und keine verfassungsrechtlichen Bedenken sieht.

1210 BVerfGE 113, 348 (377).

konkreten Gefahr und die Strafverfolgung an das Vorliegen eines Verdachts einer verwirklichten Straftat anknüpft, fehlen der Straftatenvorsorge solche Bezüge.[1211] Diesen Maßnahmen im Gefahrenvorfeld wohnt gerade die ihr typische Gefahr inne, dass man sie auf Verhaltensweisen oder Sachlagen stützen muss, die sowohl in harmlosen, strafrechtlich unerheblichen als auch in strafrechtlich relevanten Situationen münden können.[1212]

Das BVerfG stellte daher klar: „Sieht der Gesetzgeber in solchen Situationen Grundrechtseingriffe vor, so hat er die den Anlass bildenden Straftaten sowie die Anforderungen an Tatsachen, die auf die künftige Begehung hindeuten, so bestimmt zu umschreiben, dass das im Bereich der Vorfeldermittlung besonders hohe Risiko einer Fehlprognose gleichwohl verfassungsrechtlich noch hinnehmbar ist. Die Norm muss handlungsbegrenzende Tatbestandselemente enthalten, die einen Standard an Vorhersehbarkeit und Kontrollierbarkeit vergleichbar dem schaffen, der für die überkommenen Aufgaben der Gefahrenabwehr und der Strafverfolgung rechtsstaatlich geboten ist".[1213]

Auch im Hinblick auf die Verhältnismäßigkeit stellte das BVerfG jedenfalls im Hinblick auf Überwachungsmaßnahmen gesteigerte Anforderungen hinsichtlich des Gewichts des Schutzgutes und der Gefährlichkeit der erwarteten Verletzungshandlungen, zumindest dann, wenn die Maßnahme nicht an Planungs- oder sonstige Vorbereitungsmaßnahmen knüpft.[1214] Im Zusammenhang mit der verfassungsrechtlichen Überprüfung der Befugnisse des BKAG a.F. zu heimlichen Überwachungsmaßnahmen warf das BVerfG die drohende Gefahr in den Raum und knüpfte sie zugleich an den Schutz überragend wichtiger Rechtsgüter.[1215] Teilweise wurde daraus geschlossen, das Bundesverfassungsgericht erlaube generell Vorfeldmaßnahmen nur zum Schutze solcher besonders qualifizierter Rechtsgüter.[1216] Bisher hatte das BVerfG jedoch noch keine Gelegenheit, sich auch zu anderen Vorfeldmaßnahmen zu äußern. Nichtsdestotrotz bleibt festzuhalten, dass Vorfeldmaßnahmen strengen Bestimmtheitsanforderungen genügen müssen und je weiter die Vorverlagerung stattfindet, desto strengere Maßstäbe sind an die Verhältnismäßigkeit zu stellen.[1217]

1211 BVerfGE 113, 348 (377).
1212 BVerfGE 113, 348 (377).
1213 BVerfGE 113, 348 (377 f.) unter Verweis auf BVerfGE 110, 33 (56).
1214 BVerfGE 113, 348 (386).
1215 BVerfGE 141, 220 (272 Rn. 112).
1216 *Löffelmann*, Stellungnahme 17/641 zu LT-Drucks. NRW 17/2351, S. 2.
1217 *Singelnstein*, NStZ 2018, 1 (8).

Die weitere (Fort-)Entwicklung der Polizeigesetze ist daher auch mit Blick auf die vorhandenen Datenanalyse- und Vorhersagetools der jeweiligen Landespolizeibehörden kritisch zu begleiten.

3. Gefahr der Aufweichung des Trennungsgebots

Im Zusammenhang mit der Vorverlagerung der Eingriffsbefugnisse ist auch das Trennungsgebot zwischen Polizei und Nachrichtendiensten in den Blick zu nehmen.

Traditionell sind die Aufgaben und vor allem die Befugnisse von Polizei- und Ordnungsbehörden auf der einen Seite und Nachrichtendiensten auf der anderen Seite streng voneinander getrennt. Zurück geht diese Trennung auf den sog. Polizeibrief von 1949 der Militärgouverneure an den Parlamentarischen Rat,[1218] in welchem dem Bund eine Kompetenz für die Errichtung von in ihren Zuständigkeiten eng umgrenzten Bundespolizeibehörden zugestanden wurde und daneben die Errichtung einer Stelle für die Sammlung und Verbreitung von Auskünften über umstürzlerische, gegen die Bundesregierung gerichtete Tätigkeiten gestattet wurde.[1219] Heutzutage ist dieses Trennungsgebot zwischen Polizei- und Nachrichtendiensten eine einfachrechtliche, rechtspolitische Entscheidung;[1220] ob sie verfassungsrechtlich geboten ist, etwa aus dem Rechtsstaatsprinzip, dem Bundesstaatsprinzip oder den Grundrechten abzuleiten ist, wird bis heute

1218 7. Schreiben der Militärgouverneure an den Parlamentarischen Rat über die Genehmigung des Grundgesetzes, abgedruckt bei *Huber,* Quellen zum Staatsrecht der Neuzeit, 1951, S. 216.

1219 7. Schreiben der Militärgouverneure an den Parlamentarischen Rat über die Genehmigung des Grundgesetzes, abgedruckt bei *Huber,* Quellen zum Staatsrecht der Neuzeit, 1951, S. 216; *Schneider,* Das Gebot der Trennung von Polizei und Nachrichtendiensten, 2019, S. 25 f.

1220 *Roth,* in: Schenke/Graulich/Ruthig, Sicherheitsrecht des Bundes, 2. Aufl. 2019, § 2 BVerfSchG Rn. 8 f.

diskutiert.[1221] Das BVerfG hat die Frage bisher mangels Relevanz offen gelassen.[1222]

Hauptaufgabe der Polizei- und Ordnungsbehörden ist, Gefahrenabwehr im Einzelfall zu leisten,[1223] während den Nachrichtendiensten die Aufgabe zukommt, im Gefahrenvorfeld Aufklärungsarbeit zu leisten und die Regierung und ggf. die Bevölkerung zu informieren.[1224] Die Nachrichtendienste werden tätig, wenn ein Verhalten noch keinerlei (straf-)rechtliche Relevanz aufweist und möglicherweise diese Schwelle auch nie überschreitet.[1225]

Werden nun immer mehr Befugnisse für die Polizeibehörden geschaffen, die bereits an das Gefahrenvorfeld anknüpfen, so wird die Unterscheidung zumindest in zeitlicher Hinsicht immer uneindeutiger. So wies auch *Klein* in einer Stellungnahme zur Änderung des Polizeigesetzes in NRW darauf hin, dass „mit der Vorverlagerung des Gefahrenzeitpunktes [...] das Trennungsgebot zwischen Polizei und Verfassungsschutz“ relevant werde.[1226]

Neben der Unterscheidung der Aufgaben in zeitlicher Hinsicht zeichnet sich das Trennungsprinzip jedoch vor allem im Hinblick auf die Schutzrichtung aus. Die Aufgaben des Verfassungsschutzes sind nach § 3 Abs. 1 BVerfSchG eng begrenzt auf die Sammlung und Auswertung von Informationen über bestimmte, staatsgefährdende Tätigkeiten und Bestrebungen.[1227] Daneben ist der Verfassungsschutz auch funktional getrennt

---

1221 *Bäcker,* in: Herdegen et al., HB des Verfassungsrechts, 2021, § 28 Rn. 79; dafür *Stubenrauch,* Gemeinsame Verbunddateien von Polizei- und Nachrichtendiensten, 2009, S. 24 ff., 37; dagegen etwa *Roth,* in: Schenke/Graulich/Ruthig, Sicherheitsrecht des Bundes, 2. Aufl. 2019, § 2 BVerfSchG Rn. 8 f.; *Fremuth,* AöR 139 (2014), 32 (46 ff.; 75 f.); *Streiß,* das Trennungsgebot zwischen Polizei- und Nachrichtendiensten, 2011, S. 153 ff., 164 f.

1222 BVerfGE 97, 198 (217); 100, 313 (369 f.); 133, 277 (323 ff.); *Bäcker,* in: Herdegen et al., HB des Verfassungsrechts, 2021, § 28 Rn. 79. Allerdings folgt nach dem BVerfG aus dem Recht auf informationelle Selbstbestimmung zumindest ein grundgesetzlich verankertes informationelles Trennungsprinzips, BVerfGE 133, 277 (323 ff.); 156, 11 (50 ff. Rn. 101 ff.); BVerfG, NJW 2022, 1583 (1588 Rn. 171).

1223 *Streiß,* Das Trennungsgebot zwischen Polizei- und Nachrichtendiensten, 2011, S. 34.

1224 BVerfG, NJW 2022, 1583 (1585 Rn. 154); *Bäcker,* in: Herdegen et al., HB des Verfassungsrechts, 2021, § 28 Rn. 21; *Fremuth,* AöR 139 (2014), 32 (36); zu letzterem auch BVerfGE 133, 277 (325 Rn. 116); *Droste,* HB des Verfassungsschutzrechts, 2007, S. 292.

1225 *Droste,* HB des Verfassungsschutzrecht, 2007, S. 292.

1226 *Klein,* Stellungnahme 17/644 zu LT-Drucks. NRW 17/2351, S. 3.

1227 Zur Legaldefinition der verfassungsfeindlichen Bestrebung siehe § 4 Abs. 1 S. 1 BVerfSchG, siehe dazu auch *Roth,* in: Schenke/Graulich/Ruthig, Sicherheitsrecht des Bundes, 2. Aufl. 2019, § 4 BVerfSchG Rn. 6.

von den Polizeibehörden zu betrachten: Wie die Bezeichnung „Nachrichtendienst“ schon indiziert, beschränkt sich die Tätigkeit in der Sammlung und Auswertung von Informationen, die den politischen Entscheidungsträgern und ggf. der Öffentlichkeit übermittelt wird.[1228] Gefahrenabwehr oder Strafverfolgungsmaßnahmen gehören nicht zum Repertoire des Verfassungsschutzes.[1229] Bereits der Polizeibrief sah explizit vor, dass diese Stellen keine Polizeibefugnis haben.[1230] Nach den Erfahrungen im Nationalsozialismus wollte man vor allem eine neue Geheimpolizei verhindern, die selbst Zwangsbefugnisse ausüben konnte.[1231]

Nach § 8 Abs. 3 BVerfSchG stehen dem Bundesamt für Verfassungsschutz daher keine polizeilichen Befugnisse oder Weisungsbefugnisse zu und darf es nach Hs. 2 auch nicht im Wege der Amtshilfe um Maßnahmen ersuchen, zu denen es selbst nicht befugt ist.[1232]

Werden also Eingriffsmaßnahmen auf Seiten der Polizei zeitlich vorverlagert, so berührt dies noch nicht Sinn und Zweck des Trennungsgebots, das vor allem darauf abzielt, polizeiliche Eingriffsbefugnisse für die Nachrichtendienste zu verhindern.[1233]

Werden allerdings gleichzeitig die informationellen Befugnisse auch auf polizeilicher Ebene immer weiter ins Vorfeld verlagert, so wird das Trennungsprinzip letztlich obsolet.[1234]

Auch die ungefilterte Nutzung nachrichtendienstlicher Erkenntnisse auf Polizeiebene kann das aus dem Grundrecht auf informationelle Selbstbe-

1228 *Poscher/Rusteberg,* KJ 2014, 57 (62); *Schneider,* Das Gebot der Trennung von Polizei- und Nachrichtendiensten, 2019, S. 48; *Roth,* in: Schenke/Graulich/Ruthig, Sicherheitsrecht des Bundes, 2. Aufl. 2019, § 8 BVerfSchG Rn. 48; *Bäcker,* in: Herdegen et al., HB des Verfassungsrechts, 2021, § 28 Rn. 21.

1229 *Poscher/Rusteberg,* KJ 2014, 57 (62); *Rusteberg,* in: Kulick/Goldhammer, Der Terrorist als Feind?, 2020, S. 215 (215) spricht von fehlenden Befugnissen zu „aktionellen Maßnahmen“.

1230 7. Schreiben der Militärgouverneure an den Parlamentarischen Rat über die Genehmigung des Grundgesetzes, abgedruckt bei *Huber,* Quellen zum Staatsrecht der Neuzeit, 1951, S. 216.

1231 *Droste,* HB des Verfassungsschutzrechts, 2007, S. 291.

1232 *Poscher/Rusteberg,* KJ 2014, 57 (58) nennen dies das kompetenzielle Trennungsgebot; s. eingehend zum Ausschluss polizeilicher Befugnisse *Roth,* in: Schenke/Graulich/Ruthig, Sicherheitsrecht des Bundes, 2. Aufl. 2019, § 8 BVerfSchG Rn. 48.

1233 *Klein,* Stellungnahme 17/644 zu LT-Drucks. NRW 17/2351, S. 3.

1234 S. auch *Härtel,* LKV 2019, 49 (56). Dazu, dass einzelne verdeckte Datenerhebungen in bestimmten Ausnahmesituationen durch die Polizei das Trennungsgebot jedoch nicht grds. infrage stellen, *Schönemann,* Kriminalistik 2021, 378 (383).

stimmung folgende informationelle Trennungsprinzip unterlaufen.[1235] Darauf wird an spätere Stelle noch einzugehen sein.[1236]

4. Gefahr einer Technikhörigkeit

Neben der Gefahr, dass die Möglichkeit der prädiktiven Datenanalyse auf Polizeiebene den Gesetzgeber zu weiteren Verschärfungen der Polizeigesetze insbesondere im Hinblick auf die Vorverlagerung von Eingriffsschwellen verführen könnte, bestehen auch Bedenken im Hinblick auf die Auswirkungen auf die einzelnen Polizeikräfte und die Nachvollziehbarkeit ihrer Entscheidungen.

Denkbar ist etwa, dass die noch nicht überschrittene Gefahrenschwelle zunehmend dadurch verkannt wird, dass solche Risikogebiete mitgeteilt werden.[1237] Obwohl die einzelnen Folgemaßnahmen i.d.R. weitere Erkenntnisse im Einzelfall vor Ort erfordern, etwa um eine konkrete Gefahr festzustellen, und insb. auch im Ermessen stehen,[1238] kann das Bewusstsein darüber mit der Zeit abnehmen. So könnte durchaus auch angenommen werden, dass die Generierung eines solchen Prognosegebietes bereits eine Gefahr indiziert. So kann Predictive Policing von einer bloßen Unterstützung bei einer im Einzelfall noch selbst vorzunehmenden Gefahrenprognose in der Wahrnehmung der Einsatzkräfte zu einer Gefahrenerkennungssoftware mutieren.[1239]

Die Prognosen werden nicht von den einzelnen Beamten begleitet, sondern in der Regel zentral beim jeweiligen LKA errechnet und freigegeben. Die Evaluation von PRECOBS in BaWü hat gezeigt, dass der Einsatz der Software „sehr stark polarisiert hat".[1240] Ca. 30% der Befragten gaben zudem an, zu Beginn des Pilotprojekts keine oder nicht ausreichende Informationen zum Projekt erhalten zu haben.[1241] Auch bei der Evaluation der Implementierung von SKALA zeigte sich ein gemischtes Reaktionsbild. In der Kurzfassung des Evaluationsberichts wurde festgehalten, dass zum

1235 Dazu BVerfGE 133, 277 (329 Rn. 123); 156, 11 (50 ff. Rn. 101 ff, Ls. Nr. 1); *Roth*, in Schenke/Graulich/Ruthig, Sicherheitsrecht des Bundes, § 2 BVerfSchG Rn. 12.

1236 S. unten unter Teil 2, B. III. 2.

1237 In diese Richtung auch *Egbert*, Zeitschrift für Rechtssoziologie 40 (2020), 26 (36 ff.).

1238 S.o. unter B. IV. 4–5.

1239 S. auch *Hofmann*, Predictive Policing, 2020, S. 271.

1240 *Gerstner*, Predictive Policing, 2017, S. 64 ff.

1241 *Gerstner*, Predictive Policing, 2017, S. 65.

Zeitpunkt der Befragung der Begriff SKALA ebenso wie das Wissen um die Funktionsweise sowie Zielsetzung bei nicht wenigen Personen unbekannt waren.[1242] Der Einsatz solcher Prognosen und insb. auch die Freigabe der Prognosegebiete an die einzelnen Polizeibeamten muss daher stets durch entsprechende Aufklärung und Schulung begleitet werden.[1243] Ansonsten kann es verlockend sein, bei Antreffen einer Person in einem Prognosegebiet die weiteren Voraussetzungen zu ignorieren oder davon auszugehen, dass bereits eine konkrete Gefahr vorliegt.[1244] Studien haben im Übrigen gezeigt, dass bei Einsatz von Computersoftware wegen gefühlter Rationalität ihrer generierten Ergebnisse[1245] ein Hinterfragen derselben mit der Zeit abnimmt und auch eigene Kompetenzen zur selbstständigen Bewertung von Situationen verloren gehen.[1246]

Ebenso wie die Gefahr der voreiligen Annahme einer konkreten Gefahr auf Tatbestandsebene ist daneben zudem denkbar, dass auch auf Rechtsfolgenseite die ermessensgerechte Adressatenauswahl in den Hintergrund tritt.[1247] Auch hier muss durch entsprechende Schulungen einem Missbrauch der Ermächtigungsnormen vorgebeugt werden.

Im erst kürzlich in Kraft getretenen bayerischen Digitalgesetz[1248] wurde nunmehr explizit in Art. 7 Abs. 3 BayDiG normiert, dass bei Einführung neuer digitaler Verfahren sowie bei wesentlichen Erweiterungen oder sonstigen Änderungen bestehender Verfahren die hiervon betroffenen staatlichen Bediensteten angemessen fort- und weiterzubilden sind.

1242 LKA NRW (2018), Kurzfassung des Endberichts Kooperative Evaluation des Projekts SKALA, S. 11. S. auch allgemein zur Problematik der selektiven Kenntnisse bei Pilotprojekten *Knobloch,* Vor die Lage kommen, 2018, S. 27.

1243 So auch *Knobloch,* Vor die Lage kommen, 2018, S. 27; *Zenner,* in: Wieczorek, Digitalisierung, S. 117 (129); *Hofmann,* Predictive Policing, 2020, S. 272, 292.

1244 *Hofmann,* Predictive Policing, 2020, S. 271.

1245 Dazu *Belina,* MschrKrim 99 (2016), 85 (96); *Singelnstein,* NStZ 2018, 1 (4); *Guckelberger,* Öffentliche Verwaltung im Zeitalter der Digitalisierung, 2019, Rn. 635; *Wischmeyer,* in: Kulick/Goldhammer, Der Terrorist als Feind?, 2020, S. 193 (209); s. auch *ders.,* in: Ebers et al., Künstliche Intelligenz und Robotik, 2020, § 20 Rn. 3, 22.

1246 *Wischmeyer,* in: Kulick/Goldhammer, Der Terrorist als Feind?, 2020, S. 193 (209); *Hofmann,* Predictive Policing, 2020, S. 271; *Hauber/Jarchow/Rabitz-Suhr,* Prädiktionspotenzial schwere Einbruchskriminalität, 2019, S. 170 f. S. auch *Haouache,* in: Beck/Stember, Der demografische Wandel, 21 (28), der darauf hinweist, dass ein Wahrscheinlichkeitsvorschlag eines Assistenzsystems wohl regelmäßig nicht infrage gestellt wird.

1247 Dazu auch *Hauber/Jarchow/Rabitz-Suhr,* Prädiktionspotenzial schwere Einbruchskriminalität, 2019, S. 171 f.

1248 BayGVBl. 2022, S. 374 ff.

Praktisch auf die Kehrseite dieser Medaille wird darüber hinaus auf die Gefahr aufmerksam gemacht, dass bei zunehmendem Einsatz solcher Prognosesoftwares ein faktischer Handlungszwang entstehen könnte.[1249] Gerade wenn man sich die mediale Reaktion auf Terroranschläge und Amokläufe vor Augen führt, fällt auf, dass nach dem ersten Schock stets danach gefragt wird, ob man dies nicht hätte verhindern können bzw. müssen. Insbesondere wenn bekannt wird, dass der Täter bereits polizeilich in Erscheinung getreten ist, wird schnell die Untätigkeit der Polizei und Nachrichtendienste beklagt. Dies mag im Zusammenhang mit den aktuell eingesetzten Prognosesoftwares zur Vorhersage von bloßen Risikogebieten für Wohnungseinbrüche noch fernliegen, doch kann diese Gefahr vor allem im Zusammenhang mit personenbezogenem Predictive Policing durchaus Relevanz erlangen. Hier dürfen die rechtsstaatlichen Garantien wie die Unschuldsvermutung nicht ausgehöhlt werden.[1250]

5. Gefahr der Versteinerung bereits bekannter Probleme

Wie bereits zu Anfang festgestellt, ist das Phänomen Kriminalität nach wie vor weitestgehend ein Rätsel. Welche konkreten gesellschaftlichen wie psychologischen Ursachen zu delinquenten Verhalten führen, konnte bisher nicht vollständig erforscht werden. Hinzu kommt gerade im Bereich von professionellen Wohnungseinbruchdiebstählen eine niedrige Aufklärungsrate. Gleichzeitig beeinflusst die Melderate dieser Straftaten direkt die für die Predictive Policing-Analysen zur Verfügung stehende Datenmenge.[1251]

Daten sind stets durch ihren Erhebungskontext vorselektiert. Kein Predictive Policing-System der Welt kann tatsächlich alle relevanten Daten enthalten. Auch die kriminologischen Theorien, die in die Programmie-

1249 Dazu etwa *Haouache,* in: Beck/Stember, Der demographische Wandel, 2020, S. 21 (29), der einen Bearbeiter, der ein Ergebnis einer automatisierten Einstufung nicht folgt und eine daran anknüpfende Maßnahme unterlässt, unter Rechtfertigungsdruck stehen sieht; siehe auch *Galla,* Bürgerrechte und Polizei/CILIP 121 (2020), 46 (49), die auf die ungeklärte Frage möglicher arbeits- bzw. beamtenrechtlicher Konsequenzen bei Nichtbefolgung der maschinellen Empfehlung aufmerksam macht.

1250 Eingehend zum Konflikt zwischen der Unschuldsvermutung und dem Einsatz Intelligenter Systeme *Blount,* RIDP 92 (2021), 33 (33 ff.); s. auch *Houy et al.,* in: Klenk/Nullmeier/Wewer, Handbuch der Digitalisierung in Staat und Verwaltung, 2019, S. 517 (522).

1251 S. zum lückenhaften Datenmaterial auch *Hofmann,* Predictive Policing, 2020, S. 273.

rung mit eingeflossen sind, sind keine Wahrheiten,[1252] sondern lediglich empirisch in gewisser Weise belegte Versuche, bestimmte straffällige Verhaltensweisen zu erklären. Psychologen und Philosophen sind sich einig, dass Menschen nicht in der Lage sind, die Welt, wie sie tatsächlich ist, objektiv und vollständig zu erkennen.[1253] Dies führt erst recht dazu, dass Softwares, die von Menschenhand programmiert werden, die Welt ebenfalls nur entsprechend des Entwicklerhorizonts „wahrnehmen" können. Bei dem Einsatz von Prognose-Softwareprogrammen besteht daher auch immer die Gefahr, dass durch (unvermeidbar) unvollständige Datenmengen oder auch durch Vorurteile in den zugrunde liegenden Theorien die Situation der sog. self fulfilling prophecy/prediction eintritt oder schon bestehende, vielleicht nach außen hin gar nicht wahrnehmbare, Diskriminierungstendenzen fortgeschrieben und verfestigt werden.[1254]

So wird das Phänomen Wohnungseinbruchdiebstahl oftmals mit osteuropäischen Einbrecherbanden in Verbindung gebracht.[1255] Diese Annahme ist jedoch aufgrund der schwachen Aufklärungsrate nicht hinreichend empirisch belegt, sondern bleibt eine generalisierende Spekulation.[1256] Konzentriert man nun alle Anstrengungen hinsichtlich Prävention und Strafverfolgung auf diese einer Tätergruppe, wird der Blick auf andere vollkommen versperrt.[1257]

1252 S. auch *Walder,* ZStW 95 (1983), 862 (880).

1253 S. *Kraft,* Was wir wahrnehmen, erscheint uns als Wirklichkeit, dasgehirn.info v. 12.12.2017; zur sog. selektiven Wahrnehmung s. *Stangl,* Stichwort: selektive Wahrnehmung, Online Lexikon für Psychologie und Pädagogik, Stand 2021.

1254 *Hofmann,* Predictive Policing, 2020, S. 281 f.; *Trute,* in: Bär/Grädler/Mayr, Digitalisierung im Spannungsfeld von Politik, Wirtschaft, Wissenschaft und Recht, Bd. 2, S. 313 (325). Zu ersterem *Belina,* Geographische Zeitschrift 97 (2009), 192 (199); s. auch *Hauber/Jarchow/Rabitz-Suhr,* Prädiktionspotenzial schwere Einbruchskriminalität, 2019, S. 99.

1255 S. *Kreuzer,* NK 29 (2017), 123 (124 f.); *Egbert,* Zeitschrift für Rechtssoziologie 40 (2020), 26 (39); *Laurin,* So arbeitet ein bosnisches Einbrechernetzwerk, welt.de v. 07.05.2016; kritisch *Feltes,* wiedergegeben in *Baier/Wollinger/Dreißigacker,* MschrKrim (99) (2016), 385 (387).

1256 *Baier/Wollinger/Dreißigacker,* MschrKrim 99 (2016), 385 (389). Dazu, dass die Gruppe der Wohnungseinbruchtäter nach Auswertung verschiedener Täterbefragungen eher eine heterogene Gruppe darstellt, *Behn,* Wohnungseinbruchdiebstahl in Deutschland, 2017, S. 292.

1257 *Baier/Wollinger/Dreißigacker,* MschrKrim 99 (2016), 385 (389); s. auch *Hofmann,* Predictive Policing, 2020, S. 277 zum Risikofaktor neue Kriminalitätserscheinungen, die nicht automatisch Teil einer Prognose sein können.

So kann auch der Einsatz von Predictive Policing-Softwares, die allein auf dem near-repeat-Phänomen beruhen, dazu führen, dass weitere, möglicherweise sinnvolle Ansätze nicht weiterverfolgt werden. Auch auf das Auftreten neuer Kriminalitätsphänomene kann durch das aktuelle Predictive Policing kaum flexibel reagiert werden, bedürfte es doch einer neuen Softwareimplementierung.[1258]

Da die Verhinderung von Straftaten aber grds. in den einzelnen Polizeigesetzen der Länder nur als allgemeine Aufgabe der Polizei definiert wurde, steht ihr hier ein weiter Entscheidungsspielraum zu. Auch aus den Schutzpflichten der Grundrechte kann keine Pflicht zur umfassenden Prävention abgeleitet werden. Nach der Rechtsprechung des BVerfG ergibt sich aus dem Grundgesetz zwar ein staatlicher Sicherheitsauftrag, der die Sicherheit des Einzelnen gegen schwerwiegende kriminelle Übergriffe gewährleisten soll.[1259] Die Reichweite ist jedoch nicht konkretisiert und insbesondere konkrete Konsequenzen für die polizeiliche Einsatzplanung lassen sich daraus nicht ableiten.[1260] Nach den Maßstäben, die das BVerfG in seiner Triage-Entscheidung zur staatlichen Schutzpflicht aus Art. 3 Abs. 3 S. 2 GG aufgestellt hat, bedarf es für eine konkreten Handlungspflicht des Gesetzgebers vielmehr einer besonderen Verdichtung im Einzelfall.[1261] Dies scheint grds. auch auf andere Schutzaufträge übertragbar. Eine gewisse Flexibilität bei der Ausführung des Sicherheitsauftrags ist auch wünschenswert. Angesichts knapper Staatsressourcen und einer Vielzahl staatlicher Aufgaben sind den Entscheidungsträgern eigenständige Priorisierungen zuzubilligen. Allein eine völlige Passivität oder offensichtliche Fehlkonzentration der Bemühungen wäre mit dem staatlichen Schutzauftrag nicht zu vereinbaren.[1262]

6. Problem der nicht bestimmbaren Kosten-Nutzen-Relation

Ein tatsächlicher Nutzen von Predictive Policing ist empirisch bisher nicht bewiesen und wohl nach derzeitigem Kenntnisstand bzw. den derzeitigen Evaluierungsmethoden auch nicht zu beweisen.

1258 S. auch *Hofmann*, Predictive Policing, 2020, S. 277.

1259 BVerfGE 49, 24 (56 f.); 115, 320 (346 f.); 120, 274 (319); 141, 220 (267 f. Rn. 100); *Bäcker*, in: Herdegen et al., HB des Verfassungsrechts, 2021, § 28 Rn. 50.

1260 *Bäcker*, in: Herdegen et al., HB des Verfassungsrechts, 2021, § 28 Rn. 50.

1261 BVerfG, NJW 2022, 380 (384 Rn. 96 f.).

1262 Wegweisend zum sog. Untermaßverbot in Bezug auf den Schutz des menschlichen Lebens BVerfGE 88, 203 (203 f. Ls.- Nr. 6; 254 ff.).

Im Rahmen des Pilotprojektes P4 in Baden-Württemberg wurde der Einsatz der PRECOBS-Software durch das Max-Planck-Institut für ausländisches und internationales Strafrecht und damit als bisher einzige Predictive Policing-Software – zumindest in Deutschland – vollständig unabhängig wissenschaftlich evaluiert.[1263]

Die Ergebnisse fallen dabei eher ernüchternd aus. Allein der sehr kurze Evaluationszeitraum von sechs Monaten, wovon ein Monat bereits in die weniger relevante Sommerzeit fiel,[1264] wirft Probleme hinsichtlich der Validität der gesammelten Erkenntnisse auf.[1265] Dieser Monat konnte dann auch im Endeffekt nur sehr eingeschränkt bei der Evaluation berücksichtigt werden.[1266]

Zudem ist die Messung von Erfolgen bei Predictive Policing generell schwierig.[1267] Ziel von Predictive Policing ist gerade die Verhinderung des Eintritts eines messbaren Erfolges, wie etwa eines Einbruchs; dessen Ausbleiben ist jedoch gerade nicht messbar, kann dies doch auf viele verschiedene Faktoren zurückzuführen sein.[1268] Ob man also tatsächlich durch verstärkte Präsenz einen potentiellen Täter von seiner Tat abgeschreckt hat, wird man nie erfahren. Entsprechend könnte auch ein Frustrationspotenzial bei den eingesetzten (Streifen-)Polizisten entstehen, wenn diese aus ihrer Sicht sinnlos durch die Gegend geschickt werden.[1269] Insgesamt wurde der

---

1263 *Gerstner,* Predictive Policing, 2017, S. 1. S. zum Problem der begrenzten Evaluationen *Egbert/Krasmann,* Predictive Policing, 2019, S. 53.

1264 Dazu, dass in den Sommermonaten die Fallzahlen geringer sind, *Gerstner,* Predictive Policing als Instrument zur Prävention von Wohnungseinbruchdiebstahl, 2017, S. 12 f., 17 f.

1265 *Gerstner,* Predictive Policing als Instrument zur Prävention von Wohnungseinbruchdiebstahl, 2017, S. 17 f.

1266 *Gerstner,* Predictive Policing als Instrument zur Prävention von Wohnungseinbruchdiebstahl, 2017, S. 18.

1267 *Gerstner,* Predictive Policing als Instrument zur Prävention von Wohnungseinbruchdiebstahl, 2017, S. 6; *Egbert/Krasmann,* Predictive Policing, 2019, S. 52 ff; eingehend zu verschiedenen Evaluationsansätzen *Hauber/Jarchow/Rabitz-Suhr,* Prädiktionspotenzial schwere Einbruchskriminalität, 2019, S. 147 ff.

1268 *Gerstner,* Predictive Policing als Instrument zur Prävention von Wohnungseinbruchdiebstahl, 2017, S. 6; *Egbert,* SchrStVV 42 (2018), S. 241 (255); s.a. *Egbert/Krasmann,* Predictive Policing, 2019, S. 53. Zu dem vergleichbaren „Präventionsparadox" während der Covid-19 Pandemie, *Di Fabio,* Coronabilanz, 2021, S. 27 f.

1269 So stimmten immerhin 73,4 % der Befragten der Aussage (voll) zu, dass ihre Kollegen den Einsatz von Predictive Policing für überflüssig halten, *Gerstner,* Predictive Policing, 2017, S. 74 f.; s. auch *Povalej/Volkmann,* Informatik Spektrum 44 (2021), 57 (59).

Einsatz von Predictive Policing in Baden-Württemberg von Polizeikräften sehr unterschiedlich und polarisiert bewertet.[1270]

Zwar gingen die Einbruchszahlen im Testzeitraum in Baden-Württemberg leicht zurück[1271] – ebenso wie in den Einsatzgebieten von PRECOBS –[1272], aber zum einen sind Schwankungen im Kriminalitätsgeschehen normal,[1273] zum anderen ist die Zahl der Wohnungseinbrüche auch in anderen Bundesländern, die kein Predictive Policing nutzen, seit einigen Jahren wieder rückläufig.[1274] 2020 erreichte die Zahl der Wohnungseinbrüche – nicht zuletzt wohl auch wegen dem Covid19-bedingten verstärkten Home Office – laut Angaben der Deutschen Versicherungswirtschaft ein Rekordtief.[1275] Die offizielle Kriminalstatistik bestätigt einen erneuten Rückgang um fast 14 % im Vergleich zum Vorjahr.[1276]

Auch internationale Studien, vor allem aus dem Pionierland USA, können keinen eindeutigen, messbaren Erfolg von Predictive Policing feststellen.[1277]

Dagegen stehen die Kosten, die für den Einsatz von Predictive Policing-Systemen aufgewendet werden müssen. Diese setzen sich zum einen aus den Anschaffungskosten – bei der Einführung von PRECOBS in München bspw. beliefen sich diese auf 100.000 Euro – und zum anderen aus War-

---

1270 *Gerstner,* Predictive Policing als Instrument zur Prävention von Wohnungseinbruchdiebstahl, 2017, S. 74 ff. So lag der errechnete Index für die Frage, ob die befragten Beamten in Predictive Policing einen Nutzen sehen, im Durchschnitt ziemlich genau in der Mitte zwischen Nutzen und kein Nutzen, wobei der Aussage, Predictive Policing habe einen sehr hohen Nutzen sehr selten zugestimmt wurde, S. 76.

1271 *Gerstner,* Predictive Policing als Instrument zur Prävention von Wohnungseinbruchdiebstahl, 2017, S. 45.

1272 *Egbert/Krasmann*, Predictive Policing, 2019, S. 52.

1273 *Gerstner,* Predictive Policing als Instrument zur Prävention von Wohnungseinbruchdiebstahl, 2017, S. 8.

1274 *Egbert/Krasmann,* Predictive Policing, 2019, S. 53. Insgesamt gingen die Fallzahlen bei Diebstahl seit 2006 deutschlandweit um gut 37 % zurück, BMI, PKS 2020, S. 31.

1275 Wohnungseinbrüche auf Rekordtief, tagesschau.de v. 01.04.2021, abrufbar unter: https://www.tagesschau.de/inland/wohnungseinbrueche-109.html, zuletzt abgerufen am 24.10.2022; s. auch *Povalej/Volkmann,* Informatik Spektrum 44 (2021), 57 (58).

1276 BMI, PKS 2020, S. 11.

1277 *Perry et al.*, Predictive Policing, 2013, S. 123 f. S. auch *Eisele/Böhm,* in: Beck/Kusche/Valerius, Digitalisierung, Automatisierung, KI und Recht, 2020, S. 517 (531) zur Situation in der Schweiz; dazu eingehend *Simmler/Brunner/Schedler,* Smart Criminal Justice, 2020.

tungskosten und ggf. Lizenzgebühren zusammen.[1278] Diese Kosten werden auch bei Eigenentwicklungen fällig, braucht man doch das entsprechende Personal[1279] und auch die entsprechende Hard- und Softwareausrüstung einschließlich Lizenzen von Basissoftwares als Grundlage.[1280]

Staatliches Handeln ist grds. den Haushaltsgrundsätzen der Wirtschaftlichkeit und Sparsamkeit unterworfen, die für den Bund in Art. 114 Abs. 2 S. 1 GG erwähnt werden.[1281] Aber auch die jeweiligen Landesverfassungen bzw. deren Haushaltsordnungen unterwerfen die Aufstellung der Haushaltspläne auf Landesebene diesem Grundsatz.[1282] Durch den Landeshaushalt wird auch das Budget der Landeskriminalämter bzw. für die Ausgaben auf dem Gebiet der inneren Sicherheit insg. festgelegt. Solange diese festgelegten Grenzen eingehalten sind, ergeben sich keine Probleme. Die Verwaltung kann hier grds. frei entscheiden, wie sie die ihr zugewiesenen Mittel einsetzt, und ist nur den Grenzen der offensichtlichen Misswirtschaft unterworfen. Da sich die Wirksamkeit von Predictive Policing weder positiv bestätigen noch negativ ausschließen lässt, lässt sich kein haushaltsrechtliches Problem feststellen.

7. Fazit

Bereits der Einsatz von raumbezogenem Predictive Policing weist spezifische Gefahren und Probleme auf, die sowohl bei der Implementierung als auch bei möglichen Weiterentwicklungen im Blick behalten werden sollten. So darf der Einsatz einer Prognosesoftware nicht dazu führen, dass die vom Bundesverfassungsgericht aufgestellten Anforderungen an Vorfeldmaßnahmen bei der Schaffung neuer Befugnisse unterlaufen werden, im Bestreben, die Generierung eines Prognosegebietes durch entsprechende Software direkt an Folgemaßnahmen knüpfen zu können. Auch das Trennungsgebot

1278 S. *Egbert/Krasmann,* Predictive Policing, 2019, S. 47 f.

1279 So hat etwa NRW 2016 zwei unbefristet Stellen als Data Scientist für das Projekt SKALA ausgeschrieben, *Egbert/Krasmann,* Predictive Policing, 2019, S. 34.

1280 Dazu, dass möglicherweise dann jedoch auch Software genutzt werden kann, deren Lizenzen man sowieso bereits erworben hat, *Egbert/Krasmann,* Predictive Policing, 2019, S. 48.

1281 S. auch *Gröpl,* in: ders., BHO/LHO, 2. Aufl. 2019, § 7 Rn. 4.

1282 Art. 144 HessVerf, § 7 Abs. 1 HessLHO; Art. 7 Abs. 1 S. 1 BayHO; Art. 70 Abs. 1 Verf. Nds, § 7 Abs. 1 LHO Nds; Art. 95 Verf. Bln, § 7 Abs. 1 S. 1 LHO Bln; Art. 94 Abs. 2 SächsVerf, § 7 Abs. 1 S. 1 SächsLHO; Art. 86 Abs. 2 Verf. NRW, § 7 Abs. 1 LHO NRW. Dazu auch *Gröpl,* in: ders., BHO/LHO, 2. Aufl. 2019, § 7 Rn. 4, 116 sowie die Korrespondenzhinweise zu § 7.

zwischen Polizei und Nachrichtendiensten ist bei gleichzeitiger Ausweitung von informationellen Befugnissen der Polizeibehörden relevant.

Zur Vermeidung von falschen Erwartungen im Hinblick auf die Aussagekraft der Prognosen und zur Sicherstellung, dass die Prognosen nur als ersten Hinweis auf mögliche Gefahren bewertet werden, sind bei Einführung und auch im Regelbetrieb entsprechende Informationen und Schulungen für alle Ebenen anzubieten. Letztlich sollte ein Bewusstsein dafür bestehen, dass Predictive Policing immer nur bestimmte Phänomene abbilden kann und daher andere Aufgaben der Polizei, insbesondere die Gefahrenabwehr im Einzelfall, nicht verdrängt werden sollten.

VII. Einfachrechtliche Vorgaben und Überlegungen für den Einsatz von Predictive Policing-Software

Im Zusammenhang mit dem Einsatz von raumbezogenen Predictive Policing gilt es noch weitere, allgemeinere Vorgaben und Überlegungen auf einfachrechtlicher Ebene für den Einsatz datengestützter Analysesoftware zu beachten.

1. Datenschutzrechtliche Vorgaben

Wie oben gezeigt, mag zwar kein Eingriff in die informationelle Selbstbestimmung vorliegen, die ein Bedürfnis nach einer Rechtsgrundlage für den Einsatz einer Prognosesoftware als solcher wecken würde. Dennoch ist auf Ebene des einfachen Rechts das Datenschutzrecht einzuhalten. Aufgrund der Verwendung anonymisierter Daten, den georeferenzierten Daten, sind beim Einsatz von Predictive Policing-Systemen keine personenbezogenen Daten im Einsatz. Es sollte jedoch durch geeignete technische Vorkehrungen beim Design der Predictive Policing-Systeme sichergestellt werden, dass diese keine De-Anonymisierung vorsehen (sog. privacy by default).[1283] Solange dies der Fall ist, ist in dieser Hinsicht dem Datenschutzrecht Genüge getan.

1283 S. ErwGr. 53, 55 und Art. 20 der JI-RiLi sowie ErwGr. 78 und Art. 25 DSGVO, siehe auch *Hermstrüwer*, in: Hoffmann-Riem, Big Data, S. 99 (99).

2. Datenqualität und -quantität

In technischer Hinsicht sind vor allem die Qualität und auch Quantität der einzusetzenden Daten für den Erfolg einer Prognosesoftware von enormer Bedeutung.[1284] Fehler bei der (manuellen) Dateneingabe können unbereinigt die Ergebnisse der Software möglicherweise auf längere Sicht beeinflussen.[1285] Durch kontinuierliches Datenmanagement muss daher die Qualität der Daten kontrolliert werden.[1286] Die Qualität der Daten hängt dabei von deren Vollständigkeit, Richtigkeit, Verlässlichkeit, Redundanz und Aktualität ab.[1287] Bei polizeilichen Daten entscheidet vor allem die Melderate der entsprechenden Straftaten über die Vollständigkeit der Datengrundlage.[1288] Dass bei Wohnungseinbruchdiebstahl die Dunkelziffer als generell gering eingeschätzt wird,[1289] ist ein weiterer Grund, wieso bisher vor allem auf diesem Gebiet Prognosesoftware eingesetzt wird.[1290] Insgesamt zu wenige Daten führen außerdem dazu, dass keine validen Prognosen mehr erstellt werden können.[1291]

3. Algorithmenkontrolle

Im Zuge der Digitalisierung der Verwaltung und des sich ausbreitenden E-Governments wird zudem diskutiert, ob von der Verwaltung eingesetz-

---

1284 *Povalej/Volkmann,* Informatik Spektrum 44 (2021), S. 57 (58); *Hauber/Jarchow/Rabitz-Suhr,* Prädiktionspotenzial schwere Einbruchskriminalität, 2019, S. 97, die auf S. 124 zum Ergebnis gelangen, dass die bisherige Praxis diesbezüglich nicht mit wissenschaftlichen Standards vereinbar sei.

1285 Zur unabwendbaren Konsequenz von Fehlinterpretationen bei fehlerhafter Datenlage *Hauber/Jarchow/Rabitz-Suhr,* Prädiktionspotenzial schwere Einbruchskriminalität, 2019, S. 97.

1286 *Povalej/Volkmann,* Informatik Spektrum 44 (2021), 57 (58); *Hauber/Jarchow/Rabitz-Suhr,* Prädiktionspotenzial schwere Einbruchskriminalität, 2019, S. 120.

1287 *Hauber/Jarchow/Rabitz-Suhr,* Prädiktionspotenzial schwere Einbruchskriminalität, 2019, S. 97; s. auch *Povalej/Volkmann,* Informatik Spektrum 44 (2021), 57 (58).

1288 S. *Simmler/Brenner,* in: Simmler, Smart Criminal Justice, 2021, S. 9 (29), die von einer zwangsläufigen Unvollständigkeit polizeilicher Daten sprechen.

1289 *Kreuzer,* NK 2017, 123 (123); *Egbert,* SchrStVV 42 (2018), 241 (259).

1290 S. *Hauber/Jarchow/Rabitz-Suhr,* Prädiktionspotenzial schwere Einbruchskriminalität, 2019, S. 95; trotzdem kritisch, dass polizeiliche Daten überhaupt den nötigen Qualitätsstandards genügen können, *Simmler/Brunner,* in: Simmler, Smart Criminal Justice, 2021, S. 9 (29); *Egbert,* SchrStVV 42 (2018), 241 (259).

1291 Was letztlich bereits zum Einstellen der Nutzung von PRECOBS in Baden-Württemberg und Bayern führte, s. unter A. II. 1.; C.; Teil 2.

te Algorithmen einer Qualitätskontrolle unterzogen werden müssen.[1292] Vor allem Algorithmen mit direktem Einfluss auf den einzelnen Bürger, wie etwa beim Erlass vollständig automatisierter Verwaltungsakte, sind im Hinblick darauf, dass sie zahlreiche Fehlentscheidungen innerhalb kürzester Zeit produzieren können, problematisch.[1293] Diskutiert werden hier verschiedene Möglichkeiten, etwa eine gerichtlichen Vorabkontrolle,[1294] eine gerichtlichen Überprüfung nach Inbetriebnahme,[1295] eine Veröffentlichungspflicht[1296] oder eine behördliche Freigabe des Algorithmus bzw. Zertifizierung.[1297] Nun zeitigen die bisher eingesetzten raumbezogenen Predictive Policing-Softwares keine unmittelbaren Folgen für den Bürger. Der Einsatz der Software und deren generierten Prognosen kann daher jedoch auch grds. nicht gerichtlich überprüft werden.[1298] Da die Verwaltung nach Art. 20 Abs. 3 GG Gesetz und Recht unterliegt, muss sie jedoch von sich aus sicherstellen, dass ihr Handeln im Einklang mit den Gesetzen steht.[1299] Dazu gehört es auch zu überprüfen, ob die von ihr eingesetzten Hilfsmittel, wie z.B. Softwareanwendungen, ordnungsgemäß arbeiten.[1300]

Diese Überlegungen sind bisher jedoch theoretischer Natur geblieben und wurden nicht verbindlich vorgeschrieben. Den entwickelnden Stellen wird es somit bislang selbst überlassen, die Validität der in der Software

---

1292 *Guckelberger,* Öffentliche Verwaltung im Zeitalter der Digitalisierung, 2019, Rn. 527 ff.

1293 *Guckelberger,* Öffentliche Verwaltung im Zeitalter der Digitalisierung, 2019, Rn. 527.

1294 Dies wurde bereits sehr früh im Zuge der Diskussion um die sog. Verwaltungsautomation gefordert von *Heußner,* SGb 1976, 245 (247). Ablehnend insoweit *Guckelberger,* Öffentliche Verwaltung im Zeitalter der Digitalisierung, 2019, Rn. 528 ff.

1295 *Guckelberger,* Öffentliche Verwaltung im Zeitalter der Digitalisierung, 2019, Rn. 532 ff.

1296 Dazu *Martini/Nink,* NVwZ-extra 2017, 1 (10); *Guckelberger,* Öffentliche Verwaltung im Zeitalter der Digitalisierung, 2019, Rn. 494 ff.

1297 Dazu *Eifert,* Electronic Government, 2006, S. 144; *Stelkens,* in: Hill/Schliesky, Herausforderung e-Government, 2009, S. 149 (160 f.); *Guckelberger,* Öffentliche Verwaltung im Zeitalter der Digitalisierung, 2019, Rn. 531. Eine engmaschige Kontrolle eingesetzter Algorithmen etwa durch Kontrollalgorithmen bzw. Risikomanagementsysteme befürwortend *Martini,* JZ 2017, 1017 (1022).

1298 S. dazu schon oben unter B. II. 4. b).

1299 *Guckelberger,* Öffentliche Verwaltung im Zeitalter der Digitalisierung, 2019, Rn. 508.

1300 *Martini/Ruschemeier/Hain,* VerwArch 2021, 1 (4); *Guckelberger,* Öffentliche Verwaltung im Zeitalter der Digitalisierung, 2019, Rn. 508.

eingesetzten Algorithmen festzustellen.[1301] Insbesondere gibt es bisher kein Zertifizierungsverfahren oder anerkannte Gütekriterien für Predictive Policing-Software. Insofern bleibt es bei den bereits angesprochenen Kontrollmöglichkeiten der jeweiligen Datenschutzbeauftragten der einzelnen Bundesländer sowie den Auskunftsansprüchen der Parlamente.[1302]

Bayern ist seit Kurzem das erste Bundesland, dass eine Algorithmenkontrolle in Art. 5 Abs. 2 S. 1 BayDiG vorsieht.[1303] Allerdings gilt die Vorgabe, die eingesetzten Einrichtungen regelmäßig auf ihre Zweckmäßigkeit, Objektivität und Wirtschaftlichkeit hin zu überprüfen, ausweislich des Wortlautes nur für Verwaltungsverfahren, die vollständig durch automatische Einrichtungen durchgeführt werden, also nicht für rein unterstützende Software. Auch statuiert die Vorschrift lediglich eine allgemeinen Überprüfungspflicht ohne Vorgaben dahingehend, wie diese Kontrollen konkret ausgestaltet werden sollen.

4. Fazit

Die eingesetzten Prognosesoftwares haben durch technische Maßnahmen sicherzustellen, dass die eingesetzten Daten nicht de-anonymisiert werden. Durch kontinuierliches Datenmanagement muss die Datenqualität sichergestellt werden, um die Prognosegüte nicht zu beeinträchtigen. Erste Ansätze zur rechtlichen Implementierung einer Algorithmenkontrolle sind zu begrüßen, jedoch insbesondere durch konkrete Vorgaben hinsichtlich der Art und Weise der Kontrolle auszuweiten.

C. Sonderfall PRECOBS: Rechtliche Anforderungen an den Einsatz privater Software auf staatlicher (Sicherheits-)Ebene

Sachsen setzt beim raumbezogenen Predictive Policing auf die kommerzielle Software PRECOBS. Wie bereits dargestellt, wurde diese Software in der Privatwirtschaft entwickelt und ist auf dem freien Markt erhältlich. Auch Baden-Württemberg und Bayern haben diese Software zeitweise genutzt,

1301 Zur Modellvalidierung von SKALA s. LKA NRW (2018), Abschlussbericht Projekt SKALA, S. 54 f.

1302 S.o. B. II. 4. b).

1303 S. BayLT-Drucks. 18/19572, S. 49.

die Zusammenarbeit aber 2019 bzw. 2021 wegen zu geringer Fallzahlen beendet.[1304] In der Schweiz nutzen mehrere Kantone diese Software.[1305]

Im Zuge der Digitalisierung wird immer deutlicher, dass der Staat vermehrt auf die Zusammenarbeit mit privaten Entwicklern zurückgreifen muss, da er selbst nicht über das notwendige IT-Know-How verfügt bzw. es einfacher ist, bereits vorhandene IT-Lösungen einzukaufen.[1306] So auch im Bereich des Polizeirechts. Nach den Ausschreitungen beim G-20 Gipfel 2017 in Hamburg wurde etwa eine Gesichtserkennungssoftware eingekauft, um das gesammelte Videomaterial auswerten zu können, deren Nutzung dann jedoch durch den damaligen Datenschutzbeauftragen *Caspar* untersagt wurde,[1307] wobei u.a. die Untersagung erstinstanzlich durch das VG Hamburg für rechtswidrig erklärt und aufgehoben wurde.[1308] Aktuell ist der Streit vor dem hamburgischen OVG anhängig.[1309] Geliebäugelt wird in mehreren Bundesländern auch mit der Gotham-Software des amerikanischen Unternehmens Palantir,[1310] die eine automatisierte Datenanalyse

1304 S. etwa *Mayer,* Strobl entscheidet sich gegen Precobs, stuttgarter-nachrichten.de v. 03.09.2019 sowie die Pressemitteilung des Bayerischen LKA v. 27.10.2021, abrufbar unter: https://www.polizei.bayern.de/aktuelles/pressemitteilungen/018804/, zuletzt abgerufen am 24.10.2022.

1305 https://www.ifmpt.de/projects.html, unter Projekte, zuletzt abgerufen am 20.04.2022; s. auch *Braun-Binder,* SJZ/RSJ 115 (2019), 467 (471). Die Polizei des Kantons Basel-Landschaft hingegen hat den Betrieb von PRECOBS eingestellt, *Gerny,* Einbruchsalgorithmus schlug zu wenig Alarm: Erstes Polizeikorps setzt umstrittene Analyse-Software ab, Neue Zürcher Zeitung v. 07.11.2021.

1306 *Heckmann,* in: Bräutigam, IT-Outsourcing und Cloud Computing, 4. Aufl. 2019, Teil 10 Vorb.; *ders.,* in: ders./Paschke, jurisPK Internetrecht, 7. Aufl. 2021, Kap. 5 Rn. 214; *Martini,* in: Kahl/Ludwigs, HB des Verwaltungsrechts, Bd. I, 2021, § 28 Rn. 9.

1307 https://netzpolitik.org/2019/hamburg-juristinnen-kritisieren-palantir-paragraf-im-geplanten-polizeigesetz/, zuletzt abgerufen am 24.10.2022.

1308 VG Hamburg, 2. Kammer, Urt. v. 23.10.2019, 17 K 203/19, juris; sehr kritisch zu diesem Urteil *Mysegades,* NVwZ 2020, 852 ff.

1309 Az.: 5 Bf 46/20.Z.

1310 In Hessen wird dazu die Software namens HessenDATA verwendet, die aber auf der Gotham-Software beruht, s. dazu *Arzt,* in: Lisken/Denninger, HB des Polizeirechts, 7. Aufl. 2021, G. Rn. 1304; *v. Bebenburg,* Polizei in Hessen: Datenschützer prüfen Palantir-Einsatz, Frankfurter Rundschau v. 10.05.2021. Auch Nordrhein-Westfalen nutzt die Palantir-Software, s. *Rosenbach/Sarovic,* NRW-Datenschutzbeauftragte hält Einsatz von Palantir-Software für unzulässig, spiegel.de v. 15.04.2021; *Korte,* ZD-Aktuell 2021, 05192. In Hamburg wurde die Einführung zumindest diskutiert, s. *Bröckling,* Juristinnen kritisieren „Palantir-Paragraf" im geplanten Polizeigesetz, netzpolitik.org v. 24.09.2019. Zur Verfassungswidrigkeit von § 25a HSOG und § 49 HmbPolDVG im Hinblick auf die Ermächtigung zur automatisierten

zur vorbeugenden Erkennung von Beziehungen und Zusammenhängen zwischen Personen(-gruppen), Organisationen, sogar Objekten und Sachen ermöglicht.[1311] In Bezug auf den Einsatz von kommerzieller Software zur Unterstützung bei der Erfüllung öffentlicher Aufgabe stellen sich weitere rechtliche Fragen, denen im Folgenden nachgegangen werden soll.

I. Einordnung des Beteiligungsgrades Privater bei der Wahrnehmung der öffentlichen Aufgabe der Gefahrenabwehr durch Predictive Policing-Software

Zunächst soll erörtert werden, wie der Einkauf und vor allem die Nutzung verwaltungsextern entwickelter Predictive Policing-Software rechtlich einzuordnen ist. Durch den Kauf und die Nutzung solcher Software werden Private an der Erfüllung öffentlicher Aufgaben beteiligt. Unterschieden werden mehrere Beteiligungsformen, die sich nach der Intensität der Selbstverantwortung der Privaten bei Erfüllung öffentlicher Aufgaben bzw. dem nach wie vor verbleibenden Verantwortungsgrad der öffentlichen Verwaltung richten.

1. Fiskalisches Hilfsgeschäft

Die Nutzung bzw. der Einkauf privat entwickelter Software auf dem Gebiet der Gefahrenvorsorge weist zunächst einen starken Bezug zum fiskalischen Hilfsgeschäft auf. Fiskalische Hilfsgeschäfte sind solche privatwirtschaftlichen, vertraglichen Beziehungen zwischen der Verwaltung und privaten Unternehmen, bei denen die Verwaltung zur Deckung ihres Bedarfs an der Privatwirtschaft teilnimmt und bestimmte Waren einkauft bzw. Dienstleistungen in Anspruch nimmt.[1312] Bei den fiskalischen Hilfsgeschäften handelt die Verwaltung selbst nicht hoheitlich und gibt erst recht keine Hoheitsrechte an Private ab, es besteht nur ein mittelbarer Bezug zur Er-

---

Datenanalyse zur vorbeugenden Bekämpfung von Straftaten, BVerfG, Beschl. v. 16.02.2023, 1 BvR 1547/19, 1 BvR 2634/20, juris.

1311 *Bröckling*, Juristinnen kritisieren „Palantir-Paragraf" im geplanten Polizeigesetz, netzpolitik.org v. 24.09.2019. S. dazu auch den Beitrag von *Maurer*, Einsatz von Palantir-Software durch Polizei rechtswidrig, Data & Privacy.

1312 *Maurer/Waldhoff*, Allgemeines Verwaltungsrecht, 20. Aufl. 2020, § 3 Rn. 20.

füllung öffentlicher Aufgaben.[1313] Die Interaktion mit der Privatwirtschaft beschränkt sich auf einzelne Verträge über bestimmte Waren bzw. über die Vergabe bestimmter Aufträge.[1314] Die Verwaltung agiert hier vielmehr selbst wie ein Privater[1315] und bereitet eine spätere hoheitliche Aufgabenerfüllung lediglich vor bzw. es werden die Voraussetzungen dafür geschaffen.[1316] Die Inbetriebnahme und Nutzung der Waren obliegt allein der Verwaltung selbst. Klassisches Beispiel ist etwa der Kauf von Büromaterial, wie Papier oder Heftmaterial. Der Staat erwirbt also lediglich ein Hilfsmittel.

Auch eingekaufte Predictive Policing-Software stellt zunächst nur ein technisches Hilfsmittel der Polizei zur Ermittlung von bestimmten Risikogebieten dar,[1317] ohne dass die Software selbst direkten Einfluss auf das hoheitliche Handeln der Polizei, also bspw. die Inanspruchnahme bestimmter polizeilicher Befugnisnormen hat. Die Wirkung der Prognose entfaltet sich ohne Außenwirkung gegenüber dem Bürger allein verwaltungsintern, indem sie auf die polizeiliche Einsatzplanung Einfluss nimmt. Genutzt wird die Software ausschließlich durch speziell dafür ausgebildete Polizeikräfte, also durch Staatsdiener.

Während allerdings bei den „klassischen" Bedarfsdeckungsgeschäften, wie dem Kauf von Papier, tatsächlich ein Blankoprodukt erworben wird, das vollständig selbst befüllt wird, geht der Kauf von Software in der Regel damit einher, dass auch die Anpassung an die eigenen Bedürfnisse und die Wartung im Laufe des Einsatzes durch die Entwickler der Software durchgeführt werden.[1318] Der Zugriff und Einfluss des Unternehmens, das die Software entwickelt hat, endet also nicht mit der Übergabe der Ware, sondern bleibt bis zu einem gewissen Grad dauerhaft bestehen.[1319]

Während die Nutzung von Papier oder auch reine Hardware wie Rechner vollständig vom Käufer selbst bestimmt wird, so ist die Nutzung der Software im wahrsten Sinne des Wortes vorprogrammiert und beeinflusst

1313 *Detterbeck,* Allgemeines Verwaltungsrecht, 19. Aufl. 2021, § 17 Rn. 907.

1314 *Maurer/Waldhoff,* Allgemeines Verwaltungsrecht, 20. Aufl. 2020, § 3 Rn. 20.

1315 *Erbguth/Guckelberger,* Allgemeines Verwaltungsrecht und Verwaltungsprozessrecht, 10. Aufl. 2020, § 29 Rn. 11.

1316 *Erbguth/Guckelberger,* Allgemeines Verwaltungsrecht und Verwaltungsprozessrecht, 10. Aufl. 2020, § 29 Rn. 10; *Detterbeck,* Allgemeines Verwaltungsrecht, 19. Aufl. 2021, § 17 Rn. 907.

1317 S. auch *Härtel,* LKV 2019, 49 (55).

1318 S. auch *Krönke,* Die Verw. 52 (2019), 65 (70).

1319 S. auch *Wischmeyer,* in: v. Mangoldt/Klein/Starck, GG, 7. Aufl. 2018, Art. 91c Rn. 6; *Krönke,* Die Verw. 52 (2019), 65 (70).

damit, wenn auch nur mittelbar, die Arbeit der Polizei auf dem Gebiet der Gefahrenvorsorge und unter Umständen sogar der Gefahrenabwehr.[1320] Hier muss insoweit differenziert werden.

Für „Standardsoftware" wie Office-Programme, bei denen der Anwender frei über den Einsatz entscheiden kann, ist keinerlei Einfluss auf spätere Entscheidungsebenen durch eine Softwarekonfiguration anzunehmen, sodass diese Art von Software ebenfalls als reines technisches Hilfsmittel einzuordnen ist.[1321]

Predictive Policing-Software hingegen gibt in bestimmten Maßen die Vorhersagemechanismen und Berechnungsweisen vor und auch die Generierung der Risikogebiete kann zwar angepasst werden, unterliegt jedoch den von dem entwickelnden Unternehmen vorgesehenen Grenzen. Bei dieser Art von Software, die also die Tätigkeit der Verwaltung in gewisser Weise beeinflusst, wäre eine Einordnung allein als technisches Hilfsmittel, das durch fiskalisches Hilfsgeschäft erworben wurde, meines Erachtens zu kurz gegriffen. Zwar mag die *Beschaffung* der Software als privatrechtliches Rechtsgeschäft ein fiskalisches Hilfsgeschäft sein.

Darüber hinaus berührt der dauerhafte *Einsatz* einer solchen Software zur Erfüllung der Aufgaben der Gefahrenabwehr jedoch auch mittelbar den Bereich des Gewaltmonopols.

2. Privatisierungsformen

Neben den fiskalischen Hilfsgeschäften werden zur Einbeziehung Privater in die Erfüllung öffentlicher Aufgaben verschiedene Privatisierungsformen

1320 *Hofmann,* Predictive Policing, 2020, S. 283. S. zur Beeinflussung des Verhaltens von Hoheitsträgern durch Predictive Policing *Hoffmann-Riem,* AöR 142 (2017), 1 (15). Allgemein dazu, dass sich auch das Verständnis des Einsatzes von Informations- und Kommunikationstechnik in der Verwaltung von ausschließlich untergeordneter, dienender Funktion hin zu einer auch die Sachentscheidung unter Umständen maßgeblich prägenden Funktion gewandelt hat, *Starosta,* Der Portalverbund zwischen Bund und Ländern, 2022, S. 134 ff.

1321 S. ähnlich auch *Krönke,* Die Verw. 52 (2019), 65 (71), der in einer Entscheidung für dieses oder jenes Textverarbeitungsprogramm zu Recht keine Gefährdung für rechtsstaatliche oder demokratische Garantien sieht.

unterschieden. Weder formelle[1322] noch materielle[1323] Privatisierung kommen bei der Nutzung privat entwickelter Software *durch die Verwaltung* in Betracht.

Weder handelt die Polizei in privatrechtlicher Form nach außen, wie es für eine formelle Privatisierung, auch Organisationsprivatisierung[1324] genannt, kennzeichnend ist, [1325] noch überlässt der Staat bestimmte Aufgaben vollständig Privaten und verabschiedet sich komplett aus der Verantwortlichkeit für die Aufgabenerfüllung,[1326] wie es für die stärkste Form der Privatisierung, die materielle Privatisierung, [1327] auch Aufgabenprivatisierung genannt, [1328] erforderlich wäre. Die hoheitliche Aufgabe der Gefahrenvorsorge bzw. der Prävention wird nach wie vor durch die Polizeibehörden als solche durchgeführt. Sie nutzt lediglich private Software, um dies zu ermöglichen bzw. zu erleichtern.

Übrig bleibt die zwischen diesen beiden Formen anzusiedelnde funktionale Privatisierung, die auch Erfüllungsprivatisierung genannt wird.[1329] Diese zeichnet sich dadurch aus, dass Private zur Erfüllung öffentlicher Aufgaben vom Staat herangezogen werden, die im Einzelfall Weisungen erhalten können, jedoch nicht dauerhaft vom Staat beherrscht werden.[1330] Das bedeutet, dass die privaten Akteure die Aufgaben zumindest partiell

---

1322 D.h. Übertragung der Aufgaben an eine juristische Person des Privatrechts, die sich in öffentlicher Hand befindet, *Detterbeck,* Allgemeines Verwaltungsrecht, 19. Aufl. 2021, § 17 Rn. 895; *Erbguth/Guckelberger,* Allgemeines Verwaltungsrecht und Verwaltungsprozess, 10. Aufl. 2020, § 29 Rn. 18; *Ziekow,* Öffentliches Wirtschaftsrecht, 5. Aufl. 2020, § 8 Rn. 3; *Maurer/Waldhoff,* Allgemeines Verwaltungsrecht, 20. Aufl. 2020, § 23 Rn. 63.

1323 D.h. vollständige Übertragung bestimmter Aufgaben auf Private, s. etwa *Detterbeck,* Allgemeines Verwaltungsrecht, 19. Aufl. 2021, § 17 Rn. 898; *Ziekow,* Öffentliches Wirtschaftsrecht, 5. Aufl. 2020, § 8 Rn. 9.

1324 BVerfGE 147, 50 (152 Rn. 265 f.); 130, 76 (121); BVerwGE 102, 269 (272).

1325 *Detterbeck,* Allgemeines Verwaltungsrecht, 19. Aufl. 2021, § 17 Rn. 895; *Erbguth/Guckelberger,* Allgemeines Verwaltungsrecht und Verwaltungsprozess, 10. Aufl. 2020, § 29 Rn. 18; *Ziekow,* Öffentliches Wirtschaftsrecht, 5. Aufl. 2020, § 8 Rn. 3; *Maurer/Waldhoff,* Allgemeines Verwaltungsrecht, 20. Aufl. 2020, § 23 Rn. 63.

1326 *Detterbeck,* Allgemeines Verwaltungsrecht, 19. Aufl. 2021, § 17 Rn. 898; *Ziekow,* Öffentliches Wirtschaftsrecht, 5. Aufl. 2020, § 8 Rn. 9.

1327 *Ziekow,* Öffentliches Wirtschaftsrecht, 5. Aufl. 2020, § 8 Rn. 9; *Maurer/Waldhoff,* Allgemeines Verwaltungsrecht, 20. Aufl. 2020, § 23 Rn. 65; *Detterbeck,* Allgemeines Verwaltungsrecht, 19. Aufl. 2021, § 17 Rn. 898.

1328 BVerfGE 147, 50 (152 Rn. 266); 130, 52 (69); BVerwGE 121, 192 (197).

1329 *Maurer/Waldhoff,* Allgemeines Verwaltungsrecht, 20. Aufl. 2020, § 23 Rn. 64.

1330 *Detterbeck,* Allgemeines Verwaltungsrecht, 19. Aufl. 2021, § 17 Rn. 897.

unabhängig und eigenständig (privatrechtlich) erfüllen, wobei jedoch die Verantwortlichkeit des Staates für die Aufgabenerfüllung bestehen bleibt.[1331]

a) Verwaltungshelfer

Klassische Erscheinungsform der funktionellen Privatisierung ist der Verwaltungshelfer.[1332] Ein privater Akteur in dieser Eigenschaft unterstützt die Verwaltung bei der Erfüllung einer speziellen (Einzel-)Aufgabe, in dem er privatrechtlich durch die Verwaltung zur Aufgabenerfüllung veranlasst wird.[1333] Der Verwaltungshelfer wird also für die Verwaltung tätig, um diese bei ihrer Aufgabenerfüllung zu unterstützen, ohne jedoch hoheitlich zu handeln.[1334] Der Staat trägt für die Aufgabenerfüllung die volle Verantwortung und kann dem Verwaltungshelfer hierzu Weisungen erteilen,[1335] sodass dieser letztlich als bloßes „Werkzeug" handelt.[1336]

b) PPP

Der Begriff der public private partnership (PPP) oder auch übersetzt öffentlich-private Partnerschaften (ÖPP)[1337] entstand in den USA und war zunächst begrenzt auf städtebauliche Kooperationen des Staates mit privaten Investoren und gesellschaftlichen Gruppen.[1338] Ende der 90er Jahre des 20. Jahrhunderts etablierte sich dieser Begriff nach etlichen Privatisierungswellen auch in Großbritannien, wobei hier eine finanzielle Mehrheitsbeteiligung von privaten Investoren bei ansonsten staatlichen Unternehmen

1331 *Ziekow*, Öffentliches Wirtschaftsrecht, 5. Aufl. 2020, § 8 Rn. 5.

1332 *Erbguth/Guckelberger*, Allgemeines Verwaltungsrecht, 11. Aufl. 2022, § 29 Rn. 19. S. auch *Burgi*, in: Isensee/Kirchhof, HB des Staatsrechts Bd. IV, § 75 Rn. 7, der alle Formen der funktionalen Privatisierung unter diesen Begriff fasst.

1333 *Burgi*, Funktionale Privatisierung und Verwaltungshilfe, 1999, S. 100.

1334 *Fehrentz*, Rechtliche Grenzen von Privatisierung im Strafvollzug, 2013, S. 40; *Appel*, in: Hoffmann-Riem/Schmidt-Aßmann/Voßkuhle, Grundlagen des Verwaltungsrechts, Bd. II, 2. Aufl. 2012, § 32 Rn. 74.

1335 *Detterbeck*, Allgemeines Verwaltungsrecht, 19. Aufl. 2021, § 17 Rn. 897.

1336 BGH, NVwZ-RR 2019, 830 (831 Rn. 18).

1337 *Ziekow*, Öffentliches Wirtschaftsrecht, 5. Aufl. 2020, § 8 Rn. 6.

1338 *Burgi*, Funktionale Privatisierung und Verwaltungshilfe, 1999, S. 98.

gemeint war.[1339] Mittlerweile hat sich dieser Begriff auch in Deutschland durchgesetzt und beschreibt etwas uferlos jegliche Kooperationen der öffentlichen Hand mit privatwirtschaftlichen Unternehmen.[1340] Das nach wie vor häufigste und bekannteste Einsatzfeld von PPP ist dabei der Bereich Bau und Infrastruktur.[1341] Trotzdem ist der Begriff nicht darauf zu beschränken, sondern ist grds. offen.[1342] Eine Definition aus dem Jahr 2019 im Gabler Wirtschaftslexikon beschreibt Öffentlich-private Partnerschaften daher auch als „jene Formen der Zusammenarbeit von Verwaltungen, Gremien oder Unternehmen der öffentlichen Hand mit der privaten Wirtschaft, die Aufgaben betreffen, die in der Zuständigkeit von Kommunen, Ländern oder Bund bzw. deren nachgeordneten Einrichtungen liegen und Gegenstand der wirtschaftlichen Betätigung oder der Wahrnehmung hoheitlicher Aufgaben sind".[1343] Auch das Grundgesetz geht von der grds. Zulässigkeit von Öffentlich-Privaten Partnerschaften aus.[1344] Kennzeichnend für PPP ist dabei, dass sich die öffentliche Hand und private Unternehmen Verantwortung und Risiko für die Verwirklichung eines Projektes in gewisser Weise teilen und somit auch der private Akteur einen nicht unwesentlichen Beitrag zur Erfüllung einer öffentlichen Aufgabe leistet.[1345]

1339 Sog. Private Finance Initiative, *Schäfer/Rethmann*, Öffentlich-Private-Partnerschaften, 2020, S. 49 ff.

1340 *Bausback*, DÖV 2006, 901 (902); *Schäfer/Rethmann*, Öffentlich-Private-Partnerschaften, 2020, S. 11; *Detterbeck*, Allgemeines Verwaltungsrecht, 18. Aufl. 2020, § 17 Rn. 899, der PPP allerdings als Mischform keiner der Privatisierungsformen zuordnet; so auch *Erbguth/Guckelberger*, Allgemeines Verwaltungsrecht und Verwaltungsprozessrecht, 10. Aufl. 2020, § 29 Rn. 22.

1341 *Schäfer/Rethmann*, Öffentlich-Private-Partnerschaften, 2020, S. 5 f.

1342 So aber die Definition einer „Vertrags-ÖPP" des Wissenschaftlichen Beirats beim Bundesministerium für Finanzen aus dem Jahr 2016, BMF-Druck 02/2016, S. 8, die auf Errichtung, Betrieb und ggf. Finanzierung einer Infrastruktur abstellt. S. zur Kritik daran auch *Schäfer/Rethmann*, Öffentlich-Private-Partnerschaften, 2020, S. 11.

1343 *Schäfer*, in: Gabler Wirtschaftslexikon, 2019, Öffentlich-Private Partnerschaften (ÖPP), abrufbar unter: https://wirtschaftslexikon.gabler.de/definition/oeffentlich-private-partnerschaften-oepp-54537/version-322021, zuletzt abgerufen am 24.10.2022.

1344 So wird etwa in Art. 90 Abs. 2 S. 5 GG eine Beteiligung Privater im Rahmen von Öffentlich-Privaten Partnerschaften im Bereich der Bundesautobahnverwaltung nur explizit für Streckennetze, die das gesamte Bundesautobahnnetz oder das gesamte Netz sonstiger Bundesfernstraßen in einem Land oder wesentliche Teile davon umfassen, nicht jedoch generell ausgeschlossen.

1345 *Ziekow*, Öffentliches Wirtschaftsrecht, 5. Aufl. 2020, § 8 Rn. 6.

Speziell für Kooperationen zur Sicherheitsgewähr wird auch der Begriff der Sicherheitspartnerschaft bzw. Police Private Partnership genutzt.[1346]

c) Einordnung

In Bezug auf den Einsatz privat entwickelter Predictive Policing-Software ließe sich über eine funktionale Teilprivatisierung einzelner Aufgaben auf dem Gebiet der Gefahrenvorsorge nachdenken. Ein PPP scheitert daran, dass das private Entwicklungsunternehmen keinerlei Verantwortung für das Gelingen der Gefahrenabwehr trägt, die verteilte Lasten- bzw. Verantwortungsteilung jedoch kennzeichnend für ein PPP ist. Daher bleibt eine (technische) Verwaltungshilfe.

3. Fazit

Der Einsatz von Predictive Policing-Software unterscheidet sich wegen eines gewissen Einflusses auf das polizeiliche Handeln von dem Einsatz von bloßen Basissoftwares, wie z.B. Office-Programmen. Ihr Einsatz kann daher nicht allein als technisches Hilfsmittel im Rahmen eines fiskalischen Hilfsgeschäftes eingeordnet werden. Dies gilt vergleichbar auch für jede andere Software, die Entscheidungen der Verwaltung durch eigenständige Funktionsweisen beeinflussen können. Bei solchen Softwarelösungen befindet man sich vielmehr im Bereich funktionaler (Teil-)Privatisierung.

Durch die langfristige Beteiligung des privaten Anbieterunternehmens bei der Ermittlung von Risikogebieten sind neben der Frage einer ordnungsgemäßen Vergabe (III.) daher auch weitere Fragen der Grenzen von Beteiligungen Privater zu erörtern, die sich bei rein fiskalischen Hilfsgeschäften nicht stellen.

II. Grenzen der Beteiligung

Das Problem der stärker werdenden Abhängigkeit der Verwaltung durch private Software rückt erst allmählich in den Fokus rechtlicher Beurtei-

---

1346 *Bäcker,* in: Lisken/Denninger, HB des Polizeirechts, 7. Aufl. 2021, B. Rn. 285; *Rachor/Roggan,* a.a.O., C. Rn. 182.

lung.[1347] *Heckmann* erörtert eine (vollstände) Verlagerung von IT-Aufgaben auf verwaltungsexterne Dienstleister unter dem Stichwort IT-Outsourcing der Öffentlichen Hand.[1348] Aber bereits die bloße Softwareunterstützung durch bestimmte Arten von Programmen, die eine Auswertung von Daten für die Verwaltung vornehmen und einen gewissen Einfluss auf die eigentlich autonome Aufgabenwahrnehmung der Verwaltung zeitigen – wie z.B. Predictive Policing-Software –, sollte näher auf seine Grenzen hin untersucht werden.[1349] *Ernst* beleuchtete 2020 im Rahmen eines Gutachtens unter dem Stichwort des Grundsatzes digitaler Souveränität die Zulässigkeit der Einbindung privater IT-Dienstleister in die Aufgabenwahrnehmung der öffentlichen Verwaltung.[1350]

Hierbei sind zunächst die für die Privatisierungsformen entwickelten Grenzen in den Blick zu nehmen und ist zu beantworten, ob sich diese auch auf den Einsatz privat entwickelter Predictive Policing-Software übertragen lassen.[1351]

Jenseits der (begrenzten) Privatisierungsaufträge der Art. 87e–f GG und dem Verbot der Vermögensprivatisierung der Bundesfernstraßen durch Art. 90 Abs. 1 S. 2 GG und der Ermöglichung der Einbeziehung von (rein formalen)[1352] Gesellschaften des privaten Rechts bei der Verwaltung der Bundesautobahnen in Art. 90 Abs. 2 S. 2–6,[1353] sucht man vergeblich sowohl nach allgemeinen oder expliziten Ermöglichungen als auch nach spezifisch

1347 Ansätze bei *Schröder,* VerwArch 110 (2019), 328 (334 ff.); einen Grundsatz der digitalen Souveräntät ausarbeitend *Ernst,* Der Grundsatz digitaler Souveränität, 2020; dazu auch *Martini,* in: Kahl/Ludwigs, HB des Verwaltungsrechts, Bd. I, 2021, § 28 Rn. 9; unter dem Stichwort des IT-Outsourcings, *Heckmann,* in: Bräutigam, IT-Outsourcing und Cloud Computing, 4. Aufl. 2019, Teil 10 Rn. 1 ff.; *ders.* in: ders./Paschke, jurisPK Internetrecht, 7. Aufl. 2021, Kap. 5 Rn. 216 ff.

1348 *Heckmann,* in: Bräutigam, IT-Outsourcing und Cloud Computing, 4. Aufl. 2019, Teil 10 Rn. 1 ff.; *ders.,* in: ders./Paschke, jurisPK Internetrecht, 7. Aufl. 2021, Kap. 5 Rn. 214 ff.

1349 S. auch *Heckmann,* in ders./Paschke, jurisPK Internetrecht, 7. Aufl. 2021, Kap. 5 Rn. 216.

1350 *Ernst,* Der Grundsatz digitaler Souveränität, 2020.

1351 S. allg. auch *Ernst,* Der Grundsatz digitaler Souveränität, 2020, S. 20.

1352 Nach Art. 90 Abs. 2 S. 3 ist eine materielle (Teil-)Privatisierung explizit verboten, erlaubt ist lediglich die formelle Privatisierung, s. dazu *Bickenbach,* in: v. Münch/Kunig GG Bd. 2, 7. Aufl. 2021, Art. 90 Rn. 68, 61 ff.

1353 Dazu *Kämmerer,* in: Ehlers/Fehling/Pünder, Besonderes Verwaltungsrecht Bd. 1, § 13 Rn. 53.

ausformulierten Grenzen bzw. Schranken einer Einbeziehung von Privaten bei der Erfüllung öffentlicher Aufgaben.[1354]

Da der Einsatz von Predictive Policing auf der Ebene des Polizeirechts stattfindet, soll zunächst das Gewaltmonopol daraufhin untersucht werden, ob es Grenzen für die Einbeziehung Privater Predictive Policing-Software ziehen kann (1.). Anschließend soll sich Art. 33 Abs. 4 GG zugewendet werden. Es wird diskutiert, ob diese Norm des Grundgesetzes eine Schranke für Privatisierungsvorhaben darstellt. Daher ist zu fragen, ob eine solche Schranke auch für den Einsatz privat entwickelter Software gelten kann (2.). Zuletzt werden das Rechtsstaats- und Demokratieprinzip sowie Entwicklungen in der Rechtsprechung in dieser Hinsicht untersucht (3.).

1. Gewaltmonopol des Staates

Das Gewaltmonopol ist eines der grundlegenden Merkmale des aufgeklärten und modernen Staates[1355] und wurzelt in Deutschland im Rechtsstaatsprinzip.[1356] Es schließt – mit wenigen engen Ausnahmen wie z.B. Notwehr und Selbsthilfe – den Einsatz von physischem Zwang durch Private aus und legt diese gänzlich in die Hände des Staates.[1357] Über den Einsatz von

---

1354 S. schon *Burgi,* Funktionale Privatisierung und Verwaltungshilfe, 1999, 176; *ders.,* in: HB des Staatsrechts Bd. IV, 3. Aufl. 2006, § 35 Rn. 13 f.; s. dazu auch *Kämmerer,* in: Ehlers/Fehling/Pünder, Besonderes Verwaltungsrecht Bd. 1, § 13 Rn. 52; *Ernst,* Der Grundsatz digitaler Souveränität, 2020, S. 20 f.

1355 S. *Hammer,* DÖV 2000, 613 (615 f.); *Isensee,* in: ders./Kirchhof, HB des Staatsrechts, Bd. II, 3. Aufl. 2004, § 15 Rn. 86; *Merten,* Rechtsstaat und Gewaltmonopol, S. 32. So markierte der Ewige Landfrieden von 1495 den entscheidenden Wendepunkt hin zu Rechtsfrieden durch Statuierung des Gewaltmonopols des Staates, *Becker,* NJW 1995, 2077 (2077 f.); siehe dazu auch *Merten,* Rechtsstaat und Gewaltmonopol, S. 33 f. Das BVerfG bezeichnete die „Verfügung über das Gewaltmonopol polizeilich nach innen [...]" in seinem Urteil zum Lissabon-Vertrag „als besonders sensibel für die demokratische Selbstgestaltungsfähigkeit eines Verfassungsstaates.", BVerfGE 123, 267 (359).

1356 BVerfGE 144, 20 (223 Rn. 580); *Burgi,* in: Isensee/Kirchhof, HB des Staatsrechts Bd. IV, 3. Aufl. 2006, § 75 Rn. 19. S.a. *Weber,* in: Creifelds, Rechtswörterbuch, 24. Ed. 2020, Gewaltmonopol des Staates; *Becker,* NJW 1995, 2077 (2078). Zur Frage, ob das Gewaltmonopol nun „spezifischer Ausdruck des Rechtsstaatsprinzips" ist oder bereits ein elementares Merkmal eines Staates als solchen ist, *Hammer,* DÖV 2000, 613 (617). S.a. *Merten,* Rechtsstaat und Gewaltmonopol, S. 36, der davon spricht, dass das Gewaltmonopol im Rechtsstaat „gebändigt" wird.

1357 *Schöbener/Knauff,* Allgemeine Staatslehre, 4. Aufl. 2019, § 4 Rn. 80, 82; *Klein,* in: Görres-Gesellschaft, Staatslexikon, Bd. 2, 8. Aufl. 2018, Gewaltmonopol; *Merten,* Rechtsstaat und Gewaltmonopol, S. 31, 56; s.a. *Fisahn,* KritV 2011, 3 (3 f., 5).

Gewalt im eigentlichen Sinne hinaus bedeutet das Gewaltmonopol aber auch, dass grds. die Durchsetzung und Sicherung des Rechts allein dem Staat obliegt durch seine Staatsgewalten und Institutionen (Rechtsdurchsetzungsmonopol).[1358] Insbesondere die Abwehr von Gefahren und Aufrechterhaltung der öffentlichen Sicherheit und Ordnung ist eine klassische hoheitliche Aufgabe und obliegt grds. den staatlichen Sicherheitskräften.[1359] Die Gewährleistung der inneren Sicherheit zählt zu den Kernaufgaben des Staates[1360] und ist eine der zentralen Rechtfertigungsargumente für die Existenz eines Staates.[1361] So führte auch das BVerfG, wobei es eine Formulierung des BVerwG übernahm,[1362] bereits früh aus, dass „[d]ie Sicherheit des Staates als verfaßter Friedens- und Ordnungsmacht und die von ihm zu gewährleistende Sicherheit seiner Bevölkerung [...] Verfassungswerte [sind], die mit anderen im gleichen Rang stehen und unverzichtbar sind, weil die Institution Staat von ihnen die eigentliche und letztliche Rechtfertigung herleitet“.[1363] Eine (vollständige) Übertragung der Sicherung des

1358 S. BVerfGE 153, 74 (155) zum einheitlichen Patentgericht; s. BVerwGE 59, 242 (247 f.); *Isensee*, in ders./Kirchhof, HB des Staatsrechts Bd. II, § 15 Rn. 93. Zum Begriff Rechtsdurchsetzungsmonopol etwa *Thiel*, Polizei- und Ordnungsrecht, 4. Aufl. 2020, § 1 Rn. 1.

1359 *Hammer*, DÖV 2000, 613 (618). S.a. *Stober*, NJW 1997, 889 (890); *Bäcker*, in: Lisken/Denninger, HB des Polizeirechts, 7. Aufl. 2021, B. Rn. 273; zur Polizei als Umsetzungsinstanz des Gewaltmonopols des Staates, *Derin/Singelnstein*, in: Polizeiarbeit zwischen Praxishandeln und Rechtsordnung, S. 121 (122).

1360 BayVGH, DuD 2013, 465 (468); OVG Bremen, NVwZ 2018, 913 (916); *Thiel*, Polizei- und Ordnungsrecht, 4. Aufl. 2020, § 1 Rn. 1; *Erbguth/Guckelberger*, Allgemeines Verwaltungsrecht und Verwaltungsprozess, 10. Aufl. 2020, § 29 Rn. 20; *Guckelberger*, in: Gröpl/dies./Wohlfarth, Landesrecht Saarland, 4. Aufl. 2022, § 4 Rn. 4; zur Gewährleistung der öffentlichen Sicherheit *Brodowski*, in: Kipker, Cybersecurity, 2020, Kap. 13 Rn. 1; zur Überwachung des fließenden sowie nunmehr auch des ruhenden Verkehrs als Kernaufgabe des Staates OLG Frankfurt a.M., NJW 2020, 696 (697 ff.) mAnm. *Brenner*; zum fließenden Verkehr auch OLG Frankfurt a.M., NVwZ-RR 2020, 53 ff. sowie unten unter C. II. 3. a) (3).

1361 Zurückgehend auf *Thomas Hobbes*, Leviathan, 1651, mit einer Einführung und herausgegeben von Klenner, 1996, S. 141; s. *Isensee*, in ders./Kirchhof, HB des Staatsrechts Bd. II, § 15 Rn. 90 f.; *Müller/Schwabenbauer*, in: Lisken/Denninger, HB des Polizeirechts, 7. Aufl. 2021, G. Rn. 1; dazu auch *Wiegand*, DVBl. 2012, 1134 (1135).

1362 BVerwGE 49, 202 (209).

1363 BVerfGE 49, 24 (56 f.). Das BVerfG wiederholte diese Aussage mit leicht abgewandeltem Wortlaut auch später noch, s. BVerfGE 125, 260 (369).

Friedens bzw. Aufrechterhaltung der inneren Sicherheit auf Private ist nicht möglich.[1364]

Unterhalb der Schwelle der vollständigen Entledigung der primären Staatsaufgabe, für die Aufrechterhaltung der öffentlichen Sicherheit und Ordnung zu sorgen, gilt es jedoch zu differenzieren. So bedeutet zwar das Gewaltmonopol grds. ein striktes Gewaltverbot auf Seiten der Bürger.[1365] Doch kann der Staat durchaus den Einsatz von Gewalt durch Private explizit gestatten. So ist sowohl eine im Einzelfall legitimierte Gewaltausübung wie bei Notwehr, Nothilfe etc., als auch eine Gewaltübertragung, etwa in Form der Beleihung, möglich.[1366] Auch das BVerfG sprach in seinem Lissabon-Urteil davon, dass „die Verfügung über das Gewaltmonopol polizeilich nach innen und militärisch nach außen" von besonderer Bedeutung für den demokratischen Verfassungsstaat sei. [1367] Das Wort „Verfügung" deutet gerade daraufhin, dass eine gezielte Abgabe von Elementen des Gewaltmonopols durchaus möglich sein kann, solange diese Entscheidung in den Händen des Staates verbleibt. Nicht jede polizeiliche Tätigkeit geht zudem automatisch mit dem Einsatz physischer Zwangsmittel einher. Das staatliche Gewaltmonopol ist jedoch gerade nicht mit einem umfassenden „Sicherheitsmonopol" gleichzusetzen.[1368]

Somit spricht das Gewaltmonopol nicht grundsätzlich dagegen, bei der Erfüllung hoheitlicher Aufgaben, auch im Bereich des Polizeirechts, Private miteinzubeziehen.[1369]

Wenn man an den Einsatz von PRECOBS denkt, so muss man sich vor Augen führen, dass diese Software keinerlei tatsächlichen Entscheidungen hoheitlicher Art trifft und erst recht keine physische Gewalteinwirkung darstellt bzw. unmittelbar nach sich zieht. Die Software berechnet anhand anonymisierter Standortdaten bestimmte Gebiete, in denen die Wahrscheinlichkeit eines Wohnungseinbruches erhöht sein könnte. Was die einzelnen

---

1364 *Stober,* NJW 1997, 889 (890); *Ziekow,* Öffentliches Wirtschaftsrecht, 5. Aufl. 2020, § 8 Rn. 11; s. auch *Stober,* DÖV 2000, 261 (263); *Burgi,* in: Isensee/Kirchhof, HB des Staatsrechts Bd. IV, 3. Aufl. 2006, § 75 Rn. 20. Kritisch dazu jedoch *Kämmerer,* in: Ehlers/Fehling/Pünder, Besonderes Verwaltungsrecht Bd. 1 § 13 Rn. 44.

1365 *Merten,* Rechtsstaat und Gewaltmonopol, S. 49, 34.

1366 *Merten,* Rechtsstaat und Gewaltmonopol, S. 56 f.

1367 BVerfGE 123, 267 (359).

1368 *Stober,* DÖV 2000, 261 (265).

1369 Dazu etwa *Stober,* DÖV 2000, 261 (264 f.); s. auch *Burgi,* in: Isensee/Kirchhof, HB des Staatsrechts Bd. IV, § 75 Rn. 20, der auch ein sog. Police Private Partnership für möglich hält; zu solchen Kooperationen auch *Bäcker,* in: HB des Polizeirechts, 7. Aufl. 2021, B. Rn. 285 ff.

Polizeikräfte mit dieser Information anfangen, ist allein deren Sache. Es werden also keine Handlungsempfehlungen oder gar Einzelmaßnahmen getroffen. Eine vollständige Übertragung der Gefahrenabwehr ist damit keinesfalls verbunden, ebenso wenig der Einsatz physischen Zwangs und das Gewaltmonopol als solches nicht im Kern berührt.[1370]

2. Der Funktionsvorbehalt, Art. 33 Abs. 4 GG

Bereits seit langem wird diskutiert, ob und inwieweit Art. 33 Abs. 4 GG eine Privatisierungsschranke des Grundgesetzes darstellt.

a) Meinungsstand zu Art. 33 Abs. 4 GG als Privatisierungsschranke

Betrachtet man den Wortlaut des Art. 33 Abs. 4 GG, der besagt, dass die Ausübung hoheitsrechtlicher Befugnisse als ständige Aufgabe in der Regel Angehörigen des öffentlichen Dienstes zu übertragen ist, die in einem öffentlich-rechtlichen Dienst- und Treueverhältnis stehen, so kann die Norm auf den ersten Blick als Privatisierungsschranke angesehen werden. Die Norm weist die Ausübung von Hoheitsgewalt im Regelfall öffentlich-rechtlichen Amtswaltern zu, schließt somit im Umkehrschluss für den Regelfall die Ausübung von hoheitsrechtlichen Befugnissen durch andere aus.

Allerdings ist seit langem umstritten, ob diese Norm tatsächlich eine Schranke für Privatisierungsbestrebungen darstellt und falls ja, in welchem Umfang diese gilt.[1371]

Teilweise wird die Norm nur als eine Garantie des Bestands des Beamtentums mit einem Mindestmaß an ihnen vorbehaltenen Aufgaben im Vergleich zu Angestellten des öffentlichen Dienstes angesehen ohne Aussagegehalt für die Einbeziehung Privater.[1372] *Scholz* etwa schrieb dazu in den 1990er Jahren, dass Art. 33 Abs. 4 GG erst und nur dann gelte, wenn bereits feststehe, dass eine bestimmte Aufgabe vom Staat als Hoheitsaufgabe

---

1370 S. *Fehrentz,* Rechtliche Grenzen von Privatisierung im Strafvollzug, 2013, S. 39; so auch *Barisch,* Die Privatisierung im deutschen Strafvollzug, 2010, S. 115.

1371 *Thiele,* Der Staat 49 (2010), 274 (274 ff.); *Hense,* in BeckOK GG, 50. Ed., Art. 33 Rn. 27; *Brosius-Gersdorf,* in: Dreier GG, 3. Aufl. 2015, Art. 33 Rn. 151.

1372 *Bansch,* Die Beleihung als verfassungsrechtliches Problem, 1973, S. 66 ff.; s. zu dieser Ansicht auch *Di Fabio,* JZ 1999, 858 (590 f.); *Fehrentz,* Rechtliche Grenzen von Privatisierungen im Strafvollzug, 2013, S. 68.

wahrzunehmen sei. Die Privatisierung betreffe also eine Art. 33 Abs. 4 GG vorgelagerte Fragestellung.[1373] *Steiner* stellte gar infrage, ob eine Aufgabenübertragung auf Private und der damit einhergehende Verlust an Staatlichkeit von Art. 33 Abs. 4 GG erfasst sei, da er nur die Grenzen einer Aufgabenübertragung von Beamten auf Angestellte des Öffentlichen Dienstes im Blick habe, was aber andere Fragestellungen aufwerfe.[1374] In diese Richtung ist auch *Burgi* zu verstehen, der Art. 33 Abs. 4 GG nur bei der Beleihung als Grenze der Privatisierung ansieht, nicht dagegen bei den anderen Privatisierungsformen, da nur bei der Beleihung Hoheitsbefugnisse übertragen würden, bei funktionaler und Aufgabenprivatisierung würden hoheitliche Befugnisse gänzlich zugunsten von Privaten aufgegeben.[1375]

Mittlerweile scheint jedoch weitestgehend Einigkeit zu bestehen, dass Art. 33 Abs. 4 GG zumindest bis zu einem gewissen Grad als Schranke bei Privatisierungsvorhaben zu beachten ist.[1376] Sinn und Zweck des sog. Funktionsvorbehalts[1377] aus Art. 33 Abs. 4 GG ist neben der Institutsgarantie nach den Materialien zur Entstehung des GG auch der, dass durch das besondere Dienst- und Treueverhältnis zum Staat die Gesetzmäßigkeit der Verwaltung institutionell besonders gesichert werden sollte.[1378] Es soll eine

1373 *Scholz,* NJW 1997, 14 (15).

1374 *Steiner,* Öffentliche Verwaltung durch Private, 1975, S. 262. Dazu auch *Bracher,* Gefahrenabwehr durch Private, 1987, S. 66 f.

1375 *Burgi,* in: Isensee/Kirchhof, HB des Staatsrechts Bd. IV, 3. Aufl. 2006, § 75 Rn. 21. S. zu den verschiedenen Ansichten, welche Privatisierungsarten nun von einer Privatisierungsschranke des Art. 33 Abs. 4 GG erfasst sein sollen, *Brosius-Gersdorf,* in: Dreier, GG, 3. Aufl. 2015, Art. 33 Rn. 151.

1376 S. dazu nur BVerfGE 130, 76 (111 f.) m.w.N., der dies als vorherrschende Auffassung in Rechtsprechung und Literatur darstellt; *Wiegand,* DVBl. 2012, 1134 (1136); *Detterbeck,* Allgemeines Verwaltungsrecht, 18. Aufl. 2020, § 17 Rn. 901; *Heckmann,* in: Bräutigam, IT-Outsourcing und Cloud-Computing, 4. Aufl. 2019, Teil 10 Rn. 27; *ders.,* in: ders./Paschke, jurisPK Internetrecht, 7. Aufl. 2021, Kap. 5 Rn. 217; *Fehrentz,* Rechtliche Grenzen von Privatisierungen im Strafvollzug, 2013, S. 67 m.w.N. S. auch *Hense,* in: BeckOK GG, 50. Ed., Art. 33 Rn. 31, der zwar eine „globale Privatisierungsbremse“ ablehnt, aber sowohl die quantitative als auch qualitative Dimension des Regel-Ausnahmeverhältnis zugunsten von Beamten betont.

1377 *Bansch,* Die Beleihung als verfassungsrechtliches Problem, 1973, S. 65; *Jarass,* in: ders./Pieroth, GG, 16. Aufl. 2020, Art. 33 Rn. 41; *Brosius-Gersdorf,* in: Dreier, GG, 3. Aufl. 2015, Art. 33 Rn. 148; *Detterbeck,* Allgemeines Verwaltungsrecht, 18. Aufl. 2020, § 17 Rn. 901.

1378 *Strauß,* Funktionsvorbehalt und Berufsbeamtentum, 2000, S. 98; s. dazu schon die Diskussion im Zuständigkeitsausschuss des Parlamentarischen Rats, JÖR 1, 2. Aufl. 2010, S. 315, wobei *Ehlers* auf die damals schwierige Situation der noch bestehenden Beamtenverhältnisse mit Personen, die der Naziideologie folgten, hinwies und

„gesetzmäßige, effektive, nachhaltige und unparteiische Wahrnehmung der Aufgaben öffentlicher Verwaltung" garantiert werden,[1379] und dabei auch ein Kernbereich von Aufgaben dem Staat gesichert werden.[1380] Daher steht Art. 33 Abs. 4 GG auch einer zu weitgehenden Entledigung der staatlichen Verantwortung zur eigenen Aufgabenerfüllung entgegen.[1381]

Inwieweit diese Norm der Privatisierung in tatsächlicher Hinsicht Grenzen zu setzen vermag, wird wiederum unterschiedlich beurteilt.

Eine erste Einschränkung kann in den Zusatz „als ständige Aufgabe" hineingelesen werden. Teilweise wird dies als einengende Voraussetzung verstanden, dass der Funktionsvorbehalt nur bei solchen Aufgaben greift, die dem Staat als ständige Aufgabe anvertraut wurden, also nicht bei zeitlicher Begrenzung.[1382] Dies ist jedoch vor allem in Abgrenzung zu einer Aufgabenwahrnehmung durch Angestellte des öffentlichen Dienstes relevant, also ab wann genau jemand verbeamtet werden muss, etwa bei längerer Vertretungstätigkeit.[1383] Die Gefahrenabwehr und Gefahrenvorsorge ist jedenfalls eine ständige Aufgabe des Staates.[1384]

Entscheidender ist in diesem Zusammenhang die Interpretation bzw. Auslegung des Begriffs der *hoheitsrechtlichen Befugnisse* i.S.d. Art. 33 Abs. 4 GG.[1385] Hoheitsrechtlich wird dabei als Synonym für hoheitlich verwendet.[1386] Die Frage, was genau unter diesen Begriff fällt, wird kontrovers

ein Konterkarieren der Bemühungen um eine Stärkung der Gesetzmäßigkeit und Unabhängigkeit der Verwaltung durch die Festschreibung des Funktionsvorbehalts fürchtete.

1379 *Badura,* ZBR 1996, 321 (326). S. auch *ders.,* in: Dürig/Herzog/Scholz, GG, 95. EL 2021, Art. 33 Rn. 55; *Brosius-Gersdorf,* in: Dreier, GG, 3. Aufl. 2015, Art. 33 Rn. 148, 154; *Fehrentz,* Rechtliche Grenzen von Privatisierungen im Strafvollzug, 2013, S. 69 ff.

1380 *Leitges,* Die Entwicklung des Hoheitsbegriffes in Art. 33 Abs. 4 GG, 1998, S. 50.

1381 *Heckmann,* in: Bräutigam, IT-Outsourcing und Cloud-Computing, 4. Aufl. 2019, Teil 10 Rn. 28.

1382 *Bickenbach,* in: v. Münch/Kunig, GG, 7. Aufl. 2021, Art. 33 Rn. 111.

1383 *Bickenbach,* in: v. Münch/Kunig, GG, 7. Aufl. 2021, Art. 33 Rn. 111.

1384 *Isensee,* in: ders./Kirchhof, HB des Staatsrechts, Bd. IV, 3. Aufl. 2006, § 73 Rn. 16; zur staatlichen Aufgabe der Sicherheitsgewähr etwa *Bäcker,* in: Lisken/Denninger, HB des Polizeirechts, 7. Aufl. 2021, B. Rn. 273.

1385 Dazu eingehend *Strauß,* Funktionsvorbehalt und Berufsbeamtentum, 2000, S. 61 ff.

1386 *Battis,* in: Sachs GG, 9. Aufl. 2021, Art. 33 Rn. 55; *Heckmann,* in: Bräutigam, IT-Outsourcing und Cloud-Computing, 4. Aufl. 2019, Teil 10 Rn. 29; *Schimpfhauser,* Das Gewaltmonopol als Grenze der Privatisierung von Staatsaufgaben, 2009, S. 82.

diskutiert,[1387] bisher erfolgte auch keine eindeutige Begriffsdefinition durch das BVerfG.[1388]

Der erste Streit entbrennt hier bereits an der Frage, ob dabei eine generalisierende oder konkrete Betrachtungsweise vorzunehmen ist.[1389] Während eine Ansicht auf den Gesamtbereich eines Verwaltungsträgers abstellt und danach fragt, ob hier insgesamt überwiegend hoheitliche Tätigkeiten ausgeübt werden,[1390] differenziert die überwiegende Ansicht nach der konkreten Tätigkeit.[1391] Für letztere Ansicht spricht der oben angesprochene Sinn und Zweck des Funktionsvorbehaltes. Denn um die Gesetzmäßigkeit der Verwaltungsentscheidungen insgesamt zu sichern, ist es nicht erforderlich, dass jeder einzelne Schritt innerhalb eines Verwaltungsvorgangs durch einen Beamten durchgeführt wird. Schon im Rahmen der Erörterungen des Parlamentarischen Rates wies *Laforet* darauf hin, dass unter Art. 33 Abs. 4 GG „[a]ls obrigkeitliche Aufgabe [...] insbesondere nicht eine Tätigkeit [fällt], die sich in mechanischen Hilfsleistungen [...] erschöpft".[1392]

Differenziert man also nach der einzelnen Tätigkeit, stellt sich dann die Frage, welche Tätigkeiten im Einzelnen nun die Ausübung hoheitsrechtlicher Befugnisse beinhaltet.

Eine Ansicht stellt bei der Auslegung der hoheitsrechtlichen Befugnisse nur auf Tätigkeiten aufgrund von Eingriffsnormen ab, sodass Art. 33 Abs. 4 GG nur in der Eingriffsverwaltung zu beachten sei.[1393] Stütze fin-

---

1387 *Hense,* in: BeckOK GG, 50. Ed., Art. 33 Rn. 28; *Brosius-Gersdorf,* in: Dreier, GG, 3. Aufl. 2015, Art. 33 Rn. 152; *Schwarz,* JZ 2019, 276 (277); *Fehrentz,* Rechtliche Grenzen von Privatisierungen im Strafvollzug, 2013, S. 76; *Steiner,* Öffentliche Verwaltung durch Private, 1975, S. 261, der auf S. 262 auch vom „zentralen Interpretationsproblem dieser Vorschrift" spricht.

1388 *Fehrentz,* Rechtliche Grenzen von Privatisierungen im Strafvollzug, 2013, S. 67.

1389 *Schimpfhauser,* Das Gewaltmonopol des Staates als Grenze der Privatisierung von Staatsaufgaben, 2009, S. 82 ff.

1390 Wohl *Peine,* Die Verw. (17), 1984, 415 (437 f.); dazu *Germelmann,* in: Berliner Kommentar GG, Lfg. 2/2021, Art. 33 Rn. 80; *Schimpfhauser,* Das Gewaltmonopol des Staates als Grenze der Privatisierung von Staatsaufgaben, 2009, S. 82.

1391 *Hense,* in BeckOK GG, 50. Ed., Art. 33 Rn. 28; *Schimpfhauser,* Das Gewaltmonopol des Staates als Grenze der Privatisierung von Staatsaufgaben, 2009, S. 82, m.w.N. in Fn. 316.

1392 JÖR 1, 2. Aufl. 2010, S. 316.

1393 *Jung,* Die Zweispurigkeit des öffentlichen Dienstes, 1971, S. 192. S. dazu auch *Ziekow,* Öffentliches Wirtschaftsrecht, 5. Aufl. 2020, § 8 Rn. 11, der neben den staatlichen Kernaufgaben auch die Eingriffsverwaltung als grds. privatisierungsfeindlich einstuft. Die Unterscheidung zwischen Eingriffs- und Leistungsverwaltung in diesem Zusammenhang als untauglich ablehnend, *Bickenbach,* in: v. Münch/Kunig, GG, 7. Aufl. 2021, Art. 33 Rn. 106; so auch eingehend *Ule,* in: Forsthoff et al.,

det diese Ansicht in der Entstehungsgeschichte des Art. 33 Abs. 4 GG.[1394] *V. Mangoldt* erklärte bei den Beratungen zum GG, dass eine Ausübung öffentlicher Gewalt vorliege, wenn mit *zwingender Kraft* die Staatsmacht dahinterstehe.[1395] In einer Anmerkung zur späteren Fassung der Ausübung hoheitsrechtlicher Befugnisse heißt es sodann, dass diese enger als die öffentliche Gewalt zu verstehen seien und dann vorlägen, wenn der Staat oder öffentlich-rechtliche Körperschaften als „Obrigkeit" tätig würden.[1396]

Diese Ansicht spiegelt auch das Urteil des BVerfG zur (teilweisen) Privatisierung im hessischen Maßregelvollzug[1397] wider: „Um die Ausübung hoheitsrechtlicher Befugnisse handelt es sich jedenfalls, wenn Befugnisse zum Grundrechtseingriff im engeren Sinne [...] ausgeübt werden, die öffentliche Gewalt also durch Befehl oder Zwang unmittelbar beschränkend auf grundrechtlich geschützte Freiheiten einwirkt."[1398] Allerdings ließ das Gericht damals explizit eine weitergehende Interpretation offen, musste dazu jedoch wegen der bereits einschlägigen Ermächtigung zu Grundrechtseingriffen im engeren Sinne keine Stellung beziehen.[1399]

Eine andere Ansicht möchte den gesamten Bereich staatlichen Handels inklusive Leistungsverwaltung einbeziehen.[1400]

Andere lehnen die Unterscheidung zwischen Eingriffs- und Leistungsverwaltung als generell untaugliches Differenzierungsmerkmal in diesem Zusammenhang ab.[1401] So beurteilen manche die Zulässigkeit der Übertragung von hoheitsrechtlichen Aufgaben auf Private im jeweiligen Einzelfall

---

Verfassungsrechtliche Grenzen einer Reform des öffentlichen Dienstrechts, S. 441 (455 ff.).

1394 *Stern,* in: FS Ule, 1977, S. 193 (205); siehe dazu auch *Battis,* in: Sachs GG, 9. Aufl. 2021, Art. 33 Rn. 58.

1395 JÖR 1, 2. Aufl. 2010, S. 320.

1396 JÖR 1, 2. Aufl. 2010, S. 323.

1397 BVerfGE 130, 76 ff.

1398 BVerfGE 130, 76 (113).

1399 BVerfGE 130, 76 (113). S. dazu auch *Fehrentz,* Rechtliche Grenzen von Privatisierungen im Strafvollzug, 2013, S. 73 Fn. 377.

1400 Zur früher herrschenden Lehre eingehend *Leisner,* in: ders., Das Berufsbeamtentum im demokratischen Staat, 1975, S. 121 (121 ff. m.w.N.); *Lecheler,* Die Beamtenaufgaben nach dem Funktionsvorbehalt des GG, 1986, S. 35 ff.

1401 Etwa *Bickenbach,* in: v. Münch/Kunig, GG, 7. Aufl. 2021, Art. 33 Rn. 106; nach *Schimpfhauser,* Das Gewaltmonopol des Staates als Grenze der Privatisierung von Staatsaufgaben, 2009, S. 88 f. wirke eine solche Differenzierung beliebig; ebenfalls auf die Abgrenzungsschwierigkeiten zwischen Eingriffs- und Leistungsverwaltung im Einzelnen hinweisend *Hense,* in: BeckOK GG, 50. Ed., Art. 33 Rn. 28.

unter Heranziehung des Demokratie- und Rechtsstaatsprinzips,[1402] bzw. der Grundrechtswesentlichkeit.[1403] So sei nicht etwa allein die Eingriffsqualität des staatlichen Handelns entscheidend, sondern allgemein, ob die zu erledigende staatliche Aufgabe der Wahrnehmung durch die besondere Verlässlichkeits-, Stetigkeits- und Rechtsstaatlichkeitsgarantien des Beamtentums bedürfe bzw. grundrechtswesentlich sei, was im Einzelfall auch die Leistungsverwaltung oder Tätigkeiten in privatrechtlicher Form beträfen.[1404]

Bickenbach setzt auf den Begriff der „Benennungsmacht", den er aus der Soziologie entlehnt.[1405] Danach übt hoheitsrechtliche Befugnisse aus, wer in einem bestimmten Bereich typischerweise über Benennungsmacht im Staat-Bürger-Verhältnis verfügt, wobei nicht zwingend eine Außenwirkung gegeben sein muss.[1406] Entscheidend ist vielmehr, ob jemand die für die Subsumtion maßgeblichen Tatsachen und Informationen entweder selbst sammeln oder sie für verbindlich erklären darf, also insb. auch im internen Entscheidungsprozess.[1407] Daher klammert auch *Bickenbach* bloß tatsächliche bzw. manuelle Verwaltungstätigkeiten aus.[1408] Auch hier lässt sich letztlich eine Rückführung auf die Frage feststellen, in welchen Bereichen eine besondere rechtsstaatliche Sicherung verlangt werden muss.

Für den Bereich der Einbeziehung Privater in die staatliche Datenverarbeitung kommt *Ernst* zu dem Schluss, dass je stärker ein eigenverantwortlicher Umgang mit Daten vorliege, desto eher sei eine hoheitliche Tätigkeit anzunehmen, die den Grenzen des Art. 33 Abs. 4 GG unterliege,[1409] ohne den Begriff näher auszuführen.

Insgesamt zeigt sich ein sehr ausgeprägtes Meinungsspektrum. Einigkeit scheint nur hinsichtlich eines absoluten Kernbereichs staatlichen Handelns

---

1402 S. dazu *Strauß,* Funktionsvorbehalt und Berufsbeamtentum, 2000, S. 204; *Kirchhof,* in: Isensee/ders., HB des Staatsrechts, Bd. V, 3. Aufl. 2007, § 99 Rn. 97.

1403 *Germelmann,* in: Berliner Kommentar GG, Lfg. 2/21, Art. 33 Rn. 76 f.

1404 *Jarass,* in: ders./Pieroth, GG, 16. Aufl. 2020 Rn. 42 unter Verweis auf BVerfGE 119, 247 (261); *Brosius-Gersdorf,* in: Dreier, GG, 3. Aufl. 2015, Art. 33 Rn. 154; *Germelmann,* in: Berliner Kommentar GG, Lfg. 2/21, Art. 33 Rn. 75 ff.; s. auch *Bickenbach,* in: v. Münch/Kunig, GG, 7. Aufl. 2021, Art. 33 Rn. 106, 110 der auf die Ungeeignetheit der Unterscheidung zwischen Eingriffs- und Leistungsverwaltung im heutigen Vorsorgestaat hinweist.

1405 *Bickenbach,* in: v. Münch/Kunig, GG, 7. Aufl. 2021, Art. 33 Rn. 109.

1406 *Bickenbach,* in: v. Münch/Kunig, GG, 7. Aufl. 2021, Art. 33 Rn. 109.

1407 *Bickenbach,* in: v. Münch/Kunig, GG, 7. Aufl. 2021, Art. 33 Rn. 109.

1408 *Bickenbach,* in: v. Münch/Kunig, GG, 7. Aufl. 2021, Art. 33 Rn. 110.

1409 *Ernst,* Der Grundsatz digitaler Souveränität, 2020, S. 32.

zu bestehen.[1410] Ausgehend davon sind die wesentlichen Kernbereiche des staatlichen Handelns vor einer Privatisierung geschützt, nicht jedoch jegliches hoheitliches Handeln.[1411] Zu diesen wesentlichen Kernbereichen gehören die notwendigen Staatsaufgaben, die unerlässlich für die Funktionsfähigkeit des Staates sind, wie etwa die Aufrechterhaltung der inneren Sicherheit und Ordnung, und Maßnahmen mit erheblicher Grundrechtsrelevanz.[1412] Abseits dieser Grenze bleiben die Konturen des Art. 33 Abs. 4 GG als Privatisierungsschranke wohl auch deshalb so verschwommen, weil die Rechtsprechung kaum je eine Übertretung des Art. 33 Abs. 4 GG angenommen hat, trotz der immer extensiveren Zurückführung der Verbeamtung.[1413]

Denn neben dem Streit um die richtige Auslegung von hoheitsrechtlichen Befugnissen weist das Grundgesetz diese zudem nur *in der Regel* Angehörigen des Öffentlichen Dienstes zu, die in einem öffentlich-rechtlichen Dienst- und Treueverhältnis stehen.[1414] Art. 33 Abs. 4 GG kann daher keinesfalls eine absolute Privatisierungsschranke darstellen, vielmehr kann eine Übertragung von hoheitsrechtlichen Aufgaben als Ausnahme zulässig sein.[1415] Dies bedarf sachlicher Gründe, wobei allein fiskalische Interessen nicht ausreichend sein sollen.[1416]

1410 Soweit nicht generell eine Privatisierungsschranke abgelehnt wird, s. etwa *Ernst*, Der Grundsatz digitaler Souveränität, 2020, S. 21.

1411 *Battis*, in: Sachs GG, 9. Aufl. 2021, Art. 33 Rn. 58; *Badura*, ZBR 1999, 321 (327); wohl auch *Di Fabio*, JZ 1999, 858 (891 f.); s. auch *Heckmann*, in: Bräutigam, IT-Outsourcing und Cloud-Computing, 4. Aufl. 2019, Teil 10 Rn. 29 f. zum staatlichen Gewaltmonopol als einzige genuin hoheitliche Aufgabe.

1412 *Jachmann-Michel/Kaiser*, in: v. Mangoldt/Klein/Starck, GG, 7. Aufl. 2018, Art. 33 Rn. 34. S. auch *Bonk*, JZ 2000, 435 (439); zur besonderen Nähe von Sicherheitsaufgaben zum Kernbereich staatlicher Tätigkeit auch *Bäcker*, in: Lisken/Denninger, HB des Polizeirechts, 7. Aufl. 2021, B. Rn. 276.

1413 Siehe dazu auch *Thiele*, Der Staat 49 (2010), 274 (275 f.).

1414 Dazu auch BVerwG, NVwZ-RR 2021, 455 (456 Rn. 16).

1415 *Bickenbach*, in: v. Münch/Kunig, GG, 7. Aufl. 2021, Art. 33 Rn. 112. S. dazu bereits die Worte des Abgeordneten *Wagner* bei den Beratungen zum GG, JÖR 1, 2. Aufl. 2010, S. 317.

1416 BVerfGE 130, 76 (115 f.); *Hense*, in: BeckOK GG, 50. Ed., Art. 33 Rn. 31; *Jarass*, in: ders./Pieroth, GG, 16. Aufl. 2020, Art. 33 Rn. 45; *Bickenbach*, in: v. Münch/Kunig, GG, 7. Aufl. 2021, Art. 33 Rn. 112; *Bäcker*, in: HB des Polizeirechts, 7. Aufl. 2021, B. Rn. 276.

b) Stellungnahme

Ausgehend von Sinn und Zweck der Vorschrift des Art. 33 Abs. 4 GG, die Gesetzmäßigkeit der Verwaltung und somit den Rechtsstaat zu stärken, ist jedenfalls eine Übertragung von Aufgaben aus dem Kernbereich der staatlichen Aufgabenwahrnehmung, insbesondere solche mit Bezug zum Gewaltmonopol, von jeglichen Privatisierungsbestrebungen auszuschließen.[1417] Insoweit ist Art. 33 Abs. 4 als Konkretisierung des allgemeinen Demokratie- und Rechtsstaatsprinzips anzusehen.[1418] Dazu gehören insbesondere der Einsatz von Zwangsmitteln bei der Sicherung der inneren Sicherheit, also Polizei- und Ordnungsrecht im engeren Sinne ebenso wie das Gebiet der Strafverfolgung.

Ebenso kann mit Blick auf den Sinn und Zweck aber auch nicht jegliches staatliche Handeln dem Funktionsvorbehalt unterworfen sein, der nicht nur als Privatisierungsschranke anzusehen ist, sondern gerade auch als Vorgabe, welche Art von Tätigkeit einem *Beamten* überlassen werden muss. Insofern kann Art. 33 Abs. 4 GG und sein Anwendungsbereich nur einheitlich verstanden werden. Wird eine hoheitliche Tätigkeit i.S.d. Art. 33 Abs. 4 GG ausgeübt, so ist diese Tätigkeit einem Beamten vorbehalten und kann daher weder *vollständig* auf Angestellte des Öffentlichen Dienstes noch *vollständig* auf Private übertragen werden, sondern allenfalls Teilaspekte. Der Anwendungsbereich des Funktionsvorbehalts lässt sich daher nur im Zusammenspiel von „hoheitsrechtlichen Befugnissen“ und „in der Regel“ bestimmen. Art. 33 Abs. 4 GG spricht die Ausübung hoheitlicher Tätigkeiten nur in der Regel Beamten zu. Der Wortlaut lässt also explizit Ausnahmen zu. Diese sind im Hinblick auf den Sinn und Zweck der Norm, also die Gesetzmäßigkeit der Verwaltung institutionell zu sichern, zu konturieren. Ein besonderes Treueverhältnis zum Staat soll möglichst unparteiische und gleichmäßige Entscheidungen gegenüber dem Bürger garantieren, insbesondere im Bereich von Grundrechtsbeeinträchtigungen.[1419] Insofern ist

1417 A.A., allerdings ohne Bezug zu Art. 33 Abs. 4 GG, sondern allgemein auf die grundsätzliche Übertragbarkeit auch von Kernaufgaben abstellend, *Kämmerer,* in: Ehlers/Fehling/Pünder, Besonderes Verwaltungsrecht Bd. I, 4. Aufl. 2019, § 13 Rn. 44; auch *v. Münch,* Das Spannungsverhältnis zwischen funktionaler Privatisierung und demokratischer Legitimation, 2014, S. 57 f.

1418 S. auch *Bracher*, Gefahrenabwehr durch Private, 1987, S. 67, der auf S. 79 ff., 101, zudem Art. 33 Abs. 4 als Konkretisierung des Gewaltmonopols ansieht.

1419 *Wolf/Krumm,* NVwZ 2020, 526 (527); s. auch zu den Merkmalen des Berufsbeamtentums, das „gegründet auf Sachwissen, fachliche Leistung und loyale Pflichterden differenzierenden Ansichten zuzustimmen, die auf die jeweils konkrete Tätigkeit hin untersuchen, ob diese einzelnen Handlungen eine besondere rechtsstaatliche Absicherung benötigen,[1420] was insbesondere, aber nicht ausschließlich bei Grundrechtseingriffen der Fall ist.

Es gibt nun auch Verwaltungstätigkeiten, die die Rechte des Bürgers nur rudimentär oder gar nicht unmittelbar berühren, etwa vorbereitende Tätigkeiten. Solche bloßen Hilfstätigkeiten werden daher vom Funktionsvorbehalt nicht erfasst,[1421] wenn ihnen eine eigenverantwortliche Entscheidung nachgeschaltet wird. Sie können daher auch der dort enthaltenen Privatisierungsschranke nicht unterliegen. Insoweit ist *Fehrentz* zuzustimmen: Bei der Beurteilung, ob ein bestimmtes staatliches Handeln unter den Funktionsvorbehalt fällt, kommt es nicht allein darauf an, ob die Tätigkeit zu einem bestimmten Bereich der Verwaltung gehört, der insgesamt klassischerweise hoheitsrechtliche Befugnisse erfordert, sondern auf die jeweils konkret zu untersuchende Einzelmaßnahme.[1422] Ob also eine Beteiligung Privater im Gefahrenvorfeld unter Art. 33 Abs. 4 GG fällt, darf nicht allein deshalb angenommen werden, weil die Gefahrenabwehr als solche als klassisches Polizeirecht allgemein dem Bereich der Eingriffsverwaltung zugeordnet wird.[1423] Vielmehr ist auf die konkrete Art der Beteiligung abzustellen.

---

füllung, eine stabile Verwaltung sichern und damit einen ausgleichenden Faktor gegenüber den das Staatsleben gestaltenden politischen Kräften darstellen soll" BVerfGE 7, 155 (162); 108, 282 (322); 119, 247 (260 f.); 145, 249 (270).

1420 S. dazu auch BVerfGE 119, 247 (267), der darauf abstellt, dass Lehrer nicht verbeamtet werden müssten, weil deren Tätigkeit nicht schwerpunktmäßig in hoheitlich geprägten Aufgaben lägen, die *der besonderen Absicherung* durch den Beamtenstatut bedürften.

1421 *Strauß*, Funktionsvorbehalt und Berufsbeamtentum, 2000, S. 63 f.; *Benndorf*, DVBl. 1981, 23 (28); *Mayer*, in: Forsthoff et al., Verfassungsrechtliche Grenzen einer Reform des öffentlichen Dienstrechts, S. 557 (598). S. schon die Worte von *Laforet* im Rahmen der Erörterungen des Zuständigkeitsausschusses des Parlamentarischen Rats, dass „[a]ls obrigkeitliche Aufgabe […] insbesondere nicht eine Tätigkeit [fällt], die sich in mechanischen Hilfsleistungen […] erschöpft" wiedergegeben in JÖR 1, 2. Aufl. 2010, S. 316. S. auch *Heckmann*, in: Bräutigam, IT-Outsourcing und Cloud-Computing, 4. Aufl. 2019, Teil 10 Rn. 30, der von der Ausklammerung „bloßer technischer Hilfsfunktionen" spricht.

1422 *Fehrentz*, Rechtliche Grenzen von Privatisierungen im Strafvollzug, 2013, S. 74 ff.

1423 S. dazu auch *Bickenbach*, in: v. Münch/Kunig, GG, 7. Aufl. 2021, Art. 33 Rn. 107, dass die Zuordnung einer Tätigkeit zu den Aufgabenbereichen der Polizei nur ein Anhaltspunkt dafür darstellen kann, dass tatsächlich hoheitsrechtliche Befugnisse ausgeübt werden.

Für den Einsatz von Predictive Policing-Software lässt sich hierbei Folgendes festhalten: Die Softwarenutzung als solche geht weder mit einer direkten Grundrechtsbeeinträchtigung eines Bürgers einher und ist daher keine Eingriffstätigkeit, noch zeichnet sie eine solche konkret vor. Vielmehr stellt die Software Informationen zur Verfügung, auf Grundlage derer Polizeibeamte eine Entscheidung treffen, die, wie oben gezeigt, ebenfalls noch keine Grundrechtsbeeinträchtigung nach sich ziehen darf. Die Festlegung bzw. Freigabe eines Prognosegebietes zieht noch keinerlei rechtlich erhebliche Konsequenzen nach sich. Vielmehr wird auf Grundlage der Freigabe eine Entscheidung über eine effektive Ressourcennutzung einer konkreten Einzelmaßnahme vorgeschaltet.

Im Bereich der öffentlichen Sicherheit als Kernbereich des staatlichen Handelns mit Bezug zum Gewaltmonopol ist ein effektiver Einsatz der vorhandenen Ressourcen durchaus bereits eine für den Rechtsstaat insgesamt relevante Entscheidung. Der vorgelagerte Einsatz einer Software zur bloßen Unterstützung dieser Entscheidung ohne konkrete Handlungsempfehlung stellt jedoch keine sensible Tätigkeit innerhalb der Verwaltung dar, die einer besonderen rechtsstaatlichen Sicherung bedarf, solange die nachgelagerte Entscheidung weiterhin unabhängig in Abwägung aller Gegebenheiten erfolgt. Auch eine Benennungsmacht i.S.v. *Bickenbach* scheidet aus, denn die Ergebnisse der Software werden erst durch die Freigabe eines geschulten Polizeibeamten, der insoweit also über die erforderliche Benennungsmacht verfügt, Teil der Einsatzplanung, nicht aus sich selbst heraus.

c) Fazit

Nach der hier favorisierten Meinung ist Art. 33 Abs. 4 GG als Grenze für eine Beteiligung privater Akteure bei der Ausübung hoheitlicher Befugnisse anzusehen. Der Begriff der hoheitsrechtlichen Befugnis im Rahmen des Art. 33 Abs. 4 GG ist dabei im engen Zusammenhang mit dem Sinn und Zweck, eine gleichmäßige und gesetzmäßige Verwaltung zu garantieren, auszulegen. Insoweit sind vom Funktionsvorbehalt grds. keine reinen Vorbereitungsmaßnahmen umfasst, die noch keine unmittelbare Bedeutung für den einzelnen Bürger zeitigen, wie der aktuelle Einsatz von PRECOBS.

Damit ist jedoch noch nicht gesagt, dass es keine weiteren verfassungsrechtlichen Schranken für eine Beteiligung Privater geben kann.[1424]

3. Demokratie- und Rechtsstaatsprinzip

So kann man überlegen, ob nicht direkt dem Rechtsstaats- und dem Demokratieprinzip weitere Maßstäbe für eine Begrenzung der Beteiligung Privater,[1425] insbesondere im Hinblick auf Softwareeinsatz im Bereich der Gefahrenabwehr, zu entnehmen sind.[1426]

Die Gefahrenabwehr als solche ist, wie bereits mehrfach erwähnt, den Kernaufgaben des Staates zuzuordnen. An dieser Zuordnung zum Staat ändert zunächst der Einsatz von privaten Predictive Policing-Systemen nichts. Denn die Folgemaßnahmen werden, wie gezeigt, stets von Polizeibeamten durchgeführt. Auch die Nutzung der Software selbst sowie die anschließende Freigabe eines Risikogebietes ist geschulten Polizeibeamten vorbehalten.[1427] Die aktuelle Software gibt auch keinerlei Handlungsempfehlungen, sodass die einzelnen Polizeibeamten nach wie vor in ihrer Entscheidung, zu handeln oder nicht zu handeln, und wenn ja, in welcher Weise, völlig frei sind. D.h. im täglichen Gebrauch der Software spielen die privaten Entwickler keine Rolle.[1428] Der Staat machte sich die Software durch den Kauf sozusagen zu eigen, sodass sie auch vollständig dem Staat zugerechnet werden kann. Insofern weist der Einsatz von Predictive Policing-Software – wie bereits gezeigt – einen starken Bezug zu fiskalischen Hilfsgeschäften auf.

1424 *Bracher,* Gefahrenabwehr durch Private, 1987, S. 67; s. in diese Richtung auch *Ernst,* Der Grundsatz digitaler Souveränität, 2020, S. 23 f., der darauf verweist, dass sich die Anforderungen an eine Einbindung Privater in die Wahrnehmung öffentlicher Aufgaben nur mit Blick auf die besonderen Anforderungen des jeweiligen Sachbereichs bestimmen ließen; s. auch *Heckmann,* in: ders./Paschke, jurisPK Internetrecht, 7. Aufl. 2021, Kap. 5 Rn. 221.

1425 S. auch *Krönke,* Die Verw. 52 (2019), 65 (70), der von einer möglichen Beeinträchtigung der rechtsstaatlichen und demokratischen Qualität der Verwaltung infolge eines IT-Einsatzes spricht und auf S. 72 das Rechtsstaats- und Demokratieprinzip als „schnell auf den Plan gerufen" ansieht. Dazu auch *Wischmeyer,* in: v. Mangoldt/Klein/Starck, GG, 7. Aufl. 2018, Art. 91c Rn. 6.

1426 So auch *Bracher,* Gefahrenabwehr durch Private, 1987, S. 67; s. auch *Heckmann,* in: Bräutigam, IT-Outsourcing und Cloud Computing, 4. Aufl. 2019, Teil 10 Rn. 24.

1427 *Schweer,* Die Kriminalpolizei 1/2015, 13 (16).

1428 So sind nach Angaben des Mitbegründers des Instituts für musterbasierte Prognosetechnik die Behörden alle technisch in der Lage, den Prognosebetrieb selbstständig in Eigenregie durchzuführen, *Schweer,* die Kriminalpolizei 1/2015, 13 (16).

Allerdings wurde ebenfalls schon darauf hingewiesen, dass solche technischen Lösungen regelmäßig gewartet und bei Bedarf angepasst werden müssen. Dies obliegt i.d.R. dem entwickelnden Unternehmen. Im Falle von PRECOBS musste die Software zudem vor Inbetriebnahmen durch die Landeskriminalämter entsprechend an ihre Situation angepasst werden, d.h. die länderspezifischen Einbruchsdaten mussten eingespeist und die verschiedenen Modellberechnungen an die örtlichen Begebenheiten angepasst werden.[1429] Die privaten Entwickler haben durch die Gestaltung der Software zudem einen gewissen Einfluss auf die zukünftige Arbeit der Polizei,[1430] auch wenn die von ihnen entwickelte Software (bisher) keine Handlungsoptionen aufzeigt. Ihre Vorhersagesoftware soll gerade die Einsatzplanung optimieren und im besten Falle Straftaten durch gezielte polizeiliche Maßnahmen verhindern.

Trotzdem bleibt dieser Einfluss sehr mittelbar. Die Software verarbeitet anonymisierte polizeiliche Einsatzdaten und gibt ein Prognosegebiet aus. Ein hoheitliches Handeln i.S.d. Art. 33 Abs. 4 GG liegt da noch in weiter Ferne. Erst konkret vor Ort und nach Hinzutreten weiterer Voraussetzungen können Einzelmaßnahmen gegenüber dem Bürger getroffen werden.[1431] Das heißt die Software arbeitet nur im Vorfeld von hoheitlichem Handeln.

Für diese Art der Hilfsleistungen gibt es bisher wenige Einschätzungen, inwieweit sie rechtlich problematisch sein könnten.

Als etwaige Grenze einer Beteiligung Privater wird im Rahmen des Funktionsvorbehalts nach Art. 33 Abs. 4 GG jedenfalls die Einbeziehung von reinen Hilfstätigkeiten abgelehnt.[1432] Zwar weist *Kirchhof* darauf hin, dass auch „vermeintliche Hilfstätigkeiten bei sicherheitsempfindlichen Aufgaben“ unter den Funktionsvorbehalt des Art. 33 Abs. 4 GG fallen könnten,[1433] konkretisiert dies jedoch nicht weiter. Deutlich wird hieran, dass gerade im Sicherheitsbereich das Bedürfnis nach rechtsstaatlicher Sicherung auch von vorbereitenden Tätigkeiten bzw., in neuerer Zeit, von Softwareunterstützung bestehen kann.

Unter dem Stichwort der „Verfahrensprivatisierung“ untersucht *Appel* die Einbeziehung Privater bei Verwaltungsverfahren, die eine spätere Sach-

1429 *Gerstner,* Predictive Policing, 2017, S. 15 f., 19 f.; s. auch *Egbert/Krasmann,* Predictive Policing, 2019, S. 28 f., 48; *Knobloch,* Vor die Lage kommen, 2018, S. 22.

1430 *Hofmann,* Predictive Policing, 2020, S. 283; *Hoffmann-Riem,* AöR 142 (2017), 1 (15).

1431 S.o. unter B. IV.–V.

1432 S.o. unter C. II. 2. b).

1433 *Kirchhof,* in: Isensee/ders., HB des Staatsrechts, Bd. V, 3. Aufl. 2007, § 99 Rn. 97.

entscheidung durch eine Behörde vorbereiten, etwa im Rahmen von Genehmigungsverfahren.[1434] Auch er kommt zu dem Ergebnis, dass sich die zu ziehenden Grenzen für diese Art der Beteiligung direkt aus den rechtsstaatlichen Garantien sowie dem Erfordernis demokratischer Legitimation ergeben,[1435] weniger aus dem beamtenrechtlichen Funktionsvorbehalt.[1436]

Speziell bezogen auf den Einsatz von Software werden bisher nur wenige konkrete Aussagen getroffen. Nach *Heckmann* kommt es für die Grenzziehung zwischen übertragbaren Hilfstätigkeiten und zwingend dem Staat vorbehaltenen Aufgaben im Bereich von E-Government darauf an, in welchem Umfang eine Entscheidungsbefugnis über hoheitliche Aufgaben besteht.[1437] Dies soll nachfolgend näher erörtert werden.

Ein Problem bei dem Einsatz von Software im Vorfeld von hoheitlichen Maßnahmen kann darin gesehen werden, dass sich die Entscheidungsträger mehr und mehr auf die generierten Ergebnisse solcher Software verlassen und andere Faktoren vernachlässigen könnten. Im Rahmen des allgemeinen Teils wurde bereits auf die Gefahren möglicher Technikhörigkeit hingewiesen.[1438] Stellt sich eine solche Technikhörigkeit gegenüber einer privat entwickelten Software ein, stellt sich die Frage, inwieweit noch von (rechts-)staatlicher Verantwortlichkeit gesprochen werden kann.[1439]

Dies mag bei PRECOBS noch fernliegen, doch ist die Absicht erkennbar, Predictive Policing auf weitere Bereiche auszuweiten. Auch mögliche Weiterentwicklungen sind daher in die Überlegungen miteinzubeziehen, welche Grenzen für die Nutzung privater Software auf dem Gebiet der Gefahrenabwehr bestehen können.

1434 *Appel,* in: Hoffmann-Riem/Schmidt-Aßmann/Voßkuhle, Grundlagen des Verwaltungsrechts, Bd. II, 2. Aufl. 2012, § 32 Rn. 12 ff.; s. auch *v. Münch,* Das Spannungsverhältnis zwischen funktionaler Privatisierung und demokratischer Legitimation, 2014, S. 67, die von „Vorbereitungsprivatisierung" spricht.

1435 *Appel,* in: Hoffmann-Riem/Schmidt-Aßmann/Voßkuhle, Grundlagen des Verwaltungsrechts, Bd. II, 2. Aufl. 2012, § 32 Rn. 67 ff.; eingehend zur Frage, ob bei einer Vorbereitungsprivatisierung die erforderliche demokratische Legitimationskette unzulässig durchbrochen wird, *v. Münch,* Das Spannungsverhältnis zwischen funktionaler Privatisierung und demokratischer Legitimation, 2014, S. 67 ff.

1436 *Appel,* in: Hoffmann-Riem/Schmidt-Aßmann/Voßkuhle, Grundlagen des Verwaltungsrechts, Bd. II, 2. Aufl. 2012, § 32 Rn. 71.

1437 *Heckmann,* in: ders./Paschke, jurisPK Internetrecht, 7. Aufl. 2021, Kap. 5 Rn. 217.

1438 S. unter B. VI. 4.

1439 S. auch im Zusammenhang mit einer Verfahrensprivatisierung *Appel,* in: Hoffmann-Riem/Schmidt-Aßmann/Voßkuhle, Grundlagen des Verwaltungsrechts, Bd. II, 2. Aufl. 2012, § 32 Rn. 69.

Die Abhängigkeit von IT ist in den letzten Jahren stetig gestiegen und hat in der Covid19-Pandemie mit fast flächendeckendem Home-Office, Onlinelehre und Verlagerung der privaten Kontakte in die sog. sozialen Medien einen vorläufigen Höhepunkt erreicht.[1440]

Im Bereich der Polizeiarbeit ist eine mögliche Technikhörigkeit umso problematischer, wenn die genutzte Software gar nicht aus staatlicher Hand stammt. Daraus ergeben sich nicht nur Missbrauchsmöglichkeiten, sondern auch ein möglicher, schleichender Kontrollverlust über genuin staatliche Entscheidungen auf dem Gebiet der Gefahrenabwehr.

Neben die allgemeine Problematik, dass durch den Einsatz etwa selbstlernender Algorithmen die Nachvollziehbarkeit staatlicher Entscheidungen abnimmt,[1441] tritt beim Einsatz von privat entwickelter Software das Problem fehlender Kenntnisse des Staates über die Programmierung der Software.[1442] Diese unterliegt in der Regel dem Betriebs- und Geschäftsgeheimnis des Entwicklers.[1443] Wenn sich also der Staat bei seinen Entscheidungen auf Prognosen stützt, bei denen er selbst nicht weiß, wie sie zustande gekommen sind, gerät er unter rechtsstaatlichen Rechtfertigungsdruck.

Denn das Problem der fehlenden Möglichkeit einer Kontrolle der Software wird beim Einsatz von nicht staatlich entwickelter Software auf eine neue Ebene gehoben.[1444] Hier konfligiert das staatliche Informationsinteresse möglicherweise mit einem berechtigten Betriebs- oder Geschäftsge-

---

1440 So nutzten im ersten Quartal 2020 erstmals 90% der Bevölkerung das Internet, s. https://www.destatis.de/DE/Themen/Gesellschaft-Umwelt/Einkommen-Konsum-Lebensbedingungen/IT-Nutzung/Tabellen/zeitvergleich-computernutzung-ikt.html. Dazu, dass die pandemiebedingte „Omnipräsenz digitaler Lösungen" nicht zu einer generellen Veränderung des Nutzungsverhaltens führt, *Hölscher et al.*, Deutschland Index der Digitalisierung 2021, S. 47.

1441 *Wischmeyer*, in: Kulick/Goldhammer, Der Terrorist als Feind?, 2020, S. 193 (209 f.); s. dazu unten Teil 2, C. I. Zum vorgeschlagenen Lösungsansatz der Offenlegung der Algorithmen, *Guckelberger*, Öffentliche Verwaltung im Zeitalter der Digitalisierung, 2019, Rn. 494 ff.

1442 *Ernst* spricht insoweit von „erhebliche[r] Informationsasymmetrie" zwischen privaten IT-Dienstleistern und den staatlichen Stellen, die das Angebot nutzen, *ders.*, Der Grundsatz digitaler Souveränität, 2020, S. 42; s. auch *Simmler/Brenner*, in: Simmler, Smart Criminal Justice, 2021, S. 9 (30) sowie zur Einschätzung mancher Kritiker, der PRECOBS Algorithmus sei wegen fehlender Preisgabe eine Blackbox, a.a.O. S. 18.

1443 *Wischmeyer*, in: Kulick/Goldhammer, Der Terrorist als Feind?, 2020, S. 193 (210); *Egbert/Krasmann*, Predictive Policing, 2019, S. 48; s. dazu im Zusammenhang mit intelligenten Systemen, *Wischmeyer*, AöR 143 (2018), 1 (48); allg. auch *Ernst*, Der Grundsatz digitaler Souveränität, 2020, S. 43.

1444 Dazu B. II. 4. b); B. VII. 3.

heimnis.[1445] So ist dann auch fraglich, ob die wenige Kontrolle, die bei staatlich entwickelter Software noch festgestellt werden konnte (parlamentarische Anfragen, Datenschutzbeauftragte),[1446] beim Einsatz von privater Software überhaupt wirksam greifen kann. Das Rechtsstaatsprinzip erfordert jedoch, dass die Bindung an Recht und Gesetz auch jederzeit durch den Staat selbst sichergestellt und kontrolliert werden kann.[1447]

Angesichts dieser neuen und spezifischen Herausforderungen beim Einsatz von nicht staatlich entwickelter Software als Hilfsmittel im Bereich des Polizeirechts spricht viel dafür, dass neue Grenzen der Beteiligung direkt aus dem Demokratie- und Rechtsstaatsprinzip entwickelt werden müssen, um den Bürger vor schleichendem Rechtsverlust, Rechtsverschleierung und einer Verschlechterung von Rechtsschutz zu schützen.[1448]

a) Entwicklungen in der Rechtsprechung

Der Einsatz von nicht staatlich entwickelter Software zur Unterstützung der Verwaltung ist ein relativ junges Problem. Auch vor Gericht wurde sich dementsprechend bislang nur selten mit der Frage auseinandergesetzt, ob und inwieweit der Einsatz privater Software bzw. Technik bei der Erfüllung öffentlicher Aufgaben problematisch sein könnte. Im Folgenden sollen einige Entscheidungen vorgestellt ((1)–(3)) und anschließend zusammengefasst werden, welche allgemeinen Vorgaben für den Einsatz privat entwickelter Technik, insbesondere Software, sich aus dieser Rechtsprechung ableiten lassen ((4)).

1445 S. auch *Egbert/Krasmann,* Predictive Policing, 2019, S. 48.

1446 S.o., B. II. 4. b).

1447 *Heckmann,* in: Bräutigam, IT-Outsourcing und Cloud-Computing, 4. Aufl. 2019, C. Materielle Fragen des IT-Outsourcings der Verwaltung, Rn. 34; *Guckelberger,* Öffentliche Verwaltung im Zeitalter der Digitalisierung, 2019, Rn. 508; s. auch *Barczak,* DÖV 2020, 997 (1000), der betont, dass bisher nichtöffentliche staatliche Vorgänge eine Ausnahme bilden und eine Kontrolle zumindest durch die Rechtsprechung und besondere Organe sichergestellt sei.

1448 S. auch *Ossenbühl,* VVDStRL 29 (1971), S. 137 (164 f.); *Büllesbach/Rieß,* NVwZ 1995, 444 (445). Zur alternativen Möglichkeit, Art. 33 Abs. 4 GG insoweit extensiv auszulegen, *Heckmann,* in: ders./Paschke, jurisPK Internetrecht, 7. Aufl. 2021, Kap. 5 Rn. 217 m.w.N.

(1) Einsatz von Wahlcomputern, BVerfGE 123, 39-88

Im Jahr 2009 entschied das BVerfG, dass der Einsatz von bestimmten rechnergesteuerten bzw. elektronischen Wahlgeräten bei der Wahl zum 16. Bundestag mit Art. 38 i.V.m. Art. 20 Abs. 1, 2 GG unvereinbar war.[1449] Der Einsatz der Wahlgeräte war gemäß § 35 Bundeswahlgesetz (BWahlG) idF v. 23.07.1993[1450] grundsätzlich gesetzlich legitimiert worden und die Bundeswahlgeräteverordnung idF v. 03.09.1975[1451] stellte spezifische Anforderungen an die Qualität der Geräte und deren Sicherung durch die jeweiligen Wahlvorstände auf.[1452] Die Wahlgeräte der Firma Nedap wurden vorab von der Physikalisch-Technischen Bundesanstalt geprüft und das Bundesministerium des Innern genehmigte daraufhin deren Einsatz bei der Wahl zum 16. Bundestag und machte diese Genehmigung im Bundesanzeiger bekannt.[1453] Dort wurden auch nähere Maßgaben unter anderem zu Software-Versionen bekanntgemacht, wobei die der Bundesanstalt vorliegenden Unterlagen sowie deren Prüfbericht unter Verweis auf Betriebsgeheimnisse der betreffenden Firma nicht veröffentlicht wurden.[1454]

Gerügt wurde von den Beschwerdeführenden unter anderem, dass die Vertrauenswürdigkeit der in den Wahlgeräten installierten Software nicht öffentlich kontrollierbar sei,[1455] insbesondere sei die Software weder quelloffen noch könne eine Manipulation der Wahlgeräte, die bei einer rechnergestützten Wahl einen erheblich größeren Einfluss auf den Ausgang der Wahl zeitigen könne als vorstellbare Manipulationen von Urnenwahlen, sicher ausgeschlossen werden.[1456]

Das BVerfG folgte dieser Argumentation und hob hervor, dass weder die Wahlorgane noch die Bürger nachvollziehen konnten, „ob die abgegebenen gültigen Stimmen den Wahlvorschlägen zutreffend zugeordnet und die auf die einzelnen Wahlvorschläge insgesamt entfallenden Stimmen zutreffend ermittelt wurden. [...]. Eine öffentliche Nachprüfung, durch die die Bürger

1449 BVerfGE 123, 39 (40).
1450 BGBl. I 1993, S. 1288, 1594, damals zuletzt geändert durch die Achte Zuständigkeitsanpassungsverordnung v. 25.11.2003, BGBl. I S. 2304.
1451 BGBl. I 1975, S. 2459, damals zuletzt geändert durch Verordnung v. 20.04.1999, BGBl. I S. 749.
1452 BVerfGE 123, 39 (42 ff.).
1453 Bundesanzeiger Nr. 158 vom 23. August 2005, S. 12747 f.; so BVerfGE 123, 39 (47)).
1454 BVerfGE 123, 39 (47).
1455 BVerfGE 123, 39 (49).
1456 BVerfGE 123, 39 (49 f.).

die Ermittlung des Wahlergebnisses selbst und ohne besonderes technisches Vorwissen zuverlässig hätten nachvollziehen können, war dadurch ausgeschlossen."[1457] Das Verfassungsgericht hob hervor, dass der Wahlvorgang für die Wahl der Volksvertretung wesentlich für die repräsentative Demokratie sei und die Beachtung der Wahlrechtsgrundsätze sowie das Vertrauen in deren Beachtung daher Grundvoraussetzungen für eine funktionierende Demokratie seien.[1458] Die Wahl sei Sache des ganzen Volkes und somit müsse auch deren Kontrolle allen Bürgern möglich sein:[1459] „Jeder Bürger muss die zentralen Schritte der Wahl ohne besondere technische Vorkenntnisse zuverlässig nachvollziehen und verstehen können. Die Öffentlichkeit der Wahl ist auch im Rechtsstaatsprinzip angelegt. Rechtsstaatlich begründete Öffentlichkeit dient der Transparenz und Kontrollierbarkeit staatlicher Machtausübung."[1460]

Der VerfGH des Saarlandes zog diese Entscheidung in einem viel kritisierten Urteil aus dem Jahr 2019 zur Zulässigkeit der Nutzung von Ergebnissen eines Geschwindigkeitsmessgerätes in einem Bußgeldverfahren heran.

Der Verfassungsgerichtshof sah in der Tatsache, dass die Software des konkreten Modells des Messgerätes keine Rohmessdaten speicherte, sondern allein die berechnete Geschwindigkeitsübertretung und daher im Nachhinein nicht mehr überprüft werden könne, ob die Software exakt gerechnet habe, einen Verstoß gegen das Grundrecht auf ein faires gerichtliches Verfahren, das das Grundrecht auf effektive Verteidigung beinhalte.[1461]

Zur Begründung führte er unter anderem die Entscheidung des BVerfG zum Einsatz von Wahlcomputern an, indem er die dort enthaltene Aussage, die rechtsstaatlich gebotenen Öffentlichkeit der Wahl diene der Transparenz und Kontrollierbarkeit staatlicher Machtausübung,[1462] zu folgender Aussage verallgemeinerte: „Rechtsstaatlichkeit verlangt nämlich auch die Transparenz und Kontrollierbarkeit *jeder* staatlichen Machtausübung".[1463] Dies zeige, dass in einem „rechtsstaatlichen Verfahren die grundsätzliche Möglichkeit der Nachprüfbarkeit einer auf technischen Abläufen und Algorithmen beruhenden Beschuldigung" gegeben sein müsse, was er mit einem

1457 BVerfGE 123, 39 (85 f.).
1458 BVerfGE 123, 39 (68 f.).
1459 BVerfGE 123, 39 (69).
1460 BVerfGE 123, 39 (69).
1461 VerfGH SL, NZV 2019, 414 (417 ff.).
1462 BVerfGE 123, 39 (69).
1463 VerfGH SL, NZV 2019, 414 (419 Rn. 48), Kursivhervorhebung durch Verf.

Vergleich zu DNA- und Blutprobenergebnissen untermauerte, die ebenfalls noch zu einer unabhängig nachvollziehbaren Überprüfung zur Verfügung stünden.[1464]

Dieser weite Bogen des Verfassungsgerichtshofes von dieser, den Grundsatz der Öffentlichkeit der Wahl betreffenden Entscheidung, hin zu einer nötigen nachträglichen Nachprüfbarkeit einer auf technischen Abläufen und Algorithmen beruhenden „Beschuldigung" wurde von der Literatur in Frage gestellt.[1465] Insbesondere der herangezogene Vergleich mit anderen Beweismitteln wurde stark kritisiert: So ist es etwa in einem Ermittlungsverfahren durchaus üblich, dass ein Beweismittel durch seine Auswertung (man denke an winzigste Blut- oder DNA-Spuren) vernichtet wird.[1466] Dies stellt ein nachfolgendes Strafverfahren, das sich auf diese Auswertung stützt, jedoch rechtsstaatlich nicht infrage, solange es keine konkreten Anhaltspunkte für eine Beweismanipulation gibt.[1467]

Aus diesem Grund ist Vorsicht geboten, die Aussagen des BVerfG zu den Wahlgrundsätzen und der dort geforderten Transparenz und besonderer Nachvollziehbarkeit zu verallgemeinern.[1468]

Zwar griff die jüngere verfassungsrechtliche Rechtsprechung die Geltung des Rechts auf ein faires Verfahren im Bußgeldverfahren auf und beanstandete insoweit auch die Nichtgewährung staatlicher Informationen im Zusammenhang standardisierter Messverfahren.[1469] Allerdings wurde vorausgesetzt, dass die Informationen bei der Behörde vorhanden waren.[1470] Darüberhinausgehende Aussagen zu einer notwendigen besonderen Transparenz technik-unterstützter Entscheidungen trafen die Gerichte (bislang) nicht.

1464 VerfGH SL, NZV 2019, 414 (419 Rn. 49).

1465 *Hartmann,* SVR 2019, 351 (357).

1466 Anm. *Krenberger* zu VerfGH SL, NZV 2019, 414, 421 (421).

1467 S. Anm. *Krenberger* zu VerfGH SL, NZV 2019, 414, 421 (421 f.); s. auch BGHSt 28, 235 ff.

1468 Dennoch kann die Entscheidung für die Grenzen der Einbindung Privater eine gewisse Rolle spielen, so auch *Ernst,* Der Grundsatz digitaler Souveränität, 2020, S. 30 f.

1469 BVerfG, stattgebender Kammerbeschl. v. 04.05.2021, 2 BvR 277/19, Rn. 5, juris; VerfGH Rheinland-Pfalz, NStZ 2022, 236 ff. mAnm. *Sandherr.*

1470 BVerfG, stattgebender Kammerbeschl. v. 04.05.2021, 2 BvR 277/19, Rn. 5, juris; VerfGH Rheinland-Pfalz, NStZ 2022, 236 (236 f. Rn. 37 ff.) unter Betonung der Grenzen dieses Informationsanspruchs.

(2) Das BVerfG zur elektronischen Aufenthaltsüberwachung

Deutlich relevanter stellt sich in dem zu untersuchenden Zusammenhang der erst kürzlich ergangene Beschluss des BVerfG zur elektronischen Aufenthaltsüberwachung dar.[1471]

Nachdem die fortgesetzte Sicherungsverwahrung in Deutschland in der damaligen Ausgestaltung im Jahr 2009 durch den EGMR als konventionsrechtswidrig eingestuft wurde,[1472] entschloss man sich, bei entsprechendem Rückfallrisiko eine längerfristige Überwachung der als nach wie vor gefährlich eingestuften Personen durchzuführen.[1473] Um diese zu erleichtern und auf eine gesetzliche Grundlage zu stellen, wurde schließlich eine Befugnis zur Anordnung einer elektronischen Aufenthaltsüberwachung als Kompensation für die weggefallene Sicherungsverwahrung mit dem Gesetz zur Neuordnung des Rechts der Sicherungsverwahrung und zu begleitenden Regelungen v. 22.12.2010[1474] eingeführt.[1475]

Diese Aufenthaltsüberwachung wird durch äußeres Anlegen eines kleinen technischen Empfangsgerätes am Körper im Knöchelbereich erreicht, indem diese sog. *elektronische Fußfessel*[1476] regelmäßig ein GPS-Signal erreicht, das über Mobilfunk an die überwachenden Behörde gesendet wird,

1471 BVerfGE 156, 63 ff.

1472 EGMR, Urt. v. 17.12.2009, 19359/04, M. gegen Deutschland = NJW 2010, 2495 ff.

1473 BVerfGE 156, 63 (65 f. Rn. 3); in der Praxis wurde dazu zunächst eine kosten- und ressourcenintensive 24h-Oberservation durch Polizeikräfte durchgeführt, *Kaiser,* Auf Schritt und Tritt – die elektronische Aufenthaltsüberwachung, 2016, S. 40 f.

1474 BGBl. I 2010, S. 2300 ff. Die konkrete Befugnisnorm findet sich in Artikel 1 Nr. 6 des Gesetzes, § 68b I 1 Nr. 12, S. 3 StGB, BGBl. I 2010, 2300 (2301 f.).

1475 BT-Drucks. 17/3403, S. 1 f., 13 f.; BT-Drucks. 17/4062, S. 1. Später wurde diese neue Form der Aufenthaltsüberwachung auch als präventive Maßnahme etabliert durch Schaffung einer entsprechenden Befugnis zur präventiven elektronischen Aufenthaltsüberwachung in § 56 BKAG durch das Gesetz zur Neustrukturierung des Bundeskriminalamtsgesetzes v. 1.6.2017, BGBl. I 2017, S. 1354 (1381 f.), dazu eingehend *Guckelberger,* DVBl. 2017, 1121 ff.

1476 So der eigentlich umgangssprachliche Begriff (so *Graulich,* in: Lisken/Denninger, HB des Polizeirechts, 6. Aufl. 2018, E. Rn. 455), der sich jedoch in Anführungszeichen sogar in einem Normtexten wiederfindet, s. § 16 Abs. 3 Satz 5 HessJStVollzG, ebenso in Urteilen, etwa in BVerfGE 156, 63 (137 Rn. 254); BGH, NStZ-RR 2014, 172 ff. und in der Literatur, etwa *Lindner/Bast,* DVBl. 2017, 290 ff., oftmals aufgegriffen wird. Die Begrifflichkeit weckt jedoch starke Assoziation zu dem physischen Zwangsmittel einer Fessel und damit einer direkten Einschränkung der Bewegungsfreiheit und ist daher kritisch zu sehen, so auch *Guckelberger,* DVBl. 2017, 1121 (1121); *Kaiser,* Auf Schritt und Tritt – die elektronische Aufenthaltsüberwachung, 2016, S. 11; *Brauneisen,* StV 2011, 311 (312).

sodass der Aufenthaltsort des Trägers mit einer Genauigkeit bis auf wenige Meter bestimmt werden kann.[1477] Die Auswertung der technischen Funksignale und Störmeldungen der Fußfesseln wurde von den Bundesländern per Staatsvertrag der Gemeinsamen elektronischen Überwachungsstelle der Länder (GÜL) anvertraut, die bei der Gemeinsamen IT-Stelle der Hessischen Justiz angesiedelt ist.[1478] Unterstützt wird die Überwachungsstelle von der Hessischen Zentrale für Datenverarbeitung (HZD).[1479]

Von den Beschwerdeführern wurde gerügt, dass die Erhebung und Speicherung der Daten in den Händen des HZD liege und die dazugehörige Software von einem israelischen Unternehmen stamme, das nicht einmal der deutschen Rechtsaufsicht unterliege.[1480] Die elektronische Aufenthaltsüberwachung dürfe jedoch nicht in die Hände Privater gelegt werden, dies sei eine unzulässige Privatisierung des Maßnahmenvollzugs.[1481]

Die genutzte Überwachungstechnik stammt tatsächlich ursprünglich von einem Tochterunternehmen des israelischen Unternehmens Attenti Holdings,[1482] das 2010 von 3M aufgekauft wurde.[1483] Dieses Unternehmen ist nach eigener Website-Information ein globaler Multitechnologiekonzern mit Hauptsitz in den USA und Niederlassungen in Europa, insbesondere auch Deutschland.[1484] Die genutzte Auswertungssoftware von 3M, von der anzunehmen ist, dass sie sich nicht grundlegend von der ursprünglichen Software unterscheidet, enthält Kartenmaterial, die Möglichkeit, bestimmte Ge- und Verbotszonen einzurichten, und kann zurückgelegte Wege grafisch

1477 *Guckelberger*, DVBl. 2017, 1121 (1122); *Bräuchle*, Die elektronische Aufenthaltsüberwachung gefährlicher Straftäter im Rahmen der Führungsaufsicht, Tükrim 37 (2016), S. 17.

1478 HessLT-Drucks. 18/4656, S. 5, s. Artikel 1 und 2 des Staatsvertrages, Anlage S. 3 ff. Dazu auch BVerfGE 156, 63 (69 f. Rn. 10 f.).

1479 HessLT-Drucks. 18/4656, S. 5 f., s. Artikel 3 Abs. 4 des Staatsvertrages, Anlage S. 6; BVerfGE 156, 63 (69 Rn. 10).

1480 BVerfGE 156, 63 (92 Rn. 97).

1481 BVerfGE 156, 63 (92 Rn. 97, 99).

1482 *Bräuchle*, Die elektronische Aufenthaltsüberwachung gefährlicher Straftäter im Rahmen der Führungsaufsicht, Tükrim 37 (2016), S. 17 Fn. 169.

1483 S. *Ziegler*, 3M kauft im Sicherheitssegment kräftig zu, heise online v. 31.08.2010; *Sawall*, Klebezettelhersteller 3M setzt auf elektronische Fußfesseln, golem.de v. 01.09.2010; dazu auch *Bräuchle*, Die elektronische Aufenthaltsüberwachung gefährlicher Straftäter im Rahmen der Führungsaufsicht, Tükrim 37 (2016), S. 17 Fn. 169.

1484 https://www.3mdeutschland.de/3M/de_DE/presse-de/pressemeldungen/ganzemeldung/?storyid=299410d0-aea3-4fe9-80ac-d331a5c16845, zuletzt abgerufen am 24.10.2022.

darstellen.[1485] Die gesendeten Standortsignale werden automatisch mit den hinterlegten Zonen abgeglichen.[1486] Befindet sich die überwachte Person im Frequenzbereich der sog. Home Unit in der eigenen Wohnung, so wird die GPS-Funktion des Empfangsgerätes automatisch deaktiviert, sodass die überwachende Behörde nur weiß, dass sich die Person in der Wohnung/im Haus befindet, aber nicht genau wo.[1487] Betritt die überwachte Person eine zuvor eingerichtete Verbotszone, kann zum einen die überwachte Person mittels Vibration des Empfangsgeräts gewarnt werden,[1488] andererseits geht eine technische Meldung, auch Ereignismeldung genannt, bei der GÜL ein.[1489] Diese bewertet zunächst die eingegangene Meldung insb. durch Verifizierung (gerade in der Anfangszeit gab es sehr viele „Fehlalarme“)[1490] in der Regel durch Kontaktaufnahme mit der überwachten Person.[1491] Sollte eine Intervention nötig sein, informiert sie die jeweils zuständigen Behörden, die die notwendigen Maßnahmen der Führungsaufsicht bzw. Gefahrenabwehr letztendlich durchführen.[1492]

In der Begründung zum Staatsvertrag wird klargestellt, dass bereits die Bewertung der Situation (nach einer Meldung des Systems) und die mögliche sich anschließende Weitergabe dieser Meldung sowie von Standortdaten an die zuständigen Stellen eine hoheitliche Tätigkeit darstellt.[1493] Der gerügte Softwareeinsatz bewegt sich jedoch noch im Vorfeld dieser hoheitlichen Tätigkeiten und weit im Vorfeld von konkreten (Eingriffs-)Maßnahmen gegenüber den einzelnen Bürgern. Die Software stellt lediglich Informationen zur Verfügung, die zu einer hoheitlichen Entscheidung den entscheidenden Anlass geben können. Damit ist die Situation schon deutlich vergleichbarer mit der des Predictive Policing, wobei die hier zur Ver-

1485 *Bräuchle,* Die elektronische Aufenthaltsüberwachung gefährlicher Straftäter im Rahmen der Führungsaufsicht, Tükrim 37 (2016), S. 18 unter Verweis auf unveröffentlichte Produktinformationen des Herstellers.

1486 *Haverkamp/Schwedler/Wößner,* NK 24 (2012), 62 (62).

1487 *Bräuchle,* Die elektronische Aufenthaltsüberwachung gefährlicher Straftäter im Rahmen der Führungsaufsicht, Tükrim 37 (2016), S. 18; *Guckelberger,* DVBl. 2017, 1121 (1122).

1488 *Bräuchle,* Die elektronische Aufenthaltsüberwachung gefährlicher Straftäter im Rahmen der Führungsaufsicht, Tükrim 37 (2016), S. 18.

1489 *Haverkamp/Schwedler/Wößner,* NK 24 (2012), 62 (62).

1490 *Guckelberger,* DVBl. 2017, 1121 (1122).

1491 HessLT-Drucks. 18/4656, S. 5, s. Artikel 2 des Staatsvertrages, Anlage S. 4.

1492 HessLT-Drucks. 18/4656, S. 5; s. Artikel 2 des Staatsvertrages, Anlage S. 4 f.; *Haverkamp/Schwedler/Wößner,* NK 24 (2012), 62 (62).

1493 HessLT-Drucks. 18/4656, S. 6.

fügung gestellten Informationen bereits konkret einen einzigen möglichen Adressaten betreffen.

Das BVerfG setzt sich mit dem Vorbringen der Beschwerdeführer in Bezug auf den Einsatz nichtstaatlicher Software eher knapp auseinanderzusetzen. Es prüfte eine Verletzung des Funktionsvorbehalts nach Art. 33 Abs. 4 GG an, lehnte eine solche jedoch wegen fehlender Übertragung von hoheitlichen Aufgaben auf Private ab.[1494] Die Erhebung und Speicherung beim HZD sei wegen der Qualifizierung als Landesbetrieb nicht zu beanstanden und auch die gemeinsame Aufgabenerledigung der Länder über die GÜL sei durch den entsprechenden Staatsvertrag verfassungsrechtlich abgesichert.[1495] „Eine Übertragung hoheitlicher Aufgaben an Private ist damit nicht verbunden."[1496] Was das Vorbringen bezüglich des Einsatzes einer Software eines Privatunternehmens anbelangt, stellte das BVerfG auch hier fest, dass damit keine Übertragung von Hoheitsgewalt einhergehe.[1497] Es betonte insbesondere, dass sich aus dem Vorbringen der Beschwerdeführer nicht ergebe, ob und inwieweit das Entwicklungsunternehmen etwa durch Einrichtung und Wartung des Systems Zugang zu den erhobenen und gespeicherten Daten erhalten könne.[1498]

Dass ein solches substantiiertes Vorbringen mangels Zugangs des Bürgers[1499] zu den entsprechenden Informationen wohl kaum je gelingen kann, klammert das BVerfG dabei aus.

(3) Die oberlandesgerichtliche Rechtsprechung zur Verkehrsüberwachung durch Private

Als letztes soll ein Blick auf die mittlerweile ausgeprägte Rechtsprechung zum Einsatz von privater Technik und von Privatpersonen bei der Verkehrsüberwachung und ihren Einfluss auf das anschließende Bußgeldverfahren geworfen werden. Auch wenn das Bußgeldverfahren repressives Staatshandeln darstellt, stellten die Oberlandesgerichte im Zuge der Rechtsprechungsentwicklung einige Aussagen auf, die möglicherweise modifi-

1494 BVerfGE 156, 63 (156 Rn. 312).

1495 BVerfGE 156, 63 (156 Rn. 313).

1496 BVerfGE 156, 63 (156 Rn. 313).

1497 BVerfGE 156, 63 (156 f. Rn. 314).

1498 BVerfGE 156, 63 (156 Rn. 314).

1499 Denkbar wäre sogar eine entsprechende Informationslücke auf staatlicher Seite wegen Betriebs- und Geschäftsgeheimnis des Softwareunternehmens, s. dazu etwa allg. *Ernst*, Der Grundsatz digitaler Souveränität, 2020, S. 43 sowie unter C. II. 3.

ziert auch für die präventive Involvierung von Privaten bzw. privat entwickelter Software fruchtbar gemacht werden können.

In den letzten Jahren ist wieder vermehrt der Trend zu beobachten, dass die Städte und Gemeinden für die Überwachung des fließenden Verkehrs,[1500] insbesondere durch Geschwindigkeitsmessungen, private Dienstleister einsetzen. Die Ausgestaltung ist dabei durchaus unterschiedlich und variiert vor allem in dem Ausmaß, in dem die Privaten beteiligt sind, insbesondere auch hinsichtlich der Involvierung im anschließenden Bußgeldverfahren. So steht zum einen oftmals das eingesetzte Messgerät nicht im Eigentum der jeweils zuständigen Stelle, sondern wird von einem Privatunternehmen zur Verfügung gestellt bzw. gemietet.[1501] Teilweise wird die Messung selbst durch private Dienstleister durchgeführt.[1502] Anschließend kann es sogar sein, dass (auch) die Aufbereitung und Auswertung der Messdaten durch diese Privaten mittels deren eigener Software erfolgt und der Behörde nur die aufbereiteten Daten zur Verfügung gestellt werden.[1503] Es kam sogar vor, dass auch die Auswertung der Daten bei den privaten Dienstleistern erfolgte und nur diese ausgewerteten und somit bereits vorselektierte Daten mitgeteilt wurden.[1504] Dieses sukzessive aus der Hand Geben der Kontrolle über die Geschwindigkeitsmessungen und dem anschließenden Bußgeldverfahren beschäftigt daher die Oberlandesgerichte mit der Frage, ob eine Beteiligung von Privaten bei der Verkehrsüberwachung zulässig ist und ab wann wegen Einbeziehen von Privaten die Grenze zur Unverwertbarkeit der durch sie gesammelten Daten für staatliche Sanktionsmaßnahmen überschritten ist, also ein Beweisverwertungsverbot angenommen werden muss.[1505] Meistens bleibt in diesen Entscheidungen die dogmatische Herleitung eines solchen Beweisverwertungsverbots offen. Denn aus einer fehlerhaften Beweiserhebung darf nicht automatisch auf ein

1500 Zur unzulässigen Überwachung des ruhenden Verkehrs durch Private OLG Frankfurt a.M., NJW 2020, 696 ff.

1501 OLG Frankfurt a.M., NJW 1995, 2570 (2570); NStZ 2017, 588 (588); NStZ-RR 2020, 53 (54); OLG Saarbrücken, NStZ 2018, 480 (480); BayObLG, NStZ-RR 2020, 92 (92, 94).

1502 OLG Frankfurt a.M., NJW 1995, 2570 (2570); NStZ 2017, 588 (588); NStZ-RR 2020, 53 (54); BayObLG, NStZ-RR 2020, 92 (93).

1503 OLG Rostock, Beschl. v. 17.11.2015, 21 Ss OWi 158/15 (B), Rn. 2 juris = ZD 2016, 139 (139); OLG Frankfurt a.M., NStZ 2017, 588 (589).

1504 OLG Frankfurt a.M., NStZ 2017, 588 (589).

1505 S. dazu auch *Graulich*, in: Lisken/Denninger, HB des Polizeirechts, 7. Aufl. 2021, E. Rn. 10.

Beweisverwertungsverbot geschlossen werden.[1506] Nichtsdestotrotz ist eine gesetzeswidrige Beweiserhebung Voraussetzung für ein Beweisverwertungsverbot.[1507]

(a) Die Rechtsprechungsentwicklung bis einschließlich 2015

Besonders häufig hatte bisher das OLG Frankfurt am Main die Gelegenheit, sich mit der Frage der Zulässigkeit der Beteiligung privater Dienstleister bei Geschwindigkeitsmessungen und der anschließenden Verwertungsmöglichkeit der dadurch erzielten Beweisergebnisse zu beschäftigten. Bereits 1995 ging es der Frage nach, inwieweit private Dienstleister in die Geschwindigkeitsmessungen im Vorfeld eines Bußgeldverfahrens involviert werden dürfen und unter welchen Bedingungen ein Beweiserhebungs- oder gar ein Beweisverwertungsverbot anzunehmen ist. [1508] Das erstinstanzlich gegen einen Bußgeldbescheid wegen Geschwindigkeitsübertretung angerufene Amtsgericht Alsfeld hatte ein Beweisverwertungsverbot bzgl. der Messergebnisse angenommen, weil die Geschwindigkeitsmessung ausschließlich durch einen privaten Dienstleister durchgeführt worden sei.[1509] Das Messgerät war von einem Privatunternehmen gemietet worden, was grds. nach einem Ministeriumserlass zulässig war, jedoch nur dann, wenn die Messung selbst durch kommunale Bedienstete durchgeführt wurde.[1510] Im Fall hatte jedoch ein Angestellter des Unternehmens, das das Messgerät zur Verfügung gestellt hatte, die Messung vollständig selbstständig durchgeführt.[1511] Zwar war auch eine Hilfspolizeibeamtin bei der Messung zugegen, allerdings verstand diese die technischen Abläufe der Geschwindigkeitsmessung nicht und war völlig auf die Sachkunde des Privaten angewiesen.[1512] Das

1506 St. Rspr., BGHSt 19, 325 (331); 24, 125 (128); 31, 304 (307); 38, 214 (219); 56, 127 (132 f. Rn. 13); BGH, NStZ 2019, 227 (228); Urt. v. 20.10.2021, 6 StR 319/21, Rn. 25 juris; OLG Rostock, Beschl. v. 17.11.2015, 21 Ss OWi 158/15 (B) mAnm. *Krenberger,* jurisPR-VerkR 5/2016 Anm. 4 unter C., juris; *Radtke,* NZV 1995, 428 (430); eingehend zur im Detail hochumstrittenen Frage der Beweisverbote *Koriath,* Über Beweisverbote im Straßprozeß, 1994, S. 30 ff., 63 ff.

1507 *Radtke,* NZV 1995, 428 (429).

1508 OLG Frankfurt a.M., NJW 1995, 2570 ff.

1509 AG Alsfeld, NJW 1995, 1503 ff.

1510 Erlass des hessischen Ministeriums des Innern v. 5.8.1988, Az: III A 21-66k, wiedergegeben in AG Alsfeld, NJW 1995, 1503 (1505).

1511 AG Alsfeld, NJW 1995, 1503 (1505).

1512 AG Alsfeld, NJW 1995, 1503 (1505).

Amtsgericht sah darin eine Übertragung von Verfolgungskompetenzen ohne Erlaubnis und eine bewusste Handlung entgegen der bindenden Anordnung der vorgesetzten Behörde und somit einen offenkundigen und schwerwiegenden Rechtsverstoß, der zu einem Beweisverwertungsverbot führe.[1513]

Das OLG Frankfurt a.M. gab der dagegen gerichteten Rechtsbeschwerde der Staatsanwaltschaft statt.[1514] Es gab dem Amtsgericht insofern Recht, dass die Verkehrsüberwachung eine hoheitliche Aufgabe darstelle und in einem Fall wie vorliegend, soweit bei einer Geschwindigkeitsmessung die anwesende Hilfspolizistin weder Einfluss auf die Abläufe der Geschwindigkeitsmessung noch Ahnung von derselben habe, keine hoheitliche Tätigkeit mehr vorliege.[1515] Das OLG entschied damals jedoch, dass die getätigten Feststellungen des Amtsgericht nicht ausreichten, um ein Beweisverwertungsverbot anzunehmen.[1516]

Auch das Bayerische Oberste Landesgericht (BayObLG) befasste sich bereits 1997 mit der (Un-)Zulässigkeit von Geschwindigkeitsmessungen durch Privatunternehmen.[1517] Auch hier hatte das gegen einen Bußgeldbescheid angerufene Amtsgericht ein Beweisverwertungsverbot angenommen, nachdem die Geschwindigkeitsmessung durch einen Angestellten desjenigen Privatunternehmens durchgeführt wurde, das auch das Messgerät zur Verfügung stellte, und per Arbeitnehmerüberlassungsvertrag für drei Stunden pro Woche der Gemeinde zur Verfügung stand.[1518] Auch hier erhob die Staatsanwaltschaft Rechtsbeschwerde gegen die Annahme eines Beweiserhebungs- und Verwertungsverbotes.[1519]

Das BayObLG stellte dazu fest, dass zwar zutreffend von einem Beweiserhebungsverbot, jedoch nicht von einem Beweisverwertungsverbot auszugehen sei.[1520] Das Amtsgericht habe zu Recht festgestellt, dass die Gemeinde mangels gesetzlicher Ermächtigung nicht befugt war, ein privates Unternehmen mit der Messung, Registrierung und Dokumentation von Geschwindigkeitsverstößen zu beauftragen, auch wenn die Gemeinde vorgab, wann, wo und wie lange gemessen wurde und auch die Auswertung

1513 AG Alsfeld, NJW 1995, 1503 (1506).
1514 OLG Frankfurt a.M., NJW 1995, 2570 (2570).
1515 OLG Frankfurt a.M., NJW 1995, 2570 (2570).
1516 OLG Frankfurt a.M., NJW 1995, 2570 (2571).
1517 BayObLG, NZV 1997, 276 ff.
1518 BayObLG, NZV 1997, 276 (276).
1519 BayObLG, NZV 1997, 276 (277).
1520 BayObLG, NZV 1997, 276 (277).

der Daten selbst übernahm.[1521] Das Oberste Landesgericht führte aus, dass „Maßnahmen der Geschwindigkeitsüberwachung und die Ermittlung und Verfolgung der sich daraus ergebenden Verkehrsverstöße [...] zum Gesamtkomplex der öffentlichen Sicherheit und damit zum Kern der originären Staatsaufgaben [gehören]", und daher gem. Art. 33 Abs. 4 GG Beamten vorbehalten sind.[1522] Weiter stellte es fest: „In Fällen, in denen Hoheitsaufgaben vom Staat nicht selbst vorgenommen werden müssen, kann sich der Verwaltungsträger zu deren Wahrnehmung unter Umständen zwar privatrechtlicher Formen bedienen, ohne daß es zu einer Aufgabenverlagerung kommt (organisationsmäßige Privatisierung [...]). *Auf dem Gebiet der öffentlichen Sicherheit kann aber eine solche Privatisierung in aller Regel nur in der Gestalt der Beleihung Privater erfolgen,* die einer gesetzlichen Ermächtigung bedarf."[1523] Die Qualifizierung als bloße Verwaltungshilfe komme nicht in Betracht, da die planmäßige Ermittlung und Dokumentation von Geschwindigkeitsverstößen *in unmittelbarem Zusammenhang* mit der funktionell originären Staatsaufgabe der Verfolgung und Ahnung von Ordnungswidrigkeiten stehen, denn die hoheitliche Sanktion baue direkt auf den Messergebnissen auf.[1524] Daher seien systematische Geschwindigkeitsmessungen durch beauftragte Privatunternehmen als Übernahme funktionell originärer Staatsaufgaben und nicht als bloß technische Hilfeleistung zu qualifizieren.[1525] Dies sei jedoch nicht ohne weiteres offensichtlich, weshalb ein willkürliches Handeln der Behörde und somit ein gravierender Verfahrensverstoß als Voraussetzung für ein Beweisverwertungsverbot nicht angenommen werden könne.[1526]

Während sich diese beiden frühen oberlandesgerichtlichen Beschlüssen vornehmlich mit der Frage beschäftigten, inwieweit Private bei der Durchführung der Messung selbst einbezogen werden dürfen, musste sich das OLG Rostock 2015 mit einer anderen Art der Einbeziehung Privater beschäftigen. Hier wurden die Rohmessdaten zur Auswertung an einen privaten Dienstleister übermittelt und die Behörde erhielt lediglich eine Lichtbilddatei zurück, auf dem Fahrzeug, Kennzeichen und Fahrer zu erkennen waren sowie eine eingeblendete Datenleiste mit den Angaben zu Tatzeit,

1521 BayObLG, NZV 1997, 276 (277).
1522 BayObLG, NZV 1997, 276 (277).
1523 BayObLG, NZV 1997, 276 (277), Kursivhervorhebung durch Verf.
1524 BayObLG, NZV 1997, 276 (277).
1525 BayObLG, NZV 1997, 276 (277).
1526 BayObLG, NZV 1997, 276 (278).

der gemessenen Geschwindigkeit und dem angewandten Messverfahren.[1527] Wer die Daten erhoben hatte, geht aus dem Beschluss nicht hervor. Das gegen einen Bußgeldbescheid sowie ein Fahrverbot angerufene Amtsgericht sprach den Betroffenen frei, weil die Auswertung der Rohmessdaten rechtlich unzulässig von einem Privatunternehmen durchgeführt worden sei und allein die bearbeitete Bilddatei als Beweismittel im Ordnungswidrigkeitenverfahren genutzt wurde.[1528] Das OLG Rostock gab der dagegen gerichteten Rechtsbeschwerde statt.[1529] Weil die Rohmessdaten nach wie vor unverändert im Besitz der Behörde waren und jederzeit einer, ggf. sachverständigen, erneuten Auswertung zugänglich waren, hätte das Amtsgericht eine solche umfassende Sachverhaltsaufklärung durchführen können und auch müssen.[1530]

Darüber hinaus bestünden keine grds. Bedenken gegen die Auswertung durch private Dienstleister, da diese insoweit als Sachverständige bzw. sachverständige Zeugen anzusehen seien, die aufgrund besonderer Sachkunde mittels spezieller Software unter Einhaltung vorgeschriebener Verfahrensweise Rohdaten auswerten bzw. mittels spezieller Technik bestimmte Befunde wahrnehmbar machen können.[1531]

(b) Die jüngere Rechtsprechung des OLG Frankfurt am Main

Besondere Aufmerksamkeit sowohl in Rspr. als auch Literatur hat die jüngere Rechtsprechung des OLG Frankfurt a.M. in diesem Zusammenhang erlangt.

Im ersten Verfahren, das in der sog. Lauterbach-Entscheidung[1532] aus dem Jahr 2017 mündete, ging es um einen Bußgeldbescheid, der darauf beruhte, dass ein Pkw-Fahrer die zulässige Höchstgeschwindigkeit innerorts um 38 km/h überschritten hatte. Die Messung dieser Geschwindigkeit führte jedoch nicht die dafür eigentlich nach § 26 Abs. 1 StVG[1533] i.V.m.

1527 OLG Rostock, Beschl. vom 17.11.2015, 21 Ss OWi 161/15 (B), Rn. 2, juris.
1528 OLG Rostock, Beschl. vom 17.11.2015, 21 Ss OWi 161/15 (B), Rn. 2, juris.
1529 OLG Rostock, Beschl. vom 17.11.2015, 21 Ss OWi 161/15 (B), Rn. 4, juris.
1530 OLG Rostock, Beschl. vom 17.11.2015, 21 Ss OWi 161/15 (B), Rn. 7 ff., juris.
1531 OLG Rostock, Beschl. vom 17.11.2015, 21 Ss OWi 161/15 (B), Rn. 13, juris.
1532 OLG Frankfurt a.M., NStZ 2017, 588 ff.; so benannt etwa in OLG Frankfurt a.M., NStZ-RR 2020, 53 (54); *Brenner*, DAR 2020, 61 (61); *Wolf/Krumm*, NVwZ 2020, 526 (530).
1533 In der damals geltenden Fassung v. 19.07.2007, BGBl. I 2007, S. 1460.

Nr. 2.2. des Erlasses des Hessischen Innenministeriums v. 06.01.2006[1534] zuständige Ortspolizeibehörde durch, sondern ein privater Dienstleister. Aufgrund dessen sprach das zuvor angerufene Amtsgericht den Pkw-Fahrer frei, weil die Beweise für den vorgebrachten Verkehrsverstoß einem Beweisverwertungsverbot unterlägen. Die Staatsanwaltschaft legte gegen dieses Urteil Rechtsbeschwerde ein.[1535]

Das eingesetzte Geschwindigkeitsmessgerät wurde der Stadt, in der die Geschwindigkeitsübertretung gemessen wurde, durch eine juristische Privatperson zur Verfügung gestellt, die auch die Eichung des Gerätes beantragt hatte.[1536] Die Messung selbst erfolgte ebenfalls nicht durch einen eigenen, unmittelbaren Angestellten der Stadt, sondern durch einen Arbeitnehmer der A-GmbH, der mittels Arbeitnehmerüberlassungsvertrag der Stadt überlassen wurde und für 20 Stunden pro Monat für diese tätig ist.[1537] Dieser Angestellte sammelte die Daten der Messgeräte und speiste sie in das System der A-GmbH ein.[1538] Diese GmbH wiederum wertete anschließend die Bilder aus und übersendete dann entsprechend vorsortierte Daten zur endgültigen Auswertung und Entscheidung an die Stadt.[1539] Die letztendliche Einzelentscheidung gegenüber dem Bürger trafen kommunale Bedienstete.[1540] Interessant an dieser Konstellation ist, dass die Vergütung der A-GmbH erfolgsabhängig war, d.h. je mehr Bußgeldverfahren aus dem Einsatz des Messgeräts folgten, desto höher war der Ertrag für den Privaten.[1541]

Im Beschluss v. 26.4.2017 stellte das OLG Frankfurt a.M. zunächst fest, dass „[d]ie Verfolgung und Ahndung von Ordnungswidrigkeiten nach § 47 Abs. 1 OWiG […] als typische Hoheitsaufgabe zum Kernbereich staatlicher Hoheitsausübung [gehört], für die im Fall von Verkehrsordnungswidrigkeiten gemäß § 26 Abs. 1 StVG Behörden oder Polizeidienststellen zuständig sind."[1542]

Weiter führte es aus: „Eine eigenverantwortliche Wahrnehmung dieser Aufgaben durch Privatpersonen ist danach ausgeschlossen. Das schließt al-

1534 HessStAnz 2006, S. 286 ff.
1535 Sachverhalt zusammengefasst aus OLG Frankfurt a.M., NStZ 2017, 588 (588).
1536 OLG Frankfurt a.M., NStZ 2017, 588 (588).
1537 OLG Frankfurt a.M., NStZ 2017, 588 (588).
1538 OLG Frankfurt a.M., NStZ 2017, 588 (588).
1539 OLG Frankfurt a.M., NStZ 2017, 588 (588).
1540 OLG Frankfurt a.M., NStZ 2017, 588 (588).
1541 OLG Frankfurt a.M., NStZ 2017, 588 (588).
1542 OLG Frankfurt a.M., NStZ 2017, 588 (588).

lerdings grds. nicht aus, dass die Verwaltungsbehörde sich technischer Hilfe durch Privatpersonen bedient, solange sie Herrin des Verfahrens bleibt [...]. Die technische Hilfe von Privatpersonen bei Ermittlungshandlungen muss einen sachlichen Grund haben, darf nicht missbräuchlich sein und vor allem nicht in Bereiche eingreifen, die ausschließlich dem Hoheitsträger vorbehalten sind."[1543]

Im Ergebnis stellte das OLG in Bezug auf den konkreten Fall fest, dass durch dieses „Rundum-Sorglospaket", das die Stadt bei der A-GmbH in Anspruch nahm, eine fast vollständige Übertragung gesetzlich auferlegter Pflichten auf Private erfolge.[1544] Das primäre Beweismittel der digitalisierten Falldatei mit Messbild und Messwerten stehe zu keinem Zeitpunkt unter der Kontrolle des Hoheitsträgers, weshalb die bußgeldverhängende Behörde nicht mehr ohne weiteres die Authentizität des Beweismittels garantieren könne.[1545] Da eine Vorauswertung und Vorsortierung durch die A-GmbH erfolge und nur die umgewandelten und ausgewerteten Dateien an die Stadt geschickt würden, sei die Annahme, dass die Stadt „selbstständig" über die Einleitung eines Bußgeldverfahrens entscheide nur geeignet, eine für den Betroffenen und die Gerichte täuschende Fassade zu errichten.[1546] Eine nochmalige selbstständige Prüfung der Dateien sei lebensfremd und könne angesichts der nur zur Verfügung stehenden aufbereiteten Dateien auch keine tragfähige Prüfung darstellen.[1547] Aus diesem Grunde seien die Beweismittel nicht auf rechtsstaatliche Weise erzielt und bewertet worden.[1548] Das OLG mahnte eindrücklich an, dass die Ordnungsbehörde Herrin des Verfahrens und auch Herrin des durch die Messanlage gewonnen Beweismittels sein müsse.[1549] Nichtsdestotrotz lehnte das OLG ein Beweisverwertungsverbot im Ergebnis ab, da aus den erzeugten digitalen Falldateien grds. die Messung rekonstruiert werden könne und jede Form der Manipulation an den Dateien nachweisbar sei, sodass sich die Authentizität der Daten wiederherstellen lasse und eine erneute Auswertung und somit eine rechtsstaatliche Beweisführung nachholbar war.[1550]

1543 OLG Frankfurt a.M., NStZ 2017, 588 (589).
1544 OLG Frankfurt a.M., NStZ 2017, 588 (589).
1545 OLG Frankfurt a.M., NStZ 2017, 588 (589).
1546 OLG Frankfurt a.M., NStZ 2017, 588 (589).
1547 OLG Frankfurt a.M., NStZ 2017, 588 (589).
1548 OLG Frankfurt a.M., NStZ 2017, 588 (589).
1549 OLG Frankfurt a.M., NStZ-RR 2017, 188 (190).
1550 OLG Frankfurt a.M., NStZ 2017, 588 (590).

Die besondere technische Ausgestaltung des Messgerätes und die Nachvollziehbarkeit jeglicher Änderungen führte also dazu, dass das OLG nach wie vor eine Auswertung und Entscheidung der zuständigen Behörde für möglich hielt und die Rechtssache zur weiteren Entscheidung zurück ans Amtsgericht verwies. Wäre dies nicht der Fall gewesen und die Authentizität der Daten nicht gewährleistet, so wäre ein Beweisverwertungsverbot wohl angenommen worden. Das OLG stellte somit klar, dass im Kernbereich der hoheitlichen Aufgaben eine Übertragung dieser Aufgaben auf Private auch dann rechtsstaatlich unzulässig ist, wenn die Entscheidung gegen den einzelnen Bürger zwar durch eine Behörde ergeht, diese aber tatsächlich gar keine eigene Auswertung vorgenommen hat und die Entscheidung somit bloßer Reflex war.

In der zweiten Entscheidung aus dem Jahr 2019 bekräftigte das OLG seine Rechtsaufassung zum grds. Ausschluss der Hinzuziehung und Übertragung von Aufgaben an private Dienstleister im Bereich der Verkehrsüberwachung.[1551] In dieser zweiten Entscheidung wurde die Annahme eines Beweisverwertungsverbotes bestätigt.[1552]

Der Senat führte eindrücklich aus, dass die Überwachung des fließenden Verkehrs Kernaufgabe des Staates sei, eine hoheitliche Aufgabe, die unmittelbar aus dem Gewaltmonopol folge und daher ausschließlich Hoheitsträgern, die in einem Treueverhältnis zum Staat stehen, anvertraut sei.[1553] Eine im hoheitlichen Auftrag von einer privaten Person durchgeführte Geschwindigkeitsmessung habe keine Rechtsgrundlage und sei daher gesetzwidrig.[1554] Der Bürger habe einen Anspruch darauf, „dass der Staat die ihm gewährte Macht im Rahmen der ihm gewährten Regelungskompetenz eigenverantwortlich ausübt und nach Prinzipien eines Rechtsstaats gerichtlich überprüfbar rechtfertigt".[1555] Eine Übertragung seiner Regelungs- und Sanktionsmacht erfordere zwingend eine gesetzliche Grundlage, die klar und eindeutig bestimme, was, warum und wie übertragen werde und wie dies kontrolliert werde und sei im Bereich absoluter hoheitlicher Kernaufgaben grundsätzlich ausgeschlossen.[1556] Auch diesmal betonte das Gericht, dass es nicht möglich sei, einen Arbeitnehmerüberlassungsvertrag

1551 OLG Frankfurt a.M., NStZ-RR 2020, 53 (53 Ls. Nr. 4, 54).
1552 OLG Frankfurt a.M., NStZ-RR 2020, 53 (54).
1553 OLG Frankfurt a.M., NStZ-RR 2020, 53 (54).
1554 OLG Frankfurt a.M., NStZ-RR 2020, 53 (54).
1555 OLG Frankfurt a.M., NStZ-RR 2020, 53 (54).
1556 OLG Frankfurt a.M., NStZ-RR 2020, 53 (54).

für solche Zwecke zu schließen und eine Bestellung als Hilfspolizeibeamter scheide mangels Stellung der nach wie vor bei einem privaten Unternehmen angestellten Person als „eigener Bediensteter“ aus.[1557] Hier solle „gewollt nach außen der Anschein erweckt“ werden, dass die Messung durch einen unmittelbar bei der Gemeinde beschäftigten und gesetzeskonform ernannten Hilfspolizisten erfolge, was jedoch im Kern unzutreffend ist.[1558] In diesem Zusammenhang sah sich das OLG gezwungen, der harten Einschätzung des Amtsgerichts zu folgen, das in dem Vorgang eine vorsätzliche Irreführung des Bürger und des Gerichts sah.[1559] Bezüglich des Einsatzes eines „Leihgerätes“, also des bloßen technischen Gerätes eines Privatunternehmens, führte das OLG hingegen aus, dass dies grundsätzlich unproblematisch möglich sei, solange Messung und Auswertung durch die zuständige Behörde erfolgen.[1560]

Der Fokus der zweiten Entscheidung lag eindeutig darin, die gängige Praxis in Hessen zu rügen, die anstelle eigener Bediensteter private Dienstleister mit der Verkehrsüberwachung betraute und so vollständig aus der Hand gab, jedoch nach außen nach wie vor den Anschein erweckte, die Geschwindigkeitsmessung und -auswertung erfolge durch die zuständige Behörde. Bezüglich des Einsatzes von privater Technik als Hilfsmittel beschränkte es sich auf die Aussage, dass dies allein grds. möglich sei.

(c) Die jüngere Rechtsprechung des Bayerischen Obersten Landesgerichts

Das Bayerische Oberste Landesgericht (BayObLG) entschied Ende 2019 einen ganz ähnlichen Fall.[1561] Auch hier war ein Bußgeld auf Grundlage einer Geschwindigkeitsmessung ergangen, die mit einem nicht im Eigentum der für die Überwachung des fließenden Verkehrs zuständigen Stadt stehenden Messegerätes von einem privaten Dienstleister durchgeführt worden war.[1562] Das daraufhin angerufene Amtsgericht nahm unter Bezugnahme auf die Lauterbach-Rspr. des OLG Frankfurt a.M. ein Beweisverwertungsverbot mangels ausreichender Kontroll- und Einflussmöglichkeiten der zuständigen Behörde und des damit verbundenen Verlusts der Stel-

1557 OLG Frankfurt a.M., NStZ-RR 2020, 53 (55).
1558 OLG Frankfurt a.M., NStZ-RR 2020, 53 (56).
1559 OLG Frankfurt a.M., NStZ-RR 2020, 53 (55).
1560 OLG Frankfurt a.M., NStZ-RR 2020, 53 (56).
1561 BayObLG, NStZ-RR 2020, 92 ff.
1562 BayObLG, NStZ-RR 2020, 92 (92).

lung als Herrin des Verfahrens an.[1563] Die Staatsanwaltschaft erhob gegen diese Entscheidung Rechtsbeschwerde zum Obersten Landesgericht.[1564]

Das BayObLG gab dieser Beschwerde statt und widersprach der Annahme eines Beweisverwertungsverbotes.[1565] Es vertritt dabei eine teilweise abweichende Ansicht zum OLG Frankfurt a.M.[1566]

Zunächst in Übereinstimmung mit dem OLG Frankfurt a.M. hob auch das BayObLG hervor, dass Maßnahmen der Geschwindigkeitsüberwachung und der Ermittlung und Verfolgung entsprechender Verstöße als Elemente der öffentlichen Sicherheit zum Kern originärer Staatsaufgaben gehört.[1567] Deshalb dürften sie grundsätzliche nicht auf private Unternehmer übertragen werden.[1568] Die durch Gesetz an die jeweiligen Gemeinden übertragene primäre Verfolgungszuständigkeit mache diese zur „Herrin" des Ermittlungsverfahrens, weshalb eine eigenverantwortliche Wahrnehmung dieser Aufgaben durch Private ausscheide.[1569] Die obergerichtliche Rechtsprechung sei sich jedoch einig, dass auch bei der Verkehrsüberwachung durchaus private Dienstleister herangezogen werden können, sofern die „Herrschaft über die Messung und das Verfahren" bei der zuständigen Gemeinde verbleibe und diese somit „Herrin" des Ermittlungsverfahrens bleibe.[1570] Dazu gehörten insbesondere „Vorgaben über Ort, Zeit, Dauer und Häufigkeit der Messungen, die Kontrolle des Messvorgangs, die Verantwortung für den ordnungsgemäßen Einsatz technischer Hilfsmittel sowie die Kontrolle über die Ermittlungsdaten von deren Generierung bis zur Umwandlung der digitalen Messdaten in die lesbare Bildform und die anschließende Auswertung der Messung [...] und schließlich die Entscheidung, ob und gegen wen ein Bußgeldverfahren einzuleiten ist".[1571]

1563 BayObLG, NStZ-RR 2020, 92 (92).
1564 BayObLG, NStZ-RR 2020, 92 (92).
1565 BayObLG, NStZ-RR 2020, 92 (92).
1566 S. dazu ausführlich und eine entsprechende Divergenzvorlage fordernd, *Pschorr*, jurisPR-StrafR 2/2020 Anm. 3, insbesondere unter A., C. ff.
1567 BayObLG, NStZ-RR 2020, 92 (92).
1568 BayObLG, NStZ-RR 2020, 92 (92).
1569 BayObLG, NStZ-RR 2020, 92 (92), letzteres unter Verweis unter anderem auf die Lauterbach-Entscheidung, OLG Frankfurt a.M., NStZ-RR 2017, 188.
1570 BayObLG, NStZ-RR 2020, 92 (92).
1571 BayObLG, NStZ-RR 2020, 92 (92 f.) unter Verweis auf die obergerichtliche Rechtsprechung aus Frankfurt a.M. und Hamm, OLG Frankfurt a.M., NStZ 2017, 588 ff.; NJW 2016, 3318 ff. mAnm. *Brenner*; NZV 2016, 591 f.; OLG Hamm, DAR 2016, 397 ff. mAnm. *Staub*.

Anders als das OLG Frankfurt a.M. insbesondere in seinem zweiten Urteil betont hatte, das jedoch erst wenige Tage nach der Entscheidung des BayObLG erlassen wurde, sah das BayObLG die Einbeziehung privater Dienstleister nach dem Arbeitnehmerüberlassungsgesetz als grundsätzlich zulässig an.[1572] Sofern die Leiharbeitnehmer „ – unter Aufgabe der Abhängigkeiten und des Weisungsrechts der privaten Entleihfirma – hinreichend in die räumlichen und organisatorischen Strukturen der Gemeinde integriert sowie der für das Verfahren zuständigen Organisationseinheit der Gemeinde zugeordnet und deren Leiter unterstellt sind", sei das Handeln des Leiharbeitnehmers gerade nicht dem entleihenden Unternehmen, sondern unmittelbar der Gemeinde zuzurechnen, sodass insoweit hoheitliche Tätigkeit vorliege.[1573] Dabei sah das Gericht einen solchen Arbeitnehmerüberlassungsvertrag nicht einmal als feste Voraussetzung für die Einbeziehung privater Dienstleister an, sondern legte diejenigen Bedingungen dar, die erfüllt sein müssen, wenn die Verwaltung private Dienstleister zu (technischer) Hilfe heranzieht, ohne dass diese Privatpersonen, wie oben beschrieben, hinreichend in die eigene Organisationseinheit eingegliedert sind. Dazu führte es aus, dass sich die Gemeinde grundsätzlich der Hilfe privater Dienstleister bedienen kann, wenn diese nicht in einen Bereich eingreifen, die ausschließlich hoheitliches Handeln erfordern, und darüber hinaus bei der Ausgestaltung der Hilfe ausreichend sichergestellt ist, dass die Verantwortung für den ordnungsgemäßen Einsatz technischer Hilfsmittel sowohl bei der Messung als auch bei der anschließenden Auswertung der Messdaten bei der Gemeinde selbst verbleibt.[1574] Außerdem müsse die Gemeinde Ort und Zeit der Geschwindigkeitsmessungen selbst festlegen und die Entscheidung, gegen wen tatsächlich ein Bußgeldverfahren eingeleitet wird, dürfe ebenfalls keinesfalls aus der Hand gegeben werden.[1575] Aus diesem Grund müsse die Messung selbst grds. durch eigene Bedienstete erfolgen, zumindest jedoch eine entsprechende nachträgliche Kontrolle durch möglichen Abgleich der bearbeiteten Daten mit den Originaldaten sichergestellt sein, um die Authentizität und Integrität der Messdaten zu

1572 BayObLG, NStZ-RR 2020, 92 (93).
1573 BayObLG, NStZ-RR 2020, 92 (93).
1574 BayObLG, NStZ-RR 2020, 92 (93).
1575 BayObLG, NStZ-RR 2020, 92 (93).

gewährleisten.[1576] Daher ist es unzulässig, solche privaten Dienstleister ein Vorselektieren der Daten nach Beweiseignung vornehmen zu lassen.[1577]

(4) Zusammenfassung der Erkenntnisse aus der Rechtsprechung im Hinblick auf den Einsatz privater Software

Aus diesen Entscheidungen lassen sich nun womöglich allgemeine Kriterien für einen Einsatz von privater Software auf staatlicher Ebene ableiten, die dann, in angepasster Form, auch für den Einsatz von Predictive Policing fruchtbar gemacht werden können.

Der für eine funktionierende Demokratie elementare Wahlrechtsgrundsatz der Öffentlichkeit der Wahl erfordert eine erhöhte Nachvollziehbarkeit aller Vorgänge im Zusammenhang mit der Stimmabgabe und -auszählung.[1578] Die dort geforderte Transparenz und Kontrollierbarkeit staatlicher Machtausübung lässt sich jedoch nicht ohne Weiteres pauschalisieren.[1579] Es muss für den Einzelfall beurteilt werden, inwieweit besonders sensible Machtausübung im Raum steht und welche Maßstäbe an die Kontrollierbarkeit gelegt werden müssen.

Im Zusammenhang mit der elektronischen Aufenthaltsüberwachung und eines möglichen Verstoßes gegen den Funktionsvorbehalt begnügte sich das BVerfG mit der Aussage, dass das Vorbringen der Beschwerdeführer insoweit unzureichend sei und nicht hervorgehe, inwieweit die privaten Entwickler Zugriff auf die Daten hätten.[1580] Eine über Art. 33 Abs. 4 GG hinausreichende Schranke der Beteiligung Privater zieht es nicht in Betracht.[1581] Abzuwarten bleibt, ob das Verfassungsgericht in Zukunft die Problematik erkennt, dass der Einzelne oftmals gar nicht in der Lage sein wird, das Ausmaß des Zugriffs der Entwicklungsbehörden abzuschätzen bzw. darzulegen.

Im Hinblick auf die Einbeziehung privater Dienstleister bei Erfüllung der staatlichen Aufgabe der Verkehrsüberwachung durch Geschwindigkeitsmessungen zur Vorbereitung repressiver Ordnungswidrigkeitsverfah-

---

1576 BayObLG, NStZ-RR 2020, 92 (93).
1577 BayObLG, NStZ-RR 2020, 92 (93).
1578 BVerfGE 123, 39 (68 f.).
1579 S. Anm. *Krenberger* zu VerfGH SL, NZV 2019, 414 ff., 421 (421 f.).
1580 BVerfGE 156, 63 (156 f. Rn. 314).
1581 S. auch *Sachs,* JuS 2021, 472 (473 f.), der Art. 33 Abs. 4 GG als den vom BVerfG allein in Betracht gezogenen Maßstab bezeichnet.

ren sind sich die Oberlandesgerichte in folgenden Punkten weitgehend einig:

Der Einsatz technischer Hilfsmittel, die von Privaten stammen, ist grds. erlaubt, solange sie für die Behörde nachvollziehbare Ergebnisse liefern und nicht in Bereiche eingreift, die ausschließlich hoheitliches Handeln erfordern.[1582]

Die zuständige Behörde muss Herrin des Verfahrens bleiben, d.h. sie muss stets wissen, worauf ihre Entscheidungen basieren und darf auch die Letztentscheidungsmacht nicht aus der Hand geben.[1583] Dies ist jedenfalls dann der Fall, „wenn sich die Tätigkeit des Dienstleisters auf die Aufbereitung der Daten einer Messreihe [...] beschränkt und die Resultate anschließend durch die Gemeinde selbst oder das an sie entliehene Auswertepersonal einer Kontrolle auf Vollständigkeit, Authentizität und Integrität sowie Verwertbarkeit unterzogen werden".[1584]

Werden tatsächlich Entscheidungsebenen übertragen, so setzt dies eine rechtliche Grundlage der Übertragung dieser Aufgaben voraus.[1585]

Darüber hinaus haben einzelne Gerichte verschiedene Aussagen getroffen, die (noch) kein Konsens geworden sind:

So lehnte das BayObLG 1997 eine bloße Verwaltungshilfe bei der Einbeziehung Privater bei der Geschwindigkeitsmessung ab, weil die planmäßige Ermittlung und Dokumentation in unmittelbarem Zusammenhang mit der funktionell originären Staatsaufgabe der Verfolgung und Ahndung von Ordnungswidrigkeit stünden und die hoheitliche Sanktion direkt auf den Messergebnissen aufbaue.[1586] Es verlangte daher als Beleihung eine gesetzliche Grundlage.[1587] Zwar wurde diese Rechtsprechung aufgegeben – das BayObLG hat die bloße Messung durch Private mittlerweile wie gezeigt, grds. als möglich anerkannt – doch kann die grundsätzliche Aussage, dass auf den direkten und unmittelbaren Zusammenhang zu einer originär hoheitlichen Aufgabe abzustellen ist, durchaus Relevanz erlangen.

1582 Zu ersterem OLG Frankfurt a.M., NJW 2016, 3318 (3319); zu letzterem OLG Frankfurt a.M. NStZ-RR 2020, 53 (54).

1583 OLG Frankfurt, NJW 2016, 3318 (3319); NStZ 2017, 588 (589); OLG Stuttgart, Die Justiz 2016, 453 (453 f.); OLG Saarbrücken, NStZ 2018, 480 (481); BayObLG, NStZ-RR 2020, 92 (92 f.).

1584 BayObLG, NStZ-RR 2020, 92 (92 Ls. Nr. 4).

1585 OLG Frankfurt a.M., NStZ-RR 2020, 53 (54).

1586 BayObLG, NZV 1997, 276 (277).

1587 BayObLG, NZV 1997, 276 (277).

Im Jahr 2019 stellte das BayObLG in Bezug auf die Stellung der Verwaltung als Herrin des Verfahrens im Hinblick auf den Datenschutz fest, dass sichergestellt sein müsse, dass die Bestimmungen des Datenschutzes durch den privaten Dienstleister strikt eingehalten werden müssten und dieser nach der Rückübertragung keinen Zugriff mehr auf die Daten haben dürfe.[1588] Dadurch sei eine Vorselektion der Daten, etwa durch Vorenthaltung wegen mangelnder Beweiseignung, seitens des privaten Dienstleisters ausgeschlossen.[1589]

b) Übertragung der Erkenntnisse auf den Einsatz privater Software zur Erfüllung hoheitlicher Aufgaben insbesondere im Bereich der Gefahrenabwehr

In Bezug auf den Einsatz von Predictive Policing-Softwares bleibt Folgendes zunächst festzuhalten: Ebenso wie die Überwachung des fließenden Verkehrs gehört die Gefahrenabwehr zu den Kernbereichen des Staates und ist grds. auch Ausdruck des Gewaltmonopols. Während es bei der Messung und Auswertung von Geschwindigkeitsübertretungen einen engen Zusammenhang zu repressiven Bußgeldverfahren gibt, bewegt sich das hier zu betrachtende Predictive Policing im Vorfeld von präventiven Gefahrenabwehrmaßnahmen. Ebenso wie die Verfolgung von Ordnungswidrigkeiten ist auch die Abwehr von Gefahren für die öffentliche Sicherheit und Ordnung grds. allein staatlichen Stellen vorbehalten; beides sind genuin staatliche Aufgaben.

Der Einsatz technischer Hilfsmittel ist daher besonderen Anforderungen zu unterwerfen. Dies gilt umso mehr, wenn ein solches „Hilfsmittel" eine Software darstellt, die nicht von staatlicher Stelle entwickelt wurde, aber dennoch einen gewissen Einfluss auf hoheitliche Entscheidungen nehmen kann. Diesbezüglich lassen sich folgende Aussagen treffen:

Technische Hilfeleistung durch Einsatz nichtstaatlicher Software ist grds. unproblematisch, solange diese nachvollziehbare Informationen liefert und nur im Vorfeld hoheitlicher Entscheidungsmacht eingesetzt wird, ohne einen unmittelbaren Zusammenhang zur Erfüllung originärer Staatsaufgaben aufzuweisen.

1588 BayObLG, NStZ-RR 2020, 92 (92 Ls. Nr. 4).
1589 BayObLG, NStZ-RR 2020, 92 (92 Ls. Nr. 4).

Um die generierten Ergebnisse der Software nachvollziehen zu können, muss die Polizei jedoch über die dafür notwendigen Kenntnisse über die Funktionsweise der Software verfügen. Diesem Aspekt hat die Rechtsprechung bisher keine Rechnung getragen. Insoweit ist zu fordern, dass bereits bei Vertragsschluss mit den privaten Softwareentwicklern die Offenlegung zumindest der groben Funktionsweise vereinbart und der Betriebs- und Geschäftsgeheimnisschutz gegenüber der die Software nutzenden Stelle in dieser Hinsicht vertraglich eingeschränkt wird.[1590] Nur so kann die einsetzende Stelle der rechtsstaatlich gebotenen Verantwortung für die Sicherstellung der Einhaltung von Recht und Gesetz im vollen Umfang nachkommen.[1591]

Je mehr Hilfsleistungen von Softwaresystemen übernommen werden, die nicht von der Verwaltung selbst entwickelt wurden, je näher die ausgegebenen Ergebnisse in den Bereich einer Handlungsempfehlung zu konkreten hoheitlichen Maßnahmen geraten und je mehr sich die Verwaltung – im Falle von Predictive Policing die Polizei – auf diese verlässt, desto mehr verliert der Staat an Kontrolle über seine Handlungen, wenn auch sukzessive.[1592] Spätestens dann sollten das Demokratie- und Rechtsstaatsprinzip als Grenze herangezogen werden, damit der Staat seine Unabhängigkeit auch in Zukunft wahren kann.[1593]

So ist in Anlehnung an die Rechtsprechung der Oberlandesgerichte stets zu fordern, dass die entscheidende Behörde „Herrin des Verfahrens" bleibt.[1594] Das heißt übertragen auf die präventive Seite, dass die Polizei stets Herrin über die Entscheidung des Vorliegens einer Gefahr bleiben

---

1590 *Guckelberger,* Öffentliche Verwaltung im Zeitalter der Digitalisierung, 2019, Rn. 508.

1591 *Guckelberger,* Öffentliche Verwaltung im Zeitalter der Digitalisierung, 2019, Rn. 508.

1592 S. auch im Zusammenhang mit einer Verfahrensprivatisierung *Appel,* in: Hoffmann-Riem/Schmidt-Aßmann/Voßkuhle, Grundlagen des Verwaltungsrechts, Bd. II, 2. Aufl. 2012, § 32 Rn. 89 ff., der eine nachvollziehbare Prüfung der Ergebnisse des Verfahrens fordert.

1593 S. auch *Heckmann,* in: Bräutigam, IT-Outsourcing und Cloud-Computing, 4. Aufl. 2019, C. Materielle Fragen des IT-Outsourcings der Verwaltung, Rn. 31 f., der in Rn. 32 von Privatisierungshindernissen spricht, „je mehr die Tätigkeit der privaten Dienstleister Behördenentscheidungen praktisch irreversibel präjudiziert"; *ders.,* in: ders./Paschke, jurisPK Internetrecht, 7. Aufl. 2021, Kap. 5 Rn. 217, 220.

1594 *Heckmann,* in: Bräutigam, IT-Outsourcing und Cloud-Computing, 4. Aufl. 2019, C. Materielle Fragen des IT-Outsourcings der Verwaltung, Rn. 34 spricht von der notwendigen Letztentscheidung der Verwaltung.

muss, auf deren Grundlage sie dann nach ihrem eigenen Ermessen Eingriffsmaßnahmen tätigt. Denn auf der Ebene des Einsatzes im Gefahrenvorfeld ist zu beachten, dass – während es bei der Auswertung von Geschwindigkeitsmessdaten um eine Analyse von Fakten geht – bei der Beurteilung einer Gefahrenprognose stets eine normative Wertung erforderlich ist.[1595] Diese muss weiterhin den einzelnen Beamten vorbehalten sein, auch wenn sie ebenfalls noch zeitlich vor einer tatsächlichen Eingriffsmaßnahme des Staates steht.

Werden dagegen tatsächlich *Entscheidungsebenen* an Private ausgelagert, so findet man sich in der Nähe einer Beleihung wieder, die in jedem Falle eine gesetzliche Grundlage fordert.[1596] Es bedarf dann zwingend eines Gesetzes, das Zweck und vor allem Ausmaß der Übertragung festlegt.

Fruchtbar gemacht werden kann in diesem Zusammenhang auch die Aussage des BayObLG aus dem Jahr 1997, in der das Gericht auf den unmittelbaren Zusammenhang zu der funktionell originären Staatsaufgabe der Verfolgung und Ahndung von Ordnungswidrigkeiten verwies und daher eine bloße Verwaltungshilfe ablehnte und eine gesetzlich geregelte Beleihung verlangte. Übertragen auf den Einsatz von Software bedeutet dies, dass nicht zwingend die letztendliche Entscheidung durch private Dienstleister getroffen werden muss, sondern ausreichend ist, wenn deren Beitrag unmittelbar auf die Entscheidung einwirkt und die Entscheidung des Amtswalters bloßer Reflex des Softwareergebnisses ist.[1597]

Wird eine Verwaltung hoheitlich gespeicherter Daten, insbesondere personenbezogener Daten, teilweise Privaten überlassen bzw. der Zugriff darauf ermöglicht (durch Wartung oder Weiterentwicklung privater Software), so muss durch geeignete vertragliche Klauseln sichergestellt werden, dass der Staat die alleinige Letztverantwortung bezüglich der Integrität

1595 S. dazu bereits oben B. IV. 1.; *Rademacher,* AöR 142 (2017), 366 (383 f.); *Singelnstein,* NStZ 2018, 1 (8); *Kulick,* AöR 143 (2018), 174 (179 f.); *Altwicker,* ZBl 2018, 619 (632); *Guckelberger,* Öffentliche Verwaltung im Zeitalter der Digitalisierung, 2019, Rn. 97; *Busch/Singelnstein,* in: Bode/Seidensticker, Predictive Policing, 2020, S. 261 (268); *Pünder,* in: Ehlers/Fehling/Pünder, Besonderes Verwaltungsrecht, Bd. 3, 4. Aufl. 2021, § 69 Rn. 72.

1596 S. *Appel,* in: Hoffmann-Riem/Schmidt-Aßmann/Voßkuhle, Grundlagen des Verwaltungsrechts, Bd. II, 2. Aufl. 2012, § 32 Rn. 67, 74.

1597 S. auch *Heckmann,* in: Bräutigam, IT-Outsourcing und Cloud-Computing, 4. Aufl. 2019, C. Materielle Fragen des IT-Outsourcings der Verwaltung, Rn. 31; s. auch im Zusammenhang mit einer Verfahrensprivatisierung, aber ohne Bezug zur Softwareunterstützung, *Appel,* in: Hoffmann-Riem/Schmidt-Aßmann/Voßkuhle, Grundlagen des Verwaltungsrechts, Bd. II, 2. Aufl. 2012, Rn. 89.

dieser Daten behält.[1598] In diesem Zusammenhang stellen sich Probleme hinsichtlich des Rechtsschutzes von Bürgern, wenn diese keine Möglichkeiten haben, an Informationen über die tatsächlichen Datenverarbeitungsverhältnisse zu gelangen. Hier bleibt abzuwarten, ob das BVerfG zukünftig seine Haltung, man müsse einen möglichen Einfluss substantiiert darlegen, aufrechterhalten wird.

Auch stellt sich die Frage, inwieweit die der Software zugrundeliegenden Algorithmen einer aufsichtsrechtlichen Kontrolle zugänglich gemacht werden müssen.

Abschließend lässt sich sagen, dass es zwar ökonomische Entscheidung sein mag, bereits vorentwickelte Softwarelösungen zu nutzen. Trotzdem muss sich der Staat darüber im Klaren sein, dass hoheitliche Aufgabenerfüllung gerade in Kernbereichen, wie der Wahrung der öffentlichen Sicherheit, keine Beeinflussung und Manipulationsmöglichkeiten durch Private offenlassen darf. Bisher gibt es kaum Rechtsprechung zum Einsatz privat entwickelter Software im Vorfeld von hoheitlichem Handeln und deren Grenzen. Eine Lösung dieser Problematik ist daher zunächst der Rechtswissenschaft überantwortet, in der das Thema erst allmählich in den Fokus der Aufmerksamkeit rückt.[1599] In diesem Zusammenhang scheint eine Aussage von *Hammer* zur Zulässigkeit privater Sicherheitsdienste leicht abgewandelt treffend: „Wie weit die Gefahrenabwehr an Private überantwortet werden darf, kann nicht allein isoliert anhand einzelner Maßnahmen beurteilt werden, sondern muß die Summe der von Privatunternehmen insgesamt erledigten Aufgaben berücksichtigen. Denn nur so läßt sich zuverlässig ein Gesamtbild zeichnen und die Feststellung treffen, ob der Staat noch seine herkömmliche Funktion als überragende Ordnungsmacht erfüllt."[1600]

Übertragen auf den Einsatz privater Software zur Vorbereitung von Gefahrenabwehrmaßnahmen könnte man daher formulieren: Wie weit die Vorbereitung der Gefahrenabwehr einer Software aus der Privatwirtschaft überantwortet werden darf, kann nicht allein isoliert anhand des Vorbereitungscharakters bestimmt werden, sondern muss den tatsächlichen Einfluss

1598 S. dazu noch genauer unter C. IV.

1599 *Heckmann*, in: ders./Paschke, jurisPK Internetrecht, 7. Aufl. 2021, Kap. 5 Rn. 216; nur kurz angerissen bei *Hofmann*, Predictive Policing, 2020, S. 283 f.

1600 *Hammer*, DÖV 2000, 613 (614).

auf die hoheitliche Aufgabenerledigung berücksichtigen.[1601] Denn nur so lässt sich die Feststellung treffen, ob der Staat noch seine herkömmliche Funktion als überragende Ordnungsmacht erfüllt. Tut er dies nicht mehr, so liegt ein Verstoß gegen das Demokratie- und Rechtstaatsprinzip bzw. das Gewaltmonopol vor. Vergleichbar mit den Forderungen, Sicherheitspartnerschaften bzw. Police Private Partnerships rechtlich durch ein Sicherheitskooperationsrecht einzuhegen,[1602] sollte auch in Bezug auf den Einsatz von privater Software zur Unterstützung staatlicher Aufgaben gerade im Bereich der genuin staatlichen Tätigkeiten über die Schaffung eines spezifischen Rechtsrahmens nachgedacht werden.

4. Einordnung von PRECOBS

Die zum Zwecke des ortsbezogenen Predictive Policing genutzte Software PRECOBS zeichnet (derzeit) keinerlei hoheitliche Maßnahme vor, sondern stellt lediglich eine Information bzgl. einer Wahrscheinlichkeitseinschätzung zur Verfügung. Die maßgebliche hoheitliche Maßnahme gegenüber einzelnen Bürgern trifft der einzelne Polizeibeamte. Die Software berechnet eine grds. nachvollziehbare Wenn-Dann-Entscheidung, weshalb die Generierung der Risikogebiete nachvollziehbar für die Polizei bleibt, sofern sie Informationen über die Funktions- bzw. Berechnungsweise der Software hat. Der Zugriff auf polizeiliche Daten beschränkt sich auf die bereits anonymisierten Daten, namentlich die Koordinatendaten. Der Staat gibt daher dem Entwicklungsunternehmen keinen wesentlichen Einfluss auf die polizeiliche Entscheidungsmacht. Auch die Freigabe der Prognose obliegt stets einem dafür besonders geschulten Polizeibeamten. Somit bleibt die Nutzung dieser Art von Software in ihrer aktuellen Ausgestaltung mit dem Gewaltmonopol des Staates sowie dem Demokratie- und Rechtsstaatsprinzip vereinbar. Die zuvor herausgearbeiteten Grundsätze sind jedoch bei jeglicher Weiterentwicklung von Predictive Policing-Software, aber auch bei einer Ausweitung des Anwendungsbereichs, insbesondere auf Ebene des personenbezogenen Predictive Policings zu beachten.

Interessanterweise betont nunmehr das im August 2022 in Kraft getretene Digitalgesetz in Bayern, wo bis Ende 2021 die Software PRECOBS einge-

---

1601 So auch *Heckmann*, in: ders./Paschke, jurisPK Internetrecht, 7. Aufl. 2021, Kap. 5 Rn. 217, 220.

1602 Dazu *Bäcker*, in: Lisken/Denninger, HB des Polizeirechts, 7. Aufl. 2021, B. Rn. 287 m.w.N.

setzt wurde, in Art. 3 BayDiG die digitale Souveränität des Freistaates.[1603] So ist nach Art. 3 Abs. 1 S. 1 BayDiG die eigenständige digitale Entscheidungs- und Handlungsfähigkeit des Freistaates Bayern durch geeignete Maßnahmen zu sichern. Bei Neuanschaffungen sollen die Behörden nach Art. 3 Abs. 4 S. 1 BayDiG zudem offene Software verwenden und offene Austauschstandards nutzen, allerdings nur soweit dies wirtschaftlich und zweckmäßig ist. Diese Einschränkung soll die erforderlichen Spielräume der Fachbehörden angesichts der Vielfalt und unterschiedlichen Anforderungen der Behörden an Softwareprodukte sichern.[1604]

III. Vergaberecht

Beim Einsatz einer Software wie PRECOBS, die auf dem freien Markt erworben wurde, stellt sich zudem die Frage, ob und welche Anforderungen das Vergaberecht an diesen Erwerb stellt.[1605]

Wenn die öffentliche Hand Aufträge an private Anbieter vergibt, muss sie grundsätzlich auch die Einschränkungen des Vergaberechts beachten. Dies gilt auch, wenn die Verwaltung ihren Bedarf an informationstechnischen Produkten oder Dienstleistungen nicht in Eigenerledigung,[1606] sondern durch Beschaffung auf dem freien Markt decken will.[1607] Das Beschaffungsamt des BMI hat im Jahr 2018 einen umfassenden Leitfaden für die Praxis der IT-Vergabe herausgegeben.[1608]

Der Rechtsrahmen zur Vergabe öffentlicher Aufträge ist dabei, auch wegen starker europarechtlicher Einflüsse, relativ komplex.[1609] Neben uni-

---

1603 BayLT-Drucks. 18/19572, S. 47.

1604 BayLT-Drucks. 18/19572, S. 48.

1605 Von der Frage, welche vergaberechtlichen Anforderungen an den Erwerb von IT zu stellen ist, ist die Frage einer Vergabe mithilfe von IT (sog. E-Vergabe) zu unterscheiden, s. *Krönke,* Die Verw. 52 (2019), 65 (66 Fn. 8); *Burgi/ders./Lieb,* in: Frenz, Handbuch Industrie 4.0, 2020, S. 381 (393), *Heckmann.,* in: ders./Paschke, jurisPK Internetrecht, 7. Aufl. 2021, Kap. 5 Rn. 232. Ausführlich zur E-Vergabe etwa *Siegel,* in: Seckelmann, Digitalisierte Verwaltung, 2. Aufl. 2019, Kap. 13 sowie *Burgi/Krönke/Lieb,* a.a.O., S. 381 ff.

1606 Zur Vergabefreiheit der Eigenerledigung *Krönke,* Die Verw. 52 (2019), 65 (66, 77 f.); *Heckmann,* in: ders./Paschke, jurisPK Internetrecht, 7. Aufl. 2021, Kap. 5 Rn. 227; zu den weiteren Ausnahmen des § 108 GWB bei öffentlicher Kooperationen, *Burgi/Krönke/Lieb,* in: Frenz, Handbuch Industrie 4.0, 2020, S. 381 (394 f.).

1607 *Krönke,* Die Verw. 52 (2019), 65 (66).

1608 BMI/Beschaffungsamt des BMI, UfAB 2018.

1609 *Ziekow,* Öffentliches Wirtschaftsrecht, 5. Aufl. 2020, § 9 Rn. 2 ff.

onsrechtlichen Vergaberichtlinien und den Grundfreiheiten sind vor allem § 97 ff. GWB, bestimmte Vergabeverordnungen (insb. die VgV) sowie die jeweiligen Landesgesetze mit Vorgaben zum Vergaberecht zu beachten.[1610] In Sachsen ist dies das Gesetz über die Vergabe öffentlicher Aufträge im Freistaat Sachsen,[1611] während in Bayern die Vergaberichtlinien durch zwei Verwaltungsvorschriften festgelegt sind.[1612] Für die Vergabe von verteidigungs- oder sicherheitsspezifischen Liefer- und Dienstleistungsaufträgen gilt zudem die Vergabeverordnung Verteidigung und Sicherheit (VS-VgV),[1613] § 2 Abs. 1 VSVgV. Solche liegen nach § 104 GWB allerdings nur bei Auftragsgegenständen mit engem Bezug zur Militärausrüstung i.S.d. § 104 Abs. 2 GWB oder einer Verschlusssache i.S.d. § 104 Abs. 3 GWB vor, was bei dem Einsatz einer Vorhersagesoftware im Gefahrenvorfeld nicht in Betracht kommt. Nach § 117 GWB gelten für bestimmte öffentliche Aufträge, die zwar Verteidigungs- oder Sicherheitsaspekte umfassen, jedoch keine verteidigungs- oder sicherheitsspezifische Aufträge i.S.d. § 104 GWB sind, die §§ 97 ff. GWB nicht.[1614]

Dass für das Sicherheitsrecht allgemein keine Ausnahme gilt, sieht man auch daran, dass unter anderem wegen möglicher Unstimmigkeiten beim Vergabeverfahren rund um den Erwerb der Analysesoftware Gotham für HessenDATA beim US-amerikanischen Unternehmen Palantir Technologies Inc. ein parlamentarischer Untersuchungsausschuss einberufen wurde, der der Frage nach der Einhaltung der vergaberechtlichen Vorgaben nachgehen sollte.[1615] In Nordrhein-Westfalen wurde vor der Einführung

1610 *Ziekow,* Öffentliches Wirtschaftsrecht, 5. Aufl. 2020, § 9 Rn. 3 f.

1611 Gesetz über die Vergabe öffentlicher Aufträge im Freistaat Sachsen (Sächsisches Vergabegesetz – SächsVergabeG) v. 14.02.2013, SächsGVBl. S. 109, zuletzt geändert durch Artikel 2 Abs. 18 des Gesetzes v. 05.04.2019, SächsGVBl. S. 245.

1612 Für staatliche Auftragsvergabe: Verwaltungsvorschrift zum öffentlichen Auftragswesen vom 14.11.2017, AllMBl. 2017 S. 507, im Zuge des erhöhten Beschaffungsbedarfes während der Covid19-Pandemie 2020 ersetzt durch Verwaltungsvorschrift zum öffentlichen Auftragswesen (VVöA), BayMBl. Nr. 155. Für kommunale Auftraggeber: Vergabe von Aufträgen im kommunalen Bereich, idF d. Bekanntmachung v. 31.07.2018, Az. B3-1512-31-19, AllMBl. S. 547, zuletzt geändert durch Bekanntmachung v. 8.12.2020, BayMBl. Nr. 787.

1613 Vergabeverordnung Verteidigung und Sicherheit v. 12.07.2012, BGBl. I S. 1509, zuletzt geändert durch Artikel 5 des Gesetzes vom 12.11.2020, BGBl. I S. 2392.

1614 S. *Dreher,* in: Immenga/Mestmäcker, Wettbewerbsrecht, 6. Aufl. 2021 Rn. 2.

1615 S. den Zwischenbericht des Untersuchungsausschusses 19/3 zu HessLT-Drucks. 19/6574, HessLT-Drucks. 19/6864, S. 19 ff.; s. auch *Bäuerle,* in: BeckOK Polizei- und Ordnungsrecht Hessen, 25. Ed., § 25a HSOG Rn. 5.

einer entsprechenden Software von Palantir ein Vergabeverfahren durchgeführt.[1616]

Welche Vorschriften für den jeweiligen Fall einschlägig sind, hängt zunächst maßgeblich von der Erreichung der jeweiligen Schwellenwerte ab.[1617] Oberhalb eines durch Sekundärrecht festgelegten Schwellenwertes gilt das sog. Kartellvergaberecht,[1618] zu dem auch die §§ 97 ff. GWB gehören.[1619] Unterhalb des festgelegten Schwellenwertes richtet sich die Vergabe öffentlicher Aufträge in der Regel nach dem Haushaltsrecht der betreffenden Körperschaft[1620] und sind, bei entsprechender Anordnung, Vorgaben der Landesvergabegesetze zu beachten.[1621] So gilt in Sachsen etwa nach § 1 Abs. 1 SächsVergabeG das Landesvergabegesetz nur unterhalb des Erreichens der Schwellenwerte.[1622] Daneben richten sich die Vorgaben für eine Vergabe unterhalb des Schwellenwertes bei Dienst- und Lieferleistungen in der Regel nach der Unterschwellenvergabeverordnung (UVgO).[1623] Der Schwellenwert bei Liefer- und Dienstleistungen lag im Jahr 2020 bei 214.000 Euro.[1624]

Um festzustellen, ob die Beschaffung der Software PRECOBS unter die Restriktionen des Vergaberechts fällt, muss der sachliche Anwendungsbereich des in den §§ 97 ff. GWB geregelten Vergaberechts eröffnet sein. Dieser setzt grds. einen öffentlichen Auftrag i.S.d. § 103 GWB voraus.[1625] Gem. § 103 GWB sind öffentliche Aufträge entgeltliche Verträge zwischen öffentlichen Auftraggebern oder Sektorenauftraggebern und Unternehmen über die Beschaffung von Leistungen, die die Lieferung von Waren, die Ausführung von Bauleistungen oder die Erbringung von Dienstleistungen

---

1616 S. SZ.de v. 13.01.2020, NRW-Polizei führt neues Recherche-System ein, abrufbar unter: https://www.sueddeutsche.de/panorama/polizei-nrw-polizei-fuehrt-neues-recherche-system-ein-dpa.urn-newsml-dpa-com-20090101-200113-99-454789, zuletzt abgerufen am 24.10.2022. Die Ausschreibungsdetails sind abrufbar unter: https://ausschreibungen-deutschland.de/613566_Beschaffung_eines_Systems_zur_Datenbankuebergreifende_Analyse_und_Recherche_DAR_fuer_die_2020_Duesseldorf, zuletzt abgerufen am 24.10.2022.

1617 *Ziekow,* in: ders./Völlink, Vergaberecht, 4. Aufl. 2020, GWB Einl. Rn. 21 ff.

1618 *Ziekow,* Öffentliches Wirtschaftsrecht, 5. Aufl. 2020, § 9 Rn. 5.

1619 *Ziekow,* Öffentliches Wirtschaftsrecht, 5. Aufl. 2020, § 9 Rn. 8.

1620 *Ziekow,* in: ders./Völlink, Vergaberecht, 4. Aufl. 2020, GWB Einl. Rn. 27.

1621 *Ziekow,* in: ders./Völlink, Vergaberecht, 4. Aufl. 2020, GWB Einl. Rn. 34.

1622 *Ziekow,* in: ders./Völlink, Vergaberecht, 4. Aufl. 2020, GWB Einl. Rn. 34.

1623 *Ziekow,* Öffentliches Wirtschaftsrecht, 5. Aufl. 2020, § 9 Rn. 16; *ders.,* in: ders./Völlink, Vergaberecht, 4. Aufl. 2020, GWB Einl. Rn. 29.

1624 *Ziekow,* Öffentliches Wirtschaftsrecht, 5. Aufl. 2020, § 9 Rn. 5.

1625 *Ziekow,* Öffentliches Wirtschaftsrecht, 5. Aufl. 2020, § 9 Rn. 17.

zum Gegenstand haben. Die Beschaffung einer Software wie PRECOBS könnte man zum einen als eine Lieferung von Waren einordnen (§ 103 Abs. 1 Var. 1 i.V.m. § 103 Abs. 2 GWB), zum anderen bei Einbeziehung der privaten Entwickler als Verwaltungshelfer (s.o.) im Sinne einer Erbringung einer Dienstleistung (§ 103 Abs. 1 Var. 3 i.V.m. § 103 Abs. 4 GWB).[1626] Eine genaue Zuordnung wird man wohl im Einzelfall davon abhängig machen müssen, inwieweit spezifische Anpassungen der Software vorgenommen werden müssen oder gar ein dauerhafter Wartungsservice oder Weiterentwicklungen vereinbart wurden und ob dadurch der Schwerpunkt des dann gemischten Vertrages[1627] (§ 110 Abs. 1 GWB) noch auf der Lieferung oder den zu erbringenden Nebenleistungen liegt.[1628] Das OLG Düsseldorf bejahte bei einem entgeltlichen Softwareüberlassungsvertrag – allerdings zwischen Trägern öffentlicher Verwaltung – jedenfalls das Vorliegen eines öffentlichen Auftrages i.S.d. 103 Abs. 1 GWB, ohne eine nähere Zuordnung vorzunehmen.[1629]

Grundsätzlich gehört zum Wesen eines öffentlichen Auftrages i.S.d. Vergaberechts auch das ungeschriebene Merkmal des Vorliegens einer Auswahlmöglichkeit. [1630] Nur wenn der öffentliche Auftraggeber eine Entscheidung zwischen mehreren Angeboten und Bietern trifft und nicht lediglich auf eine einzige Wahl beschränkt ist, liege daher ein öffentlicher Auftrag vor.[1631]

Die Prognosesoftware PRECOBS ist derzeit die einzige, kommerziell zu erwerbende Software im Bereich der Verbrechensvorhersage im deutschsprachigen Raum.[1632]

1626 S. zur Geltung der Einschränkungen des Vergaberechts bei funktionaler Privatisierung *Maurer/Waldhoff*, Allgemeines Verwaltungsrecht, 20. Aufl. 2020, § 23 Rn. 64.

1627 *Hüttinger*, in: Burgi/Dreher/Opitz, Beck´scher Vergaberechtskommentar, Bd. 1, 4. Aufl. 2022, § 103 GWB Rn. 172.

1628 Ohne Zusammenhang zu Software OLG München, VergabeR 2010, 677 (681); Vergabekammer bei der Bezirksregierung Köln, Beschl. v. 12.11.2018, VK K 42/18 L, Rn. 57, juris; *Hüttinger*, in: Burgi/Dreher/Opitz, Beck´scher Vergaberechtskommentar, Bd. 1, 4. Aufl. 2022, § 103 GWB Rn. 172.

1629 OLG Düsseldorf, VergabeR 2021, 470 (473).

1630 OLG Düsseldorf, NZBau 2019, 327 (329 Rn. 30); 332 (333 Rn. 34); *Ziekow*, Öffentliches Wirtschaftsrecht, 5. Aufl. 2020, § 9 Rn. 18. Dazu, dass eine Auswahl untrennbar mit dem Begriff „öffentlicher Auftrag“ gem. Art 1 Abs. 2 lit. a der Richtlinie 2004/18/EG ist, EuGH, NZBau 2016, 441 (444 Rn. 36 ff.).

1631 *Ziekow*, Öffentliches Wirtschaftsrecht, 5. Aufl. 2020, § 9 Rn. 18.

1632 *Egbert/Krasmann*, Predictive Policing, 2019, S. 15, 47.

Allerdings gehört es auch zu den Anforderungen des Vergaberechts, dies entsprechend zu prüfen. Nach § 31 Abs. 1 VgV hat ein öffentlicher Auftraggeber die auszuschreibende Leistung in einer Weise zu beschreiben (vgl. § 121 GWB), dass allen Unternehmen der gleiche Zugang zum Vergabeverfahren gewährt wird und nach § 31 Abs. 6 S. 1 VgV muss die Beschreibung so produktneutral wie möglich ausfallen.[1633] Nur ausnahmsweise darf nach § 31 Abs. 6 S. 1 VgV auch ein bestimmtes Produkt eines bestimmten Herstellers beschrieben werden, wenn dies durch den Auftragsgegenstand gerechtfertigt ist und somit nur ein Produkt den Bedarf des Auftraggebers decken kann.[1634] Aus diesem grundsätzlichen Gebot der produktneutralen und offenen Ausschreibung zum Zwecke der Sicherung eines transparenten Wettbewerbs (s. § 97 Abs. 1 S. 1 GWB) kann man daher folgern, dass die Verwaltung sorgfältig zu prüfen hat, ob die Software, die man anschaffen möchte, wirklich keinerlei mögliche Konkurrenz haben kann. Denn das Szenario, dass möglicherweise nur ein einziges Produkt die Bedürfnisse sachgerecht decken kann, wurde in § 31 Abs. 6 VgV erkannt. Der Auftraggeber kann dann immer noch in einem zweiten Schritt bei gegebenen Sachgründen produktscharf ausschreiben, sofern die Grenzen des § 31 Abs. 6 S. 1 VgV eingehalten wurden.[1635]

Der Vorteil einer solchen Ausschreibung besteht vor allem darin, dass die oben beschriebenen Anforderungen, die aufgrund des Rechtsstaats- und Demokratieprinzips an die Software zu stellen sind,[1636] bereits im Vorfeld

---

1633 *Krönke,* Die Verw. 52 (2019), S. 65 (74 f.); *Lampert,* in: Beck´scher Vergaberechtskommentar, Bd. 2, 3. Aufl. 2019, § 31 VGV Rn. 92.

1634 *Lampert,* in: Beck´scher Vergaberechtskommentar, Bd. 2, 3. Aufl. 2019, § 31 VgV Rn. 94, der von „produktscharf[er]" Ausschreibung spricht; dies ist Ausfluss des sog. Leistungsbestimmungsrechts des Auftraggebers, *Krönke,* Die Verw. 52 (2019), 65 (74 f.); *Burgi/ders./Lieb,* Frenz, Handbuch Industrie 4.0, 2020, S. 381 (394, 398); s. auch OLG Düsseldorf, NZBau 2013, 650 (651).

1635 Nach der Rspr. muss dazu die Bestimmung durch den Auftragsgegenstand sachlich gerechtfertigt sein, vom Auftraggeber dafür nachvollziehbare objektive und auftragsbezogene Gründe angegeben worden sein und die Bestimmung folglich willkürfrei getroffen worden sein, müssen solche Gründe tatsächlich vorhanden sein und darf die Bestimmung andere Wirtschaftsteilnehmer nicht diskriminieren, OLG Düsseldorf, NZBau 2017, 623 (626); 2013, 650 (651); 2012, 785 (786 Ls. Nr. 6, 789); ZfBR 2013, 713 (714); VK Bund, ZfBR 2016, 711 (715); dazu auch *Lampert,* in: Beck´scher Vergaberechtskommentar, Bd. 2, 3. Aufl. 2019, § 31 VgV Rn. 99.

1636 *Krönke,* Die Verw. 52 (2019), 65 (77) spricht insoweit von Sicherstellung der „Steuerungsverantwortung"; dazu auch *Burgi/Krönke/Lieb,* in: Frenz, Handbuch Industrie 4.0, 2020, S. 381 (393), die die mögliche „erhebliche faktische Steuerungswirkung auf die Aufgabenerfüllung" von IT betonen.

klar definiert werden und der Softwarehersteller diese vor Zuschlag erfüllen muss.[1637] Weitere Sicherungsgarantien können bei der Vergabe eines öffentlichen Auftrags zudem durch sog. Ausführungsbedingungen festgelegt werden, die in § 128 Abs. 2 S. 1 GWB als besondere Bedingungen für die Ausführung eines Auftrags legaldefiniert werden. Zu den wichtigsten Ausführungsbedingungen bei der Beschaffung von Software gehören sog. no-spy-Erklärungen, die insbesondere zum Inhalt haben, dass die Software die erforderlichen Qualitätsmerkmale der Integrität, Vertraulichkeit und Verfügbarkeit erfüllt.[1638] Insofern kann der Einschätzung von *Krönke* zugestimmt werden, dass das Vergaberecht eine wichtige Rolle bei der Sicherung der Steuerungsverantwortlichkeit des Staates bei der Beschaffung von IT i.S.e. Digitalisierungsfolgenrechtes einnimmt.[1639]

IV. Datenbeschaffung und -verwaltung

Sollten polizeiliche, insbesondere personenbezogene Daten, Privaten im Zuge des Einsatzes von PRECOBS zugänglich gemacht werden (müssen), etwa bei der Anpassung der Software an lokale Besonderheiten, in der Testphase oder auch bei Weiterentwicklungen, so muss durch geeignete Schutzvorkehrungen sichergestellt werden, dass sensible Daten weiterhin der Geheimhaltung unterliegen und nicht an Dritte weitergeben werden.[1640] Werden staatliche Daten durch andere als die verantwortlichen Stellen verarbeitet, so liegt eine sog. Auftragsverarbeitung vor (vgl. Art. 3 Nr. 9 JI-RiLi).[1641] Art. 22 JI-RiLi gibt hierbei Mindestanforderungen für solche Auftragsverarbeiter vor. So müssen die Mitgliedstaaten nach Abs. 1 vorsehen, dass nur mit solchen Auftragsverarbeitern zusammengearbeitet wird,

1637 Dazu, dass sich das Vergaberecht in dieser Hinsicht also als spezifisches Instrument des Digitalisierungsfolgenrechts erweisen könne, *Krönke,* Die Verw. 2019, 65 (77).

1638 Näher dazu *Krönke,* Die Verw. 52 (2019), 65 (77); *Burgi/ders./Lieb,* in: Handbuch Industrie 4.0, 2020, S. 381 (400).

1639 Eingehend *Krönke,* Die Verw. 52 (2019), 65 ff.

1640 Detailliert zu den Gefahren der Einbindung Privater und der staatlichen Gewährleistungsverantwortung bei IT-Outsourcing *Ernst,* Der Grundsatz digitaler Souveränität, 2020, S. 34 ff.

1641 Nach Art. 3 Nr. 9 JI-RiLi ist „Auftragsverarbeiter" eine natürliche oder juristische Person, Behörde, Einrichtung oder andere Stelle, die personenbezogene Daten im Auftrag des Verantwortlichen verarbeitet; s. dazu, allerdings bezogen auf die DSGVO, *Ernst,* Der Grundsatz digitaler Souveränität, 2020, S. 17, 57 ff.

die hinreichende Garantien dafür bieten, dass geeignete, technische und organisatorische Maßnahmen so durchgeführt werden, dass alle vorgesehen Anforderungen eingehalten werden und der Schutz der Rechte der Betroffenen gewährleistet wird. Eine Weitergabe der Auftragsverarbeitungsbefugnisse an einen Subunternehmer wird in Abs. 2 speziellen Grenzen unterworfen. Um die Einhaltung dieser Vorgaben zu gewährleisten, müssen die Mitgliedstaaten nach Art. 22 Abs. 3 JI-RiLi vorsehen, dass die Datenverarbeitung durch einen Auftragsverarbeiter auf der Grundlage eines Vertrages oder eines anderen Rechtsinstruments erfolgt, wodurch der Auftragsverarbeiter an den Verantwortlichen gebunden wird und Gegenstand, Dauer, Art und Zweck der Verarbeitung, die Art der personenbezogenen Daten, die Kategorien betroffener Personen sowie die Pflichten und Rechte des Verantwortlichen festgelegt werden. In Art. 22 Abs. 3 S. 2 Ji-RiLi werden zudem bestimmte Inhalte aufgelistet, die der Vertrag oder das andere Rechtsinstrument mindestens aufweisen müssen. Nach lit. a und b sind dies insbesondere eine strikte Weisungsabhängigkeit und die Gewährleistung von Verschwiegenheit.[1642] Die strikte Weisungsabhängigkeit ist zudem noch einmal gesondert in Art. 23 JI-RiLi betont worden, nach dem die Mitgliedstaaten vorsehen, dass der Auftragsverarbeiter und jede dem Verantwortlichen oder dem Auftragsverarbeiter unterstellte Person, die Zugang zu personenbezogenen Daten hat, diese Daten ausschließlich auf Weisung des Verantwortlichen verarbeiten, es sei denn, dass sie nach dem Unionsrecht oder dem Recht der Mitgliedstaaten zur Verarbeitung verpflichtet sind.

In Sachsen wurden die Vorgaben mit § 7 Sächsisches Datenschutzgesetz (SächsDSG) umgesetzt. In § 7 Abs. 5 SächsDSG wurde zudem klargestellt, dass die dortigen Vorgaben auch für Wartungsarbeiten entsprechend anzuwenden sind. Das Gesetz trat allerdings zum 31.12.2020 außer Kraft.[1643] In dem dieses Gesetz ablösenden Sächsischen Datenschutz-Umsetzungsgesetz werden in §§ 8 f. zumindest rudimentär die Weisungsgebundenheit und die Pflicht geregelt, alle mit der Verarbeitung personenbezogener Daten befasste Personen schriftlich dem Datengeheimnis zu unterwerfen.[1644]

1642 Zu den praktischen Problemen einer Weisungs(un)abhängigkeit privater IT-Dienstleister *Ernst*, Der Grundsatz digitaler Souveränität, 2020, S. 43.

1643 Gem. § 42 SächsDSG idF v. 11.05.2019, SächsGVBl. 2019, S. 358 (418).

1644 Sächsisches Datenschutz-Umsetzungsgesetz v. 11.05.2019, SächsGVBl. 2019, S. 358 (398 ff.), zuletzt geändert durch Art. 10 des Gesetzes v. 22.08.2019, SächsGVBl. 2019, S. 663.

Das Bayerische Datenschutzgesetz setzt die Vorgaben der JI-RiLi in den Art. 28 ff. BayDSG um. Dazu erklärt es in Art. 28 Abs. 2 BayDSG vielfach Vorschriften der DSGVO für anwendbar, die jedoch teilweise durch nachfolgende Vorschriften modifiziert werden.[1645] So werden auch im Hinblick auf die Verantwortlichen und die Auftragsverarbeiter insb. die Vorschriften des Art. 28 Abs. 1–4, 9 und 10 DSGVO für anwendbar erklärt. Durch die sehr umfassenden Verweisungen werden fast alle Vorgaben des IV. Kapitels (Verantwortlicher und Auftragsverarbeiter) der JI-RiLi umgesetzt.[1646] Somit muss gemäß Art. 28 Abs. 2 S. 1 Nr. 3 BayDSG i.V.m. Art. 28 Abs. 1, 3 DSGVO durch geeignete vertragliche Regelungen die Einhaltung der datenschutzrechtlichen Vorgaben durch diejenigen Privaten, die bei ihrer Arbeit Kontakt mit personenbezogenen polizeilichen Daten haben, sichergestellt werden.[1647]

V. Fazit

Zusammenfassend lässt sich festhalten, dass die Grenzen des Einsatzes von nichtstaatlicher Software jeweils für den Einzelfall zu bestimmen sind. Der Einsatz von Software, die nicht durch die Polizei selbst entwickelt wurde, muss insbesondere bei engem Bezug zum Gewaltmonopol hinsichtlich ihres Einflusses auf das polizeiliche Handeln hin untersucht werden. Dazu ist die Kenntnis zumindest der grundlegenden Funktionsweise der jeweiligen Softwarelösungen unumgänglich. Hier darf der Staat nicht zulassen, dass private Geschäftsinteressen eine wirksame aufsichtsrechtliche Kontrolle verhindern. Sobald die Software durch bestimmte eigene Berechnungsmethoden einen Einfluss auf das spätere polizeiliche Handeln gegenüber dem Einzelnen haben kann, befindet man sich im Bereich einer funktionellen (Teil-)Privatisierung. Diese ist im Bereich von (Prognose-)software im polizeilichen Einsatz spezifischen Grenzen zu unterwerfen. Spätestens bei Übertragung von Entscheidungsebenen auf private Software oder einer bloßen Reflexhandlung des letztverantwortlichen menschlichen Entschei-

1645 Ausführlich zur Umsetzung der JI-RiLi in Bayern *Schröder,* in: ders. Bayerisches Datenschutzgesetz, 2021 Art. 28 BayDSG Rn. 9 ff.

1646 *Schröder,* in: ders. Bayerisches Datenschutzgesetz, 2021 Art. 28 BayDSG Rn. 33.

1647 Zur Möglichkeit der vertraglichen Absicherung der Gewährleistung datenschutzrechtlicher Verpflichtungen und Sicherheitsanforderungen bei Outsourcing bereits *Büllesbach/Rieß,* NVwZ 1995, 444 (448).

ders muss zwingend eine gesetzliche Grundlage Zweck und Ausmaß der Übertragung regeln.

Für den Erwerb der Software sind die vergaberechtlichen Vorgaben zu beachten. Durch eine produktneutrale Ausschreibung sowie klarer Benennung von Gütekriterien kann ein Vergabeverfahren zur Einhaltung der rechtstaatlichen Anforderungen beitragen.

Durch geeignete Vertragsausgestaltung muss gewährleistet sein, dass sensible Daten des Staates nur im erforderlichen Umfang zugänglich gemacht werden und deren Geheimhaltung auch durch die beteiligten Privatunternehmen sichergestellt wird und eine Weitergabe an Dritte ausgeschlossen ist. Den Staat trifft insoweit eine besondere Gewährleistungsverantwortung.[1648]

D. Abschließende Würdigung

Das raumbezogene Predictive Policing, wie es aktuell praktiziert wird, weist lediglich im Vorbereitungsstadium grundrechtsrelevante Zweckänderungen und Datenverarbeitungen auf, die bisher nicht in jedem Falle über eine adäquate, insb. den Anforderungen des unionsrechtlichen Datenschutzvorgaben genügende Rechtsgrundlage verfügen. Insoweit ist für die Bundesländer, die Predictive Policing-Software einsetzen oder in Zukunft einsetzen wollen, Handlungsbedarf auszumachen.

Die aktuellen Softwarelösungen bieten lediglich eine technische Hilfsleistung an, die durch eine Risikoeinschätzung eines bestimmten Gebietes zu einer bestimmten Zeit für ein bestimmtes Delikt eine partielle Bedrohungslage identifizieren können. Auf deren Grundlage können, neben der verwaltungsinternen Ressourceneinteilung, grds. nur nicht grundrechtsrelevante Gefahrerforschungsmaßnahmen getroffen werden. Die aktuell zu beobachtende Fortschreitung des Verlagerungsprozesses von Tatbestandsmerkmalen in das Vorfeld einer konkreten Gefahr zeitigt jedoch auch für Predictive Policing Folgen: In mehreren Bundesländern existieren Ermächtigungsgrundlagen, die bereits bei der Identifizierung eines Prognosegebietes, ggf. unter Hinzutreten weiterer Voraussetzungen, einschlägig sein können. Hier ist die weitere Entwicklung der Gesetzgebung kritisch zu begleiten.

1648 *Ernst*, Der Grundsatz digitaler Souveränität, 2020, S. 32 ff., 94 ff.

Predictive Policing ist als Hilfsmittel der Polizei auch als solches zu behandeln. Entsprechend sollte die Einführung stets mit entsprechender Aufklärung und Schulung der Polizeibeamten einhergehen, um sowohl die Möglichkeiten, aber vor allem auch die Grenzen der Technik hinreichend zu verdeutlichen.[1649] So kann der Gefahr von Missbrauch und einer vorschnellen Technikhörigkeit begegnet werden.

Nutzt die Polizei Software, die von externen Privaten entwickelt wurde, müssen spezielle Vorgaben beachtet werden. So müssen zum einen die vergaberechtlichen Regelungen bei der Beschaffung der Software eingehalten werden. Vor dem Einsatz solcher Software muss sich die Verwaltung zudem hinreichend über die Funktionsfähigkeit und die Art der Funktionsweise informieren. Nur so kann sie bewerten, inwieweit die Software spätere Entscheidungen der Polizei beeinflussen kann. Ist ein gewisser Einfluss vorhanden, so muss die Verwaltung sicherstellen, dass die Letztverantwortung stets eigenständig und trotz Technikunterstützung unabhängig von einem geschulten Polizeibeamten wahrgenommen wird. Die Schaffung eines rechtlichen Rahmens, der bestimmt, welche Anforderungen eine solche Software und der Softwarehersteller zu erfüllen hat, wäre wünschenswert. Werden Entscheidungsebenen auf eine Software verlagert, so muss in jedem Falle eine gesetzliche Grundlage Inhalt und Ausmaß der Übertragung der Entscheidung regeln. Bezüglich eines möglichen Zugriffs auf personenbezogene polizeiliche Daten durch externe Entwickler oder Support-Unternehmen müssen die Vorgaben der Auftragsverarbeitung, wie sie in Art. 22 f. JI-RiLi als Mindeststandard geregelt wurden, durch entsprechende vertragliche Regelungen eingehalten werden.

1649 So wurde bei der Implementierung der personenbezogenen Anwendung RADAR-iTE bei den Staatsschutzstellen der Bundesländer eine mehrtägige Schulung zur Vermittlung der Grundlagen angeboten, dazu *Sonka et al.*, Kriminalistik 2020, 386 (390).

Teil 2: Weiterentwicklungsmöglichkeiten des raumbezogenen Predictive Policing und seine rechtlichen Grenzen

„Wohnungseinbrüche auf Rekordtief“ titelte Anfang 2021 tagesschau.de unter Berufung auf Zahlen des Gesamtverbandes der Deutschen Versicherungswirtschaft.[1650] Auch die Polizeiliche Kriminalstatistik verzeichnete einen erneuten Rückgang der Wohnungseinbruchdiebstähle von fast 14% im Jahr 2020 im Vergleich zu 2019.[1651] Bereits seit einigen Jahren ist die Zahl der Wohnungseinbrüche deutschlandweit in allen Bundesländern zumindest leicht rückläufig. Angesichts dieser Entwicklung könnte man auf den Gedanken kommen, dass Predictive Policing in den nächsten Jahren obsolet werden wird. Baden-Württemberg etwa beendete sein Pilotprojekt mit PRECOBS 2019 wegen zu geringer Fallzahlen, 2021 folgte Bayern. Allerdings ist eine raumbezogene Prognose, in welchen Gebieten in nächster Zeit mit erhöhter Wahrscheinlichkeit Wohnungseinbruchdiebstähle verübt werden könnten, nur eine erste Ausprägung von Predictive Policing.

Der Blick ins Ausland, insbesondere in das Pionierland USA, zeigt, dass Predictive Policing ein enormes Weiterentwicklungspotenzial innewohnt.[1652] Hier wird Predictive Policing-Software für die Bekämpfung verschiedenster Arten von Kriminalität eingesetzt. So werden z.B. in Bezug auf einzelne Personen Risikoprofile erstellt, inwieweit sie Opfer oder Täter eines Gewaltverbrechens werden könnten oder auch die individuelle Rückfallwahrscheinlichkeit von Straftätern errechnet zur Unterstützung bei der Entscheidung, ob eine Strafe auf Bewährung ausgesetzt wird.[1653]

1650 https://www.tagesschau.de/inland/wohnungseinbrueche-109.html, zuletzt abgerufen am 24.10.2022.

1651 BMI, PKS 2020, S. 11.

1652 Dazu schon *Härtel*, LKV 2019, 49 (54 f.).

1653 Für ersteres ist das bekannteste Beispiel die sog. Chicago Heat List, dazu etwa *Singelnstein*, NStZ 2018, 1 (2), für letzteres die Software COMPAS, dazu etwa *Rademacher/Perkowski*, JuS 2020, 713 (714). Dazu, dass auch in den USA das sog. data-driven policing zunehmend in die Kritik gerät und in einigen Ausprägungen sogar teilweise in den letzten Jahren in einigen Städten verboten wurde, *Davis et al.*, AI and Ethics (2022), 185 (185).

In Europa ist vor allem die Schweiz als Beispiel zu nennen, wo bereits jetzt verschiedenste Algorithmen sowohl bei der Gefahrenabwehr als auch in Strafjustiz und Justizvollzug eingesetzt werden.[1654]

Auch in Deutschland ist die Entwicklung sicher noch nicht abgeschlossen. Im Folgenden sollen mögliche Entwicklungen des raumbezogenen Predictive Policing beleuchtet werden.

A. Ausdehnung auf andere Delikte

In Nordrhein-Westfalen wird daran geforscht, SKALA auch auf andere Delikte als nur den (Wohnungs-)Einbruchdiebstahl auszuweiten. Im Fokus der Überlegungen stehen dabei Gewerbeeinbrüche, Kfz-Diebstähle und perspektivisch Raubdelikte.[1655] Auch die Weiterentwicklung von PRECOBS, PRECOBS Enterprise, konzentriert sich nicht mehr allein auf Wohnungseinbruchdiebstähle, sondern soll langfristig die sog. Straßenkriminalität, also neben Kfz-Diebstahl auch Taschen- oder Trickdiebstahl, erfassen können.[1656] Während sich bei Kfz-Diebstählen hinsichtlich der rechtlichen Bewertung nicht wesentlich etwas ändert, muss bei einfachen Taschendiebstählen beachtet werden, dass die dadurch begangen Delikte vielfach einfacher Diebstahl, Raub oder räuberischen Diebstahl darstellen, wobei der Vermögensschaden i.d.R. gering sein dürfte.

Wird das Prognoseobjekt dynamischer, also nicht mehr völlig ortsgebunden wie ein (Wohn-)Haus, so muss auch im Blick behalten werden, dass möglicherweise typische Versammlungsorte als Prognosegebiete ausgegeben werden können, insbesondere dann, wenn bei solchen „kleinteiligeren" Schutzobjekten auch kleinere Prognoseradien festgelegt werden sollten. Bei möglichen Folgemaßnahmen ist dann zusätzlich unter den entsprechenden Umständen z.B. der besondere Schutz aus Art. 8 GG zu beachten, der durch eine Prognose nicht unterlaufen werden darf.

1654 *Simmler/Brunner*, in: Simmler, Smart Criminal Justice, 2021, S. 9 (12 ff.).

1655 *Egbert/Krasmann*, Predictive Policing, 2019, S. 34.

1656 *Egbert/Krasmann*, Predictive Policing, 2019, S. 29.

B. Verwendung von bzw. Verknüpfung mit personenbezogenen Daten

Eine anerkannte Methode, die Leistungsfähigkeit von Prognosesoftwares und datengestützter Analyse zu steigern, ist, die Menge an genutzten Daten zu erhöhen.[1657] Nach *Singelnstein* habe sich gezeigt, dass das Potenzial von Predictive Policing-Systemen maßgeblich von Art und Umfang der genutzten Daten abhänge.[1658] Die Idee der Nutzung personenbezogener Daten auch zu Zwecken einer raumbezogenen Prognose liegt daher nicht allzu fern. *Singelnstein* bezeichnete eine solche Entwicklung daher bereits 2018 nur als eine Frage der Zeit.[1659]

I. Erforderlichkeit einer Rechtsgrundlage

Wie in dieser Arbeit aufgezeigt wurde, unterliegt die Verarbeitung personenbezogener Daten zur Nutzung in Predictive Policing-Softwares spezifischen Anforderungen. Neben den bereits oben dargestellten Anforderungen an eine Rechtsgrundlage für die erforderlichen Zweckänderung der personenbezogenen Daten[1660] verlangt nun auch die Nutzung dieser nicht-anonymisierten Daten insbesondere klare und bestimmte Rechtsgrundlagen, die Zweck und Grenzen der Datenverarbeitung festlegen.[1661] So bedarf es für den Einsatz einer Prognosesoftware, die personenbezogene Daten nutzt, einer spezifischen Rechtsgrundlage.[1662]

Diese müsste das legitime Interesse der Verbrechensvorbeugung zudem mit dem Eingriff in die informationelle Selbstbestimmung angemessen austarieren. Die Nutzung personenbezogener Daten in Predictive Policing-Software zeichnet sich zum einen dadurch aus, dass zwangsläufig auch die Daten vieler Unbeteiligter verarbeitet werden, da nur bei entsprechend gro-

1657 *Singelnstein,* NStZ 2018, 1 (6); s. auch *Heilemann,* RIDP 92 (2021), 49 (51).

1658 *Singelnstein,* NStZ 2018, 1 (6); *Härtel,* LKV 2019, 49 (54); kritisch *Galla,* Bürgerrechte und Polizei/CILIP 121 (2020), 46 (53).

1659 *Singelnstein,* NStZ 2018, 1 (2 f.; 6); so auch *Wischmeyer,* in: Ebers et al., Künstliche Intelligenz und Robotik, 2020, § 20 Rn. 21.

1660 S. unter Teil 1, B. III. 2. a); im Zusammenhang mit der Nutzung personenbezogener Daten in Predictive Policing-Software auch *Busch/Singelnstein,* in: Bode/Seidensticker, Predictive Policing, S. 261 (263).

1661 Zu letzterem BVerfGE 155, 119 (177); *Busch/Singelnstein,* in: Bode/Seidensticker, Predictive Policing, 2020, S. 261 (266).

1662 *Kuhlmann/Trute,* GSZ 2021, 103 (107); *Singelnstein,* NStZ 2018, 1 (7); *Busch/Singelnstein,* in: Bode/Seidensticker, Predictive Policing, 2020, S. 261 (263 ff.).

ßer Datenmenge überhaupt eine Prognose möglich ist, weshalb Predictive Policing Systeme, die personenbezogene Daten nutzen, über eine große Streubreite verfügen.[1663] Zum anderen werden die Daten nicht nur gespeichert, sondern automatisiert abgeglichen und analysiert.[1664] Das BVerfG hat hierbei hohe Maßstäbe für solche Rasterabgleiche festgelegt.[1665] Ob der Schutz vor Wohnungseinbruchdiebstählen, deren Fallzahlen seit einigen Jahren wieder rückläufig sind und streng genommen lediglich Eigentumsdelikte sind, wirklich einen massenhaften Datenabgleich bzw. eine automatisierte Datenanalyse von zwangsläufig vielen Unbeteiligten rechtfertigt, ist zu bezweifeln. Auch eine Ausweitung der Prognoseschutzgüter auf Kfz oder andere Eigentumsgegenstände ändert daran nichts. Denn Eigentumsdelikte schützen lediglich materielle Vermögenswerte, die hinter Rechtsgütern wie Leib, Leben, Freiheit der Person oder dem Bestand und der Sicherheit des Staates, welche als hierfür geforderte hochrangige Rechtsgüter anerkannt wurden,[1666] grds. zurückstehen.

II. Datenschutzrechtliche Implikationen

Beim Einsatz personenbezogener Daten in den Prognosesoftwares ist auch der Datenschutz erneut verstärkt in den Fokus zu rücken. Die personenbezogenen Daten müssen vor der Kenntnisnahme durch Dritte geschützt werden und Löschungspflichten unterliegen.[1667] Der Schutz vor einer Kenntnisnahme durch Dritte wird dabei nicht nur bei PRECOBS bzw. allgemein bei einer Software relevant, die durch einen privaten Anbieter entwickelt und ggf. installiert wurde.[1668] Auch bei den Eigenentwicklungen stellt sich etwa die Frage, welche Metadaten zwecks Support an die Herstel-

1663 *Busch/Singelnstein,* in: Bode/Seidensticker, Predictive Policing, 2020, S. 261 (264).

1664 Daher zu Recht eine gar geringere Eingriffsintensität im Vergleich zu Datenerhebungen ablehnend *Busch/Singelnstein,* in: Bode/Seidensticker, Predictive Policing 2020, S. 261 (263 f.).

1665 Zur Rasterfahndung: BVerfGE 115, 320 (Leitsätze, 346 ff.); 141, 220 (303 Rn. 206 f. i.V.m. 269 ff. Rn. 104 ff.).

1666 BVerfGE 115, 320 (Ls. Nr. 1, 346); BVerfG, NJW 2022, 380 (384 Rn. 97).

1667 Art. 29 Abs. 2 lit. c JI-RiLi; *Schwabenbauer,* in: Lisken/Denninger, HB des Polizeirechts, 7. Aufl. 2021, G. Rn. 299 f., *Müller/Schwabenbauer,* a.a.O., G. Rn. 852.

1668 Zu den erhöhten Anforderungen an die Datensicherheit bei Involvierung privater Akteure in die Datenspeicherung BVerfGE 125, 260 (325 ff.); *Schwabenbauer,* in: Lisken/Denninger, HB des Polizeirechts, 7. Aufl. 2021, G. Rn. 299.

ler der Basissoftwares, wie z.B. Microsoft oder Drittanbieter, gehen.[1669] Insbesondere bei Softwareunternehmen aus den USA ist dann zu hinterfragen, wohin entsprechende Daten transferiert bzw. wo sie gespeichert werden. Liegen die jeweiligen Server außerhalb der EU, etwa in den USA, so sind dabei auch die Vorgaben des europäischen Datenschutzrechts hinsichtlich der Übermittlung personenbezogener Daten an Drittländer zu beachten, die nach der Ungültigkeitserklärung des sog. privacy shields[1670] durch den EuGH 2020, [1671] auch für die USA jeweils im Einzelfall zu prüfen sind.[1672] Außerdem müsste die Rechtsgrundlage für eine solche Prognosesoftware gemäß den Anforderungen des Art. 20 JI-RiLi geeignete technische Vorkehrungen vorschreiben, die dem Schutz der personenbezogenen Daten dienen (sog. privacy by default/design).[1673]

Des Weiteren ist zu beachten, dass das Datenschutzrecht im Hinblick auf automatisierte Systeme besondere Regelungen getroffen hat. So regelt Art. 22 Abs. 1 DSGVO, dass „[d]ie betroffene Person [...] das Recht [hat], nicht einer ausschließlich auf einer automatisierten Verarbeitung – einschließlich Profiling – beruhenden Entscheidung unterworfen zu werden, die ihr gegenüber rechtliche Wirkung entfaltet oder sie in ähnlicher Weise erheblich beeinträchtigt." Dieses Recht setzt der automatisierten Datenverarbeitung grundsätzlich enge Grenzen, auch wenn das Verbot nach dem Ausnahmetatbestand nach Art. 22 Abs. 2 lit. b DSGVO nicht gilt, wenn die Entscheidung aufgrund von Rechtsvorschriften zulässig ist und diese Rechtsvorschriften angemessene Maßnahmen zur Wahrung der Rechte und Freiheiten sowie der berechtigten Interessen der betroffenen Personen enthalten oder, nach lit. c, mit ausdrücklicher Einwilligung der betroffenen Person erfolgt.

1669 Für SKALA etwa, die eine Software von IBM nutzen, wurde für den technischen Support das Unternehmen System Vertrieb Alexander GmbH engagiert, LKA NRW (2018), Abschlussbericht Projekt SKALA, S. 23; dazu, dass alle externe Personen, die Zugriff auf SKALA erhielten zur Wahrung des Datengeheimnisses nach dem Verpflichtungsgesetz verpflichtet wurden, S. 24.

1670 Art. 1 des Durchführungsbeschluss 2016/1250/(EU) der Kommission vom 12.7.2016 gemäß der Richtlinie 95/46/EG des Europäischen Parlaments und des Rates über die Angemessenheit des vom EU-US-Datenschutzschild gebotenen Schutzes, ABl. EU 2016 L 207/1 ff.

1671 EuGH, EuZW 2020, 941 ff.

1672 S. dazu *Brauneck*, EuZW 2020, 933 ff.

1673 Vgl. ErwGr. 53, 55; siehe auch *Hermstrüwer*, in: Hoffmann-Riem, Big Data, S. 99 (99).

Die DSGVO gilt jedoch, wie gezeigt, nur sehr eingeschränkt im Bereich des Polizeirechts. Maßgeblich ist vielmehr Art. 11 JI-RiLi i.V.m. § 54 BDSG. Art. 11 JI-RiLi lautet: *„(1) Die Mitgliedstaaten sehen vor, dass eine ausschließlich auf einer automatischen Verarbeitung beruhende Entscheidung — einschließlich Profiling —, die eine nachteilige Rechtsfolge für die betroffene Person hat oder sie erheblich beeinträchtigt, verboten ist, es sei denn, sie ist nach dem Unionsrecht oder dem Recht der Mitgliedstaaten, dem der Verantwortliche unterliegt und das geeignete Garantien für die Rechte und Freiheiten der betroffenen Person bietet, zumindest aber das Recht auf persönliches Eingreifen seitens des Verantwortlichen, erlaubt.*

(2) Entscheidungen nach Absatz 1 dieses Artikels dürfen nicht auf besonderen Kategorien personenbezogener Daten nach Artikel 10 beruhen, sofern nicht geeignete Maßnahmen zum Schutz der Rechte und Freiheiten sowie der berechtigten Interessen der betroffenen Person getroffen wurden.

(3) Profiling, das zur Folge hat, dass natürliche Personen auf Grundlage von besonderen Datenkategorien nach Artikel 10 diskriminiert werden, ist nach dem Unionsrecht verboten."

Damit ist Art. 11 Abs. 1 der JI-Richtlinie bereits deutlich moderater hinsichtlich der Zulassung automatisierter Entscheidungen, verlangt er doch für ein Verbot einer solchen eine *nachteilige* Rechtsfolge für den Betroffenen, während beim Verbot aus Art. 22 Abs. 1 DSGVO diskutiert wird, ob bereits irgendeine, möglicherweise auch positive, rechtlichen Wirkung genügt.[1674] Der diese RiLi umsetzende § 54 BDSG übernimmt die Absätze 2 und 3 der JI-RiLi im Wortlaut, stellt jedoch die tatsächliche Wirkung des Absatzes 1 mit einer Umformulierung klar: *„Eine ausschließlich auf einer automatischen Verarbeitung beruhende Entscheidung, die mit einer nachteiligen Rechtsfolge für die betroffene Person verbunden ist oder sie erheblich beeinträchtigt, ist* nur zulässig, *wenn sie in einer Rechtsvorschrift vorgesehen ist.*" In den einzelnen Bundesländern gelten entsprechend die Umsetzungen in den jeweiligen Landesdatenschutzgesetzen.

Das Generieren einer Gebietsprognose ist jedoch nur eine Vorbereitungsmaßnahme für späteres polizeiliches (menschliches) Handeln und

1674 Für ein umfassendes Verbot etwa *Scholz,* in: Simitis/Hornung/Spiecker gen. Döhmann, Datenschutzrecht, 2019, Art. 22 DSGVO Rn. 32 m.w.N.; einschränkend hingegen *Buchner,* in: Kühling/Buchner, DS-GVO BDSG, 3. Aufl. 2020, Art. 22 DS-GVO Rn. 25. S. auch *Hornung/Schindler/Schneider,* ZIS 2018, 566 (568).

fällt daher nicht in den Anwendungsbereich des Verbots.[1675] Denn mangels konkreter rechtlicher Folgen wird keine Entscheidung getroffen, die rechtliche Nachteile für die Betroffenen mit sich bringt. Prognosen sind hinsichtlich ihrer Wirkung zunächst neutral. Erst die Entscheidung des handelnden Polizeibeamten kann nachteilige Rechtsfolgen nach sich ziehen. Und erst bei einer Weiterentwicklung hin zur Generierung von konkreten Handlungsempfehlungen bei gleichzeitiger Verkennung von Handlungsalternativen bzw. weiterer Voraussetzungen für ein Eingreifen durch den handelnden Polizeibeamten läge eine solche automatisierte Entscheidung i.S.d. JI-RiLi vor, die aufgrund dessen einer konkreten Rechtsgrundlage bedürfte.[1676]

III. Herkunft der Daten

Darüber hinaus ist auch die Herkunft der genutzten Daten von Bedeutung. Neben einer Ausweitung der Polizeigesetze hinsichtlich Maßnahmen, die bereits im Vorfeld einer Gefahr greifen sollen, werden die Polizeigesetze wegen der fortschreitenden Digitalisierung in der gesamten Gesellschaft auch im Hinblick auf Ermächtigungen zu Datenerhebungen ausgeweitet. Mittlerweile kennen die Polizeigesetze eine ganze Reihe von Standardmaßnahmen, die im Zusammenhang mit der polizeilichen Informations- und Datenverarbeitung stehen.[1677] Das Saarland schuf angesichts dessen sogar ein eigenes Polizeidatenverarbeitungsgesetz (SPolDVG), [1678] in das es Teile der informationsbezogenen Standardmaßnahmen ausgelagert hat. Neben einer der klassischen Datenerhebungsmaßnahmen, der Identitätsfeststellung – die im Übrigen im Saarland nach wie vor im allgemeinen

1675 *Wischmeyer,* in: Kulick/Goldhammer, Der Terrorist als Feind?, 2020, S. 193 (206 Fn. 64); *Martini,* Blackbox Algorithmus, 2019, S. 173.

1676 S. auch *Golla,* NJW 2021, 667 (672), der zu Recht darauf hinweist, dass es zwar unzulässig sei, einen automatisch generierten Vorschlag ohne inhaltliche Prüfung durch einen Menschen abnicken zu lassen, dies im Einzelfall jedoch kaum zu überprüfen sei.

1677 S. auch *Meinicke,* DSRITB 2014, 183 (193), der von einem „exorbitante[n] Anstieg von den Ermittlungs- und Sicherheitsbehörden für ihre Ermittlungen bzw. zur Gefahrenabwehr zur Verfügung stehenden Datenmengen" spricht.

1678 Art. 2 des Gesetzes Nr. 2007 zur Neuregelung der polizeilichen Datenverarbeitung im Saarland, ABl. des Saarlandes I 2020, S. 1133 (1134 ff.).

Polzeigesetz (SPolG) geregelt ist –[1679], gibt es längst auch Maßnahmen, die den besonderen Herausforderungen der veränderten Kommunikation der Bürger Rechnung tragen sollen, wie etwa die Quellen-Telekommunikationsüberwachung (Quellen-TKÜ), durch die mittels Eingriff in informationstechnische Systeme des Bürgers auf dessen laufende Kommunikation zugegriffen werden kann.[1680]

1. Die Nutzung von Daten, die durch besonders tiefe Grundrechtseingriffe erhoben wurden

Das BVerfG stellt besonders hohe Anforderungen an die Zweckänderung bzw. Übermittlung von Daten, die im Zuge von verdeckten, also heimlichen informationstechnischen Ermittlungen erhoben wurden, wie z.B. durch akustische Wohnraumüberwachung oder aus dem Zugriff auf informationstechnische Systeme.[1681] Sollten derartig erhobene Daten für die Erstellung von Prognosen zukünftig verwendet werden wollen, so treten neben den Schutz aus Art. 10 Abs. 1 GG auch der besondere Schutz durch Art. 13 Abs. 1 GG sowie ggf. anstelle des Art. 10 Abs. 1 GG das Grundrecht auf Vertraulichkeit und Integrität der eigengenutzten informationstechnischen Systeme bei der Weiterverarbeitung der Daten bzw. einer Zweckänderung.[1682] Diese Daten wurden durch einen besonders schweren Grundrechtseingriff erhoben.[1683] Daher steht ihre Erhebung unter besonders engen Vorausset-

1679 Zur weitestgehend misslungen Regelungstechnik *Zöller,* Schriftliche Stellungnahme zu LT-Drs. 16/1180 im Rahmen der Anhörung des Ausschusses für Inneres und Sport am 28.05.2020, S. 2 f.

1680 Zur Ausgestaltung im Saarland, das neben der laufenden Kommunikation sogar einen Zugriff auf dort gespeicherte Kommunikation erlaubt nach § 35 Abs. 2 Nr. 1 lit. b SPolDVG, *Zenner,* SRZ 2/2021, 81 (97 ff.); die Norm wurde im Saarland durch Verfassungsbeschwerde angegriffen, s. LT-Drucks. Saarland 16/1676-NEU.

1681 BVerfGE 141, 220 (329 Rn. 291).

1682 Wird eine laufende Kommunikation abgehört, so gilt das Grundrecht aus Art. 10 Abs. 1 GG, sobald auch auf bereits vorhandene und gespeicherte Daten zugegriffen wird, gilt das IT-Grundrecht, s. *Martini/Fröhlingsdorf,* NVwZ 2020, 1893 (1803); Art. 13 Abs. 1 und Art. 10 Abs. 1 GG sind grds. wegen der unterschiedlichen Schutzausrichtung nebeneinander anwendbar, *Guckelberger,* in: Schmidt-Bleibtreu/Hoffmann/Henneke GG, 15. Aufl. 2022, Art. 10 Rn. 6.

1683 S. BVerfGE 141, 220 (337 f., Rn. 316); *Schwabenbauer,* in Lisken/Denninger, HB des Polizeirechts, 7. Aufl. 2021, G. Rn. 125, 197.

zungen und verlangt eine qualifizierte Gefahr i.S.e. dringenden bzw. im Einzelfall drohenden Gefahr.[1684]

Eine Weiterverwendung bzw. Zweckänderung von Daten steht nach dem BVerfG grds. unter der Voraussetzung der Zulässigkeit der hypothetischen Neuerhebung.[1685] Das heißt die genutzten personenbezogenen Daten müssten auch für die Zwecke der Nutzung in einer Prognosesoftware zulässig mittels verdeckter informationstechnischer Mittel erhoben werden dürfen.

Bei Daten aus Wohnraumüberwachung und Online-Durchsuchungen gilt nach dem BVerfG wegen des außerordentlichen Eingriffsgewichts zudem „eine besonders enge Bindung jeder weiteren Nutzung der gewonnen Daten an die Voraussetzungen und damit Zwecke der Datenerhebung".[1686] „Eine Nutzung der Erkenntnisse als bloßer Spuren- oder Ermittlungsansatz unabhängig von einer dringenden oder im Einzelfall drohenden Gefahr kommt hier nicht in Betracht."[1687]

Das BVerfG erklärte in seinem Urteil zur Zulässigkeit heimlicher Überwachungsmaßnahmen im BKAG von 2016, dass die Übermittlung solchermaßen erhobener Daten allgemein zur Verhütung von sogar besonders schwerwiegender Straftaten unverhältnismäßig und verfassungsrechtlich zu beanstanden sei.[1688] Denn eine Übermittlung mit Blick auf einen nur „potenziellen Informationsgehalt" genüge nicht den verfassungsrechtlichen Anforderungen.[1689]

Der bloße Einsatz in Vorhersagesoftwares zu einem Zeitpunkt, zu dem noch nicht einmal eine konkrete Gefahr besteht, zur Errechnung eines Risikogebietes, das auch keine konkrete Gefahr einer Straftat generiert, wird diesen erhöhten Anforderungen keinesfalls gerecht. Hier bestehen gerade noch keine konkreten Ermittlungsansätze und auch noch kein konkreter Gefahrenansatz. Vielmehr wird eine bloße Risikolage ermittelt, dass die Wahrscheinlichkeit der Begehung von bestimmten Straftaten in einem bestimmten Zeitraum signifikant erhöht ist.

1684 BVerfGE 141, 220 (273 f. Rn. 115; 326 Rn. 283).

1685 Im Zusammenhang mit Art. 10 GG BVerfGE 125, 260 (333); Art. 10 und Art. 13 GG BVerfGE 133, 277 (372 ff. Rn. 225 f.); allgemein BVerfGE 141, 220 (327 f. Rn. 287); 156, 11 (49 ff. Rn. 97 ff.).

1686 BVerfGE 141, 220 (326 Rn. 283).

1687 BVerfGE 141, 220 (326 Rn. 283).

1688 BVerfGE 141, 220 (336 f. Rn. 313); dazu auch *Schwabenbauer*, in: Lisken/Denninger, HB des Polizeirechts, 6. Aufl. 2018, G Rn. 199.

1689 BVerfGE 141, 220 (336 f. Rn. 313).

Die Nutzung solcher personenbezogener Daten für die Zwecke von Predictive Policing kommt daher nicht in Betracht.

2. Die Nutzung von Daten, die durch Nachrichtendienste erhoben wurden

Noch problematischer stellt sich eine Nutzung von Daten dar, die von Nachrichtendiensten im Zuge ihrer eigenen Aufklärungsaufgabe erhoben und an die Polizei zwecks Eingriffsmaßnahmen weitergegeben wurden. In diesem Zusammenhang ist erneut das sog. Trennungsgebot in den Blick zu nehmen.

Wie bereits aufgezeigt wurde, sind die Aufgaben und vor allem Befugnisse von Polizei- und Nachrichtendiensten streng getrennt. Die Nachrichtendienste haben die Aufgabe zur Informationssammlung und Aufklärung im Gefahrenvorfeld.[1690] Ihre Tätigkeit umfasst die Nutzung weitreichender Datenerhebungs- und -verarbeitungsbefugnisse.[1691] Dafür ist diese aber auch eng begrenzt auf staatsgefährdende Verbrechen und erlaubt keine Eingriffsmaßnahmen gegenüber den Bürgern.[1692]

Sollten die nachrichtendienstlich, also insbesondere heimlich erhobenen Informationen nun jedoch ohne Weiteres an die Polizei- und Ordnungsbehörden weitergegeben werden, ist besondere Vorsicht geboten. Zwar ist eine gewisse informationsbezogene Kooperation zwischen den Sicherheitsinstitutionen notwendige Konsequenz des Trennungsprinzips, um Wissensverluste auf sicherheits- und gefahrenabwehrrechtlicher Ebene zu verhindern.[1693] Die Trennung der Befugnisse wird jedoch spätestens dann zur bloßen Makulatur, wenn letztendlich die zu Eingriffsmaßnahmen befugten Behörden umfassend auf Informationen zurückgreifen dürfen, die sie selbst wegen des engen Bezugs zu Eingriffsmaßnahmen und ohne Begrenzung auf staatsgefährdende Straftaten nicht hätten erheben dürfen.

Für den Austausch von Informationen zwischen Polizei- und Nachrichtendiensten gilt vielmehr das vom BVerfG entwickelte und erst kürzlich bestätigte, aus dem Grundrecht auf informationelle Selbstbestimmung folgen-

1690 BVerfGE 133, 277 (325 Rn. 116).
1691 BVerfGE 133, 277 (325 f. Rn. 117).
1692 BVerfGE 133, 277 (326 f. Rn. 118 f.).
1693 *Götz*, in: Isensee/Kirchhof, HB des Staatsrechts, Bd. IV, § 85 Rn. 40; *Roth*, in: Schenke/Graulich/Ruthig, Sicherheitsrecht des Bundes, 2. Aufl. 2019, § 2 BVerfSchG Rn. 12; insb. in Bezug auf die internationale Terrorismusabwehr BVerfGE 133, 277 (332 ff. Rn. 130 ff.); s. auch *Gärditz*, JZ 2013, 633 (634 f.).

de, sogenannte informationelle Trennungsprinzip.[1694] Dieses stellt Regelungen, die den Datenaustausch zwischen Polizei- und Nachrichtendiensten ermöglichen, unter die besonderen verfassungsrechtlichen Anforderungen der hypothetischen Datenneuerhebung.[1695] Es dürfen also nur solche Daten für operative Maßnahmen weiterverwendet werden, die die Polizeibehörden selbst hätten erheben dürfen.[1696]

Das Trennungsprinzip setzt zugleich eine Grenze hinsichtlich einer Ausweitung polizeilicher Datenerhebungsbefugnisse. Das Trennungsgebot würde gleichermaßen unterlaufen, wenn den Polizei- und Ordnungsbehörden ebenso weitreichende Informationszugriffe und -sammlungen erlaubt würden wie den Nachrichtendiensten.[1697] Hier dürfen auch die Verlockungen eines vermeintlich verbesserten Prognoseergebnisses durch erweiterten Dateninput nicht dazu führen, dass die Erhebungsbefugnisse der Polizeibehörden denjenigen der Nachrichtendienste angepasst werden.

IV. Kategorien von personenbezogenen Daten

Nicht nur besondere Erhebungsumstände können den Schutz personenbezogener Daten vor bzw. bei Weiterverwendung verstärken. Auch die Art der Daten ist von entscheidender Bedeutung. So sind nach Art. 10 JI-RiLi der Verarbeitung von Daten, aus denen die rassische oder ethnische Herkunft, politische Meinungen, religiöse oder weltanschauliche Überzeugungen oder die Gewerkschaftszugehörigkeit hervorgehen, sowie die Verarbeitung von genetischen Daten, biometrischen Daten zur eindeutigen Identifizierung einer natürlichen Person, Gesundheitsdaten oder Daten zum Sexualleben oder der sexuellen Orientierung enge Grenzen zu setzen. Eine Verarbeitung ist danach nur erlaubt, wenn sie unbedingt erforderlich ist und vorbehaltlich geeigneter Garantien für die Rechte und Freiheiten der betroffenen Person erfolgt und sie das Unionsrecht oder das nationale

1694 BVerfGE 133, 277 (329 Rn. 123); 156, 11 (50 ff. Rn. 101 ff.; Ls. Nr. 1); dazu *Unterreitmeier,* DÖV 2021, 659 ff.; *Roth,* in: Schenke/Graulich/Ruthig, Sicherheitsrecht des Bundes, 2. Aufl. 2019, § 2 BVerfSchG Rn. 12.

1695 BVerfGE 156, 11 (52 Rn. 107; Ls. Nr. 1); BVerfG, NJW 2022, 1583 (1587 f. Rn. 170, 1596 f. Rn. 230 ff.).

1696 S. auch BVerfG, NJW 2022, 1583 (1596 Rn. 231).

1697 S. insg. zur Entwicklung der Annäherung von Polizei und Nachrichtendiensten durch „`Vernachrichtendienstlichung´ der Polizei" und „`Verpolizeilichung´ der Nachrichtendienste", *Bäcker,* in: Herdegen et al., HB des Verfassungsrechts, 2021, § 28 Rn. 33 ff.

Recht zulässt sowie entweder der Wahrung lebenswichtiger Interessen der betroffenen oder einer anderen natürlichen Person dient oder wenn es sich auf Daten bezieht, die die betroffene Person öffentlich zugänglich gemacht hat.

V. Fazit

Der Verwendung von personenbezogenen Daten zu Zwecken des raumbezogenen Predictive Policing sind enge Grenzen gesetzt. Sie bedarf in jedem Falle einer präzisen gesetzlichen Grundlage, die Zweck und Ausmaß der Verwendung regelt sowie Vorkehrungen zur Sicherung der Rechte der Betroffenen trifft.[1698] Darüber hinaus sind bestimmte personenbezogene Daten aufgrund ihrer Erhebungsumstände von vornherein nicht geeignet, um in einer Prognosesoftware, die nur Anhaltspunkte für einen Gefahrenverdacht ins Blaue hinein liefern soll, zum Einsatz zu kommen.

C. Big Data Policing/ Einsatz von (fortgeschrittener) KI

Eng verbunden mit der Idee, mehr Daten zu nutzen, steht auch das sog. Big Data Policing. Der Begriff ist nicht völlig trennscharf in Abgrenzung zu Predictive Policing definiert. Prädiktive Big Data Analysen allgemein beschreiben die Auswertung sehr großer Datenmengen[1699] von unterschiedlichster Art und Qualität aus vielfältigen Quellen[1700] in sehr hoher Geschwindigkeit[1701] mit dem Ziel, bisher unentdeckte Strukturen, Muster,

1698 So auch *Härtel*, LKV 2019, 49 (56).

1699 Auch „High Volume“ genannt, *Hoffmann-Riem*, in: ders. Big Data, S. 11 (19); s. auch *Hornung*, in: Hoffmann-Riem, Big Data, 2018, S. 81 (81), „Volume“.

1700 „Variety“, *Hackenberg*, in: Hoeren/Siber/Holznagel, HB Multimedia-Recht, 56. EL 2021, Teil 15.2 Big Data und Datenschutz, Rn. 4.

1701 „High Velocity“, *Hoffmann-Riem*, in: ders. Big Data, S. 11 (19); s. auch *Hornung*, in: Hoffmann-Riem, Big Data, 2018, S. 81 (81), „Velocity“. Zu dem sog. 3-V-Modell auch *Hackenberg*, in: Hoeren/Siber/Holznagel, HB Multimedia-Recht, 56. EL 2021, Teil 15.2 Big Data und Datenschutz, Rn. 1 ff.; zur Erweiterung auf 5 V unter Einbezug von „Value“ und „Validity“ *Küchler*, in: Bräutigam, IT-Outsourcing und Cloud-Computing, 4. Aufl. 2019, Teil 1, A. Rn. 30b; zu den „5 V´s of Big Data“ auch *Hauber/Jarchow/Rabitz-Suhr*, Prädiktionspotenzial schwere Einbruchskriminalität, 2019, S. 97 f.

Vorhersagen und Erkenntnisse zu gewinnen.[1702] Im Unterschied zu den bisher genutzten und vorgestellten Predictive Policing-Softwareentwicklungen wird unter einer Big Data Analyse vorliegend ein theorieungebundener Massendatenabgleich verstanden, der versucht, aus zahllosen unterschiedlichsten Daten selbstständig Muster zu erkennen.[1703] Wenn ein Algorithmus selbstständig Muster erkennt und kein Programmierer mehr final die Handlungsweise vorgibt, spricht man auch von Künstlicher Intelligenz[1704] (KI).[1705]

Die Möglichkeit der Nutzung Künstlicher Intelligenz auch auf staatlicher (Verwaltungs-)Ebene ist in den vergangenen Jahren verstärkt in den Fokus rechtlicher Abhandlungen gerückt.[1706]

Auf europäischer Ebene wurde jüngst ein Entwurf für eine Verordnung zur Regulierung von künstlicher Intelligenz vorgestellt, [1707] der in seinem

---

1702 S. *Hoffmann-Riem,* in: ders. Big Data, S. 11 (19 f.), *ders.* AöR 142 (2017), 1 (7); *Holthausen,* RdA 2021, 19 (20); s. auch *Bäcker,* in: Hoffmann-Riem, Big Data, S. 167 (167); *Guckelberger,* Öffentliche Verwaltung im Zeitalter der Digitalisierung, 2019 Rn. 88, 89. Zur Zukunftsgerichtetheit der Big-Data-Analysen auch *Hackenberg,* in: Hoeren/Siber/Holznagel, HB Multimedia-Recht, 56. EL 2021, Teil 15.2 Big Data und Datenschutz, Rn. 9.

1703 S. auch *Bäcker,* in: Hoffmann-Riem, Big Data, S. 167 (167).

1704 Der Begriff des „maschine learning" wird vorliegend als Unterkategorie von Künstlicher Intelligenz verstanden, s. zu dieser Einordnung auch *Kaplan,* Künstliche Intelligenz, 2017, S. 27 ff, 43 ff.; *Martini,* Blackbox Algorithmus, 2019, S. 20 Fn. 86; auch *Guggenberger,* NVwZ 2019, 844 (845); *Braun-Binder,* SJZ/RSJ 115 (2019), 467 (468). Dazu, dass teilweise bereits „einfache" statistische Ansätze, also auch Algorithmen wie die derzeit eingesetzten, die nachvollziehbare Wenn-Dann-Entscheidungen liefern, unter den Begriff der Künstlichen Intelligenz gefasst werden, s. etwa Art. 3 des Entwurfs der EU-Kommission für ein neues KI-Gesetz, COM (2021) 206 final, S. 46 i.V.m. Anhang I. Vorliegend wird unter KI jedoch nur der insoweit engere Begriff fortgeschrittener KI unter Nutzung selbstlernender Systeme verstanden.

1705 *Martini,* in: Kahl/Ludwigs, HB des Verwaltungsrechts, Bd. I, 2021, § 28 Rn. 83; s. *Guggenberger,* NVwZ 2019, 844 (845), wonach kennzeichnend für KI die Kompetenz zur selbstständigen Weiterentwicklung ihrer Fähigkeiten ist; *Galla,* CILIP 121 (2020), 46 (46); *Martini,* Blackbox Algorithmus, 2019, S. 20. S. im Zusammenhang mit Big Data Analysen *Hoffmann-Riem,* in: ders. Big Data, S. 11 (21).

1706 S. etwa *Wischmeyer,* AöR 143 (2018), 1 ff., insb. 39 ff.; *Guckelberger,* Öffentliche Verwaltung im Zeitalter der Digitalisierung, 2019 Rn. 106 ff.; *Braun-Binder,* SJZ/RSJ 115 (2019), 467 ff.; *Guggenberger,* NVwZ 2019, 844 ff.; s. auch den Tagungsbericht zur Tagung Algorithmen und künstliche Intelligenz in der Verwaltung 2018 von *Heldt,* NVwZ 2019, 862 f.

1707 Vorschlag für eine Verordnung des Europäischen Parlaments und des Rates zur Festlegung harmonisierter Vorschriften für Künstliche Intelligenz (Gesetz über

Anwendungsbereich auch staatliche Stellen betrifft.[1708] Dass der Einsatz von KI auf europäischer Ebene auch im Bereich der Aufdeckung, Verhütung, Ermittlung und Verfolgung von Straftaten als grundsätzlich möglich erachtet wird, zeigt Art. 52 Abs. 1 S. 2 des Verordnungsentwurfs, in dem solche KI von den Transparenzpflichten ausgenommen werden, es sei denn, diese Systeme stehen der Öffentlichkeit zur Anzeige einer Straftat zur Verfügung.[1709] Zur Durchsetzung der Einhaltung der Vorgaben der Verordnung steht es, wie schon bei der DSGVO, den Mitgliedstaaten frei, Bußgelder gegen Behörden oder öffentliche Stellen zu ermöglichen oder nicht.[1710] Angesichts der Missbrauchsmöglichkeiten von KI auch auf staatlicher Ebene ist diese Praxis kritisch zu sehen.[1711]

In Bezug auf den Einsatz von KI auf dem Gebiet des Polizeirechts muss die in diesem Zusammenhang vielfach beschworene „blackbox“[1712] besonders in den Blick genommen werden. Anschließend sollen die Chancen von Big Data Policing aufgezeigt werden sowie die aktuellen rechtlichen Hürden.

I. Nachvollziehbarkeit der Entscheidungen

Der Begriff „blackbox“ bezeichnet im Zusammenhang mit Algorithmen und KI die Situation, dass der menschliche Nutzer einer Technologie die Entscheidungsfindung derselben nicht mehr nachvollziehen kann.[1713]

Bereits im Zusammenhang der jetzig eingesetzten, auf bestimmten kriminologischen Theorien basierenden Wenn-Dann-Algorithmen, wurde die Gefahr gesehen, dass der einzelne Polizeibeamte seine Eingriffsmaßnah-

---

Künstliche Intelligenz) und zur Änderung bestimmter Rechtsakte der Union, COM(2021) 206 final.

1708 Dazu eingehend *Ebert/Spiecker gen. Döhmann,* NVwZ 2021, 1188 ff.

1709 COM(2021) 206 final, S. 78; kritisch zu dieser Ausnahme *Ebert/Spiecker gen. Döhmann,* NVwZ 2021, 1188 (1191).

1710 Art. 71 Abs. 7 des Verordnungsentwurfs, COM(2021) 206 final, S. 93.

1711 *Ebert/Spiecker gen. Döhmann,* NVwZ 2021, 1188 (1192); s. allgemein zur Kritik an der ineffektiven Vollstreckung des Staates gegen sich selbst auch im Rahmen der DSGVO-Öffnungsklausel, *Lind/Priebe,* ZEuS 2020, 429 (460).

1712 Dazu etwa COM(2020) 64 final, S. 11, 18; *Martini,* Blackbox Algorithmus, 2019; *Rademacher/Perkowski,* JuS 2020, 713 (716); *Bathaee,* Harvard Journal of Law & Technology 31 (2018), 889 (901).

1713 *Martini,* Blackbox Algorithmus, 2019, S. 28 f.; *Haouache,* in: Beck/Stember, Der demographische Wandel, 2020, S. 21 (23).

men zunehmend nicht mehr selbst hinterfragt.[1714] Wird nun KI eingesetzt, so kommt hinzu, dass man die Prognosegebiete unter Umständen gar nicht mehr hinterfragen *kann*.[1715] Ein wichtiger Argumentationsbaustein bei der Frage, inwieweit rechtsstaatliche Verantwortlichkeit beim Einsatz privat entwickelter Software noch sichergestellt ist, war, dass die Freigabe der Prognosen stets dafür besonders geschulten Polizeikräften obliegt.[1716] Dies wäre beim Einsatz einer KI jedoch reine Formsache, wenn die Beamten die ausgegebene Prognose gar nicht nachvollziehen können. Folgemaßnahmen würden dann, sollten entsprechende Eingriffsmaßnahmen, die an „gefährliche Gebiete" oder „Prognosegebiete" anknüpfen, existieren, auf noch unsicherer Basis erfolgen, da die Polizeibeamten gar nicht selbst wissen können, wieso sie vor Ort sind, auch wenn wohl davon auszugehen ist, dass völlig abwegige Vorschläge als solche identifiziert würden. Die Polizeiarbeit würde dann verstärkt spekulative Züge annehmen.[1717] Unabhängig von der Frage, ob die KI von staatlicher Stelle selbst entwickelt wurde oder nicht, würde sich im Falle der eigenständigen Weiterentwicklung und fehlenden Nachvollziehbarkeit ihrer Entscheidungen die Frage nach der rechtstaatlich erforderlichen Einhaltung des Gewaltmonopols des Staates neu stellen.[1718]

Abhilfe könnten hier die Ansätze zur sog. explainable AI schaffen, bei denen die KI ihre Entscheidungsfindung nachvollziehbar offenlegt.[1719] Diese stehen aber noch am Anfang.[1720]

1714 S.o. Teil 1, B. VI. 4.

1715 *Haouache,* in: Beck/Stember, Der demographische Wandel, 2020, S. 21 (28); dazu, dass nicht zwangsläufig jede KI nicht nachvollziehbare Ergebnisse liefert, *Wischmeyer,* in: ders/Rademacher, Regulating Artificial Intelligence, S. 75 (81 Rn. 13). Dazu, dass in Los Angeles die meisten Polizeibeamten die Funktionsweise des dort eingesetzten Predictive Policing Algorithmus nicht verstanden haben, *Davis et al.,* AI and Ethics (2022), 185 (193).

1716 S.o. Teil 1, C. II. 4.

1717 S. auch *Egbert/Krasmann,* Predictive Policing, 2019, S. 66.

1718 S. dazu auch *Guggenberger,* NVwZ 2019, 844 (850), die Transparenz von Verwaltungsentscheidungen insofern auch als integralen Bestandteil des Rechtsstaatsprinzips bezeichnet; auch *Martini,* in: Kahl/Ludwigs, HB des Verwaltungsrechts, Bd. I, 2021, § 28 Rn. 88.

1719 Dazu *Guckelberger,* Öffentliche Verwaltung im Zeitalter der Digitalisierung, 2019, Rn. 613 ff.

1720 S. auch *Guckelberger,* Öffentliche Verwaltung im Zeitalter der Digitalisierung, 2019, Rn. 613.

II. Chancen

Demgegenüber stehen die Chancen von Big Data Policing, die darin erblickt werden können, dass bisher unentdeckte Korrelationen gefunden[1721] und vielleicht sogar Indikatoren für neue Zusammenhänge von Ursache und Wirkung erkannt werden können.[1722] Ein primäres Ziel von Big Data Analysen ist grds. die Gewinnung neuer Erkenntnisse.[1723] Diese Chance muss jedoch sogleich wieder insofern relativiert werden, als dass nicht voreilig der Schluss von Korrelation auf ursächlichen Zusammenhang gezogen werden darf.[1724] Big Data Analysen können nur statistisch signifikante Korrelationen feststellen und somit höchstens eine Indikation für eine Kausalität aufzeigen, die jedoch sodann empirisch näher untersucht werden muss.[1725] So besteht bei solchen unabhängigen Massendatenabgleichen auch ein großes Risiko von Fehlinterpretationen.[1726]

III. Konflikt mit dem Grundsatz der Zweckbindung von Daten und Datenminimierung

Sollten auch personenbezogene Daten in den auszuwertenden Datensatz aufgenommen werden, was angesichts der Notwendigkeit vielfältiger und unterschiedlichster Daten von sehr großer Menge geradezu naheliegt, so müssen die oben aufgezeigten, aktuellen datenschutz- und grundrechtlichen Vorgaben beachtet werden.[1727] Hier stehen insbesondere der Grundsatz der Zweckbindung, aber auch der der Datenminimierung[1728] einer

1721 *Bäcker,* in: Hoffmann-Riem, Big Data, 2018, S. 167 (167); *Guckelberger,* Öffentliche Verwaltung im Zeitalter der Digitalisierung, 2019 Rn. 89.

1722 *Hoffmann-Riem,* in: ders, Big Data, 2018, S. 11 (20). S. dazu auch, allerdings für den Bereich der Unternehmensführung, *Holthausen,* RdA 2021, 19 (20).

1723 *Caldarola/Schrey,* Big Data und Recht, 2019, Rn. 1.

1724 *Rademacher,* AöR 142 (2017), 366 (389); *Guckelberger,* Öffentliche Verwaltung im Zeitalter der Digitalisierung, 2019, Rn. 89. S. auch *Egbert,* in: Hunold/Ruch, Polizeiarbeit zwischen Praxishandeln und Rechtsordnung, 2020, S. 77 (89 f.); *Müller/Schwabenbauer,* in: Lisken/Denninger, HB des Polizeirechts, 7. Aufl. 2021, G. Rn. 1341, 1344.

1725 S. *Hoffmann-Riem,* in: ders., Big Data, 2018, S. 11 (20); *Pollich/Bode,* Polizei & Wissenschaft, 2017, 2 (8).

1726 *Pollich/Bode,* Polizei & Wissenschaft 2017, 2 (8); *Guckelberger,* Öffentliche Verwaltung im Zeitalter der Digitalisierung, 2019, Rn. 89.

1727 S. auch *Caldarola/Schrey,* Big Data und Recht, 2019, Rn. 6, 24.

1728 S. etwa Art. 20 Abs. 1 JI-RiLi.

solchen automatisierten Analyse massenhafter, gespeicherter Daten ohne Anlass und zu noch unbestimmten Zweck entgegen.[1729]

1. Grundsatz der Zweckbindung

Der Grundsatz der Zweckbindung ergibt sich zum einen aus den unionalen Vorgaben der JI-RiLi, namentlich Art. 4 Abs. 1 lit. b und c JI-RiLi und ErwGr. 29 JI-RiLi.[1730]

Zum anderen ist er eine Ausprägung des grundrechtlichen Schutzes durch das Recht auf informationelle Selbstbestimmung.[1731] Bereits im Volkszählungsurteil stellte das BVerfG fest, dass Informationserhebung und -verwendung auf das für die Erreichung eines bereichsspezifisch und präzise festgelegten Zwecks Erforderliche zu begrenzen ist.[1732] So fordert es bei Eingriffen in dieses Grundrecht, dass das Gebot der Bestimmtheit und Normenklarheit in besonderem Maße beachtet wird und dass eine gesetzliche Ermächtigungsnorm den Anlass der Maßnahme und den möglichen Verwendungszweck der betroffenen Information sicherstellt.[1733] Damit würde das verfassungsrechtliche Gebot der Zweckbindung der erhobenen Daten verstärkt, um es nicht ins Leere laufen zu lassen.[1734] Der Verwendungszweck muss sich somit eindeutig und klar aus der Ermächtigungsnorm zur Erhebung der Daten ergeben. Zweckänderungen sind nach dem BVerfG unter den Voraussetzungen der hypothetischen Neuerhebung denkbar[1735]

1729 So auch *Hoffmann-Riem,* in: ders., Big Data, 2018, S. 11 (45); *Trute,* in: Bär/Grädler/Mayr, Digitalisierung im Spannungsfeld von Politik, Wirtschaft, Wissenschaft und Recht, Bd. 2, 2018, S. 313 (317); *Guckelberger,* Öffentliche Verwaltung im Zeitalter der Digitalisierung, 2019, Rn. 90; *Marsch,* in: Wischmeyer/Rademacher, Regulating Artificial Intelligence, 2020, S. 33 (35 ff. Rn. 5 ff.); s. auch *Egbert,* in: Hunold/Ruch, Polizeiarbeit zwischen Praxishandeln und Rechtsordnung, 2020, S. 77 (92); von sehr großen strukturellen Problemen redet *Hornung,* in: Hoffmann-Riem, Big Data, 2018, S. 81 (82), zu deren Lösungsansätzen siehe S. 95 ff.; siehe zu den datenschutzrechtlichen Problemen im Zusammenhang mit Big Data auch *Hackenberg,* in: Hoeren/Siber/Holznagel, HB Multimedia-Recht, 56. EL 2021, Teil 15.2 Big Data und Datenschutz, Rn. 18 ff.

1730 S. auch *Hofmann,* Predictive Policing, 2020, S. 224.

1731 BVerfGE 118, 168 (187); 155, 119 (179 Rn. 130).

1732 BVerfGE 65, 1 (46); seitdem st. Rspr., BVerfGE 100, 313 (389); 109, 279 (376); 113, 29 (51 f.); 118, 168 (187 f.); 130, 151 (202); 155, 119 (208 f. Rn. 197).

1733 BVerfGE 120, 378 (408).

1734 BVerfGE 118, 168 (187); 120, 378 (408).

1735 Im Zusammenhang mit Art. 10 GG BVerfGE 125, 260 (333); Art. 10 und Art. 13 GG BVerfGE 133, 277 (372 ff. Rn. 225 f.); allgemein BVerfGE 141, 220 (327 f. Rn. 287);

und erfordern insbesondere, auch unter Einhaltung der Vorgaben des Art. 4 Abs. 2 JI-RiLi, ebenfalls eine entsprechende Ermächtigungsgrundlage.[1736] Eine solche präzise Rechtsgrundlage ist angesichts des verstärkt spekulativen Charakters von Big-Data Policing kaum denkbar. Denn hier wird es gerade dem Algorithmus selbst überlassen, Rückschlüsse aus den Daten zu ziehen, ohne an einen bestimmten Zweck gebunden zu werden.[1737]

2. Grundsatz der Datenminimierung

Datenminimierung bedeutet, dass grds. nur notwendige Daten gespeichert werden und zwar nur in dem Ausmaß, wie sie zum Zweck der Erhebung erforderlich sind, s. Art. 5 Abs. 1 lit. c DSGVO.[1738] Der Begriff des Grundsatzes der Datenminimierung findet sich bisher in der Rechtsprechung des BVerfG nicht explizit erwähnt. Anders als in der DSGVO findet der Grundsatz auch in der JI-RiLi keine normative strikte Ausgestaltung.[1739] In Art. 4 Abs. 1 lit. c JI-RiLi heißt es lediglich, dass personenbezogene Daten in Bezug auf die Zwecke, für die sie verarbeitet werden, nicht *übermäßig* sind. Dies lässt einen durchaus weiten Interpretationsspielraum, ist aber von den Mitgliedstaaten in dieser abgeschwächten Form zu beachten.[1740]

In zeitlicher Hinsicht gilt Art. 4 Abs. 1 lit. e JI-RiLi.[1741] Danach dürfen Daten nicht länger als es für die Zwecke, für die sie verarbeitet werden, erforderlich ist, in einer Form gespeichert werden, die die Identifizierung der betroffenen Personen ermöglicht. Die Existenz des datenschutzrechtlichen Grundsatzes ist jedenfalls durch fehlende Legaldefinition nicht infrage gestellt. So heißt es auch in Art. 20 JI-RiLi, dass die Mitgliedstaaten vorsehen, *dass der Verantwortliche [...] angemessene technische und organisatorische*

156, 11 (49 f. Rn. 99 f.); dazu auch *Schwabenbauer,* in: Lisken/Denninger, HB des Polizeirechts, 7. Aufl. 2021, G. Rn. 247 ff.

1736 S. dazu ausführlich in Teil 1, B. III. 2. a) (1)–(4).

1737 S. zum Konflikt zwischen Big Data und dem Prinzip der Zweckbindung auch *Roßnagel,* ZD 2013, 562 (564); *Fricke,* Big Data und künstliche Intelligenz, PDF-S. 9.

1738 S. *Paal/Hennemann,* NJW 2017, 1697 (1700); *Leeb/Liebhaber,* JuS 2018, 534 (537).

1739 Nach *Hornung/Schindler/Schneider,* ZIS 2018, 566 (568) ist der Grundsatz der Datenminimierung in der JI-RiLi „abgeschwächt".

1740 S. auch *Schindler,* Biometrische Videoüberwachung, 2021, S. 716, der in Fn. 3634 m.w.N. argumentiert, wieso inhaltlich keine wesentlichen Unterschiede zu Art. 5 Abs. 1 lit. c DSGVO bestehen und daher auch im Zusammenhang mit Art. 4 Abs. 1 lit. c JI-RiLi von Datenminimierung gesprochen werden könne.

1741 In dieser Norm den Grundsatz der Datenminimierung erblickend *Hofmann,* Predictive Policing, 2020, S. 225.

Maßnahmen [...] trifft, die dafür ausgelegt sind, Datenschutzgrundsätze wie etwa Datenminimierung *wirksam umzusetzen [...].*

Andere sprechen auch von dem Prinzip der Datensparsamkeit,[1742] die auch das BVerfG bereits in einer Entscheidung als einen das Datenschutzrecht weithin durchziehenden Grundsatz bezeichnet hat.[1743]

Auch dieser datenschutzrechtliche Grundsatz läuft diametral zu den Interessen einer Big Data Analyse, die gerade davon lebt, dass möglichst viele Daten aus unterschiedlichsten Quellen ständig nutzbar sind.[1744]

3. BVerfG zu § 6a ATDG a.F.

Die Ansicht, dass die derzeitigen datenschutzrechtlichen Vorgaben Big Data Analysen entgegenstehen, stützt auch der Ende 2020 ergangene Beschluss des Bundesverfassungsgerichts zum Antiterrordateigesetz II.[1745] In diesem erklärte das Gericht insb. § 6a Abs. 2 ATDG für unvereinbar mit der informationellen Selbstbestimmung aus Art. 2 Abs. 1 GG i.V.m. Art. 1 Abs. 1 GG und daher für nichtig.[1746]

Nach § 6a Abs. 2 ATDG a.F. durfte eine beteiligte Behörde zur Erfüllung ihrer gesetzlichen Aufgaben die in der Antiterrordatei nach § 3 gespeicherten Datenarten mit Ausnahme der nach § 4 verdeckt gespeicherten Daten erweitert nutzen, soweit dies im Rahmen eines bestimmten einzelfallbezogenen Projekts für die Verfolgung qualifizierter Straftaten des internationalen Terrorismus im Einzelfall erforderlich war, um weitere Zusammenhänge des Einzelfalls aufzuklären. Erlaubt wurde somit erstmals die Nutzung der Antiterrordatei „zur Generierung neuer Erkenntnisse aus den Querverbindungen der gespeicherten Datensätze".[1747] Eine fast identische Regelung findet sich in § 7 Abs. 2 S. 1 im Rechtsextremismus-Datei-Gesetz

---

1742 *Roßnagel,* ZD 2013, 562 (564); *Arzt,* in: Lisken/Denninger, HB des Polizeirechts, 7. Aufl. 2021, G Rn. 1308; so war insb. § 3a BDSG a.F. betitelt mit „Datenvermeidung und Datensparsamkeit", BGBl. I 2009, S. 2814. Dazu, dass der Begriff der Datenminimierung den der Datensparsamkeit abgelöst und erweitert hat, *Leeb/ Liebherr,* JuS 2018, 534 (537).

1743 BVerfGE 125, 260 (348).

1744 Bereits zu Big Data allgemein *Roßnagel,* ZD 2013, 562 (564).

1745 BVerfGE 156, 11 ff.

1746 BVerfGE 156, 11 (63 Rn. 136).

1747 BVerfGE 156, 11 (15 Rn. 8).

(RED-G).[1748] Bis heute fehlt es jedoch an einer entsprechenden, einsatzbereiten Software zur Nutzung dieser Ermächtigungen, weshalb sie bisher noch nicht zur Anwendung kamen.[1749]

Nach Ansicht des Bundesverfassungsgerichts stellt die in § 6a ATDG geregelte erweiterte, projektbezogene Datennutzung einen typischen Fall von Data-Mining dar.[1750] Die Ausgestaltung der Rechtsgrundlage sah das BVerfG dabei als unverhältnismäßig im engeren Sinne an.[1751] Das Eingriffsgewicht sei nach der jeweiligen Belastungswirkung zu ermitteln und hier gleich aus mehreren Gründen gesteigert: zum einen deshalb, weil sowohl Polizei- als auch Nachrichtendienste Zugriff auf die Verbunddatei erhielten,[1752] und zum anderen wegen des ermöglichten Data-Minings.[1753]

Data-Mining als Erzeugung neuer Erkenntnisse und Zusammenhänge könne nach dem BVerfG eine erhebliche Persönlichkeitsrelevanz aufweisen, die insbesondere dadurch weiter erhöht werden könne, wenn sie von Polizei- und Sicherheitsbehörden generiert würden.[1754] Denn diese könnten die dadurch gewonnenen Erkenntnisse unmittelbar zu operativen Zwecken, also durch mögliche Einzelmaßnahmen gegenüber dem Bürger, nutzen.[1755] Zwar habe der Gesetzgeber das Data-Mining in § 6a Abs. 1, 2 und 3 ATDG nur zur Aufklärung und Bekämpfung des internationalen Terrorismus vorgesehen, was in Deutschland ein herausragendes öffentliches Interesse

---

1748 § 7 des Gesetzes zur Errichtung einer standardisierten zentralen Datei von Polizeibehörden und Nachrichtendiensten von Bund und Ländern zur Bekämpfung des gewaltbezogenen Rechtsextremismus (Rechtsextremismus-Datei-Gesetz – RED-G) vom 20. August 2012 (Artikel 1 des Gesetzes zur Verbesserung der Bekämpfung des Rechtsextremismus, BGBl. 2012 I S. 1798); s. auch BVerfGE 156, 11 (13 Rn. 5). Dazu, dass § 6a ATDG der Regelung im RED-G in überarbeiteter und erweiterter Form nachgebildet wurde, *Arzt,* in: Schenke/Graulich/Ruthig, Sicherheitsrecht des Bundes, 2. Aufl. 2019, § 6a ATDG Rn. 1; § 7 RED-G als Vorbild für § 6a ATDG bezeichnend *Golla,* NJW 2021, 667 (668); dazu, dass die entsprechenden Feststellungen des BVerfG auch auf § 7 RED-G übertragbar sind, *Arzt,* in: Lisken/Denninger, HB des Polizeirechts, 7. Aufl. 2021, G Rn. 1320.

1749 BVerfGE 156, 11 (14 f. Rn. 7).

1750 BVerfGE 156, 11 (40 Rn. 74); *Arzt,* in: Lisken/Denninger, HB des Polizeirechts, 7. Aufl. 2021, G Rn. 1326.

1751 BVerfGE 156, 11 (48 ff. Rn. 94 ff.).

1752 BVerfGE 156, 11 (52 f. Rn. 107 f.); *Arzt,* in: Schenke/Graulich/Ruthig, Sicherheitsrecht des Bundes, 2. Aufl. 2018, § 6a ATDG Rn. 8, spricht insofern zutreffend davon, dass anstelle des informationellen Trennungsprinzips bereichsspezifisch ein informationelles Verfügbarkeitsprinzip getreten sei.

1753 BVerfGE 156, 11 (53 Rn. 109).

1754 BVerfGE 156, 11 (53 Rn. 109 ff.).

1755 BVerfGE 156, 11 (53 Rn. 111).

sei.[1756] Allerdings fehle es insoweit an hinreichend qualifizierten Eingriffsschwellen und verstoße die Regelung somit gegen das Übermaßverbot.[1757]

Der Beschluss des BVerfG ist in engem Zusammenhang mit dem Trennungsgebot zwischen Polizei und Nachrichtendiensten zu sehen. Das BVerfG trifft in seiner Entscheidung keine allgemeinen Feststellungen zu Data-Mining bei Polizeibehörden, doch kann man einen restriktiven Ansatz erkennen. So ist insbesondere der Hinweis, dass Data-Mining bei Polizeibehörden, die direkt operative Maßnahmen an den Erkenntnisgewinn anknüpfen könnten, besondere Eingriffsintensität im Hinblick auf die informationelle Selbstbestimmung zukommt, auch ohne Verknüpfung mit Daten der Nachrichtendienste relevant. Während § 6a ATDG immerhin zur Abwehr terroristischer Straftaten geschaffen worden ist, wäre auf dem Gebiet der normalen Polizeiarbeit ein vergleichbar herausragendes öffentliches Interesse kaum denkbar. Außerdem knüpft das BVerfG die erweiterte Datennutzung an das Vorliegen einer hinreichend konkretisierten Gefahr, sodass bereits *vor* dem Einsatz von Data-Mining Software zumindest tatsächliche Anhaltspunkte für die Entstehung einer konkreten Gefahr vorliegen müssten.[1758] Dies steht einem Einsatz von Data-Mining zur Generierung von solchen Anhaltspunkten entgegen.

IV. Fazit

Big Data Policing als automatische, anlasslose Analyse einer unüberschaubaren Vielzahl von Datenbanken und Open Data zur Generierung einer Risikolage bezüglich einer möglichen Straftat ist nach dem aktuellen Rechtsrahmen nicht denkbar.

Dass damit der Einsatz von KI vollständig auf dem Gebiet des Polizeirechts oder auch im Zusammenhang mit personenbezogenen Daten ausscheidet, ist damit nicht gesagt. Bereits heute gibt es vereinzelte Ansätze, den Einsatz von KI zuzulassen, etwa durch Ermächtigungen zur intelligenten Videoüberwachung[1759] oder KI-basierten Datenauswertungen von be-

1756 BVerfGE 156, 11 (46 f. Rn. 91; 57 Rn. 122).

1757 BVerfGE 156, 11 (57 Rn. 122). So auch bereits *Arzt,* in: Schenke/Graulich/Ruthig, Sicherheitsrecht des Bundes, 2. Aufl. 2018, § 6a ATDG Rn. 9.

1758 BVerfGE 156, 11 (55 Rn. 118).

1759 S. etwa Art. 33 Abs. 5 PAG, § 44 Abs. 4 PolG BaWü. Näher zur intelligenten Videoüberwachung *Bretthauer,* Intelligente Videoüberwachung, 2017.

grenzten Datenquellen.[1760] Diese sind jedoch keine Big Data Anwendungen und betreffen darüber hinaus das personenbezogene Predictive Policing.[1761]

V. Exkurs: Das Digitalisierungsgesetz von Schleswig-Holstein

Im Sommer 2021 wurde in Schleswig-Holstein von der Landesregierung ein Entwurf für ein Digitalisierungsgesetz in den Landtag eingebracht,[1762] das am 15.04.2022 in Kraft getreten ist.[1763] Schleswig-Holstein ist eines der Bundesländer, die bisher noch keine Predictive Policing-Software einsetzen. Im neuen Gesetz über die Möglichkeit des Einsatzes von datengetriebenen Informationstechnologien bei öffentlich-rechtlicher Verwaltungstätigkeit (IT-Einsatz-Gesetz – ITEG)[1764] wird in § 2 Abs. 1 S. 1 ITEG die grundsätzliche Zulässigkeit des Einsatzes von datengetriebenen Informationstechnologien statuiert, soweit nicht durch Gesetz oder aufgrund eines Gesetzes etwas anderes bestimmt ist. Nach Satz 2 muss dabei jede öffentliche Stelle die Transparenz, Beherrschbarkeit, Robustheit und Sicherheit der von ihr eingesetzten, datengetriebenen Informationstechnologie durch geeignete technische und organisatorische Maßnahmen sicherstellen.

In Abs. 2 werden jedoch auch explizite Ausnahmen formuliert. So ist nach § 2 Abs. 2 Nr. 2 ITEG der Einsatz nicht zulässig *bei der Verarbeitung personenbezogener Daten zum Zweck der Beurteilungen der Persönlichkeit, […] der Erstellung von Prognosen über die Straffälligkeit einzelner Personen oder Personengruppen.* Dies schließt auf Landesebene erstmals explizit die Nutzung von personenbezogener Predictive Policing-Software aus, die sich auf mögliche zukünftige Täter bzw. auch auf die Berechnung von Rückfallprognosen beziehen. Im Umkehrschluss werden alle anderen Ausprägun-

1760 § 25a HSOG, § 49 HmbPolDVG. Siehe zu beidem auch *Golla,* Lernfähige KI erfordert lernfähiges Polizeirecht, verfassungsblog.de v. 22.02.2020. Das BVerfG erklärte mit Beschl. v. 16.02.2023, 1 BvR 1547/19, 1 BvR 2634/20, juris, Teile beider Normen für verfassungswidrig und forderte insb. in Rn. 121, dass der Einsatz selbstlernender Systeme im Gesetz ausdrücklich ausgeschlossen werden müsse.

1761 S. näher zu Big Data Anwendungen Teil 2, C.; zu personenbezogenem Predictive Policing s. etwa *Sommerer,* Personenbezogenes Predictive Policing, 2020.

1762 Entwurf eines Gesetzes zur Förderung der Digitalisierung und Bereitstellung von offenen Daten und zur Ermöglichung des Einsatzes von datengetrieben Informationstechnologien in der Verwaltung (Digitalisierungsgesetz), LT-Drucks. SH 19/3267.

1763 GVBl. Schleswig-Holstein, 2022, S. 285 ff.

1764 Art. 12 des Digitalisierungsgesetz-Entwurfs, LT-Drucks, SH 19/3267, S. 53 ff.

gen des Predictive Policing, auch in Form von selbstlernenden Systemen unter Nutzung personenbezogener Daten, für grds. zulässig erklärt.

In einer Stellungnahme zum Gesetzentwurf wies das Lorenz-von-Stein-Institut für Verwaltungswissenschaften zu Recht darauf hin, dass das ITEG deutliche Überschneidungen mit dem im Gesetzgebungsverfahren befindlichen Vorschlags der Kommission für ein „KI-Gesetz“[1765] (nachfolgend KIG-E) aufweist.[1766] Diese Verordnung soll unionsweite Standards auf dem Gebiet des KI-Einsatzes schaffen.[1767] Insoweit moniert die Stellungnahme, dass das ITEG hinter den geplanten europäischen Regelungen bleibt und es insbesondere an einer Regelung für Aufsichtsbehörden fehle, die nach Art. 59 Abs. 1 S. 1 KIG-E in jedem Mitgliedstaat eingerichtet oder benannt werden müssen und die die Anwendung und Durchführung der Verordnung sicherstellen.[1768] Nach Art. 59 Abs. 2 S. 1 KIG-E muss zudem eine nationale Aufsichtsbehörde aus der Reihe der zuständigen nationalen Behörden benannt werden.[1769] Insoweit bleibt abzuwarten, ob das ITEG schon bald nach seinem Inkrafttreten Anpassungen erfahren wird.

Das neue bayerische Digitalgesetz enthält keine expliziten Vorgaben zu raumbezogenen Predictive Policing, sondern macht allgemeine Vorgaben zur Softwarenutzung, die auch beim Einsatz von raumbezogenen Predictive Policing zu beachten sind.[1770]

1765 Vorschlag für eine Verordnung des Europäischen Parlaments und des Rates zur Festlegung harmonisierter Vorschriften für Künstliche Intelligenz (Gesetz über Künstliche Intelligenz) und zur Änderung bestimmter Rechtsakte der Union, COM(2021) 206 final.

1766 Stellungnahme des Lorenz-von-Stein-Instituts, Schreiben v. 29.11.2021, S. 5; Schreiben v. 25.06.2021, S. 4, 8 f., jeweils abgedruckt in LT SH, Umdruck 19/6863.

1767 COM(2021) 206 final, S. 2.

1768 Stellungnahme des Lorenz-von-Stein-Instituts, Schreiben v. 25.06.2021, S. 9, abgedruckt in LT SH, Umdruck 19/6863.

1769 Zu den damit verfolgten Zwecken Stellungnahme des Lorenz-von-Stein-Instituts, Schreiben v. 25.06.2021, S. 9, abgedruckt in LT SH, Umdruck 19/6863.

1770 S. dazu oben unter Teil 1, B. VI. 4., Teil 1, B. VII. 3 und unter Teil 1, C. II. 4.

D. Verknüpfung der polizeilichen Datenbanken, Polizei 2020

Im Jahr 2016 haben sich die Innenminister der Bundesländer auf ihrer Herbstkonferenz auf die sog. Saarbrücker Agenda geeinigt.[1771] Diese IT-Agenda führte zum Programm „Polizei 2020", das die Rahmenbedingungen für eine moderne Polizeiarbeit schaffen soll.[1772] Die bisherige heterogene Datensystemlandschaft der verschiedenen Bundesländer soll durch eine gemeinsame und moderne Informationsarchitektur harmonisiert werden.[1773] *Egbert* bezeichnet dieses Projekt als „infrastrukturelles Leuchtturmprojekt und Spe[e]rspitze der polizeilichen Datafizierung".[1774] Eine zentrale Datenverwaltung ist unter anderem Voraussetzung für mögliche Big Data Analysen.[1775]

Die Idee, polizeiliche Datenbanken zu verknüpfen bzw. einen einheitlichen Zugriff auf polizeilich gespeicherte Daten zu verschaffen, ist nicht neu. Bereits seit 1972 gibt es das polizeiliche Informationssystem INPOL, das beim BKA angesiedelt ist und verschiedene Bausteine enthält.[1776]

Im Jahr 2006 wurde darüber hinaus die Antiterrordatei eingeführt,[1777] die die „erste gemeinsame Informationsressource" von Polizei und Nachrichtendiensten darstellte.[1778] Beteiligte Behörden sind u.a. neben den Verfassungsschutzbehörden auch das Zollkriminalamt, das Bundeskriminalamt und die Landeskriminalämter (§ 1 Abs. 1 ATDG).[1779] Der Anwendungsbereich der Antiterrordatei ist jedoch nach § 1 Abs. 1 ATDG strikt

---

1771 BMI, Polizei 2020 – white paper, S. 6; *Arzt,* in: Lisken/Denninger, HB des Polizeirechts, 7. Aufl. 2021, G. Rn. 1130; *Albers,* in: Seckelmann, Digitalisierte Verwaltung, 2. Aufl. 2019, Kap. 23 Rn. 15.

1772 BMI, Polizei 2020 – white paper, management summary, S. 6.

1773 BMI, Polizei 2020 – white paper, S. 6, 8; s. auch *Albers,* in: Seckelmann, Digitalisierte Verwaltung, 2. Aufl. 2019, Kap. 23 Rn. 19.

1774 *Egbert,* in: Hunold/Ruch, Polizeiarbeit zwischen Praxishandeln und Rechtsordnung, 2020, S. 77 (78).

1775 *Fricke,* Big Data und künstliche Intelligenz, PDF-S. 8. Zu den Hürden für Big Data Policing s. oben unter C.

1776 Dazu eingehend, auch zur weiteren Entwicklung, *Meinicke,* DSRITB 2014, 183 (186 ff.); zum Verbesserungsbedarf der derzeitigen Ausgestaltung *Albers,* in: Seckelmann, Digitalisierte Verwaltung, 2. Aufl. 2019, Kap. 23 Rn. 18.

1777 Durch § 1 des ATDG, der durch Artikel 1 des Gesetzes zur Errichtung gemeinsamer Dateien von Polizeibehörden und Nachrichtendiensten des Bundes und der Länder (Gemeinsame-Dateien-Gesetz) v. 22.12.2006, BGBl. 2006 I, S. 3409 erlassen wurde.

1778 *Golla,* NJW 2021, 667 (667).

1779 BMI, Polizei 2020 – white paper, S. 6 f.

begrenzt auf die Erfüllung ihrer jeweiligen gesetzlichen Aufgaben zur Aufklärung oder Bekämpfung des internationalen Terrorismus mit Bezug zur Bundesrepublik Deutschland.[1780] 2012 folgte die Einführung der Rechtsextremismusdatei (RED) durch das sog. Rechtsextremismus-Datei-Gesetz – Red-G.[1781]

Im Jahr 2016 ging das Pilotprojekt Polizeilicher Informations- und Analyseverbund (PIAV) in den eingeschränkten Wirkbetrieb, das ein Bestandteil des Programms 2020 werden soll.[1782]

Das Projekt 2020 soll ein gemeinsames Datenhaus (data warehouse)[1783] für polizeiliche Daten einrichten, das sowohl präventiven als auch repressiven Zwecken dienen soll.[1784] Für die Weiterverwendung der dort gespeicherten und abrufbaren Daten ist dann § 483 Abs. 3 StPO zu beachten. Diese Norm besagt, dass bei sog. Mischsystemen, also Dateisystemen, bei denen sowohl Daten, die nach den Ermächtigungen der StPO erhoben wurden, als auch solchen, die nach den Polizeigesetzen erhoben wurden,

1780 Trotzdem verstieß die ursprüngliche Ausgestaltung der Antiterrordatei nach einem Urteil des BVerfG insbesondere gegen das informationelle Trennungsprinzip zwischen Polizei und Nachrichtendiensten, das aus Art. 2 Abs. 1 GG i.V.m. Art. 1 Abs. 1 GG folgt, weshalb das BVerfG 2013 mehrere Vorschriften des ursprünglichen ATDG für mit dem GG unvereinbar erklärte, BVerfGE 133, 277 (277 ff.), zum informationellen Trennungsprinzip siehe S. 329 Rn. 123. S. auch BVerfGE 156, 11 (13 Rn. 4).

1781 Art. 1 des Gesetzes zur Verbesserung der Bekämpfung des Rechtsextremismus v. 20.08.2012, Gesetz zur Errichtung einer standardisierten zentralen Datei von Polizeibehörden und Nachrichtendiensten von Bund und Ländern zur Bekämpfung des gewaltbezogenen Rechtsextremismus, BGBl. I, S. 1798 ff.

1782 *Egbert*, in: Hunold/Ruch, Polizeiarbeit zwischen Praxishandeln und Rechtsordnung, 2020, S. 77 (84 f.); zum Projekt PIAV s. https://www.bka.de/DE/UnsereAufgaben/Ermittlungsunterstuetzung/ElektronischeFahndungsInformationssysteme/polizeilicheInformationssysteme.html, zuletzt abgerufen am 24.10.2022; eingehend *Arzt*, in: Lisken/Denninger, HB des Polizeirechts, 7. Aufl. 2021, G. Rn. 1261 ff.

1783 Zur Notwendigkeit einer automatischen Integration bereits vorhandener Daten in ein Data-Warehouse und eventuell erforderliche Datenbereinigungen, *Povalej/Volkmann*, Informatik Spektrum 44 (2021), 57 (58).

1784 S. dazu die Stellungnahme des Landespolizeipräsidenten des Saarlandes bei der Externen Anhörung zum Entwurf eines Gesetzes zur Neuregelung der polizeilichen Datenverarbeitung im Saarland v. 25.10.2019, S. 1 f., abrufbar unter: https://cdn.netzpolitik.org/wp-upload/2020/05/StN_Landespolizeipräsident_SPolDVG-E.pdf, zuletzt abgerufen am 24.10.2022.

für die Verarbeitung der personenbezogenen Daten und für die Rechte der Betroffenen das für die speichernde Stelle geltende Recht maßgeblich ist.[1785]

Hofmann setzte sich in seiner Monographie zum Thema Predictive Policing ausführlich mit den verschiedenen polizeilichen Datenbanken und den Problemen und Hürden für die Schaffung eines „Predictive Policing Warehouses" auseinander, das auch polizeifremde Daten mit Personenbezug enthält.[1786] Er kommt zu dem Schluss, dass ein solches die Schaffung dezidierter Rechtsgrundlagen bedarf.[1787] Nach der Rechtsprechung des BVerfG zur Antiterrordatei wäre ein „allgemeine[r] Austausch personenbezogener Daten aller Sicherheitsbehörden oder de[r] Abbau jeglicher Informationsgrenzen zwischen ihnen" mit dem Grundsatz der Zweckbindung unvereinbar und daher „von vorneherein unzulässig".[1788] Das heißt, dass bei der Ausgestaltung des Projekts Polizei 2020 darauf geachtet werden muss, dass nicht alle Informationen für alle Behörden jederzeit verfügbar sind, insb. Löschungsfristen eingehalten werden, und die Zugriffsrechte der jeweiligen Sicherheitsbehörden den Anforderungen insb. des § 483 Abs. 3 StPO sowie der jeweiligen Landespolizei- und -datenschutzgesetze genügen.[1789] Was den Zugriff auf die Daten zu Zwecken von anlasslosem Predictive Policing betrifft, kann zudem auf die oben dargestellten Bedenken hinsichtlich der Zweckbindung der Daten verwiesen werden. Dieser Grundsatz darf nicht durch eine zukünftige, einfachere Verfügbarkeit von Daten unterlaufen werden.[1790]

In seinem 29. Tätigkeitsbericht 2020 kritisierte der Bundesbeauftragte für den Datenschutz und die Informationsfreiheit *Kelber*, dass ihm bislang

---

1785 S. zur möglichen Umsetzung *Arzt,* in: Lisken/Denninger, HB des Polizeirechts, 7. Aufl. 2021, G. Rn. 1131 f.; s. auch *Albers,* in: Seckelmann, Digitalisierte Verwaltung, 2. Aufl. 2019, Kap. 23 Rn. 19 zu einem geplanten Berechtigungsmanagement.

1786 *Hofmann,* Predictive Policing, 2020, S. 230 ff., 246.

1787 *Hofmann,* Predictive Policing, 2020, S. 246; auch der Bundesbeauftragte für den Datenschutz und die Informationsfreiheit *Kelber* stellte in seinem 29. Tätigkeitsbericht 2020 fest, dass es dem Recht auf informationelle Selbstbestimmung nicht gerecht werden würde, wenn ein solches „Datenhaus" in Polizei 2020 lediglich auf Generalklauseln gestützt werden würde, BT-Drucks. 19/29681, S. 56.

1788 BVerfGE 133, 277 (321); dazu auch *Schwabenbauer,* in: Lisken/Denninger, 2018, G Rn. 191.

1789 *Arzt,* in: Lisken/Denninger, HB des Polizeirechts, 7. Aufl. 2021, G. Rn. 1131 f.; zum geplanten Berechtigungsmanagement *Albers,* in: Seckelmann, Digitalisierte Verwaltung, 2. Aufl. 2019, Kap. 23 Rn. 19.

1790 S. auch *Arzt,* in: Lisken/Denninger, HB des Polizeirechts, 7. Aufl. 2021, G. Rn. 1138 f.

keine verlässlichen Daten zur tatsächlichen Ausgestaltung des Projekts vorliegen und somit eine datenschutzrechtliche Beurteilung bisher nicht möglich sei.[1791] Auch er mahnt jedoch vor allem die Einhaltung des Zweckbindungsgrundsatzes an und hatte 2019 bei der Erprobung des geplanten Datenhauses (Proof of Concept) erhebliche datenschutzrechtliche Bedenken erhoben.[1792]

Nach Einschätzung von *Thiel* ist die Umsetzung des Projekts 2020 zum Teil auch wegen der Vernachlässigung „einer rechtlichen Lenkung und Begleitung der Veränderungsprozesse“ in letzter Zeit ins Stocken geraten.[1793]

Auf europäischer Ebene zeichnet sich derweil eine neue, offenere Perspektive ab. Mit dem am 30. Mai 2022 verabschiedeten Daten-Governance-Rechtsakt[1794] als EU-Verordnung soll ein Austausch und eine Weiterverwendung von Daten, die sich im Besitz öffentlicher Stellen befinden, bei gleichzeitiger Sicherstellung aller datenschutzrechtlicher Sicherungen ermöglicht werden.[1795] So soll langfristig ein gemeinsamer, europäischer Datenraum i.S.e. Binnenmarktes für Daten geschaffen werden.[1796] Die Verordnung ermutigt die öffentlichen Stellen jedoch lediglich zur Bereitstellung ihrer Daten,[1797] sodass die tatsächlichen Auswirkungen, gerade bei polizeilichen Daten, abzuwarten bleiben. Insbesondere betont ErwGr. 3 S. 6 des Daten-Governance-Rechtsakts, dass das Unionsrecht und das nationale Recht über den Zugang zu Daten und deren Weiterverwendung für Zwecke der Prävention, Ermittlung, Aufdeckung oder Verfolgung von Straftaten

---

1791 BT-Drucks. 19/29681, S. 56.

1792 BT-Drucks. 19/29681, S. 56. Danach wurde er nach eigenen Angaben – zumindest bis zum Zeitpunkt des Standes des 29. Tätigkeitsberichts – zu keinem weiteren Termin der AG Recht des Projekts mehr eingeladen, ebd.; dazu auch *Arzt,* in: Lisken/Denninger, HB des Polizeirechts, 7. Aufl. 2021, G. Rn. 1139.

1793 *Thiel,* GSZ 2021, 97 (101).

1794 Verordnung (EU) 2022/868 des Europäischen Parlaments und des Rates v. 30. Mai 2022 über europäische Daten-Governance und zur Änderung der Verordnung (EU) 2018/1724 (Daten-Governance-Rechtsakt), Abl. EU v. 03.06.2022, L 152, S. 1 ff.

1795 S. COM(2020) 767 final, S. 4 f.

1796 *Eckhardt/Anzini,* cepAnalyse Nr. 6/2021, S. 1; s. auch ErwGr. 2 der Verordnung (EU) 2018/1724, Abl. EU v. 03.06.2022, L 152, S. 1 f. S. bereits die europäische Datenstrategie der EU-Kommission, COM(2020), 66 final, S. 5.

1797 So stellt Art. 3 Abs. 3 explizit klar, dass die Bestimmungen dieses Kapitels weder eine Verpflichtung für die öffentlichen Stellen begründen, die Weiterverwendung von Daten zu erlauben, noch diese von Geheimhaltungspflichten befreien, COM(2020), 767 final, S. 29; *Eckhardt/Anzini,* cepAnalyse Nr. 6/2021, S. 1.

oder der Strafvollstreckung sowie die diesbezügliche internationale Zusammenarbeit von dieser Verordnung unberührt bleiben sollten.[1798]

E. Fazit

Die Weiterentwicklungsmöglichkeiten des raumbezogenen Predictive Policing sind vielfältig. Die derzeitige Zurückhaltung in der Presse und die Einstellung mancher Pilotprojekte sollte nicht darüber hinwegtäuschen, dass die Datafizierung der Polizeiarbeit gerade dazu herausfordert, die gespeicherten Daten auch für die Gefahrenvorsorge zu nutzen.[1799] Das derzeitige strenge Datenschutzrecht setzt dem jedoch enge Grenzen. So stehen insbesondere die Zweckbindung personenbezogener Daten sowie der Grundsatz der Datenminimierung einer weitreichenderen Nutzung personenbezogener Daten in Prognosesystemen entgegen. Zudem dürfen bestimmte, durch besonders schwerwiegenden Grundrechtseingriff erhobene Daten von vornherein nur für den Schutz schwerwiegende Schutzgüter weiterverarbeitet werden. Insbesondere die Schaffung eines gemeinsamen polizeilichen Datawarehouse im Rahmen des Projekts Polizei 2020 ist in dieser Hinsicht kritisch zu begleiten.

1798 Verordnung (EU) 2018/1724, Abl. EU v. 03.06.2022, L 152, S. 3.

1799 S. auch die ähnliche Einschätzung von *Busch/Singelnstein,* in: Bode/Seidensticker, Predictive Policing, 2020, S. 261 (261).

Teil 3 Zusammenfassung in Thesen

(1) Predictive Policing kann als Hilfsmittel für eine effektivere Einsatzplanung der Polizei dienen. Der Begriff bezeichnet die durch den Einsatz von Vorhersage- bzw. Prognosesoftware unterstütze Polizeiarbeit.

(2) Raumbezogenes Predictive Policing erfordert in seinem Vorbereitungsstadium das Umwidmen und Georeferenzieren von wenigen personenbezogenen Daten. Die darin enthaltene Zweckänderung und Verarbeitung von personenbezogenen Daten verlangt zumindest nach den unionalen Vorgaben eine Rechtsgrundlage, die bisher nicht alle Bundesländer, die diese Systeme nutzen bzw. bis vor kurzem genutzt haben, im erforderlichen Maße aufweisen.

(3) Die Nutzung georeferenzierter Daten, ggf. in Verbindung mit sonstigen nicht-personenbezogenen Daten, weist keine Grundrechtsrelevanz auf. Die Nutzung darauf basierender Software an sich bedarf daher keiner speziellen Rechtsgrundlage. Wegen der fehlenden Kontrollmöglichkeiten, des (mittelbaren) Bezugs zur staatlichen Gewaltausübung sowie der spezifischen Gefahren von automatisierten Datenanalysen wäre de lege ferenda jedoch eine Rechtsgrundlage wünschenswert.

(4) Die genutzten Softwarelösungen beschränken sich darauf, durch verschiedene Wahrscheinlichkeitsberechnungen Gebiete zu identifizieren, in denen die Begehung bestimmter Delikte in einem bestimmten Zeitraum signifikant gegenüber allen anderen Gebieten erhöht ist. Die für eine Gefahrenprognose erforderliche normative Wertung sowie hinreichende Wahrscheinlichkeit können nicht geleistet werden. Die Software kann lediglich einen Anhaltspunkt für eine menschliche, auf weitere Faktoren zurückgreifende Gefahrenprognose liefern.

(5) Das raumbezogene Predictive Policing kann daher lediglich eine partielle Bedrohungslage erkennen, die noch keine Eingriffsmaßnahmen der Polizei rechtfertigen kann, die eine konkrete Gefahr voraussetzen. Auch Gefahrerforschungseingriffe auf Grundlage der allgemeinen Generalklauseln sind nicht möglich.

(6) Bei Standardmaßnahmen, deren Tatbestände ans Vorfeld der konkreten Gefahr anknüpfen, ist im Einzelfall zu prüfen, inwieweit die Voraussetzungen allein durch eine raumbezogene Prognose vorliegen.

(7) Am Beispiel der „Ortshaftung“ im Rahmen der Identitätsfeststellung an gefährlichen Orten zeigt sich, dass die bisherige Ausgestaltung in der Regel nicht ausreicht, um ohne weitere, vor Ort hinzutretende Anhaltspunkte tätig zu werden. Insbesondere ist zu beachten, dass die Prognosesoftwares Gebiete errechnen, die für einen „Ort“ i.S.d. Vorschriften zu ausufernd sind. Zudem wurden die Vorschriften geschaffen, um an bereits länger bekannten Kriminalitätsschwerpunkten vereinfacht Identitätsfeststellungen durchführen zu können. Predictive Policing zielt jedoch gerade darauf ab, neue, bisher unbekannte und möglichst tagesaktuelle Gebiete auszuweisen.

(8) Predictive Policing wirkt präemptiv und ist ein Symptom für die in den letzten Jahren fortschreitende Verlagerung von Eingriffsbefugnissen der Polizei ins Gefahrenvorfeld, um bereits frühzeitig mögliche Schäden verhüten zu können.

(9) Die Nutzung solcher Software kann der Schaffung neuer Standardmaßnahmen, die etwa an gefährliche „Gebiete“ anknüpfen, neuen Schub verleihen.

(10) Das Trennungsgebot zwischen Polizei und Nachrichtendiensten setzt der Vorverlagerung von Eingriffstatbeständen bei gleichzeitiger Ausweitung informationeller Befugnisse im Gefahrenvorfeld Grenzen.

(11) Die Einführung und Nutzung von Predictive Policing muss stets durch ausreichende Informationen und Schulungen für diejenigen Personen flankiert werden, die die Generierung der Prognosegebiete später interpretieren müssen. Sie darf nicht dazu führen, die Eingriffsschwellen wegen zu großem Vertrauen in die Technik unter Verkennung ihrer begrenzten Aussagekraft zu missachten.

(12) Durch die Digitalisierung der Verwaltung werden vermehrt bereits vorhandene IT-Lösungen der Privatwirtschaft eingekauft und angepasst. Bei Software, die sich vollständig zu Eigen gemacht werden kann und die Arbeit der Verwaltung nicht in eine bestimmte Richtung beeinflussen kann, ist dies als fiskalisches Hilfsgeschäft unproblematisch. Werden hingegen Entscheidungen vorgezeichnet oder kann die Software für den Rechtsstaat sensible Entscheidungen beeinflussen, so müssen dem Einsatz Grenzen gesetzt werden.

(13) Technische Hilfeleistung durch Einsatz nichtstaatlicher Software ist dabei grds. unproblematisch, solange diese nachvollziehbare Informationen liefert und nur im Vorfeld hoheitlicher Entscheidungsmacht eingesetzt wird, ohne einen unmittelbaren Zusammenhang zur Erfüllung originärer Staatsaufgaben aufzuweisen. Die Polizei muss stets

Herrin aller Entscheidungen bleiben und insbesondere die Gefahrenprognosen im Einzelfall selbst treffen.

(14) Je mehr Hilfeleistungen von Softwaresystemen übernommen werden, die nicht von der Verwaltung selbst entwickelt wurden, je näher die ausgegebenen Ergebnisse in den Bereich einer Handlungsempfehlung zu konkreten hoheitlichen Maßnahmen geraten und je mehr sich die Verwaltung – im Falle von Predictive Policing die Polizei – auf diese verlässt, desto mehr verliert der Staat sukzessive an Kontrolle über seine Handlungen. Das Rechtsstaats- und Demokratieprinzip setzt dem Grenzen.

(15) Werden bei der Anpassung oder auch während der regulären Nutzung personenbezogene Daten, die der Polizei vorliegen, auch den privaten Entwicklern oder Supportunternehmen zugänglich gemacht, so müssen die diesbezüglichen Vorgaben des Datenschutzrechts, insbesondere Art. 22 JI-RiLi in seiner jeweiligen Umsetzung beachtet werden. Durch entsprechende Vertragsausgestaltung muss insbesondere die Verschwiegenheit in Bezug auf diese Daten sichergestellt werden.

(16) Bei Ausweitung der Datengrundlage unter Einbeziehung von personenbezogenen Daten erfordert sowohl die informationelle Selbstbestimmung als auch der unionale Rechtsrahmen eine spezifische Rechtsgrundlage, die den Verhältnismäßigkeitsgrundsatz wahrt. Wegen des Grundsatzes der hypothetischen Neuerhebung sind Daten, die durch besonders grundrechtssensible Daten erhoben wurden, von vornherein für den Einsatz in raumbezogenen Prognosesoftwares unzulässig.

(17) Der Grundsatz der Datenminimierung und -sparsamkeit sowie der Grundsatz der Zweckbindung von personenbezogenen Daten in ihrer derzeitigen strengen Ausgestaltung stehen dem Einsatz von Big Data Policing entgegen.

(18) Die Technik entwickelt sich seit wenigen Jahrzehnten rasend schnell. Angesichts dessen ist der rechtliche Rahmen hinreichend begrenzend auszugestalten, ohne sinnvolle Innovationen auszuschließen. Insbesondere das strenge Dogma der Zweckbindung und Datensparsamkeit wird wohl in den nächsten Jahren auf den Prüfstand gestellt werden müssen.

Literaturverzeichnis

Aden, Hartmut/Fährmann, Jan, Defizite der Polizeirechtsentwicklung und Techniknutzung, ZRP 2019, 175–178.

Akers, Ronald L./Sellers, Christine S., Criminological Theories, New York u.a., 2009.

Albers, Marion, Die Determination polizeirechtlicher Tätigkeit in den Bereichen der Straftatenverhütung und der Verfolgungsvorsorge, Berlin, 2001.

—. Kap. 23 Sicherheitsbehördliche Vernetzung und Datenschutz, in: Seckelmann, Margrit (Hrsg.), Digitalisierte Verwaltung Vernetztes E-Government, S. 509–534, Berlin, 2. Aufl. 2019.

Albrecht, Jan Philipp/Jotzo, Florian, Das neue Datenschutzrecht der EU, Baden-Baden, 2017.

Altwicker, Tilmann, Statistikbasierte Argumentation im Verwaltungsrecht, ZBl 2018, 619–642.

Appel, Ivo, § 32 Privatverfahren, in: Hoffmann-Riem, Wolfgang/Schmidt-Aßmann, Eberhard/Voßkuhle, Andreas (Hrsg.), Grundlagen des Verwaltungsrechts, Bd. II, Informationsordnung, Verwaltungsverfahren, Handlungsformen, S. 851–940, München, 2. Aufl. 2012.

Arzt, Clemens, Das neue Gesetz zur Fluggastdatenspeicherung, DÖV 2017, 1023–1030.

Arzt, Clemens/Müller, Michael W./Schwabenbauer, Thomas, G. Informationsverarbeitung im Polizei- und Strafverfahrensrecht, in: Bäcker, Matthias/Denninger, Erhard/Graulich, Kurt (Hrsg.), Lisken/Denninger Handbuch des Polizeirechts, S. 825–1224, München, 7. Aufl. 2021, zitiert nach konkretem Bearbeiter des Abschnitts.

Bäcker, Matthias, § 28 Sicherheitsverfassungsrecht, in: Herdegen, Matthias/Masing, Johannes/Poscher, Ralf/Gärditz, Klaus Ferdinand (Hrsg.), Handbuch des Verfassungsrechts, S. 1715–1783, München, 2021.

—. Big Data und Sicherheitsrecht, in: Hoffmann-Riem, Wolfgang (Hrsg.), Big Data - Regulative Herausforderungen, S. 167–172, Baden-Baden, 2018.

—. D. Polizeiaufgaben und Regelungsmuster des polizeilichen Eingriffsrechts, in: ders./Denninger, Erhard/Graulich, Kurt (Hrsg.), Lisken/Denninger Handbuch des Polizeirechts, S. 229–340, München, 7. Aufl. 2021.

—. Kriminalpräventionsrecht, Tübingen, 2015.

Bader, Johann/Ronellenfitsch, Michael (Hrsg.), BeckOK VwVfG, München, 54. Edition, Stand 01.01.2022.

Badura, Peter, Die hoheitlichen Aufgaben des Staates und die Verantwortung des Berufsbeamtentums, ZBR 1996, 321–327.

Baier, Dirk/Rabold, Susann/Bartsch, Tillmann/Pfeiffer, Christian, Viktimisierungserfahrungen in der Bevölkerung, Kriminalistik 2012, 730–738.

Baier, Dirk/Wollinger, Gina Rosa/Dreißigacker, Arne, Wohnungseinbruchsforschung in Deutschland - Stand und Perspektiven, MschrKrim 99 (2016), 385–391.

Baldarelli, Marcello/v. Prondzinski, Peter, Polizeigesetz Nordrhein-Westfalen, Stuttgart u.a., 2019.

Balogh, Dominik, Near Repeat-Prediction mit PRECOBS bei der Stadtpolizei Zürich, Kriminalistik 2016, 335–341.

Bansch, Frank, Die Beleihung als verfassungsrechtliches Problem, München, 1973.

Barczak, Tristan, Algorithmus als Arkanum, DÖV 2020, 997–1007.

Barisch, Susann, Die Privatisierung im deutschen Strafvollzug, Münster, 2010.

Bathaee, Yavar, The artificial intelligence black box and the failure of intent and causation, Harvard Journal of Law & Technology , Vol. 31, No. 2, Spring 2018, 889–938.

Battis, Ulrich/Edenharter, Andrea, Einführung in das Verfassungsrecht, Berlin/Boston, 7. Aufl. 2022.

Bausback, Winfried, Public Private Partnerships im deutschen Öffentlichen Recht und im Europarecht, DÖV 2006, 901–907.

v. Bebenburg, Pitt, Polizei in Hessen: Datenschützer prüfen Palantir-Einsatz, Frankfurter Rundschau v. 10.05.2021, abrufbar unter: https://www.fr.de/rhein-main/landespolitik/polizei-in-hessen-datenschuetzer-prueft-palantir-einsatz-90530135.html, zuletzt abgerufen am 24.10.2022.

Becker, Florian, Grundrechtliche Grenzen staatlicher Überwachung zur Gefahrenabwehr, NVwZ 2015, 1335–1340.

Becker, Gary S., Crime and Punishment: An Economic Approach, Journal of Political Economy, Vol. 76, No. 2, 1968, 169–217.

—. Kriminalität und Strafe: Ein ökonomischer Ansatz, in: ders. (Hrsg.), Ökonomische Erklärung menschlichen Verhaltens, S. 39–96, Tübingen, 2. Aufl. 1993.

Becker, Hans-Jürgen, Das Gewaltmonopol des Staates und die Sicherheit des Bürgers - Der Ewige Landfriede - vor 500 Jahren, NJW 1995, 2077–2081.

Behm, Frank, Gefährdungen des Persönlichkeitsrechts durch staatliche Maßnahmen im Informationszeitalter, Chemnitz, 2021.

Behn, Helen, Wohnungseinbruchdiebstahl in Deutschland: Eine kriminologische Gesamtbetrachtung, Holzkirchen, 2017.

Belina, Bernd, Kriminalitätskartierung - Produkt und Mittel neoliberalen Regierens, oder: Wenn falsche Abstraktionen durch die Macht der Karte praktisch wahr gemacht werden, Geographische Zeitschrift 97 (2009), 192–212.

—. Predictive Policing, Monatsschrift für Kriminologie und Strafrechtsreform (MschrKrim) 99 (2016), 85–100.

Benndorf, Michael, Zur Bestimmung der "hoheitsrechtlichen Befugnisse" gemäß Art. 33 Abs. 4 GG, DVBl. 1981, 23–28.

Bentham, Jeremy, An introduction to the principles of morals and legislation, Reprint of A New Edition, corrected by the Author, 1823 (Original 1780), Oxford, 1907.

Bernasco, Wim, Them again? European Journal of Criminology 2008, Vol. 5 (4), 411–431.

Berner, Georg/Köhler, Gerd Michael/Käß, Robert, Polizeiaufgabengesetz, Heidelberg u.a., 2010.

v. Beseler, Dora/Jacobs-Wüstefeld, Barbara, Law Dictionary, English–German, Berlin, 4. Aufl. 1986.

Blount, Kelly, Applying the presumption of innocence to policing with AI, in: Vermeulen, Gert/Perŝak Nina/Recchia, Nicola (Hrsg.), Artificial Intelligence, Big Data and Automated Decision-Making in Criminal Justice, RIDP 92 (2021), S. 33–48, Antwerpen, Apeldoorn, Portland, 2021, zitiert als *Blount,* RIDP 92 (2021).

BMI, PKS 2020, abrufbar unter: https://www.bmi.bund.de/SharedDocs/downloads/DE/publikationen/themen/sicherheit/pks-2020.pdf?__blob=publicationFile&v=2, zuletzt abgerufen am 24.10.2022.

BMI/Beschaffungsamt des BMI, UfAB 2018, abrufbar unter: https://www.cio.bund.de/SharedDocs/downloads/Webs/CIO/DE/digitale-loesungen/it-beschaffung/ufab/ufab2018.pdf?__blob=publicationFile&v=1, zuletzt abgerufen am 24.10.2022.

BMI/BMJV, Dritter Periodischer Sicherheitsbericht, Berlin 2021, abrufbar unter: https://www.bka.de/DE/AktuelleInformationen/StatistikenLagebilder/PeriodischerSicherheitsbericht/periodischersicherheitsbericht_node.html, zuletzt abgerufen am 24.10.2022

Bock, Michael, Kriminologie, München, 2019.

Böckenförde, Thomas, Auf dem Weg zur elektronischen Privatssphäre, JZ 2008, 925–939.

Böhme-Neßler, Volker, Die Macht der Algorithmen und die Ohmacht des Rechts, NJW 2017, 3031–3037.

Bonk, Heinz Joachim, Rechtliche Rahmenbedingungen einer Privatisierung im Strafvollzug, JZ 2000, 435–442.

Bracher, Christian-Dietrich, Gefahrenabwehr durch Private, Berlin, 1987.

Braga, Anthony A., The Effects of Hot Spots Policing, Annals of the American Academy of Political and Social Science (AAPSS) 578 (2001), 104–125.

—. Crime Hot Spots, in: Wilcox, Pamela/Cullen, Francis T. (Hrsg.), Encyclopedia of Criminological Theory, Thousand Oaks u.a., 2010.

Bräuchle, Anne, Die elektronische Aufenthaltsüberwachung gefährlicher Straftäter im Rahmen der Führungsaufsicht. Eine Studie zur Rechtsdogmatik und Rechtswirklichkeit, Tübinger Schriften und Materialien zur Kriminologie (Tükrim) 37, Tübingen, 2016.

Braun-Binder, Nadja, Künstliche Intelligenz und automatisierte Entscheidungen in der öffentlichen Verwaltung, SJZ/RSJ 115 (2019), 467–476.

Brauneck, Jens, Privacy Shield – zu Recht für ungültig erklärt?, EuZW 2020, 933–941.

Brauneisen, Achim, Die elektronische Überwachung des Aufenthaltsortes als neues Instrument der Führungsaufsicht, StV 2011, 311–316.

Bretthauer, Sebastian, Intelligente Videoüberwachung, Baden-Baden, 2017.

Brink, Stefan/Wolff, Heinrich Amadeus (Hrsg.), BeckOK Datenschutzrecht, München, 39. Edition, Stand 01.02.2022.

—. BeckOK Datenschutzrecht, München, 36. Edition, Stand 01.05.2021.

Brodowski, Dominik, Anmerkung zu BGH, Urt. v. 26.4.2017 – 2 StR 247/16, JZ 2017, 1119 ff, JZ 2017, 1124–1128.

—. Kap. 13 Gefahrenabwehr und Sanktionierung, in: Kipker, Dennis-Kenji (Hrsg.), Cybersecurity, S. 411–442, München, 2020.

—. Verdeckte technische Überwachungsmaßnahmen im Polizei- und Strafverfahrensrecht, Tübingen, 2016.

Bröckling, Marie, Juristinnen kritisieren „Palantir-Paragraf" im geplanten Polizeigesetz, netzpolitik.org v. 24.09.2019, abrufbar unter: https://netzpolitik.org/2019/hamburg-juristinnen-kritisieren-palantir-paragraf-im-geplanten-polizeigesetz/, zuletzt abgerufen am 24.10.2022.

Büllesbach, Alfred/Rieß, Joachim, Outsourcing in der öffentlichen Verwaltung, NVwZ 1995, 444–449.

Bundesverband der Deutschen Industrie e.V./Kienbaum Management Consultants GmbH, Innovations-Check in der Gesetzesfolgenabschätzung, BDI-Publikations-Nr. 046, 2016, abrufbar unter: https://bdi.eu/media/user_upload/20160711_Studie_Innovations-Check-in-der_Gesetzesfolgenabschaetzung.pdf, zuletzt abgerufen am 24.10.2022.

Burgi, Martin, § 75 Privatisierung, in: Isensee, Josef/Kirchhof, Paul (Hrsg.), Handbuch des Staatsrechts, Bd. IV: Aufgaben des Staates, S. 206–240, Heidelberg, 3. Aufl. 2006.

—. Funktionale Privatisierung und Verwaltungshilfe, Tübingen, 1999, unveränderte E-Book-Ausgabe 2019.

Burgi, Martin/Dreher, Meinrad/Opitz, Marc (Hrsg.), Beck´scher Vergaberechtskommentar, Bd. 1 Gesetz gegen Wettbewerbsbeschränkungen GWB 4. Teil, München, 4. Aufl. 2022.

Burgi, Martin/Krönke, Christoph/Lieb, Nicole, Vergaberecht 4.0, in: Frenz, Walter (Hrsg.), Handbuch Industrie 4.0: Recht, Technik, Gesellschaft, S. 381–400, Berlin, 2020.

Busch, Johannes/Singelnstein, Tobias, Rechtliche Grenzen für Predictive Policing, in: Bode, Felix/Seidensticker, Kai (Hrsg.), Predictive Policing, S. 261–271, Frankfurt a.M., 2020.

Bydlinski, Frank/Bydlinski, Peter, Grundzüge der juristischen Methodenlehre, Wien, 3. Aufl. 2018.

Caldarola, Maria Cristina/Schrey, Joachim, Big Data und Recht, München, 2019.

Calliess, Christian/Ruffert, Matthias (Hrsg.), EUV/AEUV Kommentar, München, 6. Aufl. 2022.

—. EUV/AEUV Kommentar, München, 5. Aufl. 2016.

Caplan Joel M./Kennedy, Leslie W., Risk Terrain Modeling: Crime Prediction and Risk Reduction, Oakland, 2016.

Clarke, Ronald V, Hot Products: understanding, anticipating and reducing demand of stolen goods, Police Research Series, Paper 112, London, 1999.

Clarke, Ronald V./Felson, Marcus, Introduction: Criminology, Routine Activity, and Rational Choice, in: Clarke, Ronald V./Felson, Marcus (Hrsg.), Routine Activity and Rational Choice, New York u.a., 2004.

Clarke, Ronald V./Weisburd, D, Diffusion of Crime Control, Crime Prevention Studies 1994, 165–183.

Classen, Claus Dieter, Staatsrecht II, München, 2019.

v. Coelln, Christian/Pernice-Warnke, Silvia/Pützer, Benno/Reisch, Katharina, Zwei Schritte vor, ein Schritt zurück - die aktuellen Änderungen des nordrhein-westfälischen Polizeigesetzes, NWVBl. 2019, 89–97.

Cohen, Lawrence E./Felson, Marcus, Social Change and Crime Rate Trends: A Routine Activity Approach, American Sociological Review, 1979, 588–608.

Conrad, Isabell, § 34 Recht des Datenschutzes, in: Auer-Reinsdorff, Astrid/dies. (Hrsg.), Handbuch IT- und Datenschutzrecht, S. 1761–2043, München, 3. Aufl. 2019.

Cornish, Derek B./Clarke, Ronald V., The Reasoning Criminal. Rational Choice Perspectives on Offending, New York, 1986.

Danne, Marius, Doppelfunktionale Maßnahmen in der öffentlich-rechtlichen Klausur, JuS 2018, 434–438.

Davis, Jeremy/Purves, Duncan/Gilbert, Juan/Sturm, Schuyler, Five ethical challenges facing data-driven policing, AI and Ethics (2022), 185–198, DOI: https://doi.org/10.1007/s43681-021-00105-9.

Deegener, Günther, Psychische Folgeschäden nach Wohnungseinbruch, Mainz, 1996.

Deiters, Mark, Legalitätsprinzip und Normgeltung, Tübingen, 2006.

Denninger, Erhard, Der Präventions-Staat, KJ 1988, 1–15.

—. D. Polizeiaufgaben, in: Bäcker, Matthias/ders./Graulich, Kurt (Hrsg.), Lisken/Denninger Handbuch des Polizeirechts, S. 217–318, München, 6. Aufl. 2018.

Der Hamburgische Beauftragte für Datenschutz und Informationsfreiheit, 29. Tätigkeitsbericht Datenschutz 2020, abrufbar unter: https://datenschutz-hamburg.de/assets/pdf/29._taetigkeitsbericht_datenschutz_2020.PDF, zuletzt abgerufen am 24.10.2022.

Derin, Benjamin/Singelnstein, Tobias, Polizei und Gewalt, in: Hunold, Daniela/Ruch, Andreas (Hrsg.), Polizeiarbeit zwischen Praxishandeln und Rechtsordnung, S. 121–142, Wiesbaden, 2020.

Detterbeck, Steffen, Allgemeines Verwaltungsrecht mit Verwaltungsprozessrecht, München, 19. Aufl. 2021

—. Das Bundesverfassungsgericht – ein selbst ernannter Hüter der Unionsgrundrechte, JZ 2021, 593–601.

Deusinger, Ingrid M., Der Einbrecher, Göttingen, 1993.

Di Fabio, Udo, Coronabilanz, München, 2021.

—. Gefahr, Vorsorge, Risiko: Die Gefahrenabwehr unter dem Einfluß des Vorsorgeprinzips, Jura 1996, 566–574.

—. Privatisierung und Staatsvorbehalt: Zum dogmatischen Schlüsselbegriff der öffentlichen Aufgabe, JZ 1999, 585–592.

Dietl, Clara Erika/Lorenz, Egon mit Beiträgen von *Kettler, Stefan Hans,* Wörterbuch Recht, Wirtschaft & Politik, Bd. 1 Englisch–Deutsch, München, 7. Aufl. 2016.

Dietlein, Johannes, § 123 Grundrechtliche Aspekte des Rechtsschutzes und der Staatshaftung, in: Stern, Klaus/Sachs, Michael/Dietlein, Johannes (Hrsg.), Das Staatsrecht der Bundesrepublik Deutschland, Band IV Die einzelnen Grundrechte, 2. Halbband, S. 1849–2128, München, 2011.

Discher, Thomas, Mittelbarer Eingriff, Gesetzesvorbehalt, Verwaltungskompetenz: Die Jugendsekten-Entscheidungen - BVerwGE 82, 76; BVerwG, NJW 1991, 1770; 1992, 2496; BVerfG, NJW 1989, 3269, JuS 1993, 463–471.

Dreier, Horst (Hrsg.), Grundgesetz Kommentar Bd. I Präambel, Art. 1–19. Tübingen, 3. Aufl. 2013.

—. Grundgesetz Kommentar Bd. II Art. 20–82, Tübingen, 3. Aufl. 2015.

Dreißigacker, Arne/Wollinger, Gina Rosa/König, Alicia/Bliesener, Thomas, Wohnungseinbruchdiebstahl als Verbrechen - Was nützen die Neuregelungen zum Wohnungseinbruch?, Neue Kriminalpolitik (NK) 29 (2017), 321–333.

Droste, Bernadette, Handbuch des Verfassungsschutzrechts, Stuttgart, 2007.

Dudenredaktion, Duden Deutsches Universalwörterbuch, Berlin, 9. Aufl. 2019.

Dürig, Günter/Herzog, Roman/Scholz, Rupert/Herdegen, Matthias/Klein, Hans H. (Hrsg.), Dürig/Herzog/Scholz Grundgesetz Kommentar, München, 95. EL Juli 2021.

Ebert, Andreas/Spiecker gen. Döhmann, Indra, Der Kommissionsentwurf für eine KI-Verordnung der EU, NVwZ 2021, 1188–1193.

Ebert, Frank, Entwicklungen und Tendenzen im Recht der Gefahrenabwehr, LKV 2017, 10–17.

Eckhardt, Philipp/Anzini, Martina, Daten-Governance-Gesetz, cepAnalyse Nr. 6/2021, Freiburg/Berlin, 2021, abrufbar unter: https://www.cep.eu/fileadmin/user_upload/cep.eu/Analysen/COM_2020_767_Data_Governance/cepAnalyse_Daten-Governance-Gesetz_COM2020_767_01.pdf, zuletzt abgerufen am 24.10.2022.

Egbert, Simon, Datafizierte Polizeiarbeit – (Wissens-)Praktische Implikationen und rechtliche Herausforderungen, in: Hunold, Daniela/Ruch, Andreas (Hrsg.), Polizeiarbeit zwischen Praxishandeln und Rechtsordnung, S. 77–100, Wiesbaden, 2020.

—. Predictive Policing als Treiber rechtlicher Innovation?, Zeitschrift für Rechtssoziologie 40 (2020), 26–51.

—. Predictive Policing in Deutschland, Schriftenreihe der Strafverteidigervereinigungen, 42. Strafverteidigertag Münster, Räume der Unfreiheit, 2018 (SchrStVV 42 (2018)), 241–265.

Egbert, Simon/Krasmann, Susanne, Predictive Policing. Eine ethnographische Studie neuer Technologien zur Vorhersage von Straftaten und ihre Folgen für die polizeiliche Praxis, Projektabschlussbericht, Hamburg, 2019.

Ehmann, Eugen/Selmayr, Martin, DS-GVO, München, 2. Aufl. 2018.

Eifert, Martin, Electronic Government, Baden-Baden, 2006.

Eisele, Jörg/Böhm, Kristine, Potential und Risiken von Predictive Policing, in: Beck, Susanne/Kusche, Carsten/Valerius, Brian (Hrsg.), Digitalisierung, Automatisierung, KI und Recht, S. 517–534, Baden-Baden, 2020.

Eisenberg, Ulrich/Kölbel, Ralf, Kriminologie, Tübingen, 7. Aufl. 2017.

Ellingworth, Dan/Farrell, Graham/Pease, Ken, A Victim Is A Victim Is A Victim?, British Journal of Criminology 1995, Vol. 35, No. 3, 360 –365.

Enders, Christoph, § 89 Schutz der Persönlichkeit und der Privatsphäre, in Merten, Detlef/Papier, Hans-Jürgen (Hrsg.), Handbuch der Grundrechte in Deutschland und Europa, Bd. IV Einzelgrundrechte I, S. 159–231, Heidelberg, 2011.

—. Verfassungsgrenzen der "drohenden Gefahr", DÖV 2019, 205–211.

Epping, Volker, Grundrechte, Berlin, 9. Aufl. 2021.

Epping, Volker/Hillgruber, Christian (Hrsg.), BeckOK Grundgesetz, München, 50. Edition, Stand 15.02.2022.

Erbguth, Wilfried/Guckelberger, Annette, Allgemeines Verwaltungsrecht, Baden-Baden, 10. Aufl. 2020.

Ernst, Christian, Der Grundsatz digitaler Souveränität, Berlin, 2020.

Eßer, Martin/Kramer, Philipp/von Lewinski, Kai, Auernhammer DSGVO BDSG, Hürth, 7. Aufl. 2020.

Farrell, Graham/Pease Ken, Repeat Victimization, in: Bruinsma, Gerben/Weisburd, David (Hrsg.), Encyclopedia of criminology and criminal justice, New York, 2014.

Farrell, Graham/Sousa, William, Repeat Victimization and Hot Spots: The Overlap and Its Implications for Crime Control and Problem-Oriented Policing, in: Farrell, Graham/Pease Ken (Hrsg.), Repeat Victimization, Crime Prevention Studies Vol. 12, S. 221–240, New York, 2001.

Fehrentz, Stephan, Rechtliche Grenzen von Privatisierungen im Strafvollzug, Frankfurt a.M., 2013.

Felson, Marcus/Boba, Rachel L,. Crime and Everyday Life, Los Angeles u.a., 4. Edition 2010.

Ferguson, Andrew Guthrie, The Rise of Big Data Policing, New York, 2017.

Fisahn, Andreas, Legitimation des Gewaltmonopols, Kritische Vierteljahresschrift für Gesetzgebung und Rechtswissenschaft (KritV), 2011, 3–17.

Fleck, Klaus W./Güttler, Wolfgang/Kettler, Stefan Hans, Wörterbuch Recht, Wirtschaft und Politik, Bd. 1 Französisch–Deutsch, München, 2017.

Fock, Merle/Möhle, Jan-Peter, Viel Fahndung, wenig Strategie? – Verfassungsrechtliche Beurteilung der strategischen Fahndung in § 12a PolG NRW, GSZ 2021, 170–175.

Fradella, Henry F./White, Michael D., Reforming Stop-and-Frisk, Criminologie, Criminal Justice, Law & Society (CCJLS) 2017, Vol. 18, Issue 3, 45–65.

Fremuth, Michael Lysander, Wächst zusammen, was zusammengehört?, AöR 139 (2014), 32–79.

Friauf, Heinrich/Höfling, Wolfram (Hrsg.), Berliner Kommentar zum Grundgesetz, Bd. 1 Art. 1–12a, Berlin, Stand 2022.

Friauf, Heinrich/Höfling, Wolfram/Augsberg, Steffen/Rixen, Stephan (Hrsg.), Berliner Kommentar zum Grundgesetz, Bd. 3 Art. 23–61, Berlin, Stand 2022.

Fricke, Julia, Big Data und künstliche Intelligenz – Chancen und Risiken für die Polizeiarbeit der Zukunft, abrufbar unter: https://ksv-polizeipraxis.de/wp-content/uploads/2020/05/Fricke-Big-Data.pdf, letztes Abrufdatum 19.04.2022.

Gabler Wirtschaftslexikon, https://wirtschaftslexikon.gabler.de/, letztes Abrufdatum 20.04.2022.

Galla, Nina, KI in der Polizeiarbeit, Bürgerrechte & Polizei/CILIP 121 (2020), 46–56.

Gärditz, Klaus Ferdinand, § 4 Verfassungsentwicklung und Verfassungsrechtswissenschaft, in: Herdegen, Matthias/Masing, Johannes/Poscher, Ralf/ders. (Hrsg.), Handbuch des Verfassungsrechts, S. 221–313, München, 2021.

—. Anmerkung zu BVerfG, Urteil v. 24.4.2013 - 1 BvR 1215/07, JZ 2013, 633–636.

—. Strafprozeß und Prävention, Tübingen, 2003.

Gatz, Stephan, Das Haus am Wannsee, jM 2019, 30–32.

Gau, Jacinta M., Wilson, James Q., and George L. Kelling: Broken Windows Theory, in: Wilcox, Pamela/Cullen, Francis T. (Hrsg.), Encyclopedia of Criminological Theory, Thousand Oaks u.a., 2010.

Geiger, Harald, Die Zulässigkeit unbestimmter Rechtsbegriffe - Darstellung an ausgewählten Beispielen aus dem Verkehrsverwaltungsrecht, SVR 2009, 41–47.

Geiger, Rudolf/Khan, Daniel-Erasmus/Kotzur, Markus (Hrsg.), EUV AEUV Kommentar, München, 6. Aufl. 2017.

Gerberding, Johannes/Wagner, Gert G., Qualitätssicherung für "Predictive Analytics" durch digitale Algorithmen, ZRP 2019, 116–119.

Gerny, Daniel, Einbruchsalgorithmus schlug zu wenig Alarm: Erstes Polizeikorps setzt umstrittene Analyse-Software ab, Neue Zürcher Zeitung v. 07.11.2021, abrufbar unter: https://www.nzz.ch/schweiz/einbruchs-algorithmus-schlug-zu-wenig-alarm-erstes-polizeikorps-setzt-umstrittene-analyse-software-ab-ld.1653659, zuletzt abgerufen am 24.10.2022.

Gersdorf, Hubertus, Unvereinbarkeit der Regelungen des GlüStV 2021-Entwurfs zur Limitdatei und Aktivitätsdatei mit Unionsgrundrechten und der DSGVO, ZfWG-Sonderbeilage 1/2021, 19–34.

Gersdorf, Hubertus/Paal, Boris P. (Hrsg.), BeckOK Informations- und Medienrecht, München, 35. Edition, Stand: 01.02.2022.

Gerstner, Dominik, Predictive Policing in the Context of Residential Burglary: An Empirical Illustration on the Basis of a Pilot Project in Baden-Württemberg, Germany, European Journal for Security Research 2018, 115–138.

—. Predictive Policing als Instrument zur Prävention von Wohnungseinbruchdiebstahl, Studie des Max-Planck-Institut für ausländisches und internationales Strafrecht, Freiburg im Breisgau, 2017.

Gialopsos, Brooke Miller, Cornish, Derek B., and Ronald V. Clarke, Rational Choice Theory, in: Wilcox , Pamela/Cullen, Francis T. (Hrsg.), Encyclopedia of Criminological Theory, Thousand Oaks u.a., 2010.

Gless, Sabine, Predictive policing und operative Verbrechensbekämpfung, in: Herzog, Felix/Wolter, Jürgen/Schlothauer, Reinhold (Hrsg.), Rechtsstaatlicher Strafprozess und Bürgerrechte, Gedächtnisschrift für Edda Weßlau, S. 165–180, Berlin, 2016.

Gluba, Alexander, Neue Impulse bei der Bekämpfung des Wohnungseinbruchdiebstahls, ProPolizei 1/2017, 4–5.

Gluba, Alexander/Heitman, Stefan/Hermes, Nina, Reviktimisierung bei Wohnungseinbrüchen, Kriminalistik 2015, 368–375.

Gluding, Katja Viktoria, Kollektiver und überindividueller Rechtsschutz im Zivil- und Verwaltungsprozessrecht, Baden-Baden, 2020.

Gola, Peter (Hrsg.), Datenschutz-Grundverordnung, München, 2. Aufl. 2018.

Gola, Peter/Heckmann, Dirk (Hrsg.), Bundesdatenschutzgesetz, München, 13. Aufl. 2019.

—. Datenschutz-Grundverordnung, Bundesdatenschutzgesetz, München, 3. Aufl. 2022.

Golla, Sebastian, Algorithmen, die nach Terroristen schürfen – "Data-Mining" zur Gefahrenabwehr und zur Strafverfolgung, NJW 2021, 667–672.

—. Datenschutzrechtliche Schattengewächse in den Ländern – Herausforderungen bei der Umsetzung der JI-Richtlinie für die Polizei –, KriPoZ 2019, 238–244.

—. KI-Einsatz bei der Polizei, in: Chibanguza, Kuuya/Kuß, Christian/Steege, Hans (Hrsg.), Künstliche Intelligenz, S. 1201–1213, Baden-Baden, 2022.

—. Lernfähige KI erfordert lernfähiges Polizeirecht, verfassungsblog.de v. 22.02.2020, abrufbar unter: https://verfassungsblog.de/lernfaehige-ki-erfordert-lernfaehiges-poli zeirecht/, zuletzt abgerufen am 24.10.2022.

—. Lizenz zum Schürfen: Rechtsgrundlagen für die Automatisierte Unterstützung von Polizeiarbeit im Social Web, DSRITB 2018, 871–885.

Görres Gesellschaft/Verlag Herder, Staatslexikon Bd. 2 Eid–Hermeneutik, Freiburg im Breisgau, 8. Aufl. 2018.

Götz, Volkmar, § 85 Innere Sicherheit, in: Isensee, Josef/Kichhof, Paul (Hrsg.), Handbuch des Staatsrechts Bd. IV Aufgaben des Staates, S. 671–698, Heidelberg, 3. Aufl. 2006.

Götz, Volkmar/Geis, Max-Emanuel, Allgemeines Polizei- und Ordnungsrecht, 16. Aufl., München, 2017.

Grabenwarter, Christoph, Die Vorratsdatenspeicherung aus der Perspektive der EMRK, der Grundrechte-Charta und des Verfassungsrechts, in: Stuckenberg, Carl-Friedrich/Gärditz Klaus Ferdinand (Hrsg.), Strafe und Prozess im freiheitlichen Rechtsstaat, Festschrift für Hans-Ullrich Paeffgen, S. 779–792, Berlin, 2015.

Grabenwarter, Christoph/Pabel, Katharina, Europäische Menschenrechtskonvention, München, 7. Aufl. 2021.

Grabitz, Eberhard/Hilf, Meinhard/Nettesheim, Martin, Das Recht der Europäischen Union, München, 72. EL, Stand Februar 2021.

Graf, Jürgen (Hrsg.), BeckOK StPO mit RiStBV und MiStra, München, 41. Edition Stand 01.10.2021.

Graulich, Kurt, E. Das Handeln der Polizei- und Ordnungsbehörden zur Gefahrenabwehr, in: Bäcker, Matthias/Denninger, Erhard/ders. (Hrsg.), Lisken/Denninger Handbuch des Polizeirechts, S. 341–696, München, 7. Aufl. 2021.

—. E. Das Polizeihandeln, in Bäcker, Matthias/Denninger, Erhard/ders. (Hrsg.), Lisken/Denninger Handbuch des Polizeirechts, S. 319–642, München, 6. Aufl. 2018.

—. Strafverfolgungsvorsorge, NVwZ 2014, 685–691.

Graupner, Michael, Berliner Polizisten nutzen eine Prognosesoftware, um Einbrüche zu verhindern. Mit Erfolg!, Berliner Zeitung v. 19.10.2017, abrufbar unter: https://www.bz-berlin.de/berlin/polizei-software-sagt-jetzt-einbrueche-voraus, zuletzt abgerufen am 24.10.2022.

Groh, Thomas, Schleierfahndung auf dem Prüfstand, NVwZ 2016, 1678–1683.

—. Befugnis der Polizeibehörden zur Identitätskontrolle im Schengenraum, Anmerkung zu EuGH NVwZ 2017, 1608 f., NVwZ 2017, 1608–1609.

Gröpl, Christoph (Hrsg.), BHO/LHO Kommentar, Staatliches Haushaltsrecht, München, 2. Aufl. 2019.

—. Staatsrecht I, München, 13. Aufl. 2021.

Gröpl, Christoph/Windthorst, Kay/v. Coelln, Christian (Hrsg.), Studienkommentar GG, München, 4. Aufl. 2020.

Groß, Thomas, Die asymmetrische Funktionenordnung der Demokratischen Verfassung – Zur Dekonstruktion des Gewaltenteilungsgrundsatzes, Der Staat 55 (2016), 489–517.

Grünenfelder, Michael, Subjective Expected Utility Theory And Beyond, Theories And Their Experimental Performance, Bamberg, 1996.

Grzeszick, Bernd, Nationale Parlamente und EU-Datenschutzgrundverordnung, NVwZ 2018, 1505–1512.

Guckelberger, Annette, Die präventiv-polizeiliche elektronische Aufenthaltsüberwachung, DVBl. 2017, 1121–1129.

—. Öffentliche Verwaltung im Zeitalter der Digitalisierung, Baden-Baden, 2019.

—. § 4 Polizeirecht, in: Gröpl, Christoph/dies./Wohlfarth, Jürgen (Hrsg.), Landesrecht Saarland, Baden-Baden, 4. Auflage 2022.

Guggenberger, Leonid, Einsatz künstlicher Intelligenz in der Verwaltung, NVwZ 2019, 844–850.

Gurlit, Elke, Verfassungsrechtliche Rahmenbedingungen des Datenschutzes, NJW 2010, 1035–1041.

Gusy, Christoph, Gewährleistung der Vertraulichkeit und Integrität informationstechnischer Systeme, DuD 2009, 33–41.

—. Polizei- und Ordnungsrecht, Tübingen, 10. Aufl. 2017.

Häberle, Peter, Entstehungsgeschichte der Artikel des Grundgesetzes, Jahrbuch des öffentlichen Rechts Bd. 1 (JÖR 1), Tübingen, 2. Aufl. 2010.

Hackenberg, Wolfgang, Teil 15.2 Big Data und Datenschutz, in: Hoeren, Thomas/Sieber, Ulrich/Holznagel, Bernd (Hrsg.), Handbuch Multimedia-Recht, München, 56. EL Mai 2021.

Halder, Christoph, Anmerkung zu BVerwG: Personenkontrollen im Grenzgebiet, NVwZ 2020, 382 ff., 386–387.

Halder, Christoph/Ittner, Thomas, Quo vadis, Schleierfahndung? – Zu den Voraussetzungen der Unionsrechtskonformität der Schleierfahndung, ZJS 2018, 308–320.

Hammer, Felix, Private Sicherheitsdienste, staatliches Gewaltmonopol, Rechtsstaatsprinzip und „schlanker Staat“, DÖV 2000, 613–622.

Hannich, Rolf (Hrsg.), Karlsruher Kommentar zur Strafprozessordnung, München, 8. Aufl. 2019.

Haouache, Gerold, Digitalisierung der Verwaltung: Der Einsatz Künstlicher Intelligenz im staatlichen Bereich in Gestalt von Assistenz-und vollautomatisierten Entscheidungssystemen, in: Beck, Joachim/Stember, Jürgen (Hrsg.), Der demographische Wandel, S. 21–33, Baden-Baden, 2020.

Härtel, Ines, Digitalisierung im Lichte des Verfassungsrechts – Algorithmen, Predictive Policing, autonomes Fahren, LKV 2019, 49–60.

Hartmann, Klaus, Messverfahren; faires Verfahren, zu VerfGH des Saarlandes, Urt. v. 05.07.2019 – Lv 7/17, SVR 2019, 351–358.

Hauber, Judith/Jarchow, Esther/Rabitz-Suhr, Simone, Prädiktionspotenzial schwere Einbruchskriminalität – Ergebnisse einer wissenschaftlichen Befassung mit Predictive Policing, Landeskriminalamt Hamburg, Hamburg, 2019.

Haverkamp, Rita/Schwedler, Andreas/Wößner, Gunda, Führungsaufsicht mit satellitengestützter Überwachung, Neue Kriminalpolitik (NK) 24 (2012), 62–68.

Hebeler, Timo/Berg, Katharina, Die Grundrechte im Lichte der Digitalisierung – Teil II: Grundrechte zum Schutz persönlicher Daten, JA 2021, 617–623.

Heckmann, Dirk, Kap. 5 Digitale Verwaltung, in: ders./Paschke, Anne (Hrsg.), jurisPK-Internetrecht, 7. Aufl. 2021, Stand: 01.06.2021.

—. Teil 10 IT-Outsourcing der Öffentlichen Hand, in: Bräutigam, Peter (Hrsg.), IT-Outsourcing und Cloud Computing, S. 773–870, Berlin, 4. Aufl. 2019.

Heilemann, Julia, Click, Collect And Calculate: The Growing Importance Of Big Data In Predicting Future Criminal Behaviour, in: Vermeulen, Gert/Perŝak Nina/Recchia, Nicola (Hrsg.), Artificial Intelligence, Big Data and Automated Decision-Making in Criminal Justice, RIDP 92 (2021), S. 49–67, Antwerpen, Apeldoorn, Portland, 2021, zitiert als *Heilemann,* RIDP 92 (2021).

Heintzen, Markus/Siegel, Thorsten, Neues Ordnungsrecht für Berlin – zu den Neuregelungen des ASOG, zum Versammlungsfreiheitsgesetz sowie zum Landesantidiskriminierungsgesetz (1. Teil), LKV 2021, 289–298.

Heldt, Amélie, Algorithmen und künstliche Intelligenz in der Verwaltung – Tagungsbericht zur wissenschaftlichen Tagung in Hamburg, NVwZ 2019, 862–863.

Hellmann, Deborah F., Repräsentativbefragung zu Viktimisierungserfahrungen in Deutschland, Forschungsbericht Nr. 122, Hannover: Kriminologisches Forschungsinstitut Niedersachsen e.V., 2014.

Helmke, André, Der polizeiliche Platzverweis im Rechtsstaat, Frankfurt a.M., 2002.

Hermstrüwer, Yoan, Die Regulierung der prädiktiven Analytik: eine juristisch-verhaltenswissenschaftliche Skizze, in: Hoffmann-Riem, Wolfgang (Hrsg.), Big Data – Regulative Herausforderungen, S. 99–116, Baden-Baden, 2018.

Herzog, Roman, § 72 Ziele, Vorbehalte und Grenzen der Staatstätigkeit, in: Isensee, Josef/Kirchhof, Paul (Hrsg.), Handbuch des Staatsrechts, Bd. V Rechtsquellen, Organisation, Finanzen, S. 81–115, Heidelberg, 3. Aufl. 2006.

Hess, Henner, Broken Windows, ZStW 116 (2004), 66–110.

Heußner, Herrmann, Automation in der Sozialversicherung, SGb 1976, 245–252.

Hillgruber, Christian, § 200 Grundrechtlicher Schutzbereich, Grundrechtsausgestaltung und Grundrechtseingriff, in: Isensee, Josef/Kirchhof, Paul (Hrsg.), Handbuch des Staatsrechts, Bd. IX Allgemeine Grundrechtslehren, S. 981–1030, Heidelberg, 3. Aufl. 2011.

Hobbes, Thomas, Leviathan, London 1651 – Mit einer Einführung und herausgegeben von Hermann Klenner, Hamburg, 1996.

Hoeren, Thomas, Was ist das "Grundrecht auf Integrität und Vertraulichkeit informationstechnischer Systeme"?, MMR 2008, 365–366.

Hoffmann-Riem, Wolfgang, Verhaltenssteuerung durch Algorithmen – Eine Herausforderung für das Recht, AöR 142 (2017), 1–42.

—. Der grundrechtliche Schutz der Vertraulichkeit und Integrität eigengenutzter informationstechnischer Systeme, JZ 2008, 1009–1022.

—. Rechtliche Rahmenbedingungen für und regulative Herausforderungen durch Big Data, in: ders. (Hrsg.), Big Data – Regulative Herausforderungen, S. 11–78, Baden-Baden, 2018.

Hofmann, Henning, Predictive Policing, Berlin, 2020.

Hölscher Ines/Opiela, Nicole/Tiemann, Jens/Gumz, Jan Dennis/Goldacker, Gabriele/Thapa, Basanta/Weber, Mike, Deutschland Index der Digitalisierung 2021, Berlin, Mai 2021, abrufbar unter: https://www.oeffentliche-it.de/documents/10181/14412/Deutschland-Index+der+Digitalisierung+2021, jeweils zuletzt abgerufen am 24.10.2022.

Holthausen, Joachim, Big Data Analytics, KI und Gestaltung von Betriebsvereinbarungen – Grund, -arbeits- und datenschutzrechtliche An- und Herausforderungen, RdA 2021, 19–32.

Hömig, Dieter/Wolff, Heinrich Amadeus (Hrsg.), Grundgesetz für die Bundesrepublik Deutschland, Handkommentar, Baden-Baden, 13. Aufl. 2022.

Hornung, Gerrit, Erosion traditioneller Prinzipien des Datenschutzrechts durch Big Data, in: Hoffmann-Riem, Wolfgang (Hrsg.), Big Data – Regulative Herausforderungen, S. 81–98, Baden-Baden, 2018.

Hornung, Gerrit/Schindler, Stephan/Schneider, Jana, Die Europäisierung des strafverfahrensrechtlichen Datenschutzes, ZIS 2018, 566–574.

Hornung, Gerrit/Wagner, Bernd, Anonymisierung als datenschutzrechtliche Verarbeitung?, ZD 2020, 223–228.

Houy, Constantin/Gutermuth, Oliver/Dadashnia, Sharam/Loos, Peter, Digitale Polizeiarbeit, in: Klenk, Tobias/Nullmeier, Frank/Wewer, Göttrik (Hrsg.), Handbuch der Digitalisierung in Staat und Verwaltung, S. 517–526, Wiesbaden, 2019.

Huber, Ernst Rudolf, Quellen zum Staatsrecht der Neuzeit, Tübingen, 1951.

Huber, Peter M., § 6 Rechtsstaat, in: Herdegen, Matthias/Masing, Johannes/Poscher, Ralf/Gärditz, Klaus Ferdinand (Hrsg.), Handbuch des Verfassungsrechts, S. 383–436, München, 2021.

Huber, Peter/Wollenschläger, Ferdinand, Landesrecht Bayern, Baden-Baden, 2019.

Hufen, Friedhelm, Nudging, JuS 2021, 193–199.

—. Staatsrecht II, München, 8. Aufl. 2020.

Ibler, Martin, Gefahrenverdacht und polizeiliche Generalklausel, in: Jochum, Georg/Fritzemeyer, Wolfgang/Kau, Marcel (Hrsg.), Grenzüberschreitendes Recht - Crossing frontiers: Festschrift für Kay Hailbronner, S. 737–745, Heidelberg, 2013.

Immenga, Ulrich/Mestmäcker, Ernst-Joachim/Körber, Torsten/Schweitzer, Heike/Zimmer, Daniel (Hrsg.), Immenga/Mestmäcker Wettbewerbsrecht, Bd. 4 Vergaberecht, München, 6. Aufl. 2021.

Isensee, Josef, § 15 Staat und Verfassung, in: ders./Kirchhof, Paul (Hrsg.), Handbuch des Staatsrechts, Bd. II Verfassungsstaat, S. 4–106, Heidelberg, 3. Aufl. 2004.

—. § 73 Staatsaufgaben, in: ders./Kirchhof, Paul (Hrsg.), Handbuch des Staatsrechts, Bd. IV Aufgaben des Staates, S. 117–159, Heidelberg, 3. Aufl. 2006.

Jahn, Matthias/Brodowski, Dominik, Notwendige Verteidigung im Gefahrenabwehrrecht, StV-Spezial 2022, 33–40.

Jarass, Hans D., Charta der Grundrechte der Europäischen Union, München, 4. Aufl. 2021.

Jarass, Hans D./Kment, Martin, Jarass/Pieroth, Grundgesetz für die Bundesrepublik Deutschland, München, 16. Aufl. 2020.

Jarass, Hans, Das allgemeine Persönlichkeitsrecht im Grundgesetz, NJW 1989, 857–862.

Jestaedt, Matthias, § 22 Ehe, Familie und Erziehung, in: Herdegen, Matthias/Masing, Johannes/Poscher, Ralf/Gärditz, Klaus Ferdinand (Hrsg.), Handbuch des Verfassungsrechts, S. 1391–1457, München, 2021.

Johannes, Paul/Weinhold, Robert, Das neue Datenschutzrecht bei Polizei und Justiz, Baden-Baden, 2018.

Johnson, Shane D./Bernasco Wim/Bowser, Kate J./Elffers, Henk/Ratcliffe, Jerry/Rengert, George/Townsley, Michael, Space–Time Patterns of Risk: A Cross National Assessment of Residential Burglary Victimization, Journal of Quantitative Criminology 2007, Vol. 23, 201–219.

Jung, Jörg, Die Zweispurigkeit des öffentlichen Dienstes, Berlin, 1971.

Kaiser, Anna, Auf Schritt und Tritt – die elektronische Aufenthaltsüberwachung, Wiesbaden, 2016.

Kahl, Wolfgang/Waldhoff, Christian/Walter, Christian (Hrsg.), Bonner Kommentar zum Grundgesetz, Ordner 2 Art. 2–3, Berlin, 213. Aktualisierung September 2021.

Kammerer, Dietmar, Die Anfänge von Videoüberwachung in Deutschland, KrimJ 40 (2008), 257–268.

Kämmerer, Jörn Axel, § 13 Privatisierung, in: Ehlers, Dirk/Fehling, Michael/Pünder, Hermann (Hrsg.), Besonderes Verwaltungsrecht Bd. 1: Öffentliches Wirtschaftsrecht, S. 387–435, Heidelberg, 4. Aufl. 2019.

Kaplan, Jerry, Künstliche Intelligenz: Eine Einführung, Frechen, 2017.

Karg, Moritz, Datenschutz für Geodaten, DuD 2010, 824–831.

Karstedt, Susanne/Greve, Werner, Die Vernunft des Verbrechens, in: Bussmann, Kai-D./Kreissl, Reinhard (Hrsg.), Kritische Kriminologie in der Diskussion, S. 171–210, Opladen, 1996.

Keizer, Kees/Lindenberg, Siegwart/Steg, Linda, The Spreading of Disorder, Science 322 (2008), 1681–1685.

Keller, Rolf, Das Phänomen der vorbeugenden Bekämpfung von Straftaten, NStZ 1990, 416–420.

Kießling, Andrea, Die aktionelle Maßnahme im Vorfeld, in: Kulick, Andreas/Goldhammer, Michael (Hrsg.), Der Terrorist als Feind?, S. 261–283, Tübingen, 2020.

Kingreen, Thorsten/Poscher, Ralf, Grundrechte Staatsrecht II, Heidelberg, 36. Aufl. 2020.

—. Polizei- und Ordnungsrecht, München, 11. Aufl. 2020.

Kirchhof, Paul, § 99 Mittel staatlichen Handelns, in: Isensee, Josef/ders. (Hrsg.), Handbuch des Staatsrechts, Bd. V, Rechtsquellen, Organisation, Finanzen, S. 3–132, Heidelberg, 3. Aufl. 2007.

Kleemans, Edward R., Repeat Burglary Victimazation: Results of Empirical Research in the Netherlands, in: Farrell, Graham/Pease, Ken (Hrsg.), Repeat Victimization, Crime Prevention Studies Vol. 12, S. 53–68, New York, 2001.

Klein, Lloyd, Rational Choice and White-Collar Crime, in: Wilcox, Pamela/Cullen, Francis T. (Hrsg.), Encyclopedia of Criminological Theory, Thousand Oaks u.a., 2010.

Knape, Michael/Schönrock, Sabrina, Allgemeines Polizei- und Ordnungsrecht für Berlin, Hilden, 11. Aufl. 2016.

Knauer, Christoph (Hrsg.), Münchener Kommentar zur Strafprozessordnung Bd. 3/1 §§ 333–499 StPO, München, 2019.

Knemeyer, Franz-Ludwig, Polizei-und Ordnungsrecht, München, 11. Aufl. 2007.

Knobloch, Tobias, Vor die Lage kommen: Predictive Policing in Deutschland, Studie der Stiftung Neue Verantwortung und der Bertelsmann-Stiftung, Berlin, Gütersloh, August 2018.

Koriath, Heinz, Über Beweisverbote im Strafprozess, Frankfurt a.M., 1994.

Korte, Kai, LDI NRW: Einsatz von Palantir-Software rechtswidrig, ZD-Aktuell 2021, 05192.

Kowalik, Florian, Die hoheitliche Videoüberwachung des öffentlichen Raums zur Kriminalprävention, Berlin, 2021.

Kraft, Ulrich, Was wir wahrnehmen, erscheint uns als Wirklichkeit. Tatsächlich ist unser Bild der Welt subjektiv, lückenhaft, trügerisch und zerbrechlich. Zaubertricks, Sinnestäuschungen und so erstaunliche Phänomene wie Synästhesie machen das deutlich, dasgehirn.info v. 12.12.2017, abrufbar unter: https://www.dasgehirn.info/wahrnehmen/truegerische-wahrnehmung/die-truegerische-welt-im-kopf, zuletzt abgerufen am 24.10.2022.

Krajewski, Markus, Völkerrecht, Baden-Baden, 2017.

Krane, Christian, Schleierfahndung, Stuttgart u.a., 2003.

Krasmann, Susanne, Der Präventionsstaat im Einvernehmen. Wie Sichtbarkeitsregime stillschweigend Akzeptanz produzieren, in: Hempel, Leon/Krasmann, Susanne/Bröckling, Ulrich (Hrsg.), Sichtbarkeitsregime, S. 53–70, Wiesbaden, 2011.

Krenberger, Benjamin, Anmerkung zu VerfGH des Saarlandes, Urt. v. 05.07.2019 – Lv 7/17, NZV 2019, 414 ff., NZV 2019, 421–422.

Kreuzer, Arthur, Wohnungseinbruch, Neue Kriminalpolitik (NK) 29 (2017), 123–129.

Krönke, Christoph, Vergaberecht als Digitalisierungsfolgenrecht, Die Verw. 52 (2019), 65–98.

Krügel, Tina, Das personenbezogene Datum nach der DS-GVO, ZD 2017, 455–460.

Kube, Hanno, § 148 Persönlichkeitsrecht, in: Isensee, Josef/Kirchhof, Paul (Hrsg.), Handbuch des Staatsrechts Bd. VII, S. 79–144, Heidelberg, 3. Aufl. 2009.

Kudler, Hans (Hrsg.), Münchener Kommentar zur Strafprozessordnung, Bd. 1 §§ 1–150, München, 2014.

Küchler, Peter R., Teil 1 Technische und wirtschaftliche Grundlagen, in: Bräutigam, Peter (Hrsg.), IT-Outsourcing und Cloud-Computing, S. 57–248, Berlin, 4. Aufl. 2019.

Kühling, Jürgen/Buchner, Benedikt (Hrsg.), Datenschutz-Grundverordnung BDSG, München, 3. Aufl. 2020.

Kugelmann, Dieter, Kap. 18 Anwendungsbereich und Spielräume der Landesdatenschutzgesetze, in: Seckelmann, Margrit (Hrsg.), Digitalisierte Verwaltung Vernetztes E-Government, S. 423–438, Berlin, 2. Aufl. 2019.

Kuhlmann, Simone/Trute, Hans-Heinrich, Predictive Policing als Formen polizeilicher Wissensgenerierung, GSZ 2021, 103–111.

Kulick, Andreas, Gefahr, »Gefährder« und Gefahrenabwehrmaßnahmen angesichts terroristischer Gefährdungslagen, AöR 143 (2018), 175–219.

Kutscha, Martin, Verfassungsprobleme des Polizeirechts in den neuen Bundesländern und Berlin, NJ 1994, 545–550.

—. Mehr Schutz von Computerdaten durch ein neues Grundrecht? NJW 2008, 1042–1044.

Landesbeauftragte für Datenschutz und Informationsfreiheit Nordrhein-Westfalen *Helga Block,* 25. Datenschutzbericht für die Zeit vom 1. Januar 2019 bis zum 31. Dezember 2019, abrufbar unter: https://docplayer.org/187611534-25-datenschutzbericht-der-landesbeauftragten-fuer-datenschutz-und-informationsfreiheit-nordrhein-westfalen-helga-block.html, zuletzt abgerufen am 24.10.2022.

Landesbeauftragten für den Datenschutz Bayern, 27. Tätigkeitsbericht 2015/2016, , abrufbar unter: https://www.bayern.landtag.de/www/ElanTextAblage_WP17/Drucksachen/Basisdrucksachen/0000009000/0000009288_Anlage.pdf, zuletzt abgerufen am: 24.10.2022.

Landeskriminalamt Nordrhein-Westfalen, Abschlussbericht Projekt SKALA, Düsseldorf, 2018, zitiert als LKA NRW (2018), Abschlussbericht Projekt SKALA.

—. Abschlussbericht Projekt SKALA – Kurzfassung, Düsseldorf, 2018, zitiert als LKA NRW (2018), Abschlussbericht Projekt SKALA Kurzfassung.

—. Kooperative Evaluation des Projektes SKALA. Abschlussbericht der Zentralstelle Evaluation beim LKA NRW (ZEVA) und der Gesellschaft für innovative Sozialforschung und Sozialplanung e.V. Bremen (GISS), Kurzfassung des Endberichtes, Düsseldorf, 2018, zitiert als: LKA NRW (2018), Kurzfassung des Endberichts Kooperative Evaluation des Projekts SKALA.

—. Forschungsbericht Wohnungseinbruchsdiebstahl, Basisbericht, Kriminalistisch-Kriminologische Forschungsstelle, Düsseldorf, 2017.

Larenz, Karl/Canaris, Claus-Wilhelm, Methodenlehre der Rechtswissenschaft, Berlin, Heidelberg, 3. Aufl. 1995.

Laurin, Stefan, So arbeitet ein bosnisches Einbrechernetzwerk, welt.de v. 07.05.2016, abrufbar unter: https://www.welt.de/politik/deutschland/article155124577/So-arbeitet-ein-bosnisches-Einbrechernetzwerk.html, zuletzt abgerufen am 24.10.2022.

Lecheler, Helmut, Die Beamtenaufgaben nach dem Funktionsvorbehalt des GG, Bonn, 1986.

Leeb, Christina-Maria/Liebhaber, Johannes, Grundlagen des Datenschutzrechts, JuS 2018, 534–538.

Lehner, Roman, Zivilrechtlicher Diskriminierungsschutz und Grundrechte, Tübingen, 2013.

Leisner, Walter, Der Beamte als Leistungsträger – Die Anwendbarkeit des beamtenrechtlichen Funktionsvorbehalts (Art. 33 IV GG) auf die Leistungsverwaltung, in ders. (Hrsg.), Das Berufsbeamtentum im demokratischen Staat, S. 121–145, Berlin, 1975.

Leisner-Egensberger, Anna, Polizeirecht im Umbruch: Die drohende Gefahr, DÖV 2018, 677–688.

Leitges, Konrad, Die Entwicklung des Hoheitsbegriffes in Art. 33 Abs. 4 des Grundgesetzes, Frankfurt a.M., 1998.

Lind, Franziska/Priebe, Anne Sophie, Zur Zwangshaft gegen (deutsche) Amtsträger, insbesondere zur Entscheidung des EuGH C-752/18, Deutsche Umwelthilfe e.V. gegen Freistaat Bayern, ZEuS 3/2020, 429–464.

Lindner, Josef Franz/Bast, Alexander, Die "elektronische Fußfessel" als Instrument des Polizeirechts?, DVBl. 2017, 290–292.

Lischka, Konrad/Klingel, Anita, Wenn Maschinen Menschen bewerten, Arbeitspapier der Bertelsmann-Stiftung, Gütersloh, 2017.

Löffelmann, Markus, Die Zukunft der deutschen Sicherheitsarchitektur – Vorbild Bayern?, GSZ 2018, 85–91.

Losch, Bernhard, Zur Dogmatik der Gefahrerforschungsmaßnahme, DVBl. 1994, 781–785.

v. Mangoldt, Hermann/Klein, Friedrich/Starck, Christian/Huber, Peter M./Voßkuhle, Andreas (Hrsg.), GG Grundgesetz Kommentar Bd. 1: Präambel, Art. 1–19, München, 7. Aufl. 2018.

—. GG Grundgesetz Kommentar Bd. 2: Art. 20–82, München, 7. Aufl. 2018.

—. GG Grundgesetz Kommentar Bd. 3: Art. 83–146, München, 7. Aufl. 2018.

Manssen, Gerrit, Staatsrecht II, München, 17. Aufl. 2020.

Marsch, Nikolaus, Artificial Intelligence and the Fundamental Right to Data Protection: Opening the Door for Technological Innovation and Innovative Protection, in: Wischmeyer, Timo (Hrsg.), Regulating Artificial Intelligence, S. 33–52, Cham (Schweiz), 2020.

—. Das europäische Datenschutzgrundrecht, Tübingen, 2018.

Martini, Mario, § 28 Digitalisierung der Verwaltung, in: Kahl, Wolfgang/Ludwigs, Markus (Hrsg.), Handbuch des Verwaltungsrechts Bd. I Grundstrukturen des deutschen Verwaltungsrechts, S. 1105–1150, Heidelberg, 2021.

—. Algorithmen als Herausforderung für die Rechtsordnung, JZ 2017, 1017–1025.

—. Blackbox Algorithmus – Grundfragen einer Regulierung Künstlicher Intelligenz, Berlin, 2019.

—. Das allgemeine Persönlichkeitsrecht im Spiegel der jüngeren Rechtsprechung des Bundesverfassungsgerichts, JA 2009, 839–845.

Martini, Mario/Fröhlingsdorf, Sarah, Catch me if you can: Quellen-Telekommunikationsüberwachung zwischen Recht und Technik, NVwZ 2020, 1803–1804.

Martini, Mario/Nink, David, Wenn Maschinen entscheiden… – Vollautomatisierte Verwaltungsverfahren und der Persönlichkeitsschutz, NVwZ-extra 2017, 1–14.

Martini, Mario/Ruschemeier, Hannah/Hain, Jonathan, Staatshaftung für automatisierte Verwaltungsentscheidungen – Künstliche Intelligenz als Herausforderung für das Recht der staatlichen Ersatzleistungen, VerwArch 2021, 1–37.

Maurer, Hartmut/Waldhoff, Christian, Allgemeines Verwaltungsrecht, München, 20. Aufl. 2020.

Maurer, Paul, Einsatz von Palantir-Software durch die Polizei rechtswidrig, Data & Privacy, abrufbar unter: https://dataandprivacy.de/einsatz-von-palantir-software-durch-die-polizei-rechtswidrig/, zuletzt abgerufen am 24.10.2022.

Mayer, Franz, Verfassungsrechtliche Grenzen einer Reform des öffentlichen Dienstrechts, in: Forsthoff, Ernst/v. Münch, Ingo/Schick, Walter/Thieme, Werner/Ule, Carl Hermann/Mayer, Franz (Hrsg.), Verfassungsrechtliche Grenzen einer Reform des öffentlichen Dienstrechts, S. 557–746, Baden-Baden, 1973.

Mayer, Nils, Software zur Vorhersage von Einbrüchen vor dem Aus, stuttgarter-nachrichten.de v. 30.06.2019, abrufbar unter: https://www.stuttgarter-nachrichten.de/inhalt.precobs-im-suedwesten-software-zur-vorhersage-von-einbruechen-vor-dem-aus.89e661bc-6769-451b-93ec-659b5ae74241.html, zuletzt abgerufen am 24.10.2022.

—. Strobl entscheidet sich gegen Precobs, stuttgarter-nachrichten.de v. 03.09.2019, abrufbar unter: https://www.stuttgarter-nachrichten.de/inhalt.aus-fuer-die-einbruchvorhersage-software-strobl-entscheidet-sich-gegen-precobs.19a18735-9c8f-4f1a-bf1b-80b6a3ad0142.html, zuletzt abgerufen am 24.10.2022.

Meier, Bernd-Dieter, Kriminologie, München, 6. Aufl. 2021.

Meinicke, Dirk, Big Data und Data Mining: Automatisierte Strafverfolgung als neue Wunderwaffe der Verbrechensbekämpfung?, DSRITB 2014, 183–203.

Meller-Hannich, Caroline, Gutachten A zum 72. Deutschen Juristentag, Sammelklagen, Gruppenklagen, Verbandsklagen – Bedarf es neuer Instrumente des kollektiven Rechtsschutzes im Zivilprozess?, München, 2018.

Merten, Detlef, Rechtsstaat und Gewaltmonopol, Tübingen, 1975.

Meyer, Jürgen/Hölscheidt, Sven (Hrsg.), Charta der Grundrechte der Europäischen Union, Baden-Baden, 5. Aufl. 2019.

Meyer, Maike, Kriminalistisch-Kriminologische Forschung im Landeskriminalamt Nordrhein-Westfalen, Die Polizei 2019, 36–39.

Meyer, Stephan, Kriminalwissenschaftliche Prognoseinstrumente im Tatbestand polizeilicher Vorfeldbefugnisse, JZ 2017, 429–480.

Meyer-Goßner, Lutz/Schmitt, Bertram, Strafprozessordnung, München, 64. Aufl. 2021.

Meyn, Karl-Ulrich, Warnung der Bundesregierung vor Jugendsekten – BVerwG, NJW 1989, 2272, und BVerfG, NJW 1989, 3269, JuS 1990, 630–634.

Michl, Fabian, Schleierhafte Schleierfahndung, DÖV 2018, 50–59.

Montag, Tobias, Der Algorithmus des Verbrechens, Analysen & Argumente 215 (2016), Konrad Adenauer Stiftung, Berlin, 2016.

Morgan, Frank, Repeat Burglary in a Perth Suburb: Indicator of Short-Term or Long-Term Risk?, in: Farrell, Graham/Pease, Ken (Hrsg.), Repeat Victimization, Crime Prevention Studies Vol. 12, S. 83–118, New York, 2001.

Möstl, Markus, Projekt Musterpolizeigesetz – Eine Stellungnahme, Die Verw. 53 (2020), 21–38.

Möstl, Markus/Bäuerle, Michael (Hrsg.), BeckOK Polizei- und Ordnungsrecht Hessen, München, 25. Edition, Stand 01.04.2022.

Möstl, Markus/Kugelmann, Dieter (Hrsg.), BeckOK Polizei- und Ordnungsrecht Nordrhein-Westfalen, München, 21. Edition, Stand 01.03.2022.

Möstl, Markus/Schwabenbauer, Thomas (Hrsg.), BeckOK Polizei- und Sicherheitsrecht Bayern, München, 18. Edition, Stand 01.03.2022.

—. BeckOK Polizei- und Sicherheitsrecht Bayern, München, 16. Edition, Stand 15.03.2021.

Möstl, Markus/Weiner, Bernhard (Hrsg.), BeckOK Polizei- und Ordnungsrecht Niedersachsen, München, 22. Edition, Stand 01.02.2022.

Muckel, Stefan/Ogorek, Markus, Öffentliches Baurecht, München, 3. Aufl. 2018.

Müller, Friedrich/ Christensen, Ralph, Juristische Methodik, Bd. I, Grundlegung für die Arbeitsmethoden der Rechtspraxis, Berlin, 11. Aufl. 2013.

v. Münch, Antje, Das Spannungsverhältnis zwischen funktionaler Privatisierung und demokratischer Legitimation, Baden-Baden, 2014.

v. Münch, Ingo/Kunig, Philip (Hrsg.), Grundgesetz Kommentar Bd. 1 Präambel, Art. 1–69 GG, München, 7. Aufl. 2021.

—. Grundgesetz Kommentar Bd. 2, Art. 70–146 GG, München, 7. Aufl. 2021.

Muthorst, Olaf, Auslegung: Eine Einführung, JA 2013, 721–727.

Mysegades, Jan, Keine staatliche Gesichtserkennung ohne Spezial-Rechtsgrundlage, NVwZ 2020, 852–856.

Neubacher, Frank, Kriminologie, Baden-Baden, 4. Aufl. 2020.

Neumann, Conrad, Kap. 24 Geodaten – Anwendungsfeld und Pionier des E-Government, in: Seckelmann, Margrit (Hrsg.) Digitalisierte Verwaltung Vernetztes E-Government, S. 535–564, Berlin, 2. Aufl. 2019.

Neumann, Eva/Eichberger, Fabian Simon, Die Unionsgrundrechte vor dem Bundesverfassungsgericht, JuS 2020, 502–506.

Newman, Oscar, Defensible Space. Crime Prevention Through Urban Design, Toronto, 1973.

Oermann, Markus/Staben, Julia, Mittelbare Grundrechtseingriffe durch Abschreckung?, Der Staat 52 (2013), 630–661.

Ogorek, Markus, Gefahrenvorfeldbefugnisse, JZ 2019, 63–71.

—. Risikovorsorgende Videoüberwachung, DÖV 2018, 688–697.

Opferbeauftragter des Landes Berlin *Roland Weber,* Dritter Bericht zur Situation der Opfer von Straftaten im Land Berlin (2014/2015), Berlin 2015, abrufbar unter: https://www.berlin.de/sen/justva/ueber-uns/beauftragte/opferbeauftragter/jahresbericht_opferbeauftragter_2015.pdf, zuletzt abgerufen am 24.10.2022.

Oppermann, Thomas/Classen, Claus Dieter/Nettesheim, Martin, Europarecht, München, 9. Aufl. 2021.

Ortiz, Aimee, Confidence in Police Is at Record Low, Gallup Survey Finds, New York Times v. 12.08.2020, abrufbar unter: https://www.nytimes.com/2020/08/12/us/gallup-poll-police.html, zuletzt abgerufen am 24.10.2022.

Orwell, George, Neunzehnhundertvierundachtzig, 1949.

Ossenbühl, Fritz, § 101 Vorrang und Vorbehalt des Gesetzes, in: Isensee, Josef/Kirchhof, Paul (Hrsg.), Handbuch des Staatsrechts, Bd. V, S. 183-220, Heidelberg, 3. Aufl. 2007.

—. Die Erfüllung von Verwaltungsaufgaben durch Private, VVDStRL 29 (1971), 137–209.

Ostermeier, Lars, Der Staat in der prognostischen Sicherheitsgesellschaft, in: Puschke, Jens/Singelnstein, Tobias (Hrsg.), Der Staat und die Sicherheitsgesellschaft, S. 101–121, Wiesbaden, 2018.

Oversohl, Martin, Zweifel an „Precobs", badische-zeitung.de v. 02.07.2019, abrufbar unter https://www.badische-zeitung.de/zweifel-an-precobs--174828667.html, zuletzt abgerufen am 24.10.2022.

Paal, Boris P./Hennemann, Moritz, Big Data im Recht, NJW 2017, 1697–1701.

Paal, Boris P./Pauly, Daniel (Hrsg.), Datenschutz-Grundverordnung Bundesdatenschutzgesetz, München, 3. Aufl. 2021.

Paeffgen, Hans-Ullrich, Vorüberlegungen zu einer Dogmatik des Untersuchungshaft-Rechts, Köln u.a., 1986.

Pease, Ken, Repeat Victimisation: Taking Stock, Crime Detection and Prevention Series, Paper 90, London, 1998.

Peine, Franz-Joseph, Der Funktionsvorbehalt des Berufsbeamtentums, Die Verw. 17 (1984), 415–438.

Perry, Walter L./McInnis, Brian/Price, Carter C./Smith, Susan C./Hollywood, John S., Predictive Policing – The Role of Crime Forecasting in Law Enforcement Operations, Santa Monica u.a.: RAND Corporation, 2013.

Pesch, Benjamin/Neubacher, Frank, Der Routine Activity Approach – Ein vielseitiges Instrument der Kriminologie, JURA 2011, 205–209.

Peters, Wilfries/Fertig, Alice, Polizeirechtliche Maßnahmen als Gegenstand aktueller Gesetzgebung und Rechtsprechung, GSZ 2018, 225–231.

Pett, Alexander/Gluba, Alexander, Das Potential von Polizeipräsenz für Maßnahmen im Sinne des Predictive Policing, Die Polizei 2017, 323–330.

Peuker, Enrico, Verfassungswandel durch Digitalisierung, 2020.

Pfeffer, Kristin, Stille Europäisierung – Wie europäisch wird das deutsche Polizeirecht?, NVwZ 2022, 294–298.

Pieper, Nils, Grundstrukturen des verfassungsrechtlichen Datenschutzes – Zum Schutz personenbezogener Daten durch die Grundrechte des Grundgesetzes bei Maßnahmen der Gefahrenabwehr, JA 2018, 598–605.

Pieroth, Bodo, Ein Musterentwurf mit Schlagseite zulasten der Freiheit, Die Verw. 53 (2020), 39–62.

Pies, Ingo, Theoretische Grundlagen demokratischer Wirtschafts- und Gesellschaftspolitik – Der Beitrag Gary Beckers, in: Pies, Ingo/Leschke, Martin (Hrsg.), Gary Beckers ökonomischer Imperialismus, S. 1–29, Tübingen, 1998.

Pietzcker, Jost, "Grundrechtsbetroffenheit" in der verwaltungsrechtlichen Dogmatik, in: Püttner, Günter (Hrsg.), Festschrift für Otto Bachof, S. 131–149, München, 1984.

Piza, Eric L./Kennedy, Leslie W./Caplan, Joel M., Facilitators and Impediments to Designing, Implementing, and Evaluating Risk-Based Policing Strategies Using Risk Terrain Modeling: Insights from a Multi-City Evaluation in the United States, European Journal on Criminal Policy and Research, 2008, Vol. 24, 489–513.

Plath, Kai-Uwe (Hrsg.), DSGVO BDSG Kommentar, Köln, 3. Aufl. 2018.

Podolski, Tanja, Besser, aber immer noch verfassungswidrig?, lto v. 12.12.2018, abrufbar unter: https://www.lto.de/recht/nachrichten/n/polizeigesetz-nrw-verabschiedet-verfassung-bedenken-bleiben/, zuletzt abgerufen am 24.10.2022.

Pollich, Daniela/Bode, Felix, Predictive Policing: Zur Notwendigkeit eines (sozial-)wissenschaftlich basierten Vorgehens, Polizei & Wissenschaft, 3/2017, 2–12.

Polvi, Natalie/Looman, Terah/Humphries, Charlie/Pease, Ken, The Time Course of Repeat Burglary Victimization, The British Journal of Criminology 31 (1991), 411–414.

Poscher, Ralf, Eingriffsschwellen im Recht der Inneren Sicherheit, Die Verw. 41 (2008), 345–373.

—. Der Gefahrverdacht – Das ungelöste Problem der Polizeirechtsdogmatik, NVwZ 2001, 141–147.

Poscher, Ralf/Rusteberg, Benjamin, Die Aufgabe des Verfassungsschutzes – Zur funktionalen Trennung von Polizei und Nachrichtendiensten, KJ 2014, 57–71.

Povalej, Roman/Volkmann, Dirk, Predictive Policing, Informatik Spektrum 44 (2021), 57–61.

Pschorr, Simon, "Blitzen" durch Private – eine Divergenzvorlage ist gefragt! Anmerkung zu BayObLG München 2. Senat für Bußgeldsachen, Beschluss vom 29.10.2019 - 202 ObOWi 1600/19, jurisPR-StrafR 2/2020 Anm. 3.

Pünder, Hermann, § 69 Polizei- und Ordnungsrecht, in: Ehlers, Dirk/Fehling, Michael/ders. (Hrsg.), Besonderes Verwaltungsrecht, Bd. 3, S. 447–672, Heidelberg, 4. Aufl. 2021.

Rachor, Frederik/Roggan, Fredrik, C. Organisation der Sicherheitsbehörden und Geheimdienste in Deutschland, in: Bäcker, Matthias/Denninger, Erhard/Graulich, Kurt (Hrsg.), Lisken/Denninger Handbuch des Polizeirechts, S. 173–228, München, 7. Aufl. 2021.

Rademacher, Timo, Predictive Policing als Herausforderung für das öffentliche Recht, in: Galetta, Diana-Urania/Ziller, Jacques (Hrsg.), Das öffentliche Recht vor den Herausforderungen der Informations- und Kommunikationstechnologien jenseits des Datenschutzes, SIPE Band 12, S. 179-189, Baden-Baden, 2018.

—. Predictive Policing im deutschen Polizeirecht, AöR 142 (2017), 366–416.

Rademacher, Timo/Perkowski, Lennart, Staatliche Überwachung, neue Technologien und die Grundrechte, JuS 2020, 713–720.

Radtke, Henning, Privatisierung von Geschwindigkeitsüberwachung – Einbruch in das staatliche Gewaltmonopol?, NZV 1995, 428–431.

Rath, Christian, Die öffentliche Wahrnehmung des Bundesverfassungsgerichts, APuZ, bpb v. 10.09.2021, abrufbar unter: https://www.bpb.de/apuz/herrschaft-des-rechts-2021/340007/die-oeffentliche-wahrnehmung-des-bundesverfassungsgerichts, zuletzt abgerufen am 24.10.2022.

Remmert, Barbara, Die Rechtsschutzgarantie des Art. 19 IV 1 GG, JURA 2014, 906–915.

Reuter, Markus, Polizeidrohnen werden mittlerweile in fast allen Bundesländern eingesetzt, netzpolitik.org v. 14.07.2021, abrufbar unter https://netzpolitik.org/2021/studie-polizeidrohnen-werden-mittlerweile-in-fast-allen-bundeslaendern-eingesetzt/, zuletzt abgerufen am 24.10.2022.

Rivera, Sam, Der Blick von Oben, IMI-Studie Nr. 6/2021 v. 13.07.2021, Tübingen, abrufbar unter: https://www.imi-online.de/download/IMI-Studie2021-6-Polizeidrohnen.pdf, zuletzt abgerufen am 24.10.2022.

Robrecht, Michael P./Petersen-Thrö, Ulf, Rechtliche Probleme bei der Anwendung der Platzverweisregelung des § 21 Abs. 1 Satz 1 SächsPolG unter besonderer Berücksichtigung von "Platzverweiszonen" und "diffusen" Störergruppen, SächsVBl. 2006, 29–39.

Roggan, Frederik, Die Videoüberwachung von öffentlichen Plätzen – Oder: Immer mehr gefährliche Orte für Freiheitsrechte, NVwZ 2001, 134–141.

Roggenkamp, Jan Dirk, § 21 Datenschutz und präventive Tätigkeit der Polizei, in: Specht, Louisa/Mantz, Reto (Hrsg.), Handbuch des Europäischen und deutschen Datenschutzrecht, S. 599–622, München, 2019.

Rosenbach, Marcel/Sarovic, Alexander, NRW-Datenschutzbeauftragte hält Einsatz von Palantir-Software für unzulässig, spiegel.de v. 15.4.2021, abrufbar unter: https://www.spiegel.de/netzwelt/palantir-nrw-datenschuetzerin-haelt-einsatz-von-software-fuer-unzulaessig-a-af196b3f-b93c-475d-86d7-8e569d25490c?utm_source=dlvr.it&utm_medium=twitter, zuletzt abgerufen am 24.10.2022.

Roßnagel, Alexander (Hrsg.), Europäische Datenschutz-Grundverordnung, Baden-Baden, 2017.

—. Big Data – Small Privacy? – Konzeptionelle Herausforderungen für das Datenschutzrecht, ZD 2013, 562–567.

—. Datenlöschung und Anonymisierung, ZD 2021, 188–192.

—. Geleitwort, in: Johannes, Paul C./Weinhold, Robert (Hrsg.), Das neue Datenschutzrecht bei Polizei und Justiz, S. 5–10, Baden-Baden, 2018.

—. Zusätzlicher Arbeitsaufwand für die Aufsichtsbehörden der Länder durch die Datenschutz-Grundverordnung, Gutachten im Auftrag der Aufsichtsbehörden der Länder, Kassel, 2017.

Rudkowski, Lena, "Predictive policing" am Arbeitsplatz, NZA 2019, 72–77.

Rudolf, Walter, § 90 Recht auf informationelle Selbstbestimmung, in: Merten, Detlef/Papier, Hans-Jürgen (Hrsg.), Handbuch der Grundrechte in Deutschland und Europa Bd. IV Einzelgrundrechte I, S. 233–289, Heidelberg, 2011.

Rusteberg, Benjamin, Informationsherrschaft durch Polizei und Nachrichtendienste, in: Kulick, Andreas/Goldhammer, Michael (Hrsg.), Der Terrorist als Feind?, S. 215–236, Tübingen, 2020.

Sachs, Michael (Hrsg.), Grundgesetz Kommentar, 8. Aufl., München, 2018.

—. Grundrechte: Elektronische Aufenthaltsüberwachung, JuS 2021, 472–476.

—. Verfassungsrecht II Grundrechte, Berlin, Heidelberg, 3. Aufl. 2017.

Sawall, Achim, Klebezettelhersteller 3M setzt auf elektronische Fußfesseln, golem.de v. 01.09.2010, abrufbar unter: https://www.golem.de/1009/77620.html, zuletzt abgerufen am 24.10.2022.

Schäfer, Michael/Rethmann, Ludger, Öffentlich-Private Partnerschaften – Auslaufmodell oder eine Strategie für kommunale Daseinsvorsorge?, Wiesbaden, 2020.

Scheinfeld, Jörg/Willenbacher, Sarah, Anfangsverdacht und Legalitätsprinzip, NJW 2019, 1357–1361.

Schenke, Wolf-Rüdiger, Die Gesetzgebungskompetenz für die Strafverfolgungsvorsorge, in: Stuckenberg, Carl-Friedrich/Gärditz, Klaus Ferdinand (Hrsg.), Strafe und Prozess im freiheitlichen Rechtsstaat, Festschrift für Hans-Ullrich Paeffgen, S. 393–405, Berlin, 2015.

—. Polizeiliches Handeln bei Anscheinsgefahr und Gefahrverdacht, JuS 2018, 505–516.

—. Polizei- und Ordnungsrecht, Heidelberg, 11. Aufl. 2021.

Schenke, Wolf-Rüdiger/Graulich, Kurt/Ruthig, Josef, Sicherheitsrecht des Bundes, München, 2. Aufl. 2019.

Schiemann, Anja, Anmerkung zu BGH, Urt. v. 26.4.2017 – 2 StR 247/16, NStZ 2017, 651 ff., NStZ 2017, 657–658.

Schilderoth, Tim, Die Verfassungswidrigkeit der bayerischen Polizeigesetzgebung aus der Sicht Studierender – ein Heilungsversuch in der Law Clinic, verfassungsblog.de v. 22.06.2018, abrufbar unter: https://verfassungsblog.de/die-verfassungswidrigkeit-der-bayerischen-polizeigesetzgebung-aus-der-sicht-studierender-ein-heilungsversuch-in-der-law-clinic/, zuletzt abgerufen am 24.10.2022.

Schimpfhauser, Eva Maria, Das Gewaltmonopol des Staates als Grenze der Privatisierung von Staatsaufgaben, Frankfurt a.M., 2009.

Schindler, Stephan, Biometrische Videoüberwachung, Baden-Baden, 2021.

Schmidbauer, Wilhelm/Steiner, Udo, Polizeiaufgabengesetz, Polizeiorganisationsgesetz, München, 5. Aufl. 2020.

Schmidt, Rolf, Polizei-und Ordnungsrecht, Grasberg bei Bremen, 21. Aufl. 2020.

Schmidt-Bleibtreu, Bruno/Hofmann, Hans/Henneke, Hans-Günter (Hrsg.), GG Grundgesetz Kommentar, Hürth, 15. Aufl. 2022.

Schneider, Hans Joachim, Theorien der Kriminologie (Kriminalitätsursachen), Bd. 1: Grundlagen der Kriminologie, in: Schneider, Hans Joachim (Hrsg.), Internationales Handbuch der Kriminologie, Bd. 1 Grundlagen der Kriminologie, S. 125–181, Berlin, 2007.

Schneider, Hartmut (Hrsg.), Münchener Kommentar zur Strafprozessordnung, Bd. 2 §§ 151–332, München, 2016.

Schneider, Nora, Das Gebot der Trennung von Polizei und Nachrichtendiensten im Spannungsfeld von Freiheitsschutz und effektiver Gefahrenabwehr, Berlin, 2019.

Schöbener, Burkhard/Knauff, Matthias, Allgemeine Staatslehre, München, 4. Aufl. 2019.

Schoch, Friedrich, Gewaltenteilung im deutschen Verfassungsrecht, in: Scherzberg, Arno/Can, Osman/Dogan, Ilyas (Hrsg.), Regierungssysteme im Lichte von "Checks and Balances", S. 89–125, Münster u.a., 2017.

—. Die "Gefahr" im Polizei- und Ordnungsrecht, Jura 2003, 472–476.

—. Die Schwierigkeiten des BVerfG mit der Bewältigung staatlichen Informationshandelns, NVwZ 2011, 193–198.

Scholz, Rupert, Verkehrsüberwachung durch Private?, NJW 1997, 14–18.

Schönemann, Bernd, Neue Polizeigesetze: Ein Schritt zu mehr Sicherheit oder der Weg in den Polizeistaat? Eine kritische Betrachtung anhand des 2018 neu gestalteten POLG NRW, Kriminalistik 2021, 378–384.

Schröder, Meinhard (Hrsg.), Bayerisches Datenschutzgesetz, Handkommentar, Baden-Baden, 2021.

—. Rahmenbedingungen der Digitalisierung der Verwaltung, VerwArch 110 (2019), 328–348.

Schröder, Ole, Anwendbarkeit der DS-GVO und des BDSG auf den Deutschen Bundestag, ZRP 2018, 129–131.

Schwartmann, Rolf/Pabst, Heinz-Joachim, Landesdatenschutzgesetz Nordrhein-Westfalen, Baden-Baden, 2020.

Schwarz, Michael, Wen verbeamten?, JZ 2019, 276–285.

Schweer, Thomas, "Vor dem Täter zum Tatort", Die Kriminalpolizei 1/2015, 13–16.

Schwind, Hans-Dieter/Schwind, Jan-Volker, Kriminologie und Kriminalpolitik, Heidelberg, 24. Aufl. 2021.

Senge, Lothar, Zur Zulässigkeit staatsanwaltschaftlicher Vorermittlungen, in: Michalke, Regina/Köberer, Wolfgang/Pauly, Jürgen/Kirsch, Stefan (Hrsg.), Festschrift für Rainer Hamm zum 65. Geburtstag am 24. Februar 2008, S. 701–718, Berlin, 2008.

Shaw, Clifford R./McKay, Henry D., Juvenile Delinquency and Urban Areas, in: Beirne, Piers (Hrsg.), The Chicago School of Criminology 1914-1945, Volume VI, New York, Chicago, 1942, 2006.

Sherman, Lawrence W./Gartin, Patrick R./Buerger, Michael E., Hot Spots of Predatory Crime: Routine Activities and the Criminology of Place, Criminology, Vol. 27, No. 1, 1989, 27–55.

Sherman, Lawrence W./Weisburd, David, General Deterrent Effects of Police Patrol in Crime "Hot Spots": A Randomized, Controlled Trial, Justice Quarterly 12 (1995), 625–648.

Shirvani, Foroud, Paradigmenwechsel im Polizeirecht? – Die neue Rechtsfigur der "drohenden Gefahr", DVBl. 2018, 1393–1398.

Siegel, Thorsten, Kap. 13 E-Vergabe, in: Seckelmann, Margrit (Hrsg.), Digitalisierte Verwaltung Vernetztes E-Government, S. 327–341, Berlin, 2. Aufl. 2019.

Simitis, Spiros/Hornung, Gerrit/Spiecker gen. Döhmann, Indra, Datenschutzrecht, Baden-Baden, 2019.

Simmler, Monika/Brunner, Simone, Smart Criminal Justice in der Schweiz – Die Kantone im Bann der Algorithmen?, in: Simmler, Monika (Hrsg.), Smart Criminal Justice, S. 9–32, Basel, 2021.

Simmler, Monika/Brunner, Simone/Schedler, Kuno, Smart Criminal Justice – Eine empirische Studie zum Einsatz von Algorithmen in der Schweizer Polizeiarbeit und Strafrechtspflege, St. Gallen, 2020.

Singelnstein, Tobias, Predictive Policing: Algorithmenbasierte Straftatenprognosen zur vorausschauenden Kriminalintervention, NStZ 2018, 1–9.

Singelnstein, Tobias/Kunz, Karl-Ludwig, Kriminologie, Bern, 8. Aufl. 2021.

Skogan, Wesley, Disorder and Decline: The State of Research, Journal of Research in Crime and Delinquency 52(4) 2015, 464–485.

Sommerer, Lucia M., Personenbezogenes Predictive Policing, Baden-Baden, 2020.

Sonka, Celina/Meier, Hamta/Rossegger, Astrid/Endrass, Jérôme/Profes, Valerie/Witt, Rainer/Sadowksi, Friederike, RADAR-iTE 2.0: Ein Instrument des polizeilichen Staatsschutzes, Kriminalistik 2020, 386–392.

Southall, Ashley/Gold, Michael, Why 'Stop-and-Frisk' Inflamed Black and Hispanic Neighborhoods, New York Times v. 17.11.2019, aktualisiert am 19.02.2020, abrufbar unter: https://www.nytimes.com/2019/11/17/nyregion/bloomberg-stop-and-frisk-new-york.html, zuletzt abgerufen am 24.10.2022.

Sprenger, Johanna, § 31 Verbrechensbekämpfung, in: Ebers, Martin/Heinze, Christian/Krügel, Tina/Steinrötter, Björn (Hrsg.), Künstliche Intelligenz und Robotik, S. 961–986, München, 2020.

Stangl, Werner, Stichwort: selektive Wahrnehmung, Online Lexikon für Psychologie und Pädagogik, Stand 2021, abrufbar unter: https://lexikon.stangl.eu/1708/selektive-wahrnehmung, zuletzt abgerufen am 24.10.2022.

Starosta, Gina, Der Portalverbund zwischen Bund und Ländern, Artikel 91c Absatz 5 GG und dessen einfachgesetzliche Ausgestaltung im verfassungsrechtlichen Wertgefüge, Baden-Baden, 2022.

Steiner, Udo, Öffentliche Verwaltung durch Private, Hamburg, 1975.

Stelkens, Ulrich, Kontrolle (Selbstkontrolle, Aufsicht, Rechtsschutz) technikgestützter hoheitlicher Entscheidungen, in: Hill, Hermann/Schliesky, Utz (Hrsg.), Herausforderung e-Government, S. 149–166, Baden-Baden, 2009.

Stern, Klaus, Berufsbeamtentum – gestern, heute morgen. Artikel 33 Grundgesetz und sein verfassungsrechtlicher Kontext, in: König, Klaus/Laubinger, Hans-Werner/Wagener, Frido (Hrsg.), Öffentlicher Dienst, Festschrift für Carl Hermann Ule, S. 193–213, Köln, 1977.

Stettner, Rupert, § 92 Schutz des Brief-, Post- und Fernmeldegeheimnis, in: Merten, Detlef/Papier, Hans-Jürgen (Hrsg.), Handbuch der Grundrechte in Deutschland und Europa, Bd. IV Einzelgrundrechte I, S. 335–388, Heidelberg, 2011.

Stober, Rolf, Police-Private-Partnership aus juristischer Sicht, DÖV 2000, 261–269.

—. Staatliches Gewaltmonopol und privates Sicherheitsgewerbe – Plädoyer für eine Police-Private-Partnership, NJW 1997, 889–896.

Strauß, Thomas, Funktionsvorbehalt und Berufsbeamtentum, Berlin, 2000.

Streinz, Rudolf (Hrsg.), EUV/AEUV, München, 3. Aufl. 2018.

—. Europarecht: Präzisierung des Anwendungsbereichs des Unionsrechts, JuS 2015, 281–283.

Streiß, Christoph, Das Trennungsgebot zwischen Polizei und Nachrichtendiensten, Frankfurt a.M., 2011.

Stubenrauch, Julia, Gemeinsame Verbunddateien von Polizei und Nachrichtendiensten, Baden-Baden, 2009.

Stürmer, Verena, Löschen durch Anonymisieren?, ZD 2020, 626–631.

Sydow, Gernot (Hrsg.), Europäische Datenschutzgrundverordnung, Baden-Baden, 2. Aufl. 2018.

Szczekalla, Peter, § 10 Grundrechtliche Schutzbereiche und Schrankensystematik, in: Heselhaus, Sebastian/Nowak, Carsten (Hrsg.), Handbuch der Europäischen Grundrechte, 2. Aufl. 2020.

Taeger, Jürgen/Gabel, Detlev (Hrsg.), DSGVO-BDSG-TTDSG, Frankfurt a.M., 4. Aufl. 2022.

Tewksbury, Richard A./Ehrhardt Mustaine, Elizabeth, Cohen, Lawrence E., and Marcus K. Felson: Routine Activity Theory, in: Wilcox, Pamela/Cullen, Francis T. (Hrsg.), Encyclopedia of Criminological Theory, Thousand Oaks u.a., 2010.

Thiel, Markus, Auf dem Weg zu einem neuen "Musterpolizeigesetz", Die Verw. 53 (2020), 1–19.

—. Modernes Polizeirecht, GSZ 2021, 97–103.

—. Polizei- und Ordnungsrecht, 4. Aufl., Baden-Baden, 2020.

Thiele, Alexander, Art. 33 Abs. 4 GG als Privatisierungsschranke, Der Staat 49 (2010), 274–298.

Thüne, Martin, Predictive Policing, Erfurt: URN: urn:nbn:de:gbv:547-202001184, 2020.

Tomerius, Carolyn, »Gefährliche Orte« im Polizeirecht – Straftatenverhütung als Freibrief für polizeiliche Kontrollen? Eine Beurteilung aus verfassungs- und polizeirechtlicher Perspektive –, DVBl. 2017, 1399–1406.

—. „Drohnen" zur Gefahrenabwehr – Darf die Berliner Polizei nach jetziger Rechtslage Drohnen präventiv-polizeilich nutzen?, LKV 2020, 481–489.

Trent, Matthias, Die (Un-)Vereinbarkeit der Ermächtigungsgrundlagen zur Schleierfahndung mit dem Schengener Grenzkodex, DÖV 2012, 216–224.

Trurnit, Christoph, Eingriffsschwellen für polizeiliche Maßnahmen, JA 2019, 258–267.

Trute, Hans-Heinrich, Grenzen des präventionsorientierten Polizeirechts in der Rechtsprechung des Bundesverfassungsgerichts, Die Verw. 42 (2009), 85–104.

—. Rechtliche Herausforderungen der Digitalisierung, in: Bär, Christian/Grädler, Thomas/Mayr, Robert (Hrsg.), Digitalisierung im Spannungsfeld von Politik, Wirtschaft, Wissenschaft und Recht, 2. Band: Wissenschaft und Recht, S. 313–330, Berlin, 2018.

Tunnell, Kenneth D., Let's Do It: Deciding to Commit a Crime, in: Conklin, John E. (Hrsg.), New Perspectives in Criminology, S. 246–258, Boston, Needham Heights, Massachusets, 1996.

Ule, Carl Hermann, Verfassungsrechtliche Grenzen einer Reform des öffentlichen Dienstrechts, in: Forsthoff, Ernst/v. Münch, Ingo/Schick, Walter/Thieme, Werner/Ule, Carl Hermann/Mayer, Franz (Hrsg.), Verfassungsrechtliche Grenzen einer Reform des öffentlichen Dienstrechts, S. 441–555, Baden-Baden, 1973.

Universität Erfurt/Robert-Koch-Instituts/Bundeszentrale für gesundheitliche Aufklärung/Leibniz-Institut für Psychologie/Science Media Center/Bernhard-Nocht-Institut für Tropenmedizin/Yale Institute for Global Health, fortlaufende Studie des Projekts COSMO, abrufbar unter https://projekte.uni-erfurt.de/cosmo2020/web/topic/politik/20-akzeptanz/, zuletzt abgerufen am 24.10.2022.

Unterreitmeier, Johannes, Es ist wieder da – das "informationelle Trennungsprinzip", DÖV 2021, 659–669.

Vedder, Christoph/Heintschel von Heinegg, Wolff (Hrsg.), Europäisches Unionsrecht, Baden-Baden, 2. Aufl. 2018.

Volkmann, Uwe, Verfassungsänderung und Verfassungswandel, JZ 2018, 265–316.

—. Broken Windows, Zero Tolerance und das deutsche Ordnungsrecht, NVwZ 1999, 225–232.

von der Groeben, Hans/Schwarze, Jürgen/Hatje, Armin (Hrsg.), Europäisches Unionsrecht, Baden-Baden, 7. Aufl. 2015.

Voßkuhle, Andreas, Bruch mit einem Dogma: Die Verfassung garantiert Rechtsschutz gegen den Richter, NJW 2003, 2193–2200.

Walder, Hans, Grenzen der Ermittlungstätigkeit, ZStW 95 (1983), 862–893.

Walter, Bernd, Die polizeiliche Anhalte- und Sichtkontrolle als strategische Fahndung – polizeirechtliches Neuland oder Weiterentwicklung der Schleierfahndung?, DVBl. 2019, 1238–1241.

Walters, Glenn D., The Decision to Commit Crime: Rational or Nonrational?, Criminology, Criminal Justice, Law & Society (CCJLS), Vol. 16, Issue 3, 2015, 1–18.

Walther, Markus, Öffentliches Recht in Sachsen, Leipzig, 8. Aufl. 2020.

Weber, Klaus (Hrsg.), Creifelds Rechtswörterbuch, München, 24. Edition 2020.

Weinrich, Maximilian, Die Novellierung des bayerischen Polizeiaufgabengesetzes, Drohende Gefahr für die Verfassung von Bayern?, NVwZ 2018, 1680–1685.

Weisburd, David/Morris, Nancy A./Groff, Elizabeth R., Hot Spots of Juvenile Crime: A Longitudinal Study of Arrest Incidents at Street Segments in Seattle, Washington, Journal of Quantitative Criminology 25 (2009), 443–467.

Wendler, Tilo/Gröttrup, Sören, Data Mining with SPSS Modeler, Cham, 2. Aufl. 2021.

West Publishing Company, West´s Law and Commercial Dictionary in Five Languages, Bd. 2 K–Z, St. Paul, 1985.

Weßlau, Edda, Vorfeldermittlungen, Berlin, 1989.

Wiegand, Marc André, Die Beleihung Privater im Kernbereich hoheitlicher Aufgabenwahrnehmung, DVBl 2012, 1134–1140.

Wilson, James W./Kelling, George L., Polizei und Nachbarschaftssicherheit: Zerbrochene Fenster, Krim. Journal 28 (1996), 121–137.

Wischmeyer, Thomas, § 20 Regierungs- und Verwaltungshandeln durch KI, in: Ebers, Martin/Heinze, Christian/Krügel, Tina/Steinrötter, Björn (Hrsg.), Künstliche Intelligenz und Robotik, S. 612–635, München, 2020.

—. Regulierung intelligenter Systeme, AöR 143 (2018), 1–66.

—. Artificial Intelligence and Transparency: Opening the Box, in: Wischmeyer, Thomas/Rademacher, Timo (Hrsg.), Regulating Artitificial Intelligence, S. 75–101, Cham (Schweiz), 2020.

—. Predictive Policing, in: Kulick, Andreas/Goldhammer, Michael (Hrsg.), Der Terrorist als Feind?, S. 193–213, Tübingen, 2020.

Wolf, Maximilian/Krumm, Karsten, Verkehrsüberwachung durch Private, NVwZ 2020, 526–530.

Wolff, Karsten, Fundierte Prognosen – vorausschauende Arbeit, ProPolizei 1/2017, 5–7.

Wollinger, Gina Rosa, Wohnungseinbruch als traumatisches Ereignis, MschrKrim 98 (2015), 365–383.

Wollinger, Gina Rosa/Dreißigacker, Arne/Blauert, Katharina/Bartsch, Tillmann/Baier, Dirk, Wohnungseinbruch: Tat und Folgen, Forschungsbericht Nr. 124, Hannover: Kriminologisches Forschungsinstitut Niedersachsen e.V., 2014.

Zabel, Benno, Dogmatik und Funktionswandel des Tatverdachts, ZIS 2014, 340–347.

Zenner, Florian, Algorithmenbasierte Straftatenprognosen in der Eingriffsverwaltung, in: Wieczorek, Mirko Andreas (Hrsg.), Digitalisierung, S. 117–133, Göttingen, 2018.

—. Das Gesetz zur Neuregelung der polizeilichen Datenverarbeitung im Saarland, SRZ 2/2021, 81–102.

Ziegler, Peter-Michael, 3M kauft im Sicherheitssegment kräftig zu, heise online v. 31.08.2010, abrufbar unter: https://www.heise.de/newsticker/meldung/3M-kauft-im-Sicherheitssegment-kraeftig-zu-1070062.html, zuletzt abgerufen am 24.10.2022.

Ziekow, Jan, Öffentliches Wirtschaftsrecht, München, 5. Aufl. 2020.

Ziekow, Jan/Völlink, Uwe-Carsten (Hrsg.), Vergaberecht, München, 4. Aufl. 2020.

Zimbardo, Philip G., A field experiment in auto shaping, in: Ward, Colin (Hrsg.), Vandalism, S. 85–90, New York, 1973.

Zimmer, Gerhard, Funktion-Kompetenz-Legitimation, Berlin, 1979.

Zimmermann, Matthias, Noch schaut uns hier kein Fahnder zu, Saarbrücker Zeitung v. 29.01.2019, S. 15.

Zippelius, Rheinhold/Würtenberger, Thomas, Deutsches Staatsrecht, München, 33. Aufl. 2018.

Zöller, Mark Alexander, Informationssysteme und Vorfeldmaßnahmen von Polizei, Staatsanwaltschaft und Nachrichtendiensten, Heidelberg, 2002.

FSC
www.fsc.org
MIX
Papier | Fördert gute Waldnutzung
FSC® C083411

Kolibri 360 GmbH
Ferdinand-Jühlke-Straße 7
99095 Erfurt, Deutschland
produktsicherheit@kolibri360.de